LA TAILLE

ENCYCLOPÉDIE PRATIQUE
TRUFFAUT

LA TAILLE

ENCYCLOPÉDIE PRATIQUE
TRUFFAUT

CHRISTOPHER BRICKELL
DAVID JOYCE

SOUS LA DIRECTION
DE LA SOCIÉTÉ ROYALE D'HORTICULTURE

BORDAS

ÉDITION ORIGINALE

The R.H.S. Pruning & Training
© 1996 Dorling Kindersley Limited, London

ÉDITION FRANÇAISE

Supervision de la traduction
et adaptation pour la version française

Patrick Mioulane

Réalisation de l'ouvrage

Éditions Protea

Traduction
Philippe Bonduel, Jérôme Goutier
Adaptation
Patrick Mioulane, Daniel Brochard
Conseiller de la rédaction pour Truffaut
Marc Guegen

RESPONSABLE D'ÉDITION
Catherine Delprat
COORDINATION ÉDITORIALE
Agnès Dumoussaud
MISE EN PAGES PAO
Aris Lapeyre,
Agnès Dumoussaud
INDEX
Marie-Thérèse Ménager,
Agnès Dumoussaud
CORRECTIONS
Cécile Edrei

COUVERTURE
Marie-Astrid Bailly-Maître
PHOTOS DE COUVERTURE
Agence MAP/Mise au point

ISBN : 2-04-027197-X
Dépôt légal : mars 1997

Imprimé en Italie par Mondadori en janvier 1997

SOMMAIRE

ARBRES FRUITIERS

ARBUSTES D'ORNEMENT

PETITS FRUITS

PLANTES GRIMPANTES

ROSIERS

Comment utiliser ce livre

Cet ouvrage encyclopédique dévoile toutes les techniques et les pratiques concernant la taille de formation et d'entretien des plantes de jardin. Il explique tout d'abord le mode de végétation des plantes, comment les jardiniers tirent parti des différentes pousses pour en améliorer la productivité ou l'esthétique par la taille et le palissage, avec le bon emploi des outils de taille. Les chapitres suivants sont classés par types de plantes, chacun débutant par une fiche d'identité avec les diverses formes et les espèces intéressantes, la méthode de taille spécifique, les exigences des sujets venant d'être plantés ou déjà établis, et le mode de rajeunissement.

Pour les arbres, les arbustes et les lianes, le classement se fait par les noms botaniques, dans l'ordre alphabétique. Les fruitiers et les rosiers sont présentés d'après leurs modes de taille, afin d'éviter les répétitions. Les rosiers, par exemple, sont conduits suivant quatre formes principales et classés en rosiers buissons modernes , rosiers à massifs , rosiers arbustifs et grimpants , plutôt qu'alphabétiquement. Cet ouvrage présente aussi des pages dans lesquelles certains paragraphes sont consacrés à des plantes ou à des techniques particulières. Ponctuellement, des encadrés écrits par des techniciens Truffaut vous donnent quelques astuces et conseils complémentaires.

Techniques de base

Chaque chapitre comporte une introduction détaillée qui expose les généralités et les techniques de base applicables aux végétaux qu'il aborde. **Les tailles de formation** et **d'entretien** des différentes plantes, puis **la rénovation** ou **le rajeunissement** sont d'abord présentés dans leurs grandes lignes. Ils sont ensuite expliqués, **plante par plante,** dans la partie monographique qui suit les généralités. Les différents types et formes font partie des sujets traités dans l'introduction des chapitres. Ils permettent de préciser la diversité des plantes du groupe.

Des titres informatifs sont répétés autant que nécessaire dans chaque chapitre.

Des photos pratiques illustrent l'emploi des outils et les bons gestes.

Les différentes méthodes de taille pour les plantes du chapitre sont expliquées.

Les principes généraux sur l'époque des tailles sont toujours développés.

Des illustrations comparatives montrent les parties qu'il faut conserver ou retirer.

Les problèmes communs aux diverses plantes du chapitre sont présentés.

Techniques particulières

Dans chaque chapitre, une partie traite des techniques spéciales de conduite ou de taille, qui permettent d'obtenir une meilleure fructification ou un effet particulier. On y trouve **les méthodes d'élagage** des arbres (têtard et cépée) , **les rideaux, les espaliers, la conduite des arbustes sur tige, les topiaires, les haies et le pincement des petites plantes** comme les coléus et les fuchsias. Les nombreuses façons de mener **les lianes** et **les rosiers grimpants** comprennent leur usage **en pergolas** et **en guirlandes.** Ces techniques particulières sont expliquées point par point par des dessins, illustrées par de nombreuses photos précises et par un croquis du résultat final.

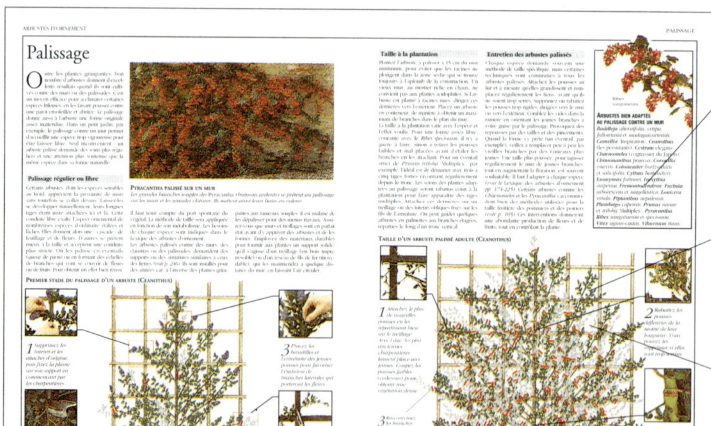

Liste des plantes auxquelles on peut appliquer la technique présentée.

Les parties colorées correspondent à ce qu'il faut conserver.

Les parties grisées correspondent à ce qui doit être éliminé.

Les traits rouges montrent l'endroit précis où il faut tailler.

Les dessins présentent les stades évolutifs de la formation jusqu'à la plante adulte.

Des photos techniques montrent en détails les techniques les plus précises.

Dictionnaire des plantes

Les chapitres sur **les arbres, les arbustes d'ornement** et **les lianes,** contiennent un catalogue alphabétique des végétaux, où les différents genres traités sont décrits. La longueur de chaque paragraphe varie d'un genre à l'autre, suivant l'importance de chacun et la complexité des techniques de taille et de palissage requises. Pour chaque genre, les espèces, hybrides ou cultivars aux exigences atypiques, sont traités. Les illustrations comprennent **des portraits d'exemples ornementaux , des démonstrations photographiques,** geste par geste, de taille et de conduite des plantes. **Des dessins** illustrent des prolongements dans le temps ou des variantes des techniques de base abordées dans l'introduction du chapitre. **Des renvois** reportent aux techniques traitées ailleurs dans l'ouvrage. Les plantes sont classées suivant leurs noms scientifiques, avec leurs synonymes et leurs noms communs. Les espèces et les cultivars non détaillés sont souvent cités. **Certains encadrés** comportent une liste d'autres genres plus mineurs, avec un résumé de leurs exigences. D'autres distillent **de bons conseils** dévoilés par les meilleurs jardiniers **Truffaut.**
Dans les chapitres consacrés aux arbres et aux arbustes d'ornement, des croquis montrent la hauteur et l'aspect adulte d'un grand choix d'espèces.

Nom de genre.

Nom commun français.

Nom d'espèce.

Éventuellement, nom commun des espèces.

La description générale du genre.

Les symboles indiquent comment la plante grimpe.

Une description rapide des techniques de base pour tailler les espèces et les hybrides les plus courants.

La silhouette dessinée indique la forme naturelle de la plante avec le port habituel de ses branches.

Indication de la hauteur maximum qui, toutefois, peut varier sensiblement selon les climats.

L'époque de taille peut être commune pour toutes les plantes du même genre. Quand elle diffère, elle est précisée pour chaque espèce particulière.

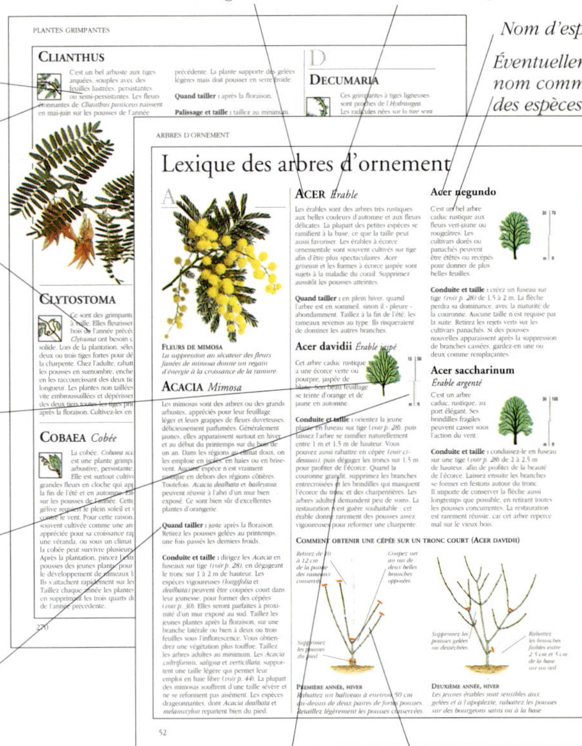

Les entrées détaillées par espèce expliquent les opérations spécifiques à réaliser selon les plantes.

Les dessins détaillent les techniques de base selon les plantes.

Classement

Dans les chapitres consacrés **aux fruitiers et aux rosiers,** les plantes sont rassemblées en groupes, suivant des exigences de taille comparables. Ces chapitres débutent par des informations générales sur les gestes de base, les interventions de routine et problèmes les plus courants. Ils sont suivis de renseignements détaillés sur chaque plante du groupe. Parmi les fruitiers, les espèces rustiques sont rassemblées en groupes traditionnels tels qu'arbres à pépins, à noyaux, framboisiers et espèces voisines, et buissons. En raison de leur diversité, les fruitiers frileux sont classés d'un point de vue botanique, dans l'ordre alphabétique, ainsi que les fruits secs. Les rosiers sont classés suivant leur port. D'autres groupes de plantes, dont les membres requièrent les mêmes techniques, ont droit à des pages à part. C'est le cas des conifères, des palmiers, des bambous et des graminées.

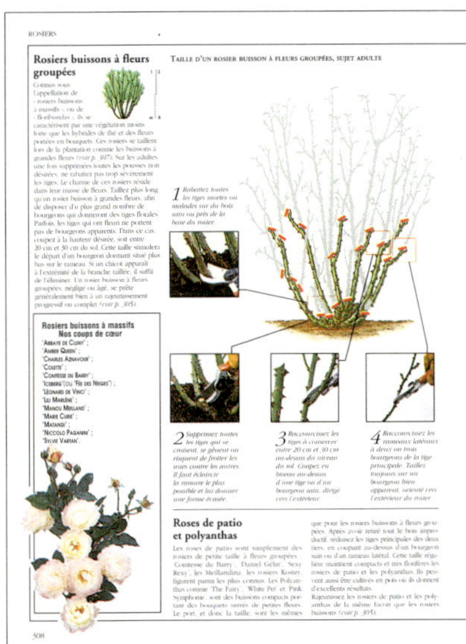

ROSIERS
Des vignettes renforcent l'illustration, en montrant les exigences propres aux différents types de rosiers : buissons, à massifs, arbustifs et sarmenteux.
Des cultivars caractéristiques sont cités, pour renforcer et préciser l'exemple.

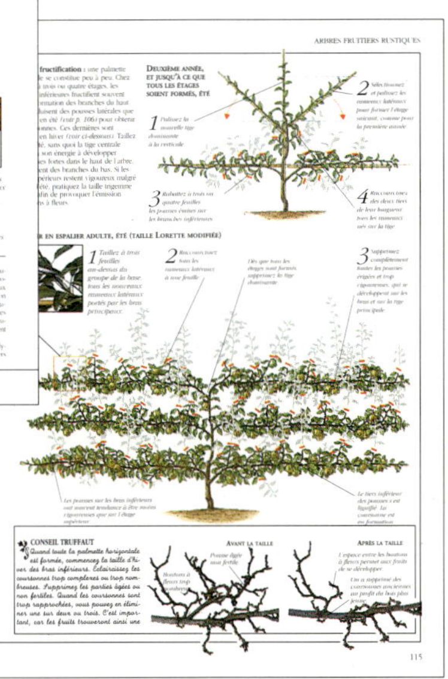

FRUITIERS
Dans chaque partie consacrée à des fruitiers précis (tels que les pommiers et les pêchers), les informations générales sont suivies de détails sur les formes couramment cultivées, comme les gobelets et les palmettes.
Les tailles de formation ou d'entretien sont expliquées et généreusement illustrées.

Introduction

Une bonne observation pour comprendre comment poussent les plantes, connaître leurs besoins particuliers et leurs réactions, facilite le choix de la bonne technique de taille et de la conduite à tenir pour chaque espèce.

Le but de la taille et du palissage est de bien équilibrer la silhouette des plantes, d'améliorer leur vigueur ou leur productivité, de bien les charpenter, voire de les rajeunir et d'éliminer la présence d'ennemis et de maladies. Une taille judicieuse dépasse ce simple but. En découvrant comment taille et palissage influent sur la pousse et la qualité des plantes, le jardinier améliore leur aspect et renforce leurs atouts décoratifs. Une taille efficace augmente la floraison et les récoltes, tout en créant des formes et des associations surprenantes. Comprendre comment et pourquoi les plantes réagissent à la taille est le secret de la réussite et le but de cet ouvrage.

« Comment tailler ? » C'est une question fréquemment posée par les jardiniers amateurs. Les réponses sont multiples, beaucoup de végétaux se prêtant à des techniques différentes, suivant l'effet recherché. Si la taille est parfois un sujet complexe, elle se réduit pour la plupart des plantes à peu de choses : le retrait du bois mort, la suppression des rameaux abîmés ou malades, et l'équilibrage de la silhouette.

Des considérations esthétiques influent sur la méthode et l'importance de la taille. Vous pouvez préférer les jardins stricts, impeccables, aux végétaux symétriques et bien dessinés, alors que d'autres aiment une végétation naturelle aux formes plus libres. Dans tous les cas, vous devrez tailler pour obtenir une harmonie entre les plantes, et laisser suffisamment de place à chaque espèce pour qu'elle occupe l'espace qui lui est dévolu, sans gêner les sujets voisins. Rappelez-vous qu'une conduite bien menée, dès le plus jeune âge, de chaque végétal, assure la beauté d'un sujet adulte.

La taille est toujours un choc pour la plante qui réagit par un arrêt de sa croissance. La coupe doit être limitée au strict nécessaire et ne s'effectuer qu'à bon escient. Commencez par une plantation pas trop serrée pour limiter vos interventions et ne vous laissez jamais dépasser par la formidable vitalité de la végétation.

FUCHSIA EN BOULE
Nombre de petits végétaux d'ornement se prêtent à des tailles inattendues. Les pincements répétés permettent d'obtenir une masse florale régulière et sans égale.

ARBUSTE SUR TIGE *(page de gauche)*
L'agencement d'un massif peut être transformé par une taille appropriée. Le Buddleja alternifolia, *d'ordinaire dégingandé et très irrégulier, devient un point de mire saisissant quand il est conduit sur tige.*

Comment poussent les plantes

Organismes vivants, les plantes ont besoin de nourriture, d'eau, de lumière et d'un sol conforme à leurs besoins. Elles se sont adaptées à un large éventail d'habitats, et leurs exigences climatiques varient en conséquence *(voir encadré page suivante)*. Toutefois, en dehors de quelques besoins spécifiques, la plupart des espèces poussent de la même façon.

Les végétaux sont capables de modifier la structure et la fonction de leurs cellules au cours de leur vie. Ceci leur permet de se reproduire sexuellement, mais aussi, dans certaines conditions, de recréer une plante entière à partir d'un simple fragment de tige, de racine ou de feuille de la plante mère. Cette capacité est exploitée par le jardinier chaque fois qu'il pratique des boutures par exemple. La plus grande activité cellulaire est concentrée dans les tendres bourgeons verts et terminaux. C'est là que se concentrent les hormones qui déterminent et régissent la croissance de la plante. L'allongement de la tige se produit dans la partie située sous du bourgeon terminal (apex). L'apex a un rôle dominant, car il diffuse dans les tiges des hormones qui inhibent la croissance des bourgeons latéraux (ou « axillaires »). Ces derniers doivent attendre le bon développement du bourgeon terminal avant d'émettre des pousses à leur tour. Si l'apex est endommagé par le gel ou une maladie, le cas le plus fréquent est la croissance simultanée de deux bourgeons latéraux qui forment une fourche *(voir p. 26)*.

Une autre zone d'intense activité cellulaire est le cambium. C'est une mince couche vert tendre qui se trouve juste en dessous de l'écorce. Le développement du cambium augmente le diamètre de la tige. Celle-ci ne fait pas qu'épaissir, elle se renforce et se solidifie, en développant des tissus de charpente spécialisés. Chez les plantes ligneuses, on appelle ce phénomène la « lignification » (formation du bois). Le développement de branches robustes est favorisé par les mouvements des rameaux, sous l'action du vent. C'est pourquoi les tuteurs courts sont les meilleurs dans le jeune âge d'un arbre. Ils le laissent se courber et former ainsi un tronc solide. *(Voir* Tuteurage *p. 23.)*

LES DIFFÉRENTS ORGANES D'UNE PLANTE

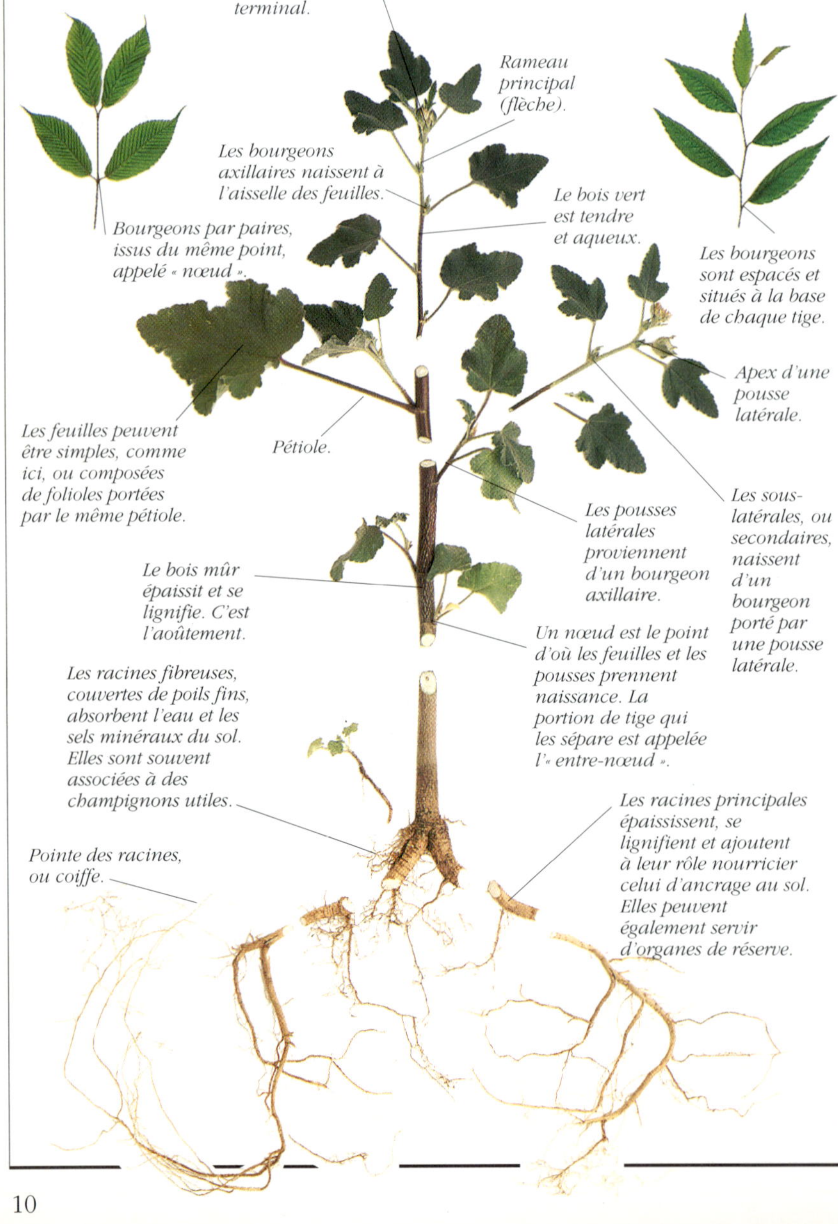

Adaptation des plantes au milieu

La fonction vitale pour une plante est d'arriver à maturité pour se reproduire, le plus souvent en formant des graines. Certaines atteignent ce stade rapidement, puis meurent. Ce sont les « annuelles » et les « bisannuelles ». Les ligneuses et les vivaces herbacées mûrissent plus lentement. Elles peuvent ainsi accomplir le processus de reproduction plusieurs fois. Ces plantes doivent développer des tissus résistants au froid et aux intempéries pour survivre au fil des ans. Arbres et arbustes produisent un tissu ligneux qui peut affronter l'hiver. Par grand froid, la pousse terminale tendre de certains arbustes peut geler, mais la

COUPE D'UNE TIGE

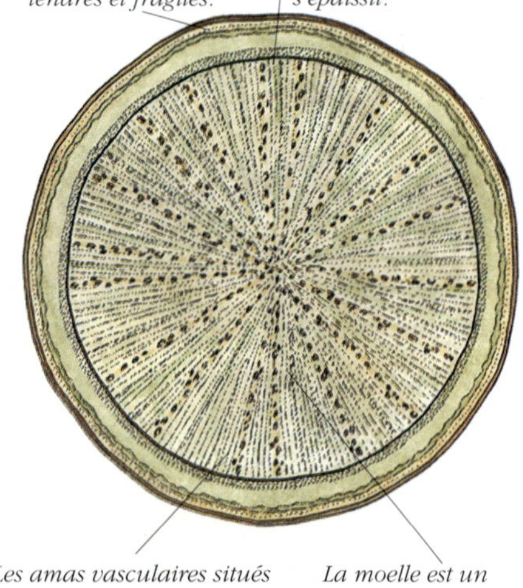

Dépérissement en « tête de loup »

Les chênes protègent le corps de l'arbre en isolant, par des barrières naturelles, des branches entières atteintes de dépérissement. Le bois mort s'élimine sans dommage pour l'arbre.

Branche morte

Une mauvaise taille a laissé un moignon. Il a séché jusqu'aux proches bourgeons vivants. Protégés par la barrière naturelle émise par l'arbre, ils ont pu développer de nouvelles tiges saines.

Rajeunissement par la base

Des jeunes pousses issues de la base assurent la pérennité et le rajeunissement du rosier. On les reconnaît à leur écorce vert tendre. Elles doivent être conservées au moment de la taille.

plante reste capable de se régénérer. Des bourgeons latents situés à la base des tiges ou sur la souche émettent des pousses nouvelles. Les plantes caduques se dépouillent de leurs feuilles qui sont leurs organes les plus vulnérables pour mieux résister à l'hiver.

Les plantes s'adaptent de manière astucieuse à leur environnement. Elles se dirigent toujours vers la lumière et bâtissent une charpente branchue pour exposer la plus grande surface foliaire possible au soleil. Ceci est indispensable pour améliorer la photosynthèse (*voir p. 15*). Dans certains cas, elles étendent leurs racines pour mieux s'ancrer et puiser en terre l'eau et la nourriture. Elles peuvent adapter leur végétation à des conditions défavorables, en développant par exemple des pousses plus solides, épaisses et courtes, du côté où souffle un fort vent dominant (elles forment alors des couronnes échevelées).

Prévention naturelle contre les accidents et les maladies

De la même manière que les humains, les végétaux sont souvent capables de circonscrire les maladies, qui s'attaquent d'ordinaire aux parties supérieures, tendres et fragiles. Des molécules particulières forment des « barrières naturelles » dans la tige, dans le but d'isoler la partie malade du reste de la plante. La partie isolée meurt, se dessèche et s'effrite, puis tombe. Ce processus de défense est particulièrement visible (et donc plus aisément compréhensible) chez les arbres, mais il apparaît aussi chez d'autres végétaux ligneux. Cette formation normale de bois mort, s'élimine aisément par la taille. Elle n'a rien d'alarmant si elle est limitée à des proportions raisonnables (maximum 20 %)

Les végétaux réagissent aux blessures en concentrant localement des sécrétions chimiques protectrices. Ce phénomène crée une sauvegarde naturelle qui isole les tissus lésés. Le cœur de l'arbre se trouve préservé de l'invasion des agents de décomposition.

Avec le temps, l'arbre consolide cette protection, en recouvrant la blessure d'un capuchon protecteur étanche à l'air et à l'eau. Ce processus débute dans le cambium, où les cellules se divisent pour former un cal appelé aussi « bourrelet cicatriciel ». Ce dernier prend naissance sur les bords de la plaie et s'entend progressivement vers le centre. *(Suite p. 12.)*

L'influence du climat

Les différences climatiques jouent de manière importante sur la végétation. Le climat induit le début et la durée de la saison de croissance, les modes de floraison et d'aoûtement du bois et la période de repos.

Les différents climats

- **Continental.** On le rencontre au centre des grandes masses de terres. Les saisons y sont marquées, avec des étés chauds provoquant une pousse rapide, une bonne maturation et les moyens de supporter les hivers très froids. Les pluies ont lieu toute l'année, mais dominent souvent l'été.
- **Maritime.** Il est adouci par le voisinage de la mer, qui tempère les variations de température saisonnières. Les bois s'aoûtent mal et sont moins résistants au froid. Les printemps doux entraînent un débourrement précoce, menacé par les gelées tardives.
- **Méditerranéen.** Les étés sont chauds et les pluies concentrées durant l'hiver doux, aux gelées rares. Les plantes méditerranéennes n'aiment guère les hivers froids et trop humides.
- **Microclimat.** Ce terme désigne les conditions particulières dans un lieu donné. Une « poche de froid » est un microclimat localisé, sujet aux gelées. Les murs ensoleillés créent des microclimats artificiels. Les plantes y profitent de la lumière et de la chaleur réfléchies, ce qui aide le bois à durcir et favorise la rusticité et une meilleure floraison.
- **Subtropical.** De hautes températures estivales, mais un hiver marqué, où les plantes peuvent entrer en repos. Les pluies sont continues ou saisonnières.
- **Tempéré.** Climat aux écarts de température relativement faibles, avec des étés chauds et des hivers frais (tempéré chaud) ou des étés frais et des hivers froids (tempéré froid), séparés par des saisons de transition : printemps et automne. Les pluies ont lieu toute l'année.
- **Tropical.** Températures élevées toute l'année avec des pluies parfois importantes, par saisons ou sur l'année. La végétation peut être constante, sans repos. Les zones arides voient peu de pluies, les plantes poussent aussitôt après les orages qui sont imprévisibles.

Rusticité

- **Très rustique.** Minimum : - 20 °C ; les plantes résistent au climat froid, sauf hivers exceptionnels.
- **Rustique.** Minimum : - 10 °C ; les plantes ne supportent guère des froids répétés ou prolongés.
- **Demi-rustique.** Minimum : 0 °C ; après des étés chauds et prolongés où le bois est bien mûr, les plantes peuvent supporter un froid léger sur une courte période.
- **Gélif** (ou **non rustique**). Les plantes ne supportent même pas une gelée blanche. Nombre de plantes sont gélives jeunes.

(Suite de la p. 11.) Plus le cambium est atteint, par une déchirure ou une coupe profonde, plus le processus de cicatrisation est lent. L'emploi de goudrons de protection gêne son action et n'est plus guère recommandé *(voir également p. 22)*.
L'intervention du jardinier peut aider une plante à se remettre d'une blessure ou d'une maladie. Si elle a déjà formé sa protection naturelle, ne coupez jamais dessous. Sinon, la plante gaspillera son énergie à former un cal, un peu plus bas. Contentez-vous de retirer le bois mort. Il est souvent envahi d'agents pathogènes, ce qui provoque des risques d'infections.
Dans certains cas, il faut trancher dans le bois sain *(voir ci-contre)*. Des maladies comme le « corail » s'étendent si vite que la plante n'a pas le temps d'entamer son processus de protection. Elle peut mourir si vous n'amputez pas la partie atteinte. En cas d'accident, une coupe franche dans du tissu sain se cicatrisera bien mieux qu'une plaie déchiquetée. Ne coupez jamais plus que nécessaire. La taille raisonnée consiste à faire des coupes aussi petites et nettes que possible. Dans ce cas, les mécanismes de défense de la plante sont plus actifs. Pour retirer brindilles et rameaux, même morts, n'entaillez ni la branche maîtresse ni le tronc. Ne coupez jamais trop ras, sous peine de perturber les systèmes de défense et d'affaiblir la plante en laissant entrer des agents pathogènes.
Sur une branche maîtresse, le point où se forme une fourche possède une structure complexe *(voir ci-dessous)*. Quand il épaissit, des tissus de renfort forment un manchon continu entre les deux branches. Au point de rencontre, une épaisse couche de soutien apparaît. Elle supporte les tensions dues au poids croissant de la branche et à l'action du vent. Cet endroit est la zone la plus active de défense naturelle de l'arbre. Ne l'abîmez pas lors de la taille et veillez à bien couper au-dessus *(voir illustration ci-dessous)*.
Certaines blessures sont si larges et déchirées qu'elles ne se colmatent jamais complètement et restent sensibles aux infections. S'il s'agit d'une branche secondaire, coupez le rameau malade à la base. Si le mal se produit sur la fourche principale d'un arbre à tronc unique, ni la plante ni le jardinier n'y pourront rien et il faudra peut-être supprimer l'arbre. Cet accident arrive parfois quand les branches secondaires forment un angle trop fermé avec la branche maîtresse (ou charpentière).
Le côté préventif de la taille est très important dans la vie d'une plante, car il évite par la suite les interventions trop sévères à but correctif. Vous devez donc intervenir plus régulièrement sur les jeunes arbres.

Maladies ou accidents graves

Bois malade
Le corail est une maladie qui s'étend vite. Les pousses atteintes doivent être coupées sur des parties saines et vivantes. Recherchez du bois clair, sans tache avant de procéder à la taille.

Éclatement
Un vent violent a déchiré cette branche, provoquant de graves dégâts. Elle formait un angle trop fermé et n'aurait pas dû être conservée lors de la formation, car elle était fragilisée dès le départ.

Taille d'une branche fourchue

La position du tissu de renfort et du bourrelet de jonction indique le meilleur endroit pour la coupe. Taillez la branche juste au-dessus, en donnant à la coupe un angle perpendiculaire à la direction prise par la branche à éliminer.

Taille raisonnée
Une coupe nette et propre se cicatrise bien, grâce aux défenses naturelles de la plante. Les tissus se contractent, faisant obstacle aux maladies.

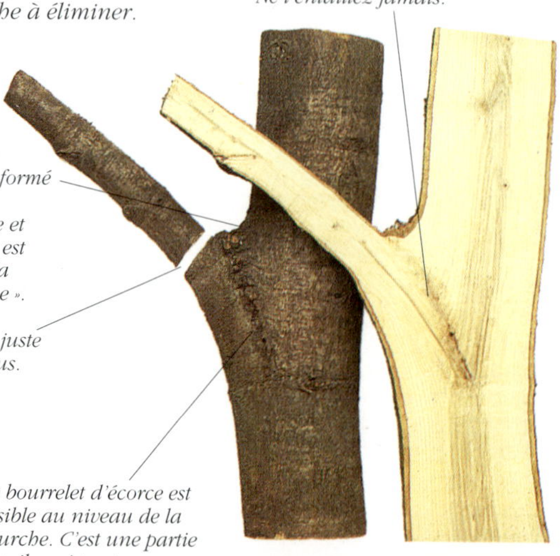

Dégâts du gel

Coupez les parties gelées dans du bois sain au début du printemps. Les branches et les feuilles supérieures (même détruites) protègent les bourgeons, qui, sans cela, seraient abîmés par des froids tardifs. N'intervenez pas trop tôt.

Principes de base pour la taille et le palissage

La réussite en matière de jardinage est fondée sur l'application de bonnes techniques culturales *(voir p. 15)*. Elles assurent aux plantes les approvisionnements en eau, nourriture et lumière. La taille repose sur deux principes de base. Le premier est de réaliser un inventaire de l'ensemble de la plante avant toute intervention. Le second consiste à ne jamais tailler sans une bonne raison, tout en essayant d'extrapoler sur les conséquences et l'évolution de la coupe.

La fonction la plus importante et la plus commune de la taille est de retirer les parties mortes, malades ou abîmées. Agir vite permet aux plantes de rester saines, et des coupes bien faites augmentent leurs chances de se remettre des accidents et des maladies *(voir page de gauche)*. Une intervention de taille plus poussée et un palissage approprié serviront à produire des sujets robustes et bien équilibrés, à créer des formes plaisantes qui mettent en valeur les qualités ornementales des végétaux, à stimuler la végétation ou des caractères utiles (une ramure fournie, épaisse, dans une haie). Enfin et surtout, la taille va favoriser et développer la floraison et la fructification.

La clé de voûte des techniques appliquées pour tous ces usages est la croissance. À toute suppression naturelle ou artificielle d'une partie de plante, celle-ci réagit en émettant de nouvelles pousses. Plus on coupe sévèrement et plus la plante repart avec vigueur. Le jardinier expert va tailler pour obtenir des repousses quand et où il veut. Il modèle ainsi à son gré leur implantation, leur abondance et leur vigueur.

Provoquer des ramifications

Quand une branche est coupée ou cassée, la circulation de la sève s'interrompt et le bourgeon terminal ne joue plus son rôle moteur. On dit que la dominance apicale cesse. Les bourgeons (yeux) proches de la blessure, ou situés plus bas, se transforment en tiges. Ces dernières apparaissent parfois sur des tronçons où l'on n'apercevait aucun bourgeon. Ces yeux latents, ou dormants, étaient enfouis sous l'écorce. La dominance du bourgeon terminal étant caractérisée par une croissance verticale, elle peut disparaître quand on courbe la tige pour la palisser vers le bas (c'est la technique de l'« arcure »). La sève circule plus lentement, ce qui provoque l'apparition simultanée de nouvelles pousses latérales tout au long de la tige. Ces rameaux jeunes et souples sont les mieux armés pour bien fleurir et fructifier. La technique de l'arcure est utile pour les plantes grimpantes les plus vigoureuses et les rosiers à longs rameaux souples. On l'utilise aussi pour les arbres fruitiers cultivés en cordons ou en espaliers. C'est le meilleur moyen pour augmenter les floraisons, les fructifications et les récoltes sur les sujets vigoureux. *(Suite p. 14.)*

Réduction de la vigueur par la taille d'une branche

Avant la taille
Le bourgeon terminal, intact, domine. Il tire la sève vers lui. L'énergie est dépensée pour l'allongement vertical de la plante. Les bourgeons latéraux se développent plus lentement.

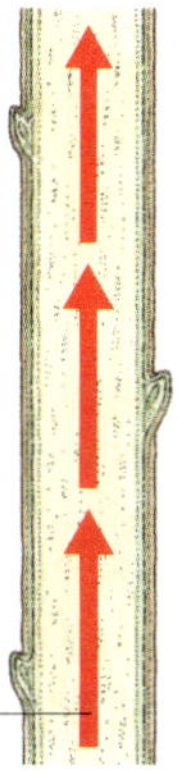

Pousse verticale.

Après la taille
La suppression de l'apex provoque le démarrage des bourgeons latéraux. L'œil d'extrémité sera le plus vigoureux, mais comme il n'a pas une dominance absolue, les yeux inférieurs émettront également des pousses souvent fertiles.

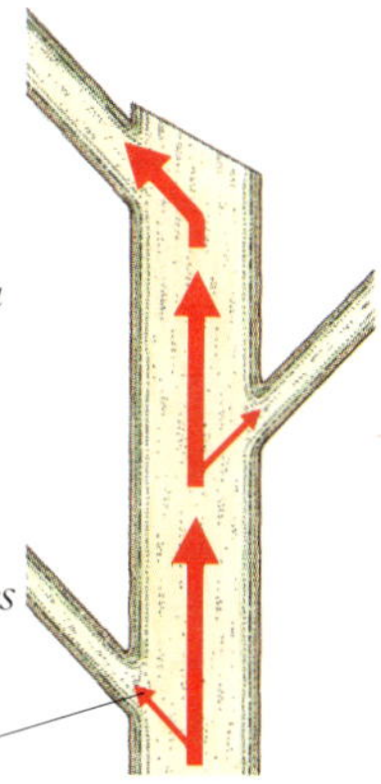

Pousse latérale.

Pincement (Coleus)

La suppression du bourgeon terminal de cette bouture va engendrer une végétation dense et touffue, au lieu d'une longue tige verticale unique.

Avant
Bouture à une seule tige verticale.

Après
La plante a été pincée régulièrement.

Recépage

Taillez les plantes en touffes sur des zones sans bourgeon visible. Les yeux dormants, groupés sur la souche, sont réveillés par une coupe sévère. Ils percent alors l'écorce qui les recouvre, donnant un buisson de rejets vigoureux.

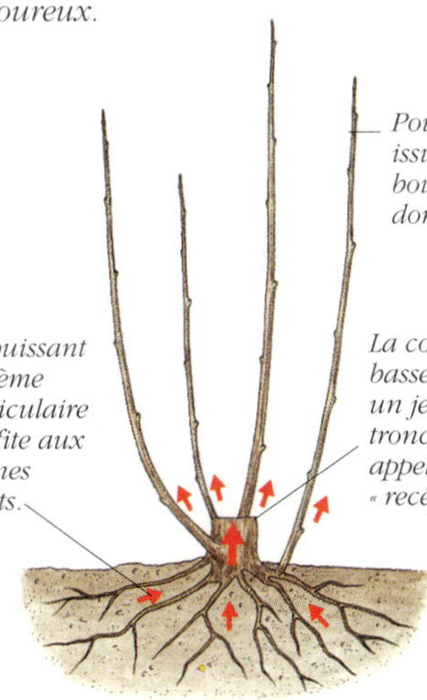

Pousses issues de bourgeons dormants.

Le puissant système radiculaire profite aux jeunes rejets.

La coupe basse sur un jeune tronc est appelée « recépage ».

Arcure horizontale (rosier)

Tige verticale *(à gauche)*
Dans le mode de croissance naturel, l'essentiel de la végétation est vertical, comme le montrent la tige principale et la pousse secondaire.

Dans les tiges verticales, la sève monte très vite, ce qui stimule la croissance.

Tige horizontale *(ci-dessous)*
L'arcure du rejet a provoqué le démarrage des yeux à l'aisselle des feuilles. La plupart des nouvelles pousses porteront des fleurs.

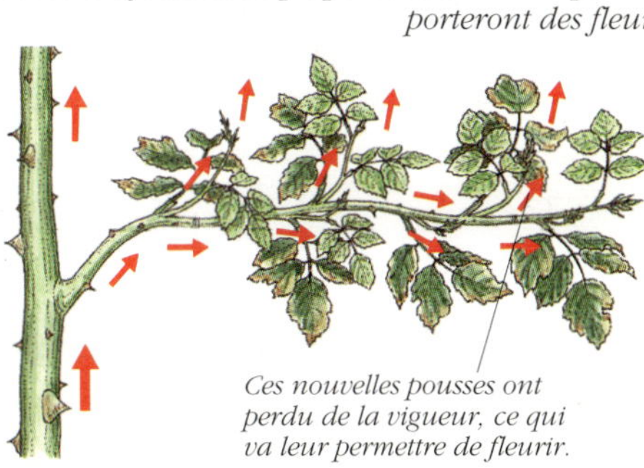

Ces nouvelles pousses ont perdu de la vigueur, ce qui va leur permettre de fleurir.

Le classement des plantes

Dans la nomenclature botanique, les plantes sont distinguées par le « genre », comprenant un nombre variable d'« espèces ». On peut les croiser pour obtenir des « hybrides », indiqués par l'initiale « x ». Dans une même espèce, on peut rencontrer des variantes naturelles (une couleur de fleur différente, par exemple) et des variétés cultivées, appelées « cultivars ». Ils sont propagés pour perpétuer une qualité précise comme une floraison double, un port pleureur, etc.
Lonicera est un genre. *Lonicera japonica* et *Lonicera nitida* sont des espèces. *Lonicera* x *heckrottii* est un hybride et *Lonicera nitida* 'Baggesen's Gold' est un cultivar, sélectionné pour ses feuilles dorées. Les plantes sont groupées en genres suivant des caractères communs, comme la forme des fleurs et le nombre de pétales. Les techniques de taille varient chaque fois.

Genre identique, port différent

Lonicera nitida 'Baggesen's Gold'
Ce persistant à végétation dense, développe des tiges ramifiées, rigides, et des petites feuilles luisantes.

Lonicera japonica
Ce chèvrefeuille forme des longues tiges souples, volubiles et des masses de fleurs odorantes en été.

(Suite de la p. 13.)

Favoriser la repousse

En réduisant la croissance des branches par la taille, vous stimulez la production de nouvelles pousses, ailleurs sur la plante. D'une manière générale, plus la taille est sévère, plus la repousse est vigoureuse, dans la mesure où la plante est saine et tolère une coupe forte. Réciproquement, une taille faible ou nulle induira une pousse réduite. Vous pouvez tailler court le côté faible d'un arbuste déséquilibré, sans toucher au reste, excepté pour le remettre en forme.
Une taille vigoureuse ne limite pas forcément le volume d'une plante, à moins d'être répétitive, comme dans la taille en têtard. Des interventions sévères et fréquentes affaiblissent la plupart des arbres et des arbustes. Mieux vaut choisir une plante adaptée à l'espace, plutôt que d'avoir à tailler sans cesse.

La bonne époque pour tailler

Pour une taille efficace, le choix du moment est capital. Il dépend avant tout de l'âge de la plante et de son mode de floraison. Les arbustes à floraison estivale et automnale fleurissent sur le bois de l'année. Ils se taillent au printemps pour générer des pousses vigoureuses qui fleuriront dans le courant de la saison de végétation. Les arbustes printaniers s'épanouissent sur le bois de un an. Ils se taillent après la floraison, afin de permettre aux jeunes pousses de croître et de mûrir, avant de fleurir l'année suivante. Il arrive que des fleurs naissent sur des rejets issus de la charpente de vieux bois. Ceux-ci seront coupés à ras après leur floraison. Attention, si l'on taille les espèces à feuillage persistant trop tôt au printemps ou trop tard en fin d'été, leurs pousses tendres peuvent être endommagées par le gel ou les vents froids. Différents facteurs interviennent chez d'autres végétaux. Les plantes qui « pleurent » quand on les coupe, comme la vigne, ou qui sécrètent de la gomme, comme les cerisiers, ne sont jamais taillées dans le courant du printemps, pendant que la pression de la sève provoque un fort écoulement.

Genre identique, conduite différente

Buddléia à port libre
Rabattez-le chaque année à la fin de l'été. Cette taille sévère va provoquer le développement de longues tiges souples et vigoureuses, de 2 m de hauteur.

Espèce identique (Syringa meyeri), conduite de manières différentes

Forme semi-naturelle *(ci-dessus)*
Le Syringa meyeri *forme un buisson dense.*

Forme taillée *(à gauche)*
La conduite sur tige donne l'impression d'une plante plus rigide, idéale en pot.

BUDDLÉIA PALISSÉ
Attachez les tiges sur une armature. Éliminez les pousses qui se dirigent vers l'avant et coupez sur un œil bien placé.

Tailles directives

Une taille directive consiste à couper sur un bourgeon placé dans la direction choisie pour le futur rameau. Elle est associée d'ordinaire à un palissage des rameaux dans le sens requis. Vous formez alors une charpente, remplacez des branches, ou comblez des trous dans une ramure déjà établie.

Tailles particulières

Les plantes peuvent être taillées pour créer un décor spécial. C'est le cas de la topiaire pour sculpter des silhouettes originales (*voir p. 48*), du recépage ou de l'étêtage pour obtenir des rameaux hivernaux éclatants ou des feuilles plus grandes et colorées (*voir p. 36*). Ces tailles favorisent aussi le développement du feuillage juvénile décoratif chez certaines variétés d'arbustes. Plus complexe, la taille de formation permet de conduire certains végétaux sur tige.
Nombre de plantes réagissent bien à diverses techniques de taille, mais il est essentiel de s'assurer que l'espèce retenue pour un usage déterminé s'y prête. Ne croyez pas que tous les végétaux d'un même genre réagissent de manière identique. C'est souvent le cas, mais ils peuvent varier grandement dans leur végétation, et par conséquent, dans leurs besoins en taille et en palissage. *Clematis viticella*, par exemple, est taillée ras chaque printemps, alors que *Clematis alpina* est juste nettoyée superficiellement. Dans un même genre, les plantes peuvent tolérer plus ou moins bien la taille. L'une repartira vigoureusement après une intervention sévère, alors que l'autre ne donnera que peu de pousses et pas de fleurs, ou pourra même dépérir. Reportez-vous aux chapitres concernant les plantes ornementales pour connaître toutes les techniques en détails et découvrir les cas particuliers. *(Voir pp. 151-225.)*

CONSEIL TRUFFAUT

La suppression des bois morts, malades ou abîmés est toujours bénéfique aux plantes. Mais d'autres interventions leur retirent de l'énergie. Cette dernière est produite par la photosynthèse, localisée dans la feuille, véritable usine chimique. La chlorophylle capte l'énergie solaire et l'emploie à transformer l'eau, les sels minéraux puisés dans le sol et l'oxyde de carbone, en nourriture assimilable par les plantes, sous forme d'hydrates de carbone. L'oxygène est un sous-produit, libéré dans l'atmosphère.
Les tailles fortes, telles que les recépages annuels sur la charpente, sont plus traumatisantes. En privant la plante d'organes utiles, vous l'affaiblissez et l'obligez à un surcroît d'activité. À la longue, elle peut s'épuiser et sa longévité s'en ressentira.
De même, le fait de vouloir augmenter la floraison et la fructification fait consommer énormément d'énergie à la plante. Plus vous taillez un volume important à faible intervalle, et plus la plante devient gourmande. Pour qu'elle reste vigoureuse et bien stimulée par la taille sans contrecoup végétatif, il faut lui fournir eau et nourriture en abondance. Cela permettra d'alimenter la repousse, sans puiser dans ses réserves. Donnez un engrais complet, équilibré, comportant de l'azote, du phosphore, de la potasse et des oligo-éléments.

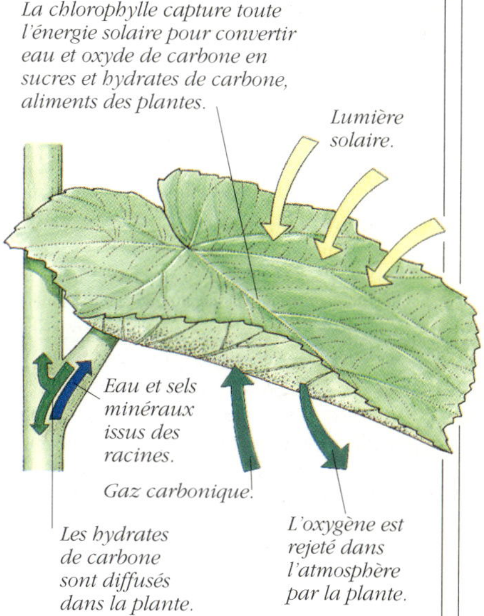

PHOTOSYNTHÈSE
La feuille est le cœur de la photosynthèse, les stomates (pores) des rosiers s'ouvrent et se ferment pour contrôler les échanges gazeux.

Engrais et paillage

Appliquez au printemps un engrais complet, aux doses recommandées par le fabricant. Ne dépassez pas la quantité prescrite, sous peine de provoquer des brûlures qui se manifestent par des taches rousses ou des décolorations. Si plusieurs apports s'avèrent nécessaires, n'agissez pas après le début de l'été en climat froid. Vous éviterez ainsi que les pousses tendres apparues tardivement ne souffrent du gel. Sitôt après avoir fertilisé, sur sol frais, au printemps (voir ci-dessous, à droite), paillez. Laissez le collet de la plante dégagé. Le paillis régule la température et l'humidité du sol. En couvrant la terre, il entrave la pousse des mauvaises herbes, concurrentes des plantes d'ornement.

PAILLAGE
Posez un paillis épais de 7 à 10 cm après un apport d'engrais au printemps, en laissant le collet dégagé.

FERTILISATION
Au printemps, sur sol humide, apportez un engrais complet. Épandez-le avec régularité, puis ratissez légèrement.

Outillage et équipement

Investir dans un matériel de jardinage de qualité s'avère toujours fructueux. L'idéal est de disposer d'un outillage adapté à chaque tâche. Un bon outil donnera un résultat parfait, surtout quand il s'agit de taille. Couper une branche trop grosse au sécateur abîmera la plante et l'outil, rendra la tâche malaisée et fatigante.
Avant d'acheter, assurez-vous que le modèle est agréable. Jugez de son poids et de sa prise en main. Il doit se tenir aisément, paraître léger et s'employer sans fatigue.

La bonne et la mauvaise méthode de coupe

Sécateur en mauvaise position
Tenu normalement (lame en haut), le sécateur ne coupe pas correctement cette branche. La contre-lame touche le tronc, ce qui éloigne trop la coupe. Il reste un chicot qui favorise l'apparition des maladies.

Bonne position
En tournant le poignet, la lame du sécateur touche le bois qui reste sur la plante. La coupe est correcte.

Outils de coupe

Le sécateur est l'outil de taille le plus pratique. Il s'emploie sur les pousses tendres, ou n'excédant pas 1 cm de diamètre. Ne forcez pas inutilement et servez-vous d'un ébrancheur pour les grosses branches.
Beaucoup de gens ignorent qu'il existe un sens pour la coupe au sécateur. La lame (partie coupante) doit toujours rester du côté du bourgeon ou du nœud conservé, la contre-lame en enclume ou en crochet se trouve en contact avec la partie éliminée. Pour ce faire, il peut être nécessaire de tourner la main paume vers le bas (*exemples en haut, à droite et ci-dessous*).
Ne coupez jamais de fil de fer avec un sécateur, vous abîmeriez les lames. Sur certains modèles, il existe parfois pour cet usage une encoche spéciale sur l'arête externe.
L'ébrancheur est un sécateur qui actionne à deux mains. Les modèles avec système de démultiplication ou crémaillère permettent de couper des branches de plus de 3 cm de diamètre sans aucun effort. Choisissez un modèle à manche court pour compléter le travail du sécateur et un autre de grande taille pour les coupes plus difficiles.

La scie a divers usages : coupe de bois épais, élimination de chicots au pied des rosiers, retrait de vieux gourmands noueux, etc. Préférez un couteau-scie ou une égoïne spéciale pour jardinier. Les scies d'atelier s'encrassent vite à couper du bois vert. Les scies à grosse denture abîment les tissus. Le jardinier amateur a rarement besoin d'entreprendre des travaux de coupe si importants qu'ils nécessitent ce matériel puissant.
Greffoir et serpette sont indispensables pour parer les coupes (lisser leur surface) et supprimer les pousses tendres (ébourgeonnement). Ne les employez pas pour couper de la ficelle, vous les émousseriez.
Les cisailles servent pour tondre régulièrement les lavandes et les bruyères par exemple, elles servent aussi pour les haies et les topiaires. Les modèles à lames ondulées sont les plus précis. Ils pincent et coupent les pousses en évitant de les déplacer.
Les échenilloirs, montés sur un manche télescopique, associés ou non à une scie et un cueille-fruits, permettent d'atteindre les parties inaccessibles à l'échelle ou de tailler les hautes branches depuis le sol. Mais leur coupe est imprécise.
Le dresse-bordures s'avère également précieux pour agir en périphérie des plantes traçantes. Trancher dans les stolons extérieurs et les retirer avec leurs racines s'avère plus efficace que les tailles de surface. Une bêche bien affûtée fera le même travail.

Entretien des outils

Nettoyez et séchez les outils après emploi, en insistant sur les parties tranchantes. Un coup

Technique d'emploi des outils de taille

Bon emploi des sécateurs
Un sécateur bien aiguisé coupe net et facilement des tiges ligneuses ne dépassant pas 1 cm de diamètre.

Mauvais emploi du sécateur
Forcer par à-coups pour couper cette tige trop grosse, mâche et abîme les tissus végétaux, tout en émoussant la lame.

Bon emploi de l'ébrancheur
Il est aisé de couper une branche qui tient entre les mâchoires de l'outil. Les manches longs diminuent l'effort.

ÉCHELLES DE RÉCOLTE
Les échelles de forme conique offrent l'avantage de se glisser parmi les branches, ce qui facilite leur mise en place dans la ramure des arbres.

de chiffon huilé évitera aux lames de rouiller. Si vous avez coupé des plantes malades, désinfectez les outils avant d'effectuer toute autre coupe ou avant de les ranger. Plongez-les dans un désinfectant à usage horticole ou dans de l'eau de Javel et séchez-les soigneusement. Maintenez les lames bien tranchantes par des affûtages réguliers avec une pierre huilée. C'est important pour obtenir des coupes nettes. Attention, des outils inefficaces transforment vite le plaisir du jardinage en corvée.

Éliminer des déchets

Les parties vertes qui ont été coupées finiront sur le tas de compost. En revanche, le bois met trop longtemps à se décomposer, sauf s'il est passé au broyeur. Ne compostez jamais des bois malades, même broyés. Bien que la chaleur de la fermentation tue de nombreux germes, rien n'assure leur élimination totale. Brûlez-les ou jetez-les.

Sécurité : un principe essentiel

Les accidents sont rares avec de bons outils bien employés, et si la tâche entreprise n'est pas au-dessus de vos talents. L'abattage et la coupe de fortes branches sont l'affaire de professionnels (*voir p. 35*).
Dans l'idéal, n'employez jamais seul une échelle. Ne vous étirez pas au sommet pour attraper des branches et soyez très prudent en passant de l'échelle à l'arbre, ne serait-ce que d'un pied. Songez que les branches déplacées, pour être mieux palissées ou coupées, peuvent revenir brutalement et faire comme un fouet. Outre les gants, des lunettes protectrices sont bienvenues pour travailler à hauteur de visage dans les épineux ou utiliser une tronçonneuse
Certaines plantes exsudent lors de la coupe une sève aux effets irritants, allant de la simple rougeur aux vertiges et aux vomissements. Les soies de certaines plantes sont également irritantes. Les sumacs, les berces, les euphorbes et les frémontias sont bien connus pour produire ces désagréments.

Tétanos : vaccination obligatoire

La bactérie du tétanos est présente dans le sol. Elle s'infiltre dans les blessures de la peau. Il est sage, pour les jardiniers, de se faire vacciner. Deux injections sont faites à un mois d'intervalle, puis le premier rappel un an plus tard. Ensuite, une injection tous les dix ans est suffisante.
Si vous vous coupez ou vous piquez avec une plante et n'êtes pas vacciné, ou si vous ne vous souvenez plus de la date du dernier vaccin, allez consulter un médecin.

OUTILS À MOTEUR
Les outils motorisés sont irremplaçables pour certains travaux de taille, s'ils sont employés en respectant la sécurité. Une ***débroussailleuse à fil*** *servira à rabattre de grandes surfaces de couvre-sols tels que l'*Hypericum calycinum. *On trouve de nombreuses sortes de* ***taille-haies :*** *les modèles petits, légers, à denture simple, va-et-vient et aux dents serrées sont les meilleurs pour la « tonte » et la mise en forme. Électriques, ils sont plus légers et plus maniables qu'à moteur thermique. Tout taille-haies branché sur le secteur doit être raccordé sur une prise reliée à la terre. Ne taillez jamais de plantes mouillées, ou par temps humide. Les* ***lunettes protectrices*** *sont indispensables avec les outils à moteur et le port du* ***casque*** *est recommandé. Avant le premier emploi de chaque machine, demandez une démonstration de la marche à suivre par un spécialiste. En raison de leur puissance, les* ***tronçonneuses*** *sont parfois délicates d'emploi. Elles ne doivent être maniées que par des adultes en bonne condition physique. Portez toujours des* ***gants*** *pour vous assurer d'une meilleure prise en mains. Ne grimpez jamais dans un arbre avec une tronçonneuse à la main.*

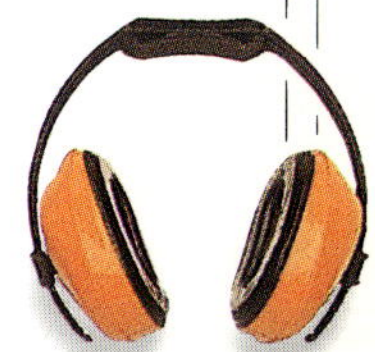

Casque insonorisant.

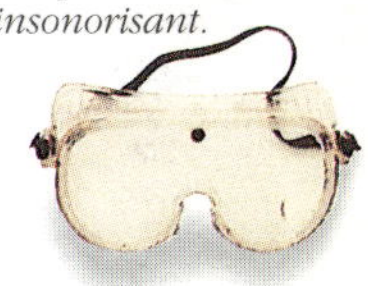

Lunettes protectrices.

MAUVAIS EMPLOI DE L'ÉBRANCHEUR
Une branche trop grosse abîme l'outil. Il est évident que cette branche ne peut être coupée proprement d'un seul coup.

EMPLOI DU COUTEAU-SCIE
Une scie d'élagueur à lame courbe est parfaite pour couper les bois épais et les chicots sans endommager les autres pousses.

EMPLOI DE LA SERPETTE
Sur les coupes importantes, les bordures inégales seront parées avec une serpette de jardinier parfaitement affûtée.

Arbres d'ornement

Un arbre adulte va constituer un point fort dans le jardin par son ampleur. Ne négligez pas la taille de formation et les interventions d'entretien qui lui donneront une belle silhouette et une bonne répartition des branches.

Dans la plupart des jardins, les arbres constituent la base du décor. Leur volume et leur longue durée de vie exigent réflexion avant la plantation, sur le choix des espèces et les formes à leur donner. Il existe une vaste gamme d'arbres poussant dans la plupart des conditions, y compris un éventail de petites espèces bien adaptées aux jardins contemporains de faible surface. Le greffage, la taille et le palissage entrent pour une grande part dans la qualité ornementale des arbres.

Le développement d'un arbre dans la nature avec sa forme spontanée ou « port », dépend de nombreux facteurs dont les maladies, les accidents végétatifs, la sécheresse et le voisinage. Laissé libre, il peut prendre un aspect inattendu, peut-être plaisant dans la nature, mais souvent peu souhaitable dans le jardin. L'idéal est un arbre esthétique présentant une charpente solide et bien équilibrée, garante d'une vie longue et saine.

La taille de formation est essentielle pour accentuer le port naturel ou pour créer une des nombreuses « formes » possibles. Peu d'arbres requièrent une taille et une formation importantes une fois adultes, mais l'avenir d'un sujet dépend souvent des soins reçus dans son jeune âge. Heureusement, tout n'est pas perdu sur un arbre négligé. Beaucoup peuvent être rattrapés par un rajeunissement adéquat. Il faudra sans doute utiliser des outils à moteur et réaliser un élagage important. Ces opérations, ainsi que l'abattage, doivent de préférence être conduits par des élagueurs professionnels.

CATALPA BIGNONIOIDES FORMATION EN BOULE
Nombre d'arbres se prêtent à une conduite particulière, tel l'étêtage, qui donne une couronne dense, buissonnante, sur un tronc bien dégagé.

NYSSA SYLVATICA : UN SUJET BIEN FORMÉ
Tous les arbres tirent profit d'une mise en forme qui améliore leur port. Cet arbre bien équilibré resplendit dans son environnement.

Formes et silhouettes d'arbres

Selon les espèces, les arbres prennent naturellement une forme spécifique qui va évoluer plus ou moins selon les conditions de culture. Le but de la taille est de donner à l'arbre, dès les premières années de plantation, une des principales formes possibles. Souvent, la conduite se réduit à obtenir un beau sujet au port naturel. Mais certaines formes sont créées et maintenues par la taille et le palissage. Les pépiniéristes emploient des termes techniques pour désigner la forme et les dimensions des arbres à la vente. Cela permet d'aider le client dans son choix sur catalogue. N'achetez jamais un arbre sans connaître sa hauteur et son encombrement à l'âge adulte. Il pourrait s'avérer trop volumineux et réclamer des élagages coûteux, voire sa suppression. Avec l'âge, les silhouettes de certaines espèces se modifient pour prendre de l'ampleur, alors que certaines perdent leur bel aspect en se dégarnissant de la base. La taille peut limiter ce phénomène. Certaines formes très élaborées, notamment celles qui ont été greffées, demandent une surveillance attentive pour ne pas perdre leur beauté. Il est souvent conseillé de modifier la forme et l'encombrement d'un arbre juste après l'achat, en supprimant les branches basses pour dégager une tige centrale. Cela va permettre d'obtenir un effet différent.

ARBRE TIGE

Sur un tronc dégagé, la couronne branchue (frondaison) se développe avec ampleur. Cette forme est répandue naturellement (marronniers, par exemple). Elle peut être obtenue par greffage en tête (chez certains prunus) ou en rabattant le tronc d'un baliveau (voir p. 29) *à la hauteur souhaitée.*

DEMI-TIGE

Les pépiniéristes emploient divers termes pour désigner les jeunes arbres selon la hauteur de la tige. Un « demi-tige » portera une petite couronne sur un tronc de 75 à 130 cm. La forme disparaît souvent avec l'âge ; certaines espèces, comme le laurier, conservent par la taille les proportions d'une demi-tige.

FUSEAU

C'est une forme spontanée chez beaucoup de jeunes arbres. Le tronc est couvert de branches presque jusqu'au ras du sol. La plupart perdent leurs branches basses en vieillissant, mais certains gardent cet aspect à l'âge adulte, après quelques soins (voir p. 27). *C'est le cas de nombreux conifères et de quelques espèces d'*Eucryphia.

ARBRE VERTICAL

Le tronc puissant de cette forme traverse toute la couronne pour se terminer en flèche centrale. C'est une silhouette très courante dans la nature : Quercus rubra *et* Corylus colurna, *par exemple. On peut l'obtenir par la taille, en retirant peu à peu les branches basses d'un jeune fuseau pour dégager un tronc de 1,5 à 2 m de hauteur.*

ARBRE FASTIGIÉ

Cette forme étroite, et en colonne, porte des branches dressées sur presque toute sa hauteur. Le tronc central est faiblement divisé, pas plus d'une ou deux fois dans la couronne. Ce port est totalement spontané, la taille n'étant pour rien dans sa création ou son maintien. De nombreux conifères l'adoptent, ainsi que Populus nigra *var.* italica *et* Fagus sylvatica *'Dawyck'.*

BUISSON

Certaines espèces, comme les néfliers, se développent naturellement en buissons formés d'une ramure arrondie sur un tronc très court. Ces buissons sont créés, le plus souvent pour les vergers, par la taille et le palissage, afin d'obtenir des arbres fruitiers de petite taille plus faciles à récolter.

CÉPÉE

La cépée rappelle un très gros arbuste, à plusieurs troncs bien distincts, issus du sol ou d'une souche courte. Elle peut être lâche, érigée et peu fournie, comme chez les bouleaux, ou couverte de rameaux, pour former un buisson dense. La taille permet de créer cette forme (voir p. 30).

ARBRE PLEUREUR SUR TIGE

Cette silhouette élégante est souvent obtenue en greffant en tête un cultivar pleureur sur un porte-greffe dressé. Les branches retombent en parapluie depuis un point central ou, comme chez le frêne pleureur, cascadent en plusieurs étages d'une ampleur différente.

Techniques de base

Les arbres sont formés et taillés avant tout pour rester vigoureux, sains et pour constituer une charpente solide bien équilibrée qui leur donnera de la stabilité. La taille joue également sur la forme et le volume, elle améliore des caractères décoratifs tels que la floraison ou les écorces.

Taille et formation sont très importantes sur les jeunes sujets, car elles déterminent la prestance de l'adulte. Une fois l'arbre établi, les coupes se réduisent le plus souvent à supprimer les bois morts, malades, abîmés ou difformes. Cela permet de concentrer l'énergie pour la croissance harmonieuse du sujet. Plus l'arbre taillé est jeune, mieux il se cicatrise. Plus la pousse coupée est récente, plus vite elle guérit. Taillez les rameaux encore tendres et les brindilles avant qu'ils ne deviennent des branches dures.

Comme chez toutes les plantes, une taille sévère provoque une réaction plus forte qu'une taille légère. Excepté pour des techniques spéciales comme l'étêtage et le recépage (*voir p. 36*), tailler court pour réduire un arbre est assez peu efficace. Choisissez des arbres adaptés à leur emplacement, car supprimer des grosses branches n'est qu'un pis-aller. Vous le ferez seulement à la suite de maladies ou d'accidents, voire pour restaurer un arbre négligé ou devenu dangereux par son ampleur. N'éliminez jamais au hasard des branches saines, pour améliorer ou transformer le port d'un arbre adulte. C'est toujours risqué pour l'élagueur amateur, et l'arbre peut en sortir défiguré, plus sensible aux maladies et parfois dangereusement déséquilibré. Les tailles sévères qui exigent l'emploi d'une échelle et impliquent de fortes coupes, sont toujours le fait de spécialistes.

La bonne coupe

Toute taille, petite ou grande, doit être nette, sans hacher ou déchirer les tissus. Une coupe en biais est préférable, la pluie s'écoulant sans stagner, à l'inverse d'une coupe à plat où l'humidité accumulée favorise la pourriture. Dans l'idéal, coupez près d'un bourgeon, sur une fourche ou sur l'empattement d'une branche, c'est-à-dire au-dessus du renflement marquant la jointure de la branche et du tronc *(voir également p. 12)*.

Quand tailler

L'époque de taille est importante. Le mieux est d'agir au moment où les bois morts tombent dans la nature. En hiver, la neige, la glace et le vent brisent les parties sèches et les branches faibles des arbres en plein sommeil. La cicatrisation se fait rapidement, avec la reprise de la végétation au printemps.

La plupart des arbres tolère une taille légère à tout moment, pour rectifier des petits défauts. Les exceptions viennent des espèces dont les plaies « pleurent » abondamment, comme les bouleaux et les noyers, qui ne doivent pas être taillés au moment du débourrement (éclatement des bourgeons) ni en pleine sève (milieu de l'été). Même chose pour ceux qui sont menacés par de nombreuses affections. Les cerisiers, par exemple, sont taillés en été, quand la « maladie du plomb » est moins virulente. Le Lexique des arbres d'ornement précise les bonnes époques de taille pour chaque espèce *(voir pp. 52-91)*.

Coupes sur un œil

Repérez un bourgeon vigoureux, sain, pointé dans une direction idéale pour le développement de la nouvelle pousse. Il faut qu'elle grossisse à l'aise, sans croiser ni étouffer les autres. L'œil choisi sera le plus souvent tourné vers l'extérieur de la ramure. Sur les arbres à bourgeons opposés, vous pourrez éborgner l'œil tourné vers l'intérieur, l'autre n'en poussera que mieux. *(Suite p. 22.)*

Coupe sur les bourgeons alternes

Faites une incision en biais à 5 mm environ au-dessus du bourgeon. La pente permettra l'écoulement de l'humidité sur la coupe et limitera les infections.

Coupe sur les bourgeons opposés

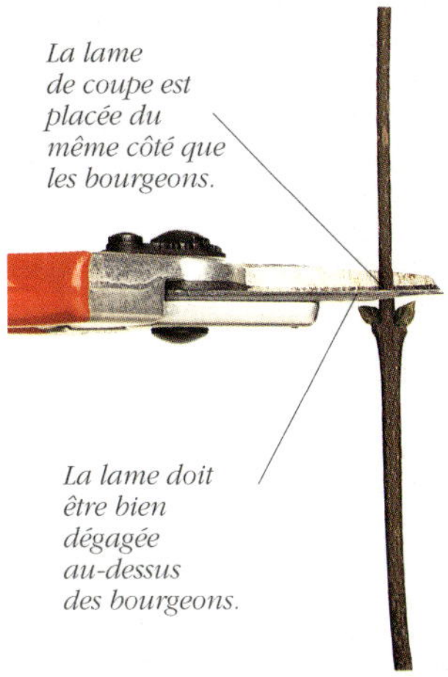

Coupez net sur la tige, au-dessus d'une paire de bourgeons sains, aussi près que possible de ceux-ci, sans les heurter ni les abîmer. Deux tiges vont apparaître.

Conséquences de la qualité d'une coupe sur la cicatrisation

Coupe nette
Une coupe nette engendre la formation d'une couche protectrice (cal). La plaie visible se réduit peu à peu, puis se referme.

Coupe imparfaite
Les spores de champignons, sources de pourritures, envahissent les tissus déchirés. La blessure infectée s'aggrave.

(Suite de la p. 21.)
Ne coupez jamais à mi-course entre des bourgeons ou des branches. Le chicot restant, dénué d'yeux vivants, s'affaiblit et meurt. La cicatrisation naturelle est bloquée et laisse place aux maladies.
Parfois, une coupe peut être réalisée dans un endroit où ne pointe aucun œil, cas du recépage, par exemple *(voir p. 36)*. La taille réveillera des bourgeons dormants. Dès leur apparition, supprimez les chicots.

SUPPRESSION D'UNE BRANCHE

Les arbres supportent bien les coupes importantes, si elles sont nettes et n'atteignent pas le point de naissance de la branche. Tronçonnez les plus grosses, par petits morceaux, puis haubanez la dernière section ou faites une précoupe inférieure verticale. Elle évitera que le rameau, en porte-à-faux avant le sectionnement complet, ne déchire l'écorce et ne blesse dangereusement l'arbre.

COUPE SUR L'ÉPAULEMENT

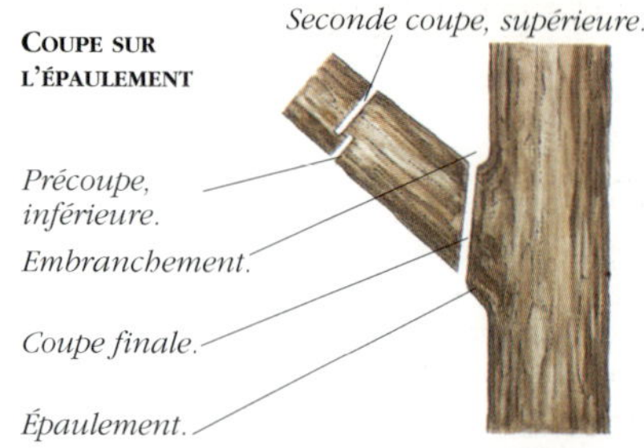

1 Découpez la branche par tronçons. À 30 cm environ du tronc, faites un trait de scie dans la branche, jusqu'au quart de son épaisseur. Cette entaille évite le déchirement de l'écorce jusqu'au tronc, si la branche se rompt brutalement.

2 Coupez franchement par-dessus, le morceau de branche en sciant à environ 5 cm en aval de la prétaille. Accompagnez la chute de la branche. L'entaille évite de haubaner les branches, à condition que le sol soit bien dégagé.

3 Si le moignon restant est encore lourd ou difficile à maintenir, faites une autre entaille à 5 ou 10 cm du tronc. Effectuez la dernière coupe parallèlement au tronc, en laissant un empattement suffisant (voir le dessin en haut, à droite).

4 Une fois terminée, la coupe doit être lisse. Si vous avez fait une entaille, assurez-vous que les deux coupes coïncident, ou égalisez bien la plaie. Parez les barbes tout autour à la serpette, sans agrandir la blessure.

Coupes importantes

Les coupes franches de plusieurs centimètres de diamètre peuvent nécessiter plusieurs années pour se cicatriser. Elles constituent des foyers d'infection potentiels. Il importe qu'elles se cicatrisent le plus vite possible. Nettes et bien situées, elles laissent le cal, (tissu cicatriciel), s'étendre de la périphérie vers le centre de la plaie, qu'il occulte en empêchant l'entrée des agents pathogènes. Une fois le processus en route, cessez toute intervention qui pourrait abîmer le cal. Parez toujours les grosses coupes rugueuses effectuées à la scie. Une serpette de jardinier est idéale. Gardez-vous d'agrandir la plaie. Creuser une branche maîtresse ou un tronc peut arrêter la sève et détruire les tissus.

Élagages

Jadis, l'usage était de faire des coupes « blanches » pour les grosses branches, en taillant au ras du tronc. On sait aujourd'hui que l'épaulement, c'est-à-dire l'anneau renflé à la base *(voir également p. 12)* doit rester intact. Ceci implique une coupe en biais, légèrement écartée du tronc ou de la branche maîtresse, mais sans créer un chicot. Si l'épaulement est peu distinct, commencez la coupe sur le dessus de la branche, à 2 ou 3 cm de la fourche et tranchez vers le bas suivant un angle légèrement ouvert. Employez une scie à bûches pour les grosses branches ; sa lame étroite limitera les frottements. Un couteau-scie *(voir p. 17)* convient aux petites branches de 5 à 8 cm.

Produits cicatrisants

Les anciens jardiniers appliquaient toujours un goudron sur les coupes, dans le but de créer une barrière artificielle durant la cicatrisation. Les recherches actuelles tendent à prouver la faible efficacité de cette technique. Les tissus exposés ne sont jamais stériles avant l'opération ; de plus, certains micro-organismes, dormant sous le bois sain, se réveillent quand le tissu situé sous l'écorce est abîmé. Dans les deux cas, les agents pathogènes sont enfermés dans le goudron et s'y développent. Par ailleurs, aucun mastic ne s'avère totalement imperméable à l'air et à l'eau, les deux vecteurs principaux des maladies. Les propriétés fongicides de ces goudrons sont assez faibles : certains éléments empêchent l'immunisation naturelle de la plante *(voir p. 11)* de se produire. Ils peuvent aussi détruire les levures qui inhibent la pourriture du bois. Bien que les producteurs de fruits, dont les grands vergers peuvent connaître de vastes épidémies, répugnent à les abandonner, les goudrons ne sont guère nécessaires, ni souhaitables de nos jours dans les jardins amateurs. Il semble que les mastics à greffer soient préférables aux goudrons naturels, car ils ont un véritable rôle antiseptique. La désinfection des outils de coupe est sans doute la meilleure mesure prophylactique en matière de taille. Badigeonnez les lames avec de l'alcool à 90° ou de l'eau de Javel, avant et après vos interventions. Vous ne devriez avoir aucun problème.

Tuteurage

Après la plantation, un arbre a souvent besoin d'un soutien pendant au moins deux ans. La fonction du tuteur n'est pas de tenir l'arbre, mais de lui permettre de se guider, en gardant un tronc droit. La technique varie avec le lieu, le genre et le volume de l'arbre. L'usage voulait qu'on attache serré, mais les recherches ont prouvé qu'une certaine liberté de mouvement renforce le tronc. Les pieux courts et les attaches souples, qui permettent à l'arbre de se courber sous le vent, sont aujourd'hui recommandés, sauf cas particuliers. Deux pieux courts, reliés à l'arbre par des bandes souples *(voir en bas, à gauche)* sont idéals. Lors de la plantation d'un arbre à racines nues, installez d'abord le pieu dans le trou, puis étalez les racines tout autour. N'enfoncez jamais un tuteur dans des racines serrées et ne les courbez pas autour de lui. Placez-le côté vent dominant. Traitez les tuteurs avec un fongicide et enfoncez-les d'au moins 60 cm.

Emploi des liens

Les attaches doivent tenir l'arbre mais sans excès. Sur les pieux courts, fixez les attaches le plus bas possible. Placez un tampon ou un écarteur pour que les liens ne frottent pas l'écorce. Cette usure pourrait nuire à la santé future de l'arbre. Relâchez les attaches au fur et à mesure du grossissement de l'arbre. Si vous oubliez de les desserrer, elles s'incrustent dans l'écorce et empêchent la sève nourricière d'atteindre les branches.

Pieu court
Un pieu d'une longueur inférieure au tiers de la hauteur de l'arbre laisse son tronc se courber, forcir et s'endurcir. Un écarteur permet de dégager le pieu du tronc, en évitant que sa partie supérieure n'abîme la jeune écorce tendre du tronc.

Tuteurage en biais
Un pieu en biais pourra être installé à l'extérieur de la motte d'un arbre en conteneur, après la plantation. Inclinez le tuteur à 45°, face au vent. Employez une attache large, en huit ou avec un tampon, pour éviter de blesser le tronc.

Tuteur de grande taille
Les échalas ne permettent pas au tronc de se renforcer. Toutefois, ils sont parfois utiles (un de chaque côté, si possible) pour les arbres greffés en tête, ou dotés de lourdes branches pendantes, ou pour palisser une flèche de remplacement.

Double tuteurage
Deux pieux, piqués au fond du trou de plantation de chaque côté de la motte, conviennent à tous les arbres, surtout ceux livrés en motte ou en conteneur. Les attaches souples laissent le tronc bouger et se renforcer sous l'action du vent.

Haubanage : idéal pour les conifères
Lors de la plantation d'un gros sujet, installez des haubans jusqu'à l'établissement des racines (comptez deux saisons). Ils vont contrebalancer le poids de la couronne. Glissez des câbles dans des fourches basses, épaisses. Des morceaux de tuyau empêcheront de scier l'écorce (voir vignette ci-dessus, à gauche). *Plantez des pieux en biais, utilisez des tirefonds* (voir vignette ci-dessus, à droite) *pour tendre les haubans. Repérez les câbles avec des morceaux de plastique coloré pour éviter les risques d'accidents.*

Formation

S'il prend un bon départ, un arbre aura toutes les chances de vivre longtemps et de former une charpente solide et bien équilibrée. Les pépiniéristes connaissent bien ce problème et portent toute leur attention aux premières années de développement des jeunes arbres. Les exigences des diverses espèces durant les deux premières années, quand les plants sont encore en pépinière, sont à peu près identiques. Il s'agit surtout d'éviter une croissance délirante ou de travers, afin de provoquer des ramifications. Les formations spécifiques *(voir pp. 27-30)* ne débutent guère avant le deuxième hiver.

Les jardiniers achètent le plus souvent des arbres formés *(voir page ci-contre)*, mais vous pouvez essayer d'en multiplier vous-même par semis. Utilisez un rejet prélevé au pied d'un sujet adulte (non greffé) ou un jeune plant encore non formé découvert dans une pépinière. Les tout jeunes arbres ne possédant qu'une tige non branchue sont appelés « scions ». Quand des pousses latérales apparaissent (d'ordinaire au bout de deux saisons, mais parfois dès la première), on parle de « baliveaux ».

Pour le choix de l'arbre et de sa formation, tenez compte de vos besoins et de l'emplacement dans le jardin. Assurez-vous que l'arbre retenu pourra prendre la forme de vos souhaits. Prenez connaissance de ses dimensions à l'âge adulte, de sa vitesse de croissance et s'il supporte des tailles particulières, telles l'étêtage et le recépage, pour réduire son volume. Le Lexique des arbres d'ornement *(voir pp. 52-91)* donne des détails spécifiques pour chaque espèce.

Si l'arbre ne doit pas être mis en place aussitôt, réservez un carré utilisé comme pépinière, où les jeunes plants seront placés en attente. Ils doivent être bien séparés les uns des autres, afin de faciliter les opérations d'arrachage et de transplantation.

JEUNE ARBRE BIEN CONDUIT
À la fin de sa première saison, ce semis de frêne est bien droit, vigoureux et sain. Son pot loge sans aucune gêne un système radiculaire capable d'assumer le complet développement de la plante.

JEUNE ARBRE NÉGLIGÉ
L'absence de soins dans les deux premières années a donné un plant mal préparé à devenir un bel arbre. Sans une taille appropriée, ce gléditsia sera peu esthétique et assez déséquilibré.

Élevage des jeunes arbres

Issus de graines, de boutures de bois tendre ou de racines, les jeunes plants émettent au départ une tige avec un bourgeon terminal. Les boutures à bois sec donnent souvent une flèche à partir du plus haut bourgeon. Pour obtenir une cépée, laissez les yeux du bas se développer ; si vous préférez former une tige, supprimez-les. C'est la seule intervention de taille à réaliser au départ sur ces toutes jeunes plantes. Ensuite, observez bien leur développement et contentez-vous d'équilibrer la ramure si elle ne pousse pas de manière symétrique.

De nombreux cultivars doivent être greffés. Le greffon est issu de la variété sélectionnée. Il porte un ou plusieurs yeux. Le but est de le souder à un porte-greffe, d'une espèce compatible. Le point de jonction (ou point de greffe) forme d'ordinaire un bourrelet, près du sol pour les greffes « en pied », en haut d'une tige à 1 m, 1,30 m ou 2 m pour le greffage « en tête ». Si la greffe du collet est à la portée de l'amateur, la greffe en tête est plutôt réservée aux professionnels. Un arbre greffé en écusson va émettre une seule tige pour donner un scion. Elle sera taillée pour provoquer des ramifications l'année suivante. Toute pousse issue de la tige ou des racines du porte-greffe doit être supprimée. Elle n'est pas conforme à la variété que l'on souhaite propager et sa vigueur souvent supérieure risque d'entraver le développement de la partie greffée. Quand le greffon porte plusieurs yeux, c'est le bourgeon supérieur qui domine et développe la nouvelle flèche (*voir p. 10*). Pour obtenir une tige principale unique à partir d'une greffe en pied, supprimez tous les bourgeons latéraux sur la pousse qui est développée par le greffon. Attendez deux ans que la tige soit assez forte pour l'étêter ce qui provoquera la naissance de la ramure. *(Suite p. 26.)*

JEUNE PLANT GREFFÉ
Un jeune arbre greffé peut être tuteuré, non seulement pour qu'il reste droit, mais aussi pour préserver le point de greffe des chocs malencontreux.

CONSEIL TRUFFAUT
Acheter un arbre formé dans une pépinière spécialisée est la solution la plus simple et la plus efficace pour décorer votre jardin. De graves défauts de structure sont rares chez les sujets élevés par des pépiniéristes dignes de ce nom. Les jardineries vous offrent le plus grand choix et la possibilité de sélectionner vous-même votre arbre sur pied, ce qui est bien plus rassurant qu'un achat par correspondance.
Soyez attentif et soigneux pour le transport : les arbres n'apprécient pas beaucoup les chocs et les manipulations. Ils grillent vite quand on les abandonne longtemps en plein soleil. À l'inverse, ils peuvent subir des dommages importants s'il fait froid. D'une manière générale, ne plantez jamais par temps de gel. Le transport sur un plateau ouvert ou sur une galerie de voiture, où le feuillage est fouetté par le vent, engendre un choc brutal qui peut nuire à la reprise, surtout en période de végétation.
Préférez les achats d'automne pour les arbres à feuilles caduques et n'hésitez pas à payer le prix demandé pour une livraison. Un transport en camion fermé protège bien la plante.

Choisir des arbres déjà formés

Acheter des arbres de trois ou quatre ans est une bonne solution, même si elle paraît un peu plus onéreuse au départ. Trop jeunes, les plantes ne sont pas encore bien formées, en revanche, les arbres adultes se montrent capricieux au moment de la reprise et leur prix beaucoup plus élevé.
Pour repérer un arbre de qualité, vérifiez le bon équilibre entre les racines et la ramure. Si cette dernière est trop importante, les racines seront incapables d'assurer l'alimentation de la plante, une fois oubliés l'arrosage intensif et la nourriture équilibrée de la pépinière.
L'étalement d'un arbre en conteneur ne devrait pas dépasser de trois ou quatre fois la largeur de ce dernier. Les charpentières les plus longues seront équilibrées par rapport aux autres branches principales. Les arbres petits, trapus, élevés à la dure sous un climat rude, feront presque toujours des sujets adultes magnifiques.

Taille des racines

Les arbres à racines nues sont facilement abîmés à l'arrachage et durant le transport. Exposées à l'air, les fines radicelles nourricières commencent à sécher et meurent. Taillez pour uniformiser les racines trop longues, difformes ou coudées. Le trou de plantation n'est jamais assez grand. Posez les racines bien à plat au fond, sans les recourber vers le haut. Ne taillez pas les racines des arbres en motte ou en conteneur au moment de la plantation. Si elles sont trop serrées, et forment un chignon, elles mettront longtemps à s'installer. Dans ce cas, desserrez-les en tirant doucement dessus avec les doigts. Taillez, pour les égaliser et les rafraîchir, celles qui sont abîmées ou qui ont poussé hors du conteneur.

Stress et transplantation

Les jeunes plants poussent dans des conditions optimum en pépinière. Transplantés dans le jardin, ils se trouvent exposés au vent, au soleil et au froid et leur végétation peut s'en ressentir. Certains arbres sont très résistants. D'autres, malgré tous les soins, que vous leur avez prodigués souffrent beaucoup d'être transplantés. Plus les arbres sont âgés, plus ils sont sensibles à ce stress. Une autre cause importante de non reprise est le volume trop important de la couronne par rapport aux racines. Dans ce cas, elles s'épuisent à nourrir la ramure, sans pouvoir fournir assez d'eau et de nourriture à la formation de nouvelles pousses.
Quand un arbre semble végéter, taillez pour rétablir l'équilibre. Durant la saison de repos, réduisez la couronne de moitié. Supprimez une partie des pousses à leur base. Pour relancer la vigueur, apportez un peu d'engrais au printemps, paillez le pied de la plante et arrosez bien durant la saison suivante. Si l'arbre ne réagit pas vigoureusement, soyez patient et recommencez le même traitement l'année suivante.

SAVOIR ACHETER LES ARBRES

BON EXEMPLE
Ce pommier d'ornement, court et trapu, présente une couronne et une motte bien équilibrées.

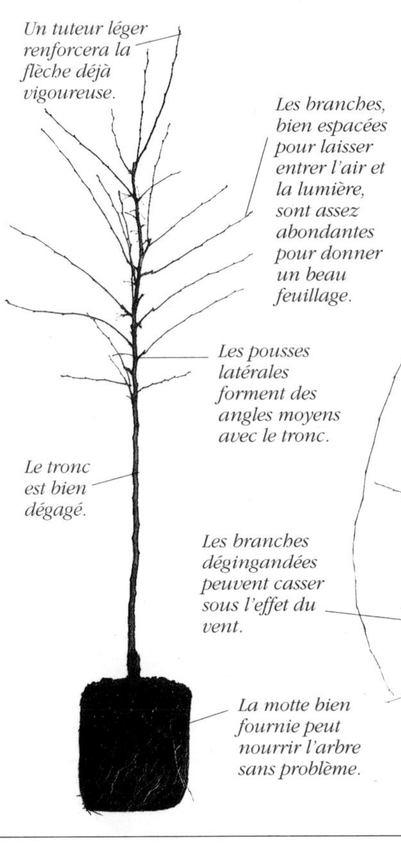

SUJET À ÉVITER
La flèche d'origine a disparu et sa remplaçante n'a pas été conduite verticalement.

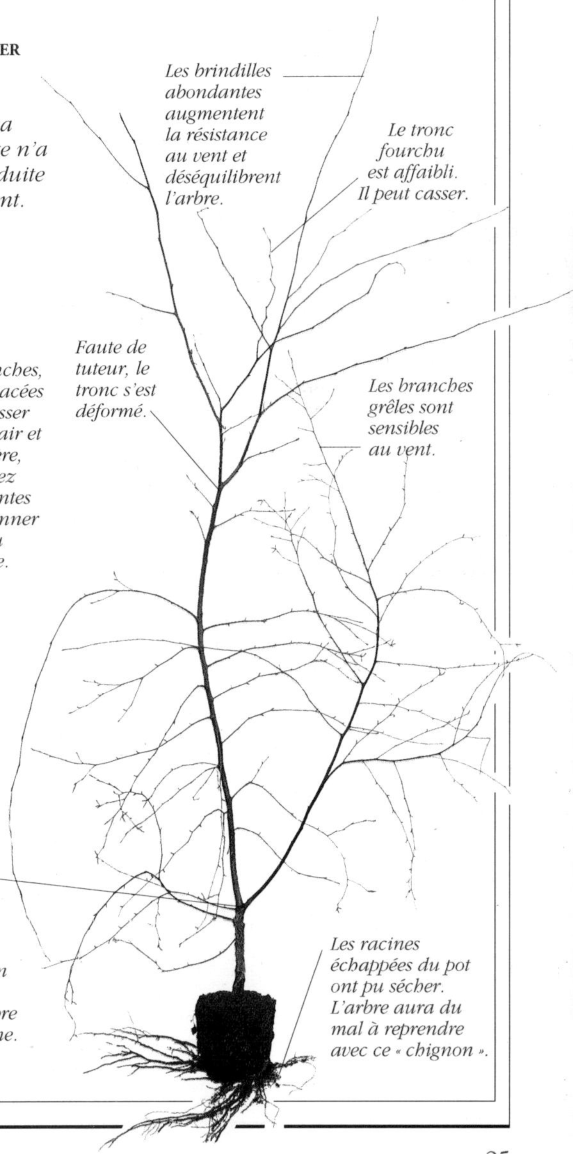

(*Suite de la p. 24.*)

Première année de soins

Durant les premières saisons, des feuilles, voire des pousses, vont apparaître sur le tronc. Retirez-les seulement si elles sont abîmées ou malades. L'arbre a besoin de la moindre feuille pour assimiler sa nourriture. L'hiver suivant, un jeune arbre sain et vigoureux n'aura besoin de rien, mais toute pousse faible ou mal placée sera supprimée. Si la flèche pousse mal, remplacez-la en taillant sur un œil bien placé ou une pousse vigoureuse. Une branche solide se formera. Guidée verticalement avec un tuteur, elle donnera une flèche neuve la saison suivante. Pour avoir une pousse solide et bien verticale, attachez toujours les prolongements sur un tuteur. Épargnez les racines en mettant les tuteurs en place et ne serrez pas trop les liens pour éviter l'étranglement du tronc.

Flèches concurrentes

Toute branche latérale vigoureuse, concurrente de la flèche, sera rabattue, arquée ou supprimée. Si la flèche d'un arbre à feuilles opposées a disparu et que des flèches jumelles sont nées, n'en gardez qu'une *(voir ci-dessous, à droite)*. Si aucune pousse ne convient, rabattez le tronc sur une autre paire d'yeux et supprimez à la fin du printemps une des deux pousses qui apparaîtront.

Deuxième année de soins

Quand les branches latérales vigoureuses apparaissent sur le tronc, ne retirez que les pousses malades ou abîmées, et les flèches concurrentes. Il importe de garder saine la pousse terminale de la flèche qui assure l'allongement du tronc. Si vous négligez l'élimination des flèches concurrentes, elles peuvent créer des problèmes de branches croisées et de charpente disgracieuse.

Flèches cassées

Si la flèche disparaît (elle peut se dessécher, geler, être atteinte par une maladie ou casser), recherchez la plus proche branche latérale, belle et vigoureuse, qui soit apte au palissage à la verticale. Vous taillerez toute la végétation située au-dessus, afin qu'elle occupe dès lors une position privilégiée. Faute de branche latérale, taillez sur un œil sain orienté vers le haut, puis palissez verticalement sur un tuteur ou une latte la pousse qui en naîtra. Sur un arbre à feuilles opposées, il se forme toujours deux rameaux. Supprimez la pousse la plus faible (ou l'un des yeux) pour canaliser toute l'énergie dans la nouvelle flèche. Il est aussi souhaitable de réduire la longueur des branches inférieures afin qu'il ne se crée pas de déséquilibre dans la silhouette de la plante. Il faut compter au moins deux ans avant que la nouvelle flèche joue complètement son rôle de leader.

FLÈCHES CONCURRENTES

Sur ce jeune arbre, les flèches concurrentes ont été négligées. Elles forment un épi dressé au sommet de la ramure. Obtenir un sujet équilibré et solidement charpenté est improbable à moins de supprimer toutes les flèches, sauf une. Vous les couperez à leur point de naissance, avec un sécateur bien tranchant.

CHOISIR UNE FLÈCHE

Sur le point où apparaissent des flèches concurrentes, la pousse supérieure n'est pas forcément la meilleure remplaçante. Ici, c'est la pousse inférieure qui doit être choisie. Elle est plus forte et surtout plus verticale.

FLÈCHE CASSÉE

Taillez une flèche cassée au-dessus d'une pousse solide, saine, et bien droite. Liez la tige sur un tuteur, pour qu'elle pousse verticalement et devienne la nouvelle flèche. Faute de pousse adéquate, rabattez sur un œil et palissez la pousse émise.

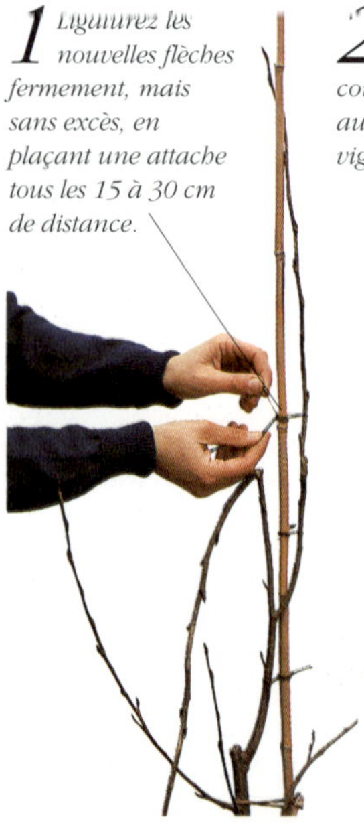

1 Ligaturez les nouvelles flèches fermement, mais sans excès, en plaçant une attache tous les 15 à 30 cm de distance.

2 Rabattez la flèche cassée en coupant net, en biais, au-dessus d'un œil vigoureux.

FLÈCHES JUMELLES

Sur les arbres à feuilles opposées, la disposition des yeux engendre une paire de flèches concurrentes. Ici, c'est la pousse de droite qui sera la plus facile à guider dans l'axe vertical du tronc.

Mise en forme

Même s'ils ne trouvent pas tout de suite leur emplacement définitif, les arbres de deux ans peuvent être plantés en plein vent pour subir la taille de formation sur place, sans toucher aux racines. Avec la taille, il est possible de les conduire en une foule de formes différentes. Certaines espèces ne peuvent en prendre qu'une, d'autres offrent plus de choix. Les persistants *(voir ci-dessous)* sont conduits d'ordinaire en fuseau, sur un tronc garni de branches presque jusqu'aux pieds. Les caducs présentent pour la plupart une grande possibilité d'adopter les diverses formes montrées dans ces pages. Toutefois, la plus adéquate est le plus souvent une version améliorée de leur port naturel. Le lexique des arbres d'ornement *(voir pp. 52-91)* donne des conseils pratiques et particuliers pour chaque espèce.

Fuseau

C'est la forme la plus facile à obtenir. Il n'y a qu'à retirer tout bois mort, malade ou abîmé, ainsi que les branches latérales gênantes ou en surnombre, et celles qui forment un angle trop fermé avec le tronc. Quand la fourche est trop étroite, la jonction est fragilisée. Les lourdes branches charpentières risquent de casser à cet endroit. Assurez-vous que les vents dominants, l'ombre, ou des arbres concurrents, ne déséquilibrent pas la forme : mieux vaut toujours prévenir que guérir.

Formation d'un fuseau

Veillez à conserver un tronc droit, retirez les pousses latérales trop rapprochées et mal placées, afin de donner une silhouette bien équilibrée. Si les latérales poussent trop fort sur une face, épointez les branches situées de l'autre côté, pour stimuler leur croissance.

Première année

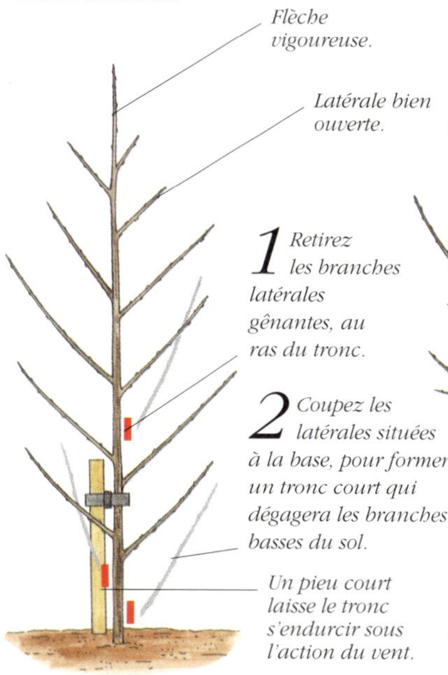

Deuxième et troisième années

Formation d'un jeune persistant

CONSEIL TRUFFAUT

À la différence des conifères qui se débarrassent de leur surplus de végétation pour la mauvaise saison, les couronnes des feuillus persistants sont chargées de feuilles, même en hiver. Cette masse importante crée une grande résistance au vent.
Il n'est pas conseillé de les cultiver sur de hautes tiges, le poids de la neige et la force des bourrasques pouvant casser le tronc, surtout chez les sujets greffés. Il vaut mieux conduire les persistants en fuseau autour d'un tronc solide. La plupart prennent une forme conique dense.
Si la flèche meurt, il faut la remplacer. Quand elle apparaît sans ramification, comme c'est souvent le cas chez les houx, rabattez-la de moitié.
Le pincement des pousses latérales, dès le plus jeune âge, favorise un port dense, très intéressant chez les persistants destinés aux haies ou aux topiaires.
Un port touffu ne convient qu'à certaines espèces. Une charpente aérée est préférable chez les formes à grandes feuilles, comme les magnolias. Pratiquez un éclaircissage en faisant d'abord disparaître les pousses malades, faibles ou mal placées. La période idéale pour tailler se situe de fin août à novembre. Cela évite les « pleurs » printaniers, auxquels beaucoup de persistants sont sujets.
La période de repos végétatif est le meilleur moment pour intervenir sur ces plantes, car elles se montrent moins sensibles à toutes les agressions extérieures. Durant la croissance, taillez très peu.

Arbres tiges

Les arbres sur tige possèdent un tronc dégagé surmonté d'une frondaison avec une flèche dominante (fuseaux sur tige) ou dont la charpente est divisée en houppier. Les arbres tiges se forment souvent de manière naturelle, les branches basses mourant et disparaissant quand celles du haut se développent et absorbent la lumière. Pour créer un tronc ou en améliorer la forme, on peut supprimer les branches basses d'un fuseau. Il faut agir dans le jeune âge de l'arbre pour limiter la surface des plaies.
Si la couronne des houppiers et des fuseaux se développe différemment, leurs troncs sont en revanche traités de manière identique sur plusieurs années. Retirer d'un coup toutes les branches basses réveillerait des bourgeons dormants sur la souche, provoquant une repousse qui entraverait celle de la couronne. Il arrive aussi que le retrait d'une branche importante, en forme d'ombrelle, provoque le gel ou l'insolation du feuillage qu'elle protégeait. Une autre raison pour tailler par étapes est que le feuillage est une source d'énergie pour l'arbre. Il permet au tronc d'épaissir et de se solidifier en accumulant des réserves. C'est ainsi que les branches latérales conservées temporairement sont parfois appelées « nourricières », car elles jouent le rôle important de tire-sève, contribuant à la croissance de l'arbre.

Fuseau sur tige

Dans le cas du fuseau sur tige, taille et palissage sont destinés à conserver le tronc qui traverse la couronne. Le plus grand danger pour cette forme, c'est de perdre la flèche. Il peut être dû à un accident ou à la concurrence d'une autre pousse. Ces deux problèmes peuvent être résolus *(voir* Flèches concurrentes *et* Flèche cassée *p. 26).* Un long tasseau solide, relié au tuteur principal de l'arbre, peut servir à guider la nouvelle flèche afin de la garder bien droite.

Houppiers

Les arbres à houppe, c'est-à-dire à la frondaison arrondie, se forment souvent naturellement (marronniers, catalpas, chênes, par exemple). Mais la formation complète de la ramure demande souvent des années, la flèche perdant peu à peu sa dominance apicale *(voir p. 13),* au profit de solides charpentières. La taille sert à faire apparaître un houppier sur des arbres qui développent une flèche jusqu'à de grandes hauteurs. L'intervention consiste à équilibrer les branches et à limiter la croissance en hauteur des rameaux dominants. C'est l'élagage, une intervention délicate moins nécessaire et moins aisée sur de vieux arbres. Un jeune sujet bien conduit et soigné ne demandera pas grand-chose une fois adulte, mais négligé il pourra justifier un élagage important.

FUSEAU SUR TIGE
Pour dégager le tronc, intervenez sur trois ans, en éliminant progressivement toutes les pousses qui se développent le long de la tige principale et à sa base.

PREMIÈRE ANNÉE, HIVER

CONSEIL TRUFFAUT
Il existe deux types d'arbres pleureurs : les formes naturelles et les variétés greffées. Les pleureurs naturels poussent droit s'ils sont bien tuteurés, puis cascadent à une hauteur variable suivant l'espèce. Ne supprimez pas les tiges verticales, elles finiront par se courber et prendront le port en étages caractéristique de la forme et si décoratif.
Dans de nombreux cas, un arbre pleureur s'obtient en greffant un cultivar prostré sur une tige vigoureuse. Les branches assez grêles poussent à l'horizontale et ploient sous leur propre poids. Elles finissent par se gêner et il faut retirer les brindilles qui encombrent le centre de la ramure. Sur la plupart des arbres greffés, les rejets verticaux déforment la silhouette. Ils doivent être éliminés. Les pousses qui apparaissent sur le tronc doivent disparaître.
Il est souvent nécessaire de tuteurer l'arbre durant les premières années qui suivent le développement de la couronne. Utilisez un solide échalas, car les couronnes de branches pleureuses croissent souvent vite. Elles peuvent s'avérer trop lourdes pour le tronc et doivent donc être limitées en nombre, jusqu'à ce le fût ait substantiellement épaissi.

FORMER DE JEUNES ARBRES PLEUREURS
Dégagez les repousses éventuelles qui se forment sur le tronc, surtout sur les arbres greffés. L'idéal consiste à les pincer à leur point de naissance, quand elles sont encore vertes. Plus la couronne forme d'étages (en cascades, au lieu d'être en parapluie), plus elle a tendance à devenir touffue. Les branches en surnombre mourront. Il faut les retirer pour éviter une surcharge de la ramure et un aspect inesthétique de la plante.

GREFFE EN TÊTE
Beaucoup d'arbres sur tige sont greffés. Après avoir obtenu un tronc bien droit avec un porte-greffe vigoureux, on effectue une greffe en fente ou en couronne au sommet de la tige. Le greffon émet des jeunes pousses de la variété souhaitée. Elles formeront la ramure, après une taille appropriée.

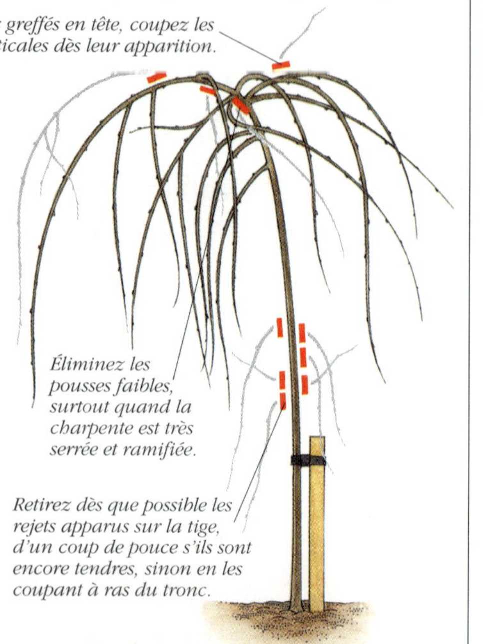

Deuxième et troisième années, hiver

1 Sur le tiers supérieur de l'arbre, supprimez les branches mal placées ou entrecroisées.

2 Raccourcissez des deux tiers de leur longueur, les branches latérales, dans la partie située sur le tiers central du tronc.

3 Supprimez les pousses latérales basses qui ont été raccourcies l'année précédente.

Desserrez l'attache qui maintient le tronc, afin qu'il grossisse sans s'étrangler. Retirez-le lien, ainsi que le tuteur, dès que le tronc de l'arbre semblera assez solide pour rester bien droit.

Quatrième année, hiver

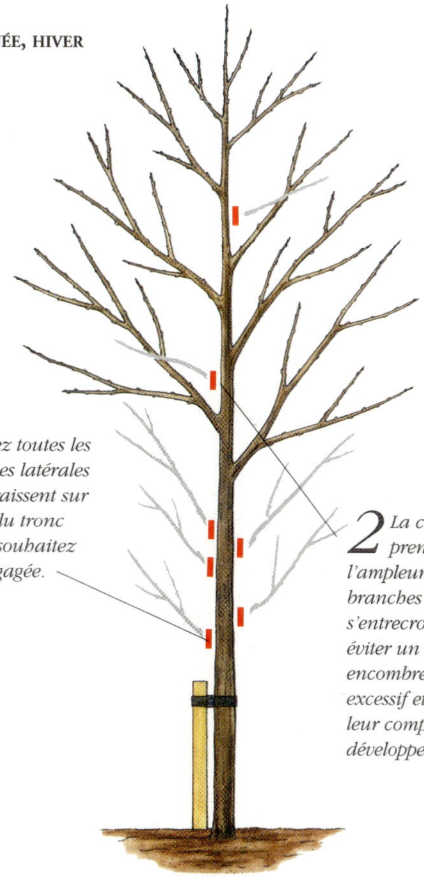

1 Retirez toutes les pousses latérales qui apparaissent sur la partie du tronc que vous souhaitez laisser dégagée.

2 La couronne prenant de l'ampleur, retirez les branches qui s'entrecroisent pour éviter un encombrement excessif et permettre leur complet développement.

Former un houppier sur tige

Dans les deux ou trois premières années, agissez comme pour le fuseau sur tige (voir ci-dessus). *Quand deux ou trois branches charpentières solides apparaissent au sommet du tronc bien dégagé, supprimez la flèche, pour créer des ramifications. Les rameaux latéraux retenus formeront l'ossature de la couronne.*

Troisième ou quatrième année, hiver

1 Supprimez la flèche, au ras de la plus haute des branches latérales. Avec les autres pousses robustes, elle formera petit à petit la charpente.

2 Réduisez de moitié les pousses latérales se trouvant sur la deuxième moitié du futur tronc. Elles resteront en place encore un an pour servir de « tire-sève ».

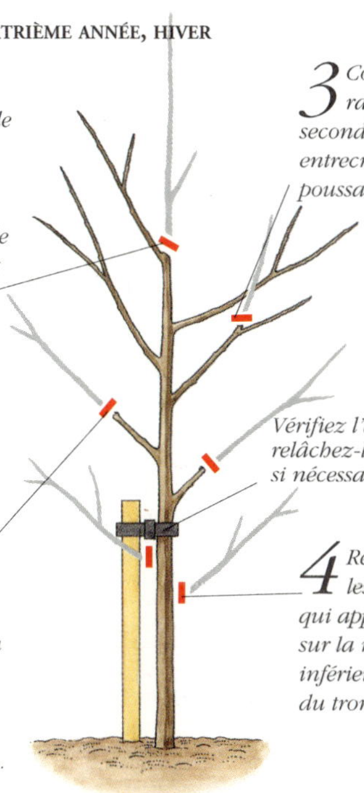

3 Coupez les rameaux secondaires entrecroisées ou poussant trop droit.

Vérifiez l'attache et relâchez-la si nécessaire.

4 Retirez toutes les pousses qui apparaissent sur la moitié inférieure du tronc.

Quatrième ou cinquième année, hiver

1 Supprimez toutes les branches dressées qui tentent de former une flèche et de dominer la couronne.

2 Rabattez les pousses pour rééquilibrer la forme, en taillant si possible sur des tiges et des yeux dirigés vers l'extérieur.

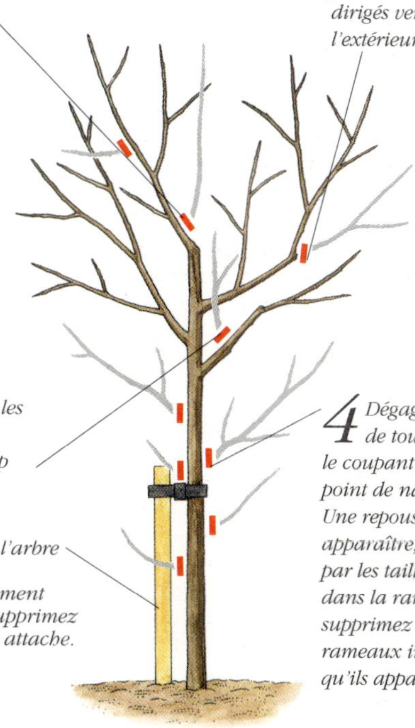

3 Éliminez les branches croisées ou trop serrées.

Une fois l'arbre établi et suffisamment solide, supprimez tuteur et attache.

4 Dégagez le tronc de tout rejet en le coupant à son point de naissance. Une repousse peut apparaître, favorisée par les tailles faites dans la ramure : supprimez ces rameaux inutiles dès qu'ils apparaissent.

Former une cépée

C'est la forme naturelle des arbres stolonifères, c'est-à-dire ceux qui produisent des rejets à la base, ou qui se divisent très bas. La taille permet de canaliser cette faculté, en contrôlant le nombre et l'écartement des troncs. On obtient un effet comparable en plantant plusieurs scions en touffe serrée. Un rabattage sévère provoque la naissance de tiges multiples *(voir ci-dessous)*. Il permet également de créer une cépée. La taille stimule les bourgeons dormants, qui se transforment l'année suivante en pousses vigoureuses. Seules quelques espèces réagissent bien à ce traitement *(voir pp. 52-91)*. Il est à bannir sur les arbres greffés.

Les divers troncs des cépées restent habillés de leurs branches pour créer une forme buissonnante. Vous pouvez les dégager pour mettre en évidence une belle écorce argentée, cuivrée ou sculptée. Cette solution est la plus répandue dans les jardins et, pour obtenir un plus bel effet, limitez le nombre de troncs. Ils seront choisis jeunes parmi les pousses les plus vigoureuses et les mieux placées. Les tiges excédentaires ou faibles sont éliminées. Dégagez la base des troncs comme sur les arbres tiges *(voir p. 28)*.

Les espèces naturellement drageonnantes reforment régulièrement des pousses à la base. Il faut les retirer pour limiter le nombre de troncs, sauf nécessité de remplacement à la suite d'un accident ou d'une maladie. Attention, les repousses se font plus rares avec le temps sur les arbres rabattus ou recépés tous les trois à cinq ans *(voir p. 36)*.

Les branches centrales d'une cépée réclament un éclaircissage pour éviter une densité excessive de la plante. Intervenez régulièrement pour conserver le bel aspect du bosquet. Faites-le à bon escient en respectant l'équilibre de la touffe. Une taille maladroite peut isoler un ou plusieurs troncs qui seraient alors fragilisés. Dans ce cas, il serait nécessaire de couper ces troncs à la base, pour ne pas gâcher l'ensemble. Des rejets de la souche, vigoureux et bien situés, pourraient être alors utilisés comme remplaçants. Méfiez-vous de la tendance drageonnante des arbres qui forment naturellement des cépées (noisetier, lilas notamment). Il est indispensable d'éliminer ces repousses afin de ne pas épuiser la plante mère et d'éviter l'envahissement.

CONSEIL TRUFFAUT

Certains noisetiers et saules produisent des rameaux spiralés ou contournés. Ces plantes poussent en cépée, leurs charpentières étant portées par un tronc court. Laissez-les se développer à leur guise, en ne retirant que les bois morts, malades, abîmés ou entrecroisés. Le port fantasque de ces arbustes nécessite des coupes discrètes pour aérer ou réduire la végétation. Les formes tortueuses émettent de nombreuses brindilles et des rameaux grêles. L'éclaircissage soulage les branches d'un poids excessif. Il évite aux tiges coudées de se fendre. Une fissure modeste guérit vite, mais la branche sera affaiblie. Dans ce cas, mieux vaut la supprimer.

Les noisetiers et les saules tortueux sont francs de pied (ils sont multipliés par bouturage ou marcottage). Ils supportent un rajeunissement complet, avec une coupe au ras de la souche en hiver. Leurs racines étendues rejettent abondamment : ne gardez que les plus belles pousses (voire une seule, si vous désirez obtenir un arbre conduit en tige) et coupez net les rameaux faibles et mal placés.

SALIX MATSUDANA 'TORTUOSA'
Ses pousses, incroyablement contournées, s'ornent de chatons très décoratifs au printemps. Un arbuste qui peut être cultivé dans un grand bac.

TRANSFORMATION D'UN BALIVEAU EN CÉPÉE

PREMIÈRE ANNÉE, HIVER

Coupez net à la hauteur voulue (au moins à 10 cm du sol) le tronc d'un jeune arbre de deux ans. Parez la plaie, qui doit rester lisse et propre.

DEUXIÈME ANNÉE, HIVER

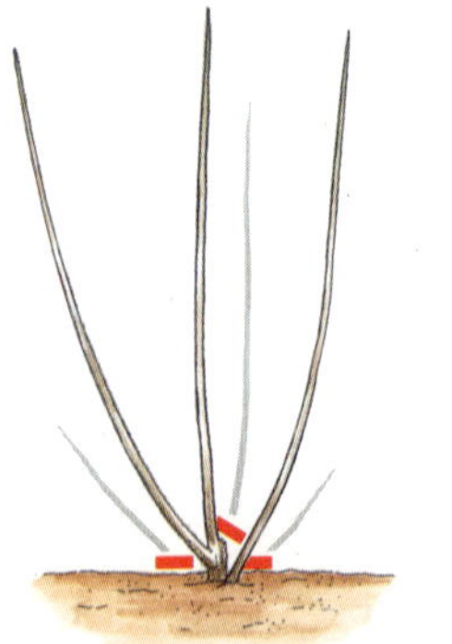

Conservez trois ou quatre pousses solides, bien espacées et si possible de vigueur égale pour obtenir un développement harmonieux. Retirez les autres à la base.

TROISIÈME ANNÉE, HIVER

Laissez croître les branches latérales en supprimant les plus basses, pour dégager un tronc. Coupez chaque année les rejets pour favoriser une repousse au pied.

Tailler les arbres établis

Même si les arbres ne réclament pas des interventions aussi suivies que nombre d'arbustes et de lianes, tous apprécient des tailles de contrôle et un entretien suivi durant toute leur végétation. Certains, comme les variétés à feuilles panachées et les pleureurs (greffés) exigent une attention plus soutenue. Les meilleures époques pour les tailles facultatives sont données dans le lexique des arbres d'ornement *(voir pp. 52-91)*. Il est toujours plus sage de corriger les problèmes que nous présentons dans ces pages, dès leur apparition. Au cœur de l'hiver et en été, inspectez les grands arbres âgés, rarement élagués, et intervenez dès que cela s'avère nécessaire.

BRANCHE ABÎMÉE
Supprimez toute la branche (voir vignette ci-dessus). *Si vous souhaitez limiter l'intervention, rabattez le rameau sur un nœud situé sous la partie abîmée. Si de nouvelles pousses n'apparaissent pas durant la saison suivante, supprimez le moignon avant qu'il ne meure.*

CONSÉQUENCES D'UN CHICOT NÉGLIGÉ
Quand un moignon ne repousse pas, il meurt et peut s'infecter. La présence de champignons indique une décomposition du bois. Rabattez le morceau de branche sur du bois vivant. Si la pourriture est présente à l'embranchement de la branche avec le tronc, l'arbre est perdu.

Bois morts et malades

Toutes les plantes possèdent des mécanismes naturels de défense qu'il faut respecter quand on coupe du bois mort. Quand ils sont malades, les tissus ligneux ne recouvrent jamais la santé. Pour éviter l'extension de la maladie, l'arbre forme une barrière sanitaire naturelle *(voir p. 11)* entre le bois sain et le bois malade. Le plus souvent, quand la maladie n'est pas foudroyante, la partie atteinte, privée d'eau et de nourriture par cette barrière, meurt et tombe naturellement.

Les bois morts persistant sur un arbre, hébergent des champignons qui menacent sa santé. Supprimer les parties mortes en entaillant le bois vif contraint l'arbre à dépenser de l'énergie pour cicatriser sa plaie, et cela détruit une barrière naturelle efficace. Il faut donc couper juste au-delà de la ligne de démarcation, facilement repérable par une différence de couleur.

Si une grosse branche semble morte jusqu'au tronc ou la charpentière qui la porte, agissez comme avec une branche saine *(voir p. 22)*. Ne tentez pas de creuser plus avant, au risque de créer dans la barrière protectrice une brèche entre le bois sain et le bois mort. Ce serait favoriser l'introduction des maladies dans l'arbre entier.

Dans le cas d'une attaque parasitaire active, la frontière entre les parties saines et malades n'est pas toujours bien nette. Lors de la suppression du bois atteint, coupez bien au-dessus des symptômes et inspectez attentivement la coupe. Si la maladie (marques sombres) ou une décoloration apparaissent encore, il faudra couper plus bas.

Têtes de loup

Les vieux arbres prennent un aspect en « tête de loup » par accumulation de branches mortes au sommet de la couronne. Cela vient d'une modification du terrain : construction proche, tassement du sol ou changement de niveau dans la nappe phréatique. Les arbres ainsi atteints peuvent survivre longtemps. Si vous les trouvez peu élégants, faites-les restaurer par un professionnel.

Branches et écorces déchirées

Les branches partiellement cassées par la foudre, la neige, le vandalisme ou le bétail, se ressoudent rarement, même ligaturées. Mieux vaut les supprimer ou les raccourcir sur un œil situé sous la zone atteinte. L'écorce décollée ou déchirée est incapable d'adhérer de nouveau au cambium. *(Suite p. 32.)*

ÉCORCE DÉCHIRÉE SUR LE TRONC

DÉGÂTS SUR LE COLLET
Cette blessure est souvent due au vandalisme. Coupez la branche, curez et parez la plaie à la serpette. Ne laissez pas de partie blessée avec des tissus arrachés.

ÉCORCE USÉE
Un mauvais tuteurage est la cause de cette usure. L'attache a mordu l'écorce et scié les tissus. Replacez le lien sans le serrer et lissez la plaie à la serpette.

CONSÉQUENCES DE L'ÉCORCE DÉCHIRÉE
Ce ginkgo très abîmé pousse mal. Le rejet, assez faible, né sous la blessure, indique que la nourriture et les substances de croissance ne franchissent pas la base de la blessure. En outre, la présence de taches orange signale la présence du « corail ». Cet arbre a peu de chances de survivre.

(Suite de la p. 31.) Mieux vaut ouvrir la plaie et la laisser sécher, après l'avoir parée à la serpette. Une importante atteinte de l'écorce au pied d'un arbre est un problème grave qui menace la vie du sujet. Il est donc important d'éviter toute lésion avec du matériel (tondeuses notamment).

Pousses épidermiques

Les pousses superficielles proviennent d'yeux dormants, souvent invisibles sous l'écorce, jusqu'à leur réveil. Une taille peut démarrer le processus. Après des interventions assez sévères, beaucoup d'arbres ont tendance à produire ces rejets très « poussants » que l'on appelle des « gourmands ». Il faut les supprimer dès leur apparition, sinon ils proliféreront et entraîneront une perte d'énergie de l'arbre. Il est parfois possible de conserver des pousses vigoureuses. C'est le cas par exemple pour remplacer une branche cassée, à condition de supprimer les pousses secondaires inutiles *(voir à droite)*. Chez certaines espèces, les pousses épidermiques sont si souples qu'ils ne donneront jamais une branche solide. Les arbres concernés sont signalés dans le lexique des arbres d'ornement *(voir pp. 52 -91)*.

RÉDUCTION DES REPOUSSES SUR UNE BRANCHE ÉLAGUÉE

AVANT
Cette branche abîmée a été rabattue. Elle a pris un aspect difforme. De nombreuses pousses sont apparues la saison suivante. Un choix judicieux va permettre de reconstituer la silhouette.

APRÈS
Conservez quatre pousses vigoureuses orientées dans un sens différent. Rabattez-les au moins de la moitié de leur longueur, à des hauteurs différentes pour créer des ramifications élégantes.

Drageons

Des arbres comme le *Populus tremula* (tremble) développent spontanément des rejets, ou drageons, sur leurs racines. Chez le *Populus nigra* (peuplier noir), ils n'apparaissent qu'à la suite de blessures. Les drageons n'abîment pas l'arbre, mais ils consomment son énergie et le fatiguent. Le mieux, pour les éviter, consiste à cultiver les arbres sur une pelouse. Les drageons seront fauchés par la tondeuse. Sinon, supprimez-les à leur point de naissance, en curant les tissus proches pour éliminer les yeux dormants. Se contenter de déterrer ou d'arracher les rejets entraînera une repousse. N'employez jamais de désherbants pour éliminer les drageons, car le produit serait aussi absorbé par les racines de l'arbre.

Chez certains arbres (les *Prunus* en particulier), le porte-greffe drageonne volontiers. Les rejets situés sous le point de greffe doivent toujours être éliminés à la base, comme indiqué précédemment. Intervenez rapidement, car si vous les laissez se développer, ils domineront le sujet greffé.

Méfiez-vous des arbres au comportement très drageonnant, dont les rejets peuvent franchir la frontière de votre jardin. *Ailanthus*, *Robinia* et *Gleditsia triacanthos* sont des vagabonds notoires, ce dernier étant même interdit de culture dans certains pays.

CROISSANCE DES BOURGEONS ADVENTIFS

DRAGEONS ET POUSSES ÉPIDERMIQUES
Ce saule développe des pousses sur son tronc et des drageons souterrains. Ils doivent tous être éliminés dès leur apparition pour ne pas épuiser la plante.

« REJETS »
Une taille peut réveiller les yeux dormants (ou latents). Les pousses indésirables seront pincées ou coupées net sur leur point de naissance.

Retour au type

Beaucoup d'arbres ont produit des cultivars panachés, aux feuilles marginées ou jaspées d'or ou d'argent. Ces plantes se propagent de manière végétative (bouture ou greffe) à partir de sports (mutations naturelles) de la plante naturellement verte à l'origine. De la même façon qu'il a muté pour former une panachure, l'arbre peut revenir partiellement à son feuillage normal. Toute pousse verte sur un arbre panaché doit être supprimée, car sa vigueur est supérieure et elle finirait par dominer. Le même phénomène se produit avec des cultivars sélectionnés pour leurs feuilles laciniées ou dentelées : les pousses portant des feuilles entières apparaissent. Cette taille d'entretien est souvent délicate chez les arbres adultes, alors mieux vaut faire appel à un élagueur professionnel.

Étayage et haubanage

Les branches très longues et en porte-à-faux, ainsi que les arbres inclinés, doivent être étayés ou haubanés pour éviter la casse. Des fourches en bois, des piquets de béton ou de métal destinés aux clôtures, conviennent bien. Évitez le fil de fer tressé, qui peut s'incruster dans la branche. Dans tous les cas, il est sage de placer un tampon en mousse ou en tissu entre la fourche et la branche. Cela évitera qu'elle ne soit usée par le frottement. Des sacs de toile et de la moquette feront l'affaire.

Retour au type
Dès leur apparition, supprimez à leur point de naissance les pousses qui présentent des feuilles normales sur les cultivars à feuillage panaché, coloré ou de forme particulière.

Balai de sorcière

Les touffes de brindilles comme celle-ci sont sans danger pour l'arbre. Retirez-les si elles sont laides ou trop nombreuses. Coupez les branches atteintes à la base, ou sur un départ latéral, situé en amont de la zone atteinte.

L'étai doit supporter le poids de la branche sans la soulever, sinon, cela provoque des tensions à son point d'attache. Les arbres qui demandent des étais sont le *Cedrus libani* (cèdre du Liban), le *Cercis siliquastrum* (arbre de Judée), le *Morus* (mûrier) et le *Catalpa.*

Troncs creux

Les creux qui se forment dans le tronc des arbres sont dus à la décomposition des tissus âgés qui finissent par pourrir. Si l'arbre est sain par ailleurs, ces crevasses ne posent aucun problème. Il ne faut jamais les curer, les agrandir ou les drainer, encore moins les boucher avec un matériau de colmatage comme le mortier. Des travaux récents ont prouvé que l'eau qui pénètre dans le creux d'un arbre, diminue l'action des champignons pathogènes. Un tronc fendu par la foudre doit être expertisé par un professionnel. Sachez que les vieux troncs, creux ou fendus, ne sont pas forcément dangereux, surtout s'ils sont courts et épais. Un tronc creux mais vivant peut être solide, bien protégé des maladies par une barrière naturelle *(voir p. 11)* formée entre les tissus sains et le cœur en décomposition. Pour des raisons de sécurité, un grand arbre sera de préférence confié à un professionnel. Si des branches s'avèrent dangereuses, un élagage sera nécessaire *(voir p. 36).*

Balais de sorcière

Les branches de certains arbres émettent parfois des touffes compactes de brindilles feuillues. Ces « balais de sorcière », comme on les nomme, sont dus à des réactions aux attaques de divers champignons, insectes ou acariens. Ils ne contaminent pas l'arbre et peuvent être laissés en place. S'ils sont inesthétiques, comme c'est souvent le cas sur les bouleaux, coupez la pousse en amont de la zone atteinte, à un point stratégique, par exemple la fourche qu'elle dessine avec la branche maîtresse.

Taille des racines d'arbres adultes

Bien soignés et nourris, nombre d'arbres se prêtent à la culture en bacs. Le système radiculaire étant restreint par le pot, la végétation est réduite. La culture en bacs nécessite souvent une taille sévère qui réduit encore le volume de l'arbre *(voir p. 36).* Beaucoup d'espèces souffrent de l'étroitesse de leur pot et demandent une taille périodique des racines *(voir p. 154).* En pleine terre, la taille des racines d'un arbre adulte s'effectue par cernage en creusant une tranchée à l'aplomb de la ramure. La coupe se fait avec une bêche tranchante. Cette opération est parfois utile pour ralentir la pousse, surtout chez les fruitiers *(voir p. 101).* Il faut toujours couper loin de l'arbre pour ne pas le déséquilibrer.

Étais pour les branches basses
Un tuteur en forme de fourche soutient efficacement une longue branche qui s'est développée horizontalement.

CONSEIL TRUFFAUT

Dans un jardin de campagne, abattez les arbres issus de rejets ou de semis sauvages. Coupez le tronc à 1 m du sol, le tronçon restant vous offrira une bonne prise pour l'arrachage de la souche. Si l'endroit est accessible, un treuil et des chaînes, ou une broyeuse, pourront être utilisés pour le dessouchage. Ne laissez pas la souche en place, elle peut devenir un foyer de pourridié, qui contaminera d'autres plantes. Dévitalisez-la en l'imbibant de chlorate de soude ou d'un produit débroussaillant. Laissez agir pendant tout l'hiver en renouvelant de temps en temps les apports de produit. Au début du printemps, la souche est décomposée et peut brûler.

1 *Du côté choisi pour faire tomber l'arbre, faites une coupe en biais sur un quart du diamètre, avec une scie à bûches bien aiguisée.*

2 *Formez une entaille ouverte en sciant à l'horizontale jusqu'à la jonction du premier trait de coupe. Vous obtenez une charnière qui vous aidera à faire tomber l'arbre.*

3 *À 4 cm environ au-dessus de la base de l'entaille, sciez horizontalement jusqu'à ce que le bois craque et que l'arbre tombe.*

Restauration

Pour de vieux arbres, une taille plus approfondie que les techniques développées dans les pages précédentes s'avère nécessaire. C'est le cas pour restaurer un arbre négligé, déséquilibré, ou devenant dangereux, pour réduire un sujet trop important, ou pour abattre un arbre mal placé ou indésirable. Toute intervention sur un grand arbre peut s'avérer dangereuse. L'élagage important *(voir page de droite)* et l'abattage de gros végétaux ne sont jamais du ressort de l'amateur. Même pour une restauration mineure, l'avis compétent d'un professionnel est souvent souhaitable.

Mesures de sécurité

Les outils et matériels spécifiques de la chirurgie arboricole ne devraient jamais être employés par des personnes novices. Les tronçonneuses maniées sans précautions sont dangereuses. Les amateurs en éviteront l'emploi dans le faîtage d'un arbre.

Abattre des arbres de plus de 15 cm de diamètre, ou élaguer de grosses branches et les descendre au sol sans risque, sont des tâches délicates peu recommandées aux gens non entraînés physiquement à un travail ardu. Scier, soulever et guider de longues branches peut faire souffrir des muscles peu sollicités, surtout si le corps est courbé dans des positions inconfortables.

Autant que possible, travaillez depuis le sol. Une échelle posée dans un arbre peut s'avérer instable. Disposez toujours les montants de l'échelle dans la fourche de grosses branches. Ne travaillez jamais seul, une personne restée au sol devant garantir la stabilité de l'échelle à sa base. Si vous grimpez dans l'arbre, portez toujours un casque forestier avec des protège-oreilles et une visière, ainsi que des lunettes protectrices. Si l'arbre est très haut, assurez-vous avec un cordage. Ne travaillez jamais sur une écorce mouillée et glissante ou couverte de mousse. Dégagez bien le sol tout autour de l'arbre avant de commencer le travail. Éloignez aussi de la zone les enfants et les animaux.

Précautions légales

Avant toute intervention de taille, assurez-vous que l'arbre n'est pas classé. Dans le cas contraire, demandez l'autorisation de l'organisme concerné, avant l'abattage ou l'élagage. Vérifiez que les travaux ne risquent pas de couper des fils électriques. Sinon, faites intervenir un professionnel.

Les plus féroces querelles de voisinage naissent de problèmes de mitoyenneté. Il est aussi courtois qu'avisé de prévenir vos voisins si l'arbre à tailler borde leur propriété. Vous êtes aussi légalement tenu de le faire, si vous souhaitez couper des arbres appartenant à vos voisins et dont les branches dépassent sur votre propriété.

REMISE EN ÉTAT D'UN PETIT ARBRE DÉSÉQUILIBRÉ

PREMIÈRE ANNÉE
Résistez à l'envie de couper sévèrement le côté le plus fort. À l'inverse, épointez les charpentières pour provoquer une repousse modérée et taillez court les rameaux sur la face faible. La croissance sera vigoureuse et rééquilibrera l'arbre.

DEUXIÈME ANNÉE ET SUIVANTES
Le côté faible a émis des branches vigoureuses. Cet hiver et les suivants, ne retirez que les pousses en surnombre, qui se gênent, ou dérangent l'équilibre de la couronne. Fertilisez deux fois par an durant la convalescence de l'arbre.

Travaux de nettoyage sur les petits arbres

Un arbre, gêné par un autre ou par un bâtiment, peut être atrophié d'un côté. Si la cause du déséquilibre doit persister, comme l'étiolement dû à un arbre voisin plus volumineux, ou l'ombre portée par un bâtiment, un mur ou une clôture, la taille ne constitue pas un remède valable. Si le problème engendrant la malformation de l'arbre est éliminé, il est alors possible de rééquilibrer la silhouette par une taille de rattrapage étalée sur plusieurs années *(voir ci-dessus)*.

La négligence produit une quantité de problèmes mineurs : bois mort, malade ou abîmé, branches entrecroisées, encombrantes ou difformes, foisonnement de branchages inutiles, masquant un tronc, net à l'origine, etc. Si les branches sont basses et très étalées, il faut les retirer ou les étayer *(voir p. 32)*, car elles exercent une forte traction sur le tronc. Ne le laissez pas se fendre : air, eau et maladies y trouveraient une porte d'entrée. L'arbre se creuserait et finirait par mourir.

Pour rattraper la silhouette d'un petit arbre, commencez par améliorer ses conditions de vie. Coupez tout le bois mort ou malade, les rejets et les branches entrelacées qui usent l'écorce par frottement. La deuxième, voire la troisième année, réduisez la végétation qui aura été en partie relancée par le nettoyage précédent. Supprimez ou rabattez les branches restantes pour rééquilibrer la forme. Ne retirez qu'une ou deux branches importantes par an. Coupez-les par tronçons, cela vous permettra de travailler dans de bonnes conditions de sécurité.

Époque d'intervention et suivi

Mieux vaut entreprendre toute tâche de restauration des arbres durant la saison de repos de la végétation, même s'il existe quelques exceptions *(voir pp. 52-91)*. Débarrassée de ses feuilles, la silhouette des arbres caducs est plus lisible et le travail facilité.

Après une légère taille de rattrapage, effectuez un surfaçage d'engrais complet spécial arbres, à la dose recommandée par le fabricant. C'est un bon moyen pour stimuler la végétation. Beaucoup de vieux arbres n'ont pas été fertilisés depuis longtemps, voire jamais. La meilleure solution est alors d'épandre un paillis mince de fumier de un an ou de compost, associé à un engrais complet pas trop riche en azote pour éviter une repousse trop rapide et trop tendre. Ne maintenez jamais sous un vieil arbre un paillage permanent de fumier, de compost ou de tontes de gazon en couches épaisses. Ce « mulch » risquerait d'empêcher l'oxygénation des racines superficielles et d'altérer la bonne santé de l'arbre, surtout en sol lourd.

Gros élagages

Les arbres négligés ou devenus trop encombrants dans le jardin seront abattus ou remodelés, s'ils sont sains. Hormis dans un petit espace ou en milieu urbain, l'abattage est meilleur marché et plus facile que la restauration. Il permet aussi le remplacement de l'arbre par une espèce mieux adaptée. En ville, l'élagage est souvent périlleux. Il doit être confié à un spécialiste, généralement désigné comme « chirurgien arboricole ».

Le gros élagage ne comprend pas que l'abattage, mais aussi la réduction de la couronne, son dégagement ou son éclaircissage. La réduction et la taille en têtard *(voir p. 36)* diminuent l'ensemble de la couronne d'un arbre adulte. Le dégagement du faîtage allonge le tronc par la suppression de grosses branches basses. Il s'avère surtout nécessaire quand elles gênent la vue ou le passage, voire quand elles surplombent une construction. L'éclaircissage supprime les branches en surnombre. Cette intervention se justifie pour la bonne santé de l'arbre et dans le cas d'un excès d'ombre portée ou de l'obstruction d'une belle vue. L'éclaircissage s'avère utile pour créer une zone lumineuse tamisée qui permet l'établissement d'un jardin ou le dégagement d'une fenêtre sans supprimer un spécimen de qualité.

Nous insistons sur le fait qu'aucun de ces travaux n'est simple, et demande, pour être efficace, des interventions réfléchies et précises, fondées sur de bonnes connaissances de la physiologie végétale et des techniques arboricoles. L'expérience d'un spécialiste est souvent inestimable et surtout sécurisante, même si l'intervention peut sembler parfois onéreuse. Mais, réalisée de manière irréfléchie, la taille peut provoquer le développement d'un arbre dangereusement déséquilibré ou nuire à la santé de la plante.

UN ARBRE DEVENU DANGEREUX
Les dégâts des tempêtes ou de la foudre dans la couronne d'un arbre doivent être jugés et réparés après avoir pris conseil auprès d'un technicien expert.

Le nettoyage maladroit d'un arbre par l'élagage provoquera des dégâts irréparables. À l'inverse, une intervention bien menée lui donnera un bel aspect pour de nombreuses années. Attention aussi aux risques sur les tiers. Une branche coupée sans précaution peut, en tombant, provoquer de graves dégâts sur les constructions voisines. Il n'est pas certain que votre assurance personnelle couvre ce genre d'incident. Il nous semble donc important de souligner la nécessité d'employer des entreprises ou des artisans spécialisés. Vous pouvez demander conseil aux services d'espaces verts de votre municipalité pour obtenir la bonne adresse.

La bonne chirurgie arboricole est onéreuse, mais la dépense est justifiée. Avant toute action, un spécialiste estimera le travail à effectuer (et les alternatives possibles), le temps nécessaire, les conséquences et les risques de l'intervention, ainsi que le suivi qui s'impose par la suite. Il sera aussi à même d'évacuer ou de débiter le bois abattu.

Les services d'un conseil forestier sont nécessaires pour les arbres classés. Sa visite peut mettre en évidence des problèmes insoupçonnés et en soulever d'autres comme l'affaissement ou le soulèvement du terrain, qui peuvent échapper à un profane. Le coût de ces conseils doit être estimé en fonction de leurs avantages. Assurez-vous toujours, avant de vous engager, que les dégâts et dommages éventuels seront couverts par l'assurance de l'entrepreneur.

RÉDUCTION DE L'IMPORTANCE DE LA COURONNE
La suppression de tout ou partie des branches basses est nécessaire pour ménager un passage sous l'arbre. Cette intervention est indispensable en bordure de route.

ÉCLAIRCISSAGE ET RABATTAGE
Ces opérations sont souvent combinées pour réduire le volume d'un arbre et laisser pénétrer l'air et la lumière dans la ramure, tout en réduisant la prise au vent et le déséquilibre des branches.

Cépée et têtard

Certains arbres (et nombre d'arbustes) tolèrent une sévère taille régulière, qui les fait émettre des pousses vigoureuses, souvent d'un grand intérêt ornemental pour le jardin. Les techniques de la cépée et du têtard ainsi employées comptent parmi les plus anciennes de l'horticulture.

La cépée consiste à tailler un arbre au ras du sol, parfois tous les ans, pour obtenir de jeunes pousses vigoureuses à partir de la souche. Jadis, on pratiquait cette technique en hiver, pour faire du feu, de la vannerie, des claies et des perches. On en trouve trace dès le Néolithique, en Angleterre et dans le Nord de la France, où cette pratique était très répandue. Dans certains endroits, on peut trouver des cépées ayant plus de six cents ans. La cépée prolonge la vie d'un arbre quasi indéfiniment et quand les coupes sont nettes, elles se cicatrisent vite. C'est le cas si on utilise des outils classiques tels que la serpette et la hache. Une cépée grossièrement sciée ou tronçonnée ne peut durer si longtemps.

Le têtard fournissait également une source renouvelée de bois. Sa particularité vient des pousses qui émergent en tête d'un tronc solitaire, dont toutes les branches sont rabattues. Il s'agit en quelque sorte d'une cépée montée sur tige.

Aujourd'hui, cépée et têtard ont surtout des fins ornementales, et permettent de cultiver des arbres dans un espace réduit. Un nombre restreint d'espèces supporte ce traitement de choc. La résistance aux maladies est une qualité essentielle pour permettre une cicatrisation constante. Cépée et têtard sont surtout utilisés au jardin pour créer, au niveau du sol ou à hauteur d'homme, des touffes de jeunes pousses dont l'écorce ou les jeunes feuilles sont vivement colorées. Les *Salix* (saules) et les *Cornus* (cornouillers) sont les plus utilisés dans ce but, leurs jeunes tiges étant souvent éclatantes. Elles vont, selon les variétés, du jaune vif à l'écarlate, en passant par le pourpre cérusé. On ne rabat les tiges qu'au printemps, pour prolonger le spectacle.

JEUNES TIGES COLORÉES
Ce têtard de saule aux jeunes pousses brillantes donne de l'éclat au jardin, en hiver, et jusqu'aux premiers jours du printemps.
En rabattant sur son tronc assez court, on obtient une plante arbustive.
Il est aussi possible de conserver, comme ici, une tige principale de 120 à 150 cm de hauteur. Cela permet de dégager les jeunes pousses de la plate-bande.

Pour avoir des feuilles décoratives

En recépant des arbres tels que les *Ailanthus* les *Eucalyptus* et les *Paulownia*, on obtient d'étonnants effets foliaires. En se concentrant dans les nouvelles pousses, la montée de sève produit d'immenses feuilles luxuriantes et donne à certaines plantes un air tropical. Il arrive, chez les *Eucalyptus*, que la forme et la couleur du feuillage juvénile soient totalement distincts. Notez que cette technique vous fait perdre le bénéfice de la floraison, car la plupart des arbres fleurissent sur le vieux bois.

CRÉATION D'UN TÊTARD *(à gauche)*
Achetez ou formez un jeune arbre adapté à cette technique (ici un saule). Il doit avoir la tête bien branchue, portée par une tige de 2 m de haut environ. Laissez pousser jusqu'à ce que le tronc dépasse 10 à 13 cm de diamètre. Coupez la ramure en fin d'hiver ou au premier printemps, en supprimant les branches à 2,5 ou 3 cm du tronc. Traitez les repousses comme un têtard déjà établi.

TÊTARD ADULTE *(à droite)*
Pour conserver cet aspect particulier et bien coloré, taillez tous les 2 ou 3 ans. À la fin de l'hiver, rabattez les tiges à 1 ou 2 cm de leur point de départ. Vérifiez que la partie centrale du tronc ne soit pas endommagée. Avec l'âge, la repousse produit des tiges surabondantes : éclaircissez pour en limiter le nombre. Supprimez à sa base toute pousse née le long du tronc ou au pied de l'arbre.

Réduire le volume par la taille

Cépée et têtard réduisent sensiblement l'encombrement d'un arbre : un Paulownia adulte, par exemple, peut atteindre 25 m de haut, alors que le recépage le ramènera à la taille d'un grand arbuste (il peut pousser de 3 m en une saison). Quelle que soit la dimension de la ramure, les racines seront pleinement développées. Si leur système radiculaire dispose d'un volume suffisant, des arbres tels que le Catalpa et le Morus alba peuvent être conduits en petits sujets touffus, avec de larges feuilles. Les arbres étêtés (platanes et tilleuls surtout) sont très employés pour les alignements urbains. Ils ne sont pas vraiment rabattus sur la tête ou le tronc mais ébranchés. Leurs charpentières sont raccourcies et forment une ossature d'où partent les repousses. Les arbres ainsi traités forment une ample couronne bien proportionnée, portée par un tronc élevé, comme l'imposent les contraintes de la circulation urbaine. Cette taille est déconseillée au jardin d'amateur, l'allégement de la couronne (voir p. 35) étant bien mieux adapté.

RECÉPAGE DU NOISETIER
À la fin de l'hiver, coupez toutes les branches un peu au-dessus du sol. Ne rabattez jamais sous la surface et n'endommagez pas la souche renflée. C'est de là que naîtront les nouvelles tiges. Elles apparaissent sur le pourtour de la base recépée. Vous pouvez en éliminer quelques-unes si elles sont trop nombreuses. Pour obtenir un effet naturel, supprimez-les pousses en surnombre, plutôt que de les raccourcir.

APRÈS LA TAILLE *(ci-dessous)*

REPOUSSE DE PRINTEMPS *(à droite)*

Taille de rajeunissement

L'ébranchage et le rapprochement permettent de conserver un arbre devenu dangereux ou encombrant. Certains chênes ont dépassé les quatre cents ans, malgré la perte naturelle de leur charpente originelle. Les ifs peuvent également se régénérer après une taille sévère. Étêtage ou recépage peuvent s'appliquer à un arbre enlaidi, dégarni par une tempête. On peut parfois conserver une seule tige pour reconstituer une nouvelle flèche, d'où renaîtra ensuite le houppier. Pour de plus gros arbres, ces techniques seront conduites par un spécialiste.
Le recépage facilite la protection contre le gel de certains arbres frileux. Dans les régions au climat froid, rabattez les lauriers, les mimosas ou les eucalyptus, au ras de la souche, avant l'arrivée de la mauvaise saison, et couvrez-les de paille pour leur faire passer l'hiver sans encombre. Les tailles fortes constituent un rajeunissement, dans la mesure où de nouvelles branches repercent sur la souche ou sur l'écorce. Un point important à mettre au bénéfice de ces interventions sévères.

TAILLER POUR LA COULEUR
Au lieu de former un grand arbre, cet Acer negundo *'Flamingo' éclaire la plate-bande de son jeune feuillage, panaché de crème. Un rabattage sur une branche basse stimule cet effet. Chez la plupart des arbres, les feuilles les plus belles apparaissent sur les jeunes pousses.*

ARBRES D'ORNEMENT ADAPTÉS À UNE TAILLE SÉVÈRE ET RÉGULIÈRE

***Acer pensylvanicum* 'Erythrocladum'.** *Sa taille développe de jolies pousses rouges.*
Ailanthus. *Pour réduire la hauteur et augmenter la taille des feuilles* (voir p. 53).
Carpinus betulus, Corylus. *Le recépage donne des buissons, utilisables en haies.*
Catalpa bignonioides, Castanea sativa. *L'étêtage sert à contenir un arbre abîmé ou à limiter ses dimensions* (voir p. 57).
Cercis. *L'étêtage réduit la végétation et maintient la floraison à hauteur d'homme.*
Eucalyptus. *La plupart des espèces réagissent en produisant un beau feuillage juvénile avec un port buissonnant.*
Fagus sylvatica. *Le recépage sert à former des buissons, pour composer des haies.*
Morus alba. *L'étêtage réduit la couronne.*
Paulownia. *Pour réduire le volume et engendrer des feuilles géantes* (voir p. 78).
Platanus* x *acerifolia. *L'ébranchage réduit la couronne* (voir p. 80).
Quercus. *Tailler pour prolonger la vie des arbres fragilisés par les maladies.*
Salix. *Nombre d'espèces émettent des jeunes pousses colorées* (voir p. 86).
Taxus baccata. *Pour rajeunir les vieux arbres ou produire des sujets pour les haies.*
Tilia. *L'ébranchage réduit la couronne. Étêter les tilleuls à écorce rouge tel que* Tilia platyphyllos *'Rubra'.*
***Toona sinensis* 'Flamingo'.** *Donne un joli feuillage, rose dans son jeune âge.*

Taille en rideau

La formation d'un rideau consiste à relier entre elles les branches d'arbres plantés en alignement. Associé à une taille formelle, cela donne une ramure uniforme de pousses entrelacées, dominant un rang de troncs dégagés. Cette pratique est ancienne. Dans l'Angleterre des Tudors, les allées bordées d'arbres en rideaux correspondaient à un statut social. Elles montraient combien de jardiniers leur propriétaire pouvait employer. Les alignements et les allées en rideau reviennent à la mode, malgré l'entretien continu qu'ils demandent. Les espèces les plus couramment employées pour ce type de taille exigeante sont les tilleuls, les charmes, les hêtres et les houx, même si tous les arbres supportant bien la cisaille conviennent. Une armature solide et bien conçue est nécessaire jusqu'à ce que l'allée soit établie. Il faut bien quinze ans avec les hêtres et les charmes.

Le rideau classique
Tilleuls, charmes et hêtres sont les arbres les plus utilisés. L'emploi de plusieurs cultivars de hêtres, aux feuillages diversement colorés (à gauche)*, donne un effet de tapisserie. Les brindilles serrées ont un bel effet décoratif en hiver* (ci-dessous).

Construction de l'armature

Les poteaux de soutènement pour chaque arbre devront être enfoncés d'au moins 60 à 90 cm dans le sol et s'élever jusqu'à la hauteur finale désirée. Le meilleur écartement est de 2 à 5 m environ. Rajoutez un poteau à chaque extrémité de rang, près des arbres, pour que l'armature accueille toutes leurs branches. Des perches horizontales (où, plus discrètement, des fils de fer) clouées (ou bien tendues) entre les poteaux formeront les supports sur lesquels seront fixées les pousses.

Taille de formation

Commencez avec des arbres de trois ou quatre ans, présentant des axes biens droits et des troncs déjà bien dégagés. Les premières branches latérales doivent se situer à proximité de la partie basse du châssis en bois. Plantez à la fin de l'automne, en supprimant les branches situées trop bas, ainsi que celles poussant à angle droit par rapport au plan de l'armature, car elle ne pourront être palissées. Attachez le reste sur les perches ou les fils de fer.

L'année d'après et les suivantes, coupez ou arrachez les pousses nées sur le tronc ou sortant du cadre. Ligaturez la flèche au fur et à mesure de sa croissance et entrelacez, puis liez les pousses bien placées afin de former un réseau aéré. Appuyez le maximum de branches sur le cadre. Avec le temps, les vides se comblent. En hiver, supprimez les pousses mal placées et rabattez les longues tiges pour produire des ramifications.

Rideaux établis

Un écran bien installé peut être entretenu comme une haie *(voir p. 44)*. Continuez à supprimer les repousses qui apparaissent sur le tronc et retirez les branches malades, mortes ou abîmées, dès leur apparition. Profitez de l'opération pour croiser les branches latérales et les orienter de manière à combler les trous. Fertilisez les arbres au printemps, pour compenser le stress dû à la diminution du volume de feuillage et provoquer une croissance régulière et bien soutenue.

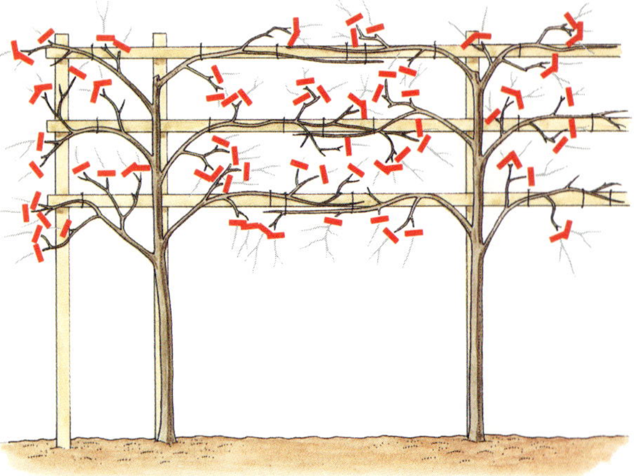

Un rideau rapide
Pour gagner du temps, une fois le cadre couvert, taillez chaque hiver les pousses de l'année, de la moitié de leur longueur, pour provoquer leur ramifiction, et palissez les pousses vagabondes. Vous obtiendrez une « haie sur échasses » facile à tailler et d'un très bel aspect ornemental.

Arceaux et berceaux de plantes

Quand elles sont entrecroisées, les flèches de deux arbres plantés de part et d'autre d'une allée forment un arceau. Il peut être isolé ou dessiner une ouverture dans une haie. Pour l'obtenir, attachez un fer arrondi et solide, aux grands tuteurs des arbres. Courbez doucement les flèches et palissez-les sur le support. Les branches latérales et les brindilles bien situées sont ensuite emmêlées et taillées pour former une arche.

Plus complexe, le berceau, qui est parfois appelé charmille (même s'il n'est pas composé de charmes), est constitué par une série d'arceaux supportant de jeunes arbres, aux branches palissées. La structure devra être robuste, réalisée dans un matériau durable et discret, tout en étant décoratif (le fer restant le plus usuel). La taille demande du temps, car il faut couper les pousses verticales pour les égaliser. Il faut aussi attendre que les deux rangées d'arbres se rejoignent.

FORMATION D'UN RIDEAU

TAILLE À LA PLANTATION, HIVER

1 Au pied d'une robuste armature en bois, plantez un arbre de trois à quatre ans devant chaque poteau. Placez le plus possible de branches dans le plan du châssis. Palissez la flèche bien droit et renouvelez l'intervention au fur et à mesure de sa croissance.

2 Palissez fermement les branches latérales sur un des supports horizontaux.

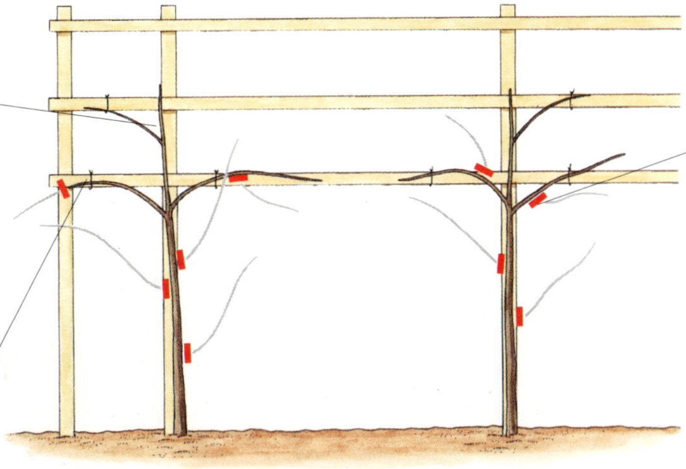

3 Supprimez les branches latérales mal orientées, qui sont impossibles à conduire sur les traverses ou les fils de fer.

4 Rabattez au ras du tronc les pousses latérales apparues dans la partie située entre le sol et la latte la plus basse.

DEUXIÈME ANNÉE, HIVER

1 Quand la flèche atteint le haut du cadre, conduisez-la horizontalement. Palissez une latérale bien choisie sur la partie opposée. Pour un effet plus régulier, conduisez toutes les flèches dans le même sens.

2 Rabattez les branches latérales trop longues sur une pousse vigoureuse, et les petits rameaux à deux ou trois yeux pour provoquer une repousse vigoureuse qui couvrira le châssis assez vite.

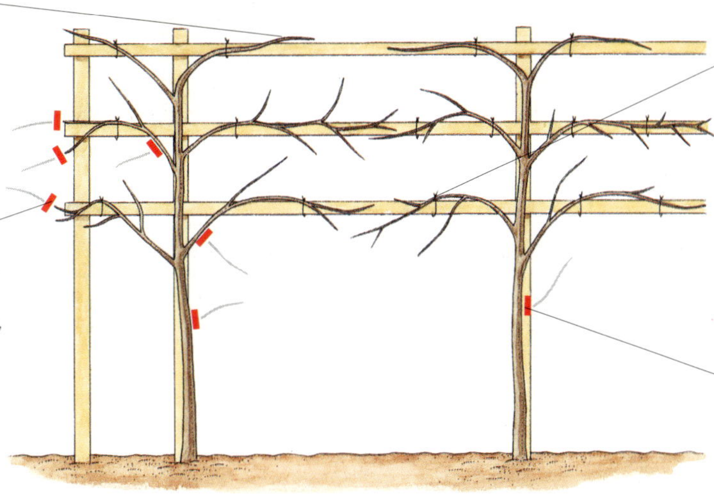

3 Au cours de la saison, ne conservez que les tiges poussant latéralement ou pouvant être dirigées par le palissage. Quand elles sont encore souples, entrecroisez et liez ces tiges sur le châssis, pour remplir les espaces.

4 Retirez tous les gourmands qui apparaissent sur le tronc ou à la base du pied.

TROISIÈME ANNÉE, HIVER

1 Rabattez sur un œil les tiges qui dépassent du cadre, sur les bords comme au sommet. Pour un effet régulier, coupez toutes les branches à la même hauteur et dans le même plan.

2 Commencez à entrecroiser et à lier les pousses bien placées. Comme le vide entre les étages rétrécit, les tiges inférieures et supérieures peuvent être dirigées selon les besoins.

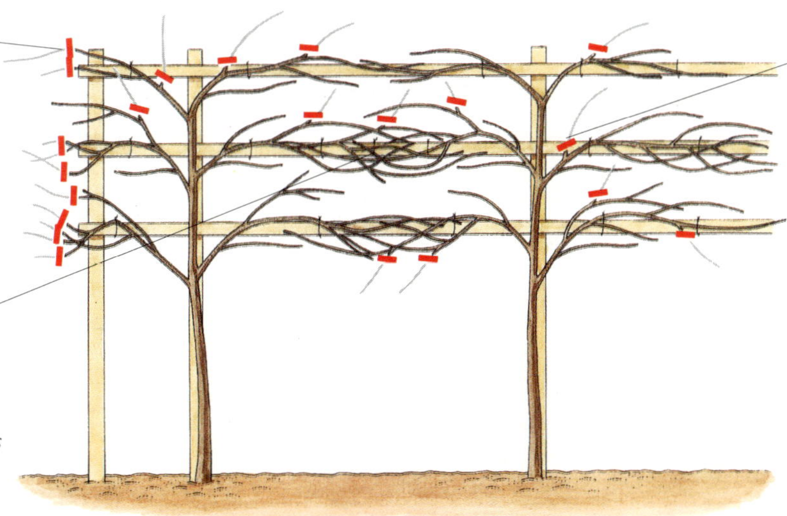

3 Rabattez sur un œil bien placé toutes les branches qui n'ont pu être dirigées horizontalement. Celles qui poussent vers l'avant ou vers l'arrière, par exemple, et qui nuisent à l'effet d'alignement.

Conifères

Le groupe des conifères ou résineux tire son nom des fruits caractéristiques en forme de cône. La plupart sont porteurs de feuilles persistantes, en aiguilles ou en écailles. Certains, cependant, tels les *Larix* (mélèzes) et le *Metasequoia*, sont caducs. Le *Ginkgo (voir ci-dessous)*, caduc, est particulier avec ses feuilles veinées en forme d'éventails. Les conifères offrent une large gamme de hauteurs, de ports, de formes et de couleurs. Cela permet de choisir la bonne espèce qui n'envahisse pas votre jardin, ni ne domine les plantations voisines.

La plupart des conifères développent des flèches dressées, dominantes, qui entraînent un port en fuseau. À quelques espèces près, la taille est réduite à peu de chose. Mieux vaut l'éviter sur les sujets adultes, sauf nécessité absolue : pour réparer des dégâts par exemple, supprimer des retours au type ou des pousses vagabondes. Comme tous les arbres, les conifères gagnent à être guidés dans leur jeune âge, pour éviter des problèmes difficiles à corriger plus tard.

Excepté pour les cultivars au port fastigié, pleureur ou nain *(voir page de droite)*, mieux vaut commencer avec les *Picea* (épicéas), les *Abies* (sapins), les *Pinus* (pins), les *Taxus* (ifs) et les *Larix* (mélèzes) avec des plants provenant de semis. Chez ces espèces, les boutures issues de pousses secondaires continuent souvent à pousser latéralement, comme la branche dont elles proviennent. Il s'avère malaisé de les conduire verticalement, avec une flèche marquée. Les membres de la famille des Cupressacées (*Chamaecyparis, Cupressus* et *Thuya)*, issus de boutures, sont beaucoup moins sujets à une pousse atypique.

MASSIF DE CONIFÈRES
En groupe, les conifères demandent peu de soins. Ils présentent une grande variété de dimensions et de formes, avec un port souvent dense qui souligne leur silhouette nette. Bien choisis, ils sont indispensables pour créer des scènes nécessitant peu d'entretien, tout en offrant de beaux contrastes de formes, de textures et de couleurs.

Achat et plantation

Avant d'acquérir un conifère, il est capital de vérifier que la plante porte des racines saines, fibreuses. Écartez sans pitié toute motte « en chignon », peu apte à s'enraciner vigoureusement et dont l'ancrage reste modeste et la pousse chétive. L'échec, à plus ou moins long terme, est certain. Une transplantation soignée limitera les lésions des racines fibreuses. Des engrais et un paillis copieux, après la plantation, aideront la plante à s'établir vite et bien. Les conifères sont très sensibles aux transplantations *(voir p. 25)*. La meilleure solution consiste à planter des sujets jeunes de 30 à 90 cm de haut ou des plantes en cultivées en conteneurs. Ne tuteurez pas les conifères : les mouvements du tronc, sous l'effet, du vent sont nécessaires pour générer des tissus robustes dans les tiges et des flèches puissantes.

CHIGNON SUR UN GINKGO
Certains chocs, surtout dus à des racines maintenues à l'étroit (voir ci-dessous) *engendrent chez le ginkgo une forme faible, aux pousses déséquilibrées et une profusion de brindilles courtes et ratatinées* (à gauche). *Entaillez les racines entortillées, pour provoquer l'apparition de nouvelles pousses à la texture fibreuses (voir* Taille des racines d'un arbuste en pot *p. 154). C'est risqué, mais sans cette intervention, l'arbre restera chétif.*

CONSEIL TRUFFAUT
Appelé « arbre aux quarante écus », le Ginkgo est un arbre caduc, aux feuilles vert vif en forme d'éventail, qui virent au jaune en automne. Il présente un port élancé avec des branches étalées. Le ginkgo donne deux sortes de pousses. Les unes, courtes, peu vigoureuses, ont des feuilles terminales, les autres, vigoureuses, longues, aux brindilles alternées, bien séparées, tendent à se dresser. Taillez en hiver les jeunes sujets pour supprimer les flèches concurrentes. Les arbres adultes n'aiment guère être taillés et les branches coupées meurent souvent. Les ginkgos mal formés sont rarement corrigés par la taille. Des apports d'engrais complet au printemps peuvent relancer la croissance et permettre un rééquilibrage naturel du port de cet arbre très décoratif, mais assez imposant.

Formation et taille

L'époque de la taille est importante, chez les conifères. Beaucoup de résineux « pleurent » copieusement après la coupe. Cet écoulement est plus important en pleine végétation, d'abord au début du printemps, puis dans un deuxième temps en été. Évitez de tailler à ces époques. De l'automne au cœur de l'hiver, l'écoulement sera réduit.

Établir une flèche

La plupart des conifères forment une vigoureuse flèche centrale, qui se reforme, dans leur jeune âge, si elle vient à être abîmée. En cas d'accident, choisissez dès que possible une pousse de remplacement *(voir ci-dessous)*, que vous palisserez. Chez la plupart des espèces, il est rare qu'un accident en début de culture engendre des flèches jumelles. Plus tard, en revanche, une flèche supprimée entraîne souvent l'apparition de nouvelles pousses en bouquets, par trois ou plus. Elles naissent à partir d'un même point de la tige. Beaucoup de pins réagissent ainsi aux accidents, même jeunes. Conservez une seule pousse pour obtenir un arbre à flèche unique à la croissance plus régulière.

Tous les conifères ne forment pas une flèche maîtresse. Le *Metasequoia glyptostroboides* produit souvent des flèches multiples, tout en continuant à se développer de manière harmonieuse, sans nécessiter d'intervention. Certains conifères arbustifs, dont beaucoup de genévriers, sont cultivés pour leur port dressé et compact. S'ils forment une ramure lâche aux flèches multiples, regroupez celles-ci en les maintenant avec un lien horticole ou un filet pour garder un port serré, ce qui évitera les dégâts du vent et de la neige. (*Suite p. 42.*)

CONSEIL TRUFFAUT

Les conifères nains sont propagés par bouturage, à partir de sports (mutations) d'arbres normaux. Ils sont sélectionnés pour leur croissance lente et leur touffu. Chez de nombreux conifères nains, on recherche aussi la persistance du feuillage juvénile plumeux. La taille est souvent inutile. Si la plante retourne au type d'origine, avec de fortes pousses verticales, il faut très vite supprimer les branches intruses, afin de conserver la forme et le port qui ont justifié le choix de ce conifère.

SUPPRESSION D'UNE RÉVERSION
Coupez à la base la pousse atypique en dissimulant la coupe dans le feuillage.

FLÈCHE CONCURRENTE
Pour conserver la flèche centrale d'un conifère à une seule tige, il faut retirer dès que possible les flèches concurrentes. Supprimez net, à la base, la pousse la plus faible ou la plus difforme.

REMPLACEMENT D'UNE FLÈCHE

ARBRE ABÎMÉ
Sur les jeunes plantes, une flèche cassée peut être remplacée par une pousse latérale vigoureuse qui sera palissée.

1 *Éliminez au sécateur toutes les parties abîmées, tout en sélectionnant une pousse vigoureuse, verticale si possible, qui servira de remplaçante.*

2 *Glissez délicatement un tuteur au cœur de l'arbuste et attachez-le au tronc. Attachez dessus la pousse de remplacement sans trop la serrer.*

(Suite de la p. 41.) Certains conifères, comme le *Cedrus deodara*, ont une flèche souple, dite « en fouet ». En pleine croissance, le bourgeon terminal (apical) conserve un « profil bas ». Il est protégé par des bourgeons latéraux. À la fin de la saison, la tige se redresse et le bourgeon occupe sa place au sommet de la flèche comme il se doit. Ne coupez ni ne palissez jamais un fouet, sous peine de bloquer la croissance de l'arbre.

Création d'une tige

Avant d'entreprendre la formation d'un tronc, tenez compte de la forme, de la dimension et du port définitifs de l'arbre adulte. Ils vous dicteront l'importance et la hauteur de la tige dégagée. Nombre de Cupressacées, en particulier l'*Abies lasiocarpa*, offrent l'avantage de conserver leurs branches basses en une jolie couronne décorative proche du sol. Le *Pinus bungeana* a une belle écorce, mais il se dégarnit en vieillissant, formant de vilains arbres aux allures de pagaies. Allégez les étages bas des branches pour dégager l'écorce, sans altérer la silhouette adulte de l'arbre. Chez les conifères au port pleureur ou semi-pleureur, tels que *Picea smithiana* ou *Picea breweriana*, supprimez les branches basses pour que les tiges supérieures retombent sans être gênées. De nombreuses espèces demandent d'avoir un tronc plus haut pour souligner leur forme. Une fois la végétation lancée, dégagez le premier mètre en coupant net les branches à leur point de départ. Les petites blessures cicatriseront vite. Les années suivantes, continuez l'opération jusqu'à 2 m de hauteur. Par la suite, basez-vous sur la hauteur adulte de l'arbre. S'il doit atteindre 20 m, par exemple, il supportera un tronc nu de 4 à 6 m. Avec l'âge, de nombreux conifères perdent leurs branches basses, par asphyxie. Retirez les parties mortes dès leur apparition.

CONSEIL TRUFFAUT

Rares sont les conifères qui supportent une taille sévère. Vous pouvez la pratiquer sur : Cephalotaxus, Cryptomeria, Cunninghamia, Sequoia, Taxus et Torreya. Des interventions importantes entrent dans la formation des jeunes plants des Araucaria, Metasequoia, et Taxodium. La plupart des Cupressacées, dont les Chamaecyparis, Cupressus et Thuja, réagissent bien à une taille régulière des jeunes pousses. Ils peuvent être conduits en haies. Mais, il ne faut pas couper trop sévèrement, car chez la plupart des conifères, il n'y a pas, ou très rarement, de départs de végétation sur le vieux bois. Dès le départ, pensez à la hauteur finale de votre haie.

Branches écartelées

1 Le vent, la neige, le verglas, ou le poids d'une branche érigée, écartent les branches. Si le rameau est intact, attachez-le, sinon il faut le tailler.

2 Liez la branche avec un matériau souple Servez-vous de fil goudronné, d'attaches en caoutchouc, de bas ou de collants usagés en maille synthétique.

Petites réparations de fortune

1 Retirez toutes les pousses au feuillage mort ou brûlé (voir vignette). *Excepté pour les dégâts mineurs, vous risquez de laisser un vide inesthétique, surtout sur les sujets taillés en formes régulières.*

2 Plantez un tuteur au cœur de l'arbre. Liez-le sur une grosse branche ou sur le tronc. Orientez et palissez dessus les branches voisines. Le tuteur sera vite dissimulé, ainsi que le vide.

Éclaircissage

Pour alléger une végétation touffue, retirez d'abord les parties mortes et les débris divers, puis rabattez net les pousses en excès situées à la base. Les coupes seront masquées par le feuillage restant. Évitez de dégager les bois internes de couleur brune.

Plantes trop touffues

De nombreux conifères se chargent de bois mort, produisent une végétation excessive et conservent les aiguilles mortes dans leur cime. Le résultat est souvent laid, et les dégâts d'hiver, par accumulation de neige, s'en trouvent augmentés. Pour les espèces très résineuses, l'accumulation de débris favorise l'incendie, en cas d'été sec, surtout dans les régions au climat chaud. Retirez toutes parties mortes. Si les branches sont trop rapprochées, un éclaircissage judicieux *(voir page de gauche, en bas)* réduira la prise de la neige. Sur les arbres adultes, faites appel à un professionnel.

Dégâts du vent et de la neige

Les conifères à port dense peuvent être abîmés par le vent et la neige. Dégagez la neige pour éviter la casse et l'écartèlement des branches. Les branches déplacées peuvent être ligaturées *(voir page de gauche, en haut)*. Si elle sont cassées, supprimez-les et masquez le trou à l'aide des branches voisines, palissées avec des liens souples ou du fil goudronné. Vous éviterez ainsi de laisser les branches du cœur apparentes. Peu feuillées, elles sont inesthétiques et se regarnissent rarement. Si les dégâts sont limités au bout des branches, retirez la pousse abîmée et laissez les parties intactes repousser pour reformer la silhouette. Des zones mortes ou brûlées par le vent peuvent être rattrapées de la même manière, mais elles s'avèrent souvent plus difficiles à gérer. Attention, les dégâts apparaissent souvent et même récidivent sur la face de la plante la plus exposée au froid. Le gel et le vent empêchent la repousse vigoureuse, nécessaire pour reconstituer la cime. S'ils sont jeunes, les conifères pourront être transplantés dans un endroit plus propice. Sinon, combattez le vent à l'aide de claies à mailles fines, de brandes, de grillages brise-vent, ou de palissades, jusqu'à la repousse.

Rajeunissement

À quelques exceptions près, les conifères ne repartent pas sur le vieux bois. Les interventions de rajeunissement se limitent à supprimer les bois morts ou les rameaux dépérissants. Quand les arbres s'avèrent trop encombrants, leur suppression totale et leur remplacement sont les meilleures solutions. Mutiler un vieux conifère en éliminant la flèche ne fait qu'enlaidir son aspect. Notez que certaines espèces, surtout les pins, ne sont décoratives au jardin que dans leur jeunesse. Ils ne tardent pas à se dégarnir de la base et à former des moignons sur le tronc. Il en est de même pour la plupart des conifères forestiers. Le *Taxus baccata* (l'if commun) supporte une taille sévère, mais il demande de la patience et un entretien régulier pour restaurer sa forme, car sa croissance est naturellement lente.

Palmiers et plantes voisines

Les palmiers demandent peu d'entretien et une taille légère ou nulle. Ils croissent depuis le cœur de leurs stipes (troncs) uniques ou multiples et, si l'on supprime la pousse centrale, ils meurent, car ils ne possèdent pas de bourgeons de remplacement sur le tronc. Il est donc malaisé de réduire le volume par la taille. En climat froid, les jeunes sujets sont cultivés en serre ou à l'intérieur. Devenus trop gros, on s'en débarrasse. Chez les palmiers qui émettent des rejets, tels les *Chamaerops*, hauteur et volume seront réduits en éliminant les tiges trop grandes ou en surnombre. Certains, tels le *Chamaedorea elegans*, émettent des racines aériennes. Un marcottage aérien, suivi d'une replantation, permettra de réduire la hauteur de la plante.

Coupe des feuilles de palmiers
Rabattez toutes les feuilles mortes près du tronc, en laissant un moignon propre et régulier. Ne dénudez pas la tige en supprimant la totalité du pétiole, afin de ne pas fragiliser la plante.

Nettoyage des troncs

La plupart des palmiers gagnent à être débarrassés de leurs feuilles mortes. Dans les régions au climat froid, c'est une mesure purement esthétique. En climat chaud, l'opération est plus importante, car l'accumulation des pétioles morts favorisent l'incendie. Si les feuilles mortes persistent sur la plante, coupez-les court, à n'importe quel moment de l'année. Laissez sur le stipe la base du pétiole pour un effet décoratif. Ne coupez pas au ras du tronc. Dénudé, ce dernier est moins esthétique et plus fragile. Portez des gants épais, surtout si les pétioles sont épineux, comme chez les *Livistona australis*. Nombre d'espèces produisent un manteau fibreux sur le tronc, qu'il vaut mieux laisser : il partira naturellement avec l'âge.

Coupe des fleurs fanées de yucca
Retirez les épis fanés au printemps, en les coupant au ras de leur point d'attache, au cœur de la rosette.

Plantes de culture similaire

Quantité de plantes rappellent les palmiers par leurs feuilles en rosettes, à la base ou sur tige. C'est le cas des aloès, agaves, cordylines, phormiums et yuccas. Leur croissance ne se produit pas en un seul point comme chez les palmiers et elles possèdent des bourgeons dormants qui se développent après un accident ou une taille. Il est donc possible de former de nouvelles rosettes, plus bas sur le tronc. La taille se réduit en général à la suppression des feuilles mortes ou des inflorescences fanées.
Cordylines et yuccas souffrent parfois du froid dans les zones peu clémentes. Au printemps, une fois les premiers froids passés et la repousse amorcée, rabattez les tiges abîmées au ras des nouvelles pousses. Apportez un engrais complet et posez un paillis pour relancer la végétation. Ces deux plantes réagissent bien à la taille et au rajeunissement. Rabattez-les sur des pousses latérales bien placées, ou des rejets, même au ras du sol si nécessaire. Pour former une cépée, retirez le bourgeon terminal avant le démarrage printanier, puis apportez engrais et paillis pour stimuler la croissance.
Les plantes aux feuilles en rosettes, comme par exemple les agaves et les aloès, produisent volontiers des rejets de remplacement. Supprimez avec soin les plus gros et les parties abîmées, sans briser les nouvelles pousses. Vous pouvez également bouturer ces rejets puis éliminer la plante mère après la reprise. Sur les plantes à pousse lente, comme les *Cycas*, les *Pandanus* et les *Xanthorrhoea*, mieux vaut limiter la taille à la suppression des feuilles et des fleurs fanées. Les plantes coupées repoussent, il est vrai, mais très lentement.

Haies

Les haies vives et les clôtures végétales jouent un rôle important dans le dessin et le style du jardin, tout en offrant des usages variés. Les haies permettent de s'isoler, elles forment des murs de verdure et masquent la vue. Elles protègent du vent et du soleil ardent, tout en générant un ombrage intense. Elles filtrent aussi le bruit et la poussière des rues. Les haies procurent abri et nourriture à la faune sauvage, en particulier les oiseaux et les hérissons. Le type de plante retenu dépend du style du jardin, de l'importance de la place disponible et de la fonction de la haie. La haie sera-t-elle libre ou taillée, persistante ou caduque, fleurie ou non ? Cette plantation dure longtemps et le choix doit être judicieux dans la vaste gamme d'arbres et d'arbustes possibles. Vérifiez que l'espèce choisie convient au climat, au sol et à l'exposition. Assurez-lui une végétation vigoureuse et régulière, en préparant et en travaillant bien le sol avant la mise en place.

HAIE FLEURIE
Ce beau Chaenomeles speciosa *(cognassier du Japon) porte ses fleurs et ses fruits sur des pousses nées sur du vieux bois. Une taille homogène à la cisaille, génère un plus grand nombre de brindilles florifères. Certaines espèces, telles que les* Ilex *(houx) voient leurs baies sacrifiées par la taille. Alors, n'intervenez qu'à la fin de l'hiver.*

Formation

Tenez compte de l'encombrement, de la hauteur de la haie et de la vitesse de croissance de l'espèce choisie. Les plantes à développement rapide sont plus vite opérationnelles. Mais les espèces à pousse lente vivent souvent plus longtemps. Elles sont aussi plus épaisses et, une fois établies, demandent un entretien moins fréquent.

Les haies à feuillage persistant isolent, protègent et forment un fond homogène qui met bien en valeur les autres plantations. Même si la haie caduque est dépouillée en hiver, la plupart des espèces forment des branchages denses qui filtrent bien le vent en toute saison. Dans les endroits très exposés, cet effet brise-vent peut être supérieur à celui des haies persistantes, épaisses, que les vents franchissent à « saute-mouton » pour souffler plus fort, une fois l'obstacle franchi.

Les espèces à feuilles caduques changent d'aspect au cours de l'année. Leurs jeunes feuilles sont décoratives au printemps et se colorent souvent à l'automne. Ce sont les espèces les plus florifères. Certains arbres, tels que le hêtre ou la charmille changent de couleur en automne, en conservant sur l'arbre les feuilles mortes jusqu'au printemps. On dit que ces plantes sont « marcescentes ». Quantité d'espèces frileuses, comme les fuchsias, forment une haie temporaire, ou saisonnière. En climat froid, elles sont rabattues très court, mais elles refleurissent généreusement au printemps et en été.

MISE EN PLACE D'UNE HAIE
Si vous achetez des plants bon marché, il faudra accepter des sujets de qualité variable. Ne tentez pas de les uniformiser par la taille. Contentez-vous d'alterner plantes faibles et fortes. Inutile de tuteurer. Dans les lieux très ventés, installez une armature avec des piquets et des fils de fer. Placez-la face au vent pour éviter aux plants d'être rabattus sur les fils au risque de se blesser.

Taille à la plantation

Travaillez le sol sur 60 à 90 cm de large. Espacez les plantes de 30 à 60 cm, suivant la vigueur de l'espèce choisie. Pour les bordures des massifs et la réalisation de broderies, distancez les plantes de 10 à 15 cm environ. Plantez en ligne simples. Dans les jardins, le double rang en quinconce est peu recommandé, la végétation s'embroussaillant et se chargeant de bois mort.

L'importance de la taille lors de la plantation dépend de l'espèce et de l'effet souhaité. Des arbustes à fleurs en haies libres seront juste nettoyés, comme s'il s'agissait de sujets isolés *(voir p. 155)*. Il en va de même pour la plupart des persistants. Réduisez simplement la longueur des branches latérales les plus longues, les premières années *(voir également* Arbres persistants *p. 27)*. Ne touchez pas à la pousse principale pour laissez la flèche atteindre la hauteur désirée.

Taillez légèrement les *Fagus (*hêtres) et les *Carpinus (*charmes) pour obtenir une repousse uniforme. Ne vous contentez pas d'égaliser toutes les branches. Taillez légèrement les pousses fortes et plus court les pousses faibles. Ne rabattez pas de plus d'un tiers les branches latérales puissantes et des deux tiers les plus modestes.

Les plantes vigoureuses, nettement érigées, tels le *Ligustrum (*troène) et le *Crataegus* (aubépine) demandent une taille sévère pour bien se ramifier dès la base. Rabattez-les entre 15 cm et 30 cm du sol à la fin de l'été. Durant le deuxième hiver, recommencez.

Établissement et entretien des haies

Une fois les haies bien en place, commencez les tailles superficielles pour donner une forme régulière et maintenir la végétation dense et saine. La fréquence, l'époque et l'importance de la taille, dépendent surtout du style de la haie et de l'espèce employée.

Haies libres

Une haie libre est un écran de petits arbres ou d'arbustes dont on a conservé la forme naturelle. L'époque et les méthodes de taille sont les mêmes que pour les sujets isolés. La différence vient de ce que la coupe régulière s'accompagne d'une mise en forme discrète de la silhouette. Retirez les branches mal placées et taillez à la cisaille une fois par an, pour uniformiser la silhouette. Pour les haies à fleurs et à fruits, l'époque de taille intervient toujours après la période décorative.

Haies semi-libres

Les arbustes persistants adaptés aux haies semi-libres sont le *Prunus lusitanica*, le *Aucuba*, le *Garrya*, etc. Ils demandent peu de soins pour former des structures denses à l'aspect naturel *(voir* Arbres persistants *p. 27 et* Arbustes persistants *p. 157)*. Beaucoup portent de grandes feuilles luisantes qui seraient abîmées par les cisailles ou les taille-haies. Les feuilles blessées brunissent et deviennent laides. Taillez ces plantes au sécateur et, si nécessaire, pour les grosses branches, avec un ébrancheur ou un couteau-scie. Pour les haies à fleurs ou à fruits décoratifs, retenez le *Pyracantha*, le *Forsythia* et le *Chaenomeles*. Ils portent leurs fleurs sur les pousses latérales ou les brindilles issues du vieux bois et non sur les pousses terminales, qui seront supprimées sans dommage par la taille.

Haies taillées (ou formelles)

Les plantes des haies régulières doivent être denses et supporter des coupes fréquentes. La taille favorise une végétation touffue de la base au sommet, tout en conservant une silhouette bien nette. Donnez aux côtés de la haie une pente légère (le fruit) inclinée du sommet vers le bas. Le but est d'obtenir un profil en triangle, avec un sommet plat ou arrondi, moins sensible aux méfaits de la neige et des tempêtes.

La neige glisse sur les faces d'une haie profilée, le courant d'air file le long des pentes, en causant peu de dégâts. Le fruit de la haie permet une meilleure répartition de la lumière du haut en bas, ce qui l'empêche de se dégarnir. Il doit être réalisé sur toutes les haies de plus de 1 m de hauteur. Pour obtenir un sommet régulier, aidez-vous d'une règle en bois ou d'un cordeau tendus entre des piquets. Ce guide est aussi important et pratique pour les haies basses, car les inégalités apparaissent nettement quand elles sont vues de dessus. (*Suite p. 46.*)

Haie libre
Cette haie de fuchsias fleurit tout l'été. Rabattez toute la végétation en fin de saison pour qu'elle résiste bien à l'hiver. Les jardiniers acceptent souvent un aspect hivernal quelconque pour mieux profiter du renouveau offert par les haies fleuries.

Haie semi-libre
Les haies à grandes feuilles luisantes, comme ce laurier, par exemple, sont taillées au sécateur. Dans l'idéal, la coupe doit être faite au cœur du feuillage, pour être invisible. Le taille-haies et les cisailles abîment les feuillent qui se bordent alors de brun. Le feuillage formant l'attrait essentiel de la plupart des haies persistantes, il importe de le garder aussi net que possible.

Profils de haies formelles

Cette haie de charme a été effilée au sommet, pour qu'elle paraisse moins imposante.

On a donné à cet if une forme en A classique, avec un fruit marqué et un sommet tronqué.

Des faces inclinées et un sommet arrondi donnent à cette haie de conifères une silhouette douce.

(*Suite de la p. 45.*) Les conifères, ainsi que de nombreux persistants, se développent en hauteur à partir de leurs bourgeons terminaux. Il est préférable de limiter la taille aux branches latérales pendant toute la période de formation. Ne touchez à la pointe qu'une fois atteinte la hauteur souhaitée.

Taille d'entretien

Une fois le volume et le fruit créés, la haie ne demande qu'une mise en forme à la cisaille, en se guidant à l'aide du cordeau ou de la règle. Les haies formelles sont taillées deux fois par an. Pendant le repos et au cœur de l'été, pour les arbustes caducs, à la fin du printemps et de l'été, pour les persistants. Les *Taxus* (ifs) ne demandent qu'une taille estivale, excepté pour les formes très régulières. Pour beaucoup de conifères, une régularité dans la taille est très importante. Cela permet d'obtenir une surface dense, car les nouvelles pousses apparaissent rarement sur le vieux bois.

Les haies régulières sont entretenues à la cisaille ou avec un taille-haies. Vérifiez que les câbles des taille-haies électriques soient reliés à la terre. Glissez le fil dans le passant de votre ceinture pour éviter de le couper par inadvertance. Évitez de les employer par temps humide. Par prudence, n'utilisez pas les outils à moteur au-dessus du niveau de l'épaule. Montez sur un escabeau ou un échafaudage pour les haies de grande hauteur. Portez toujours des gants de jardin et des lunettes protectrices pendant le travail (*voir* Outillage et équipement *p. 17*).

Pour une pousse vigoureuse et régulière, les haies demandent un apport annuel d'engrais complet ainsi qu'un paillis, de préférence au printemps. Utilisez des écorces de pin, du compost ou de la paillette de lin.

TAILLE DES HAIES

TAILLE À LA CISAILLE
Conservez les lames de l'outil parallèles à la ligne de coupe pour respecter le niveau et obtenir un profil régulier.

UTILISATION DU TAILLE-HAIES
Avec un taille-haies, maintenez la lame parallèle au feuillage. Pour plus d'efficacité, donnez un mouvement ample à l'outil.

COUPE NETTE

TAILLE AU CORDEAU
Pour obtenir un sommet régulier, tendez un cordeau horizontal entre deux piquets. Il servira de guide de coupe pour éviter les ondulations inesthétiques.

TAILLE AVEC UN GABARIT EN BOIS
Pour donner une forme particulière, découpez un gabarit que vous poserez sur la plante. Coupez en suivant le profil du dessin et en commençant par le haut.

TAILLE APRÈS FLORAISON
Une fois les chatons fanés, le Garrya elliptica *peut être mis en forme.*

PLANTES RECOMMANDÉES POUR FORMER DES HAIES

PERSISTANTS, RÉGULIERS
Carissa
Elaeagnus
Escallonia
Euonymus
Griselinia
Ilex
Laurus
Lonicera nitida
Myoporum
Osmanthus delavayi
Phillyrea
Prunus laurocerasus
P. lusitanica
(*Conifères* voir p. 40.)

PLANTES PERSISTANTES SEMI-LIBRES
Acacia
Acalypha
Acmena
Atriplex
Aucuba
Berberis darwinii
B. x *stenophylla*
Bouvardia
Carissa
Cassinia
Ceanothus
Cotoneaster lacteus
C. sternianus
Desfontainea
Duranta
Garrya elliptica
G. x *thuretii*
Murraya
Nandina
Olearia
Pieris
Tamarix

PLANTES CADUQUES, POUR HAIES FORMELLES
Acer campestre
Carpinus
Fagus sylvatica
Ligustrum

CADUQUES, SEMI-LIBRES
Alnus
Corylus
Cotoneaster
Prunus x *blireana*
P. cerasifera 'Pissardii'
P. triloba

HAIES FLEURIES
Berberis
Camellia
Choisya
Escallonia
Forsythia
Fuchsia
Ixora
Grevillea
Hibiscus
Myrtus
Nerium
Ribes
Rosa
Tamarix
Viburnum

HAIES FRUITIÈRES
Aronia
Pyracantha
Rosa rugosa
Symphoricarpus

HAIES DÉFENSIVES
Berberis (certains)
Chaenomeles
Ilex
Poncirus
Prunus spinosa
Pyracantha
Ulex

HAIES BASSES
Buxus
Daphne mezereum
Lavandula
Podocarpus alpinus
Rosmarinus
Santolina
Sarcococca
Rhododendron (nains)

Restauration

Entretenues et nourries régulièrement, les haies restent saines et bien formées durant des années. Avec le temps, elles finissent par dépasser les clôtures, gêner le passage, déborder sur les massifs ou grandir de trop, envahissant ainsi le jardin.
De nombreuses espèces réagissent bien à une taille de rajeunissement sévère, même quand elles sont très négligées et trop développées. C'est le cas pour le *Fagus* (hêtre), le *Crataegus* (aubépine), le *Carpinus* (charme), le houx *(Ilex)*, le *Lonicera nitida*, le *Prunus laurocerasus* (laurier-cerise) et le *Taxus baccata* (If). La rénovation des haies de conifères se limite à masquer les trous en croisant les branches *(voir p. 41)*. S'ils sont trop abîmés, mieux vaut les arracher pour les remplacer par de jeunes plants.

CONSEIL TRUFFAUT

Les conifères sont parfaits pour constituer des haies régulières et des brise-vent efficaces. Si les plantes sont négligées, elles peuvent se dénuder partiellement et devenir inesthétiques. La taille de formation et des interventions d'entretien suivies sont indispensables pour leur conserver une surface dense et unie. Une haie fragilisée peut s'ouvrir ou se coucher sous le poids de la neige ou un vent de tempête. Quelques espèces, dont les Taxus (ifs), réagissent bien au rabattage. Chez les autres, les branches pourront être redressées et attachées pour boucher les trous ou bien palissées sur une armature mais, dans bien des cas, le remplacement est la seule solution.

TROU DANS UNE HAIE DE CONIFÈRES
Une haie dans cet état a bien peu de chance de se reconstituer, car le bois dénudé produit rarement des pousses.

Quand rénover

La meilleure solution est d'agir par une belle journée d'hiver, pour les caducs, et dans le courant du printemps, pour les persistants. Dans le cas d'une intervention sévère, taillez chaque face à un an d'intervalle *(voir ci-dessous, à gauche et au centre)*, pour limiter l'effet de choc sur la plante. Le rabattage *(voir ci-dessous, à droite)* doit aussi être mené en deux temps. Laissez reposer la haie une saison. Au printemps qui précède la première taille, apportez un engrais à action rapide, pour soutenir la végétation. Faites suivre la taille d'un deuxième apport d'engrais et d'un paillage, pour favoriser la formation de réserves par la plante et assurer une belle repousse. Les parties non rénovées sont simplement équilibrées.

Réfection de la silhouette

Pour recréer une ramure au feuillage dense sur une haie dégarnie, il faut rabattre la crête et les flancs de la haie au moins 15 cm au-dessous des parties à reconstituer. La taille va produire l'apparition de jeunes pousses directement sur le bois. La haie retrouvera son apparence homogène en deux à trois saisons selon l'importance de la coupe. Dans le cas d'une haie très maigre et inégale, il peut être nécessaire de rabattre toute la végétation près du tronc, dans le but de provoquer une repousse abondante. Si vous devez diminuer la hauteur d'une haie trop allongée, il est pratique de symboliser la ligne de coupe, au blanc d'Espagne ou avec une peinture blanche à l'eau, sans danger pour les plantes, qui disparaîtra après la taille. Un cordeau ou une règle en bois vous serviront pour effectuer un tracé bien horizontal. En restaurant les flancs de la haie, n'oubliez pas de donner une légère inclinaison au profil de manière à reformer le fruit *(voir p. 45)*.
Pour qu'au final, la haie redevienne régulière, il importe que chaque plante soit coupée dans le même alignement, même si cela n'est pas nécessaire. La taille de restauration crée obligatoirement des surfaces dénudées disgracieuses. Mais bien fertilisées et paillées, les haies repousseront assez vite pour oublier leurs blessures après un ou deux ans.

RÉNOVATION D'UNE HAIE EN ÉPAISSEUR

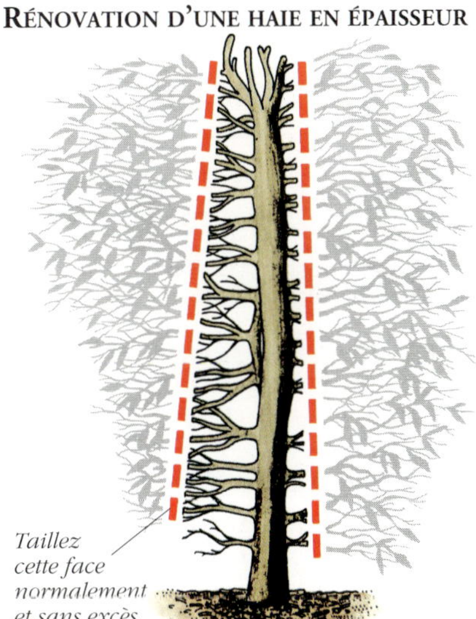

PREMIÈRE ANNÉE
Coupez court une des faces de la haie, au ras du tronc si nécessaire (côté droit). Équilibrez la partie gauche.

DEUXIÈME ANNÉE
La surface rabattue a produit une repousse dense. Coupez court la face laissée intacte pour tout rééquilibrer.

RÉDUCTION EN HAUTEUR

RÉNOVATION
Pour obtenir une crête dense et unie, rabattez à 15 cm au-dessous de la hauteur souhaitée.

Topiaires et plantes formées

La topiaire est un ensemble de techniques de taille et de formation. Elles permettent de créer des « sculptures » vivantes dans un jardin. Ce véritable art de jardinage est connu depuis l'époque romaine. Traditionnellement employée dans les jardins structurés pour créer des formes géométriques bien marquées, la topiaire s'exprime aussi sous forme de silhouettes d'oiseaux ou d'autres animaux, ainsi que des objets inattendus tels que des pièces de jeux d'échecs. Divers styles de topiaire permettront de s'adapter à tous les jardins. Les formes inhabituelles donnent une touche personnelle, humoristique ou étrange au jardin. L'emploi de sujets géométriques tels que les cônes, les obélisques et les colonnes renforcera la structure et le tracé. L'art topiaire trouve aussi sa place dans les jardins libres, pour rehausser l'intérêt une plantation un peu floue. Le sommet d'une haie peut s'orner de formes en oiseaux, en boules ou en cubes, par exemple. La topiaire convient également aux potées. Isolée, elle servira de décor central, plantée par paire, elle bordera une porte ; en alignement, elle soulignera une allée. Beaucoup de plantes se prêtent à cette technique, surtout les persistants à croissance lente et régulière, comme le *Taxus* (if), le *Laurus nobilis* (laurier) et les *Buxus* (buis). On utilise aussi les *Osmanthus*, *Berberis* et *Phillyrea*. Des formes simples et plus éphémères seront crées avec de l'*Artemisia abrotanum* ou de la santoline. Les personnes pressées pourront recourir à des lianes, surtout le lierre *(voir p. 272)*, guidé sur des gabarits de grillage, pour un effet immédiat.

Formes et effets des topiaires

Classique
Des formes géométriques simples, telles que les cônes, les obélisques ou les pyramides, donnent une élégance classique au plus modeste des jardins ou à un patio. Elles sont faciles et peu coûteuses à former. Elles se créent à la cisaille, à partir de jeunes plants isolés. Employez des végétaux à petites feuilles, comme le buis ou les conifères, pour obtenir une surface dense et une silhouette bien nette.

En pompons
Des formes symétriques plus complexes, en « brochette » ou en « pompons », par exemple, sont assez simples à créer, si vous avez un sens artistique et un bon coup de main. Le plus facile est de « sculpter » les niveaux dans un jeune buisson. Une ficelle attachée au tronc sert de compas, ce qui permet de donner une circonférence régulière aux boules en étages.

En spirale
La forme en spirale est montée en deux temps. Elle nécessite plusieurs années. Palissez d'abord l'arbuste sur un tuteur central et taillez-le pour former un cylindre. La deuxième année, utilisez une spirale métallique comme support. Formez l'hélice en commençant par le bas. Égalisez au sécateur. Tuteurs et guides sont maintenus pendant au moins trois ans.

Effet de tige
En combinant taille et palissage, on peut obtenir de beaux effets. Cet arbuste a été monté sur tige par une taille appropriée (voir p. 165)*. Mais en plus, son jeune tronc flexible a été enroulé autour d'un pieu vertical, ce qui a formé une spirale* (voir p. 51)*. La frondaison en boule régulière est mise en forme au sommet de la tige, entretenue par des pincements réguliers ou une taille à la cisaille.*

Une silhouette d'animal fantastique
Ce chien de chasse est un exemple de silhouette inattendue que permet la technique de la topiaire. Il est conduit autour d'un châssis permanent en grillage et fil de fer, fixé dans le sol, au pied de la haie. Cette armature soutient l'ensemble solidement, tout en donnant la forme. On laisse un bouquet de rameaux vigoureux dépasser du haut de la haie. Les tiges encore souples, sont guidées et liées sur le châssis (voir p. 50)*. Des palissages fréquents permettent aux rameaux de couvrir le grillage. Ils finissent par le masquer. L'entretien se fait à la cisaille.*

Création des formes

Pour réussir la topiaire, les plantes doivent être denses, souples et bien réagir à la taille. Pour obtenir une surface uniforme et dense ainsi qu'une silhouette nette, préférez les espèces à petites feuilles. Il faut vous assurer que la plante choisie convient à votre sol et qu'elle soit rustique sous le climat de votre région. Les formes rigoureuses et les surfaces unies sont vite défigurées par les dégâts du gel, du vent ou d'une terre inadaptée.

FORME GÉOMÉTRIQUE SIMPLE

La topiaire la plus simple est celle qui suit les formes naturelles de la plante au plus près. Ce jeune buis est d'abord formé grossièrement. L'année suivante, le buisson est taillé en cône net, à l'aide d'une armature de tuteurs et de fil de fer. Pour rester impeccable, la plante terminée demande deux ou trois tailles par an, selon sa vigueur.

Conduite et formation

Les topiaires demandent une taille précise, légèrement différente de celle appliquée aux haies classiques. Il importe que les outils restent parfaitement affûtés. Les formes complexes demandent une combinaison de taille, guidage et palissage dans un gabarit. Utilisez de préférence du fil goudronné, qui finit par disparaître. Prenez votre temps pour tailler et former, surtout au début, et reculez-vous pour juger les défauts. Ne coupez jamais trop, cela peut détruire la symétrie d'une silhouette pour toute une saison et jusqu'à la repousse. Travaillez de haut en bas et du centre vers l'extérieur, en tournant autour de la plante pour vérifier en permanence équilibre et symétrie. Les courbes, dans les topiaires, sont plus faciles à obtenir que les angles. Elles sont d'ordinaire taillées à main levée. Pour une sphère, taillez d'abord le sommet, puis découpez une ligne de haut en bas sur tout un méridien. Effectuez la même opération dans le sens horizontal. Vous obtiendrez quatre quartiers, faciles à tailler. Pour les courbes, employez la pointe des cisailles, plutôt que le tranchant.

Les topiaires anguleuses doivent être très symétriques, présenter des faces bien plates et des coins marqués, ce qui est plus délicat à obtenir et à conserver que les courbes. Même avec un œil exercé, il vous faudra utiliser le niveau, la règle, le cordeau et le fil à plomb sur les surfaces verticales, pour obtenir une coupe précise. La coupe s'effectue avec tout le tranchant de la cisaille dont les lames sont maintenues bien parallèles à la surface. Il faut une main très sûre pour obtenir la ligne idéale. Attention, il n'est pas facile de rattraper les gros défauts, et un geste maladroit peut vous obliger à tout recommencer, ou entraîner un désordre végétatif pendant deux à trois saisons. Utilisez des cisailles légères et à lames courtes. Vous emploierez les pointes de cisailles, le sécateur ou les coupe-bordures à batterie pour ajuster les creux et les angles difficiles.

CRÉER UNE FORME GÉOMÉTRIQUE À L'AIDE D'UN GABARIT

1 Pour obtenir de grosses topiaires, bâtissez des gabarits solides, car ils resteront en place des années, voire même toujours. Taillez le jeune plant (ici, un if) pour qu'il s'intègre à l'intérieur du gabarit.

2 Pincez les jeunes pousses qui vont remplir le gabarit d'une végétation serrée. Taillez à la fin de l'été en suivant les lignes du gabarit. Pincez les rameaux trop longs pour qu'ils se ramifient.

3 La topiaire terminée forme un buisson dense qui recouvre l'armature. Elle demande une taille régulière, au moins deux fois par an, en se guidant sur le gabarit pour respecter la silhouette.

Méthodes pour obtenir une forme créative

Les formes complexes n'ont pour limite que la patience et l'imagination du jardinier. Les constructions compliquées demandent des interventions fréquentes combinant la taille et les palissages intensifs. Il faut toujours beaucoup de temps. Il est cependant très gratifiant de voir émerger peu à peu le dessin final.

Les formes originales exigent une armature solide, servant à conduire et à palisser l'arbuste. On l'utilise comme gabarit pour la taille et comme ossature de l'ensemble. Employez des matériaux robustes tels que des fers plats ou des piquets métalliques pour constituer le « squelette », et du grillage à poulailler et du fil de fer rigide pour les détails. Dans le cas de plantes isolées en pleine terre ou en haie, fixez solidement le gabarit en terre. Servez-vous de tuteurs mobiles en bambou et de ficelle durant la période de formation. Pour les palissages, employez du fil goudronné ou du raphia, qui finira par pourrir et s'éliminer naturellement, sans risque d'étranglement pour la plante. Évitez le fil métallique, qui peut abîmer les tiges quand elles grossissent. Pour des tailles complexes, employez un sécateur très maniable, la pointe des cisailles, des ciseaux à bonsaïs ou le coupe-bordures.

Qu'il s'agisse d'une création complète ou du prolongement d'une haie, les pousses doivent être jeunes et souples pour pouvoir épouser le châssis. Durant toute la saison, palissez-les en les orientant au fur et à mesure de leur développement. Vérifiez les attaches précédentes, en les desserrant si nécessaire. Quand les branches atteignent la bonne longueur, pincez les pointes pour qu'elles épaississent. Servez-vous de rejets pour remplir le « corps » du sujet. Conservez les pousses les mieux placées et supprimer les autres dès que possible. Taillées trop tard, elles laisseront des brèches ou des trous.

Oiseau en topiaire

L'oiseau terminé
Les animaux en topiaire sont plus réussis si la forme est stylisée et simple. La taille en est aussi plus aisée, quand elle évoque l'attitude caractéristique de l'animal.

1 La première année, plantez un éventail de tuteurs sur un côté du pot, pour former la queue de l'oiseau. Palissez les pousses les mieux situées sur les tuteurs. Pincez les pousses pour les faire ramifier.

2 Durant la période de croissance, rabattez d'un tiers de leur longueur les pousses palissées pour les faire épaissir et obtenir une végétation dense, aussi homogène que possible.

3 La deuxième année, plantez un tuteur en oblique pour former la tête, avec trois fortes tiges que vous palissez dessus. Tondez la queue et pincez les pousses formant le corps. Les rameaux indésirables seront supprimés.

Armature en fil de fer
Du fil de fer galvanisé peut servir à modeler la plante. Glissez-le entre les branches pour former un bâti grossier. Palissez les pousses, puis donnez la forme définitive, au fur et à mesure.

4 La troisième année, courbez la plus forte pousse de la tête, pour former le bec. Poursuivez la tonte pour dessiner le corps, et conservez bien dense la végétation de l'arrière. Une fois la forme obtenue, taillez au moins deux fois par saison.

Troncs décoratifs

Une boule de verdure montée sur un tronc, se forme avec du buis, du *Laurus nobilis* (laurier-sauce) ou le *Ficus benjamina*. Embellissez-la par un travail sur le tronc, qui donnera du relief à la ramure. De jolies formes, telles que la spirale ou la tresse, sont aisément réalisées, à l'aide de techniques simples pratiquées sur de jeunes troncs souples. Pour créer une spirale, guidez une ou deux jeunes tiges en les enroulant sans les contraindre, autour d'un piquet cylindrique. Les tresses sont formées avec au moins trois plantes, en croisant les rameaux, comme pour natter des cheveux. À terme, les branches en contact se soudent naturellement sur les points de jonction. Elles devront être soutenues par un tuteur, jusqu'à ce que le tronc ait acquis une bonne rigidité.

Formation de troncs décoratifs

Spirale
Servez-vous d'un poteau en bois et de chevilles plantées en spirale sur toute sa hauteur. Orientez une ou deux tiges autour du piquet, en les courbant à l'arrière des chevilles, qui les maintiendront en place. Coupez chevilles et piquet par morceaux, quand le tronc a bien forci.

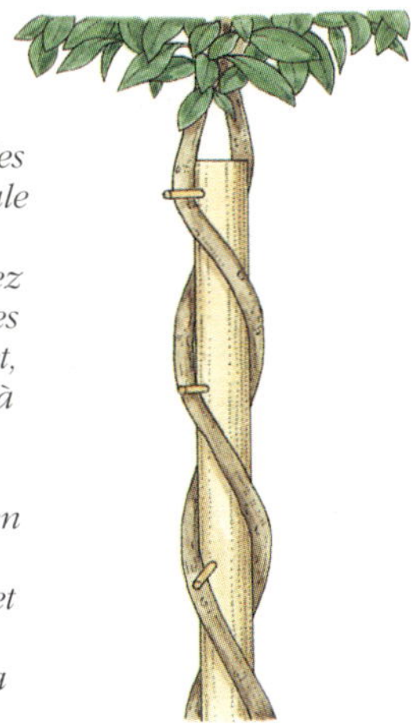

Tresse
Former un tronc tressé, à partir d'une jeune plante, se réalise en entrecroisant plusieurs rameaux souples (minimum trois). Choisissez les plus belles tiges d'une touffe et coupez à ras toutes les autres. Si au départ, la plante a un tronc, coupez-le à ras pour obtenir une cépée (voir p. 30).

Entretien des topiaires

Une fois la topiaire établie, elle demande de fréquentes tailles d'entretien durant la période de végétation. Les intervalles entre les interventions dépendent de la vigueur de l'espèce. Un dessin complexe, géométrique, dans du buis, peut demander une taille toutes les quatre à six semaines. Intervenez dès que la repousse devient inégale et que la silhouette perd son bel aspect. Si l'on n'exige pas un fini parfait, deux tailles par saison s'avèrent suffisantes sur les boules ou les cônes. L'if, peut se contenter d'une seule taille par an. Le buis en exige deux et le *Lonicera nitida*, trois.

Coupez en période de croissance. Ne taillez plus les arbustes quand l'automne a débuté, les jeunes pousses n'auront pas le temps de s'aoûter avant les froids de l'hiver. Sous les climats chauds, où la repousse est constante, taillez tout au long de l'année.

Le désherbage, l'arrosage et les engrais sont nécessaires pour la bonne santé des topiaires. Comme la taille est intensive, il importe de soutenir la repousse vigoureuse par deux ou trois apports d'engrais complet par saison. Dans les régions froides, il est sage d'étendre un filet sur les topiaires pour éviter l'écartement et la casse des branches sous le poids de la neige. Balayez les surfaces planes pour les dégager et secouez les petites plantes.

Restauration

Si les tailles, engrais, paillis et arrosages sont bien suivis, les problèmes sont rares. Si une restauration s'avère nécessaire, elle ne sera entreprise qu'avec les espèces repartant sur le vieux bois, comme le buis *(voir ci-dessous)*. Si vous avez négligé la taille durant un ou deux ans, sa reprise régulière permettra un rattrapage en une seule saison. Dans le cas où l'absence d'entretien s'est prolongée durant des années, la forme peut avoir disparu. Taillez d'abord sévèrement au printemps pour reconstituer sommairement la silhouette, puis affinez plus en détail les deux ou trois saisons suivantes pour rétablir une surface unie. Arrosez et fertilisez bien la plante pour l'aider à retrouver une bonne vigueur, tout en provoquant l'apparition de nombreuses pousses

Restauration d'une topiaire de buis

Dégâts végétatifs
Quand des zones mortes se font jour dans des topiaires installées, rabattez-les jusqu'au bois sain. Vérifiez que des maladies n'en sont pas la cause.

Pousse de remplacement
Sur une plante bien cultivée, de nouvelles pousses tendres apparaissent sur le vieux bois retaillé. Il faut parfois plusieurs années pour rétablir la forme d'origine.

Accidents végétatifs

Si une flèche ou une branche ont été abîmées, voire cassées, coupez-les net au sécateur. Il est parfois possible d'utiliser des branches voisines comme remplaçantes et de les palisser, pour combler les trous *(voir p. 42)*. En cas de dommages graves, où la forme se trouve très abîmée, il faudra souvent plusieurs années avant que la repousse cache les dégâts. Dans ce cas, et si les formes sont abstraites, ou fantaisistes, on peut décider de les modifier à partir des branches encore intactes. C'est en général la solution la plus sage qui permet une restauration valable, sans perdre la plante.

Chez certaines espèces d'arbustes persistants, le feuillage peut roussir ou mourir par temps très froid. La repousse printanière masque d'ordinaire les dégâts. S'ils restent visibles, taillez les parties abîmées, en essayant de respecter au plus près la forme d'origine. Une seule saison ne suffit pas pour reconstituer la plante. Il arrive même que les repousses ne parviennent jamais à combler complètement les zones dégarnies. Si la végétation est toujours maigre et paresseuse, il y a sûrement présence de maladies ou de parasites. Traitez à bon escient. Vérifiez aussi que les racines ne souffrent pas d'un drainage insuffisant ou d'un sol trop compact. Cette dernière remarque est surtout valable pour les topiaires cultivées en pots.

Lexique des arbres d'ornement

A

FLEURS DE MIMOSA
La suppression au sécateur des fleurs fanées de mimosa donne un regain d'énergie à la croissance de la ramure.

ACACIA *Mimosa*

Les mimosas sont des arbres ou des grands arbustes, appréciés pour leur feuillage léger et leurs grappes de fleurs duveteuses, délicieusement parfumées. Généralement jaunes, elles apparaissent surtout en hiver et au début du printemps sur du bois de un an. Dans les régions au climat doux, on les emploie en isolés, en haies ou en brise-vent. Aucune espèce n'est vraiment rustique en dehors des régions côtières. Toutefois, *Acacia dealbata* et *baileyana* peuvent réussir à l'abri d'un mur bien exposé. Ce sont bien sûr d'excellentes plantes d'orangerie.

Quand tailler : juste après la floraison. Retirez les pousses gelées au printemps, une fois passés les derniers froids.

Conduite et taille : dirigez les *Acacia* en fuseaux sur tige *(voir p. 28)*, en dégageant le tronc sur 1 à 2 m de hauteur. Les espèces vigoureuses *(longifolia* et *dealbata)* peuvent être coupées court dans leur jeunesse, pour former des cépées (*voir p. 30*). Elles seront parfaites à proximité d'un mur exposé au sud. Taillez les jeunes plantes après la floraison, sur une branche latérale ou bien à deux ou trois feuilles sous l'inflorescence. Vous obtiendrez une végétation plus touffue. Taillez les arbres adultes au minimum. Les *Acacia cultriformis, saligna* et *verticillata*, supportent une taille légère qui permet leur emploi en haie libre (*voir p. 44*). La plupart des mimosas souffrent d'une taille sévère et ne se reforment pas aisément. Les espèces drageonnantes, dont *Acacia dealbata* et *melanoxylon* repartent bien du pied.

ACER *Érable*

Les érables sont des arbres très rustiques aux belles couleurs d'automne et aux fleurs délicates. La plupart des petites espèces se ramifient à la base, ce que la taille peut aussi favoriser. Les érables à écorce ornementale sont souvent cultivés sur tige afin d'être plus spectaculaires. *Acer griseum* et les formes à écorce jaspée sont sujets à la maladie du corail. Supprimez aussitôt les pousses atteintes.

Quand tailler : en plein hiver, quand l'arbre est en sommeil, sinon il « pleure » abondamment. Taillez à la fin de l'été, les rameaux revenus au type. Ils risqueraient de dominer les autres branches.

Acer davidii *Érable jaspé*

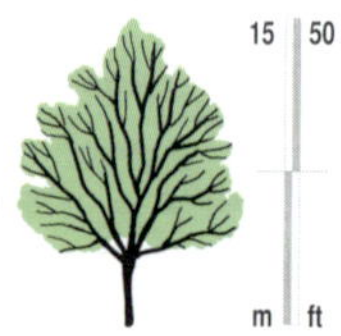

Cet arbre caduc rustique a une écorce verte ou pourpre, jaspée de blanc. Son beau feuillage se teinte d'orange et de jaune en automne.

Conduite et taille : orientez la jeune plante en fuseau sur tige (*voir p. 28*), puis laissez l'arbre se ramifier naturellement entre 1 m et 1,5 m de hauteur. Vous pouvez aussi rabattre en cépée *(voir ci-dessous)*, puis dégager les troncs sur 1,5 m pour profiter de l'écorce. Quand la couronne grandit, supprimez les branches entrecroisées et les brindilles qui masquent l'écorce du tronc et des charpentières. Les arbres adultes demandent peu de soins. La restauration n'est guère souhaitable : cet érable donne rarement des pousses assez vigoureuses pour reformer une charpente.

Acer negundo

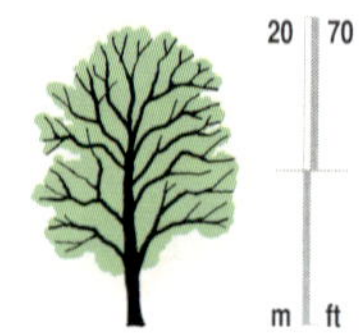

C'est un bel arbre caduc rustique aux fleurs vert-jaune ou rougeâtres. Les cultivars dorés ou panachés peuvent être étêtés ou recépés pour donner de plus belles feuilles.

Conduite et taille : créez un fuseau sur tige *(voir p. 28)* de 1,5 à 2 m. La flèche perdra sa dominance, avec la maturité de la couronne. Aucune taille n'est requise par la suite. Retirez les rejets verts sur les cultivars panachés. Si des pousses nouvelles apparaissent après la suppression de branches cassées, gardez-en une ou deux comme remplaçantes.

Acer saccharinum
Érable argenté

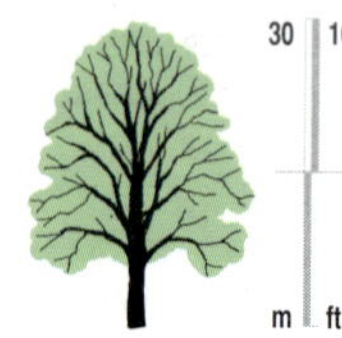

C'est un arbre caduc, rustique, au port élégant. Ses brindilles fragiles peuvent casser sous l'action du vent.

Conduite et taille : conduisez-le en fuseau sur une tige (*voir p. 28*) de 2 à 2,5 m de hauteur, afin de profiter de la beauté de l'écorce. Laissez ensuite les branches se former en festons autour du tronc. Il importe de conserver la flèche aussi longtemps que possible, en retirant toutes les pousses concurrentes. La restauration est rarement réussie, car cet arbre reperce mal sur le vieux bois.

COMMENT OBTENIR UNE CÉPÉE SUR UN TRONC COURT (ACER DAVIDII)

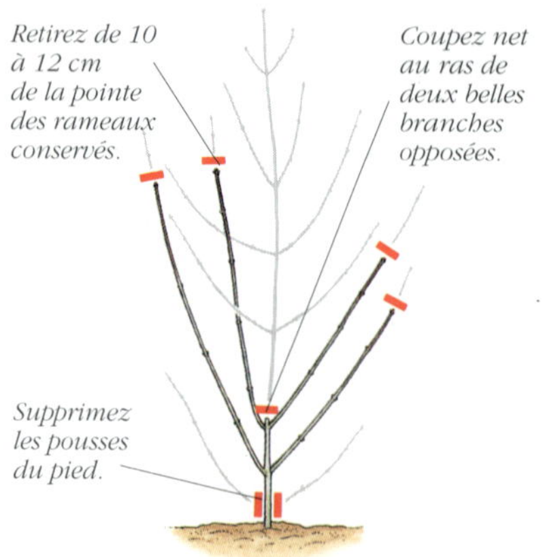

PREMIÈRE ANNÉE, HIVER
Rabattez un baliveau à environ 50 cm au-dessus de deux paires de fortes pousses. Retaillez légèrement les pousses conservées.

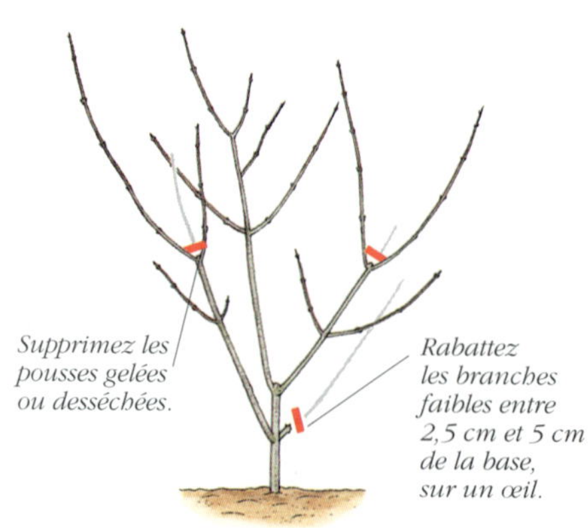

DEUXIÈME ANNÉE, HIVER
Les jeunes érables sont sensibles aux gelées et à l'apoplexie, rabattez les pousses sur des bourgeons sains ou à la base.

ACER NEGUNDO RECÉPÉ
En hiver, rabattez toutes les branches sur la charpente pour obtenir de belles feuilles colorées et un port buissonnant. Taillé ainsi, cet érable ne dépasse pas 2 m.

AUTRES ÉRABLES
ACER CAMPESTRE, érable européen à la cime arrondie, a une formation qui se limite au tuteurage et au retrait des pousses mal placées. Limitez les interventions au minimum sur les sujets adultes. **ACER CIRCINATUM, JAPONICUM, PALMATUM, SEMPERVIRENS** et **TATARICUM** subsp. **GINNALA** se conduisent aussi de cette façon.
ACER GRISEUM, PENSYLVANICUM et **RUFINERVE** se taillent de la même manière que *Acer davidii*, car ils développent aussi des écorces nervurées, colorées ou qui s'exfolient joliment.
ACER OPALUS, RUBRUM et **SACCHARUM** se conduisent de manière naturelle comme *Acer saccharinum*.
ACER PLATANOIDES et **PSEUDOPLATANUS** sont des grands arbres à la cime ample. Les semis donnent naturellement des fuseaux sur tige, conduisez les sujets greffés en houppiers *(voir p. 28)* sur troncs de 1,5 à 2 m. Adultes, ils supportent mal la taille.

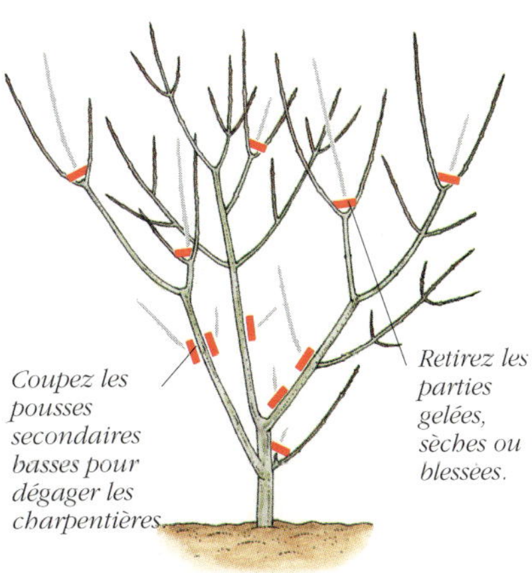

TROISIÈME ANNÉE, HIVER
Retirez les rameaux latéraux sur la partie basse du tronc et des charpentières pour montrer l'écorce. Éliminez les pousses.

AESCULUS *Marronnier*

Les marronniers sont des arbres ou de gros buissons drageonnants, caducs et rustiques. Les arbres, multipliés par semis ou greffage, sont conduits en fuseau sur tige. Une formation précoce est capitale pour obtenir une charpente solide, supportant les lourdes branches. Donnez de l'espace aux grandes cépées, sinon vous serez obligé de les élaguer souvent, ce qui les rend assez inesthétiques.

Aesculus hippocastanum
Marronnier commun

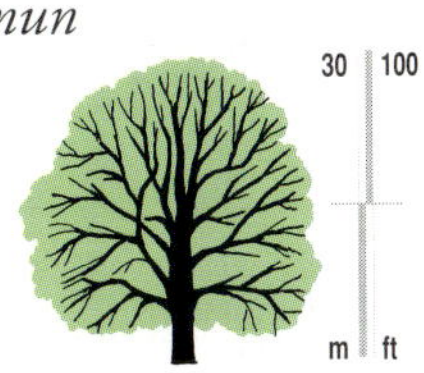

Cet arbre très rustique, bien ramifié, donne des fleurs à cœur rouge ou jaune, en chandelle, au printemps. Elles sont suivies (sauf chez 'Baumannii', à fleurs doubles) de marrons luisants protégés dans des bogues épineuses.

Quand tailler : après la chute des feuilles, de l'automne ou au cœur de l'hiver. Les tailles légères peuvent avoir lieu en été.

Conduite et taille : formez un fuseau sur tige *(voir p. 28)* de 2 à 3 m de hauteur ou plus, pour laisser les branches basses se courber vers le bas en vieillissant. Cela donne à l'arbre une silhouette plus élégante. Conservez la flèche aussi longtemps que possible pour obtenir un tronc élevé aux charpentières bien dégagées. Limitez la taille sur les arbres adultes. Les pousses épidermiques étant à proximité des plaies de taille ne donnent rien de bon. Supprimez-les dès leur apparition. Sur les arbres âgés, éliminez les pousses trop puissantes, qui risqueraient de déséquilibrer la végétation. Ces gros élagages doivent être confiés à des professionnels en raison de l'ampleur de l'arbre.

AUTRES MARRONNIERS
AESCULUS X CARNEA se taille de la même façon que le marronnier commun. Pendant la formation, retirez les pousses latérales trop serrées le long du tronc *(voir p. 12)*, cet hybride ayant une structure faible. Les arbres adultes forment souvent de vilains broussins (boursouflures) sur l'écorce, dus à des bactéries. N'y touchez pas, car ils se cicatrisent mal.
AESCULUS INDICA et **X MEYLECTA** se taillent comme l'*Aesculus hippocastanum*, mais dégagez le tronc sur 1,5 à 2 m.
AESCULUS PARVIFLORA est un gros buisson drageonnant de 3 m de haut, à éclaircir quand il devient trop touffu.

BOURGEONS OPPOSÉS
Tous les marronniers portent des bourgeons opposés. Si la flèche disparaît et que deux pousses se développent, conduisez l'une verticalement et retirez l'autre dès que la première est établie.

AILANTHUS *Ailante*

L'*Ailanthus altissima* (ou *glandulosa*) est un arbre au feuillage caduc résistant à la pollution. Très rustique, il peut atteindre 30 m de hauteur. Il porte de larges feuilles composées, une écorce grise et, sur les pieds femelles, des fruits bruns. Ses drageons et ses semis spontanés peuvent devenir envahissants. Les jeunes sujets issus de semis ou de drageons sont conduits en fuseau sur tige *(voir p. 28)*.

Taillez en période de repos pour dégager un tronc de 2 à 3 m. Si la flèche disparaît, les drageons qui naissent peuvent fournir une cépée, après éclaircissage. Limitez la taille sur les arbres adultes. L'ailante réagit vigoureusement à un étêtage annuel ou biennal *(voir p. 36)* qui génère des pousses de 2 m, aux feuilles immenses. Pour rénover l'arbre, étêtez-le, puis choisissez un rameau latéral comme pousse principale.

CONSEIL TRUFFAUT
Pendant la formation des jeunes érables, veillez à ce que la croissance soit homogène. N'hésitez pas à équilibrer la silhouette chaque hiver, pour qu'elle conserve une certaine symétrie.

ALBIZIA *Arbre de soie*

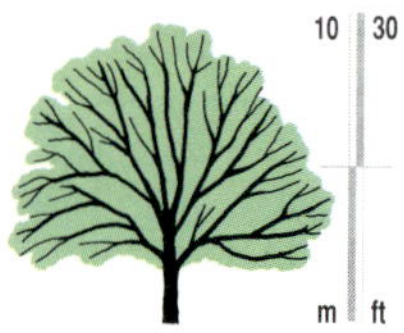

Ces grands arbres sont généralement semi-persistants avec un feuillage plumeux et des fleurs en pompons roses, jaunes ou blanches. Les espèces les plus répandues poussent vite. Leur limite de rusticité est le climat des pays de Loire. Des étés chauds sont la condition d'une belle floraison et d'un bon aoûtement, garant de la résistance au froid.

Quand tailler : au début du printemps.

Conduite et taille : formez l'*Albizia* en houppier, en laissant les flèches se ramifier, ou taillez si nécessaire pour provoquer cette ramification *(voir p. 28)*, entre 1,2 m et 2 m du sol. Les arbres adultes ne demandent pas de taille, bien qu'en climat froid il faille parfois retirer les rameaux qui ont gelé. Cet arbre supporte d'être rabattu : taillez les pousses de deux ans à quatre ou cinq yeux, soit de 7 à 10 cm au-dessus de leur point de départ. On peut aussi tailler en rideaux *(voir p. 36)*. Si vous rénovez suivant cette méthode, il faut choisir avec soin les repousses qui reformeront une charpente.

ALNUS *Aulne*

Les aulnes sont des arbres rustiques cultivés pour leurs fleurs en chatons décoratifs et leur feuillage arrondi assez élégant. Ils sont appréciés pour leur tolérance à des sols très variés, même très humides. La plupart des aulnes ont un port pyramidal. Ils émettent un tronc droit aux branches espacées. Souvent conduites en tiges, de nombreuses espèces, dont *Alnus incana* et *japonica* se développent spontanément en cépée, ce qui convient à des plantations libres et aux brise-vent. *Alnus glutinosa* (aulne commun) au port en pyramide étroite, est un familier des berges. Il forme aussi une cépée évasée. *Alnus incana* (aulne argenté) est décoratif, avec ses feuilles feutrées d'argent. Ses cultivars 'Laciniata'(lacinié) et 'Aurea'(doré) sont bouturés ou greffés.

Quand tailler : entre la chute des feuilles et le plein hiver. Les repousses estivales peuvent être éliminées en saison.

Conduite et taille : pour obtenir un fuseau sur tige *(voir p. 28)*, dégagez le tronc sur 1,5 à 2 m de longueur. *Alnus cordata, firma* et *rubra* éliminent spontanément leurs branches basses en vieillissant. Si vous souhaitez créer un sujet sur tige avec les espèces qui se ramifient dès la base *(Alnus incana* et *japonica)*, sélectionnez un tronc le plus tôt possible. Sinon, laissez l'arbre se développer en cépée naturelle. Provoquez l'émission des branches de la souche en rabattant à la base *(voir p. 30)*. Les arbres adultes ne demandent pas de taille, mais ils réagissent bien, si nécessaire, à un élagage sévère.

ARBUTUS *Arbousier*

Ces arbres à feuilles persistantes sombres ont une écorce joliment colorée, des panicules de fleurs blanches et des fruits rouges parfois comestibles. Ils tolèrent la taille, mais se transplantent difficilement. Plantez uniquement des jeunes sujets, à l'abri du froid et du vent. Les jeunes arbousiers sont sensibles au froid, mais ils repartent bien après une gelée. Ils demandent peu d'interventions. *Arbutus menziesii, andrachne* et x *andrachnoides* demandent un tuteur jusqu'à leur bon enracinement, faute de quoi ils penchent.

Arbutus menziesii

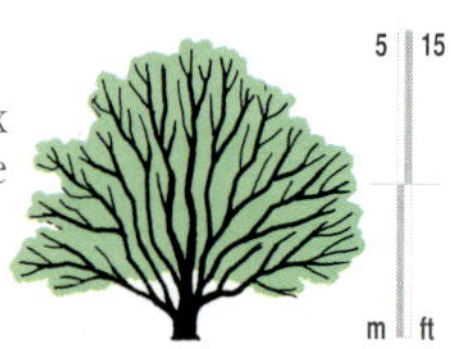

C'est une des plus belles espèces, aux larges panicules de fleurs blanches et à l'écorce lisse, brun-rouge, qui se desquame. Il forme un grand arbre étalé, à la tête ramifiée, même s'il conserve souvent une flèche dans sa couronne.

Quand tailler : au printemps, quand les gelées ne sont plus à craindre.

Conduite et taille : tuteurez bien les arbres venant d'être plantés et laissez-les pousser sans trop intervenir. Contentez-vous de retirer les branches basses, comme sur les arbres tiges *(voir p. 28)*, pour dégager l'écorce. Supprimez les bois gelés dès que les nouvelles pousses sont repérables au printemps. Évitez de tailler les arbres adultes, sauf pour éliminer les plus basses branches, dans le but de développer le tronc. Avec l'âge, des branchettes meurent dans la couronne et il faut les supprimer.

AUTRES ARBOUSIERS

ARBUTUS UNEDO (arbre aux fraises), est d'ordinaire un gros buisson qu'il faut laisser se développer seul. Il parvient à former un petit arbre dans les régions méditerranéennes ou le Sud-Ouest. Pour le former en arbre, taillez comme *Arbutus menziesii*.

B

BETULA *Bouleau*

Les bouleaux sont des arbres caducs rustiques, populaires en climats froids pour leur port élégant, leurs couleurs d'automne et leur écorce ornementale caractéristique par sa couleur blanche. Ils sont sensibles aux polypores, champignons qui attaquent le bois, ce qui fait déconseiller la taille sévère.

Quand tailler : en période de repos, de la fin de l'été au plein hiver.

Betula albo-sinensis

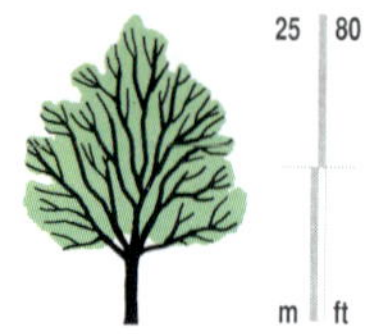

Élégant, il s'étale avec l'âge, formant des pousses en zigzag, pleureuses à la pointe. Il se colore en un beau jaune clair à l'automne et possède une superbe écorce qui se desquame.

Conduite et taille : formez cet arbre en fuseau *(voir p. 27)*, éventuellement sur une tige *(voir p. 28)* de 2 m de haut. Une fois établi, abandonnez la taille. En automne, retirez les brindilles sur le tronc, car elles marquent l'écorce de manière inesthétique.

Betula pendula
Bouleau argenté

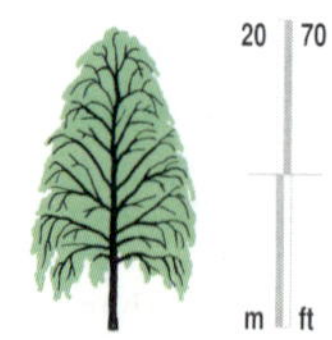

C'est un arbre au port semi-pleureur qui présente un délicat feuillage et une écorce exfoliée, argentée. Fastigié quand il est jeune, il s'étale avec l'âge. Ses ramilles sont pendantes. Les feuilles virent au jaune d'or en automne.

COMMENT SURÉLEVER UN ARBRE PLEUREUR SUR TIGE (BETULA PENDULA 'TRISTIS')

Le principe consiste à palisser fermement la flèche, jusqu'à ce que le bois ait assez durci pour que le tronc reste droit. Au fur et à mesure de la croissance, liez la flèche sur un tuteur en bambou qui sera attaché sur le tuteur principal. Poursuivez le palissage jusqu'à la hauteur désirée. La couronne pourra alors se développer. Supprimez toutes les branches basses qui apparaissent sur le tronc ou à la base.

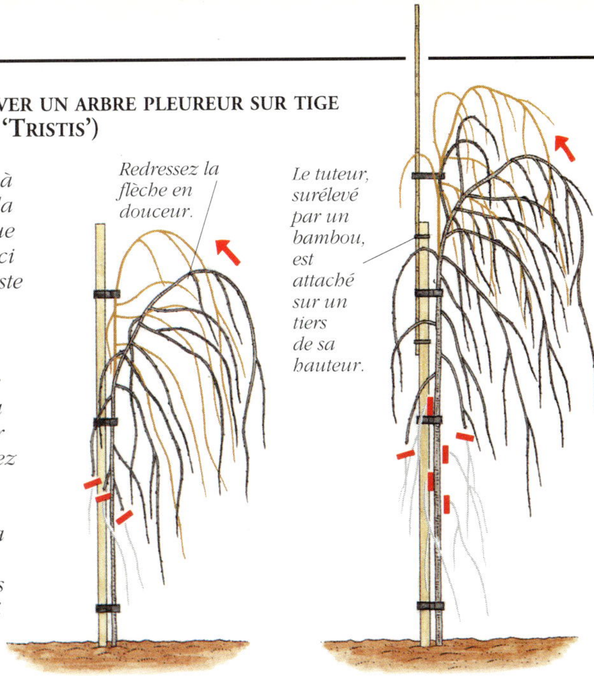

Conduite et taille : formez un fuseau sur tige *(voir p. 28)* de 2 m de haut ou un fuseau simple *(voir p. 27)*. Pour obtenir une cépée, rabattez au ras du sol ou entre 30 cm et 60 cm de la base, comme pour l'*Acer davidii (voir p. 52)*. Les arbres établis ne demandent pas de soins. Comme pour tous les bouleaux, l'élagage est déconseillé.

Betula pendula 'Tristis'

Bouleau pleureur

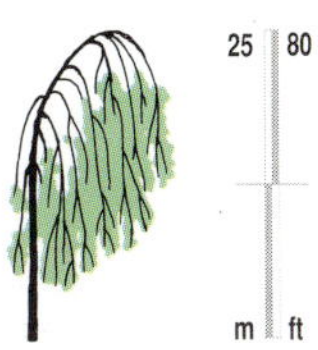

Cet arbre retombant, élégant, à la cime étroite, est généralement greffé en tête à 2 ou 2,5 m de hauteur. Il est également possible de le cultiver sur son propre tronc, en provoquant la formation d'un tronc solide par élimination des pousses latérales. Formez ensuite la ramure en étêtant légèrement la cime. Le tronc doit être constitué avec soin pour contrebalancer le port pleureur naturel.

Conduite et taille : formez les jeunes arbres en effectuant des coupes multiples de manière à bien les équilibrer. Une taille d'entretien maintiendra la silhouette sur les bouleaux adultes, en isolé pleureur (*voir p. 28*). Ôtez tout gourmand qui apparaît sur le point de la greffe. Il est possible d'élever le tronc jusqu'à 3 ou 4 m *(voir ci-dessus)*, en guidant verticalement la flèche dans ses jeunes années, quand le bois est souple.

BETULA NIGRA
Les bouleaux dont l'écorce colorée s'exfolie sont frappant en hiver, quand on les cultive sur tige, en cépée (à gauche) *ou en bosquets. Pour un bosquet, installez trois semis, bien espacés, dans un même grand trou et conduisez chacun sur une tige.*

AUTRES BOULEAUX

BETULA CALCICOLA et **NANA** sont des buissons nains qui ne se taillent pas.
BETULA ERMANII, **'INVERLEITH'**, **'JERMYNS'**, **PAPYRIFERA**, **PLATYPHYLLA**, **SZECHUANICA**, **UTILIS** var. **JACQUEMONTII** (y compris les cultivars **'GRAYWOOD GHOST'** et **'SILVER SHADOW'**) se taillent comme *Betula albosinensis*.
BETULA MEDWIEDWII est naturellement très touffu. Il ne nécessite pas de taille ou de conduite particulière.
BETULA NIGRA se traite comme *Betula albo-sinensis*. La tige se divise souvent en deux ou trois parties, entre 60 cm et 90 cm du sol, pour former la ramure sur un tronc court, décoratif.
BETULA PENDULA 'YOUNGII' est un arbre caduc à la silhouette en cascade. Il est vendu greffé en tête sur tige *(voir p. 28)*. Ce cultivar pleureur forme une ramure sphérique, plus large que haute. On peut lui faire prendre de la hauteur, jusqu'à 8 m, en palissant tout droit une des flèches, comme avec *Betula pendula* 'Tristis'.
BETULA PUBESCENS se forme et se taille de manière similaire au précédent.

BRACHYCHITON

Arbre bouteille

D'origine tropicale, ces grands arbres à pousse rapide sont persistants ou caducs durant la saison sèche. Ils forment des troncs parfois renflés. Tous craignent le froid, même si certains sujets adultes supportent de courtes gelées blanches. En climat subtropical, on les conduit en tige, pour les utiliser comme arbres d'ombrage ou d'alignement. Dans les pays froids, ils résident en serre où ils demandent une taille et une mise en forme soignée pour contenir leur végétation assez puissante. Dans ce cas, la floraison somptueuse rouge ou jaune, qui apparaît sur le vieux bois, en souffre.

Quand tailler : toujours après la floraison. Les plantes cultivées sous abri peuvent être aussi taillées en période de repos, peu après la chute des feuilles.

Conduite et taille : les brachychitons forment d'ordinaire un tronc solitaire puissant, facile à mener. On peut les conduire en fuseau (*voir p. 27*) ou sur tige (*voir p. 28*) d'environ 3 m de hauteur. Une fois installés, les sujets de plein air ne demandent plus d'intervention. Sous abri, ils exigent une taille régulière.

CONSEIL TRUFFAUT

Si vous choisissez un jeune arbre au rayon pépinière des jardineries, vous découvrirez des sujets déjà bien formés, aptes à se développer sans nécessiter des tailles de formation trop importantes.
La mise en forme des végétaux est une des tâches essentielles qui incombent au pépiniériste. Les magasins spécialisés sélectionnent leurs fournisseurs avec le plus grand soin pour garantir à leur clientèle la bonne origine et la qualité des plantes proposées.
La présence d'un choix important et varié de plantes dans des formes et des dimensions différentes, est un des atouts de la jardinerie. Selon vos goûts et vos besoins, vous orienterez votre choix vers un arbre avec lequel vous aurez tout de suite des affinités.
Les plantes étant des êtres vivants, il est normal de ressentir des degrés d'attirance différents entre les sujets. Achetez toujours l'arbre qui vous a plu, même s'il est plus cher ou moins spectaculaire que d'autres. En vous laissant guider par votre intuition, vous ne serez jamais déçu. Vérifiez le bon état de santé de la plante choisie, en l'examinant sous toutes ses coutures.

C

CARPINUS *Charme*

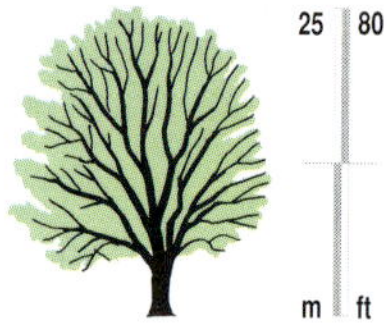

Les charmes sont des arbres rustiques, caducs, décoratifs toute l'année. Ils donnent des chatons au printemps, des fruits ailés et de belles couleurs en automne. L'écorce est argentée en hiver. *Carpinus betulus* est le plus répandu. Le cultivar 'Fastigiata'est conique, mais il se dégarnit avec l'âge. Les charmes sont conduits en fuseau simple ou sur tige. Faciles à former, car ils supportent bien la taille, ils sont parfaits pour les rideaux et les haies. *Carpinus caroliniana* se ramifie dès la base et, s'il est parfait pour les haies, choisissez plutôt *Carpinus betulus* ou *orientalis* pour les grands rideaux ou les haies formées sur tiges.

Quand tailler : de la fin de l'été au plein hiver, pour éviter les « pleurs » abondants.

Conduite et taille : formez les charmes en fuseau simple (*voir p. 27*) ou sur tige (*voir p. 28*). Les arbres établis requièrent peu de soins. Pour une haie, plantez à 80 cm de distance et ne laissez pas les plantes se dégarnir de la base (*voir p. 44*). Pour créer un rideau (*voir p. 38*), *Carpinus betulus* 'Fastigiata'est préférable. C'est aussi le plus beau en fuseau sur tige isolé. Dégagez le tronc sur 1 à 2 m de hauteur. Les charmes supportent une taille sévère, si nécessaire, mais elle engendre des pousses minces qui sont parfaites en haies mais ne fournissent guère de remplaçantes sur un arbre isolé, excepté après un éclaircissage soigné.

CARPINUS BETULUS 'FASTIGIATA'
Cet arbre dressé demande les mêmes tailles que le charme commun.

CARYA *Pécan, Hickory*

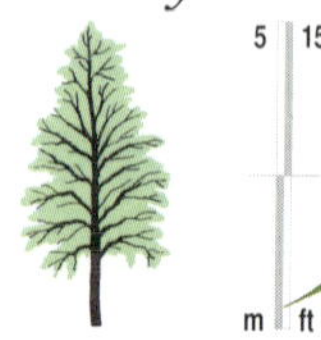

Arbres assez lents de pousse, élégants, les hickorys donnent naturellement de grands troncs droits, simples et des couronnes bien formées. Elles sont le plus souvent coniques, mais parfois aplaties ou étalées. Les couleurs d'automne vont du jaune d'or au roux suivant les espèces. Le meilleur des noyers de Pécan, *Carya illinoinensis (voir* Pécan *p. 148)* pousse mal en climat maritime frais (comme la Normandie ou la Picardie). Les espèces rustiques d'ornement comprennent *Carya cordiformis, Carya glabra* et *Carya ovata.* La multiplication se fait par semis en place ou plantation d'arbrisseaux aussi jeunes que possible. Les caryas produisent vite de longs pivots et se transplantent mal en motte. Mieux vaut les produire en pots très profonds où les racines se développent à l'aise. Si le pivot est abîmé ou entaillé à la plantation, les arbres formeront un réseau radiculaire faible et instable.

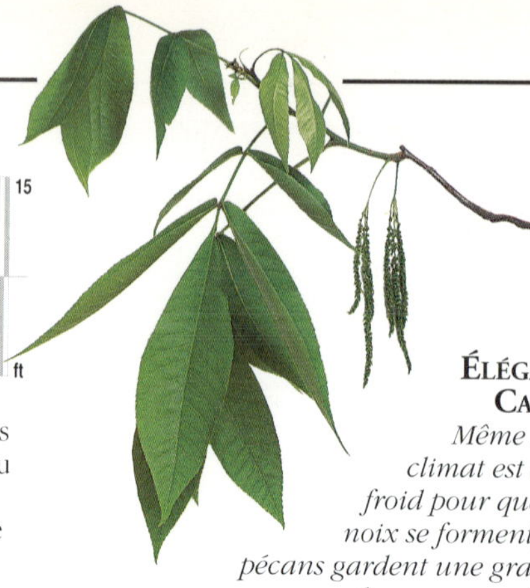

ÉLÉGANT CARYA
Même si le climat est trop froid pour que les noix se forment, les pécans gardent une grande valeur ornementale.

Quand tailler : taillés au printemps, les pécans pleurent abondamment. N'agissez qu'en pleine période de repos végétatif, en automne ou au début de l'hiver.

Conduite et taille : formez un fuseau simple *(voir p. 27)* ou une tige *(voir p. 28)* de 2 m de hauteur. Les interventions sévères sont peu utiles, ces arbres prenant naturellement leur forme. Limitez les tailles sur les arbres établis. La restauration d'un sujet abîmé est rarement efficace.

CASSIA *Casse*

Ce genre comprend un grand nombre d'arbres, d'arbustes et d'arbrisseaux, dont quelques-uns sont appréciés au jardin, pour leur floraison. Peu sont rustiques, la plupart ne supportant que les climats exempts de gelées.

Cassia fistula

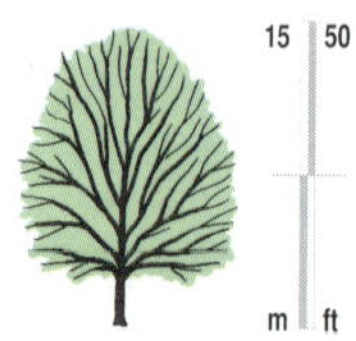

Arbre caduc ou semi-persistant, il ne pousse à l'extérieur qu'en climat tropical. Il est commun au bord des rues ou sur les pelouses. Au printemps, l'arbre porte des grappes pendantes de petites fleurs en coupes parfumées, jaune vif, suivies de gousses brun foncé de 60 cm de long. Conduit sur tige, il forme une couronne ovoïde à port semi-pleureur.

Quand tailler : les jeunes plantes se taillent pendant le repos végétatif, et les grands arbres, si nécessaire, se taillent après la floraison.

Conduite et taille : formez un fuseau sur tige (voir p. 28) en dégageant le tronc dès le plus jeune âge jusqu'à ce qu'il atteigne 2 à 3 m de hauteur. Les casses adultes ne demandent que le retrait des branches en surnombre pour favoriser la floraison. La plupart supportent une forte taille de rajeunissement. Mais ils viennent si bien de semis que le remplacement est préférable.

CASSIA FISTULA
Dans leurs forêts natales, les casses forment des arbres au tronc dégagé et à la ramure bien proportionnée. C'est ainsi qu'il faut les former au jardin.

AUTRES CASSES
CASSIA CORYMBOSA (OU **SENNA CORYMBOSA**), *voir* Arbustes d'ornement *p. 184.*
CASSIA GRANDIS et **JAVANICA** sont de beaux arbres qui se taillent et se conduisent comme le *Cassia fistula.*

CASTANEA
Châtaignier

Ces arbres à floraison estivale forment une ramure en dôme étalé, toujours très imposante. Leurs fleurs crème sont suivies de fruits épineux qui renferment des « marrons » comestibles. Bien qu'ils soient très rustiques dans l'ensemble, seul *Castanea sativa* pousse bien dans les régions aux étés frais et humides.
Les châtaigniers sont conduits en fuseau sur tige. Certains drageonnent très abondamment et réagissent vigoureusement à une taille sévère. Traditionnellement, on les recépait pour obtenir des échalas. Aujourd'hui, le recépage a sauvé *Castanea dentata* (le châtaignier américain) de la maladie de l'encre, qui ne s'attaque qu'aux bois âgés. Les jeunes tiges toujours renouvelées résistent à la maladie.

Castanea sativa

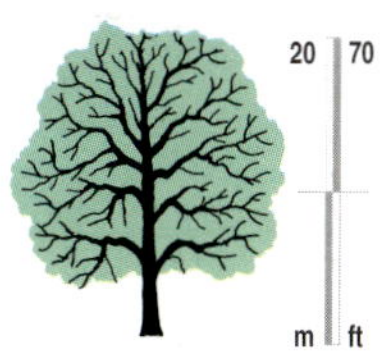

C'est un arbre ample et imposant aux feuilles dentées et à la belle écorce gris-brun. En climat froid tempéré, ses fruits ne mûrissent qu'en zone abritée, ou après des étés très chauds et bien ensoleillés.

Quand tailler : durant le repos, en automne ou en hiver. Les petites interventions sont pratiquées sans danger en été.

Conduite et taille : le châtaignier se forme en fuseau sur une tige *(voir p. 28)* dégagée peu à peu jusqu'à 2 ou 3 m de hauteur. Il importe de constituer, dès le jeune âge de la plante, une charpente équilibrée et bien aérée. Une ramure désordonnée donne prise aux tempêtes et affaiblit l'arbre. Les châtaigniers adultes ne demandent pas de taille. En fin d'été, retirez les rameaux verts qui apparaissent sur les sujets panachés. Les arbres âgés se dépouillent de grosses branches et la couronne doit alors être allégée *(voir p. 35)* ou réduite. Toute intervention sur des gros bois doit être confiée à des professionnels qualifiés, car elle est toujours assez périlleuse.

AUTRES CHÂTAIGNIERS
CASTANEA ALNIFOLIA et **PUMILA** sont buissonnants ou traçants. Ils se forment naturellement. Éclaircissez avec la même technique que l'*Amelanchier stolonifera (voir p. 175)*.
CASTANEA DENTATA et **MOLLISSIMA**, espèces qui résistent à l'encre, se taillent comme le châtaignier commun. Pour obtenir une bonne production fruitière, *voir* Châtaignes *p. 148*.

CATALPA

Ce sont des arbres caducs rustiques, aux couronnes étalées. Il produisent de belles feuilles larges et des panicules dressées de fleurs rose pourpré ou blanches en été. Elles sont suivies de longues cosses brunes, qui persistent jusqu'au cœur de l'hiver. Les *Catalpa* apprécient un lieu abrité. Sous un climat froid, *Catalpa bignonioides* fleurit mal. *Catalpa speciosa* est plus tolérant. Ces arbres sont le plus souvent cultivés en fuseau sur tige, mais la couronne se ramifie toujours avec le temps. Mieux vaut planter des sujets âgés de un ou deux ans seulement. Plus âgés, ils forment de larges têtes vigoureuses qui déséquilibrent la motte. Ces arbres réagissent bien aux tailles sévères et font de bons têtards.

Catalpa bignonioides

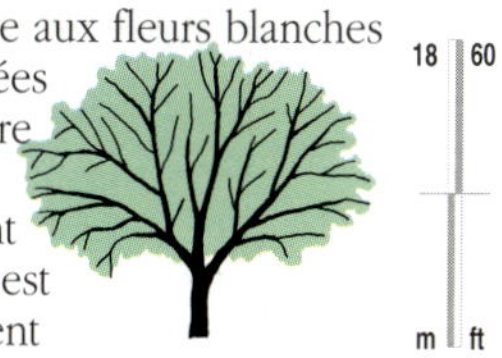

C'est un bel arbre aux fleurs blanches estivales, marquées d'or et de pourpre sur la gorge. Le feuillage, souvent violacé quand il est jeune, est vraiment très beau chez le cultivar 'Aurea'. On rabat souvent ce dernier pour agrandir ses feuilles. En climat froid, le bois mal aoûté après de mauvais étés, peut disparaître durant l'hiver.

Quand tailler : pendant tout le repos de la végétation, de l'automne à la fin de l'hiver. Retirez les bois gelés au printemps.

Conduite et taille : formez un fuseau sur une tige *(voir p. 28)* de 1,2 à 2 m de hauteur. Laissez alors la flèche se ramifier et produire une couronne basse, étalée, ouverte. Les vieux sujets sont souvent plus larges que hauts. Si vous avez acheté un arbre formé, dont la couronne semble trop forte pour la motte, faites une bonne taille avant la plantation *(voir p. 25)* pour ne laisser qu'une charpente de quatre ou cinq branches bien charpentées. Les arbres installés demandent peu de soins, excepté le retrait ou le rabattage des branches lourdes. Cette intervention a pour but de rééquilibrer la charpente. C'est plutôt l'affaire d'un professionnel.
Les catalpas réagissent bien au recépage (sur 30 à 60 cm minimum de la base). Ils forment alors une touffe buissonnante qui convient bien aux petits jardins. Pour reformer une charpente, ne conservez que les plus belles pousses parmi les mieux placées. Pour les garder en têtards, rabattez sévèrement tous les ans ou tous les deux ans *(voir p. 36)* à la fin de l'hiver.

AUTRE CATALPA
CATALPA SPECIOSA se taille pareillement.

CATALPA BIGNONIOIDES EN TÊTARD
Cet arbre, très abîmé, a été recépé sur sa charpente, en laissant des moignons de 1,2 m. Il s'est bien reformé, en donnant une abondance de pousses qui ont été éclaircies.

CONSEIL TRUFFAUT
Si vous devez utiliser une tronçonneuse, choisissez un modèle à moteur à essence (thermique) dont la cylindrée est comprise entre 30 cm³ et 35 cm³. Il n'est pas utile d'employer une machine trop puissante. Privilégiez un poids léger et une forme compacte. Le travail sera facilité et les risques diminués. Il existe des tronçonneuses spéciales pour l'élagage. Certaines sont prévues pour être utilisées d'une seule main. Ne vous aventurez jamais à cet exercice périlleux. Il doit être réservé aux professionnels expérimentés. Tenez toujours votre machine à deux mains et portez des gants de jardin en cuir pour être assuré d'une prise solide sans risque de dérapage. Démarrez la tronçonneuse quand vous êtes au sol. La chaîne doit rester immobile. Prenez une position confortable avant de commencer à couper. Les grosses branches doivent être assurées par un cordage maintenu par un assistant resté au sol.

CELTIS *Micocoulier*

Ces arbres caducs, rustiques, de dimensions petites ou moyennes, portent des feuilles alternes et des branches aérées, horizontales, souvent inclinées à leur extrémité. La plupart des *Celtis* gagnent à être cultivés sur tige. De mauvaises conditions de culture et des écarts rapides et importants de température font souvent disparaître la flèche, toujours difficile à remplacer. Préférez les sujets issus de semis aux plants greffés. Plantez-les très jeunes, dans un coin abrité du gel et du vent et n'abusez pas des engrais azotés qui développent une végétation abondante, mais qui manque de rigidité. Chez les jeunes arbres, le tronc doit être débarrassé des pousses latérales pour se former bien droit. Excepté *Celtis occidentalis*, les micocouliers dépérissent et se creusent aisément. Une taille trop sévère encourage ce phénomène.

Celtis australis

Micocoulier du Midi

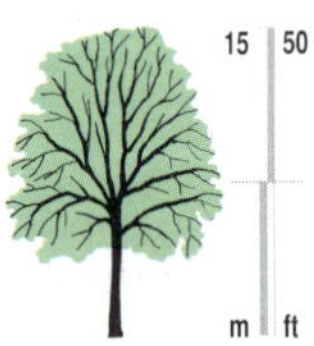

C'est un arbre caduc à port étalé et aux feuilles pointues, allongées, dentelées sur les bords. Les fleurs insignifiantes sont suivies de baies noires.

Quand tailler : durant le sommeil hivernal, avant le démarrage printanier.

Conduite et taille : formez cet arbre en fuseau sur tige *(voir p. 28)*, en veillant à dégager le tronc sur un quart de la hauteur du jeune arbre, par des tailles régulières sur deux saisons. Dans les situations ventées et au Nord, la conservation de la flèche est difficile. Une fois la base de l'arbre bien dégagée, les interventions de taille sont réduites. Éliminez les rejets *(voir p. 32)* proches des plaies de coupe dès leur apparition, vous éviterez de fragiliser la ramure par la suite.
Les arbres adultes émettent de grands rameaux vigoureux, verticaux, qui, laissés en place, alourdissent les branches et les rendent cassantes. Rabattez-les à la base dès que possible. Si elles sont très développées, laissez-les pour éviter les grosses plaies. Le micocoulier ne supportant pas les coupes importantes, la restauration est rarement réussie.

AUTRES MICOCOULIERS
CELTIS CAUCASICA, OCCIDENTALIS et LAEVIGATA se taillent comme le *Celtis australis.*

CELTIS OCCIDENTALIS *Les micocouliers gagnent à être cultivés sur tige, avec un tronc bien marqué qui permet de dégager du sol les branches basses étalées, à port quasi horizontal. Évitez les coupes drastiques sur ces arbres qui cicatrisent assez mal.*

CERATONIA *Caroubier*

Ceratonia siliqua est un arbre persistant aux fruits oblongs employés en cuisine. Frileux, il préfère la chaleur et supporte bien la sécheresse. Il existe des cultivars greffés qui produisent plus de fruits.
On forme les caroubiers sur une tige courte, pour faciliter la récolte. Au début, la frondaison pousse peu, car l'arbre développe un long pivot. Les jeunes sujets sont élevés en conteneurs hauts, qui permettent aux racines de bien pousser. Ils s'établissent mieux que les plantes plus âgées, aux racines en chignon. À la plantation, n'hésitez pas à retailler les racines.

Quand tailler : en hiver et au printemps.

Conduite et taille : intervenez sur les jeunes plantes, pour obtenir une cépée sur un tronc de 60 à 90 cm de hauteur, comme pour l'*Acer davidii (voir p. 52).*
Si la végétation est emmêlée et dégingandée, retirez les flèches et raccourcissez les branches latérales pour obtenir une couronne plus dense.
Les arbres adultes tolèrent une taille légère, pour les équilibrer. Ne coupez pas trop à la fois. Les fruits apparaissent sur des brindilles issues du vieux bois.

CERCIDIPHYLLUM

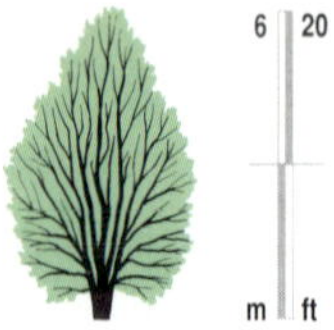

Cercidiphyllum japonicum (Katsura) est un arbre élégant à feuillage caduc. Il forme d'ordinaire une couronne conique, aux branches principales dressées, bien espacées et aux sous-latérales légèrement courbées à la pointe. Ses feuilles opposées, en forme de cœur sont connues pour leur belle couleur automnale, plus intense en sol acide. Même s'il se montre très rustique, *Cercidiphyllum japonicum* demande un emplacement abrité en climat froid. Il forme spontanément une cépée ou bien un seul tronc, assez court. Chaque arbre définit son port très tôt. Ne tentez pas de modifier la forme des sujets déjà adultes. Le cultivar 'Pendulum' à port pleureur est cultivé comme le type.

Quand tailler : de l'automne à la fin de l'hiver, en plein repos végétatif. Retirez les bois morts et gelés en mai et juin.

Conduite et taille : les katsuras qui forment une cépée spontanée commencent très tôt à se ramifier près du sol. Ils demandent peu d'interventions de taille. Ne touchez pas aux pousses latérales, à moins d'avoir besoin de dégager la base de l'arbre, pour une contre-plantation, par exemple. Si le jeune plant forme une tige, conduisez-le en fuseau sur tige *(voir p. 28)*, en supprimant les deux ou trois premiers étages de végétation à partir de la base, sur 1,5 m de hauteur environ. Cette intervention permet d'accentuer le caractère de l'arbre.
Les sujets adultes sont laissés tranquilles. Ils réagissent mal à une forte taille.

CERCIDIPHYLLUM JAPONICUM *Laissez les jeunes sujets ramifiés se développer en cépée. Plantez un tuteur court et solide de biais* (voir ci-dessus) *pour étayer les jeunes tiges dès la base.*

CERCIS

Ces arbres et arbustes caducs à feuilles alternes sont cultivés pour leurs fleurs roses ou blanches et leur feuillage bien coloré en automne. *Cercis canadensis* 'Forest Pansy'porte des feuilles pourpres. Les fleurs papilionacées apparaissent sur le vieux bois, en même temps que les feuilles ou parfois même avant. Tous les *Cercis* poussent et fleurissent mieux dans les zones aux étés longs et chauds. L'arbre de Judée émet de longs pivots, sensibles aux transplantations qui peuvent entraîner la disparition de la flèche. Plantez-le jeune, au printemps, si possible au moment du débourrement. Les bois faibles ou abîmés sont sensibles à la maladie du corail.

FLEURS PRÉCOCES
Les Cercis diffèrent des autres arbres rustiques en fleurissant directement sur le bois nu, même sur les charpentières.

Cercis siliquastrum

Arbre de Judée

Cet arbre buissonnant, caduc, forme souvent une cépée. Ses fleurs pourpres, roses ou blanches sont superbes, les feuilles arrondies sont très reconnaissables. Les vieux sujets penchent volontiers. Il faut les étayer ou les restaurer pour les rééquilibrer.

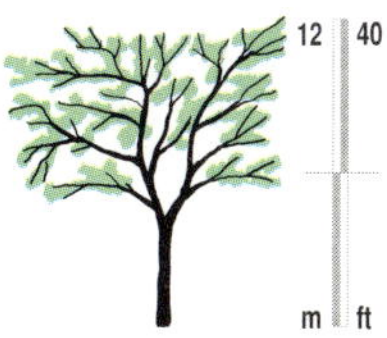

Quand tailler : à la fin du printemps, retirez les pousses gelées et le bois mort.

Conduite et taille : formez une cépée sur un tronc de 60 à 90 cm de hauteur, comme pour l'*Acer davidii* *(voir p. 52)*. Choisissez trois à cinq branches latérales solides, bien espacées autour du tronc, pour créer une charpente. La tendance naturelle des rameaux est de former des bouquets, en angles vifs, facilement cassés par le vent dont les dégâts favorisent la pourriture. Les arbres adultes ne demandent pas de soins, mais peuvent être rajeunis en recépant au ras du sol. Choisissez à nouveau cinq jeunes tiges vigoureuses pour la charpente. Mieux vaut agir par temps clair et sec, en fin de printemps, pour limiter les risques de maladies.

AUTRES CERCIS

CERCIS CANADENSIS et **RACEMOSA** se taillent en fuseau *(voir p. 27)* ou sur une tige de 1 m environ. Dans un petit jardin, ils peuvent former une cépée, comme le *Cercis siliquastrum*. Les arbres adultes n'ont guère d'exigences ; ils réagissent mal au recépage. *Cercis racemosa* est assez frileux.
CERCIS CHINENSIS est un buisson qui ne se taille pas. Gélif, il demande l'abri d'un mur *(voir* Magnolia grandiflora *p. 74)* dans les régions au climat froid.
CERCIS OCCIDENTALIS se taille et se conduit comme l'arbre de Judée.

CLADRASTIS

Ces arbres et arbustes rustiques, caducs, sont cultivés pour leur jolie forme. Les couleurs du feuillage en automne sont plus vives et les fleurs en grappes plus nombreuses, après de longs étés chauds. Les *Cladrastis* forment vite des pivots et doivent être plantés jeunes.

Cladrastis lutea

Virgilier

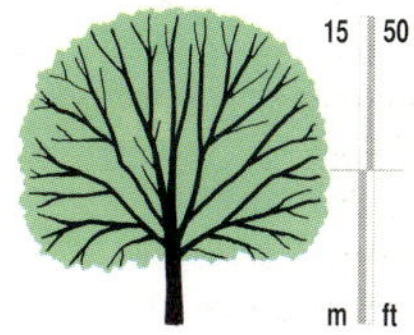

Cet arbre caduc à feuilles alternes et fleurs blanches, forme une large ramure arrondie, aplatie, aux fortes branches. La taille de formation est capitale. Il faut à tout prix éviter que l'arbre ne se développe avec des branches basses ou en cépée, toujours fragiles. Le bois est cassant et les embranchements étroits, en forme de V, avec des replis d'écorce *(voir p. 12)*, qui cassent aisément.
Les dégâts non réparés entraînent des pourritures, menaçant la vie de l'arbre. Vu la fragilité de sa structure, ne plantez pas de virgilier à proximité de bâtiments ou dans des lieux fréquentés.

Quand tailler : dans le courant de l'été, en limitant les interventions au maximum.

Conduite et taille : formez un fuseau sur tige *(voir p. 28)*, d'environ 1,5 m à 2 m de hauteur. Ne conservez que des branches bien formées et suffisamment espacées pour former la charpente. Supprimez celles qui forment des angles fermés. Les arbres adultes ne demandent pas de taille. Ils réagissent mal à l'élagage. Le bois éclate facilement et mieux vaut laisser un professionnel retirer celles qui sont abîmées.

AUTRES CLADRASTIS

CLADRASTIS PLATYCARPA forme un petit arbre assez robuste en climat froid.
CLADRASTIS SINENSIS vit sous les climats tempérés et maritimes, taillez-le comme le *Cladrastis lutea*. Dans les régions plus froides, il reste plus petit et il faut le laisser pousser à sa guise.

CINNAMOMUM *Camphrier*

Arbre persistant, gélif, *Cinnamomum camphora* atteint 12 m et plus. On le cultive uniquement dans les régions méditerranéennes. Son tronc unique se ramifie tôt, donnant une ramure basse et fournie, formée de branches secondaires dressées. Taillez-le en été, après la première pousse rapide du printemps. Il est possible de le conduire en fuseau sur tige de 2 m *(voir p. 28)*. Si on le laisse se ramifier plus bas, l'éclaircissage de la couronne *(voir p. 75)* s'avérera utile sur les sujets adultes. Ces derniers ne demandent pas de taille d'entretien, mais ils se restaurent bien. Sous abri, limitez le volume comme pour le camélia *(voir p. 182)*.

CONSEIL TRUFFAUT

Les tailles sur les arbres d'ornement doivent se limiter à entretenir l'équilibre de la silhouette et de la ramure. Les tailles d'entretien ne doivent pas être systématiques et se renouveler le moins souvent possible. Cela permet aux arbres de se cicatriser et de bien supporter le contrecoup du stress provoqué par les coupes. Il faut considérer la taille comme une opération chirurgicale qui laisse l'arbre convalescent. Il a souvent besoin d'une, voire deux saisons complètes, avant de retrouver l'équilibre. Pendant cette période, l'arbre doit être soigné avec attention et ne pas manquer d'eau ou se trouver exposé à des froids intenses. Si vous devez intervenir sur des grosses branches, taillez de manière symétrique. L'élimination d'une charpentière orientée vers la droite entraîne la suppression d'une autre branche, dirigée vers la gauche et vice versa. Si vous négligez ce travail, vous allez provoquer un déséquilibre dans la silhouette.

CORNUS *Cornouiller*

Ce sont pour la plupart des arbres caducs, rustiques. Ils sont cultivés pour leur silhouette élégante, leurs feuilles fines et pour les bractées colorées qui entourent leurs fleurs printanières.

CORNUS CONTROVERSA *La plupart des cornouillers forment de beaux petits arbres isolés. Avec l'âge, cette espèce prend un port en étage. On peut le palisser en éventail contre un mur ensoleillé* (voir également *Magnolia grandiflora* p. 74).

Cornus capitata

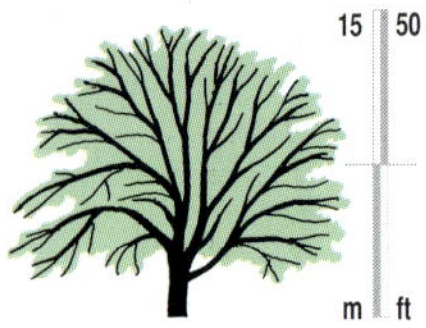

Cet arbre persistant ou semi-persistant, au port en étages, a des feuilles sombres, des bractées crème et des fruits en forme de fraises. Dans les régions froides, on le conduit en cépée ou en gros buisson. Le palissage contre un mur lui assure une meilleure protection.

Quand tailler : du milieu de l'automne à la fin de l'hiver, par temps doux.

Conduite et taille : dans les régions au climat doux, formez un fuseau sur un tronc *(voir p. 27)*. En climat froid et venté, mieux vaut le laisser se développer en cépée. Éclaircissez si nécessaire pour avoir une charpente aérée. Pour le palissage, *voir p. 74*. Évitez la taille sur les arbres adultes.

Cornus controversa

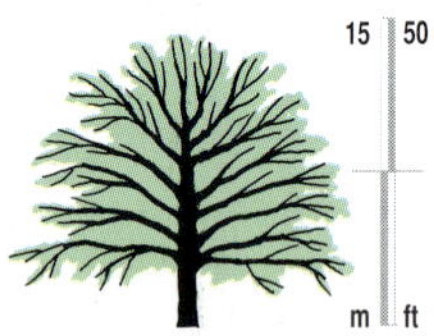

Ce bel arbre caduc, rustique, à port en étages, a des fleurs blanches et se colore de pourpre à l'automne. Les tiges sont rouges en hiver. Il demande un coin abrité, car les vents forts déforment sa silhouette. C'est un arbre à croissance lente, qui apprécie les climats humides et les étés pas trop chauds.

Quand tailler : formez un fuseau sur une tige *(voir p. 28)* mesurant entre le quart et le tiers de la hauteur totale du jeune arbre. Cet arbre réagit mal à un recépage et les dégâts du vent sont difficiles à corriger.

Cornus kousa

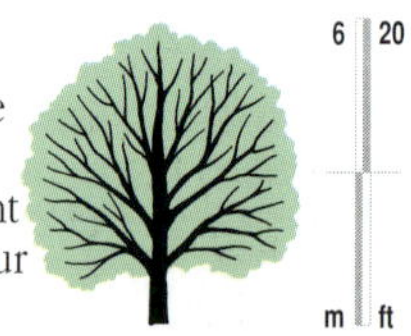

C'est un bel arbre rustique, à cultiver de préférence en fuseau sur tige, ou en laissant sa ramure s'étaler pour avoir un entretien moindre.

Quand tailler : de l'automne à la fin de l'hiver. Ôtez le bois mort après la floraison.

Conduite et taille : dégagez un tronc court de 60 à 90 cm de hauteur, puis laissez faire la nature. En retirant le bois mort, veillez à épargner les brindilles florifères. Le *Cornus kousa* ne supporte pas le recépage.

AUTRES CORNOUILLERS

CORNUS ALTERNIFOLIA est décoratif en fuseau, en cépée ou conduit sur tige. Il se taille et se forme comme le *Cornus controversa*, en dégageant très lentement le tronc sur 1 à 1,5 m de hauteur. Dans les deux ou trois premières années, limitez la taille à la suppression des flèches concurrentes et à l'élimination des branches latérales basses pour que le tronc se forme.

CORNUS 'EDDIE'S WHITE WONDER' doit prendre son port naturellement. Ce cultivar encore assez peu répandu en France, se prête bien au palissage.

CORNUS FLORIDA, très voisin du *Cornus kousa*, bien que plus vigoureux, se taille sur un tronc de 60 à 90 cm de hauteur, pour obtenir un petit arbre.

CORNUS NUTTALLII doit être taillé sur une tige de 1,5 m de hauteur environ. C'est un arbre qui réagit mal au recépage, ne touchez donc pas aux vieux sujets, même s'ils sont dégarnis.

Voir également le Lexique des arbustes d'ornement *p. 188.*

CORYLUS *Noisetier*

Si les noisetiers arbustifs sont appréciés pour leurs fruits, les arbres du genre *Corylus* sont cultivés pour leur feuillage et leur port dressé. Les chatons naissent en hiver sur les branches nues à l'écorce rugueuse. En fin d'hiver, les minuscules fleurs femelles forment un halo rouge sur les arbres. Ils sont caducs et rustiques.

Corylus colurna

Noisetier turc

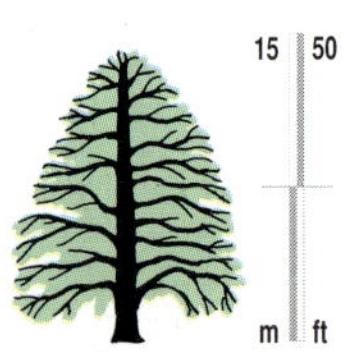

C'est un arbre conique aux branches étalées, contournées, à cultiver sur un tronc dégagé pour mettre en évidence l'écorce décorative en période hivernale. Il produit des petits fruits comestibles.

Quand tailler : pendant le repos végétatif, toutefois les noisetiers conduits en haies supportent des tailles estivales.

Conduite et taille : formez un fuseau sur tige *(voir p. 28)* de 2 m de hauteur. Retirez les flèches concurrentes dès que possible. Les arbres établis demandent peu de soins.

AUTRES NOISETIERS

CORYLUS AVELLANA et **MAXIMA,** *voir* arbustes *p. 189.* Pour la taille de fructification, *voir* Coudrier et noisetier *p. 149.*

CORYLUS AVELLANA 'PENDULA', cultivar pleureur est d'ordinaire greffé en tête, à 2 m, sur une tige. Pour lui conserver une forme élégante, *voir p. 28.*

CORYLUS JACQUEMONTII se taille en hiver comme le *Corylus colurna.*

CORYLUS COLURNA *Une belle silhouette, avec un tronc droit et des branches espacées, souligne les qualités ornementales de l'écorce dénudée en hiver.*

CRATAEGOMESPILUS

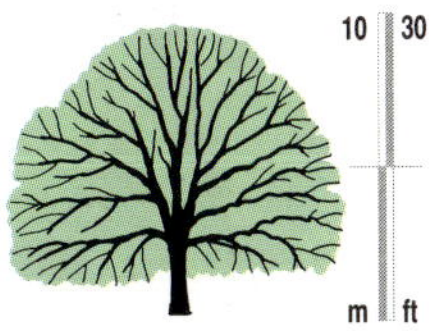

Cet arbre rustique est un hybride de greffe (chimère) entre un *Crataegus* et un *Mespilus*, que l'on greffe sur un *Crataegus*. On le conduit de façon à former un arbre arrondi, couvert de bouquets de fleurs blanches au printemps. Elles sont suivies de fruits qui rappellent les nèfles.

Quand tailler : du milieu de l'automne au début du printemps. Une taille d'été est parfois nécessaire pour équilibrer la forme.

Conduite et taille : formez cet arbre sur un tronc de 2 m de hauteur au maximum *(voir p. 28)*, puis laissez la tête se ramifier spontanément. La taille des arbres adultes est réduite, car elle peut détruire l'équilibre entre les deux tissus différents qui composent cet arbre hybride. Il est fréquent que des pousses apparaissent en ne portant les caractère que d'un seul parent. Si elles ne dominent pas, vous pouvez les conserver, ce qui donne un surcroît d'originalité à la plante. Les pousses trop vigoureuses seront rabattues d'un tiers de leur longueur en été, pour équilibrer la plante. La restauration n'est pas conseillée.

X CRATAEMESPILUS

X *Crataemespilus grandiflora* est un vigoureux hybride entre *Crataegus* (aubépine) et *Mespilus* (cognassier). Caduc, il est apprécié pour son port retombant, ses abondantes fleurs blanches printanières et sa couleur d'automne. Il faut le conduire sur tige *(voir p. 28)* et tailler en période de repos. Les branches latérales, horizontales au départ, deviennent franchement pleureuses avec l'âge.
Dégagez le tronc sur 2 m de hauteur, pour que les branches de la base ne se redressent pas en touchant le sol, ce qui est inesthétique. Le recépage est déconseillé sur cette espèce.

CRATAEGUS *Aubépine*

Arbres caducs, rustiques, épineux, à la ramure serrée, les *Crataegus* sont utiles pour former des haies défensives. On les taille en automne pour les équilibrer. Un élagage peut être envisagé tous les deux ou trois ans, pour avoir plus de fleurs et de fruits. Ces derniers naissent sur le vieux bois *(voir* Haies *p. 44)*. Les grandes espèces se ramifient dès la base, mais se conduisent volontiers en tige (on peut en faire des boules).

FLEURS DE CRATAEGUS
Les fleurs abondantes sont suivies de baies orange, rouges, jaunes, bleues ou noires.

Crataegus crus-galli

C'est un petit arbre à la couronne étalée, souvent aplatie au sommet. Les fleurs sont blanches, les fruits rouges. Les feuilles virent à l'orange en automne. C'est un arbre idéal pour faire une jolie tige dans les petits jardins.

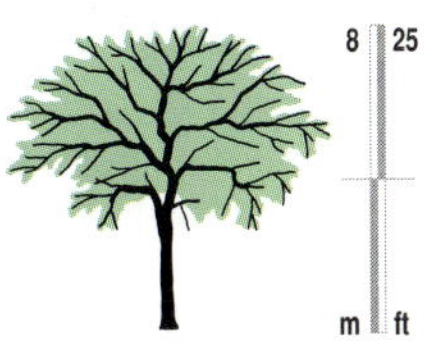

Quand tailler : du milieu de l'automne aux premiers jours du printemps.

Conduite et taille : laissez la forte flèche perdre sa dominance avec la formation de la couronne. Supprimez deux ou trois étages de branches basses *(voir p. 28)* pour obtenir un tronc de 2 m de hauteur.

Crataegus monogyna
Épine blanche

C'est un arbre à la cime arrondie, qui se couvre de fleurs blanches au printemps et de fruits rouges à l'automne. Il faut le conduire de préférence en tige, mais il réussit aussi en cépée, plus naturelle. Le cultivar 'Pendula' à port pleureur est toujours greffé en tête par les pépiniéristes *(voir p. 28)*. Une forme à port en cascade peut apparaître spontanément dans les semis. Elle sera taillée pour privilégier un tronc de 2,5 m en dégageant les branches pendantes de la base.

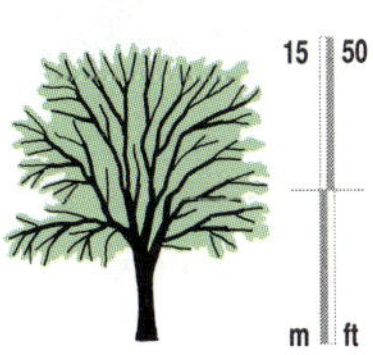

Conduite et taille : *Crataegus monogyna* se ramifie volontiers dès la base pour donner un grand arbuste buissonnant. Pour former vous-même un arbre, achetez un scion *(voir p. 24)*. Fertilisez-le bien, au printemps, durant les trois premières années, avec un engrais azoté. Ceci va favoriser le développement d'une pousse principale vigoureuse, plus facile à conduire.
Ne supprimez pas de branches latérales avant la mise en place définitive de l'arbre, puis dégagez le tronc *(voir p. 28)* sur 1,5 m à 2 m de hauteur. Inutile de tailler les plantes adultes, ne retirez que les branches qui se gênent ou qui se croisent.
Un éclaircissage excessif permet au vent de tordre et de casser les branches. Le recépage est efficace. Attention, les *Crataegus* sont très sensibles au feu bactérien.

AUTRES AUBÉPINES
CRATAEGUS DOUGLASII, OXYACANTHA (aubépine) et **TANACETIFOLIA** se taillent comme le *Crataegus monogyna.*
CRATAEGUS X DUROBRIVENSIS a un port buissonnant. Les tailles sont inutiles.
CRATAEGUS X PERSISTENS vit dans les régions froides. Réduisez la ramure chez les jeunes sujets à la plantation, pour éviter les dégâts du gel.

CYPHOMANDRA
Tomate en arbre

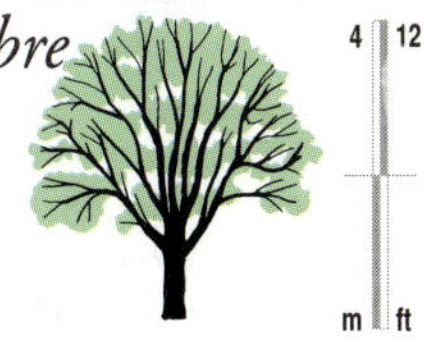

Cyphomandra betacea est un petit arbre persistant, originaire d'Amérique du Sud.
Il porte sur ses jeunes pousses des fleurs cireuses, rosées, suivies de baies charnues ovoïdes, rouges, comestibles à pleine maturité. Il est répandu sous les climats tropical et tempéré doux. Dans les régions plus froides, il lui faut l'abri d'une serre ou d'une véranda chauffée. Les semis donnent une grande tige peu branchue, alors que les plantes obtenues par boutures sont plus touffues et bien étalées. Cultivée en pot, la plante a tendance à rester herbacée.

Quand tailler : au printemps, avant le démarrage de la végétation.

Conduite et taille : dans les deux ou trois premières années, cherchez à obtenir une couronne branchue et aérée sur une tige de 50 à 80 cm de hauteur. Laissez ensuite la flèche se diviser en une ramure plus large. Les jeunes plants poussent vite. S'ils atteignent 1,5 m sans se ramifier, rabattez-les à 90 cm du sol, sur un œil bien développé pour provoquer des ramifications. Pour favoriser la floraison, et réduire le volume si nécessaire, taillez les plantes adultes tous les ans, en rabattant une branche latérale sur trois jusqu'aux charpentières. Le bois est cassant.
Les adultes demandent un tuteur, les racines fibreuses étant assez maigres.
Ils produisent pendant environ huit ans, après quoi il est nécessaire de les remplacer.

CONSEIL TRUFFAUT
Les aubépines étant épineuses, n'oubliez pas de porter des gants de jardin quand vous les taillez.

D

DAVIDIA
Arbre aux mouchoirs

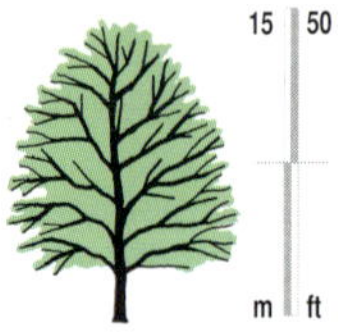

Le *Davidia involucrata* est un bel arbre à feuilles caduques, apprécié pour sa silhouette élégante et sa floraison accompagnée de bractées pendantes de couleur ivoire. Elle apparaît à la fin du printemps sur des pousses de l'année précédente. Seuls les arbres cultivés depuis plusieurs années parviennent à fleurir. Le mode de croissance du *Davidia* est assez particulier, avec de longues branches terminales et de très courtes pousses latérales qui apparaissent à même le tronc et sur les charpentières. Les *Davidia* sont appréciés comme arbres en isolés, conduits sur un tronc aussi haut que possible. Cela permet de mieux apprécier l'originalité de leurs bractées qu'il faut regarder par dessous. Une taille de formation est indispensable pendant les cinq ou six premières années. Un sujet à troncs multiples ne peut être transformé par la taille en un arbre au tronc unique. Les *Davidia* perdent leurs feuilles de manière irrégulière en automne, mais c'est normal.

DAVIDIA INVOLUCRATA
Il est appelé « arbre aux mouchoirs » ou « arbre aux pochettes ». Ces noms sont inspirés par les grandes bractées blanches, à la fin du printemps.

Quand tailler : dès l'automne et jusqu'au départ végétatif printanier.

Conduite et taille : formez le *Davidia* comme un arbre classique avec tronc central de 2 à 3 m de hauteur *(voir p. 28)*. Il forme naturellement un fût solide sur lequel naissent de vigoureuses branches charpentières. Si les branches latérales semblent prendre le pas sur la croissance du tronc, réduisez leur longueur d'environ un quart. Les arbres adultes ne réclament aucune intervention particulière. Ils n'aiment pas les tailles sévères.

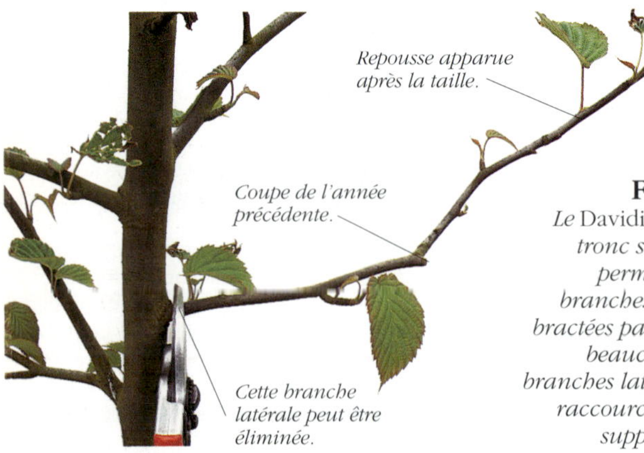

FORMATION DU TRONC
Le Davidia *est plus beau avec un tronc suffisamment haut pour permettre le passage sous ses branches, en vue d'apprécier les bractées par-dessous. Comme pour beaucoup d'arbres, retirez les branches latérales par étapes, en les raccourcissant d'abord, pour les supprimer l'année suivante.*

DELONIX *Flamboyant*

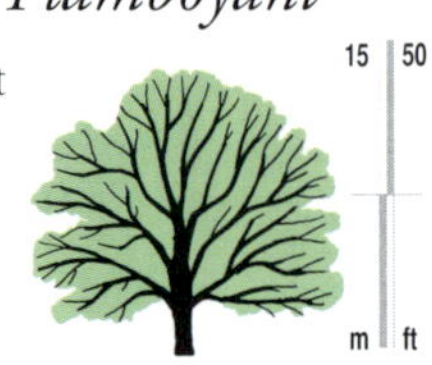

Le *Delonix regia* est un arbre caduc, apprécié dans les régions tropicales et subtropicales pour ses brillantes fleurs rouges. Sa couronne en parasol donne un ombrage agréable. Plantez uniquement de jeunes sujets : si le long pivot est abîmé, l'arbre adulte sera instable et sensible au vent.

Quand tailler : à la fin de l'hiver, avant le débourrement ou après la saison sèche.

Conduite et taille : le flamboyant doit être conduit sur une tige de 2 m de hauteur environ. La flèche perd vite sa dominance et ne peut être conservée. Pour soutenir la couronne très ample, les charpentières doivent être régulièrement réparties autour du tronc. Sélectionnez dès les premières années cinq à six pousses latérales vigoureuses, en divers points bien espacés et supprimez les autres. Si la formation est conduite tôt, il reste peu de tailles à effectuer ensuite. Le *Delonix* réagit bien à la restauration, mais mieux vaut remplacer les vieux sujets abîmés ou déséquilibrés.

DIOSPYROS

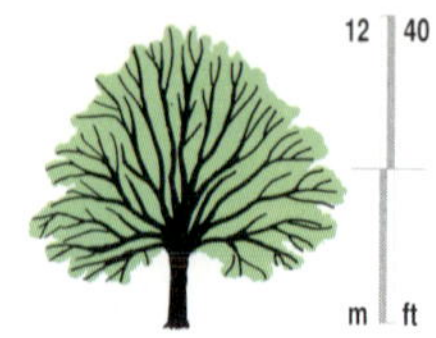

Il s'agit d'arbres élégants, amples, décoratifs, mais pas toujours très rustiques. Les *Diospyros* sont cultivés pour leur belle forme et leur feuillage souvent très coloré en automne. Dans les régions au climat doux, certaines espèces sont cultivées pour leurs fruits à maturation tardive *(voir* Kakis *p. 131)*. Il faut cultiver les *Diospyros* en fuseau sur tige *(voir p. 28)* de 1,2 à 2 m de hauteur. Ce tronc laissera les branches arquées s'incliner jusqu'au sol. Taillez de l'automne jusqu'à la fin de l'hiver. En climat maritime frais, où il a besoin d'un coin lumineux pour bien se développer. *Diospyros virginiana* montre une grande sensibilité au gel, dans sa jeunesse, surtout au niveau de la flèche. Plantez-le à l'abri. Si la flèche est perdue, remplacez-la dès que possible. Une fois établi, le *Diospyros* demande peu de taille (retirez le bois mort en été) et réagit mal au recépage.

DOMBEYA

Ces petits arbres buissonnants, à pousse rapide, sont cultivés dans les régions tropicales pour leurs ombelles de fleurs, pendantes en hiver, sur le bois de deux ans. On ne peut les cultiver en plein air en Europe. Ailleurs, on les laisse se former naturellement en fuseau *(voir p. 27)*. Les coupes de mise en forme ont lieu au début de l'été. Les sujets cultivés en serre supportent une taille d'équilibrage. Ils sont conduits en cépée sur tronc *(voir p. 36)* pour profiter de la floraison à hauteur d'homme, *(voir également* Brugmansia *p. 179)*. Les tiges ayant fleuri, rabattez-les d'un tiers au printemps. La plupart des espèces réagissent bien au recépage.

DOMBEYA X CAYEUXII
Cet arbre tropical supporte une taille limitant ses dimensions. Il doit être maintenu en serre sous nos latitudes.

E

EMBOTHRIUM

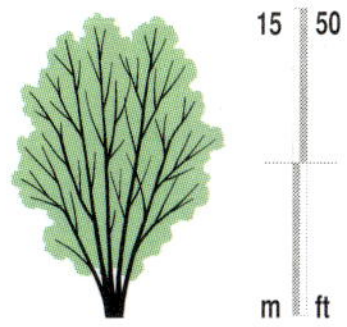

Originaire du Chili, *Embothrium coccineum* est un petit arbre à feuillage persistant ou semi-persistant, apprécié avant tout pour ses abondantes fleurs rouge vif qui garnissent les branches à la fin du printemps. Souvent drageonnant, il est cultivé d'ordinaire en cépée, mais peut être conduit sur tronc dans les régions au climat maritime doux. Il supporte des gelées légères et de courte durée, et apprécie le bord de mer. Évitez-lui les vents secs et froids, ainsi que les étés trop arides. Cet arbre convient fort bien en Bretagne.

Quand tailler : à la fin de l'été, après la floraison. Retirez les rameaux gelés et le bois mort au printemps.

Conduite et taille : le plus souvent, mieux vaut laisser *Embothrium coccineum* pousser seul, sans taille ou presque, pour obtenir une cépée partant du sol. En climat doux et humide, la pousse est rapide. Pour éviter l'étouffement des jeunes sujets, ne conservez que trois ou cinq tiges solides, formant l'ossature. Sélectionnez celles qui sont garnies de feuilles jusqu'au sol. Dans les lieux ventés, réduisez la prise au vent en supprimant une tige sur cinq. Pour obtenir un tronc unique, conduisez la jeune plante sur une tige *(voir p. 28)* d'environ 1,5 m de hauteur. Les arbres venant d'être plantés demandent un tuteurage, mais l'enracinement est puissant et les *Embothrium* se stabilisent vite s'ils trouvent des conditions de culture favorables. Retirez les drageons dès leur apparition. Ces pousses en surnombre peuvent transformer les cépées en taillis verticaux, dont les branches sont peu garnies de rameaux latéraux. Cela provoque souvent l'étouffement qui est favorable aux attaques de pourriture. Éliminez les pousses mortes, en les coupant à leur point de naissance, même sous terre. Elles laisseront la place à des repousses plus équilibrées. On peut aussi recéper les vieux sujets, qui repartent à la périphérie de la souche.

EMBOTHRIUM COCCINEUM
Le bois de deux ans fleurit en même temps qu'apparaissent les nouvelles pousses terminales.

EMMENOPTERYS

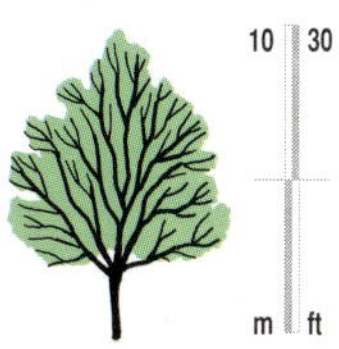

C'est un arbre caduc évasé, aux branches claires et à la belle écorce rugueuse. Ses magnifiques épis terminaux de fleurs blanches n'apparaissent abondamment qu'après des étés chauds. En climat froid, il lui faut un coin abrité, ensoleillé. C'est une plante très peu courante, originaire de Chine.

Quand tailler : du début de l'automne à la fin de l'hiver.

Conduite et taille : l'*Emmenopterys* se dirige en fuseau sur tige *(voir p. 28)*. Si la flèche a gelé, le remplacement est délicat, mais possible avec de la patience en utilisant une belle branche latérale. La taille est inutile sur les sujets bien établis. Les jeunes plants s'allongent au lieu de forcir, en prenant un air maigre et déplumé. La taille n'y change pas grand-chose, car les ramifications sont difficiles à obtenir, mais l'arbre va épaissir avec l'âge. Le recépage est déconseillé, car il produit une masse de pousses grêles qui se montrent très sensibles au froid.

ERYTHRINA

Ce sont des arbres semi-rustiques ou même tropicaux, souvent épineux, aux longs épis de fleurs éclatantes.

Erythrina crista-galli

Erythrine crête-de-coq

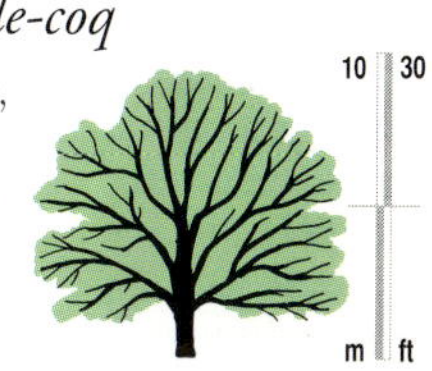

Ce petit arbre caduc, dressé, buissonnant, est cultivé en climat doux. Il forme souvent une touffe, mais peut donner un tronc en vieillissant. Dans les climats froids, il apprécie l'abri d'un mur ensoleillé. Le gel peut détruire la partie aérienne, mais l'arbuste repousse en buisson touffu, aux très belles fleurs cramoisies en été.

Quand tailler : en plein repos végétatif, de l'automne au printemps.

Conduite et taille : dans les régions au climat chaud, vous pouvez le mener sur tige *(voir p. 28)*. Une fois établi, ne supprimez plus que les bois morts. En climat froid, la perte de la flèche est inévitable, cela donne un buisson qu'il faut rabattre chaque année au ras de la souche *(voir* Cépée et têtard *p. 36)*, durant le repos. Paillez la souche pour bien la protéger.

AUTRES ÉRYTHRINES

ERYTHRINA CORALLODENDRON se comporte en climat chaud comme l'*Erythrina crista-galli*. En climat froid, elle forme un buisson lâche, sans taille spéciale.
ERYTHRINA VARIEGATA (ou **INDICA**) est un arbre tropical à laisser pousser libre.

ERYTHRINA CRISTA-GALLI
Dans les régions froides, rabattez toutes les tiges sur la souche au printemps.

CONSEIL TRUFFAUT
Les plantes subtropicales ou non rustiques, cultivées en serre ou en véranda, ont tendance à former des sujets frêles et tout en longueur. Il faut augmenter la quantité de lumière fournie à la plante. Utilisez des tubes fluorescents « type horticole » qui délivrent une lumière bleutée, proche du spectre solaire. Douze heures d'éclairage quotidien permettent la formation d'yeux pour obtenir des ramifications.

EUCALYPTUS

Ce très important genre d'arbres à feuillage persistant, comprend plus de six cents espèces. Leur port va de l'immense arbre forestier dépassant 100 m de hauteur, à des buissons aux tiges minces issues d'une souche renflée. On apprécie chez les eucalyptus le port, les fleurs souvent odorantes (rares en climat froid), le feuillage aromatique et l'écorce marbrée de crème, de gris rosé et de vert. La plupart sont gélifs, mais *Eucalyptus gunnii*, *dalrympleana*, *niphophila*, *parvifolia* et *pauciflora* sont bien rustiques à l'abri des vents froids et avec le pied paillé. Certaines espèces forment des cépées souples, élégantes. D'autres sont conduites en fuseau sur tige, dont la flèche perd parfois sa dominance avec l'âge. Beaucoup d'eucalyptus, même tuteurés, ont un tronc noueux. Les arbres difformes peuvent être rabattus et reformés. C'est le meilleur traitement pour les sujets ayant dépéri, à la suite de gelées, ou sous l'action des embruns. Tous les eucalyptus supportent une taille sévère et certains sont étêtés ou recépés régulièrement pour former des buissons au beau feuillage juvénile.

Quand tailler : au début du printemps, lors de la repousse, mais quand tout risque de gel est définitivement écarté.

Eucalyptus dalrympleana

C'est une espèce australienne à la croissance rapide, dont les feuilles gris-vert sont ombrées de brun dans leur jeune âge. L'écorce marbrée vire au blanc après plusieurs années. Il est assez peu rustique chez nous.

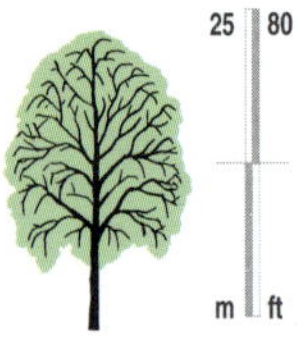

Conduite et taille : formez cet eucalyptus en fuseau sur une tige de 2 m de hauteur environ *(voir p. 28)*. C'est le port naturel de la plupart des sujets. Il suffit donc de supprimer les branches basses dès qu'elles apparaissent. Conservez la flèche jusqu'au début de la maturité.
Les arbres établis demandent peu de soins. Les grandes charpentières et leurs branches secondaires horizontales sont assez solides pour pousser sans aucune intervention.
Si nécessaire, une taille sévère provoquera l'apparition de nouvelles pousses. Vous les éclaircirez pour limiter la résistance de l'arbre au vent et les risques de casse.

Eucalyptus gunnii

Cette espèce est la plus répandue dans les jardins de nos régions. Elle résiste sans problème aux hivers (jusqu'à - 20 °C). Il faut la conduire en fuseau sur tige, ou bien en cépée ou en têtard pour n'avoir que le feuillage bleuté juvénile, de forme arrondie. Un rang de têtards et de cépées alternés forme une belle haie.

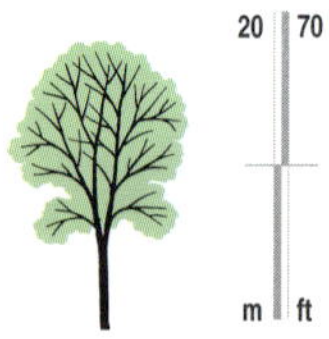

Conduite et taille : la formation en arbre se fait comme pour l'espèce *dalrympleana*. Les arbres difformes ou abîmés seront remplacés ou restaurés *(voir ci-dessous)*, plutôt que retaillés. Pour obtenir et conserver une cépée, *voir p. 36*. Rabattez les pousses jeunes chaque année, ou tous les deux ans au printemps. Cépées et têtards doivent être formés dès le départ, plutôt qu'à partir de grands arbres abîmés. Les formes avec un tronc semblent plus sensibles au froid que les cépées.

FEUILLAGE D'EUCALYPTUS
Beaucoup d'eucalyptus ont un feuillage juvénile arrondi, différent de l'adulte.

AUTRES EUCALYPTUS

EUCALYPTUS CAESIA subsp. **MAGNA** (ou **'SILVER PRINCESS'**), **CITRIODORA**, **FICIFOLIA**, **GLOBULUS**, **LEUCOXYLON**, **PARVIFOLIA**, **PAUCIFLORA**, **RUBIDA** et **URNIGERA** se taillent et se conduisent comme l'*Eucalyptus dalrympleana*. Ce sont pour la plupart des espèces non rustiques.
EUCALYPTUS CINEREA, **EREMOPHILA**, **LEHMANNII** et **PAUCIFLORA** subsp. **NIPHOPHILA** se taillent comme l'*Eucalyptus gunnii*. Ils peuvent être rabattus en cépée après un froid.
EUCALYPTUS COCCIFERA se taille en cépée, pour profiter de l'écorce.
EUCALYPTUS KRUSEANA ne demande aucune taille spéciale. Il est assez frileux, protégez-le en hiver.
EUCALYPTUS MACROCARPA et **TETRAPTERA** sont plus décoratifs en cépées naturelles, en limitant les interventions de taille.

FORMATION D'UNE TIGE UNIQUE (EUCALYPTUS GUNNII)

AVANT LA TAILLE (PRINTEMPS)
Les eucalyptus poussent souvent de travers, et demandent alors un tuteur. Mieux vaut les rajeunir, tous les cinq à six ans.

Après avoir rabattu la couronne pour l'alléger, sciez la tige juste à cet endroit (voir Abattage d'un jeune arbre *p. 33).*

PREMIÈRE ANNÉE, ÉTÉ

1 Conservez et tuteurez une pousse vigoureuse qui sera palissée verticalement. Les attaches, solides, ne seront pas trop serrées.

2 Coupez toutes les autres pousses au ras du sol ou de la souche.

Les repousses vigoureuses sont naturellement verticales.

TROISIÈME ANNÉE, ÉTÉ

1 Laissez une couronne se développer à la hauteur désirée, en ne retirant que les pousses gênantes, ou celles qui sont trop proches du tronc.

2 Retirez les rejets latéraux sur toute la hauteur souhaitée pour le tronc, ainsi que les pousses apparaissant sur la souche.

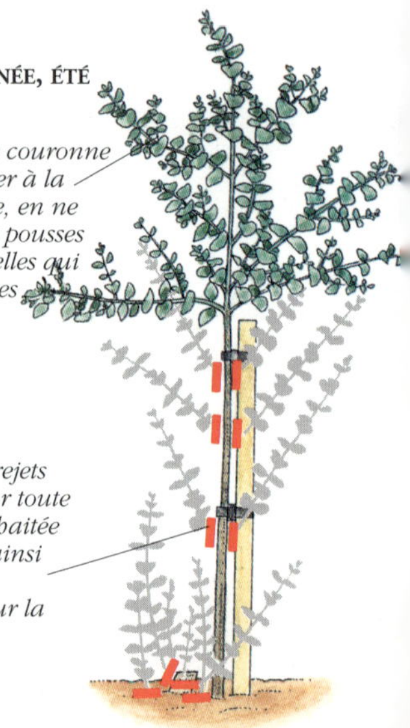

EUCRYPHIA

Ces arbres élégants, à troncs souvent solitaires ou parfois multiples, sont cultivés pour leur feuillage brillant et leurs belles fleurs blanches, à quatre pétales et aux étamines abondantes. Semi-rustiques, ils apprécient un coin abrité en climat froid. Ils n'ont guère besoin de formation ou de taille et réagissent mal au recépage. Dans les régions aux hivers rigoureux, la taille peut s'avérer nécessaire sur les bois gelés.

Eucryphia x nymansensis

Persistant à la silhouette colonnaire, il porte des branches dressées, lâches, avec quelques ramifications. La forme apparaît naturellement, mais elle est difficile à maintenir si l'arbre souffre d'un gel prolongé. Même les sujets adultes peuvent être abîmés par des froids sévères ou des vents glacés. Une taille soignée et un peu d'engrais *(voir p. 15)* peuvent leur redonner un peu de vigueur.

Quand tailler : au printemps, si nécessaire.

Conduite et taille : peu ou pas de taille de formation. Pour réparer les dégâts du gel, rabattez les branches mortes jusqu'au bois vivant, juste au-dessus d'une pousse latérale bien placée. Rabattez les autres branches, si possible, à la même hauteur. Les repousses se développent vite.

AUTRES EUCRYPHIAS

EUCRYPHIA CORDIFOLIA, LUCIDA et **MOOREI** sont des persistants colonnaires, parfois buissonnants. Ils demandent un lieu clair mais abrité. Retirez le bois mort au printemps. Inutile de tailler.

EUCRYPHIA GLUTINOSA demande peu de soins, car il développe une flèche centrale et des branches basses. Elles sont d'abord retombantes, puis dressées quand elles touchent le sol. Une exposition ventée peut déformer la couronne. Une taille correctrice *(voir p. 34)* la recréera si l'arbre est jeune.

CONSEIL TRUFFAUT

Les eucalyptus sont des arbres balsamiques qui offrent l'avantage d'éloigner les moustiques. Plantez-en un près des zones marécageuses. Paillez la souche en hiver, même sur les espèces réputées rustiques. Habillez aussi le tronc d'un paillasson ou d'une triple épaisseur de voile d'hivernage. En cas de dégâts par le gel, taillez au printemps les branches abîmées.

F

FAGUS *Hêtre*

Communs dans nos forêts, les hêtres sont des arbres très rustiques, à la ramure dense, étalée. Ils forment de hauts troncs droits, lisses, gris argenté. On les plante pour leur port, leur feuillage vert frais (parfois pourpre) qui vire au cuivre et à l'or en automne. Ils sont utilisés pour la décoration des parcs, des avenues et des grands jardins. Le *Fagus sylvatica* est parfait pour une haie régulière.

Fagus sylvatica

Hêtre commun

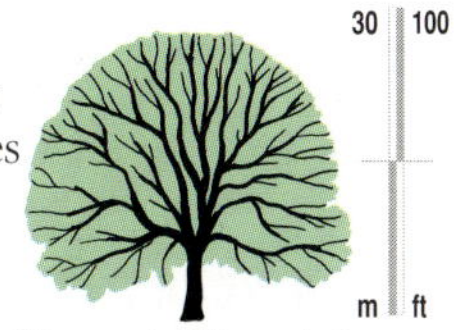

Cet arbre imposant aux branches basses retombantes porte un feuillage dense. Élancé dans son jeune âge, il s'arrondit en vieillissant. Le hêtre s'enracine en surface et les sujets doivent être bien formés pour résister aux vents violents. Cet arbre est aussi utilisé en haies taillées *(voir p. 44)*.

Quand tailler : de l'automne au printemps. Taillez les haies en hiver ou en pleine végétation, en cas de maladie.

Conduite et taille : laissez les grands arbres se développer tout d'abord en fuseau *(voir p. 27)*. Les branches basses protègent l'écorce des brûlures du soleil. Leur retrait hâtif favorise également la croissance de la flèche en fourche, ce qui n'est pas souhaitable. Quand l'arbre a six à huit ans et une cime vigoureuse, bien marquée, dégagez le tronc *(voir p. 28)* en opérant par étapes sur quatre ans. Dans l'idéal, il faut éliminer les branches latérales avant qu'elles ne dépassent 6 cm de diamètre. Les petites blessures disparaissent vite, sans laisser de traces. Un tronc de 2,5 à 3 m de hauteur laisse les branches pendantes frôler le sol. La couronne prenant de l'ampleur, retirez les rameaux latéraux verticaux qui concurrencent la flèche. L'élagage des arbres adultes (rarement nécessaire) est à réserver aux élagueurs professionnels.

FAGUS SYLVATICA 'PENDULA'
Ce cultivar aux branches souples et retombantes peut développer des pousses latérales qui descendent plus bas que le niveau du sol. Raccourcissez-les sur un œil dirigé vers l'extérieur.

AUTRES HÊTRES

FAGUS ENGLERIANA est un arbre qui forme une cépée *(voir p. 30)* souvent divisée dès le sol. Pas de taille spéciale. Le maintien de la flèche est très difficile.

FAGUS JAPONICA, GRANDIFOLIA et **ORIENTALIS** se taillent comme un *Fagus sylvatica.*

FAGUS SYLVATICA 'ATROPURPUREA' est pourpre. Retirez les pousses vertes dès qu'elles apparaissent.

FAGUS SYLVATICA 'DAWYCK' est une forme fastigiée qui ne se taille pas.

FAGUS SYLVATICA 'PAGNYENSIS' est vendu greffé. Limitez la taille au minimum.

FAGUS SYLVATICA 'PENDULA', le hêtre pleureur, adopte deux ports. Si les jeunes arbres portent de fortes branches horizontales principales, portant des latérales pendantes, agissez comme pour le hêtre commun. L'autre forme présente une couronne étroite, aux tiges d'abord dressées, puis retombantes. Elles sont couvertes de longues branches latérales pendantes. Celles-ci se marcottent en touchant le sol et donneront une forme adulte de grande taille. Pour accentuer cette silhouette très dense, mais élégante, ne dégagez pas le tronc et limitez les tailles au strict minimum.

FAGUS SYLVATICA 'ZLATIA' se forme sur une tige de 2 à 3 m, puis laissez la couronne branchue se développer.

HÊTRE PLEUREUR ADULTE
Avec l'âge, la couronne étroite de Fagus sylvatica *'Pendula' peut atteindre des dimensions imposantes, avec plusieurs générations de marcottes naturelles enracinées autour du pied mère.*

Ficus

Le genre *Ficus* comprend environ huit cents espèces d'aspect très différents. Certains sont des arbres tropicaux *(voir* le Lexique des plantes grimpantes *p. 271)*, souvent employés pour ombrer les rues en climat tropical. Dans les régions septentrionales, ce sont des plantes d'appartement ou de serre. Le *Ficus carica*, seul adapté aux climats frais, forme un bel arbre. Il est surtout cultivé pour ses fruits comestibles *(voir* Figuier *p. 138)*. Dans la nature, les espèces tropicales deviennent des géants au tronc trapu, décoré d'un fouillis de racines aériennes. Elles sont moins vigoureuses sous abri et la taille réduit leur volume. Les jeunes plants gagnent à être formés, mais la charpente naturellement désordonnée et dense, ainsi que les écoulements de latex, rendent difficile l'élagage des adultes. En climats chauds, *Ficus benjamina* se conduit bien en haies *(voir p. 44)*. Il peut aussi garnir des murs *(voir p. 74)*.

Quand tailler : à la fin de l'hiver ou à tout moment en climat doux.

Conduite et taille : sous le climat tropical, formez d'abord un fuseau sur tige *(voir p. 28)*, en conservant la flèche le plus longtemps possible, sur un tronc de 2 à 3 m de hauteur. Souvent, la flèche est dominée par de nombreuses ramifications. Il est alors difficile de la remplacer. Offrez beaucoup d'espace aux arbres pour qu'ils prennent de l'ampleur. Évitez de tailler les sujets adultes. Retirez les pousses vertes sur les cultivars panachés ou jaspés. En serre ou à l'intérieur, n'employez la taille que pour réduire le volume ou équilibrer la forme. Les ficus réagissent bien à l'élagage et les larges plaies sont vite dissimulées par la cicatrisation.

FICUS BENJAMINA
Sur les plantes cultivées en serre ou à l'intérieur, les troncs peuvent être tressés pour faire un bel effet décoratif (voir p. 48).

Franklinia

Franklinia alatamaha est un petit arbre caduc cultivé pour ses grosses fleurs blanches et sa couleur écarlate en automne. Il pousse et fleurit mieux quand les étés sont longs et chauds, et les hivers doux. Il atteint 6 m de hauteur en Amérique du Nord. Il pousse naturellement en fuseau sur tige et demande peu d'intervention pour sa formation. Si nécessaire, taillez du milieu de l'automne au début du printemps.

Avec l'âge, les branches basses forment parfois des flèches secondaires. N'y touchez pas, elles contribueront à former une couronne large et bien structurée. Une fois l'arbre bien établi, retirez les bois morts et les parties en surnombre ou malades dans le courant été. Assurez les soins généraux avec beaucoup d'attention, car c'est un arbre assez délicat *(voir p. 31)*. Il réagit mal au recépage.

Fraxinus *Frêne*

Ces arbres rustiques, caducs, sont plantés pour leur feuillage ample et découpé, ainsi que leur belle stature. Certains, notamment *Fraxinus ornus*, portent de belles fleurs, ou se colorent bien en automne, comme le *Fraxinus americana*.

Quand tailler : de l'automne au printemps, durant le repos de la végétation.

Fraxinus excelsior

Frêne commun

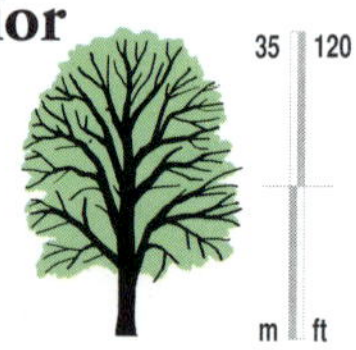

Ce grand arbre aux fortes branches est décoratif en hiver par son écorce jaune vif. Il doit posséder une flèche vigoureuse traversant la couronne, car les arbres fourchus sont fragiles.

Conduite et taille : la formation est peu nécessaire, la flèche vigoureuse restant dominante dans la couronne. Dégagez un tronc de 3 m environ *(voir p. 28)*. Ne taillez les arbres adultes que pour réparer les dégâts du vent. Les frênes produisent souvent des gourmands à pousse rapide *(voir p. 32)* sur les tissus blessés par des coupes larges. Supprimez-les aussitôt qu'ils apparaissent. Laissés en place, ils cassent facilement. Le recépage est déconseillé.

Fraxinus excelsior 'Pendula'

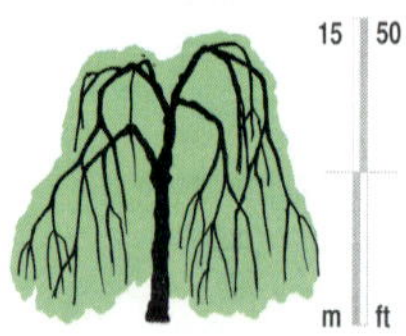

Cet arbre pleureur est greffé en tête sur un tronc de 1,5 à 2 m. La végétation est dense et, sans intervention, les branches dressées ou gênantes prolifèrent. Ceci entraîne des défauts de structure et la pourriture dans les replis de l'écorce. La charpente doit être sélectionnée tôt, et avec le plus grand soin.

Conduite et taille : utilisez la technique classique de formation pour les arbres pleureurs *(voir p. 28)*. Le recépage est néfaste. Les premières années, retirez les branches qui se croisent pour alléger la silhouette. Veillez à obtenir des charpentières bien espacées autour du point de greffe. N'éclaircissez pas trop pour éviter d'altérer l'élégance de la forme par des trous dans les frondaisons.

FRAXINUS EXCELSIOR 'JASPIDEA'
Les frênes portent des bourgeons opposés. Si le sommet de la flèche est détruit, la couronne peut devenir fourchue et se fragiliser. Dans le cas d'un remplacement, gardez une pousse terminale que vous palisserez à la verticale pour renouveler la flèche.

Autres frênes

FRAXINUS AMERICANA se taille comme le *Fraxinus excelsior*.

FRAXINUS ANGUSTIFOLIA 'RAYWOOD' est un arbre d'alignement apprécié quand il est conduit en fuseau sur tige. Il est très beau en fuseau simple *(voir p. 27)*.

FRAXINUS EXCELSIOR 'MONSTROSA' est une forme fasciée qui ne se taille pas.

FRAXINUS EXCELSIOR 'PENDULA WENTWORTHII' est un clone à la flèche dressée, vigoureuse. Il peut être greffé en pied, ce qui évite d'avoir un vilain bourrelet à hauteur des yeux et la formation de rejets sur le tronc. Éclaircissez les branches latérales comme pour un fuseau sur tige *(voir p. 28)*. Une fois ce frêne ramifié, l'entretien est celui de tout arbre pleureur. Il réagit mal au recépage.

FRAXINUS ORNUS forme une tige et demande une taille minimale.

G

GLEDITSIA

Ces arbres épineux caducs sont plantés pour leur forme élégante et leur feuillage plumeux, doré à l'automne. S'ils sont rustiques, leurs pousses tendres, souvent tardives, montrent une grande sensibilité au gel. Plantez au soleil et à l'abri des vents.

Gleditsia triacanthos

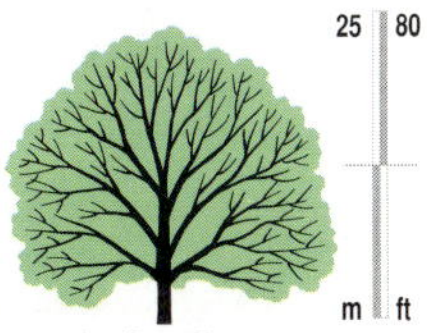

Il peut mesurer 55 m dans son Amérique du Nord natale. On trouve de nombreux cultivars aux formes variées et aux couleurs de feuillage souvent très séduisantes.

Quand tailler : de la fin de l'été au cœur de l'hiver quand l'arbre est en repos.

Conduite et taille : il faut le former en fuseau sur une tige de 2 m de hauteur environ *(voir p. 28). Gleditsia triacanthos* produit seul une flèche solide et demande peu de formation. Les arbres en place tolèrent une taille légère, mais elle est rarement nécessaire. Le cultivar 'Sunburst', au feuillage doré, à la végétation moins puissante et au port étagé, est idéal pour un petit jardin. Il est traité comme le type, ainsi que les autres grandes espèces. 'Nana'est une forme à croissance lente qui parvient à former un petit arbre. La flèche se divise tôt et donne une couronne large, bien ramifiée. 'Bujotti'est pleureur, il porte des feuilles maculées de blanc. 'Elegantissima', ne forme pas de flèche et requiert peu de soins spécifiques.

AUTRES GLEDITSIA
Les **GLEDITSIA FEROX, CASPICA** et **JAPONICA** se conduisent et s'entretiennent comme le *Gleditsia triacanthos.*
GLEDITSIA SINENSIS : allégez la silhouette.

GREVILLEA

Ces arbres persistants sont gélifs, parfois semi-rustiques *(voir également le* Lexique des arbustes d'ornement *p. 197).* On les cultive pour leur port, leur feuillage et leurs étranges fleurs échevelées. Ces dernières n'apparaissent que dans les climats chauds ou en serre. *Grevillea robusta,* qui dépasse les 35 m de hauteur dans la nature, est le plus répandu. Dans nos régions, on le cultive en potées, sous le climat maritime doux, palissé le long d'un mur ; dans les régions les plus privilégiées, comme arbre d'alignement ou en isolé.

GREVILLEA EN POT
Bouturées, les espèces arborescentes de Grevillea donnent des potées assez éphémères, à cultiver sous abri en climat froid. Elles ne fleurissent pas, mais les jeunes feuilles dentelées sont décoratives.

Quand tailler : à la fin du printemps, quand la pousse commence à ralentir (sur les arbres adultes, intervenez après la floraison).

Conduite et taille : dans les régions au climat chaud, formez les *Grevillea* en fuseau simple *(voir p. 27)* ou sur une tige de 2 à 3 m *(voir p. 28).* Une flèche abîmée est difficile à remplacer. Si elle manque, l'arbre se développe de manière inégale. Pour le palissage, *voir p. 74.* Évitez de tailler les adultes, sauf nécessité absolue. Les blessures provoquées par les plaies sont très visibles et rarement recouvertes par de nouveaux départs. Si l'éclaircissage s'avère nécessaire *(voir p. 35),* supprimez des branches entières de façon symétrique, plutôt que de les raccourcir.

H - I - J

HALESIA

Arbre aux clochettes

Arbustes ou petits arbres très rustiques, les *Halesia* sont caducs. On les plante dans les jardins pour leurs fleurs en clochettes et leurs fruits ailés. La plupart se colorent en automne. On peut les laisser former des cépées naturelles, mais ils mettent mieux en évidence leurs fleurs et leur branches souples sur un tronc court. Malgré un port naturel un peu brouillon, ils demandent peu de taille, car ils poussent lentement.

Halesia carolina

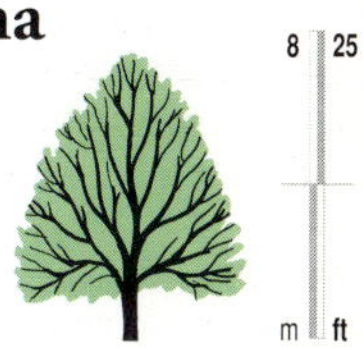

Ce petit arbre développe des branches étalées, voire pendantes, qui garnissent la plante de feuillage jusqu'au pied. Il apprécie le soleil.

Quand tailler : du début de l'automne à la fin de l'hiver, quand la plante se repose.

Conduite et taille : la souche produit souvent plusieurs tiges. Le mieux est de choisir la plus solide et la plus érigée, pour créer un tronc unique que vous laissez se ramifier bas, entre 50 cm et 70 cm du sol environ. Les arbres bien établis n'ont guère d'exigences. S'ils sont mal formés ou peu florifères, rabattez quelques branches à la fin de l'hiver. Les jeunes pousses obtenues fleuriront l'année suivante. Sur les pieds trop touffus, éliminez le plus vieux bois aussitôt après la floraison. Ne tentez jamais de remonter la couronne des *Halesia* adultes, ils perdraient leur silhouette gracieuse en se dégarnissant.

AUTRES HALESIA
HALESIA DIPTERA est buissonnant. Il ne nécessite pas de taille spéciale.
HALESIA MONTICOLA est plus grand que l'*Halesia carolina.* Pendant quatre ans, taillez pour supprimer les flèches concurrentes, puis formez un fuseau sur une tige d'environ 1,5 m. Les arbres mal formés ou peu florifères sont traités comme l'*Halesia carolina.* Supprimez les branches basses des vieux sujets.

CONSEIL TRUFFAUT
Toutes les tailles effectuées sur des Ficus provoquent des écoulements de latex blanc. C'est pourquoi le Ficus elastica a pour nom populaire « caoutchouc ». Pour faire cesser les « pleurs », saupoudrez les plaies d'un peu de poivre moulu ou de sable très fin. Cela cautérisera la plaie, sans nuire à la cicatrisation naturelle de l'arbre.
Avec le Ficus benjamina, vous pouvez utiliser les parties taillées pour faire des boutures. Les pousses d'extrémité s'enracinent très bien dans l'eau, en un mois et demi environ.

HOHERIA

Ce sont des petits arbres persistants ou caducs, aux jolies feuilles alternes. À la fin de l'été, ils épanouissent une profusion de grandes fleurs blanches, sur les pousses de l'année. Les *Hoheria* sont dans l'ensemble rustiques, mais en climat frais, les espèces à feuillage persistant apprécient l'abri d'un mur bien ensoleillé. Si les racines bénéficient d'une protection hivernale, la souche rejette au printemps.

Hoheria populnea

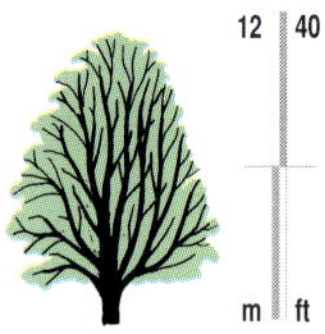

Ce petit arbre persistant à port étalé donne des feuilles étroites, brillantes, vert foncé, et des fleurs blanches. L'écorce est marbrée de brun et de blanc. C'est une belle plante qui forme naturellement une cépée, ramifiée dès la base.

Quand tailler : à la fin du printemps.

Conduite et taille : l'*Hoheria* demande peu, voire pas de taille de formation. Limitez le volume des arbres placés trop près des murs, en ramenant les branches trop longues vers l'intérieur de la silhouette. Cette espèce réagit bien au recépage. Les sujets âgés, désordonnés ou difformes, peuvent être rajeunis par cette technique à n'utiliser que de manière exceptionnelle.

> **AUTRES HOHERIA**
> **HOHERIA GLABRATA** pousse naturellement en arbre buissonnant et demande peu de taille. Le rabattage, à la fin du printemps, est possible, mais mieux vaut remplacer les plants abîmés, plutôt que de les rajeunir.
> **HOHERIA LYALLII** doit être conduit en fuseau sur une tige de 1 à 1,5 m, en taillant à la fin du printemps (*voir p. 28*). Les arbres déjà bien établis demandent peu de soins, excepté le retrait du bois mort.

IDESIA

Originaire d'Extrême-Orient, *Idesia polycarpa* est un petit arbre rustique mais frileux, cultivé dans les régions maritimes. On l'apprécie pour ses gousses rouges, et sa couronne épanouie en étages, port qu'il n'acquiert qu'en terrain fertile, légèrement acide. Il aime les situations aérées et ensoleillées, mais abritées des vents froids. Cultivez-le en fuseau simple ou sur une tige de 1 à 2,5 m. Taillez, si nécessaire, en hiver. Ne rabattez pas trop. Les gourmands qui en résulteraient ne donneraient pas de branches solides.

ILEX *Houx*

Arbres ou arbustes rustiques, persistants parfois caducs, les houx sont cultivés pour leur feuillage luisant et les baies colorées que portent les sujets femelles. Les cultivars panachés de l'*Ilex aquifolium* et l'*Ilex* x *altaclerensis* portent des marques or ou argent en lisière, ou au cœur des feuilles. Ce dernier type est plus sujet à l'émission de branches vertes. Les houx persistants sont très cultivés en haies formelles *(voir p. 44)* et même en topiaires *(voir p. 48)*. Avec ces formes, les baies qui naissent sur le bois de deux ans sont souvent perdues. Même les sujets libres gagnent à une mise en forme légère, sans taille excessive.

ILEX X ALTACLERENSIS 'LAWSONIANA'
Le feuillage des cultivars panachés de houx est tacheté au cœur ou sur les bords.

Ilex aquifolium

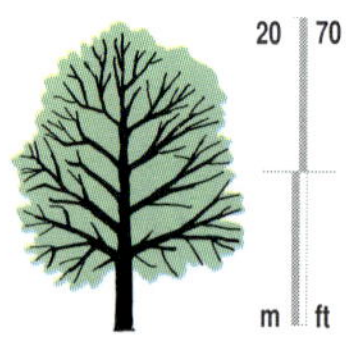

Ce beau persistant pyramidal, très ramifié a un feuillage généralement épineux, brillant et des baies rouge vif. Les plus petits cultivars à port buissonnant, peuvent être taillés comme les plus grands. 'Pendula', une forme à port retombant, est greffé sur pied. Contrairement à beaucoup de pleureurs, il demeure compact, comme une sphère qui s'élève spontanément au centre. Il est facile de dégager un tronc qui, une fois éclairci, soulignera joliment le port.

Quand tailler : de la fin du printemps à la mi-été. Taillez les haies et les topiaires en été, quand les jeunes feuilles sont fermes et brillantes, mais avant que les bois soient aoûtés et durs à couper. Une taille plus hâtive entraîne une repousse désordonnée qui altérera la netteté des silhouettes, ce qui est contraire à l'effet recherché.

Conduite et taille : formez un fuseau simple ou une tige *(voir* Arbres persistants *p. 27)*. Les jeunes houx sont vigoureux et forment souvent des flèches concurrentes. Leurs longues pousses mûrissent parfois mal avant l'hiver. Elles souffrent alors du froid. Il faut rabattre au printemps toutes les parties abîmées. Maintenez ou améliorez la forme pyramidale naturelle, en retirant les branches trop vigoureuses qui dépassent. Taillez au cœur de la végétation, pour masquer les coupes. Vous pouvez aussi utiliser un taille-haies assez puisant pour les formes régulières. Dégagez le tronc du houx pleureur sur un tiers de la hauteur totale du jeune arbre. Ainsi, les branches parviendront à toucher le sol. Entretenez-le comme tout arbre pleureur *(voir p. 28)*. Le houx réagit bien au recépage, même sur du vieux bois. Éclaircissez les repousses si nécessaire, afin de conserver une forme homogène.

> **AUTRES HOUX**
> Pour **ILEX ATTENUATA** et les divers hybrides américains, *voir Ilex opaca p. 203.*
> Les houx persistants, dont **ILEX FARGESII** et **LATIFOLIA**, sont taillés comme un *Ilex aquifolium*. Ce sont des formes peu courantes.
> Les grands houx caducs sont représentés par **ILEX MACROCARPA** et **MONTANA**, des espèces rustiques mais rares dans les jardins.

JACARANDA

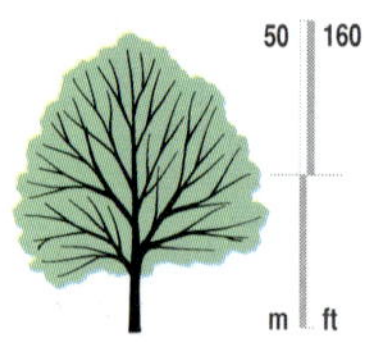

Ces arbres très vigoureux mais gélifs sont persistants ou semi-persistants. On les cultive pour leur feuillage plumeux et leurs fleurs en longues grappes lavande vif. Elles apparaissent au printemps, quand les feuilles tombent. On observe parfois une remontée en automne. Les *Jacaranda* forment de grands arbres à la charpente si légère et clairsemée, qu'elle semble, à tort, vulnérable au vent. À la différence de nombreux arbres à croissance rapide, ils donnent un bois solide et souple et vivent longtemps. En plein air, ils sont très spectaculaires, formés sur une tige, avec une couronne bien dégagée. Les sujets cultivés en serre sont toujours plus petits. Vous les conduirez en fuseau, pour mieux apprécier les fleurs.

Quand tailler : à la fin du repos hivernal.

Conduite et taille : formez un fuseau sur tige de 4 à 6 m *(voir p. 28)*, ou cultivez sous abri, en fuseau simple *(voir p. 27)*. Supprimez les vigoureuses branches latérales, dressées. Sinon, elles forment des fourches serrées, cassantes. Le recépage est efficace. Les *Jacaranda* sont peu rustiques.

JUGLANS *Noyer*

Ce sont de grands arbres caducs, aux formes ornementales, plantés pour leur port imposant, leur belle écorce et leurs grandes feuilles pennées. Certaines espèces dégagent un parfum doux quand on froisse les feuilles. *Juglans regia* est également cultivé pour ses fruits *(voir p. 149)* qui ne mûrissent bien qu'après un été chaud. Si la production de noix n'est pas le premier objet de sa culture, *Juglans regia* est le plus facile à réussir, surtout en climat froid. S'ils sont rustiques, adultes, les noyers se montrent très sensibles au froid et aux vents desséchants. Dans leur jeunesse, ils demandent une situation abritée. Leurs racines supportent mal les coupes et la transplantation. Il faut planter des noyers de deux ou trois ans, avec une motte aussi grande que possible, pour s'assurer d'une bonne reprise. Refusez les sujets en conteneur qui montrent un gros chignon de racines. Il auront des difficultés à s'installer. Le bois jeune des noyers est composé de cellules creuses à moelle tendre. Mal taillé, ce tissu s'abîme vite et peut même former des crevasses profondes *(voir p. 33)*. En taillant, il importe de ne pas laisser de chicots qui dépériraient. Les noyers « pleurent » facilement et les coupes doivent être parcimonieuses. Certains arbres ne les supportent pas du tout.

Quand tailler : en été et en automne. Ne taillez pas en fin d'hiver ou au printemps, la sève montante pleurant abondamment.

Juglans nigra *Noyer noir*

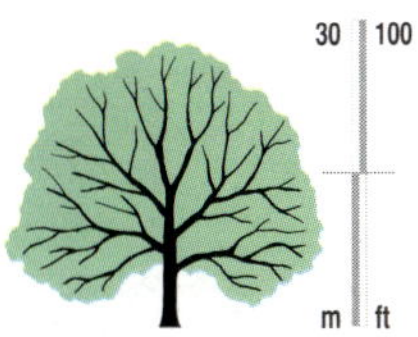

Ce grand arbre émet une flèche spontanée qui lui donne un port pyramidal, bien marqué durant les premières années. Il s'étale avec l'âge et les extrémités des branches s'inclinent, habillant l'arbre presque jusqu'au pied.

Conduite et taille : formez un fuseau sur une tige de 2 à 3 m de hauteur *(voir p. 28)*. Il importe de supprimer les branches latérales dans les premières années de vie de l'arbre, pour éviter les plaies importantes et la formation de cavités. Réduisez au minimum les interventions de tailles sur les sujets adultes *(voir* Juglans regia*)*, car il y a des risques de maladies graves. Le recépage est déconseillé.

JUGLANS NIGRA
Les noyers perdent aisément leur flèche. Leurs bourgeons opposés induisent des flèches doubles (voir p. 26)*, sauf si l'on supprime un bourgeon ou une des deux nouvelles pousses.*

Juglans regia
Noyer commun

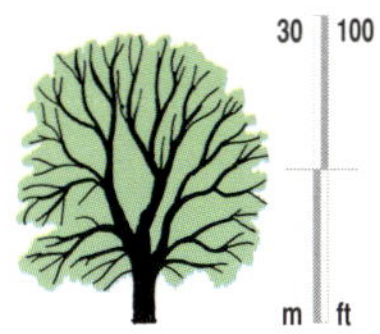

Cet arbre forme spontanément une couronne arrondie aux branches lourdes et aux brindilles rares. Cela lui donne un aspect massif. On apprécie son bois, et ses noix comestibles demandent des étés chauds pour mûrir. Les cultivars sont traités comme l'espèce. Éclaircissez dans son jeune âge, la couronne de *Juglans regia* 'Pendula', le noyer pleureur, pour éviter un excès de branches.

Conduite et taille : formez un fuseau sur tige *(voir p. 28)*. Dans les régions au climat froid, la flèche est souvent détruite par le gel. Rabattez-la sur du bois sain en été et palissez verticalement une pousse latérale pour former un remplaçant. Il importe, en supprimant du bois gelé, de tailler dans le bois sain. Dégagez le tronc dans son jeune âge pour réduire les risques de cavités. Les arbres établis seront le moins possible taillés. Pour retirer une branche abîmée, laissez l'épaulement intact *(voir p. 12)*. Le recépage est fortement déconseillé.

AUTRES NOYERS
JUGLANS AILANTHIFOLIA et **CINEREA** subissent les mêmes interventions que le *Juglans regia*. **JUGLANS CALIFORNICA, HINDSII** et **MICROCARPA** sont laissés en cépée, pour former un buisson bien ramifié. *Voir* Noyers *p. 149*.

K

KALOPANAX

Cet arbre épineux, caduc, au fût épais, pousse naturellement sur un tronc unique aux branches courtes, espacées, quasi horizontales. Les jeunes sujets sont sensibles au gel. Les pousses jeunes fleurissent à leur extrémité. Elles développent ensuite des sous-latérales portant des couronnes de feuilles. Plantez de jeunes sujets, la transplantation pouvant entraîner le dépérissement. Il faut parfois deux ou trois ans pour obtenir des ramifications. Formez un fuseau sur tige de 2 à 3 m, en supprimant les pousses dès qu'elles naissent. Vous éviterez les plaies et limiterez l'entrée de la pourriture dans le bois mou. Ne taillez pas les arbres adultes.

KOELREUTERIA
Savonnier

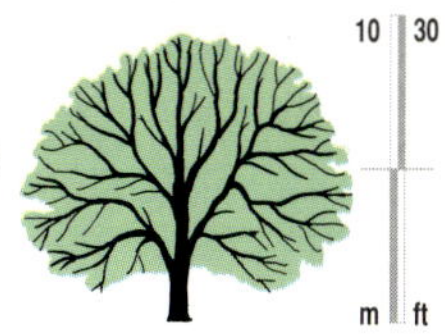

Cet arbre caduc est amateur de soleil et dépérit à l'ombre. Favorisez un port aéré, lâche, en laissant pénétrer la lumière. Choisissez un jeune sujet élancé et ramifié. Le savonnier pousse vite. Sa vie est courte et son bois tendre se montre sensible aux champignons, à la maladie du corail, surtout. N'apportez pas d'engrais à la plantation, en sol fertile. Les pousses molles ainsi engendrées seraient sensibles au gel et aux maladies. Formez un fuseau sur tige que vous taillerez pendant la période de repos végétatif. Ne retirez pas les branches latérales avant qu'elles ne s'étiolent naturellement. Ne les pincez jamais. Évitez de tailler les plantes adultes. Le recépage est déconseillé.

KOELREUTERIA PANICULATA
Le feuillage vire au jaune en automne, surtout après un long été chaud. Dans les régions tempérées, des fruits en forme de lanterne succèdent aux fleurs jaunes.

CONSEIL TRUFFAUT
Avec des arbres comme les noyers, dont le bois est si fragile, il faut prendre toutes les précautions pour ce qui est de la propreté des outils. Passez un chiffon imbibé d'alcool à 90° sur les lames avant l'usage et n'employez ni scie ni sécateur rouillé. Utilisez des outils bien affûtés pour effectuer des coupes propres et nettes.

L

LABURNOCYTISUS

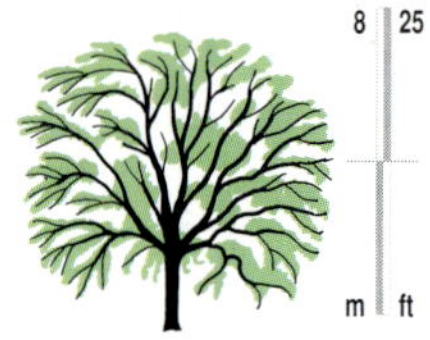

Cette chimère, hybride de greffe entre un *Cytisus* et un *Laburnum*, est un arbre caduc, rustique, trapu, souvent mal ancré par des racines rares. Plantez-le très jeune, avec un échalas pour soutenir le tronc *(voir p. 23)*. Haubanez les sujets adultes au tronc faible. Formez-le en fuseau sur tige *(voir p. 28)* de 1,5 à 2 m de hauteur, puis laissez la flèche perdre sa dominance pour obtenir une tête bien ramifiée. Taillez durant le repos végétatif. Des interventions légères peuvent être entreprises en été, si nécessaire, quand l'arbre est installé depuis plusieurs années. Retirez, dès leur formation, les drageons et les vigoureuses branches atypiques de la couronne. Ces dernières sont le plus souvent des branches émises par les tissus du cytise. Elles risquent de prendre le pas sur la chimère. Évitez le recépage, la taille sévère rompt l'équilibre entre les tissus et engendre une dominance du cytise.

LABURNOCYTISUS ADAMII
Cette plante porte trois types de fleurs : celles du cytise, jaunes ; celles du genêt, pourpres et les fleurs rosées ci-dessus, intermédiaires. Le feuillage ressemble à celui du cytise, mais des branches de genêt apparaissent parfois.

LABURNUM *Cytise*

Les *Laburnum* sont des petits arbres caducs, rustiques, cultivés pour leurs grappes pendantes de fleurs jaune vif au printemps. Ils se prêtent bien à la taille et à un palissage régulier. Souvent cultivés librement sur tige ou en cépée, les cytises sont remarquables pour couvrir des tonnelles. Ils poussent vite dans leur jeune âge, mais ne vivent pas très vieux. Ils souffrent de la transplantation, aussi, plantez des jeunes sujets. Vérifiez que les plantes en conteneur ne forment pas de chignon. Toutes les parties sont toxiques.

Laburnum anagyroides

Cytise commun

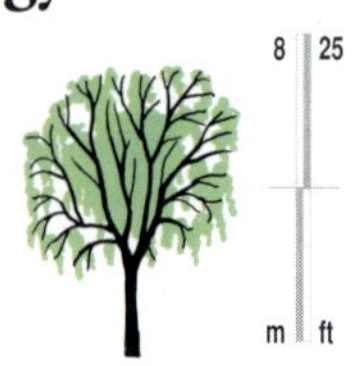

Cet arbre vigoureux, étalé, fleurit en abondance au printemps. Divers cultivars, tels que *Laburnum anagyroides* 'Aureum', aux feuilles dorées, et 'Erecta', à port fastigié, sont greffés et traités de la même façon que l'espèce type. Attention, le porte-greffe peut drageonner.

Quand tailler : de la fin de l'été au début de l'hiver, pour éviter les « pleurs ».

Conduite et taille : formez un fuseau simple, ou sur tige *(voir p. 28)* pour profiter au mieux des fleurs pendantes. Veillez à obtenir une ramure équilibrée et un tronc de 1 à 3 m de hauteur, en trois ans environ. Sur un arbre plus âgé, le retrait de grosses branches latérales engendre des cavités. Évitez de tailler les sujets adultes, sauf pour obtenir des brindilles sur les formes palissées *(voir ci-dessous)*. Quand vous retirez le bois mort, ne touchez pas aux tissus vivants, pour épargner les défenses naturelles de l'arbre *(voir p. 11)*. Sur les cultivars greffés, éborgnez tous les rejets et les bourgeons qui apparaissent sous le point de greffe. La restauration est rarement efficace. Remplacez les sujets âgés ou difformes. Le palissage des cytises sur les murs et tonnelles est assez facile, mais il demande une taille de rénovation chaque année pour obtenir une forte floraison.

AUTRES CYTISES
LABURNUM ALPINUM 'PENDULUM' et **ANAGYROIDES 'PENDULUM'** (cytises pleureurs) se forment à partir d'une greffe en tête.
LABURNUM X WATERERI 'VOSSII' est le plus souvent proposé en sujet sur tige, greffé. Choisissez des arbres jeunes, aux bourrelets de greffe bien cicatrisés. La formation et la taille sont identiques à *Laburnum anagyroides*.
LABURNUM ALPINUM, retirez les drageons qui apparaissent sous la greffe.

TONNELLE DE CYTISE

TAILLE DE FORMATION
Plantez des baliveaux de un ou deux ans de part et d'autre d'une armature métallique, entre 2 m et 3 m d'intervalle. Palissez les tiges principales sur la charpente de la tonnelle, quand le bois est encore souple. S'il n'y a pas assez de branches latérales pour habiller la tonnelle, pincez la flèche. Les arbres dessinés ici sont montrés à divers stades de leur développement.

TAILLE D'ENTRETIEN
Une fois la charpente formée, taillez chaque année en fin de saison pour réduire le volume et provoquer l'apparition de brindilles florifères. Retirez les bois morts ou mal placés et sélectionnez des branches de remplacement pour boucher les trous. Rabattez le reste des branches de l'année à deux ou trois yeux de leur point de départ, pour faire naître les pousses à fleurs.

LAGERSTROEMIA

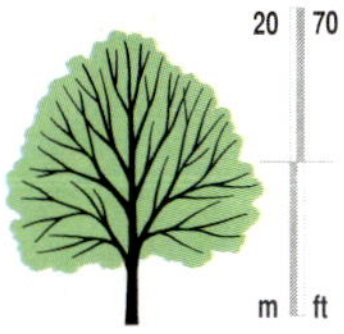

Ce sont des arbres ou des arbustes en cépées. Caducs ou persistants, on les appelle « lilas des Indes » pour leurs grandes panicules de fleurs estivales roses, rouges, pourpres ou blanches. Elles apparaissent sur le bois de l'année. Le feuillage se colore vivement en automne (peu après la floraison), mais il tombe vite s'il fait froid. Bien que *Lagerstroemia indica* supporte des gelées assez fortes, ces arbres ne poussent et ne fleurissent bien qu'en régions chaudes avec des hivers doux. Au nord de la Loire, cultivez-les en serre froide ou dans une véranda très lumineuse.

Quand tailler : de l'automne au printemps, quand la sève ne circule plus.

Conduite et taille : formez une cépée *(voir p. 30)* à trois ou cinq troncs, partant du sol. Ils vont développer une grande quantité de branches latérales et sous-latérales minces, florifères. Une fois la charpente établie, rabattez un tiers de ces branches jusqu'aux charpentières, chaque année. Vous ferez apparaître des repousses, qui porteront les fleurs en été. Les *Lagerstroemia* cultivés sous un climat doux ne demandent aucune autre intervention. En climat plus froid et pour les cultures sous abri dans les zones aux étés courts et peu ensoleillés, aérez la couronne pour laisser pénétrer l'air et la lumière, tout en facilitant l'aoûtement du bois. Dans ces régions, le *Lagerstroemia* pousse beaucoup mieux en cépée buissonnante, aux branches souples.

LAURELIA

Originaire du Chili, *Laurelia serrata* est un petit arbre persistant, cultivé pour son feuillage à odeur épicée. Adulte, il est assez rustique, mais les jeunes pousses sont sensibles au froid et les vieilles branches très feuillues cassent facilement au vent. Plantez cet arbre dans un lieu chaud et abrité. Il forme une flèche qui se prête bien à la formation en fuseau classique *(voir p. 27)*. Taillez, en été, après la floraison jaunâtre peu spectaculaire. Si nécessaire, raccourcissez-les en rabattant le tiers de l'extrémité de la pousse de l'année. Si vous craignez pour leur rusticité, palissez-les le long d'un mur ensoleillé *(voir* Magnolia grandiflora *p. 74)*. Les *Laurelia* se restaurent bien par recépage, mais les nombreuses repousses doivent être éclaircies pour donner une silhouette esthétique et légère. Si des branches cassent, rabattez-les sur du bois solide. L'éclaircissage de la frondaison *(voir p. 35)* peut être utile pour limiter la prise au vent.

LAURUS *Laurier*

Persistants à pousse lente et au feuillage aromatique, les lauriers vrais sont parfois élevés en buissons denses ou en haies. On les cultive pour parfumer la cuisine et pour leur silhouette régulière qui se taille bien.

Laurus nobilis

Laurier-sauce

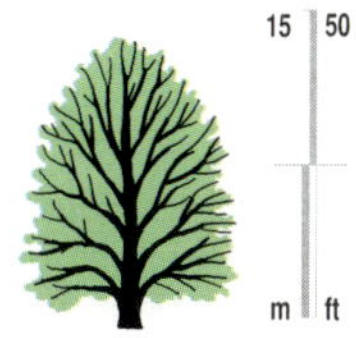

C'est un arbre dense, ramifié bas, aux feuilles coriaces et aromatiques. Il forme naturellement une flèche centrale, et pousse ensuite en pyramide. Il faut le tailler pour qu'il reste garni de branches depuis le sol. Le laurier est assez rustique, mais son feuillage peut être grillé par le froid et le vent. Il se prête à la topiaire, réagissant bien aux pincements et aux tailles. On le forme couramment en cônes, en pyramides et en boules. Sous un climat froid, une protection hivernale s'avère utile.

Quand tailler : formez la plante au printemps, avant la repousse. Égalisez les topiaires une ou deux fois en été.

Conduite et taille : formez le laurier en fuseau *(voir p. 27)*. Les branches latérales supérieures concurrencent rarement la flèche avec leur port quasi horizontal. Une fois établi, le laurier demande peu d'entretien. Taillez les sujets aux formes définies *(voir* Topiaires et plantes formées *p. 48 et* Haies *p. 44)* avec un sécateur et non à la cisaille. En cas de dessèchement hivernal, attendez l'été, les branches refont souvent des feuilles. Sinon, retaillez sur du bois vif, en coupant à l'intérieur de la ramure pour dissimuler la plaie. Les larges coupes sont mal supportées et le recépage reste un pis-aller. Des vents forts peuvent produire des arbres déformés. À la fin du printemps, corrigez les silhouettes déséquilibrées en les taillant aussi légèrement que possible *(voir p. 34)*. Puis, taillez sans excès, mais régulièrement en été pour obtenir un port dense. Les lauriers poussent bien en pot, surtout les sujets aux formes géométriques. Veillez à bien les arroser et à ne pas laisser la motte se dessécher, car ils perdent de leur vigueur s'ils ont soif.

> **AUTRES LAURIERS**
> **LAURUS AZORICA,** rustique sous un climat doux, supporte les gelées faibles s'il est planté contre un mur bien exposé. Taillez comme le *Laurus nobilis.*

TOPIAIRES DE LAURIERS
Pour former une boule sur tige, taillez un sujet jeune et bien droit sur un bouquet de branches latérales, raccourcies sur des bourgeons extérieurs. À la repousse, pincez chaque tige sur un œil bien placé pour obtenir une tête ramifiée et compacte.

LEUCADENDRON

Originaire d'Afrique du Sud, *Leucadendron argenteum* est appelé « arbre d'argent ». Il forme un arbre colonnaire (ou un arbuste, en climat froid) persistant, cultivé pour ses feuilles argentées et ses petites fleurs jaunes à bractées blanches. Elles s'épanouissent de l'automne au printemps et sont suivies de curieux fruits en cônes. En climat froid, il demande un abri. Plantez-le jeune. Les *Leucadendron* vivent rarement vieux, mais ils se ressèment naturellement dans leur biotope. En climat chaud, il faut les conduire en fuseau *(voir p. 27)* ramifié depuis la base. Taillez en juin pour équilibrer la croissance. Évitez d'intervenir sur les sujets établis et ceux cultivés en serre, l'arbre étant sensible aux maladies du bois.

> **CONSEIL TRUFFAUT**
> *Les branches de laurier-sauce conservent toutes leurs propriétés aromatiques même sèches. Conservez pour la cuisine toutes les pousses que vous aurez supprimées au moment de la taille.*

LINDERA

Arbres ou grands arbustes, ils sont cultivés pour leur silhouette et leurs feuilles à odeur épicée quand on les froisse. Peu rustiques, ils apprécient le plein soleil et un endroit abrité. On peut les palisser. Le gel abîme les jeunes pousses.

Lindera praecox

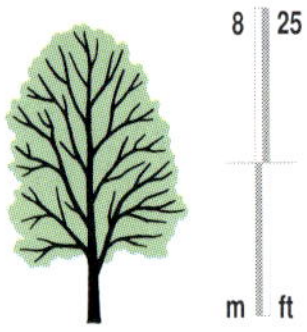

C'est un petit arbre caduc, pouvant être recépé pour obtenir de plus grosses feuilles. Dans ce cas, la floraison est peu abondante, mais les fleurs verdâtres n'ont guère d'intérêt. Elles sont toutefois suivies de baies rouge écarlate, intéressantes en automne.

Quand tailler : du milieu de l'automne à la fin de l'hiver.

Conduite et taille : dans les régions au climat doux, formez un fuseau *(voir p. 27)* sur une tige de 1,2 à 1,5 m. En climat froid, l'arbre se formera lui-même en cépée *(voir p. 30)*. Pour le palisser, créez une cépée, en taillant à 30 cm du sol, pendant la période de repos *(voir p. 30)*. Conservez trois à cinq pousses dressées, bien placées, pour former la charpente. Palissez-les en les attachant en éventail sur l'espace imparti *(voir p. 74)*. Les branches latérales fines demandent peu de taille si ce n'est la suppression des pousses désordonnées. Attention, cela favorise l'apparition de gourmands *(voir p. 32)*. Supprimez-les dès leur apparition. Coupez ces rejets à la base, ou palissez-les, si vous avez besoin de remplaçants. Les *Lindera* réagissent bien au recépage. Rabattez les arbres tous les deux ans à la fin de l'hiver *(voir p. 36)*.

AUTRES LINDERA
LINDERA BENZOIN et **OBTUSILOBA** sont des espèces buissonnantes qui demandent peu de taille. Elles réagissent bien à une restauration menée sur deux ou trois ans *(voir p. 160)*.

LIQUIDAMBAR

Ces arbres caducs ont des feuilles qui ressemblent à celles des érables. On les plante pour leurs couleurs d'automne et leur belle écorce. Tous ont des racines sensibles. Le mieux est de les planter à l'âge de deux ou trois ans. Les vieux arbres forment d'ordinaire des fuseaux sur tige (bien que certaines espèces soient aussi belles en fuseau simple). Ces arbres s'établissent mieux si les branches basses sont supprimées avant la plantation, pour réduire la perte en eau par évaporation. Évitez la culture en bac, les racines supportant mal de se trouver à l'étroit. En climat frais, aucun liquidambar n'apprécie le recépage, car il reperce mal.

Liquidambar styraciflua

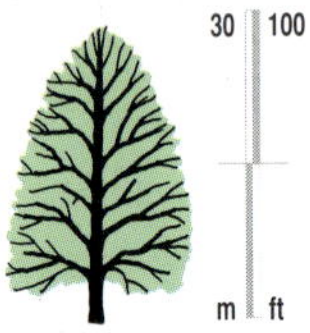

C'est un arbre pyramidal, aux branches qui s'inclinent avec l'âge. Il est apprécié pour ses brillantes couleurs automnales : écarlate, cramoisi et pourpre. C'est le plus rustique et le plus répandu de tous. Il a donné naissance à quelques cultivars intéressants, dont une forme panachée.

Quand tailler : de l'automne à la fin de l'hiver. Retirez les bois morts en été.

Conduite et taille : formez un fuseau sur tige courte *(voir p. 28)*. Les jeunes arbres développent spontanément une flèche

LIQUIDAMBAR STYRACIFLUA
La vive coloration de ce cultivar panaché en fait un spectacle éclatant, surtout contre un fond sombre.

solide. Toute branche concurrente doit être aussitôt éliminée. Retirez les branches basses jusqu'à 5 m maximum, pour laisser les autres s'incliner à hauteur d'homme. Cela vous permettre de mieux profiter du spectacle des couleurs automnales.

AUTRES LIQUIDAMBARS
LIQUIDAMBAR FORMOSANA et **ORIENTALIS** sont sensibles au froid. Ils forment des flèches concurrentes dans leur jeunesse. Formez-les en fuseau *(voir p. 27)* jusqu'à 6 m. C'est alors que vous dégagerez le tronc, par étages de 30 cm tous les ans, sur quatre ans ou plus.

LIRIODENDRON

Ces arbres rustiques, caducs, sont plantés pour leurs fleurs estivales vert jaunâtre en forme de tulipes et pour leur feuillage habillé d'or en automne.

Liriodendron tulipifera

Tulipier

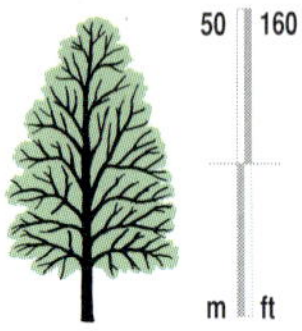

C'est un arbre vigoureux à pousse si rapide que dans l'est des États-Unis, on le considère parfois comme indésirable. Sous un climat tempéré froid, il est parfait pour les grands jardins, où il peut atteindre 30 m de hauteur. Le tulipier forme une couronne dense, un peu arrondie, qui fait parfois oublier le port naturellement retombant de ses branches adultes.

Quand tailler : en période de repos, de l'automne à la fin de l'hiver. Retirez les bois morts une fois les feuilles apparues.

Conduite et taille : *Liriodendron tulipifera* produit une flèche puissante et demande peu de formation. Sous un climat continental, retirez peu à peu les branches latérales chez l'arbre jeune, pour dégager le tronc sur environ un tiers de la hauteur totale du sujet *(voir p. 28)*. En climat maritime frais, retardez cette opération jusqu'à l'établissement de l'arbre (cinq à six ans). Le tronc formé doit mesurer entre 2 m et 3 m de hauteur. Limitez la taille sur les sujets adultes, les coupes se refermant mal, ils sont vulnérables à l'infestation par les champignons. Si un élagage s'impose, consultez un spécialiste, car l'arbre est trop volumineux pour intervenir vous-même.

AUTRES LIRIODENDRON
LIRIODENDRON CHINENSE doit être planté très jeune. Conduite et taille sont similaires à celles du *Liriodendron tulipifera*.
LIRIODENDRON TULIPIFERA 'FASTIGIATUM', laissez les branches partir depuis le sol. Pas de taille.

LOMATIA

Ces arbres persistants, petits ou moyens, sont presque rustiques. Leur floraison rappelle celles des *Embothrium*. Le gel grille les bourgeons terminaux, ce qui engendre un port buissonnant. On les taille après floraison. Laissez *Lomatia ferruginea* former une cépée *(voir p. 30)*. *Lomatia hirsuta* est plus beau en fuseau, mais la flèche, abîmée, ne peut être remplacée. Laissez se former une cépée de cinq à sept troncs. Une fois ces arbres établis, aucune taille spéciale n'est nécessaire. On peut les palisser comme le *Lindera*.

LUMA

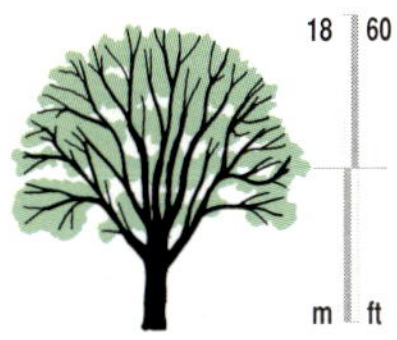

Luma apiculata a plusieurs synonymes : *Myrtus luma, Myrtus apiculata, Myrceugenia apiculata.* C'est un arbre ou un arbuste persistant semi-rustique, au port variable. Il porte en général des branches latérales dressées, recourbées à la pointe, et d'élégantes sous-latérales retombantes. On apprécie ses feuilles vertes aromatiques, coriaces et brillantes. De petites fleurs blanches apparaissent en coupe, en été, se renouvelant jusqu'à l'automne. La belle écorce rousse se desquame pour montrer un bois crème. En climat très doux, on en fait un fuseau sur tige, mais dans les régions plus fraîches, où il ne dépasse guère 6 m, il gagne à être formé en cépée.

Quand tailler : au printemps, avant le démarrage de la végétation.

Conduite et taille : sous un climat doux, formez un fuseau sur une tige *(voir p. 28)*, peu à peu dégagée jusqu'à 1,5 m de hauteur. La flèche est peu vigoureuse ; supprimez donc les concurrentes dès qu'elles apparaissent. En climat frais, laissez se former une cépée *(voir p. 30)* en rabattant les branches au ras du sol ou sur un tronc court. Si nécessaire, conservez seulement trois à cinq pousses bien espacées pour former la charpente. Une fois les arbres établis, éclaircissez les branches latérales pour obtenir une couronne courte, à l'écorce visible. Les arbres adultes demandent peu de soins. Il suffit de limiter le nombre de charpentières et d'éclaircir la ramure pour mieux profiter de l'écorce colorée et du port souple. Ces interventions sont assez épisodiques sur les arbres qui ont été correctement formés. En raison de la sensibilité du *Luma* au froid, il est souvent nécessaire de retailler les rameaux gelés.

LUMA APICULATA
Les fleurs rondes sont suivies de fruits en boules rouges qui virent au pourpre en fin de saison. La floraison est mise en valeur par le feuillage foncé et luisant. Il existe un cultivar, 'Glanleam Gold', panaché de crème.

LYONOTHAMNUS

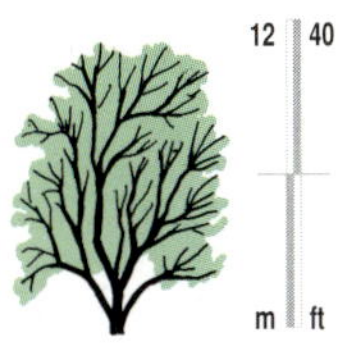

Originaire du sud de la Californie, *Lyonothamnus floribundus* est un persistant d'une rare élégance. À peine rustique, il doit être réservée aux zones maritimes et aux climats doux. On apprécie son feuillage composé à l'aspect plumeux, aussi découpé que les frondes de fougères, ses panicules estivales de petites fleurs blanches et son écorce brun rougeâtre qui se desquame chez les sujets adultes. Cultivé en fuseau sur tige, il accepte également le palissage.

Quand tailler : au printemps, avant le départ de la végétation (débourrement).

Conduite et taille : la formation se fait en fuseau *(voir p. 27)*, en conservant les branches bien espacées depuis le sol. Elles développent des sous-latérales dressées ou pendantes. Réduisez la taille à un éclaircissage éventuel. Trop de coupes fait naître des gourmands *(voir p. 32)* qui déforment la couronne et tendent à épuiser la plante. Une fois la charpente formée, il reste peu à faire. Toutefois, ces arbres supportent un recépage et y réagissent bien. Rabattez au printemps les sujets négligés ou trop gros. Comme pour l'eucalyptus *(voir p. 64)*, choisissez le plus beau rejet pour servir de tronc remplaçant et supprimez les autres. Formez ce nouveau départ comme s'il s'agissait d'un jeune arbre. Il est possible de palisser les *Lyonothamnus* le long d'un mur exposé plein sud, pour les réussir dans les régions aux hivers froids. Une fois la charpente en place, *(voir* Magnolia grandiflora *p. 74)*, ne conservez que les pousses pendantes. Elles vont constituer un beau rideau de feuillage. Chaque année, retirez les pousses verticales en été (août), dès que la floraison est terminée. Coupez toujours au-dessus d'un œil bien placé.

M

MAACKIA

Ces petits arbres caducs, rustiques sont cultivés pour leurs feuilles pennées et leurs épis estivaux couverts de fleurs blanches.

Maackia amurensis

Originaire de Mandchourie, c'est un arbre à isoler. On le conduit souvent en cépée, mais parfois sur un tronc court, avec une couronne légère et bien ramifiée. Les *Maackia* sont proches des *Cladrastis,* mais leur bois est beaucoup plus fragile.

Quand tailler : du milieu de l'automne à la fin de l'hiver, quand la plante est en repos.

Conduite et taille : livré à lui-même, le *Maackia amurensis* formera une jolie cépée, sans nécessiter de taille. Pour constituer un arbre, sélectionnez une flèche et retirez les branches basses sur 75 à 90 cm de hauteur. Si la flèche meurt, la couronne s'épanouit, en laissant peu de chance de trouver une remplaçante. Les arbres adultes supportent mal la taille.

AUTRES MAACKIA
MAACKIA CHINENSIS se conduit comme le *Maackia amurensis.* Pour avoir un arbre sur tige, pincez toutes les flèches concurrentes.

MACLURA *Bois d'arc*

On l'appelle aussi « oranger des Osages », du nom d'une tribu d'Indiens de sa région d'origine. *Maclura pomifera* est un petit arbre rustique, épineux, à tête ronde. Le bois est très dur ; les fruits jaune pâle, ressemblent à des oranges. On le conduit sur tige ou en haie libre défensive, impénétrable. Sa sève est caustique. Portez des gants pour la taille. Intervenez de l'automne à la fin d'hiver. Formez-le en fuseau *(voir p. 27)*. La flèche perd vite sa dominance et une couronne se forme, naturellement dense. Inutile d'éclaircir. Pour une haie, plantez serré à entre 50 cm et 80 cm d'espacement, pour limiter hauteur et largeur. Si nécessaire, rabattez court en hiver *(voir aussi* Haies *p. 44)*.

CONSEIL TRUFFAUT
Le palissage des espèces frileuses permet de les réussir partout. La chaleur accumulée par un mur après une exposition au soleil se dégage pendant la nuit. Les plantes bénéficient de ce phénomène qui leur permet de mieux supporter la fraîcheur nocturne. Veillez à ce que les rameaux soient bien orientés dès leur jeunesse. Taillez au-dessus d'un oeil dirigé verticalement ou en direction du mur qui sert de support.

Magnolia

Ce vaste genre aux quatre-vingts espèces, comprend des arbres et des arbustes cultivés pour leurs belles fleurs souvent parfumées. Ils sont d'une rusticité inégale. Beaucoup demandent à être abrités du vent. Les espèces précoces peuvent être abîmées par les gelées printanières. Plantés en sol pauvre, les magnolias donnent rarement de beaux arbres. Limitez la taille au strict minimum sur les sujets établis. Beaucoup « pleurent » et sont taillés de mi-août au début de l'hiver. Pour former les jeunes arbres ou limiter la végétation, effectuez une taille légère (des coupes de 2,5 cm de diamètre, au plus). Opérez en été sur les espèces fleurissant au printemps, et au moment du débourrement printanier, sur les espèces tardives, fleurissant après la feuillaison. Nombre de magnolias repercent sur le vieux bois et réagissent bien, si nécessaire, à un recépage. La repousse est lente : les arbres passent la première année à panser leurs plaies et ne repoussent qu'après. Les plus vigoureux peuvent donner des repousses herbacées assez faibles qu'il faut retirer *(voir p. 32)*.

Magnolia campbellii

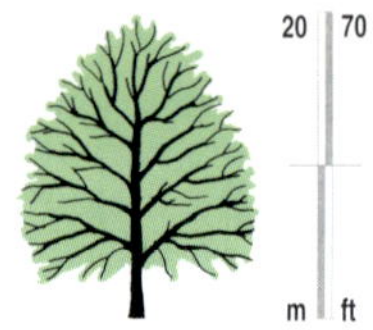

Cet arbre caduc, rustique, porte des fleurs roses au début du printemps. Il est parfois bas avec des branches étalées, mais plus souvent élancé, branchu et pyramidal. Les plants greffés (la plupart des cultivars) se ramifient plus tôt que les semis et forment des couronnes plus basses et plus larges.

Quand tailler : en été, quand les feuilles sont bien développées.

Conduite et taille : pour former un arbre droit, pyramidal, avec un tronc, choisissez un scion vigoureux *(voir p. 24)*. La flèche doit pouvoir pousser sans problème, les quatre ou cinq premières années. Ne touchez qu'au bois mort et aux flèches concurrentes. Une taille plus importante fait naître des pousses verticales au cœur de la plante et provoquent des déformations. Les plants greffés se ramifient dès la base dans leur jeune âge. Si les branches basses s'allongent en s'étiolant, et surtout si la flèche est faible, raccourcissez-les à deux yeux pour provoquer une croissance plus vigoureuse. Une fois la flèche bien formée, dégagez les branches basses en deux à quatre ans, suivant la vigueur. Ensuite, il n'y aura plus à tailler. Pour remplacer une branche cassée, sélectionnez une pousse dans le bouquet de ramilles nées sur la coupe. Supprimez les autres et les yeux qui pointent sur l'écorce. Pincez la branche conservée à la fin de l'hiver, pour

Palissage sur un mur (Magnolia grandiflora)

Première année, été suivant la plantation

1 Attachez la flèche verticalement aux fils de l'armature.

2 Supprimez les pousses mal placées.

3 Attachez les branches latérales restantes en les inclinant à 45°.

Deuxième année, été

1 Attachez les pousses latérales à 45°, au fur et à mesure de leur développement.

2 Les branches précédemment attachées à 45° sont maintenant assez vigoureuses pour être guidées horizontalement sur le fil.

Troisième année et suivantes, été

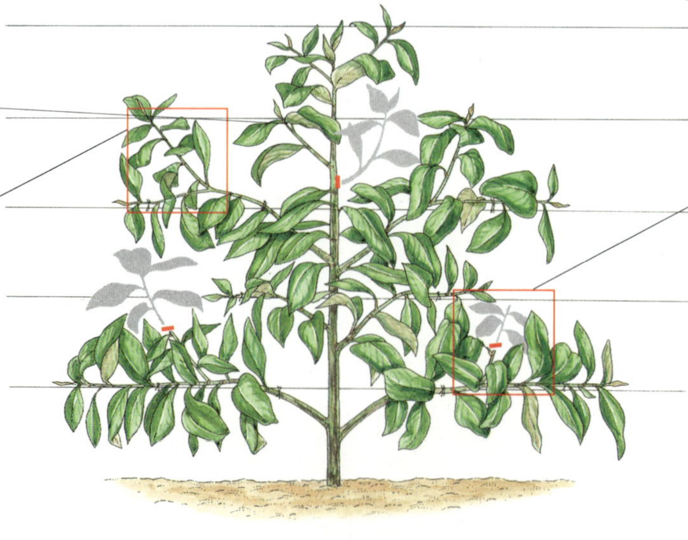

1 Supprimez les pousses placées dans le sens opposé au mur. Réduisez d'un tiers la longueur des rameaux latéraux et essayez de les palisser horizontalement.

2 Orientez les nouvelles pousses pour combler les trous. Puis, pincez leur extrémité.

3 Raccourcissez les pousses sous-latérales écartées du mur, ou celles qui se croisent, à une ou deux feuilles de leur point de départ. Si elles portent des boutons, attendez la fin de la floraison pour intervenir.

Magnolia kobus.

provoquer sa ramification. Au printemps suivant, rabattez la partie terminale de la pousse sur l'œil latéral le mieux placé, et éborgnez les autres. Par la suite, éliminez les yeux concurrents dès leur apparition. Pour une restauration, rabattez toute la ramure sur la charpente (en deux ou trois ans). Sélectionnez les nouvelles pousses comme expliqué précédemment.

Magnolia grandiflora

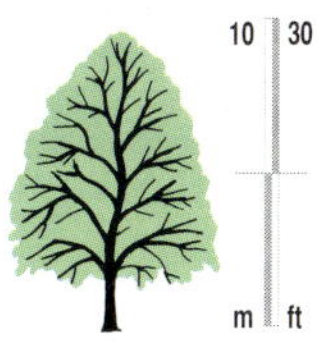

Ce beau persistant rustique porte de grandes feuilles et des fleurs crème estivales à l'aspect cireux. Elles sont souvent de grande taille. Dans le sud des États-Unis, sa contrée d'origine, il atteint 25 m. Le *Magnolia grandiflora* forme un arbre dense, conique. Soumis à un climat froid, il devient un grand buisson assez touffu. Il réussit bien palissé sur un mur abrité et ensoleillé, qu'il couvre entièrement.

Quand tailler : au printemps, au moment du débourrement, en été, s'il est palissé, mais de toute façon après la floraison.

Conduite et taille : sous un climat doux, il forme une flèche solide et demande simplement le raccourcissement des branches trop longues, afin de garder sa forme conique. Le recépage se pratique sur les arbres ayant souffert du gel. Opérez comme pour le *Magnolia campbellii.*

AUTRES MAGNOLIAS

MAGNOLIA DELAVAYI se taille comme un *Magnolia grandiflora.*

MAGNOLIA DENUDATA (ou **HEPTAPETA**) ressemble au *Magnolia grandiflora*, mais il montre une meilleure adaptation au froid.

MAGNOLIA KOBUS est une espèce printanière. D'abord pyramidal, puis étalé en boule ample, il donne spontanément une flèche solide et requiert peu de formation. Si nécessaire, taillez en juin, après la floraison. Les vieux arbres donnent parfois des gourmands dans la cime, retirez-les. Restaurez-le, de la même manière que le *Magnolia campbellii.*

MAGNOLIA SALICIFOLIA se taille en juin. Formez-le en fuseau, sur une tige de 1 à 1,5 m *(voir p. 28).* Une fois établi, aucune taille n'est nécessaire sur cette espèce. *Voir* le Lexique des arbustes d'ornement *p. 208.*

MALUS *Pommier d'ornement*

Les pommiers d'ornement sont des arbres rustiques à feuilles caduques. On les cultive pour leur floraison printanière, leur port compact et leurs fruits. Certains ont de très jolies couleurs d'automne.
La robustesse de leur bois est proverbiale. Les *Malus* sont aussi intéressants sur tige qu'en fuseau. Les cultivars greffés en pied, tels que 'Golden Hornet' et 'John Downie' sont fournis déjà formés sur tige par les pépiniéristes, avec une cime bien ramifiée.

Quand tailler : en automne et en hiver.

Malus baccata

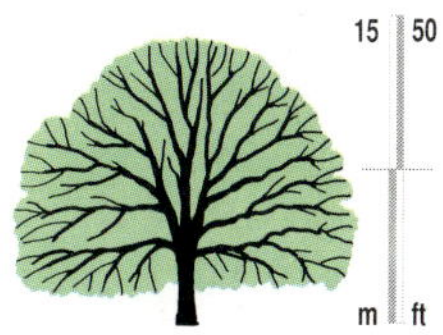

C'est un arbre étalé aux branches solides. Les fleurs blanches et les fruits rouges ou jaunes sont très décoratifs. Il est plus beau franc de pied, car greffé, il finit par pencher.

Conduite et taille : commencez par former un fuseau *(voir p. 27).* Les branches basses s'éliminent souvent d'elles-mêmes. Sinon, retirez-les, à raison d'un étage par an. Couper les pousses verticales dans la cime, car elles forment une couronne secondaire, inesthétique. Une fois l'arbre établi, évitez les tailles sévères, elles favorisent les nécroses dues à des champignons.

Malus floribunda

C'est un arbre étalé à la ramure fournie qui se couvre d'abondantes fleurs rose pâle au printemps. Les fruits sont jaunes, très décoratifs. Ce pommier d'ornement est proposé sous forme buissonnante ou avec une ramure portée par un tronc vigoureux.

Conduite et taille : les sujets montrant très tôt un port buissonnant ne seront jamais formés en arbres. Laissez-les composer une cépée ramifiée et garnie jusqu'au pied. Les *Malus floribunda* qui forment une flèche sont conduits sur tige *(voir p. 28).* Laissez la couronne épaissir doucement, en l'éclaircissant si besoin est. Il faut obtenir une charpente équilibrée et bien aérée. Pensez à alléger le port qui s'alourdit avec l'âge. Coupez les branches les moins bien placées, en veillant à conserver une bonne symétrie. Après cinq ans, il y a peu à faire. Le recépage est déconseillé.

MALUS 'BUTTERBALL'
Les cultivars des pommiers d'ornement portent des petits fruits multicolores.

Malus tschonoskii

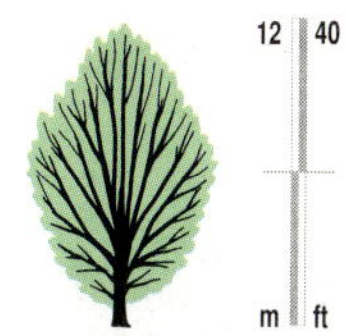

C'est un bel arbre à isoler, dont le port nettement pyramidal convient bien aux petits jardins. En avril, les fleurs blanches sont suivies de fruits jaune-vert. Le feuillage prend d'éclatantes couleurs d'automne.

Conduite et taille : les arbres de plein vent forment peu de racines et un tuteur est nécessaire, au début de leur croissance *(voir p. 23).* Ils produisent naturellement une flèche vigoureuse et des branches érigées ou semi-érigées qui demandent peu de soins. Si l'on remplace la flèche, les vigoureuses branches latérales supérieures seront rabattues à quatre yeux, pour éviter qu'elles ne dominent. Gardez les branches basses ou supprimez-les sur 1,5 à 2 m. Le recépage est déconseillé.

AUTRES MALUS

MALUS 'GOLDEN HORNET', 'JOHN DOWNIE' et **'DARTMOUTH'** se taillent comme le *Malus baccata.* Ils produisent parfois des drageons au pied et des gourmands sous la greffe. Retirez-les, car ils sont trop vigoureux.

MALUS HUPEHENSIS est un arbre à tige naturel, à traiter comme un *Malus tschonoskii.*

MALUS IOENSIS est un petit arbre tige greffé qui demande peu de soins.

MALUS X PURPUREA doit être conduit sur tige. Si l'arbre ne se trouve pas dans un endroit passager, laissez les branches basses pour obtenir une silhouette plus naturelle. La taille ne rectifie pas l'aspect désordonné de la silhouette, alors intervenez peu.

MELALEUCA

Ces arbres persistants de taille moyenne portent un feuillage foncé, luisant et des fleurs blanches en goupillons. Semi-rustiques, ils demandent le plein soleil et un climat doux. Les jeunes sujets peuvent profiter d'une mise en forme, mais ils ne demandent rien par la suite. Les *Melaleuca* réagissent mal aux recépages et mieux vaut les remplacer s'ils sont trop dégarnis.

Quand tailler : de préférence à la fin de l'hiver. Les espèces buissonnantes, tel *Melaleuca hypericifolia,* supportent les interventions à la cisaille. Cela les reforme et restreint leur développement. Intervenez après la floraison.

Conduite et taille : la plupart des espèces préfèrent la forme en cépée et peu de tailles. Les *Melaleuca* forment de belles haies semi-libres. Taillez superficiellement, car le vieux bois ne reperce pas. *Melaleuca linariifolia* peut être laissé libre, mais il met mieux en valeur son port dressé et ses fleurs avec seulement trois tiges. Retirez les pousses secondaires horizontales pour favoriser le port érigé. Conduisez *Melaleuca styphelioides* en fuseau sur tige. Retirez les branches basses sur 1,5 à 2 m, pour mettre en valeur l'écorce exfoliée.

MELALEUCA NESOPHILA
Ces amusantes fleurs rose-mauve, en pompons terminaux, naissent au printemps sur le bois de un an.

MELIA

Appelé l'« arbre aux perles », *Melia azedarach* est un arbre caduc, à cime ronde, qui porte des panicules de fleurs lilas au printemps. Elles sont suivies de fruits ocre. Il faut le conduire en fuseau sur tige *(voir p. 28),* en taillant en automne et en hiver. Conservez la flèche le plus longtemps possible et dégagez le tronc sur 2 m environ. Les jeunes arbres donnent des branches bien espacées, avec de longs entre-nœuds. Peu ramifiées, elles forment une silhouette maigre. La taille hâtive du tronc favorise une ramification plus dense, en hauteur.

MELIOSMA

Ces arbres et arbustes caducs sont originaires de Chine et du Japon. Ils poussent lentement et portent en juin des épis de petites fleurs jaunâtres à odeur de miel. Les espèces arborescentes comme *Meliosma alba* (ou *beaniana*), *oldhamii* et *veitchiorum,* sont conduites sur tige. Elles sont assez rustiques, mais les pousses apparues en fin de saison souffrent du froid. Le superbe feuillage automnal est l'intérêt principal des *Meliosma*.

Quand tailler : au début du printemps, au moment du débourrement, ou en juin.

Conduite et taille : formez un fuseau sur une tige de 1,5 à 2 m. *Meliosma oldhamii* pousse peu. Il forme une seule tige avec des latérales courtes qui mettent plusieurs années à devenir de vraies branches. Le port clairsemé est naturel et la taille n'y changera rien. Les arbres adultes demandent peu de soins et n'aiment pas la taille sévère.

MICHELIA

Persistants peu rustiques proches des magnolias, ces arbres sont cultivés pour le parfum de leurs fleurs printanières.

Michelia doltsopa

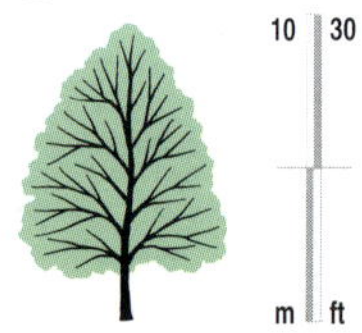

C'est un arbre plus ou moins persistant qui développe une large frondaison ronde. Il est tout aussi décoratif en tige ou en cépée.
Originaire de Chine et du Népal, ce *Michelia* ne pousse qu'en climat doux. Les fleurs, proches de celles des magnolias, s'épanouissent au printemps, en coupes de 5 à 7 cm de diamètre. Elles sont délicatement parfumées. Les boutons apparaissant en automne, ils sont souvent détruits par les froids hivernaux.

Quand tailler : au début du printemps, au moment du débourrement.

Conduite et taille : il y a peu d'interventions à prévoir pour la formation d'une cépée, l'arbre se ramifiant de lui-même à partir du sol ou d'un tronc très court *(voir p. 30).* Pour former une tige *(voir p. 28),* retirez les pousses concurrentes de la flèche et dégagez le tronc sur 75 à 90 cm de hauteur, en supprimant les branches latérales.
Après quelques années, la flèche perd sa dominance et la ramure se ramifie, avec des branches d'abord dressées, puis étalées.

AUTRES MICHELIA
MICHELIA FIGO se forme et se taille comme le *Michelia doltsopa.* Il supporte une taille légère au printemps, pour améliorer l'esthétique ou équilibrer le volume.

MORUS *Mûrier*

Ces arbres rustiques sont cultivés pour leur feuillage, leurs fruits comestibles et leur écorce. On les apprécie aussi beaucoup pour leur port contourné, pittoresque. Avec l'âge, la couronne élargie prend beaucoup de relief. Les racines charnues sont cassantes, plantez donc avec douceur.

Quand tailler : en pleine période de repos végétatif, pour éviter les « pleurs ».

Morus alba *Mûrier blanc*

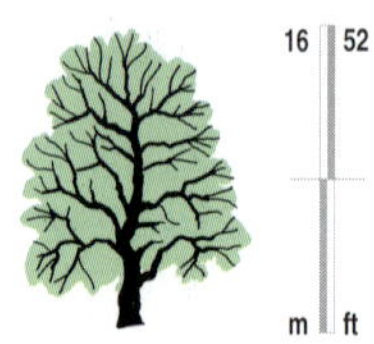

Connu aussi sous le nom « *Morus bombycis* », le mûrier blanc forme une large tête arrondie, constituée de grosses branches sur un tronc massif. S'il est moins décoratif que le *Morus nigra* (mûrier noir), ses fruits ne tachent pas le sol quand ils tombent en été. Les sujets les plus pittoresques ont souvent des défauts de structure, dus à une négligence lors de la formation. La taille peut « vieillir » un sujet de manière rapide *(voir ci-dessous).* Attention, il donnera souvent des branches basses assez faibles qu'il faudra peut-être étayer. le cultivar 'Pendula', greffé en pied, est naturellement pleureur. Il ne forme pas de tronc sans une taille de formation.

Conduite et taille : formez un fuseau sur une tige de 1,5 m *(voir p. 28).* Pour obtenir assez vite une ramure contournée, bien étalée, retirez la flèche sur les sujets âgés de quatre à cinq ans et laissez l'arbre se développer à sa guise. Pour une structure plus conventionnelle, la flèche sera conservée le plus longtemps possible, jusqu'à 6 m de hauteur dans l'idéal. Il n'y a pas d'autre taille à signaler. Avec l'âge, les branches latérales deviennent plus longues que la flèche, ce qui permet d'obtenir sa large couronne. Par la suite, taillez peu, mais retirez les pousses épidermiques *(voir p. 32)* pour éclaircir la ramure. Si nécessaire, étayez les branches basses *(voir p. 33).* Pour former le *Morus alba* 'Pendula',

N - O

Nothofagus

Considérés comme les hêtres de l'hémisphère Sud, ce sont des arbres plus ou moins rustiques, cultivés pour leur beau feuillage. Ils poussent vite d'ordinaire, et se montrent fragiles aux vents violents.

Nothofagus dombeyi

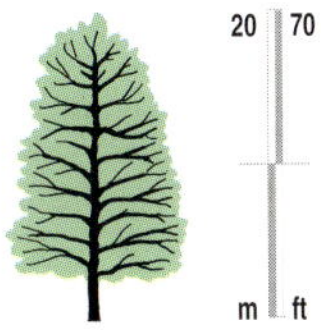

C'est un arbre à feuillage persistant peu rustique, au feuillage sombre, denté, luisant, et aux élégantes branches à port horizontal.

Quand tailler : dans le courant du printemps, après le développement de la première végétation.

Conduite et taille : formez un fuseau régulier sur une tige de 1,5 à 2 m de hauteur *(voir p. 28)*. Il est important d'éliminer progressivement les branches basses afin de dégager le tronc. Cette espèce donne volontiers des flèches fourchues et fragiles jusque dans son adolescence. Retirez, dès que possible, la portion de rameau la plus faible. Les branches basses peuvent se redresser quand elles touchent le sol et former un mur de feuillage. Si elles deviennent gênantes, supprimez-les.

Nothofagus obliqua

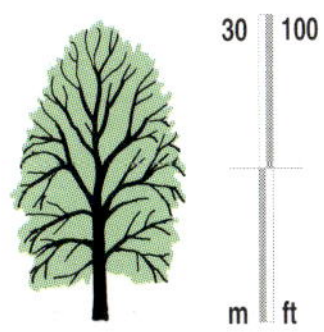

C'est un arbre caduc robuste, à branches horizontales dont l'extrémité se recourbe avec élégance. L'écorce gris argenté rougit et se crevasse en vieillissant. Les feuilles se colorent joliment en automne. Bien que très rustique, *Nothofagus obliqua* craint le vent. Sa ramure dense n'est pas perméable. Elle fait comme une muraille sur laquelle le vent vient se butter de toute sa violence. Les racines peu profondes sont parfois trop faibles pour assurer un bon ancrage et les arbres se couchent.

Quand tailler : en automne et en hiver.

Conduite et taille : formez un fuseau sur une tige de 3 m *(voir p. 28)*. Il importe de conserver une seule flèche vigoureuse. La pousse rapide et le poids des branches adultes créent un risque de fragilité si vous laissez des fourches serrées se développer. Avec le temps, les branches basses grossissent et donnent de longues sous-latérales qui pendent jusqu'au sol. Taillez ou éliminez celles qui gênent le passage. Les branches entières, vu leur poids, seront mieux élaguées par un professionnel.

Nothofagus procera
Les ramilles de nombreux Nothofagus *forment un dessin typique, en chevrons.*

Autres Nothofagus

Nothofagus antartica est l'espèce la plus répandue. Cet arbre perd vite sa flèche, ce qui ne pose pas vraiment de problème. Conduisez-la en fuseau.

Nothofagus betuloides se conduit comme le *Nothofagus dombeyi*. Il est possible de laisser la ramure tomber jusqu'au sol.

Nothofagus procera (alpina, ou nervosa) est très rustique. Il demande un été abrité des vents froids et secs qui le déforment. La taille n'y change rien.
Formez-le comme le *Nothofagus obliqua*, mais sur une tige de 4 m. Réajustez souvent les attaches en saison. Si la flèche disparaît, elle sera remplacée par une pousse latérale vigoureuse. Sinon, recréez-la *(voir p. 26)*. Les arbres adultes demandent peu de tailles.

Flèche à conduire verticalement.

Les pousses latérales sont raccourcies sur un œil dirigé vers l'extérieur de la plante.

Morus alba 'Pendula'
Pour cultiver cet arbre très pleureur en conteneur, taillez-le pour réduire son volume et accentuer son port naturel retombant. Raccourcissez les branches sur un bourgeon orienté vers l'extérieur.

piquez dans le sol un tuteur solide au moment de la plantation. Attachez dessus la jeune tige qui donnera le tronc. Les pousses latérales sont très retombantes. Trop nombreuses, elles peuvent être devenir gênantes. Sélectionnez les mieux placées, afin de créer une ramure bien étagée et supprimez toutes les autres au fur et à mesure du développement du jeune arbre. Cette taille d'allégement doit être pratiquée de manière épisodique afin que l'arbre conserve un aspect esthétique, même pendant sa formation.
À la fin de la saison, mais quand le bois est encore souple, palissez la flèche en position verticale. Poursuivez ce travail pendant plusieurs années, jusqu'à ce que l'arbre atteigne entre 5 m et 6 m de hauteur. Laissez ensuite la couronne se former elle-même, en éliminant simplement les pousses trop verticales, qui sont inesthétiques.

Autres mûriers

Morus nigra et **rubra** sont surtout cultivés pour leurs fruits. *Voir* Mûriers *p. 137*.

Conseil Truffaut

Les arbres pleureurs nécessitent des interventions suivies pour parvenir à l'âge adulte avec une jolie forme. Sur les sujets dont les branches retombantes apparaissent à partir du pied, la taille permet de sélectionner un tronc pour qu'il donne à l'arbre une bonne stature. Les interventions se font au sécateur, en supprimant les pousses latérales basses. Pour éviter la formation de petits moignons inesthétiques, utilisez une pince à bonsaïs. La forme oblique des mâchoires permet de couper très près du tronc, sans abîmer les parties vitales. Certaines pinces font une plaie en creux qui se cicatrise plus vite et parvient à se fermer, en ne laissant plus aucune cicatrice sur l'arbre après deux ou trois ans. Les arbres pleureurs greffés sont vendus avec une ramure développée. Il faut arquer les branches verticales, ou les supprimer si elles sont trop nombreuses ou mal placées.

NYSSA *Tupélo*

Ce sont des arbres caducs au beau feuillage, spectaculaire en automne. Le climat joue beaucoup sur leur végétation et leur forme. Elle sera dense, avec des étés chauds, qui permettent des fuseaux sur tige. Dans un lieu tempéré frais, la flèche est souvent détruite. La cépée sur tronc court est alors la meilleure solution.

Nyssa sylvatica

C'est un arbre caduc, cultivé pour sa forme et son éclatant feuillage d'automne, supportant très mal la transplantation. Ne plantez que des jeunes sujets de un à deux ans, élevés de préférence en conteneurs. Le choc à la plantation peut être fatal si les racines sont manipulées. Les arbres qui ont souffert au moment de la plantation parviennent rarement à un plein épanouissement. Protégez les jeunes tiges du vent et du froid, car elles sont frileuses. Les *Nyssa* deviennent plus rustiques en vieillissant.

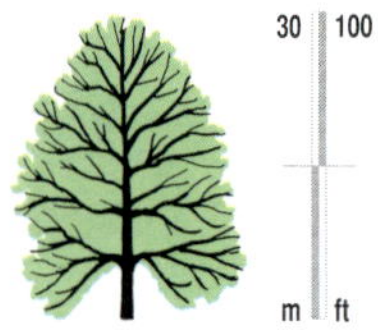

NYSSA SYLVATICA
Le tronc dégagé permet aux branches basses de s'étaler dans un « feu d'artifice », très spectaculaire en automne.

Quand tailler : pendant la période de repos, en automne et en hiver.

Conduite et taille : sous un climat doux, formez le *Nyssa* sur tige *(voir p. 28)*. Attendez deux ans pour commencer à dégager le tronc. Retirez alors les branches latérales sur quatre à cinq ans, jusqu'à 2 m de haut. Une taille forte menée trop tôt induit une ramification hâtive de la couronne. Pour former un bel arbre, la flèche doit rester dominante dans le jeune âge de la plante. Réduisez la longueur des branches latérales qui la concurrencent, jusqu'à un tiers de leur longueur. La flèche est difficile à remplacer. Si elle casse, mieux vaut laisser l'arbre se former en cépée *(voir ci-dessous)*.
Dans les régions au climat froid, formez une cépée sur un tronc court, en pinçant un scion juste après la plantation, pour qu'il se ramifie. Trois ou cinq pousses solides formeront la charpente. Retirez les branches latérales basses pour obtenir un tronc de 60 à 90 cm de hauteur.
Peu de tailles sont nécessaires par la suite. Les branches adultes étalées produisent parfois des pousses verticales qui percent la couronne et défigurent la silhouette (surtout en hiver). Retirez-les aussitôt. Les *Nyssa* supportent une taille de nettoyage, d'aération ou de réduction de leur volume *(voir* Restauration *p. 34)*.

AUTRE NYSSA
N. SINENSIS se taille comme le *Nyssa sylvatica*.

OXYDENDRUM

Originaire du sud des États-Unis, *Oxydendrum arboreum* est un bel arbre caduc, rustique, cultivé pour ses panicules lâches de fleurs estivales blanc-vert, et sa brillante couleur écarlate en automne.
Il n'est arborescent que dans les régions aux étés chauds. Il est alors formé en fuseau sur tige. Si les étés sont frais, l'*Oxydendrum* forme spontanément un buisson ou une cépée. Mettez les arbres en place le plus tôt possible, le choc végétatif fait souvent disparaître la flèche. Ces arbres qui conservent des dimensions modestes sous nos climats, aiment les endroits aérés, mi-ensoleillés et les sols acides. L'ombre ou la présence d'arbres voisins, engendrent une déformation de la couronne. Il faut accepter ces malformations ou ces déséquilibres naturels, car les interventions de taille importantes sont mal tolérées.

Quand tailler : en période de repos durant l'automne et l'hiver.

Conduite et taille : plantez toujours un arbre jeune et bien branchu. Au sud de la Loire, formez un fuseau *(voir p. 27)*, débarrassé de ses branches latérales les plus basses. La flèche est difficile à remplacer et mieux vaut laisser l'arbre libre. Limitez les tailles d'entretien sur les adultes. Le recépage est mal toléré, remplacez les sujets abîmés.

P

PARROTIA

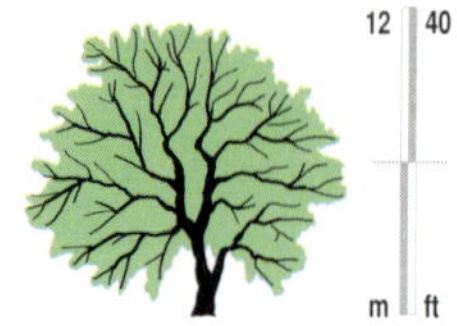

Considéré parfois comme un grand arbuste, le *Parrotia persica* est un véritable arbre à feuillage caduc. On l'apprécie surtout pour ses couleurs d'automne, cramoisi et or. Son port est variable, le plus souvent étalé. Il est très difficile de déterminer l'aspect que prendront les jeunes sujets. Dans la forme buissonnante, la flèche disparaît tôt et les branches latérales poussent horizontalement ou retombent. On obtient alors un sujet étalé, dépassant rarement 4 m de hauteur, mais toujours plus large que haut. Les efforts pour créer une flèche restent vains. Les *Parrotia* qui acceptent de former une flèche peuvent dépasser 12 m de hauteur. Dans ce cas, la flèche pousse sans arrêt. Elle s'habille de branches latérales courtes, qui épaississent avec le temps. Les *Parrotia* se transplantent

PAULOWNIA

Ces arbres caducs à pousse rapide sont cultivés pour leur beau feuillage et leurs fleurs printanières tubulaires. Toutes les espèces demandent des étés longs et chauds pour bien aoûter leurs tiges tendres. Cela leur permet de résister au froid et de bien fleurir. Dans les climats continentaux, mieux vaut cultiver les jeunes plants sous abri ou bien les protéger durant leur premier hiver. Par temps froid, les bourgeons et les boutons à fleurs, formés en automne, gèlent souvent. Les paulownias sont également cultivés pour leur feuillage. Recépés court, ils produisent des pousses solides à feuilles géantes.

Paulownia tomentosa

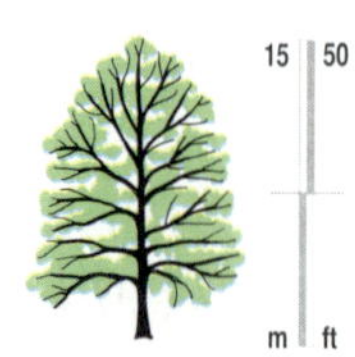

C'est un arbre assez colonnaire, aux fleurs lavande odorantes qui apparaissent au tout début du printemps, sur les rameaux encore dénudés.
Il peut être conduit en fuseau sur tige (sauf impératif climatique). En cépée ou en têtard, il ne fleurit pas.

Quand tailler : après la floraison.

Conduite et taille : formez très tôt un fuseau sur une tige de 1 à 1,5 m de hauteur. Dégagez le jeune tronc en éborgnant les bourgeons, plutôt qu'en

PARROTIA PERSICA
Ces arbres s'autogreffent souvent : les branches se touchent, fusionnent et ajoutent à l'attrait hivernal de l'écorce marbrée, bien visible dans la ramure dénudée.

mal et leur port se définit à l'âge de trois ou quatre ans seulement. Plantez dans un endroit suffisamment dégagé pour que l'arbre atteigne ses proportions adultes, sans gêner les autres plantes.

Quand tailler : en automne et en hiver.

Conduite et taille : les formes buissonnantes se passent de taille. Inutile d'éclaircir ou de rabattre les branches latérales, sous peine de produire une ramification excessive dans la couronne. Conduisez les arbres en fuseau sur une tige de 1,5 m *(voir p. 28)*, puis laissez-la se ramifier. Rabattez le bout des tiges qui gênent le passage et qui masquent l'écorce. Les sujets adultes ne demandent pas de taille régulière et mieux vaut les remplacer que les rénover. Les vieux arbres sont parfois greffés.

---

taillant les pousses. En effet les bourrelets d'attache des rameaux secondaires *(voir p. 12)* sont souvent faibles et peu protecteurs. La flèche disparaît souvent (pas seulement à cause du froid). La ramification est alors précoce. Sous un climat aux étés chauds, les branches principales se reconstituent rapidement. Dans les régions froides, les nombreuses repousses donnent un port buissonnant qu'il vaut mieux conserver. Quand ils sont établis, ne taillez les paulownias que pour les nettoyer.

Recépés, ils sont plus intéressants en têtards *(voir ci-dessous et p. 34)*. Dans ce cas, il suffit de tailler court à la fin de l'hiver. En raison de leur croissance impressionnante, les paulownias nécessitent un sol riche et une fertilisation généreuse.

AUTRES PAULOWNIAS
PAULOWNIA FARGESII et **FORTUNEI** sont conduits comme le *Paulownia tomentosa*. Toutefois, ces espèces sont bien moins répandues.

PAULOWNIA TOMENTOSA
Grâce au recépage annuel, les paulownias peuvent former des plantes à feuillage géant, qui leur donne un air de plante exotique. Ils peuvent aussi être cultivés dans des grands pots, sous abri, ou dans des massifs d'été.

PHELLODENDRON

Ces arbres caducs, de dimensions moyennes, forment une large couronne aérée avec des branches étalées. L'écorce est souvent rugueuse avec une texture rappelant le liège. Les feuilles, dorées au printemps, prennent de brillants tons jaunes en automne. Les jeunes plants demandent un sol riche, humide, et un endroit aéré mais abrité pour bien se former. Les beaux sujets sont rares sous un climat froid. Taillez au repos. Formez un fuseau sur une tige mesurant un tiers de la hauteur totale du jeune arbre. Soignez bien la flèche, elle est très difficile à remplacer. La frondaison se ramifie tôt en dôme aplati. Contentez-vous de nettoyer les arbres adultes, ils réagissent mal au recépage.

PHYTOLACCA

Originaire d'Amérique du Sud, où il forme un arbre véritable, *Phytolacca dioica* a besoin d'un climat très doux pour devenir arborescent. Ailleurs, il formera un buisson persistant et vigoureux. Formez un fuseau sur une tige de 2 à 3 m de hauteur. Taillez en hiver, avant le débourrement. La flèche se ramifie tôt et, dans l'adolescence de la plante, la couronne s'élargit plus qu'elle ne s'allonge. Ne taillez pas les adultes.

PISTACIA

Sous un climat doux, *Pistacia sinensis* forme un grand arbre à long tronc droit terminé par une large couronne arrondie. Il reste buissonnant dans les endroits froids. Dans la plupart des régions, il est nécessaire de l'abriter pour l'aider à devenir arborescent. Formez un fuseau sur une tige courte, que l'on taillera en hiver. La flèche est difficile à remplacer. Les arbres adultes se passent de taille et réagissent mal au recépage. Les vents desséchants provoquent des nécroses autour desquelles peut apparaître un grand nombre de repousses qu'il faut éclaircir. Pour la culture fruitière du pistachier, *voir p. 149.*

CONSEIL TRUFFAUT
La présentation en conteneurs est un avantage certain pour la plantation. Les plantes ont été élevées dans ces récipients. Elles possèdent l'intégralité de leurs racines. À la plantation, l'arbre ne subit pas de stress, car il n'a pas été arraché. Vous pouvez le transplanter toute l'année. Pour réussir, ne laissez pas un chignon de racines autour de la motte et arrosez généreusement pendant les dix jours suivant la mise en place.

PLATANUS *Platane*

Ces grands arbres caducs imposants, au feuillage dense, sont très cultivés en alignements dans toutes les régions au climat tempéré frais. Ils supportent bien la pollution. Leurs branches lourdes sont fragiles, même après avoir été bien formées, mais les platanes supportent un rabattage sévère. En ville, ils sont souvent menés en rideaux et forment une couronne dense sur un tronc élevé, pour laisser le passage à la circulation urbaine.

Quand tailler : en automne et en hiver.

Platanus x acerifolia

Platane commun

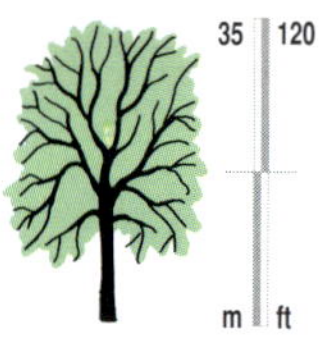

Appelé aussi « *Platanus* x *hispanica* » ou encore « *Platanus* x *hybrida* », cet arbre atteint de grandes dimensions dans nos régions, à condition de bénéficier de saisons bien marquées. Les jeunes sujets sont vigoureux, avec un tronc bien défini et des branches latérales courtes, bien étagées. L'arbre est aussi beau sur tige qu'en baliveau branchu. Les formes panachées émettent souvent des pousses à feuilles vertes. C'est le phénomène du retour au type *(voir p. 32)*. Supprimez tous les rameaux atypiques dès qu'ils apparaissent sur l'arbre.

Conduite et taille : pour former un platane sur tige *(voir p. 28)*, sélectionnez un tronc en dégageant les branches latérales sur 1 m de hauteur. Laissez se développer les sous-latérales retombantes. Les branches adultes étant lourdes, il faut conserver une flèche vigoureuse et établir une charpente solide. Les jeunes arbres très abîmés seront remplacés. Il arrive que les branches horizontales donnent naissance à des pousses dressées. Elles peuvent se transformer en fortes « flèches secondaires » néfastes au bon équilibre de l'arbre. Retirez-les aussitôt. Les plantes adultes ne nécessitent pas de tailles, sauf pour équilibrer de la ramure.

Platanus orientalis

Platane d'Orient

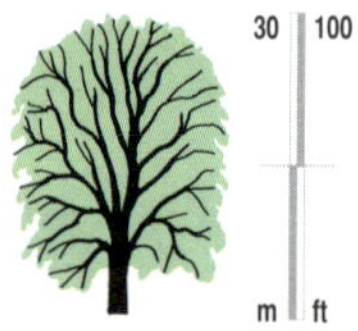

Proche de *Platanus* x *acerifolia*, cette espèce présente un port plus étalé, avec des branches plus massives et des feuilles très découpées.

Conduite et taille : formez un fuseau sur une tige de 2 à 3 m de hauteur *(voir p. 28)*. Quand la couronne se développe, ne conservez que les branches bien espacées. Trop rapprochées, elles déséquilibrent l'arbre. Les vieux sujets trop touffus demandent un éclaircissage et un élagage soignés, une tâche à confier à un spécialiste. Une taille trop intense engendre une repousse foisonnante. Elle crée une résistance au vent et s'avère dangereuse. La surélévation de la couronne n'est guère efficace. Évitez le haubanage de grosses branches, qui engendre des nécroses et des trous dans le bois.

AUTRE PLATANE
Platanus occidentalis est un arbre d'origine américaine, assez rare en France. Il se caractérise par ses feuilles arrondies, joliment découpées. Taillez-le comme le *Platanus* x *acerifolia*.

ALLÉGEMENT DE LA COURONNE
La ramure trop encombrante d'un platane peut être réduite de manière équilibrée par un élagage pratiqué par des professionnels (voir également p. 35).

ÉLAGAGE SÉVÈRE
Les platanes d'alignement sont souvent défigurés par des coupes anarchiques. L'étêtage complet, qui fait partir les branches en têtard, est plus heureux.

PLATYCARYA

Originaire de Chine, de Corée et du Japon, *Platycarya strobilacea* est un petit arbre caduc qui porte des chatons décoratifs, suivis de fruits en cônes. Proche des noyers, il donne des tiges tendres. Il est rustique, mais ses pousses sont souvent victimes des gels tardifs. La flèche étant difficile à remplacer, il demande un endroit abrité. Taillez-le comme un *Juglans (voir p. 69).*

PLUMERIA

Ces arbres tropicaux caducs ont des tiges charnues et des fleurs odorantes, cireuses. Sous nos climats, il leur faut une serre ou une véranda chauffée, très lumineuse.

Plumeria rubra *Frangipanier*

Cet arbre forme sous abri un arbuste dégarni, de 3 à 4 m de hauteur, à développer en cépée. Ses pousses dressées portent des ombelles terminales de feuilles très allongées. Les branches se ramifient en une couronne aplatie. Le bois mou de couleur grise pourrit aisément. Il se fripe autour des endroits taillés, ce qui entrave la cicatrisation. Mieux vaut éviter la taille.

Quand tailler : à la fin de l'hiver.

Conduite et taille : essayez d'abord de former un fuseau sur une tige de 1 m de hauteur *(voir p. 28)*. Les branches latérales sont rares sur le tronc. Veillez surtout à ce que la couronne de feuilles ne se dégarnisse pas. La flèche fait vite place à des ramifications qu'il faut laisser se développer. Limitez-vous à un équilibrage. Sous abri, le volume est réduit, en coupant sur un rejet ou sur une fourche.

AUTRE FRANGIPANIER
PLUMERIA ALBA se conduit comme le *P. rubra.*

POLIOTHYRSIS

C'est un arbre caduc originaire de Chine. Assez rustique, il pousse et fleurit mieux si l'été est long et chaud. Formez un fuseau sur une tige de 1 à 1,5 m *(voir p. 28)*. La flèche disparaît souvent. Dans les deux premières années, un engrais azoté apporté au printemps active la croissance, en inhibant la ramification. La conduite est facilitée, même si cette pousse rapide augmente la sensibilité au froid. Pas de taille spéciale sur les arbres adultes. Évitez surtout de recéper le vieux bois.

POPULUS *Peuplier*

Ces arbres caducs, rustiques, à croissance rapide, sont cultivés pour leur silhouette, leur feuillage et leur tolérance à des conditions de culture très diverses. Souvent réputés fragiles, la plupart résistent pourtant bien au vent. Le bois est souple et les peupliers bien conduits cassent rarement. L'exception vient des formes sensibles au chancre bactérien du peuplier, comme les *Populus wilsonii* et *Populus* x *canadensis* 'Eugenei'. La maladie du chancre est incurable, mais il existe des clones résistants. La bactérie pénétrant par les blessures, taillez les espèces sensibles en été, pour qu'elles se cicatrisent vite. Taillez encore en été les espèces drageonnantes, pour juguler les rejets *(voir p. 32)*. Taillez les autres peupliers en automne, beaucoup d'espèces démarrant leur végétation en fin d'hiver, elles émettent des « pleurs » abondants.

Populus alba *Peuplier blanc*

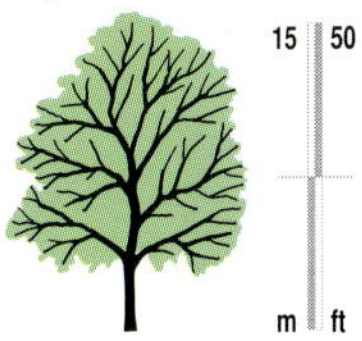

C'est un arbre cultivé pour son feuillage et sa belle couleur automnale. Il vit peu de temps et se montre meilleur en fuseau sur tige ou pour la formation de haies bocagères. Il a tendance à émettre beaucoup de drageons. la forme 'Pyramidalis' est plus belle en fuseau *(voir p. 27)*. Pour le cultivar compact 'Globosa', formez d'abord un fuseau. La flèche disparaît vite quand la couronne s'élargit. Il n'est pas nécessaire de tailler par la suite.

Quand tailler : à la fin de l'été et au début de l'automne.

Conduite et taille : pour obtenir un fuseau sur tige *(voir p. 28)*, dégagez le tronc sur 1,5 à 2 m de hauteur. Retirez en été les pousses de la base et les drageons. Les arbres conduits sur tige réagissent mal au recépage. Pour avoir une haie bocagère touffue, laissez les drageons se former.

Populus x canadensis

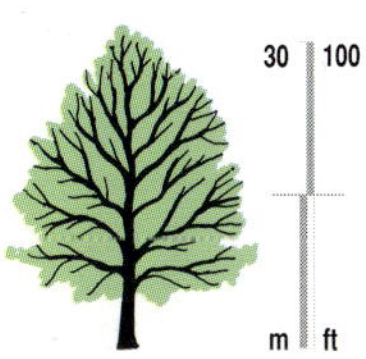

Sous cette appellation ou celle de « *Populus* x *euramericana* », on regroupe un certain nombre d'hybrides. Ils comprennent des formes à feuilles dorées ('Aurea') ou à port fastigié comme 'Eugenei', 'Robusta' et le peuplier noir d'Italie ('Serotina'). Tous sont a priori de grands arbres, fragiles si la formation est négligée. Attention, les branches sont assez cassantes.

POPULUS X CANDICANS 'AURORA'
Ce peuplier panaché de crème et de rose forme une belle plante très lumineuse, à recéper ou à étêter régulièrement.

Quand tailler : de la fin de l'été au début de l'automne, quand la sève est « descendante ».

Conduite et taille : veillez à produire un tronc droit portant une ramure légère et bien équilibrée. Formez un fuseau sur une tige de 2 à 3 m de hauteur *(voir p. 28)*. La flèche devant persister au moins jusqu'à l'adolescence de l'arbre, éliminez les concurrentes qui peuvent apparaître. Supprimez les branches latérales trop rapprochées ou mal placées et rabattez d'un tiers de leur longueur les pousses dressées qui se forment au bout des branches principales. Ne taillez pas les arbres adultes. Ne rénovez pas les vieux arbres, sensibles aux pourritures. Ils produisent un fouillis de pousses sans valeur.

Populus lasiocarpa

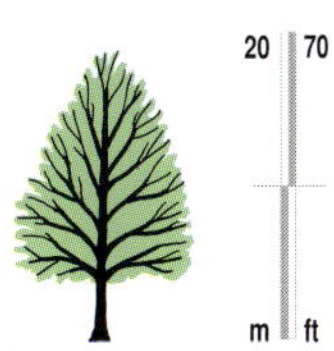

Il est cultivé pour son port élancé et ses feuilles en cœur au revers feutré. Les jeunes arbres produisent une flèche vigoureuse, entourée de solides pousses dressées. Avec l'âge, les branches basses deviennent horizontales et la cime s'arrondit.

Quand tailler : à la fin de la période de végétation, vers la mi-septembre.

Conduite et taille : formez un fuseau sur une tige de 1,5 à 2 m de hauteur *(voir p. 28)*. La flèche est très dominante. En dépit de leur port dressé, les branches latérales supérieures la concurrencent rarement et n'exigent pas de taille. Le recépage est déconseillé. Intervenez le moins possible.

Populus nigra 'Italica'

Peuplier d'Italie

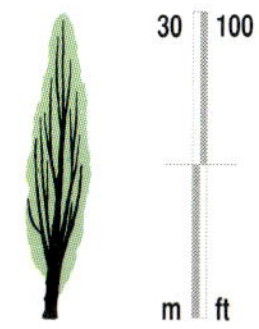

C'est sans doute le plus célèbre de tous les arbres fastigiés *(voir p. 20)*. Il est très cultivé comme brise-vent ou pour former un écran dans la campagne. Le cultivar 'Plantierensis' est comparable mais ramifié plus bas, avec une couronne plus dense et plus large. De croissance très rapide, même dans les régions aux hivers rigoureux, il est moins sujet au chancre que le peuplier d'Italie.

Quand tailler : en période de sève descendante, dans les premiers jours de l'automne.

Conduite et taille : formez un fuseau classique *(voir p. 27)*. Le peuplier noir nécessite peu d'interventions pour sa formation. Le rabattage des jeunes branches latérales, à 10 cm de leur empattement, donne une plante à la ramure plus serrée, bien utile dans les écrans de verdure. Les flèches doubles sont rares, d'où une formation facile. Évitez de tailler les adultes.

AUTRES PEUPLIERS

POPULUS X BEROLINENSIS reçoit les mêmes traitements que le *Populus nigra* 'Italica'.
POPULUS X CANDICANS 'AURORA' est d'ordinaire cultivé en fuseau ou en houppier sur tige *(voir p. 28)*. Supprimez les drageons qui se forment en été. Recépez ou étêtez tous les deux ans à la fin de l'hiver. Cette taille permet à l'arbre de produire de jeunes branches aux feuilles colorées.
POPULUS TREMULA et **TREMULOIDES** se taillent peu, car ils se forment naturellement.
POPULUS TRICHOCARPA forme un fuseau sur une tige de 2 à 3 m de hauteur.
Taillez à la fin de l'été. Durant la période de croissance, supprimez les rejets qui apparaissent à la base. Attention, cet arbre réagit mal au recépage.
POPULUS BALSAMIFERA (ou **TACAHAMACA**), **X CANDICANS 'GILEADENSIS'** (ou **X JACKII 'GILEADENSIS'**) et **MAXIMOWICZII** se taillent à la manière du *Populus trichocarpa*.
POPULUS WILSONII se montre sensible au chancre, ne taillez qu'en cas d'urgence. Dégagez le tronc sur environ 1,5 m, en éborgnant les yeux dès leur apparition. Les branches latérales dressées produisent à coup sûr des fourches cassantes. La taille corrective est une affaire de professionnels, car elle risque de provoquer le « chancre » et la mort de l'arbre.
POPULUS X CANESCENS se taille et se forme comme le *Populus* x *canadensis*.

PRUNUS

Ce genre complexe comprend plus de quatre cents espèces d'arbres et d'arbustes à feuilles caduques ou persistantes. Ils sont décoratifs par leur écorce, leur feuillage, leurs fruits et leurs fleurs. Des arbres fruitiers appartiennent aussi au genre *Prunus :* prunier, cerisier, pêcher, abricotier, amandier. Presque tous les *Prunus* préfèrent des coupes peu importantes. Si une taille de formation s'impose, elle sera effectuée sur des sujets jeunes, pour que les arbres bien équilibrés ne nécessitent pas d'intervention par la suite. Des petites plaies et une taille à la fin de l'été limiteront la maladie du plomb. Tous les *Prunus* souffrent parfois de gommose *(voir p. 123).*

Prunus avium *Merisier*

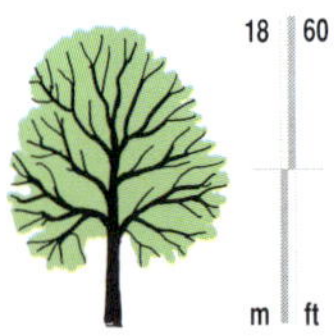

Cet arbre caduc, rustique, est cultivé pour ses fleurs blanches printanières. Excepté 'Nana', à la silhouette compacte, tous les cultivars, dont 'Pendula' au port pleureur, sont traités comme l'espèce. Les racines superficielles drageonnent abondamment.

Quand tailler : en été, si possible. Retirez toujours les bois morts. Les drageons sont supprimés à la fin de l'hiver.

Conduite et taille : formez fuseau sur une tige de 1,5 à 2 m de hauteur *(voir p. 28).* Éborgnez les drageons dès leur apparition. Peu d'autres soins de taille sont à procurer aux adultes, qui n'apprécient pas l'élagage. Contentez-vous d'équilibrer la silhouette en ajustant la longueur des jeunes branches.

GOURMANDS DE PRUNUS 'UIKON'
L'apparition de pousses épidermiques (voir p. 32) *sur les troncs (ici, sous la greffe) est un défaut courant chez les* Prunus.

Prunus cerasifera *Myrobolan*

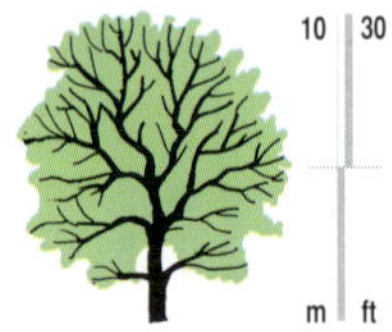

C'est la forme sauvage du cerisier, un arbre très rustique, aux fleurs blanches, suivies de fruits rouges. On le laisse le plus souvent prendre sa forme naturelle d'arbre branchu, mais il convient aussi à la formation de haies fleuries. Il est utilisé comme porte-greffe des variétés de cerises.

Quand tailler : en été. Taillez les haies bien installées, après la floraison.

Conduite et taille : commencez par créer un fuseau sur une tige de 1,5 m au moins *(voir p. 28).* Les branches charpentières émettent souvent des pousses verticales vigoureuses. Supprimez-les ou réduisez leur longueur des deux tiers pour ne pas concurrencer la flèche. Cette dernière disparaît à l'adolescence de l'arbre vers six à huit ans. Il se forme alors une couronne très dense. Sur les arbres adultes, limitez les interventions de taille qui stimulent l'apparition des pousses épidermiques et défigurent la ramure. La restauration par un élagage sévère est déconseillée.
Pour former des haies avec le myrobolan, plantez des jeunes scions à 1 m d'intervalle durant la période de repos végétatif (de novembre à mars). Pincez les flèches en été pour qu'elles se ramifient. Les années suivantes, toujours en été, raccourcissez les pousses d'un quart à un tiers de leur longueur, jusqu'à ce qu'elles atteignent la hauteur désirée. Une fois la haie bien établie, égalisez les branches à la cisaille une fois par an, à la fin du printemps, juste après la floraison. Une taille sévère menée en trois ans réduira les haies trop fortes *(voir* Rénovation d'une haie *p. 47).*

Prunus dulcis *Amandier*

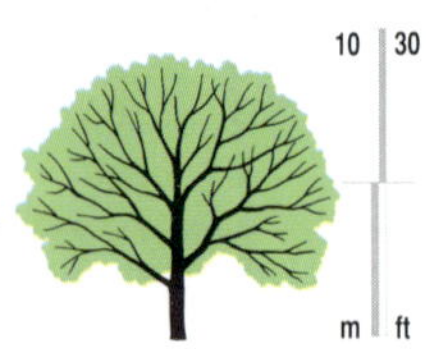

C'est un arbre caduc assez peu rustique, apprécié dans les régions au climat doux, pour ses fleurs blanches, rose vif ou rose foncé en hiver ou au tout début du printemps. L'arbre apprécie les périodes sèches durant sa floraison. Les amandes ne mûrissent pleinement que dans les régions méditerranéennes. La couronne, peu touffue, donne une ombre légère. Les amandiers isolés sont magnifiques sur un fond sombre de conifères ou d'oliviers. Si les dimensions de votre jardin le permet, plantez des amandiers en groupe pour obtenir un effet hivernal très spectaculaire

CERISIER JAPONAIS GREFFÉ EN TÊTE
Choisissez des jeunes arbres aux greffes propres et solides. Même s'ils deviennent inesthétiques, les bourrelets ne doivent pas être touchés car ils restent fragiles.

au moment de la floraison. Les amandiers sont d'ordinaire obtenus par greffage en écusson sur un prunier. Ils sont vendus en scions ou en baliveaux *(voir p. 24).* Les gourmands émis par le porte-greffe épuisent la plante. Il faut les supprimer avant qu'ils ne causent des problèmes. Les amandiers sont sensibles à la cloque du pêcher *(voir* Pêchers *p. 132).*

Conduite et taille : formez un fuseau sur une tige de 1,5 m et plus *(voir p. 28).* À la fin de l'hiver, supprimez les drageons à la serpette *(voir p 32).* Les adultes requièrent peu d'autres soins, car ils fournissent spontanément de nombreuses brindilles florifères. L'éclaircissage de la couronne est inutile et même néfaste. Pour le palissage, *voir* Pêchers en éventail *p. 134.*

Prunus sato-zakura
Cerisiers du Japon

C'est un ensemble complexe d'hybrides, qui proviennent sans doute tous de *Prunus serrulata.* Ils constituent un des groupes d'arbres à fleurs les plus importants pour les régions tempérées. Ces *Prunus* varient considérablement dans leur végétation et leur aspect. On trouve des formes fastigiées comme 'Amanogawa', des cascades comme 'Kiku-shidare', des coupes évasées comme 'Kanzan' (ou 'Sekiyama') et le plus florifère de tous, 'Taihaku', à la ramure très étalée couverte de fleurs blanches. Tous ces *Prunus* sont greffés. Selon le cultivar, on les conduit en fuseau, en houppier sur tige, ou en pleureur. Pour toutes les formes, la taille doit être restreinte, sous peine d'affaiblir l'arbre par des écoulements importants de gomme. La cicatrisation du bois des cerisiers du Japon n'est jamais très bonne, ce qui les rend plus sensibles aux redoutables chancres.

JEUNE PRUNUS 'AMANOGAWA'
Pour obtenir des branches solides et dressées, tout en luttant contre le vent, attachez-les la première année sur un tuteur, avec une bande de toile, un morceau de filet ou de la ficelle.

Quand tailler : vers la fin de l'été.

Conduite et taille : n'intervenez qu'en cas de nécessité absolue. Retirez le bois mort ou les branches gênantes, quelle que soit la forme de l'arbre afin d'en améliorer l'aspect. Toutes les interventions de taille doivent être réalisées dans le jeune âge de l'arbre. *Prunus* 'Kanzan' forme un tronc court. Le jeune feuillage bronzé et les fleurs roses se retrouvent naturellement à hauteur des yeux. Si vous avez besoin de passer sous l'arbre, dégagez au plus tôt entre 1,5 m et 2 m de tige. Prunus 'Amanogawa' est fastigié, mais ses jeunes branches sont souvent faibles et demandent un soutien. Sur les arbres bien établis, retirez les bois morts, malades ou abîmés, et les rejets qui apparaissent sous la greffe. Opérez toujours en été. L'élagage est rarement une réussite.

Prunus serrula

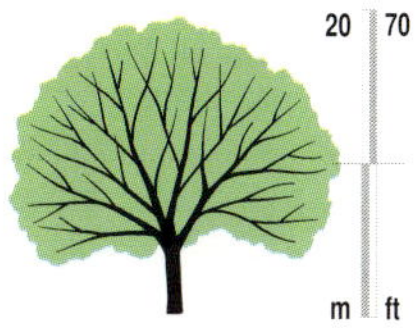

Cet arbre caduc, très rustique, est cultivé pour sa douce écorce brillante, d'une belle couleur acajou, qui s'exfolie avec l'âge. Les petites fleurs blanches printanières donnent des fruits rouges, décoratifs en automne.

Quand tailler : à la fin de l'été. La taille printanière engendre souvent une gommose *(voir p. 123)*, qui favorise le développement de maladies graves.

Conduite et taille : formez un fuseau sur tige, en aérant bien la charpente. Évitez la formation de branches latérales indésirables, en éborgnant les bourgeons qui naissent sur le tronc. En agissant tôt, vous n'obtiendrez pas de cicatrices inesthétiques. Limitez la hauteur du tronc à 1,5 m. Une taille excessive défigure la couronne. Pour accentuer l'effet décoratif de l'écorce sur les branches basses, empêchez, par éborgnage, l'apparition des sous-latérales entre 30 cm et 45 cm au pied du tronc. Ne taillez pas les adultes, car les blessures se cicatrisent mal.

AUTRES PRUNUS

PRUNUS MAACKII doit être conduit en fuseau sur une tige de 2 m environ, comme pour le *Prunus serrula*, en éborgnant les yeux. Pas de taille particulière sur les adultes, qui réagissent mal à l'élagage.

PRUNUS PADUS se taille comme le *Prunus avium*, mais il faut le former tôt, car il développe vite des branches érigées. Le mieux est de le planter à l'âge de deux ou trois ans. Plus âgé, il donne souvent des flèches doubles. Traitement similaire pour les **PRUNUS CORNUTA** et **SEROTINA**.

PRUNUS SERRULATA se taille et se conduit comme le groupe des *Prunus sato-zakura*.

PRUNUS SPINOSA est un buisson drageonnant ou un petit arbre. Un choc à la plantation favorise l'apparition des drageons. Taillez en été. Pour former un arbre, conduisez un scion en fuseau sur tige *(voir p. 28)*. Retirez les pousses de la base et dégagez le tronc sur un quart de sa hauteur, en éborgnant les bourgeons et les jeunes pousses.
La cime touffue apparaît d'elle-même. Une fois établi, cet arbre demande peu de soins, hormis le retrait des drageons. Pour le buisson, éliminez chaque année les rejets de la base. Pour une haie, plantez de 50 à 60 cm de distance et opérez comme pour le *Prunus cerasifera*.

PRUNUS SUBHIRTELLA est peu exigeant, conduit en forme naturelle avec un houppier ramifié, ou en cépée. La flèche est rarement vigoureuse. Dégagez le tronc sur 1,5 m de hauteur ou laissez la ramure se former dès la base. Taillez sans excès afin d'éviter les écoulements de gomme.

ÉQUILIBRAGE DE LA RAMURE SUR UN PRUNUS GREFFÉ EN TÊTE

PREMIÈRE ANNÉE

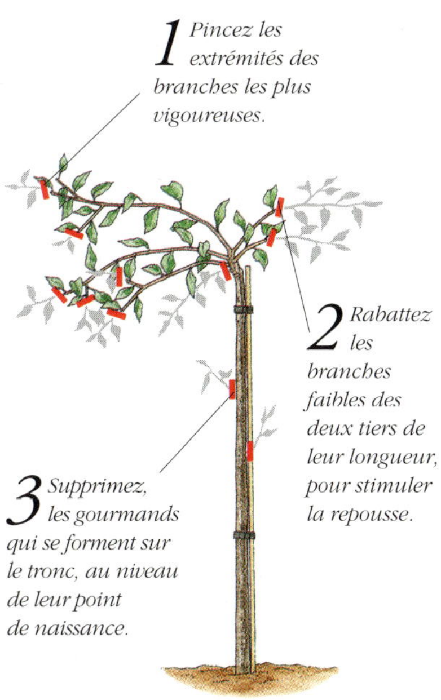

DEUXIÈME ANNÉE

TROISIÈME ANNÉE

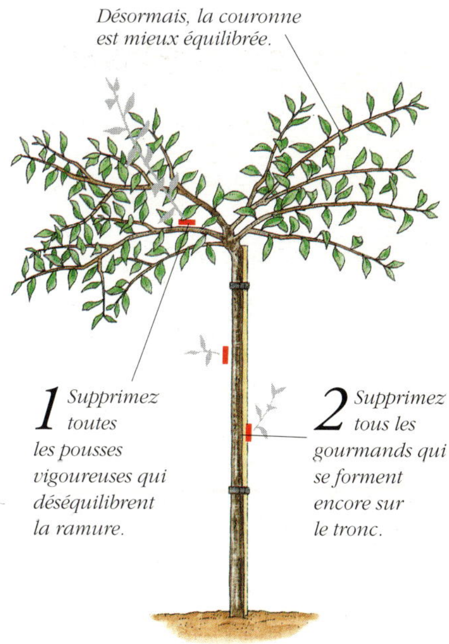

PTEROCARYA

Ces arbres caducs sont plantés pour leurs chatons et leurs noix ailées. S'ils sont très rustiques à l'âge adulte, ils souffrent du froid quand ils sont jeunes. Toutes les espèces développent de lourdes branches étalées, aux sous-latérales retombantes. *Pterocarya* x *rehderiana* et *Pterocarya fraxinifolia* drageonnent souvent.

Quand tailler : à la fin de l'hiver. Chez les jeunes sujets, attendez la fin des périodes de froid pour couper le bois mort. Ne taillez jamais en automne, le cambium mou se fripe et le froid le crevasse.

Conduite et taille : formez un fuseau sur tige *(voir p. 28)*. Dégagez le tronc sur un tiers de la hauteur du jeune arbre, en éborgnant les bourgeons. Il est capital de conserver un tronc net jusqu'à la bonne ramification d'une ramure équilibrée (trois à cinq ans). Éliminez les drageons qui apparaissent à la base de l'arbre. Attention, s'il s'en est formé beaucoup, leur suppression en une seule fois en stimule de nouveaux. La couronne des adultes peut être remontée *(voir p. 35)*, pour éviter que les branches retombantes ne touchent le sol et s'y marcottent, devenant anarchiques.

PYRUS *Poirier d'ornement*

Ce sont des arbres rustiques, caducs, à fleurs blanches. Les feuilles sont souvent colorées en automne. *Pyrus communis* est cultivé pour ses fruits. Certaines espèces ont une belle écorce. Le feu bactérien peut être un problème : coupez les pousses atteintes et désinfectez les outils.

Quand tailler : en automne et en hiver.

Pyrus calleryana

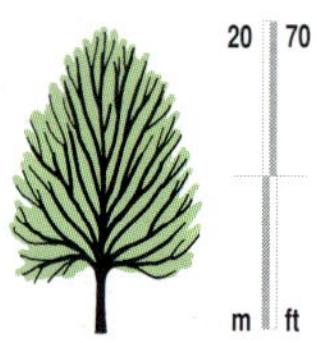

Il est apprécié pour ses fleurs printanières blanches, ses fruits roux et, après un été chaud, ses belles couleurs d'automne. *Pyrus calleryana* 'Bradford' est nettement pyramidal. on le conseille souvent pour les alignements, mais ses branches forment des fourches fragiles. 'Chanticleer' semble mieux structuré.

Conduite et taille : formez-le en fuseau sur une tige de 1,5 à 2 m de haut *(voir p. 28)*. Pour les cultivars 'Bradford' et 'Chanticleer', conservez seulement les branches latérales espacées, bien réparties autour du tronc. Vous obtiendrez ainsi une charpente régulière et solide. Les arbres adultes demandent peu de tailles d'entretien et ils réagissent mal à l'élagage.

Pyrus salicifolia

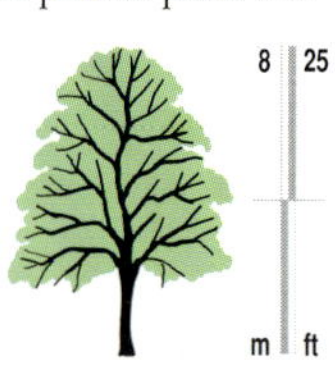

Cet arbre très décoratif est planté pour ses fleurs blanc pur, qui apparaissent en même temps que le feuillage argenté. La couronne étalée est formée de branches horizontales qui portent des sous-latérales retombantes. Elles sont franchement pleureuses chez le cultivar

PYRUS SALICIFOLIA
Les pousses latérales en zigzag masqueront les coupes de tailles légères.

'Pendula'. C'est le poirier d'ornement le plus connu, même s'il n'est pas très couramment proposé par les pépinières françaises. La perte de la flèche est due à un sol pauvre ou à un choc végétatif. Plantez de préférence un très jeune sujet.

Conduite et taille : formez un fuseau sur une tige de 1 à 2 m de hauteur maximum *(voir p. 28)*, pour obtenir des branches jusqu'au sol. Le port retombant n'apparaît qu'avec l'âge. 'Pendula' demande un tronc d'au moins 1,5 m, pour mettre en valeur son port très pleureur. Éclaircissez les branches latérales dans le jeune âge de l'arbre, pour aérer la couronne. Plus tard, une taille légère est tolérée, mais pas un élagage. Si la croissance est vigoureuse, les sujets établis peuvent nécessiter un allégement de la couronne *(voir p. 35)*. Veillez à ne pas créer de trous dans le rideau de feuillage, les vieux arbres reperçant mal. La taille n'est pas nécessaire tous les ans.

AUTRES PYRUS
PYRUS COMMUNIS, voir Poiriers p. 117.
PYRUS USSURIENSIS se taille comme *calleryana*.

Q

QUERCUS *Chêne*

Ce genre, aux quatre cent cinquante espèces, comprend des arbres caducs ou persistants, diversement rustiques, à la pousse lente. Ils sont connus pour leur solidité et leur longévité. Les chênes sont conduits d'ordinaire en fuseaux sur tige qui donnent une couronne large, aux grosses branches habillées de latérales plus faibles et buissonnantes. Ceci forme une silhouette très équilibrée, bien caractéristique.

Quercus cerris
Chêne chevelu

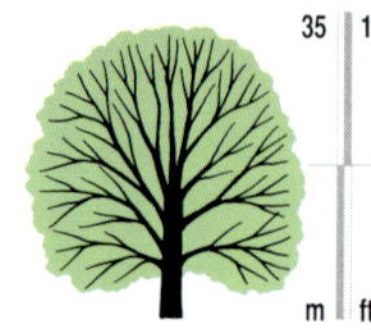

C'est un arbre caduc à la silhouette en dôme irrégulier. Parfois imposant, avec son tronc de 2 m de diamètre ou plus, il présente une écorce crevassée. Ce chêne se distingue par ses feuilles inégalement divisées et lobées à la texture rugueuse. Les longues écailles plumeuses qui entourent les bourgeons et les glands à cupule écailleuse permettent aussi d'identifier cette espèce. L'un de ses avantages est de se montrer insensible aux attaques de l'oïdium (maladie du blanc).

Quand tailler : durant la période de repos, en automne et en hiver.

Conduite et taille : formez un fuseau sur une tige de 2,5 m de hauteur *(voir p. 28)*. Dans les contrées nordiques aux étés courts et frais, la flèche perd parfois sa dominance très tôt. L'arbre prend un port buissonnant ou faible. Pour conserver la flèche, il faut dégager le tronc peu à peu, en trois à cinq ans, en éliminant chaque branche en deux ou trois fois. En dehors du retrait du bois mort, il n'y a pas de taille sur les sujets adultes. La restauration de ces grands arbres, y compris la coupe des vieilles branches, est l'affaire de spécialistes.

Quercus ilex *Chêne vert*

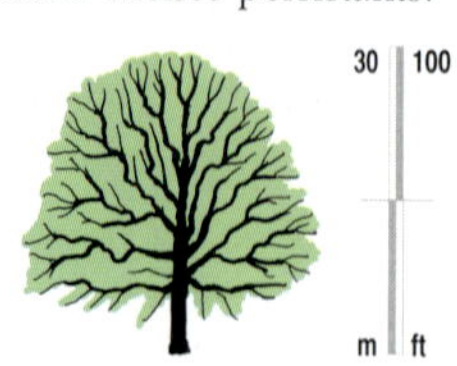

C'est un des plus beaux chênes persistants. Il forme une large couronne arrondie, bien garnie de feuilles épineuses, vert intense et luisantes, gris-roux au revers. Les arbres, plantés jeunes, ont un port variable, de retombant à fastigié (souvent les deux). Ils ont une tendance buissonnante. Mais tous donnent une flèche. Le chêne vert peut être conduit en haie à partir de jeunes plants *(voir p. 44)*. On l'utilise même en topiaire, car il supporte la cisaille.

Quand tailler : en fin d'été, quand la pousse commence à ralentir.

Conduite et taille : formez un fuseau *(voir p. 27)* et laissez les branches basses disparaître naturellement. Elles s'éliminent, car la ramure dense empêche la lumière de les atteindre. La flèche est à peine dominante, mais ne tentez pas de raccourcir les concurrentes éventuelles. Ce sont elles qui donneront la charpente. Les vieux sujets ont parfois une couronne déséquilibrée. Mais la rénovation est rarement réussie, les trous se comblant difficilement. Ne taillez les adultes qu'en cas d'urgence, après les dégâts d'une tempête, par exemple. Le port retombant des branches basses est décoratif. Leur suppression s'impose quand elles gênent le passage ou procurent une ombre néfaste aux cultures voisines.

Quercus robur *Chêne rouvre*

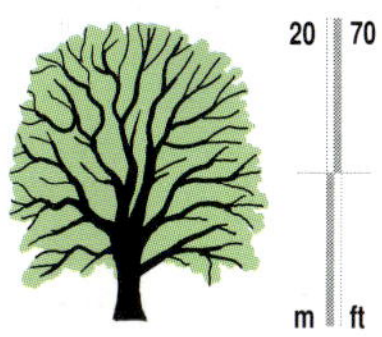

Appelé aussi « *Quercus pedunculata* », c'est un arbre caduc à la cime large et à la charpente robuste, portée par un tronc noueux qui devient massif avec l'âge. Conduit sur tige, il convient aux très grands jardins et aux parcs. Laissez les cultivars 'Cristata' et 'Filicifolia', ainsi que la forme fastigiée, se développer sans taille. *Quercus robur* 'Pendula' est conduit comme le type.

Quand tailler : pendant le repos de la végétation, en automne et en hiver.

Conduite et taille : formez un fuseau sur tige en trois ou quatre ans *(voir p. 28)*, en dégageant un tronc sur le quart de la hauteur totale de l'arbre. Les vieux sujets se chargent parfois de bois mort qui sera retiré par un professionnel de l'élagage. La prolifération des pousses épidermiques sur le tronc et les charpentières basses annonce d'ordinaire le déclin de la croissance. N'ayez aucune crainte pour la vie de l'arbre, un chêne vit plusieurs centaines d'années. Toutefois, la mort subite de branches charpentières peut créer des déséquilibres. Vous y remédierez par des élagages contrôlés, réalisés par des spécialistes capables de travailler à l'intérieur même de la ramure. L'étêtage *(voir p. 36)* peut aussi servir à la rénovation.

QUERCUS ROBUR
Les chênes adultes forment parfois des « têtes de loup », à la suite du dépérissement des branches supérieures. Ces parties peu esthétiques survivent longtemps, protégées par les barrières naturelles que les arbres parviennent à dresser spontanément entre les bois vifs et les parties mortes (voir p. 11).

Quercus palustris
Chêne des marais

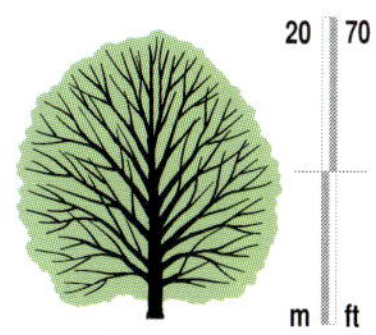

Cet arbre élégant se colore souvent d'écarlate à l'automne. Rustique, il est toutefois moins vigoureux sous un climat très froid. Conduisez-le toujours en fuseau sur tige, pour mettre en valeur sa charpente légère.

Quand tailler : de l'automne au début du printemps, en période de dormance.

Conduite et taille : formez un fuseau sur une tige ayant environ un quart de la hauteur du jeune arbre *(voir p. 28)*. Dans les régions où l'été est chaud, conservez la flèche le plus longtemps possible. S'il fait trop frais, la couronne se ramifie très tôt, ce qui ne cause, à vrai dire, guère de problèmes. Peu de tailles sont nécessaires sur les chênes des marais adultes.

AUTRES CHÊNES

QUERCUS AGRIFOLIA se taille comme *Q. ilex.*
QUERCUS ALBA, COCCINEA et **MACRANTHERA** sont traités comme *Quercus palustris.* Les adultes nécessitent peu d'interventions.
QUERCUS CANARIENSIS se prête aux mêmes interventions que le *Quercus robur.*
QUERCUS FRAINETTO. Adulte, ses branches basses produisent des sous-latérales pendantes qui contrastent avec les pousses dressées des autres tiges.
Cette espèce se développe seule en fuseau sur tige et demande peu de tailles qu'il faut effectuer durant le repos. Évitez tout tracas à la flèche, car elle ne se remplace pas.
QUERCUS X HISPANICA 'LUCOMBEANA' préfère être taillé en été. Conduisez-le en fuseau sur une tige de 1,5 m environ jusqu'à l'adolescence (quatre à six ans), puis laissez les sous-latérales retombantes développer leur feuillage. Peu de tailles sont nécessaires sur les adultes, si ce n'est le retrait régulier du bois mort, facile à repérer en été. Les branches dépouillées en hiver se regarnissent au printemps.
QUERCUS PETRAEA ressemble à *Quercus robur.* Sous un climat tempéré, traitez-le de la même manière. Dans les régions au climat froid, cet arbre devient noueux et contourné, car il ressent l'effet nanifiant des étés frais. Ainsi, ce chêne prend un aspect pittoresque et ne demande pas de taille.
QUERCUS RUBRA se conduit un peu à la manière du *Quercus robur.* Il faut sélectionner un jeune arbre équilibré, au tronc solide. Le port est influencé par le climat et l'emplacement. La plante s'oriente très tôt de manière naturelle et la taille n'y change rien. Les jeunes arbres seront abrités durant les deux premiers hivers suivant la plantation.
QUERCUS SUBER est le chêne-liège qui aime les climats méditerranéens ou tempérés chauds. Formez-le en fuseau sur une tige de 2 m. Sous un climat froid, l'arbre demeure faible et la taille n'y change rien. Dans ce cas, le *Quercus ilex* sera mieux adapté, car il est moins frileux.

CONSEIL TRUFFAUT
Attention, petit chêne deviendra grand. Si vous manquez de place, ne vous laissez pas séduire par un jeune arbre présenté en pépinière. Dans un petit jardin, une aubépine, un cytise, un koelreutéria, un catalpa, un pommier à fleurs, un cerisier du Japon, voire même un sorbier, sont bien mieux appropriés.

R

RHUS *Sumac*

Ces arbres et arbustes sont souvent toxiques ou urticants. On les cultive pour leur élégante architecture et leur feuillage, souvent bien coloré en automne. Chez certaines espèces, les panicules de fleurs produisent des fruits en grappes coniques.

Rhus verniciflua *Vernis*

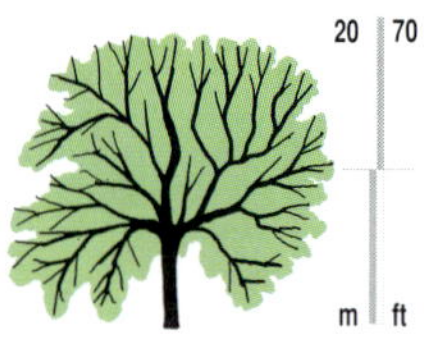

C'est un arbre rustique à feuilles luisantes. Il n'atteint sa plénitude que sous les climats aux étés chauds. Coupé, il exsude une résine caustique, provoquant chez l'homme des dermites et des vomissements. Portez des gants pour la taille. Ne brûlez pas les déchets, la fumée provoquant également des réactions.

Quand tailler : en plein été.

Conduite et taille : formez un fuseau sur une tige de 1 m environ *(voir p. 28)*. La flèche disparaît assez tôt, ce qui permet à la couronne de s'élargir. La plante se forme seule et nécessite peu de tailles.

> **AUTRES RHUS**
> Pour les autres espèces, *voir* le Lexique des arbustes d'ornement *p. 217*.

ROBINIA *Robinier*

Ce sont des arbres ou des arbustes rustiques, caducs, souvent épineux, cultivés pour leur feuillage, leurs fleurs et, parfois, leur écorce crevassée. Presque toutes les espèces poussent vigoureusement. Dans les sols riches, ces arbres produisent des pousses géantes à la forte prise au vent. Beaucoup sont gélifs dans leur jeune âge : plantez au printemps, sans engrais, car ils stimulent une végétation tendre et frileuse.

Robinia pseudoacacia
Robinier faux-acacia

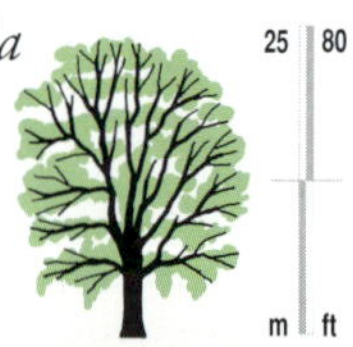

C'est un arbre couramment cultivé pour ses fleurs printanières odorantes, et son feuillage léger. Dans les zones continentales, l'acacia forme d'ordinaire un arbre solide. Sous le climat maritime frais, le bois est cassant et victime du vent. Dans ce cas, une bonne formation est capitale. Plantez de très jeunes sujets. Traitez la plupart des cultivars, dont 'Pyramidalis', au port fastigié, comme le type. Les sujets greffés émettent souvent des gourmands. Le cultivar 'Inermis', l'acacia-boule, développe une tête arrondie aux branches très denses, qu'il ne faut pas éclaircir.

Quand tailler : en plein été.

Conduite et taille : formez un fuseau sur une tige solide de 2 à 2,5 m de hauteur *(voir p. 28)* et conservez la flèche pendant quelques années, en retirant aussitôt les concurrentes qui se forment *(voir p. 26)*. Les branches latérales doivent être bien réparties tout autour du tronc. Coupez la moindre pousse à port dressé sur son empattement. Toutes les fourches serrées s'avèrent fragiles. Limitez la taille sur les sujets adultes. Retirez les gourmands dès que possible. Les plaies importantes se cicatrisent mal et pourrissent. L'arbre réagit en émettant de fortes pousses verticales qui peuvent le déséquilibrer. Ne rénovez pas l'acacia, s'il est franc de pied, remplacez-le par un des vigoureux rejets qui apparaissent sur le plateau de coupe.

ROBINIA PSEUDOACACIA 'FRISIA'
Ce cultivar produit un feuillage inhabituel, qui passe, en automne, du jaune clair au vert chartreuse, puis à l'ocre.

> **AUTRES ROBINIERS**
> **ROBINIA BOYNTONII, ELLIOTTII** et **HARTWEGII** poussent en cépées buissonnantes et demandent peu ou pas de tailles.
> **ROBINIA HISPIDA** peut être palissé, mais il est cassant. Guidez les jeunes sujets souples.

S

SALIX *Saule*

Ce vaste genre comprend des arbres et des arbustes essentiellement caducs, inégalement rustiques. Ils sont cultivés pour leur port, leurs chatons, leur écorce colorée et leur feuillage élégant. Les saules réagissent fort bien à l'élagage et beaucoup sont étêtés ou recépés pour obtenir des jeunes pousses très colorés.

Quand tailler : en automne et en hiver. Retirez les bois morts en été. Recépez les espèces adéquates à la fin de l'hiver, juste avant le débourrement.

Salix alba *Saule argenté*

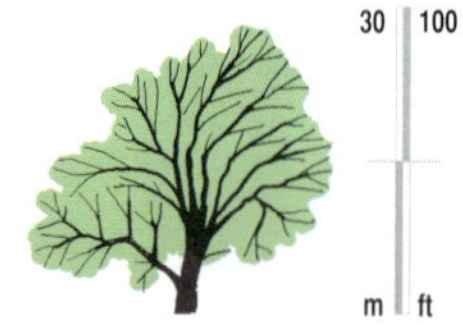

Spontané en Europe, cet arbre rustique et très poussant porte souvent une couronne assez désordonnée. Les branches sont dressées avec des sous-latérales horizontales, aux extrémités plus ou moins retombantes. En dépit d'une flèche toujours vigoureuse, les sujets adultes sont souvent mal charpentés. Des pousses fortes partent du même point sur les charpentières. Elles développent des bouquets sur une écorce crevassée. Une formation précoce s'impose donc pour obtenir une charpente aérée. La tendance drageonnante de cet arbre oblige à une surveillance constante pour éliminer les rejets. Nombre de plantes de ce groupe, dont *Salix alba* var. *sericea* sont recépées pour mettre leur écorce en valeur.

SAULES À ÉCORCE DÉCORATIVE
Le recépage et l'étêtage à des hauteurs différentes ont donné un superbe effet d'écorces colorées, bienvenu en hiver.

Conduite et taille : pour obtenir un bel arbre, conduisez-le en fuseau sur une tige de 2 m de hauteur *(voir p. 28)*. Éborgnez soigneusement les yeux qui se développent sur le tronc. Supprimez aussi les bourgeons latéraux en excédent, pour constituer une charpente équilibrée, aux branches alternées et bien espacées.
Si vous laissez l'arbre pousser à sa guise, il devient vite fouillis. Une fois cette charpente acquise, il y a peu à faire.
Pour produire des tiges vigoureuses et décoratives, étêtez ou recépez *(voir p. 36)* chaque année, voire tous les deux ans.
Pour former les têtards, conservez un tronc de 60 cm à 1,5 m de hauteur, selon l'effet désiré. Intervenez très tôt après la formation, car les arbres adultes réagissent mal aux fortes coupes. Très sensible aux nécroses, ce saule se creuse rapidement. La suppression de grosses branches charpentières est affaire de spécialiste.
La meilleure solution est souvent d'abattre et de remplacer les vieux sujets. Ceci vaut pour tous les saules vigoureux.

SAULE 'KILMARNOCK'
Ce cultivar de saule marsault est apprécié pour son port pleureur, sa forme dense et ses nombreux chatons passant du gris à l'or. À l'inverse de nombreux pleureurs, il gagnera à être taillé chaque année.

Salix caprea 'Kilmarnock'

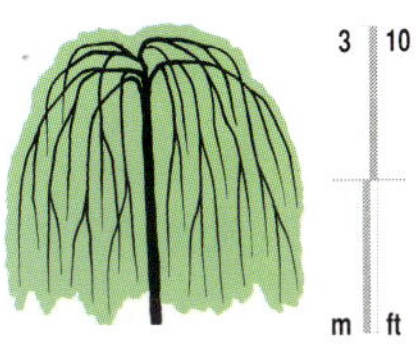

C'est un arbre pleureur, compact, rustique, à la pousse lente. Il forme un dôme régulier et se couvre de jolis chatons mâles au printemps. Les plantes sont souvent vendues formées, greffées sur une tige de 1,5 m environ. Ils demandent une taille annuelle de mise en forme, pour éviter une surpopulation de branches raides qui tombent jusqu'à terre. Supprimez les plus anciennes pour rajeunir l'arbre en permanence et favoriser la floraison.

Conduite et taille : la taille annuelle a pour but de supprimer la moitié des branches afin d'obtenir un léger rideau de feuillage, qui effleurera le sol en fin de saison. Éclaircissez le cœur de la couronne pour créer une charpente ouverte, en forme de parapluie. Veillez à ce que deux branches de même importance ne partent pas du même point. Taillez ensuite les pousses situées à la périphérie de la ramure, en les coupant à ras de leur point de naissance. Les branches restantes seront réduites à la moitié de leur longueur, en coupant au-dessus d'un bourgeon dirigé vers l'extérieur de la ramure. Au printemps, la végétation cache vite les coupes et, vers juin, l'arbre est de nouveau garni jusqu'au sol. Supprimez tous les rejets qui apparaissent sous la greffe.

Salix x sepulcralis

Saule pleureur

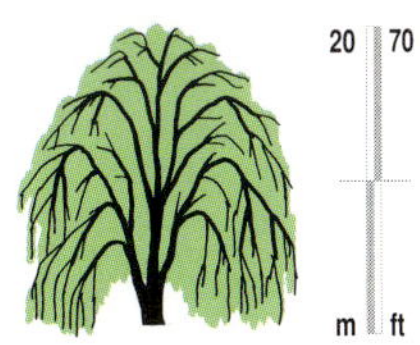

Hybride rustique de *Salix alba* et de *Salix babylonica*, c'est un arbre arrondi, au port franchement pleureur, très apprécié pour sa silhouette élégante et le vif contraste entre ses feuilles vert clair et ses pousses dorées.

Conduite et taille. : les jeunes plants forment une flèche typique sur laquelle apparaissent de courtes latérales, plantes à développement presque horizontal. Commencez par former un fuseau sur une tige de 1,5 à 2 m *(voir p. 28)*. Avec le temps, la flèche finit par disparaître et la couronne s'élargit pour prendre un port ample et pleureur. L'arbre ne gagne plus en hauteur que par ses pousses en forme de fouet, qui s'élèvent, en saison au-dessus des latérales avant de retomber, l'année suivante. Ne les coupez jamais, même si leur port apparaît atypique. De nouvelles flèches vont se développer à chaque saison, donnant une couronne souple et de grande ampleur. Les saules pleureurs adultes demandent peu de tailles, si ce n'est un allégement de la couronne, pour l'aérer. Les saules pleureurs dont les branches charpentières ne s'étalent pas forment une boule touffue qu'il convient d'alléger un peu en période hivernale. Le recépage est déconseillé, car il donne des rejets désordonnés.

AUTRES SAULES

SALIX ALBA 'TRISTIS' et **SALIX X PENDULINA** sont des saules pleureurs, à conduire comme le *Salix* x *sepulcralis*. Il en est de même pour le **SALIX BABYLONICA** qui, jeune, demande un endroit abrité pour bien pousser.
SALIX BABYLONICA var. **PEKINENSIS 'TORTUOSA'** (connu sous l'appellation **MATSUDANA 'TORTUOSA'**) porte des branches contournées, garnies de feuilles incurvées. Il pousse en cépée sur un tronc court et demande peu de tailles de formation. Retirez une latérale sur trois, se dirigeant vers le cœur, pour éviter l'étouffement.
Une fois l'arbre établi, un éclaircissage occasionnel supprime les latérales mal placées ou entrecroisées. Cette taille stimule la repousse et conserve la curieuse végétation cactéristique de la plante. Les vieux arbres réagissent bien au recépage, mais le remplacement est préférable, car les jeunes sujets poussent très rapidement.
SALIX CAPREA et **EXIGUA** ont un port buissonnant. Ils forment une cépée branchue dès la base. Laissez-les pousser seuls. Ils réagissent bien à un recépage.
SALIX DAPHNOIDES forme une touffe élégante, à recéper souvent pour profiter de la belle écorce. Les jeunes pousses se teintent de pourpre à pruine mauve. Formez un têtard ou une cépée comme pour *Salix alba*, puis supprimez chaque année une branche sur trois.
SALIX FRAGILIS est conduit en fuseau sur tige, en conservant la flèche le plus longtemps possible. La couronne se ramifie seule.
SALIX HOOKERIANA est comparable à *Salix caprea*, mais il peut se conduire sur une tige comme le *Salix alba*.
SALIX UDENSIS 'SEKKA' (ou **SACHALINENSIS 'SEKKA'**) est un arbre caduc, cultivé pour ses tiges contournées, à rabattre de préférence chaque année sur la charpente, pour qu'il développe ses curieuses pousses.

CONSEIL TRUFFAUT
Les saules pleureurs présentent souvent des feuilles tachées de noir et l'extrémité de leurs jeunes branches dénudées, desséchées, avec des nécroses sombres. C'est dû à l'anthracnose, une maladie cryptogamique difficile à traiter avec des fongicides classiques. Il en est de même pour les attaques de la rouille qui génèrent des boursouflures jaune orangé à la face inférieure des feuilles. Un moyen radical pour combattre ces maladies est d'abord de ramasser et de brûler toutes les feuilles tombées au sol. Ensuite, il suffit de pratiquer une taille très sévère de toute la ramure. L'ensemble des charpentières est rabattu en têtard autour du tronc. Cela provoque une repousse très vigoureuse et saine.

Sassafras

Originaire du centre et de l'est des États-Unis, *Sassafras albidum* est un arbre caduc resplendissant d'or et d'écarlate à l'automne. Il dépasse rarement 10 m de hauteur dans nos régions. Dans son biotope, il parvient jusqu'à 30 m. Dans les zones fraîches, il est plutôt buissonnant. En France, il est bien rustique et peut être aisément conduit en fuseau sur une tige de 1,5 à 2 m de hauteur *(voir p. 28)*. Pour obtenir cette forme en climat continental froid, abritez-le des vents dominants et des gelées, durant deux à trois ans. Si la flèche disparaît, mieux vaut laisser se former une cépée drageonnante. Un sol profond et sain conditionne la réussite.

Schefflera

Ces arbres persistants tropicaux ou subtropicaux sont cultivés pour leurs belles feuilles en ombelles et leurs larges grappes de fleurs. Même les plus rustiques, tel *Schefflera digitata*, exigent un climat totalement exempt de gelées. Ils ne demandent pas de taille. Sous abri, les *Schefflera* supportent un recépage pour les conserver buissonnants. Rabattez les pousses sur un rejet ou un nœud avant le printemps. Pour les arbustes, *voir p. 219*.

Schima

Palissés contre un mur, ces persistants proches des camélias, supportent des gelées très faibles et apprécient les étés pas trop torrides. *Schima wallichii* peut être cultivé en bacs, dans une véranda, comme les camélias *(voir p. 182)*. Ces arbres assez rares en culture ne demandent guère de tailles, mais ils supportent un éventuel recépage. Une fois les bois gelés retirés, la plante émet de nombreuses pousses qui pourront reformer la couronne. Les fleurs crème apparaissent à la fin de l'été.

Schinus

On appelle ces arbres « faux poivriers », en raison de l'odeur caractéristique des feuilles quand on les froisse. Persistants, souvent épineux, ils sont cultivés pour leur feuillage fin et gracieux, leurs petites fleurs blanches ou jaunes et leurs fruits décoratifs. Tous craignent le froid, mais ils viennent bien dans une véranda ou en serre froide. *Schinus polygamus* supporte de faibles gelées. Sous un climat chaud, il demande peu de tailles, poussant seul en cépée ou fuseau. On peut le palisser contre un mur chaud et ensoleillé *(voir p. 74)*. Sous abri, il supporte une taille restrictive. Opérez en été, quand la pousse ralentit. Le plus cultivé dans le Midi est *Schinus molle*.

Sophora

Originaires des États-Unis et du Japon, ce sont des arbres ou des arbustes cultivés pour leur feuillage, leurs fleurs pendantes et, pour certains, leur belle écorce rugueuse. La plupart aiment les climats chauds aux étés brûlants. *Sophora japonica* est le plus rustique, répandu dans les plantations d'alignement. Les espèces qui présentent les plus belles floraisons, comme *Sophora tetraptera*, réussissent surtout dans les régions aux climats maritimes doux. Ailleurs, elles ne fleurissent guère, à moins d'être palissées le long d'un mur. Sensibles aux transplantations, tous les *Sophora* demandent d'être achetés en conteneurs.

Quand tailler : en été. Nombre d'espèces « pleurent », si elles sont taillées à la fin de l'hiver et au printemps.

Conduite et taille : formez un fuseau sur une tige de 1,5 à 2 m *(voir p. 28)*. Dans les zones continentales, les *Sophora* forment une flèche vigoureuse. Ils se dépouillent seuls de leurs branches basses et se ramifient solidement, sans nécessiter de formation. Dans les régions tempérées, la flèche disparaît tôt. Elle laisse place à une couronne ouverte, aux charpentières noueuses, qui partent plus ou moins du même point. Cette ramure est sensible au vent. Il faut donc maintenir la flèche le plus longtemps possible et sélectionner tôt les latérales qui donneront une charpente équilibrée. Si la flèche disparaît, remplacez-la *(voir p. 26)*, car sa présence empêche la formation de branches faibles et tordues. C'est délicat, mais possible avec des soins. Intervenez peu sur les adultes.

Sorbus *Sorbier*

Ce sont des petits arbres ou de grands arbustes caducs, très cultivés. On apprécie leur forme élancée, leur feuillage finement découpé, leurs fleurs printanières, leurs fruits et souvent, leurs couleurs d'automne. Les sorbiers sont peu exigeants, y compris en tailles. Ils préfèrent les climats froids. *Sorbus alnifolia* et *commixta* apprécient les étés chauds. L'idéal est de planter des scions *(voir p. 24)* et de les former tôt. Le choc végétatif est réduit et la flèche reste vigoureuse. Les arbres à demi formés s'établissent bien. Un sujet presque adulte souffre des transplantations. Certains cultivars sont greffés. Le feu bactérien peut les faire dépérir *(voir p. 117)*.

Quand tailler : en automne et en hiver pour les interventions importantes. Supprimez le bois mort pendant l'été.

Sorbus aucuparia
Cet arbre est utilisé pour la profusion de ses fruits rouges, très appréciés des oiseaux.

Sorbus aria

Alisier blanc

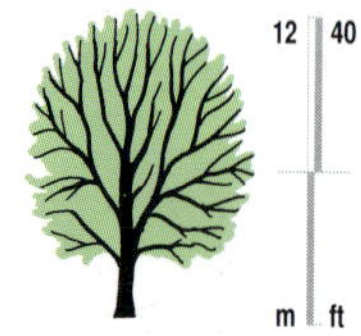

Cet arbre à la cime arrondie porte des branches dressées, garnies de feuilles coriaces à revers blanc et des fruits rouges. Dans les lieux ventés, la cime est souvent difforme et la taille n'y fait rien, car les branches sont souples. Indigène dans les montagnes d'Europe, l'alisier préfère les sols calcaires.

Conduite et taille : formez d'abord un fuseau sur tige *(voir p. 28)* qui atteindra 2 m. Laissez alors la couronne se ramifier. L'arbre ne peut être rénové mais, coupé à ras, il donne un joli buisson.

Sorbus aucuparia

Sorbier des oiseleurs

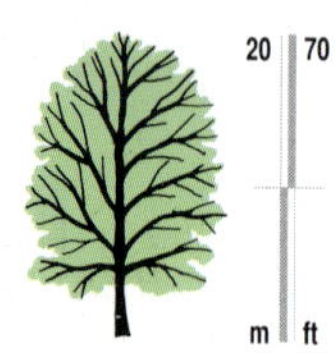

C'est d'ordinaire un arbre sur tige, plus ou moins conique, parfait pour les alignements et dans les jardins de superficie moyenne. Taillez les cultivars comme l'espèce type, quand la fructification est terminée (hiver).

Conduite et taille : formez un fuseau sur une tige de 1,5 à 2 m de hauteur, suivant la vigueur de l'arbre.
Assurez-vous que les latérales soient bien réparties autour du tronc et donnent environ cinq charpentières. C'est surtout important sur les cultivars fastigiés tels que 'Sheerwater Seedling'. Les branches

SOPHORA JAPONICA
Les climats froids empêchent la floraison, mais le feuillage reste très ornemental.

rapprochées s'appuient souvent sur le tronc et forment des fourches à, angle aigu, toujours fragiles. La forme 'Xanthocarpa' perd vite sa flèche. Essayez de la conserver jusqu'à la formation d'une tige solide.
Supprimez les gourmands qui, chez les sujets greffés, apparaissent sous le bourrelet de greffe. Les vieux sorbiers mal formés sont difficiles à récupérer, alors mieux vaut les remplacer.

AUTRES SORBIERS

SORBUS AMERICANA subit les mêmes interventions que *Sorbus aucuparia*. Les jeunes arbres produisent des branches latérales dressées. Épointez leurs extrémités quand elles sont trop vigoureuses et risquent de concurrencer la flèche. Même chose pour **SORBUS HUPEHENSIS**, mais avec une tige de 2 m.
SORBUS CASHMIRIANA se taille comme le *Sorbus americana*, et **SORBUS COMMIXTA**, comme le *Sorbus aria*.
SORBUS DOMESTICA doit être conduit en fuseau sur une tige de 2 m *(voir p. 28)*, pour que les branches horizontales, aux sous-latérales retombantes, garnissent l'arbre de feuillage jusqu'au sol. Retirez le bois mort sur les vieux arbres.
SORBUS 'JOSEPH ROCK' voit sa forme souvent gâchée par des tiges trop longues. Créez un tronc de 1 m et conservez la flèche jusqu'à ce que la couronne s'ouvre. Choisissez des sujets jeunes, peu branchus. Pas d'autres interventions de taille.
SORBUS REDUCTA, *voir* le Lexique des arbustes d'ornement *p. 221*.
SORBUS VESTITA (ou **CUSPIDATA**) doit être conduit en fuseau sur une tige de 1 m de haut qui est formée en quatre ans *(voir p. 28)*. Taillez les adultes le moins possible, afin de ne pas provoquer de ramifications inutiles.

STYRAX

Ce sont des arbres et des arbustes persistants à feuilles alternes. Ils sont cultivés pour leur port élégant et les grappes pendantes de fleurs blanches qui s'épanouissent en été. Nombre d'espèces cultivées sont gélives quand elles sont jeunes, mais rustiques une fois adultes. Les *Styrax* n'aiment guère les tailles. Ils sont parfaits pour les jardins de sous-bois et autres lieux bien protégés.

Styrax japonicus

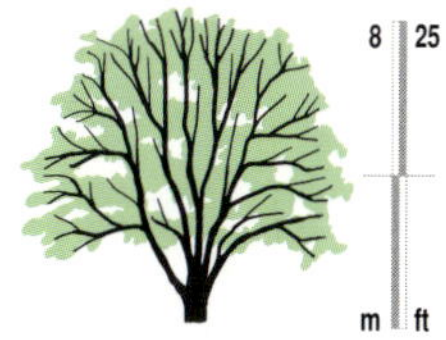

Ce petit arbre rustique forme parfois un gros buisson à deux couronnes rondes, constituées de branches plus ou moins horizontales, chargées de brindilles lâches. Cette espèce n'aime pas la taille. Pour obtenir une belle flèche, la formation se réduit à éviter tout accident durant la première année. Plantez un sujet très jeune, dans un endroit abrité des gelées tardives. Évitez l'exposition au soleil matinal pour réduire les risques de gelée. Un sol acide est apprécié.

Quand tailler : en automne et en hiver.

Conduite et taille : essayez de produire un fuseau sur une tige courte (voir p. 28). Quand la couronne s'épaissit, les branches basses meurent spontanément par asphyxie et le tronc s'élève. À la fin de l'hiver, élaguez ces rameaux déficients sur leur empattement (voir p. 12). Les Styrax adultes demandent peu de soins et réagissent très mal au recépage. Si l'été est très chaud, il est impératif de doucher le feuillage chaque soir à l'eau fraîche.

AUTRES STYRAX

STYRAX HEMSLEYANUS et **OBASSIA** se taillent sous un climat chaud, comme le *Styrax japonicus*. Dans les régions froides, les jeunes plantes demandent un emplacement ensoleillé, abrité des vents glacés.
Vous les cultiverez en cépées *(voir p. 30)*. En dépit de leurs ramifications à angles fermés, les tiges dressées sont solides et durables, elles ont tendance à rattraper la flèche. Peu de tailles sur les adultes.
Les pousses vigoureuses nées après un recépage sont sensibles au froid.

SYZYGIUM

Connus aussi sous le nom « *Eugenia* », ce sont des arbres et des arbustes persistants qui demandent un climat humide, tempéré chaud ou tropical. Ils sont cultivés tant pour la beauté de leur floraison que pour leurs fruits comestibles, utilisables surtout en confitures. *Syzygium aromaticum* fournit la girofle. Les espèces arborescentes se ramifient à la base et tendent à former une couronne dense parfois irrégulière. Livrés à eux-mêmes, ils supportent très bien la taille, nécessaire parfois pour la fructification. Pour avoir un fruitier accessible et productif, créez une cépée sur une tige courte, de 60 à 90 cm de hauteur, comme pour l'*Acer davidii (voir p. 52)*.

Opérez à la fin de l'hiver ou de la saison sèche. Pincez toutes les pousses vigoureuses pour équilibrer la plante. Beaucoup d'espèces continuent à produire des branches latérales basses sur le tronc. Il faut les retirer tôt, ainsi que tous les gourmands. Pratiquez de préférence par éborgnage des yeux avant leur développement. De cette manière, la plante ne sera pas gênée dans sa croissance. Sur les adultes, ne retirez que les branches en surnombre, malades ou mortes. La taille des racines *(voir p. 101)*, ou l'incision annulaire *(voir p. 106)*, sont parfois utilisées pour relancer la production fruitière des arbres paresseux.

CONSEIL TRUFFAUT

Les sorbiers sont très précieux pour ceux qui aiment attirer les oiseaux dans leur jardin. Les baies qui apparaissent dès la fin de l'été constituent une nourriture attrayante pour toute la gent ailée. N'espérez pas profiter bien longtemps de cette fructification ornementale. Il est rare qu'elle soit présente après la chute des feuilles. Les grappes de fruits apparaissent à l'extrémité des jeunes pousses de l'année. Stimulez leur formation, en effectuant une taille rapide au sécateur en hiver. Réduisez du tiers de leur longueur toutes les pousses situées à l'extrémité des branches. Coupez au-dessus d'un oeil, en sélectionnant un bourgeon dirigé vers l'extérieur de la ramure. Cette intervention va provoquer au printemps le développement des jeunes pousses et stimuler la floraison.
Cette taille ne doit être réalisée que sur les arbres ayant terminé leur formation. Il est même conseillé d'éliminer les fruits qui apparaissent sur les jeunes sujets. Cela évite qu'ils s'épuisent inutilement à former des réserves.

T

TAMARINDUS *Tamarin*

Ce grand arbre persistant à la couronne dense, large et arrondie, est cultivé dans les zones tropicales pour sa belle silhouette et ses gousses à la pulpe aromatique. Dans les régions subtropicales, on l'emploie en alignement. Le tamarin supporte divers climats chauds, même secs. Les jeunes arbres sont sensibles au gel, mais les sujets âgés sont plus robustes et peuvent réussir dans les endroits les plus privilégiés de la côte méditerranéenne. Les jeunes plantes poussent lentement et ne fructifient qu'au bout de cinq à sept ans. Les cultivars greffés sont supérieurs, fleurissant trois à quatre ans après la plantation. Le tamarin demande peu de taille une fois établi. Un rajeunissement peut être effectué après la récolte. Pour réduire le volume ou augmenter la fructification, rabattez le bois fructifère sur une pousse bien placée.

TOONA

Plus connu sous son ancien nom « *Cedrela sinensis* », *Toona sinensis* est un bel arbre caduc cultivé dans nos régions pour ses grandes feuilles, son port inattendu et son écorce décorative. Sous un climat assez chaud, les sujets âgés de plus de vingt-cinq ans se parent en été de longues grappes pendantes de fleurs blanches parfumées. Un arbre à conduire en fuseau sur une tige de 2 m, en taillant en automne et en hiver. Laissez ensuite s'étaler la couronne irrégulière. Peu ou pas de taille sur les adultes, qui réagissent mal à l'élagage.

TILIA *Tilleul*

Ces beaux arbres caducs vivent longtemps. Ils sont cultivés pour leur stature imposante, leur feuillage et leurs fleurs parfumées. Certains sont très conciliants sur la taille et forment aisément des têtards *(voir p. 36)* ou des rideaux *(voir p. 38)*. Les tilleuls fortement rabattus émettent beaucoup de rejets indésirables. Diverses espèces produisent des renflements où naissent des broussins. Ils donnent parfois du relief, mais mieux vaut les retirer, car ils peuvent défigurer la couronne. Nombre de tilleuls âgés se chargent de bois mort. Le dépérissement se produit de la cime vers le bas, engendrant des « têtes de loup » inesthétiques *(voir* Quercus *p. 84)*.

Quand tailler : de l'été au plein hiver. Taillés au printemps, les tilleuls pleurent.

Tilia platyphyllos

Tilleul de Hollande

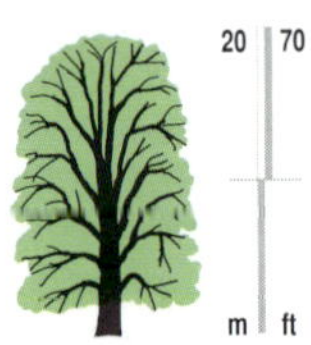

C'est un arbre caduc imposant, avec une couronne étroite formée de grosses branches érigées. Bien qu'il forme des fourches serrées avec des replis d'écorces constituant des poches d'eau, il perd rarement ses branches. Il se creuse facilement en vieillissant, mais ne forme guère de broussins.

Conduite et taille : formez un fuseau sur tige *(voir p. 28)*, en conservant la flèche le plus longtemps possible. Dégagez le tronc sur 2 à 3 m, pour permettre aux sous-latérales de retomber. Avec le temps, les branches latérales supérieures prennent de l'ampleur et forment des flèches multiples. Cela ne pose pas de problème sur une couronne équilibrée. Dans les endroits ventés, la ramure peut être tordue et les branches devenir cassantes. Très lourdes, les charpentières adultes ne doivent être abattues que par un professionnel. À moins qu'ils soient creux, les arbres âgés ou déclinants peuvent être restaurés. Là encore, mieux vaut faire appel à un spécialiste *(voir p. 35)* qui retirera les gros bois morts pour prolonger la vie du sujet.

Tilia tomentosa

Tilleul argenté

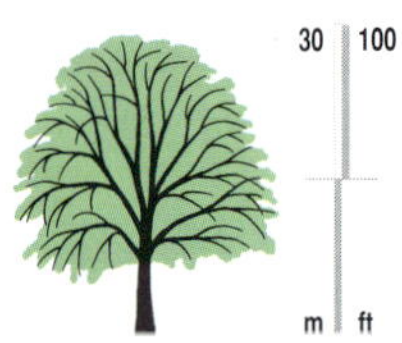

C'est un arbre caduc, à la couronne dense, régulière, formée de branches dressées. Les feuilles vert sombre forment un joli contraste décoratif avec leur revers argenté, légèrement duveteux.

Conduite et taille : formez un fuseau sur tige *(voir p. 28)*. L'arbre pousse vite quand il est jeune et ses branches latérales dressées, quoique vigoureuses, ne gênent guère la flèche. N'y touchez donc pas. Une fois la charpente formée, le tronc sera dégagé sur 2,5 à 3 m. Si vous laissez les branches basses, elles forment des couronnes secondaires, incongrues dans la silhouette régulière.

AUTRES TILLEULS

TILIA AMERICANA, CHINENSIS, X EUROPAEA (X VULGARIS), INSULARIS et **X MONGOLICA** sont plus faciles à conduire que le *Tilia cordata*.
TILIA CORDATA se plante jeune dans un sol riche. Un endroit abrité aide à former un arbre solide. Conduisez tout doucement un fuseau sur une tige de 2 à 3 m. Attendez deux ou trois ans pour toucher aux branches latérales. Elles seront éliminées sur trois ou quatre ans, tout en conservant la flèche. Les arbres établis ne demandent guère de soins. Retirez cependant toutes les pousses. Le gros élagage est déconseillé.
TILIA X EUCHLORA forme seul une flèche solide et demande peu de tailles. Conservez les branches basses pour stimuler une ramification jusqu'au sol. Les arbres installés deviennent inégaux, mais la taille n'y fait rien. Ils réagissent mal à l'élagage.
TILIA 'PETIOLARIS' se conduit comme le *Tilia tomentosa*. Éliminez au ras de leur empattement tous les rejets qui apparaissent sous le bourrelet de greffe.
TILIA OLIVERI doit être conduit en fuseau sur une tige de 1,5 à 2 m *(voir p. 28)*. Laissez ensuite la couronne se ramifier seule.

TILLEULS EN RIDEAU *Les tilleuls reprennent d'ordinaire fort bien et ne réagissent guère à la transplantation. Il est donc possible d'acheter des sujets déjà formés, pour accélérer le résultat final sur un rang d'arbres en rideau. Le principe de formation est expliqué* page 38.

U - Z

ULMUS *Orme*

Ces grands arbres caducs sont cultivés pour leur aspect élégant et leur excellente résistance à la pollution des villes. Depuis 1960, la plupart ont succombé à la graphiose et les ormes deviennent rares en Europe et en Amérique du Nord. Certaines espèces, pour des raisons mal connues, perdent brutalement des branches, au cœur de l'été, surtout par temps chaud et calme.

Quand tailler : en automne et en hiver.

Ulmus carpinifolia

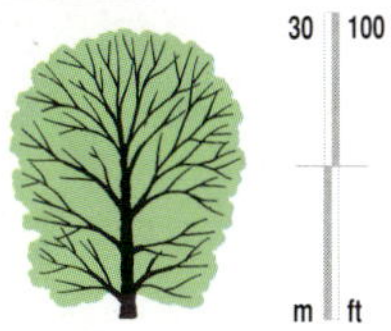

Connu aussi sous le nom de « *Ulmus minor* », cet arbre est reconnaissable à ses feuilles dentées, brillantes, vert clair. Sa couronne est étroite, arrondie, avec des branches dressées, courbées à la pointe, et de longues brindilles retombantes.

Conduite et taille : formez un fuseau sur une tige de 2 à 3 m *(voir p. 28)*. La flèche vigoureuse est aisément conservée jusqu'à l'âge adulte. Les sujets établis demandent peu ou pas de tailles. Ils semblent être moins sensibles à l'apoplexie des branches.

Ulmus glabra

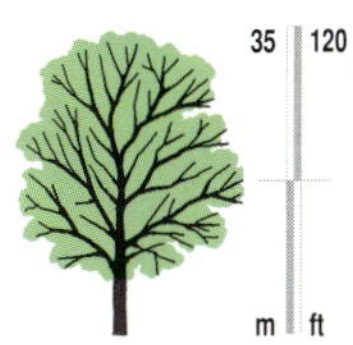

C'est un arbre caduc à la cime lâche. Il est sujet aux broussins, mais forme peu de drageons. Le cultivar 'Camperdownii' est une forme pleureuse greffée *(voir p. 28)*, caractérisée par ses branches noueuses et denses. 'Pendula' est un arbre à tronc droit et aux branches retombantes qui portent des brindilles en chevrons.

Conduite et taille : formez un fuseau sur tige *(voir p. 28)* mesurant un quart de la hauteur de l'arbre. Retirez toutes les pousses latérales trop proches ou mal réparties autour du tronc. Pincez celles qui concurrencent la flèche. Les vieux arbres se chargent de bois mort, parfois lourd, qu'il faut faire retirer par un professionnel. C'est indispensable si une voie de passage se trouve sous l'arbre. *Ulmus glabra* 'Camperdownii' résiste à toute volonté de formation. Les sous-latérales pendantes peuvent être pincées. Les rameaux faibles sont souvent étouffés par leurs concurrents. Seule est possible l'élimination des parties mortes. Peu d'autres tailles à conseiller, si ce n'est la suppression des rejets qui apparaissent sur le tronc. *Ulmus glabra* 'Pendula' est réfractaire à la formation. Laissez-le pousser seul, en vous contentant d'égaliser les branches.

Ulmus parvifolia

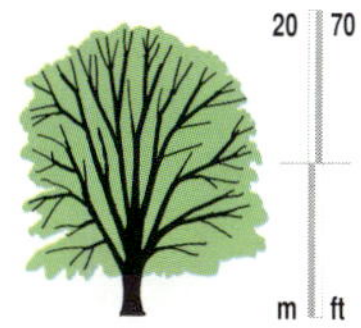

Venu d'Asie, cet orme chinois est résistant à la graphiose. Jeune, il montre une forme buissonnante. Il est caractérisé par des petites feuilles, duveteuses sur la face inférieure quand elles sont jeunes. Les rameaux grêles sont couverts d'un fin duvet gris.

Conduite et taille : cet arbre est réfractaire à la taille de formation. Sous le climat continental, on peut obtenir un fuseau sur une tige mesurant un quart de la hauteur du jeune arbre *(voir p. 28)*. Taillez peu ou pas du tout les arbres adultes qui apprécient peu les coupes importantes.

AUTRES ORMES

ULMUS AMERICANA doit être conduit en fuseau sur tige. Dégagez-la peu à peu pour lui faire atteindre 4 m quand la ramure est formée. Par la suite, le tronc pourra atteindre jusqu'à 6 m, selon la vigueur du sujet. Sur les adultes, retirez les pousses qui apparaissent sur le tronc. Les interventions dans la couronne seront confiées à un professionnel, en particulier la suppression des branches lourdes et abîmées.

ULMUS ANGUSTIFOLIA var. **CORNUBIENSIS** (ou **CARPINIFOLIA 'CORNUBIENSIS'**) et **PLOTII** sont traités comme un *Ulmus carpinifolia*.

ULMUS X HOLLANDICA est un groupe d'hybrides résistants à la graphiose qui présentent quelques défauts. Ils produisent volontiers des branches dressées aux fourches serrées. Ils émettent aussi des pousses épidermiques et des drageons, et sont sujets à la chute des branches.
Il faut les conduire en fuseau sur une tige de 2 à 3 m de hauteur. Il importe de conserver la flèche le plus possible et de supprimer ses concurrentes.
Ne gardez que les latérales espacées, réparties autour du tronc. Retirez les pousses épidermiques.

ULMUS PROCERA drageonne et perd des branches. Il est inadapté à la ville. Il faut le conduire en fuseau sur tige *(voir p. 28)*, sans retirer les branches basses, avant leur mort naturelle. Coupez les rejets au sécateur, car les arracher favorise l'infection.

ULMUS PUMILA se taille et se forme comme un *Ulmus parvifolia*.

ZELKOVA

Ces arbres rustiques, caducs, ont l'écorce lisse ou ondulée et les feuilles alternes, rugueuses, dentelées. Ils sont plus beaux cultivés en isolés sur une pelouse.

Zelkova serrata

Orme de Chine

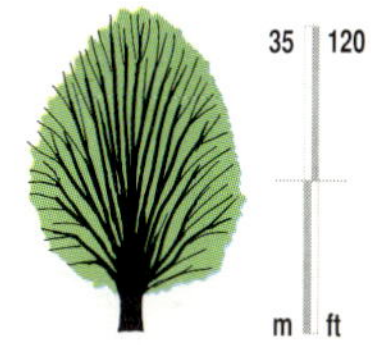

C'est un grand arbre à large couronne formée de lourdes branches étalées. Adulte, il est rustique, mais le froid endommage les jeunes sujets. Les feuilles virent à l'orange, au rose et à l'or en automne. Un arbre à redécouvrir.

Quand tailler : à la fin de l'hiver. Des tailles légères sont aussi possibles en été.

Conduite et taille : formez un fuseau sur une tige de 3 m de hauteur *(voir p. 28)*, qui portera une charpente aérée. Les branches basses adultes sont souvent retombantes et, pour laisser le passage, il faut parfois remonter la couronne. À la fin de la feuillaison, rabattez les extrémités de chaque branche sur une pousse dirigée vers le haut. Vu leur poids, les grosses branches mal placées ne seront élaguées que par un professionnel.

AUTRES ZELKOVA

ZELKOVA ABELICEA (ou **CRETICA**) est une espèce de vigueur moyenne qui pousse spontanément en cépée *(voir p. 30)*. Retirez les branches mal placées.

ZELKOVA CARPINIFOLIA doit être conduit sur une tige de 2 à 3 m de hauteur. Laissez le tronc se ramifier en couronne buissonnante. Limitez le nombre des charpentières sur les jeunes arbres. Les adultes n'apprécient pas les tailles sévères.

ZELKOVA SINICA est sensible à la maladie du corail. Limitez les tailles au strict minimum.

CONSEIL TRUFFAUT

Dans un jardin d'amateur, le tilleul est intéressant pour ses fleurs qui apparaissent sur les pousses de l'année. Décoratives et mellifères, elles ont aussi des vertus officinales calmantes et reposantes. Pour favoriser la floraison, taillez pendant le repos de la végétation. En réduisant de la moitié de leur longueur toutes les jeunes branches dans le courant de l'hiver, vous provoquerez au printemps une repousse vigoureuse. Les fleurs sont récoltées à leur plein épanouissement et mises à sécher.

Arbres fruitiers

Qu'ils soient cultivés professionnellement pour leur rendement ou bien pour leurs vertus à la fois décoratives et gustatives, les arbres fruitiers doivent être taillés et formés avec soin afin d'exprimer toutes leurs qualités.

Le regain d'intérêt actuel pour la culture des arbres fruitiers au jardin est dû à l'envie toujours forte de récolter des fruits frais, au goût délicieux, cueillis à l'apogée de leur maturité. L'attrait pour les vieilles variétés, qui privilégient les qualités gustatives à l'aspect esthétique, se développe aussi, tout comme la volonté de récolter des fruits cultivés dans le respect de l'environnement, sans emploi excessif de produits chimiques. Grâce à cette vogue, on redécouvre les plaisirs traditionnels de la culture des arbres fruitiers et leur grande valeur décorative. La plupart des espèces appartiennent à des genres botaniques (*Malus* et *Prunus* surtout) qui comportent des arbres cultivés uniquement pour leur attrait ornemental. Le choix d'un arbre à la fois décoratif et productif justifie bien quelques soins supplémentaires indispensables à une bonne production.

Chez un arbre fruitier, des opérations régulières de taille et de formation permettent d'obtenir des fruits d'une très bonne qualité. Pour fructifier, les arbres des climats tropicaux et subtropicaux s'avèrent plus exigeants. Nous les présentons à part *(voir pp. 140-147)*. Pour les arbres fruitiers rustiques sous nos climats, les spécialistes s'attachent de plus en plus à créer des formes petites, compactes, faciles à exploiter industriellement. De leur côté, les jardiniers amateurs préfèrent les formes qui s'intègrent mieux sur le plan ornemental dans nos petits jardins et fructifient sans nécessiter trop d'interventions. L'apparition de porte-greffes nanifiants a contribué à l'extension de la culture des arbres fruitiers dans les jardins. Grâce à ces arbres plus petits, la culture des fruitiers devient possible sur un balcon. Le concept du jardin d'aujourd'hui est le mélange des genres. Par ailleurs, comme nous n'avons plus la place suffisante pour créer un verger, le fruitier devient ornemental.

POMMIER PALISSÉ
Les palmette, cordon, U, losange, et autres espaliers, sont appelés « formes plates ». Ces arbres occupent un minimum d'espace et conviennent bien aux petits jardins. Ils demandent une taille de fructification et de formation régulière. Palissés contre un mur, les fruitiers, sensibles au gel, trouvent là une protection supplémentaire.

PÊCHER EN FLEUR
Malgré son caractère gélif, le pêcher peut réussir et fructifier dans les régions du nord de la Loire, à condition d'être protégé des vents froids. Les sujets nains cultivés en pot, formés et taillés en un joli petit arbre, seront placés sous abri durant l'hiver.

Formes fruitières

La plupart des arbres fruitiers peuvent, grâce à la taille, prendre des aspects très divers. Différentes formes ont été créées au fil des décennies par les arboriculteurs, pour répondre à différentes situations, tout en s'adaptant au port naturel des arbres eux-mêmes. Certaines formes, dites « libres », ne requièrent pas de support et guère de tailles. Les formes dites « plates » doivent être tuteurées en permanence ou palissées contre un mur sur une armature et des fils de fer. Chez les formes semi libres, le maintien de la silhouette passe par la taille des nouvelles pousses. Pour bien choisir une forme fruitière, vous devez considérer trois facteurs principaux. D'abord, le lieu de plantation. Si vous souhaitez palisser un pommier contre un mur, par exemple, les formes en espalier seront les plus adaptées. Tenez compte de l'espace disponible et du nombre d'arbres nécessaires à une bonne pollinisation. Il faut toujours un minimum de deux variétés pour être assuré d'une production de fruits conséquente. Le dernier facteur consiste à estimer les soins que vous pouvez accorder à vos arbres. C'est à la fois une question de technicité et de temps. Les formes libres, comme la tige ou la demi-tige, sont faciles à façonner et n'exigent pratiquement pas de tailles. Le fuseau ou la quenouille ont besoin d'une seule taille par an, en hiver. Les formes plates, comme le cordon et la palmette, requièrent des interventions multiples (taille, pincement, etc.) tout au long de l'année.

Gobelet

Cette forme très productive convient à presque tous les arbres fruitiers et aux jardins d'amateur. Prévoyez assez d'espace, car cette forme a tendance à bien s'étaler. Les branches se ramifient au-dessus d'un tronc de 80 à 90 cm de hauteur. La flèche est taillée, afin d'obtenir une ossature ramifiée, bien aérée au centre. Les branches sont régulièrement espacées tout autour de l'axe, sur le tiers supérieur du tronc. C'est une forme idéale pour le pêcher.

Demi-tige

Il s'agit d'un gobelet porté par un tronc de 1 à 1,3 m de hauteur. Un tel arbre requiert un porte-greffe vigoureux. Cette forme est utilisée pour les cerisiers dont l'extrême vigueur peut être mieux contenue sur un tronc court. La récolte est aussi facilitée. Un demi-tige est très productif et nécessite peu d'interventions de taille. C'est un bel arbre très décoratif par sa stature, bien adapté aux jardins de surface moyenne.

Haute tige

Avec un tronc de 1,8 m à plus de 2 m de hauteur, le fruitier haute tige doit disposer d'un porte-greffe très vigoureux. Les branches sont ramifiées comme chez le gobelet, mais elles s'étendent bien plus. Les tiges sont des arbres trop volumineux pour la plupart des jardins. Ils produisent énormément, mais leur grande hauteur rend la récolte assez périlleuse. Un des gros avantages est l'absence de taille des sujets adultes.

Pyramide

C'est une forme très utilisée pour les pruniers, car elle est bien adaptée à leur mode de fructification. La silhouette particulière permet aux branches du bas de bien recevoir le soleil. La pyramide donne des arbres petits, compacts, de 2 à 3 m de hauteur. Elle est facile à intégrer dans un espace exigu, car les arbres ainsi conduits peuvent être plantés très près les uns des autres.

Pyramide naine

Grâce à des porte-greffes récents très nanifiants, on peut cultiver sous cette petite forme, compacte (de 1,5 à 2 m de haut) la plupart des variétés de pommiers et de poiriers. Chaque pyramide naine est distancée de 1,5 à 2 m, qu'elle soit plantée en rangs ou en carrés. La taille sévère, nécessaire pour limiter la croissance et l'étalement, convient aux pommiers et aux poiriers, qui fructifient sur de petites coursonnes.

Fuseau

C'est la forme la plus répandue dans les cultures industrielles de pommiers. Les branches principales dirigées obliquement créent une forme conique, élargie à la base. Dans certains cas, les charpentières sont menées à l'horizontale, pour une plus forte production. Les fuseaux sont très productifs et peu encombrants. Ils conviennent bien au jardin d'amateur. La taille d'entretien est assez facile.

Cordon oblique

Cette forme est pratique pour les pommiers et les poiriers, car elle permet de planter plusieurs variétés dans un petit espace. Les arbres sont palissés sur des pieux et des fils de fer, ou contre un mur. Un cordon oblique est très productif. C'est une forme utilisée pour obtenir des fruits de très bonne qualité, car elle combine une exposition ensoleillée maximale, avec toute la vigueur d'un fort système radiculaire. Plusieurs tailles annuelles sont utiles.

U simple

C'est une palmette simplifiée qui comporte deux bras dressés verticalement sur lesquels s'insèrent directement les coursonnes. L'ensemble résulte de tailles assidues. Un U simple est plus facile à installer dans un petit espace, le long d'un mur, que deux cordons simples et obliques. C'est une forme idéale pour les arbustes à petits fruits comme les groseilliers. Il existe aussi des U doubles, très élégants.

Palmette verticale

Les palmettes à plusieurs bras verticaux résultent d'une formation et de soins complexes. Elles assurent un effet très décoratif. Cette forme est bien adaptée aux pommiers et aux poiriers. Les palmettes à trois bras ne conviennent pas pour certaines variétés, car toute la vigueur se dirige uniquement dans le bras central. Mieux vaut alors une forme à quatre bras comme la palmette Verrier ou le U double.

ÉVENTAIL OU QUEUE DE PAON

Cette forme décorative, très productive, convient pour de nombreux arbres fruitiers, mais surtout pour les espèces à noyaux et pour les figuiers. Le tronc est très court et divisé en deux bras très ramifiés de part et d'autre de l'axe central. On l'appelle aussi parfois « palmette à la diable ».

PALMETTE OBLIQUE

C'est une forme traditionnelle des vergers du début du siècle. Les branches étagées sont légèrement obliques, ce qui donne à la plante un bon rapport entre la vigueur et la fertilité. La formation est longue.

PALMETTE HORIZONTALE

Idéale pour pommiers, poiriers et raisins chasselas, cette forme ne convient pas aux arbres fruitiers à noyaux. Sa symétrie parfaite crée un bel effet décoratif. Les branches doivent être disposées en étages réguliers et avoir une longueur égale.

CORDON HORIZONTAL

C'est une forme à tige unique menée à l'horizontale, qui convient seulement aux pommiers. Le cordon est supporté par un solide fils de fer. On l'utilise pour border un massif ou une allée.

Porte-greffes et vigueur de l'arbre

Les variétés fruitières ne se multiplient pas fidèlement par semis et ne réussissent pas bien à partir de boutures. Aussi, depuis des siècles, les multiplie-t-on par écussonnage et autres méthodes de greffage. Le porte-greffe (la partie qui possède les racines) conditionne la croissance de l'arbre et sa hauteur adulte. Il influence la méthode de taille et de formation. Les porte-greffes vigoureux, très employés jadis, conviennent aux formes libres (on dit aussi « plein vent ») comme les tiges et les demi-tiges, qui se passent de taille pour fructifier. Les porte-greffes modernes produisent des arbres plus petits qui requièrent des soins assidus de taille et de formation. Ils sont reproduits à l'identique (méthode du clonage). Tous ceux qui portent le même nom (ou numéro) donnent des arbres de vigueur similaire. L'effet nanifiant induit aussi une production plus rapide. Le plus souvent, les porte-greffes sont des sélections appartenant au même genre que la variété (par exemple, des *Malus* pour les pommiers). Mais les cerisiers se greffent aussi sur des pruniers, les pêchers sur des amandiers, les poiriers sur des cognassiers, etc. Les très bons spécialistes doivent être capables, au moment de l'achat, de vous préciser la nature du porte-greffe qui a été utilisé, afin de vous garantir la meilleure réussite possible. Le choix du porte-greffe a aussi une grande importance pour l'adaptation au sol.

COMMENT DIFFÉRENTS PORTE-GREFFES AFFECTENT LA TAILLE DE L'ARBRE

La même variété peut donner des arbres de formes et de hauteurs différentes, si elle est compatible avec plusieurs porte-greffes. Ces derniers reçoivent souvent des noms ayant trait au lieu où ils ont été obtenus. Ainsi, la série « M » vient de la station de recherche horticole d'East Malling, dans le sud de l'Angleterre.

PLUSIEURS VARIÉTÉS SUR LE MÊME ARBRE

Il est possible de produire un arbre fruitier portant plusieurs ramures, constituées de différentes variétés, alimentées par le même système radiculaire. Ils sont appelés « arbres bicéphales » (pour deux variétés) ou « tricéphales » (pour trois variétés). Les variétés peuvent se polliniser mutuellement ou produire sur une longue période. On peut aussi rechercher un effet esthétique avec des pommes jaunes et rouges en même temps. Il convient d'utiliser des variétés d'une vigueur similaire, afin d'obtenir un arbre bien équilibré et de bonne longévité.

ARBRE BICÉPHALE PALISSÉ EN ÉVENTAIL

Techniques de base

La taille et la formation des arbres fruitiers se pratique selon trois grands principes : influencer la direction des pousses, de façon à créer une ossature forte et à modeler la forme de l'arbre ; supprimer le bois mort, malade ou abîmé, et les rameaux trop nombreux ou enchevêtrés, afin de garder l'arbre en bonne santé ; maintenir un bon équilibre entre la production et la croissance. En agissant ainsi, on obtient un arbre aux branches bien espacées, qui fructifie régulièrement et donne des fruits sains.

L'espace et l'emplacement disponibles conditionnent le choix de la variété, de son porte-greffe et de la forme retenue. L'attrait visuel est aussi un facteur important dans la plupart des cas. Ainsi, le travail supplémentaire nécessaire pour former et entretenir des palmettes est compensé par leur impact décoratif. Mais si vous ne disposez pas du temps nécessaire à leur entretien et si vous débutez dans le jardinage, préférez des formes plus simples comme le gobelet ou le fuseau.

Diverses approches de la taille

La décision de créer soi-même une forme fruitière impose un programme d'interventions qu'il faut savoir maîtriser. Pour l'entretien des arbres adultes, distinguez les formes semi-libres (gobelets, pyramides, tiges, fuseaux) des formes plates (cordons, palmettes). Pour les arbres de plein vent (demi et haute tige), il n'est pas nécessaire de tailler une fois que la ramure est formée.

Chez les formes semi-libres, la taille consiste à garder un équilibre entre le nombre de boutons à fruits qui se développent et la quantité de pousses feuillées (rameaux à bois). Chez les formes plates, la taille a aussi pour but de maintenir la hauteur, la silhouette et la structure des branches.

Les techniques utilisées varient selon les espèces, l'époque d'intervention et les différents stades de la vie de l'arbre. Pour réussir, vous devez comprendre la façon dont l'arbre pousse et fructifie *(voir ci-dessous)*, mais tenir compte également des influences du sol, du climat, de l'exposition et de l'emplacement particulier de l'arbre.

Il est souvent possible de corriger les erreurs de taille en un an ou deux seulement. Un arbre mal guidé ou laissé à l'abandon plusieurs années durant, peut redonner des fruits pendant très longtemps encore, s'il bénéficie d'une taille de rajeunissement soignée. Faites très attention aux attaques parasitaires.

Différents organes de l'arbre fruitier

Œil à bois ou bourgeon foliaire (pommier)
Cet œil pointu et étroit évolue en pousse feuillée qui deviendra une coursonne après la taille. Un arbre jeune et vigoureux produit un grand nombre de bourgeons foliaires. En vieillissant, sa vigueur décroît, et il émet alors plus de boutons à fruits.

Bouton à fruit ou bourgeon à fleur (pommier)
Certains bourgeons foliaires évoluent en dards, organes courts et pointus, qui se transforment l'année suivante en gros boutons arrondis qui vont donner des fruits. Chez les pommiers, les poiriers, les pêchers et les nectarines, les boutons à fruits sont recouverts d'écailles duveteuses.

Prolongement
Aussi dénommée « pousse leader », le prolongement assure l'allongement d'une branche importante ou d'une charpentière. Il s'est développé à partir de l'œil situé juste sous la plaie de taille. Les formes d'arbres, à tronc central (pyramide ou fuseau) ont aussi une branche principale centrale, verticale, dont il ne faut pas tailler l'extrémité.

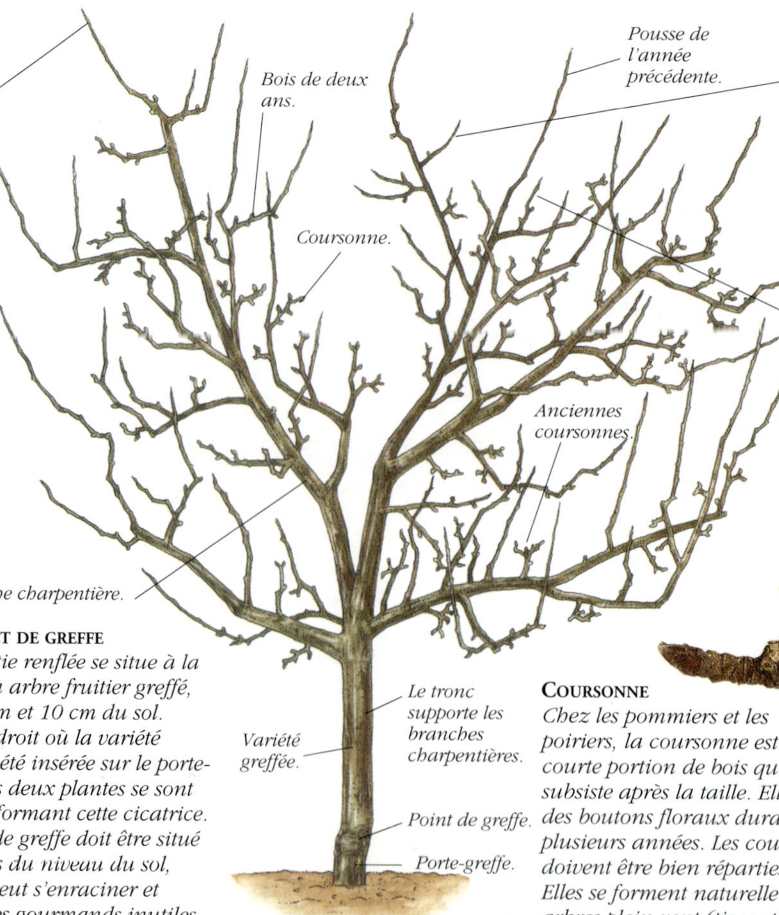

Rameau latéral
C'est une pousse naissant directement d'une tige ou d'une branche principale, sur laquelle se développent des rameaux secondaires.

Rameau secondaire
C'est une pousse émise sur un rameau latéral. Elle produit des fruits.

Bourse. C'est la cicatrice du pédoncule du fruit produit l'année précédente.

Bourrelet de greffe
Cette partie renflée se situe à la base d'un arbre fruitier greffé, entre 5 cm et 10 cm du sol. C'est l'endroit où la variété choisie a été insérée sur le porte-greffe. Les deux plantes se sont soudées, formant cette cicatrice. Le point de greffe doit être situé au-dessus du niveau du sol, sinon il peut s'enraciner et former des gourmands inutiles.

Coursonne
Chez les pommiers et les poiriers, la coursonne est la courte portion de bois qui subsiste après la taille. Elle produit des boutons floraux durant plusieurs années. Les coursonnes doivent être bien réparties sur les branches. Elles se forment naturellement chez les arbres plein vent (tiges et demi-tiges).

Comment tailler

La taille des arbres fruitiers concerne tous les types de rameaux : branches âgées et nouvelles, jeunes pousses et coursonnes. Utilisez toujours un outil très tranchant, afin de réaliser des coupes propres et précises qui ne laissent pas de tissus arrachés et abîmés, risquant d'être envahis par les bactéries.

Exemples de coupes bonnes et mauvaises

Les bonnes coupes sont faites avec une légère inclinaison juste au-dessus du bourgeon, dans le sens opposé (biseau). Ne laissez pas de bois mort, une infection risque de faire mourir le bourgeon, voire le rameau entier.

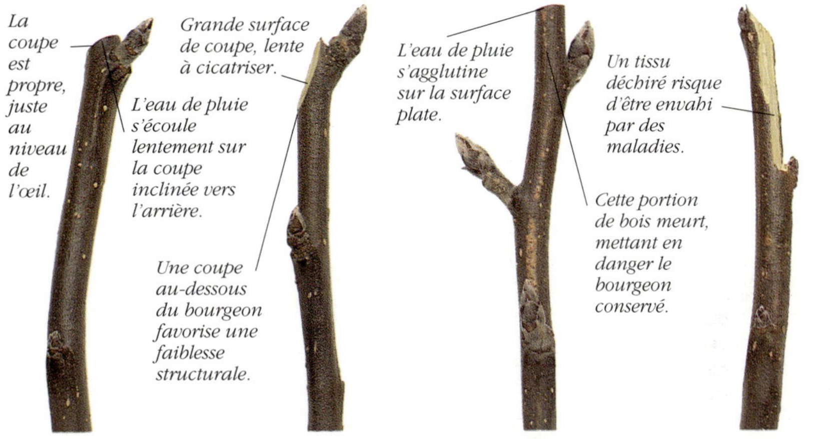

COUPE CORRECTE — COUPE TROP INCLINÉE — COUPE TROP HAUTE — COUPE INÉGALE

Taille des jeunes pousses

Il est important que l'arbre ne soit pas surchargé de jeunes rameaux, afin que la sève profite à la formation des fruits. Les nouvelles pousses pouvant devenir des coursonnes sont pincées à trois ou cinq feuilles de leur point d'origine, alors qu'elles sont encore jeunes et tendres. Celles qui sont mal placées ou qui accompagnent les fruits sont éliminées. Pour tailler des pousses plus âgées, déjà ligneuses, il faut couper en biseau, juste au-dessus d'un œil ou d'un rameau latéral. Sur les arbres en formation, soyez assez prudent dans l'élimination des jeunes pousses. Supprimez seulement celles qui s'avèrent inutiles et conservez les autres. Elles peuvent être amenées à remplacer un bourgeon avorté ou un rameau détruit par la maladie.

Taille du vieux bois

Les arboriculteurs emploient le sécateur pour tailler les rameaux jusqu'à 25 mm de diamètre. Tenez le sécateur dans une main, saisissez l'extrémité de la tige à couper avec l'autre main et tirez-la très doucement vers vous, tandis que le sécateur commence à trancher le bois. Cela contribue à ouvrir l'entaille, la progression de la lame dans le bois étant alors facilitée.

Pour couper des rameaux de gros diamètre et des coursonnes âgées qui ne produisent plus, utilisez une scie à bois ou un ébrancheur bien affûté. La suppression d'une branche entière requiert une technique spéciale, pour éviter que l'écorce ne se fende et ne soit abîmée *(voir p. 22)*.

Quand tailler

L'époque de la taille dépend de l'essence fruitière et de sa forme, palissée ou non. On taille les arbres fruitiers à pépins : pommier, poirier, cognassier, néflier, en hiver. Supprimez le bois âgé, moins productif, en faveur des nouvelles pousses et des coursonnes.

Les arbres fruitiers à noyaux : prunier, cerisier, pêcher, abricotier, peuvent être atteints par la maladie du plomb en cas de taille hivernale *(voir p. 123)*. On réduit les interventions au strict minimum, de préférence à la fin de l'été. Les jeunes arbres en formation sont taillés en mars, afin de stimuler la croissance. Il en est de même pour les pêchers palissés ou conduits en fuseaux.

Conduite des formes

Tout arbre fruitier cultivé dans une forme bien définie comme le cordon, la palmette, le U simple ou double, ou l'éventail, requiert des interventions estivales appelées « tailles en vert ». Si le but d'une taille classique est le plus souvent de stimuler la croissance, la taille en vert consiste plutôt à la restreindre. Il faut éviter qu'un nombre excessif de pousses de l'année ne gêne les fruits en plein développement ou ne leur fasse de l'ombre. Pour cela, maintenez la silhouette et les proportions de l'arbre en éliminant les pousses mal placées et en équilibrant la longueur des autres. La taille en vert incite aussi l'arbre à produire de nouveaux boutons à fleurs pour l'année suivante. Éliminez (ébourgeonnez) les rameaux latéraux en surnombre. Pincez les nouvelles pousses pour créer des coursonnes, sur lesquelles se développeront les boutons à fleurs.

Couper sur un œil

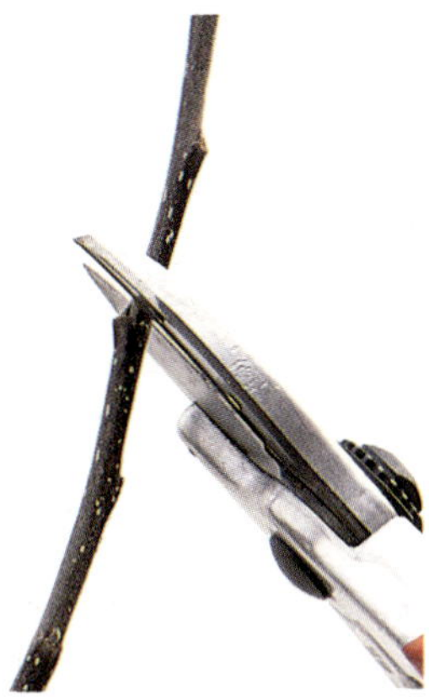

Coupez toujours en biseau à environ 5 mm au-dessus de l'œil à conserver. La base du biseau doit se trouver au niveau du point de départ du bourgeon.

Couper un rameau de remplacement

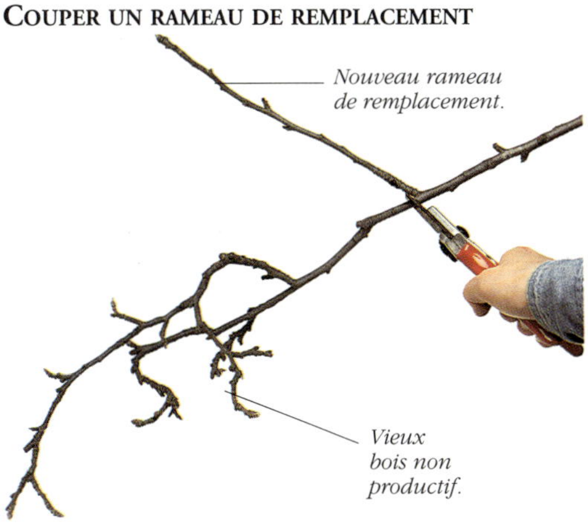

Choisissez une pousse saine et vigoureuse, bien orientée par rapport à la forme de l'arbre. Coupez dans le prolongement de cette pousse. Selon l'angle fait par le rameau, vous pouvez être amené à utiliser une pince à bonsaïs pour une coupe plus précise.

Rabattre une tige principale

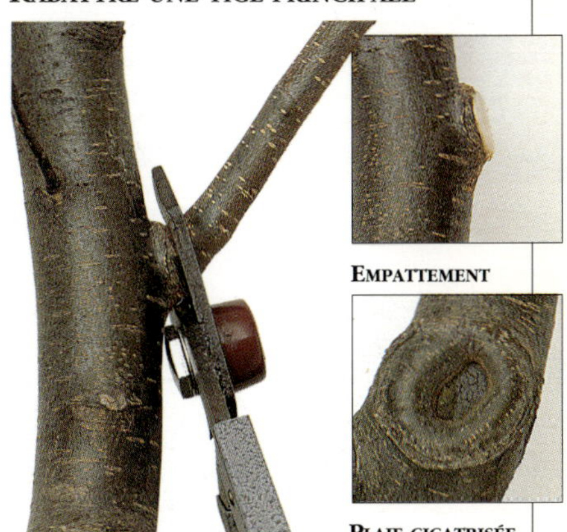

EMPATTEMENT

PLAIE CICATRISÉE

Rabattez la branche à son empattement (voir p. 12), *de façon à ne laisser qu'un anneau. Ainsi, la plaie ne sera pas submergée sous un flot de sève venu de la branche principale ou du tronc.*

Techniques de formation

Durant les premières années de la vie d'un arbre, le développement des nouvelles pousses est très important. Si l'on néglige la taille de formation au profit d'une mise à fruits rapide, l'arbre peut perdre sa forme très vite, surtout avec un porte-greffe nain. Le port naturel de la variété greffée essaie toujours de s'affirmer, ce qui renforce l'importance d'une formation spécifique. Jadis, avec les vigoureux porte-greffes issus de semis (les « francs »), il fallait sept ou huit ans pour bâtir la charpente d'un arbre et obtenir les premiers fruits. De nos jours, avec les porte-greffes nains, les arbres produisent dès leur troisième année. Si vous achetez une forme plate déjà formée ou même un fuseau de trois ans, il vaut mieux supprimer toutes les fleurs la première année de plantation, pour canaliser l'énergie dans les pousses.

Bien acheter les jeunes arbres

Pour être assuré de la meilleure qualité, achetez de préférence vos arbres fruitiers dans une jardinerie qui dispose d'un rayon pépinière spécialisé. Vous y trouverez des arbres sains et vigoureux, bien formés depuis le départ. Vous pourrez aussi bénéficier des conseils de vendeurs compétents sur la nécessité et le choix des variétés pollinisatrices. On vous informera aussi sur l'adéquation entre le sol, l'exposition, le climat et la variété choisie. Vous utiliserez les mêmes critères pour sélectionner de bons spécimens d'arbres fruitiers que ceux conseillés pour des arbres d'ornement *(voir p. 25)*. Préférez un sujet robuste, bien charpenté, équilibré et compact, à un arbre dégingandé. La position et la direction des rameaux latéraux sont aussi un critère de choix. Un arbre fruitier d'un an est le plus souvent une tige érigée non ramifiée appelée « scion ». Il est souvent bon marché, mais devra recevoir une taille de formation complète. Pour favoriser un développement harmonieux et l'émission de rameaux latéraux au bon emplacement, on rabat la branche principale, puis on soumet l'arbre à l'une des deux techniques d'entailles *(voir p. 107)*. Les rameaux latéraux qui apparaissent sur un scion non taillé sont souvent mal espacés, érigés et trop nombreux pour donner un arbre aux belles proportions. Beaucoup d'arbres fruitiers sont présentés en conteneurs, mais il est tout à fait valable de les acheter à racines nues, de novembre à février, pour une plantation immédiate.

JEUNES ARBRES FRUITIERS (POMMIER)
La première année, l'arbre développe d'abord une tige simple. On l'appelle scion (ci-dessous, à gauche). *Il peut se former plusieurs rameaux latéraux. Certaines de ces pousses peuvent convenir pour être utilisées comme branches principales. Chez un arbre ramifié âgé de deux ans* (ci-dessous, à droite), *il suffit de faire une sélection parmi les rameaux latéraux, en vue de constituer la ramure.*

SCION (PREMIÈRE ANNÉE)

JEUNE ARBRE (DEUXIÈME ANNÉE)

Une bonne charpente

Les premières années sont consacrées à créer la charpente de la forme choisie. Supprimez ou raccourcissez toutes les pousses indésirables, celles qui naissent à même le tronc, et tous les rameaux latéraux qui forment avec la tige un angle étroit *(voir p. 12)*. Si vous les conservez, ils casseront par la suite sous le poids des fruits. Même chez un arbre adulte, mieux vaut éliminer les pousses qui naissent, en formant une fourche étroite.

Pour les formes semi-libres : gobelet, tige et fuseau, sélectionnez pour la charpente des branches bien espacées. Préférez celles qui sont vigoureuses et bien isolées sur le tronc. Taillez sur un œil bien orienté pour accentuer la croissance dans la bonne direction. Si l'arbre n'est pas assez ramifié, comptez au

CORRIGER UN DÉVELOPPEMENT IRRÉGULIER

1 Ici, un rameau est plus vigoureux que l'autre, ce qui réduit les chances de façonner une forme symétrique. Déplacez les cannes en bambou, et non les pousses.

2 La pousse la plus vigoureuse peut être abaissée pour ralentir sa croissance. On peut diriger la plus faible vers la verticale pour accroître sa vigueur.

3 Dès que les deux pousses sont de même longueur (généralement après une seule saison de croissance), replacez-les dans leur position initiale.

moins une année supplémentaire de formation pour établir une bonne charpente.
Avec des formes plus complexes, contrôlez tout de suite la direction de croissance des rameaux sélectionnés. Vous devez extrapoler sur leur future croissance afin d'être certain de disposer de suffisamment d'éléments pour créer la forme. Effectuez des tailles répétées pour stimuler l'apparition des pousses nécessaires. Supprimez les rameaux en excès ou pincez-les à deux ou trois feuilles de leur point de naissance. Si une pousse sélectionnée reste chétive, rabattez-la. Les yeux latents situés à la base devraient produire une tige qui assurera le remplacement.

Des supports adaptés

Prévoyez un support pour les jeunes arbres fruitiers jusqu'à ce qu'ils aient formé toute leur charpente. Pour les formes libres, les pyramides et les fuseaux, utilisez un grand tuteur comme support permanent. Préférez des petits tuteurs, un de chaque côté, attaché par un lien adapté *(voir p. 23)*, pour les gobelets. Maintenez-les en place pendant trois ans, ou davantage, dans un lieu très exposé au vent.
Chez les arbres en fuseaux, et la plupart des pruniers, les branches fruitières requièrent un support complémentaire en cas de forte production. Vous les attacherez avec de la ficelle ou des rubans découpés dans des filets de plastique pour ne pas abîmer l'écorce tendre. Fixez ces liens autour d'une forte branche supérieure ou en les clouant au tuteur de l'arbre. Pour les arbres palissés le long d'un mur ou d'une clôture, installez contre ces supports des fils de fer horizontaux, avec un intervalle d'au moins 5 cm pour laisser circuler l'air derrière l'arbre. Fixer les pousses à des lattes de bois ou des tuteurs en bambous attachés aux fils de fer. Ils maintiennent les pousses droites et les empêchent de frotter sur le fil de fer. Dès que les branches sont bien lignifiées, elles peuvent être directement attachées sur les armatures.

Développement irrégulier

Chez les arbres fruitiers, une pousse se développe souvent plus vite et plus vigoureusement que les autres. Lors de la formation et sur tous les arbres adultes, supprimez complètement en été les tiges érigées trop vigoureuses. Si vous souhaitez voir apparaître des pousses à certains points précis (pour former, par exemple, les bras d'une palmette), taillez à cet endroit. Il est possible de corriger un développement inégal en abaissant la pousse trop vigoureuse vers une position horizontale. Cela ralentit sa croissance et permet aux autres branches de la rattraper. L'équilibre obtenu, la branche palissée va retrouver son emplacement d'origine. À l'inverse, le fait d'ériger une pousse faible favorise son développement vigoureux. Pour les arbres palissés, il est facile d'orienter les pousses avec des bambous et des fils de fer.

Favoriser la fructification

Si les pousses horizontales sont peu vigoureuses, elles donnent plus de fruits. Il faut les favoriser dans tous les cas. Certaines formes palissées ont été créées spécifiquement pour exploiter le principe du palissage horizontal. Pour le fuseau, en particulier, tirez vers le bas, à la fin de l'été, avant qu'elles ne deviennent trop rigides, les tiges érigées en utilisant le principe du haubanage *(voir p. 23)*. Vous allez stimuler la formation de boutons floraux *(voir* Pommier en fuseau *p. 110)*. Chez certains jeunes arbres aux branches très longues, notamment les pruniers, on abaisse toutes les grandes pousses par des liens fixés sur le tuteur ou à la tige principale. Cette technique donne de bonnes récoltes chez les petits arbres. Elle était utilisée bien avant l'apparition des porte-greffes nains. D'une manière générale, sachez qu'un excès de vigueur est toujours contraire à la fertilité, alors ne taillez pas trop sévèrement.

UNE BRANCHE HORIZONTALE PRODUIT PLUS DE FRUITS
Le fait d'avoir abaissé la branche en position plus horizontale a favorisé la formation de fruits sur toute la longueur du rameau. Dès que la branche ne reprend plus sa position initiale, on peut supprimer l'attache.

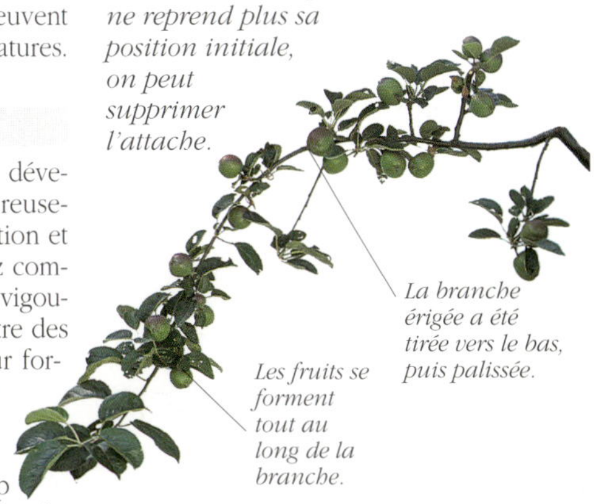

SOUTIEN DES BRANCHES LOURDES CHEZ UN POMMIER
Le tuteur central (ou une canne de bambou robuste) fixé sur le tuteur, constitue un point d'ancrage pour des ficelles ou des bandes nécessaires pour soutenir des branches chargées de fruits.

BRANCHES ARQUÉES CHEZ UN PRUNIER
À la fin de l'été, les branches flexibles ont été arquées vers le bas et maintenues à l'aide d'une ficelle fine. L'année suivante, elles restent courbées, ce qui leur confère une plus grande fertilité.

Techniques de taille

Les arbres fruitiers adultes dépensent de l'énergie de deux façons : en émettant davantage de pousses et en produisant des fruits. Dans la nature, les arbres trouvent tant bien que mal un équilibre naturel. En revanche, les sujets greffés et cultivés selon une forme artificielle, manquent d'harmonie dans leur croissance. Pour bien former un arbre fruitier, il faut restaurer et favoriser l'équilibre entre le développement des rameaux verts et celui des boutons à fleurs. La taille y contribue de manière efficace. Les interventions supplémentaires, nécessaires pour les formes strictes, sont expliquées cas par cas *(voir pp. 104-139).*

Taille sévère ou légère

Pour conserver les dimensions et la forme équilibrée d'un fruitier adulte, le principe est de tailler court les pousses faibles et plus long les pousses vigoureuses. Après une taille sévère, les racines ont beaucoup moins de bourgeons à nourrir. Ces derniers se retrouvent avec un potentiel de croissance bien supérieur et donnent de nouvelles pousses robustes. Une taille légère ou nulle laisse beaucoup de bourgeons et donc peu d'éléments nutritifs pour chacun. Dans son principe, une taille sévère favorise la formation de nouvelles pousses vigoureuses, mais donne peu de fruits, tandis qu'une taille d'ensemble légère peut être suivie par une grosse récolte. Attention, une surabondance de petits fruits épuise l'arbre au détriment des jeunes pousses destinées à se transformer en coursonnes très fertiles.

Un bon équilibre

Il faut tailler différemment les diverses parties de l'arbre. La règle habituelle est de toujours tailler plus long les parties basses d'un arbre, alors que les pousses d'extrémité pourront être raccourcies très sévèrement. Une faible intervention sur des rameaux vigoureux entraîne une croissance réduite qui favorise l'évolution des yeux à bois en boutons à fleurs. Le dosage précis et la sévérité de la taille dépendent de l'état de l'arbre. C'est à vous d'évaluer les imperfections du sujet et de prendre les décisions qui s'imposent pour les corriger. Il s'agit sans doute de l'aspect le plus délicat et le plus subjectif de la taille. Sachez que deux jardiniers de compétence égale ne tailleront jamais un arbre de la même façon. Il n'y a rien de mathématique dans cette intervention. L'important est de couper chaque fois en connaissance de cause.

Les rameaux à fruits

En général, le bois jeune produit des fruits plus petits, mais la mise à fruits varie selon les essences fruitières. Certaines, comme les cerisiers à fruits acides, les pêchers et les nectarines, fructifient sur les jeunes pousses de l'été précédent. D'autres, comme les pommiers et les poiriers, produisent essentiellement sur les pousses et les coursonnes ayant au minimum deux ans, mais le plus souvent trois ans et plus. La première année se développe un rameau à bois (il porte uniquement des feuilles). La deuxième année, un ou deux yeux de la base grossissent, s'allongent et se transforment en dards. Certaines variétés ne forment pas de dards, l'œil à bois pouvant évoluer directement en bouton à fleur. Une coursonne fertile continue de produire plusieurs années. Pruniers, cerisiers à fruits doux et abricotiers, fructifient surtout sur le bois de deux ans ou plus. Ils donnent aussi quelques fruits à la base (partie la plus ancienne) des pousses d'un an. Pour tous les arbres fruitiers, taillez dans le but d'obtenir un mélange de bois d'âges différents. Cela équilibre ainsi croissance et production.

Problèmes de croissance

Les arbres chétifs seront inspectés en tenant compte de tous les facteurs possibles : chancre *(voir p. 102)*, concurrence du gazon ou des mauvaises herbes, manque d'engrais, sol ou exposition inadaptés, etc. Une mauvaise croissance survient si l'on plante de nouveaux pommiers toujours à la même place. Pour éviter cela, il faut changer la terre sur un bon volume. Une fois ce problème résolu, taillez court pour favoriser l'apparition de nouvelles pousses vigoureuses.
À l'inverse, une croissance très forte et une

Technique de taille des pousses faibles

Peu ou pas taillées, les pousses faibles développent des boutons à fleurs, mais ne croissent pas tellement. Une taille modérée favorise la croissance, tout en permettant à certains boutons à fleurs de se développer. Une taille sévère stimule une forte croissance.

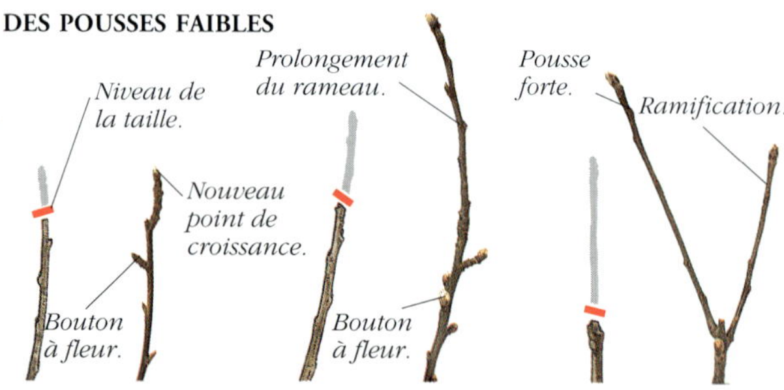

Technique de taille des pousses vigoureuses

Non taillées ou légèrement coupées à leur extrémité, les pousses vigoureuses développent un prolongement assez long et plusieurs boutons à fleurs. Une taille modérée augmente la ramification, mais réduit le nombre de boutons à fleurs. Une taille sévère favorise la croissance chez les jeunes arbres. Chez les sujets adultes, elle stimule la formation d'une pousse de remplacement, précieuse pour prendre la place d'une branche malade, par exemple.

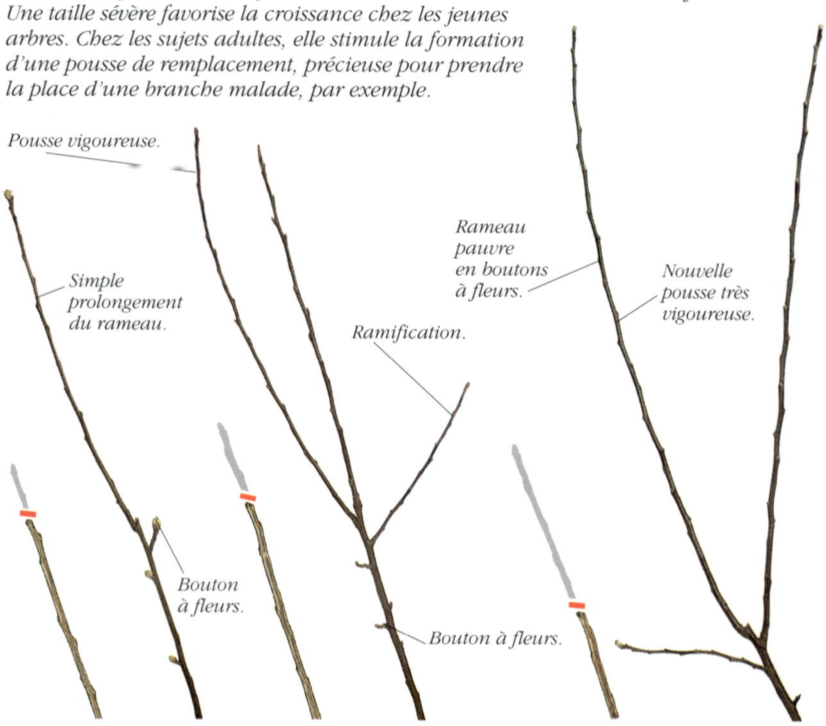

mauvaise mise à fruits peuvent être dues à un excès d'engrais ou à une taille trop sévère. Limitez la vigueur, en taillant plus légèrement ou en engazonnant le pied de l'arbre. Chez le pommier et le poirier, on peut pratiquer une incision annulaire de l'écorce *(voir p. 106)*. Une autre technique consiste à limiter la vigueur en réduisant le système radiculaire, ce qui diminue la quantité d'éléments nutritifs que l'arbre peut absorber.

Taille des racines

Chez les arbres jeunes, il est facile de tailler les racines après un arrachage au cours de l'hiver. Creusez une tranchée autour de l'arbre, entre 60 cm et 80 cm du tronc, et soulevez l'arbre de terre. Taillez les fortes racines pivotantes à la scie, mais éviter d'abîmer les racines fibreuses. Replantez et tuteurez l'arbre, en tassant bien le sol autour de lui. Arrosez et paillez.

Chez les grands arbres, la taille des racines est un gros travail à échelonner sur au moins deux ans. Il se pratique par cernage en creusant une tranchée à l'aplomb de la ramure de l'arbre, et en sectionnant toutes les racines que l'on rencontre. Un haubanage s'avère prudent par la suite *(voir p. 23)*. Si toutefois, l'arbre persiste dans sa vigueur, cela vient sans doute d'un porte-greffe trop fort. Dans ce cas, il faut former l'arbre en haute tige, car il ne se mettra pas à fruits avant d'avoir développer une forte ramure. Dans un petit jardin, mieux vaut le remplacer.

Problèmes de fructification

Une mise à fruits lente, irrégulière ou faible, peut avoir pour cause un des facteurs responsables d'une mauvaise croissance (ou de l'absence d'un cultivar pollinisateur adéquat). Une taille excessive risque aussi de supprimer le développement des boutons à fleurs, au profit de nouvelles pousses vigoureuses. Il convient alors de moduler l'importance de la taille. Les oiseaux causent aussi des dégâts sur les bourgeons. Il est facile de poser un filet sur les petites formes comme la pyramide ou contre les arbres palissés. En cas d'une forte production de petits fruits peu satisfaisants, pensez à éclaircir. C'est facile et cela donne moins de fruits, mais ils sont plus beaux. L'éclaircissage permet aussi d'éviter chez le pommier et le poirier le problème de l'alternance.

Des fruits un an sur deux

L'alternance est la tendance qu'ont le pommier et le poirier, à produire beaucoup un an sur deux, en alternance avec une fructification faible ou même absente. Ce phénomène peut être dû à une récolte surabondante, au gel des boutons floraux, à une maladie ou à un manque d'engrais. Pour l'éviter, taillez normalement, mais en touchant le moins possible aux pousses d'un an. Elles ne fructifieront pas en été, mais développeront quantité de boutons floraux pour l'année suivante, qui risquait d'être improductive. L'hiver de la forte récolte, rabattez les pousses d'un an. Deux ans plus tard, elles ne donneront qu'une mise à fruits moyenne, ce qui brisera ainsi le cycle de l'alternance. Il est aussi possible d'éliminer un grand nombre de fleurs l'année de forte production. Chez un grand arbre adulte, opérez sur une ou deux branches seulement et renouvelez cette opération par étapes plusieurs années de suite. Vous évitez ainsi un déséquilibre.

Taille des racines d'un arbre fruitier

Taillez les racines en deux fois. Le premier hiver, tracez un demi-cercle à l'aplomb de la ramure et creusez une tranchée de 30 à 50 cm de profondeur sur ce parcours. Taillez l'autre moitié l'année suivante.

Sciez les grosses racines rencontrées en creusant et sectionnez ce qui dépasse dans la tranchée. Comblez-la de bonne terre. Paillez au printemps. Répétez l'opération de l'autre côté l'hiver suivant.

Éclaircissage des fleurs

Pour lutter contre l'alternance, ôtez neuf fleurs sur dix dans chaque bouquet, huit à dix jours après la floraison. Pincez ou supprimez les fleurs écloses au sécateur, sans toucher à la rosette de feuilles.

Éclaircissage des fruits

Avant l'éclaircissage
Il y a trop de fruits sur ce bouquet. Ils vont rester petits et sans saveur. Le poids d'un tel bouquet de fruits à maturité risque aussi de briser la branche.

Après l'éclaircissage
Les fruits conservés après l'éclaircissage grossissent bien. Une production moyenne assure un équilibre entre les boutons à fleurs et le développement des rameaux.

Rajeunissement

Le rajeunissement concerne les sujets abandonnés. Il touche aussi les arbres fruitiers qui présentent une masse de rameaux vigoureux et enchevêtrés. Improductifs et sensibles aux maladies, on ne peut pas les garder. Ne taillez pas trop sévèrement un arbre abandonné. Mieux vaut le rajeunir sur plusieurs années.

Avant d'entreprendre une rénovation, décidez d'abord si l'arbre mérite d'être conservé. Même si sa production est faible, un vieil arbre fruitier encore sain peut, une fois rajeuni, trouver sa place au jardin d'ornement. Pourquoi ne pas demander à un expert, s'il est possible de greffer sur l'arbre en question une autre variété plus intéressante. Mais si l'arbre est malade et présente des chancres, il faut l'arracher, le brûler, et ne surtout pas replanter un autre arbre fruitier de la même espèce à cet emplacement.

Pour une taille de rénovation, appliquez les mêmes mesures de sécurité que pour le rajeunissement des arbres d'ornement *(voir p. 34)*. N'utilisez jamais une tronçonneuse sans avoir pris connaissance du maniement de l'engin et des règles élémentaires de sécurité. N'hésitez pas à faire appel à un professionnel pour les gros travaux. Taillez en hiver le pommier et le poirier, de mi-juillet à fin août pour les fruitiers à noyaux.

CHANCRE
Certains pommiers souffrent gravement de l'attaque de ce champignon. Arrachez et brûlez les arbres très atteints. Sinon, taillez juste en dessous d'une branche affectée, jusqu'à ce que vous rencontriez du bois sain et propre. Ensuite, désinfectez les outils.

RAMEAUX TROP DENSES ET ENCHEVÊTRÉS
Le frottement de plusieurs branches l'une sur l'autre les endommage et favorise l'arrivée des maladies. Quand deux rameaux se croisent, conservez de préférence le plus jeune ou le plus sain.

Arbres abandonnés

Un pommier non taillé depuis plusieurs années peut présenter un ensemble de coursonnes trop âgées. Vous allez résoudre le problème en deux ou trois ans. La suppression de trop nombreux rameaux en une seule fois affaiblit l'arbre qui repousse de façon désordonnée. Beaucoup de coupes importantes peut provoquer des infections. Chaque année, dégagez le quart du volume de la ramure. Le temps nécessaire au rajeunissement dépend de la dimension de l'arbre et de son état. Faites-lui retrouver d'abord la santé, sans songer à la production. Supprimez tout le bois mort, abîmé ou malade, les rameaux trop denses ou enchevêtrés, ainsi que les branches basses, très étalées.

RAJEUNIR EN DEUX ANS UN ARBRE FRUITIER ABANDONNÉ (POMMIER)

AVANT LE RAJEUNISSEMENT
La première année, supprimez le bois mort, malade ou abîmé. Élaguez les branches trop nombreuses sur une jeune pousse de remplacement. La deuxième année, raccourcissez les branches trop longues et stériles sur une pousse latérale. Supprimez les départs qui apparaissent au niveau des tailles précédentes. Chez le pommier et le poirier, réduisez le nombre de coursonnes.

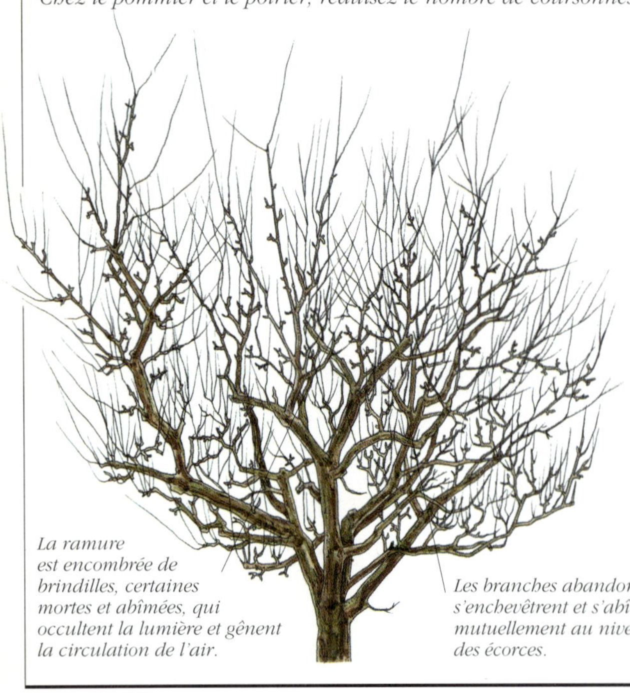

APRÈS LE RAJEUNISSEMENT
Deux ans après, l'arbre présente une ramure avec de fortes charpentières, bien espacées, sur lesquelles les pousses fruitières se développent. Reprenez la taille d'entretien. Raccourcissez les longues branches pour favoriser l'établissement de nouvelles coursonnes. Taillez les nouvelles pousses faibles, et plus légèrement les vigoureuses, pour obtenir un bon équilibre.

Branche cassée
Les branches brisées par le vent ou le poids des fruits peuvent se fendre ou se déchirer. Ici, sur la surface coupée, la pénétration d'eau est toujours visible, mais on a taillé aussi profondément que possible, sans toutefois endommager le point de départ de la branche.

Procédez toujours avec une contre-coupe pour scier les grosses branches *(voir p. 22)*. Après avoir ôté le bois indésirable et improductif, retrouvez le rythme annuel de la taille d'entretien normale. Des rejets gorgés de sève *(voir p. 32)* peuvent apparaître à profusion autour des principales zones de coupe. Inspectez l'arbre tous les quinze jours en été et supprimez ces pousses dès leur formation (ébourgeonnage).

Arbres trop taillés

Un arbre dont les branches ont été sévèrement élaguées va produire une masse de pousses. Il faut les éclaircir sur plusieurs années *(voir les dessins, à droite)* pour favoriser la reconstitution de bonnes branches fruitières. Veillez à restaurer un bon équilibre entre les rameaux d'âges différents, afin de pouvoir reprendre le cycle de taille normal. Mieux vaut intervenir sans excès et opérer sur plusieurs années, pour éviter que le problème ne recommence.

Formes fruitières définies

Plus la forme de l'arbre est complexe et plus elle est difficile à restaurer. C'est le cas aussi avec les porte-greffes nains qui supportent mal la négligence. S'il est toujours possible de discerner la structure, mieux vaut réduire la végétation et supprimer les coursonnes âgées, jusqu'à ce qu'il soit possible d'évaluer correctement l'état des branches principales. Si elles vous paraissent saines, restez-en là. Vous reprendrez la taille d'entretien l'année suivante si elles émettent de nouvelles pousses. Sinon, mieux vaut remplacer l'arbre, vous gagnerez du temps et bien des efforts inutiles.

Rajeunir en trois ans un arbre trop taillé (poirier)

Première année
Une taille sévère a favorisé la formation d'une masse de pousses trop vigoureuses, verticales et non ramifiées, qui se concurrencent pour avoir de la lumière. Supprimez-en une sur deux, en ne conservant que des rameaux bien espacés. Taillez l'extrémité des plus longs, afin de favoriser leur ramification.

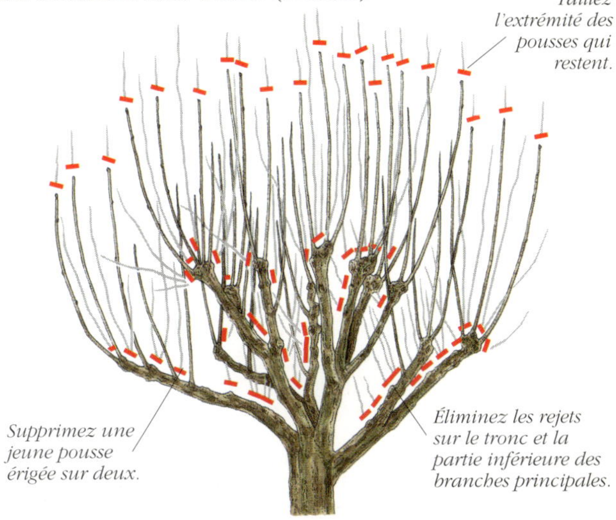

Deuxième année
Supprimez à nouveau la moitié des pousses érigées, en gardant, comme la première année, des jeunes branches bien espacées et bien placées. Taillez-les au-dessus d'un rameau dirigé vers l'extérieur. Si l'arbre paraît toujours très dense, supprimez de plus grosses branches dans le centre de la ramure. Veillez à ne pas abîmer leur point de départ.

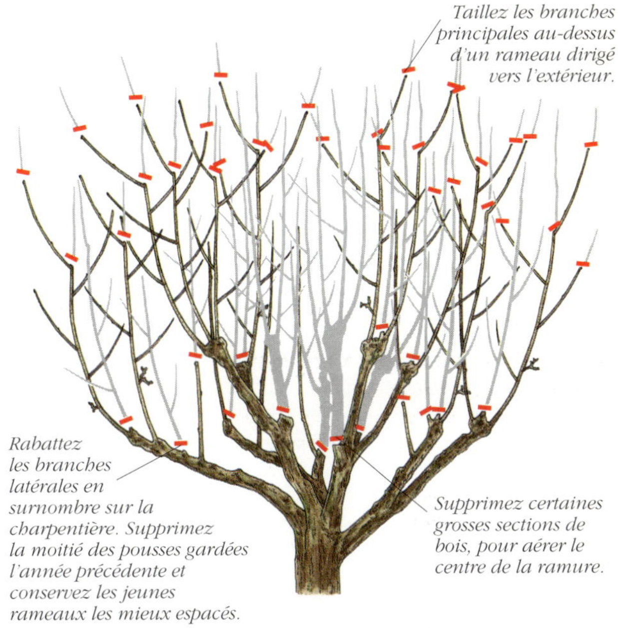

Troisième année
Poursuivez la taille pour corriger et bien équilibrer les nouvelles pousses. Certains boutons à fleurs sont en cours de formation. À ce stade, reprenez peu à peu la taille d'entretien au cours de la saison, adaptée au fruitier en question (et à la forme de l'arbre). Ce poirier tige est à tailler en hiver, pour former de nouvelles coursonnes.

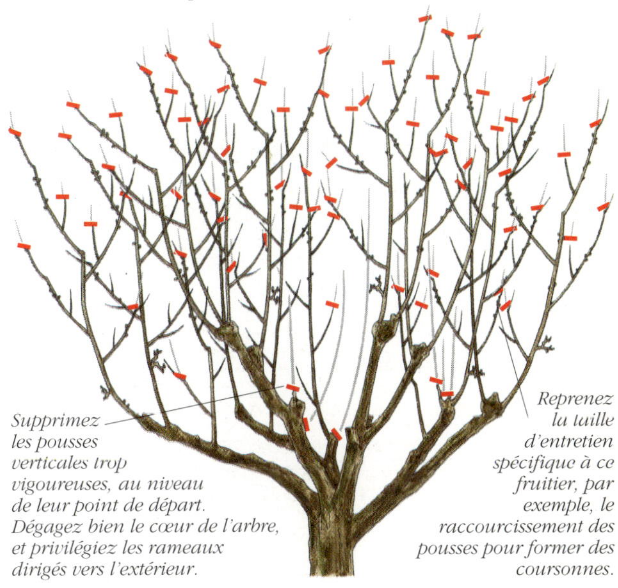

Arbres fruitiers rustiques

Parmi les arbres fruitiers qui réussissent en pleine terre dans notre pays, certains sont entièrement rustiques comme le pommier, le poirier et le prunier. D'autres préfèrent les zones à climat doux, voire la protection d'une serre ou d'un mur plein sud, comme le pêcher, l'amandier, l'abricotier et le figuier. Les arbres rustiques ont besoin d'une période de froid en hiver pour fleurir et donc produire. Cette particularité est exprimée par les professionnels sous la forme d'un nombre d'heures en dessous d'une température donnée. Chez ces arbres, il faut souvent prévoir, à proximité de la variété choisie, un autre cultivar pollinisateur. Les fruitiers plus frileux exigent une forte chaleur estivale et de nombreuses heures d'ensoleillement pour donner le meilleur d'eux-mêmes. Dans les régions au climat variable, une récolte de qualité n'est jamais assurée et la vie des arbres est plus courte.
Veillez à bien tailler et former chaque essence fruitière, afin de maintenir les arbres en bonne santé avec une belle silhouette.

Pommier

La pomme est le fruit le plus consommé en France. Ses variétés sont très diversifiées par leur goût, leur couleur, et leur période de maturité. L'arbre montre une bonne tolérance aux différents climats et se forme facilement. Le pommier est un des arbres fruitiers les plus cultivés dans les jardins d'amateurs. Ses feuilles vert frais, sa floraison printanière, sa belle écorce et ses fruits colorés, lui confèrent une belle valeur décorative. Dans un jardin d'ornement, c'est avec le cerisier, le meilleur choix si l'on se limite à très peu d'arbres.
Le pommier est considéré comme un arbre de grande culture. Cela profite au jardinier qui bénéficie des recherches dont le pommier fait l'objet dans les domaines des porte-greffes, des formes et des nouvelles variétés. Ces dernières sont disponibles dans toutes les formes possibles. On note un engouement récent pour les anciennes variétés aux fruits beaucoup plus savoureux que les pommes industrielles de création récente. Des associations d'amateurs passionnés se sont créées. Elles sauvegardent ce patrimoine vivant dans des vergers conservatoires. Certains peuvent être visités à la belle saison.

PORTE-GREFFES DE POMMIER

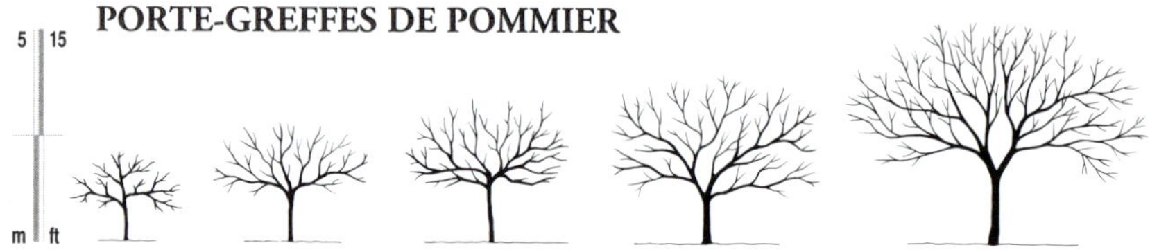

M 27 M 9 M 26 MM 106 MM 111

Greffage et porte-greffes : le choix du porte-greffe détermine la dimension du pommier, mais aussi les formes les mieux adaptées pour sa culture. Par exemple, il serait très difficile d'obtenir un cordon avec le vigoureux porte-greffe MM 111. À l'inverse, le porte-greffe nain M 27 ne peut donner un arbre de plus de 2 m de hauteur. Il est donc important de décider avant l'achat de l'emplacement réservé au pommier, afin de choisir le porte-greffe le mieux adapté à la forme. Vous obtiendrez immédiatement le choix des variétés disponibles sur ce porte-greffe. N'oubliez pas ensuite de vous renseigner sur la meilleure variété pollinisatrice. Il faudra planter les deux pour être assuré d'une bonne fructification.

Verger de pommiers
Durant les soixante dix dernières années, la recherche agronomique a permis d'obtenir des variétés et des porte-greffes acceptant de produire abondamment sur une ramure compacte. C'est pratique dans les vergers de grandes cultures, mais aussi dans nos jardins, de plus en plus petits. Le choix des porte-greffes a une énorme influence sur le comportement de chaque plante et indirectement sur les techniques de taille à utiliser.

Mode de fructification : la plupart des pommiers fructifient sur des coursonnes (rameaux secondaires courts), âgées de trois ans ou plus. Leurs branches principales sont régulièrement espacées et bien garnies de boutons à fleurs, coursonnes et nouvelles pousses.
Une minorité de variétés que l'on appelle « spur » a tendance à produire des boutons à fleurs directement sur les pousses, sans nécessiter la présence de coursonnes.
La production de pousses à bois est faible, la fructification beaucoup plus rapide et importante. D'autres pommiers forment de grandes sections de bois nu entre les boutons à fleurs et les pousses latérales. On dit qu'ils ont une fructification apicale. Pour la taille, il est très important de connaître le comportement des différentes variétés. Celui-ci influence aussi les formes. Les pommiers à production apicale ne donnent rien de bon en cordons ou en palmettes. En effet, ces formes nécessitent des fruits groupés et bien répartis sur des portions assez courtes de la branche principale. La vigueur et le rendement varient selon les pommiers. Il faut donc adapter la taille à chaque arbre.

Quand tailler : les pommiers démarrent leur croissance assez tôt et fleurissent en avril-mai. Il faut les tailler de préférence entre décembre et février, en s'abstenant d'intervenir pendant les périodes de grand froid. On pratique en général la taille trigemme (à trois yeux). Il faut aussi tailler en été les formes régulières avec des pincements et des ébourgeonnements.

Taille d'hiver

La taille de fructification des pommiers consiste à raccourcir les rameaux latéraux pour stimuler la formation de courtes pousses secondaires, fructifères (coursonnes). Le principe de la taille trigemme est de tailler tous les rameaux à bois, au-dessus du troisième œil compté à partir de la base. Après quelques années de taille continue, on obtient un ensemble de coursonnes très denses et ramifiées qu'il faut éclaircir. Seules les branches principales les plus vigoureuses ne sont pas taillées, car cela favoriserait la formation de prolongements encore plus vigoureux. Ils risqueraient d'accaparer l'énergie au détriment des fruits. Chez les pommiers à fructification apicale, il faut rabattre chaque année les tiges ayant donné des fruits, soit complètement, soit en laissant un ou deux yeux à la base. Ne touchez pas aux autres pousses, car elles produiront dans l'année. Elles seront supprimées à leur tour, après avoir fructifié plusieurs années. Les pommiers à coursonnes bénéficient aussi de ce type de taille de rajeunissement modéré.

Taille d'équilibrage : chez les grands arbres adultes, notamment chez les variétés très vigoureuses comme 'Reinette grise du Canada', 'Richared' et 'Spartan', 'Starking', 'Transparente de Croncels' 'Querina', 'Reinette d'Angleterre'..., la taille annuelle des pousses n'est pas commode. Mieux vaut supprimer une section importante d'une branche, voire la branche entière. Enlevez de préférence des pousses enchevêtrées ou en surnombre. Essayez de maintenir l'équilibre de la forme et d'étêter les branches les plus hautes. Dégagez le centre de l'arbre pour favoriser la pénétration du soleil. Modérez vos interventions et ne dégarnissez pas trop l'arbre en une seule taille.

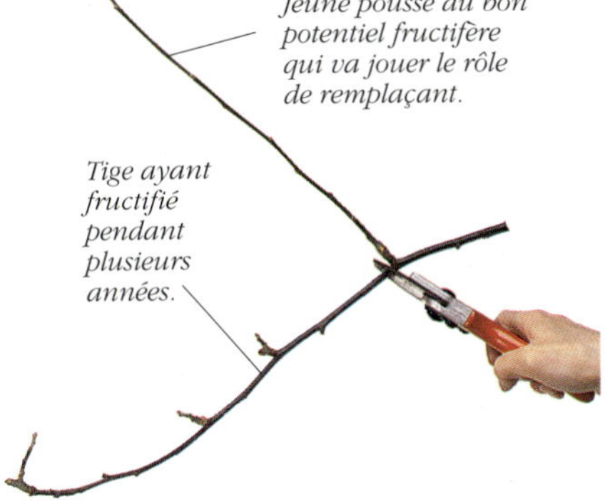

Jeune pousse au bon potentiel fructifère qui va jouer le rôle de remplaçant.

Tige ayant fructifié pendant plusieurs années.

Taille de rajeunissement

Chez les pommiers à fructification apicale, éliminez chaque année certaines tiges fructifères âgées, en les rabattant sur une jeune pousse forte ou sur un bourgeon bien placé à la base. Coupez celles qui sont très ramifiées.

Cultivars de pommier à fructification apicale

Si la plupart des pommiers fructifient sur des coursonnes, certains cultivars britanniques ont une production apicale.

Fructification apicale : 'Cornish Gillyflower', 'Irish Peach', 'Tydeman's Early Worcester', 'Worcester Pearmain'.

Fructification partiellement apicale : 'Bramley's Seedling', 'Blenheim Orange', 'Discovery', 'Epicure', 'Golden Noble', 'Lord Lambourne', 'Saint Edmunds Pippin'.

Fructification sur des coursonnes

Fructification apicale

Formation de coursonnes

La taille des rameaux latéraux stimule la production de boutons à fleurs à la base. Les pommes se développent plus près des branches charpentières (ce qui diminue le risque de casse sous le poids des fruits). Rabattez plus sévèrement les rameaux latéraux, afin de favoriser une repousse uniforme.

1 Rabattez les rameaux latéraux vigoureux à cinq ou six yeux, les plus faibles à deux ou trois seulement de la base. N'intervenez pas sur les rameaux plus petits.

2 Taillez les tiges principales, d'un quart à un tiers de leur longueur de l'année précédente (chez les pommiers à coursonnes seulement), à moins qu'elles ne soient très vigoureuses.

Éclaircissage des coursonnes

Avant

Après plusieurs années de taille des coursonnes, celles-ci forment des ensembles très denses et encombrés, ne laissant pas assez de place aux fruits pour se développer correctement.

Ces ensembles de coursonnes sont devenus trop nombreux et envahissants.

Après

Éliminez les coursonnes les plus âgées qui forment les ensembles les plus complexes. Conservez si possible le bois le plus jeune. Supprimez complètement les ensembles faibles, afin d'aérer les branches.

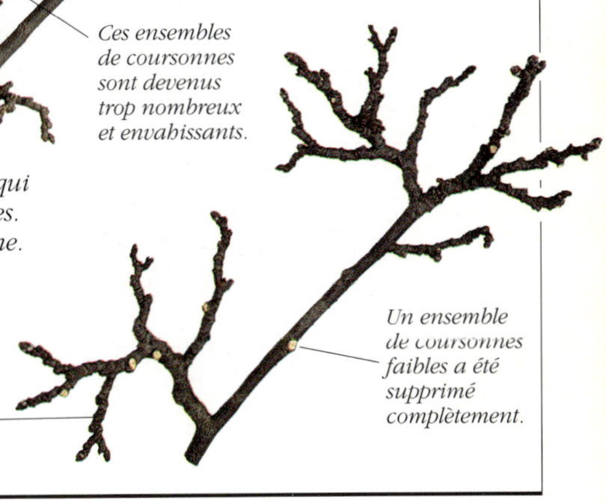

Ces ensembles de coursonnes, trop nombreux, ont été réduits.

Un ensemble de coursonnes faibles a été supprimé complètement.

Taille d'été

Les formes de pommiers conduites en cordon, éventail ou palmette, doivent être taillées en été pour limiter leur développement et favoriser la formation des boutons à fleurs. Dans les régions au climat chaud, on utilise la technique de la taille Lorette. Toutes les nouvelles pousses de 15 à 25 cm de long, sont raccourcies à 5 cm de la base, afin qu'elles se lignifient mieux. Dans le courant de l'été, les pousses apparues après la première taille (rameaux anticipés) sont rabattues à 2 cm de leur point de naissance. Sous les climats plus froids, on modifie la méthode, en annulant les anticipés, sensibles aux gelées. La taille ne doit pas commencer avant que les jeunes pousses du printemps se soient lignifiées dans leur tiers inférieur. Cette période correspond aussi à un ralentissement de la croissance. Le moment exact dépend beaucoup du temps, il dure deux à trois semaines fin juin et début juillet. Ne taillez pas les pousses d'une longueur inférieure à 25 cm. Afin d'empêcher l'apparition de rameaux secondaires, laissez intactes plusieurs pousses vigoureuses qui agiront comme « tire-sève ». Les éléments nutritifs parcourant l'arbre à la fin de l'été seront attirés par ces tire-sève. Les bourgeons n'évolueront pas en rameaux. Taillez les tire-sève au printemps. En cas de formation de pousses secondaires, coupez les en octobre à un œil de la base. Durant la période de végétation, éclaircissez les fleurs pour lutter contre l'alternance, ainsi que les fruits, en cas de forte production. Une incision annulaire de l'écorce peut servir de dernier recours en avril. Elle a pour but d'annuler une croissance estivale excessive qui pourrait nuire aux fleurs et aux fruits. Laissez passer plusieurs années avant de répéter cette opération. Sur les pommiers en palmette et en cordon, il est bon d'éliminer les jeunes pousses qui accompagnent les fruits ou qui sont en surnombre. Cette technique s'appelle l'ébourgeonnement.

Taille d'été

Avant la taille
De nouveaux rameaux latéraux se sont développés sur cet espalier. Ils se lignifient du bas vers le haut. Si l'on ne raccourcit pas les nouvelles pousses, l'arbre peut vite dépasser le volume qui lui est imparti et perdre sa forme. Le feuillage des nouvelles pousses ombrage les fruits.

1 Raccourcissez les nouvelles pousses naissant sur le tronc ou les branches principales, à trois feuilles de la base.

2 Taillez les pousses secondaires des rameaux latéraux au-dessus du bouquet de feuilles de la base.

Après la taille
La branche a repris un aspect plus équilibré. Elle est moins touffue et les fruits peuvent mûrir au soleil. Les tailles pratiquées en été stimulent aussi le développement des futurs boutons à fleurs.

Incision annulaire

1 Avec un couteau tranchant, faites deux entailles parallèles espacées de 5 à 12 mm (pour les grands arbres). Un ruban vous guidera. Les incisions doivent pénétrer à travers la couche de cambium, jusqu'au bois.

2 Enlevez la bande d'écorce avec le plus grand soin, en utilisant la pointe d'un couteau à greffer. L'incision annulaire diminue le flux d'éléments nutritifs vers la ramure de l'arbre. Elle restreint donc sa croissance.

3 Recouvrez la blessure d'une bande isolante pour éviter le dessèchement et favoriser la cicatrisation. Entourez complètement le tronc, mais sans faire pénétrer la bande dans l'incision.

TAILLE DE FORMATION

Il amusant de s'essayer au façonnage de diverses formes fruitières *(voir pages suivantes)*. La taille de formation va aussi vous faire progresser sur le plan technique. En effet, le suivi complet de la formation permet de mieux comprendre, en l'observant, le mécanisme de croissance et de fructification de l'arbre. Une très bonne leçon de choses.

Achat d'un scion : le plus simple est de débuter avec des arbres greffés depuis un an, à la tige non ramifiée (scions). Vous en trouverez dans la plupart des pépinières spécialisées où vous pourrez même les choisir vous-même. Repérez les spécimens à la tige bien droite. Sélectionnez les sujets les plus robustes, couverts de bourgeons bien sains. Dès le départ, vous utiliserez les mêmes techniques de formation que les professionnels. Elles vous permettront d'influencer la direction des pousses adaptées à la forme choisie et de sélectionner avec précision le point de départ des branches principales. Pour obtenir un tronc robuste et épais, rabattez le scion un mois environ après la plantation. Pour une forme à tronc central, comme la pyramide ou le fuseau, vous sélectionnerez parmi les repousses la branche la plus intéressante pour constituer la flèche. Guidez-la le long d'un tuteur. Pour les formes en gobelet et les palmettes, il ne faut pas un rameau leader central, mais des branches robustes, partant de la base. Une fois le scion rabattu, les yeux qui restent émettent des pousses érigées, vigoureuses, qui se concurrencent pour devenir le nouveau leader. Elles ne conviennent pas pour former des charpentières, car elles forment un angle trop étroit avec la tige. Une fois adultes et chargées de fruits, elles pourraient se fendre. Pour éviter ce port défavorable, les arboriculteurs utilisent la technique de l'entaille sous un œil *(voir ci-dessus)*. Après avoir rabattu la flèche, ils entaillent l'écorce sous les deux bourgeons supérieurs. Cette intervention les affaiblit et ils ne produisent ainsi que des pousses faibles. En compensation, les bourgeons de la base développent des rameaux vigoureux, pratiquement horizontaux, car le moignon de tige situé au-dessus d'eux joue les ralentisseurs de sève. Dans le courant du printemps, les pousses émises à partir des deux bourgeons entaillés sont pincées. Durant l'hiver suivant, le moignon est rabattu juste au-dessus du rameau latéral supérieur. Il en résulte un tronc court, garni idéalement de rameaux latéraux bien placés, régulièrement espacés. Il doivent aussi être de même vigueur et former des angles larges avec la tige. L'entaille au-dessus d'un bourgeon est une technique similaire, utilisée pour inciter une tige à se ramifier à un endroit précis, par exemple pour combler un trou dans un espalier. On peut aussi pincer à deux feuilles toutes les pousses qui apparaissent. Avec un jeune arbre de deux ans, on gagne du temps *(voir p. 98)*. Choisissez des sujets aux tiges centrales fortes et bien droites, ramifiées avec un angle large. Si une pousse est plus vigoureuse que les autres, mieux vaut la rabattre complètement, afin d'éviter tout déséquilibre dans son futur aspect. Attention à ne pas déstabiliser la symétrie de l'arbre avec toutes ces tailles. Il ne faut jamais avoir le sécateur facile et s'assurer que chaque coupe est justifiée.

DEUX TYPES D'ENTAILLES

ENTAILLE SOUS UN BOURGEON
La suppression d'un petit morceau d'écorce sous un œil ralentit sa croissance, en limitant l'arrivée des éléments nutritifs. Cet œil va évoluer en bouton à fleurs ou une petite pousse, très vite fertile.

ENTAILLE AU-DESSUS D'UN BOURGEON
La suppression d'un morceau d'écorce au-dessus d'un œil, stimule la croissance d'une pousse, à la base d'une tige, ou permet d'obtenir des rameaux bien placés pour créer des formes palissées.

FORMATION DES BRANCHES CHARPENTIÈRES D'UNE PALMETTE À LA DIABLE (POMMIER)

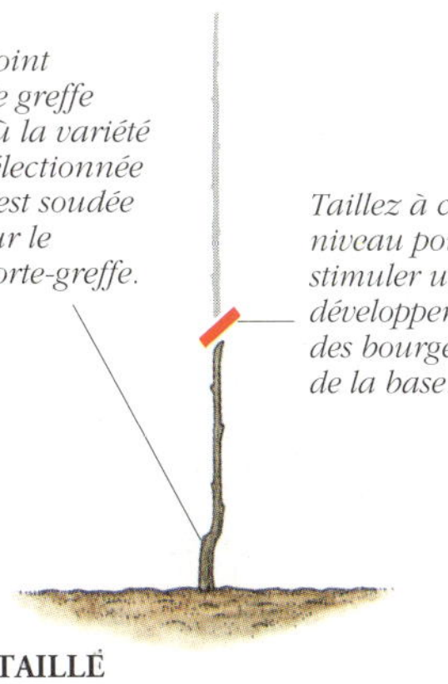

SCION TAILLÉ
Commencez par rabattre le scion. Cela favorise l'épaississement de la tige principale et la formation de pousses latérales à partir des bourgeons de la base.

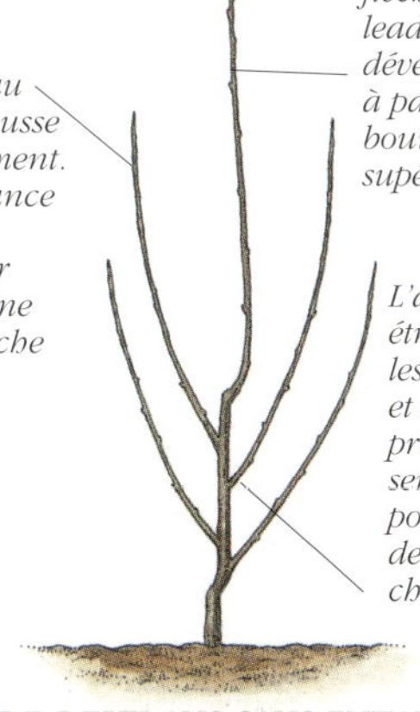

ARBRE DE DEUX ANS SANS ENTAILLE
Les rameaux latéraux se développent durant le printemps et l'été suivants. Ils ont tendance à prendre un port vertical qui crée une charpente fragile.

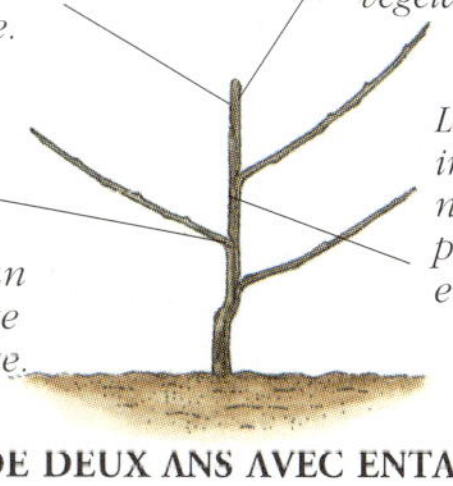

ARBRE DE DEUX ANS AVEC ENTAILLE
Une fois la flèche supprimée et les deux bourgeons supérieurs entaillés, le jeune arbre développe des rameaux bien espacés, parfaits pour constituer des charpentières.

Pommier en gobelet

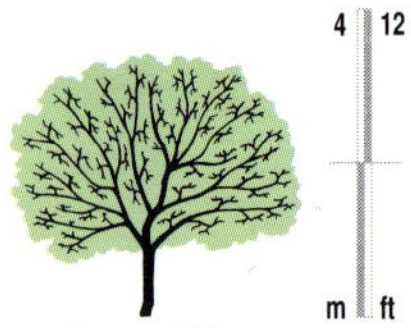

Le gobelet est une des formes de pommiers les plus utilisées et l'une des plus faciles à former et à maintenir. Il existe un grand choix de porte-greffes et donc différentes possibilités de hauteurs pour le gobelet adulte. Veillez à bien espacer ces pommiers, même avec les porte-greffes nains, il faut les planter au moins à 2 m de distance.

Taille de formation : le but est de créer une ramure ramifiée, au centre aéré, avec huit à dix branches rayonnant autour d'un tronc court de 60 à 80 cm de haut. Commencez en hiver avec un jeune arbre ramifié *(voir p. 107).* Il doit présenter trois ou quatre rameaux latéraux forts, pratiquement horizontaux, placés entre 60 cm et 1 m du sol. L'idéal est une disposition espacée sur toute la longueur du tronc, avec une répartition des branches tout autour, afin de procurer robustesse et symétrie au gobelet. Rabattez la flèche et raccourcissez les rameaux latéraux pour qu'ils se ramifient. L'hiver suivant, sélectionnez les jeunes pousses les plus fortes et les mieux placées. Taillez-les pour établir les charpentières. À ce stade, la coupe se fait sur des yeux dirigés vers l'extérieur de la ramure, afin que le gobelet soit bien aéré en son centre. Le troisième hiver, rabattez l'extrémité des branches principales pour qu'elles se ramifient. Commencez aussi la taille de fructification *(voir p. 104).* Raccourcissez les rameaux latéraux à trois yeux, afin de commencer la construction des ensembles de coursonnes bien trapus.

Taille de fructification : dès que le gobelet est formé et commence à produire, taillez en hiver en coupant toutes les pousses à bois à trois yeux et en ne touchant pas aux boutons à fleurs. Vous pouvez tout de même limiter leur nombre en défourchant les coursonnes ramifiées. Maintenez le centre du gobelet dégagé pour permettre à l'air, la lumière et le soleil de pénétrer. Avec le temps, les branches s'étaleront progressivement. Limitez leur longueur pour favoriser le développement de quelques pousses fortes, en vue de remplacer les branches qui pourraient se briser. Elles sont plus érigées au départ, mais s'inclineront avec le temps pour respecter la silhouette arrondie de l'arbre.

Pommier en gobelet, taille à la plantation, hiver

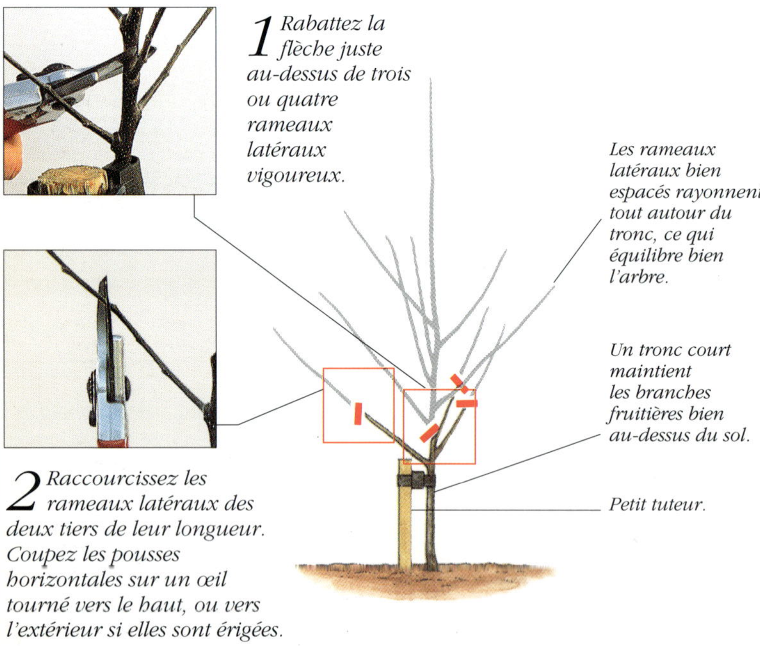

Deuxième année, hiver

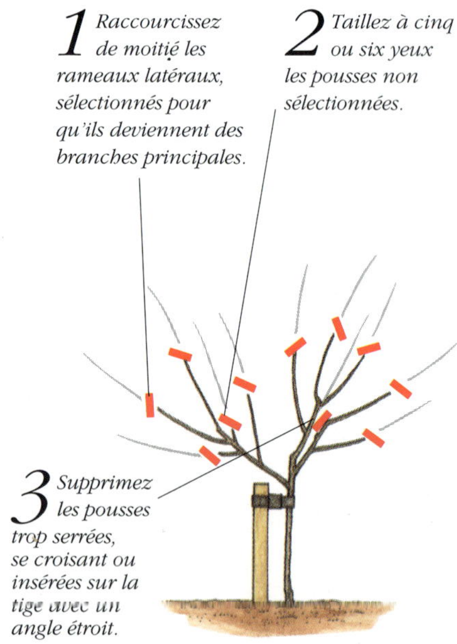

Troisième année, hiver (fructification sur coursonnes)

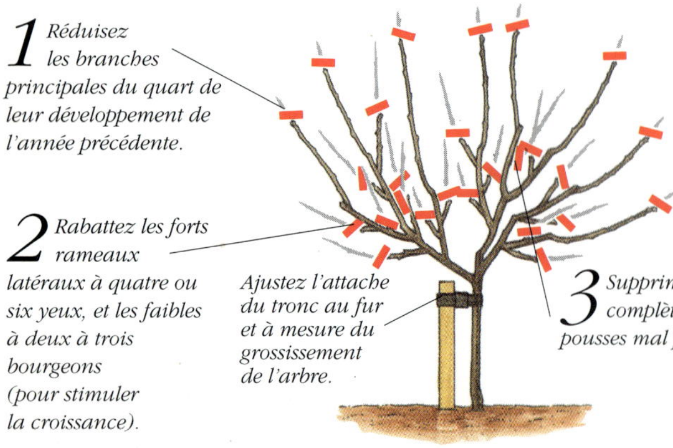

Troisième année, hiver (fructification apicale)

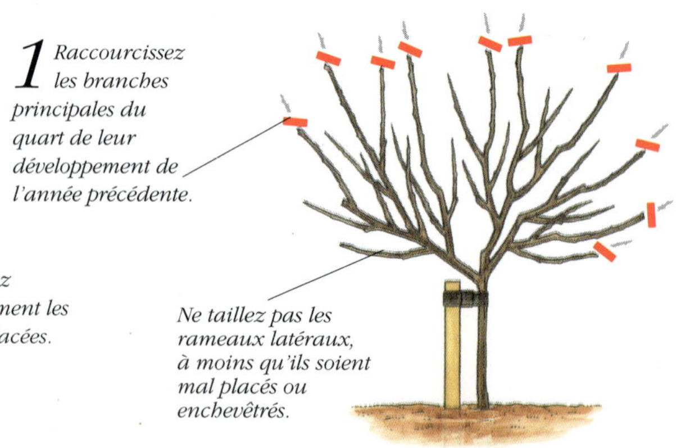

Pommier adulte, taille des coursonnes, hiver

1 Raccourcissez de moitié les branches principales faibles, et d'un quart ou moins les branches plus vigoureuses.

2 Taillez les nouvelles pousses à bois à trois yeux en moyenne.

3 Au fur et à mesure que le gobelet vieillit, réduisez la longueur et simplifiez la forme des coursonnes.

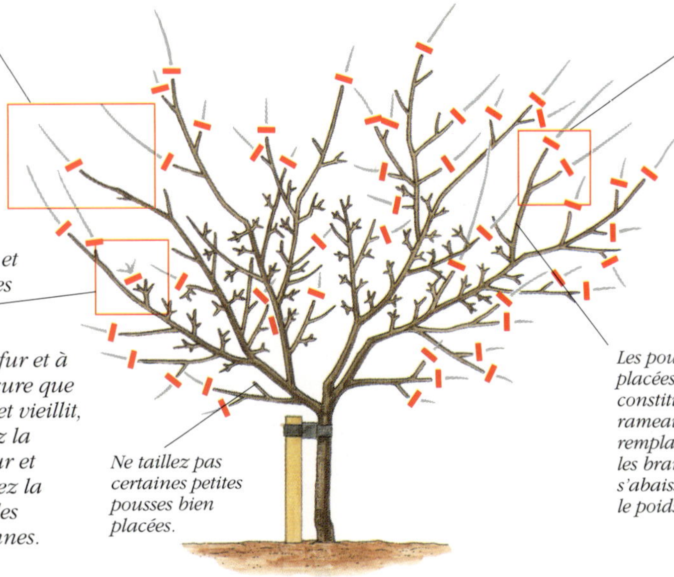

Ne taillez pas certaines petites pousses bien placées.

Les pousses fortes, bien placées, pourront constituer d'éventuels rameaux de remplacement lorsque les branches inférieures s'abaisseront sous le poids des fruits.

Pommier adulte à fructification apicale, taille de rajeunissement, hiver

1 Rabattez sur une jeune pousse ou à un bourgeon de la base, les vieux rameaux fructifères. Cela permet de laisser de la place aux nouvelles pousses pour se développer.

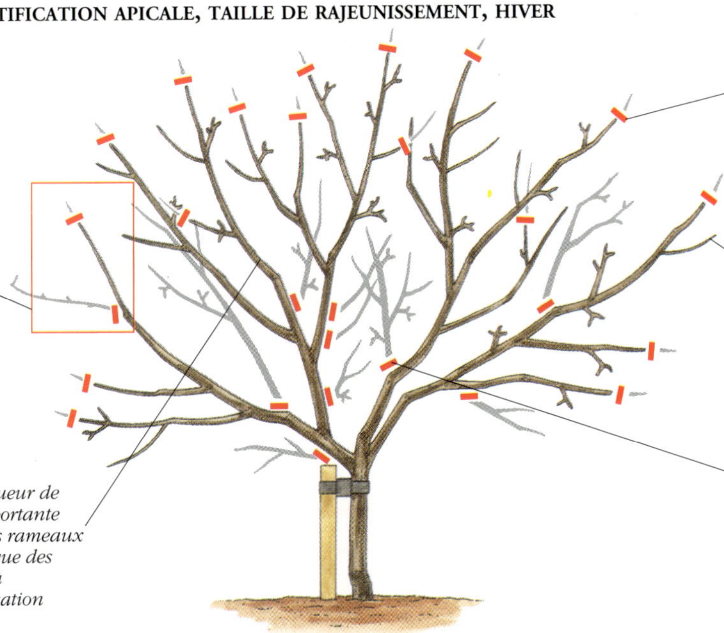

La longueur de tige importante entre les rameaux est typique des arbres à fructification apicale.

2 Rabattez les branches principales à leur extrémité, sans quoi elles s'affaisseront sous le poids des fruits portés en bout de rameaux.

Pousse de remplacement issue de la taille lors de l'hiver précédent.

Cette grosse branche âgée est supprimée pour aérer le centre du gobelet. C'est une intervention à réaliser tous les trois ou quatre ans pour conserver une forme ample et bien dégagée au pommier.

Pommier tige

En raison de la hauteur et de l'étalement des arbres tiges et demi-tiges, et des difficultés relatives rencontrées pour les tailler, les traiter et récolter les fruits, on cultive de moins en moins ces arbres dans les jardins. Ils sont encore fréquents dans les vieux vergers et à la campagne. Greffés sur de vigoureux porte-greffes, ils mettent jusqu'à huit ans pour produire. Rien que la formation du tronc prend deux années. Commencez avec un jeune arbre ramifié *(voir p. 107)*. Conservez la flèche et tuteurez-la pour la laisser pousser bien droit. Supprimez au fur et à mesure les rameaux latéraux comme pour la formation d'une tige d'ornement *(voir p. 28)*. Les arbres hautes tiges *(ci-dessus, à gauche)* doivent présenter un tronc d'au moins 2 m de haut, les demi tiges *(ci-dessus, à droite)*, de 1,3 à 1,5 m.

Quand la hauteur du tronc est atteinte, rabattez la flèche et modelez la ramure de l'arbre comme pour un gobelet. La grande vigueur de l'arbre, dérivée du porte-greffe, crée une ramure aux dimensions proportionnées à la hauteur de l'arbre. Les charpentières sont lourdes et doivent s'insérer sur le tronc avec un angle large. Choisissez avec soin les rameaux latéraux pour développer une solide charpente, répartie régulièrement. Les pommiers plein vent se mettent naturellement à fruits.

Ils ne nécessitent pas de taille. Supprimez de grandes sections de branches dans un but de rajeunissement. Si l'arbre croît lentement, taillez les nouvelles pousses pour les stimuler. Les interventions importantes sur les pommiers sont susceptibles d'être infestées par le chancre.

Pommier en fuseau

Le fuseau est une petite forme fruitière semi-libre, qui produit des fruits précoces, faciles à récolter dans un petit espace.
Très répandu dans les grandes cultures, le fuseau convient bien au jardin d'amateur, même si le gobelet est plus élégant. Le fuseau requiert une formation soignée et, une fois adulte, un rajeunissement et une taille de fructification en hiver. Les interventions estivales similaires à celles des arbres en formes plates. La charpente du fuseau comprend un tronc central de 2 à 2,5 m de haut portant, au tiers de sa hauteur, quatre branches principales qui rayonnent autour de l'axe. La silhouette prend l'aspect d'un cône large.
Les branches situées dans la partie supérieure du tronc sont taillées, dès qu'elles ont fructifié deux ou trois fois, afin de les remplacer par des pousses plus jeunes. Trop grandes, ces branches pourraient ombrager les fruits situés sur les étages inférieurs de l'arbre. Taillez à trois yeux toutes les pousses latérales portées par les branches principales et leurs ramifications, et même celles qui naissent directement sur le tronc. Coupez sur un œil orienté vers le bas pour obtenir des pousses aussi horizontales que possible.

Taille de formation : de jeunes fuseaux de deux ou trois ans sont proposés par les pépinières. Pour en former un soi-même, il faut partir d'un jeune arbre ramifié *(voir p. 107)*, portant quatre bonnes branches latérales bien réparties sur le tronc et de vigueur semblable. Ces rameaux doivent être situés entre 60 cm et 1 m du sol.
Ils doivent faire un angle aussi large que possible avec la tige principale. Prévoyez la mise en place permanente d'un tuteur robuste de 2 m de haut.
Commencez par former les branches charpentières. Taillez en hiver sur des bourgeons orientés vers le bas pour favoriser une croissance à l'horizontale. Durant l'été, tirez ces branches vers le sol avec des haubans en corde ou des rubans de plastique qui ne risquent pas d'entailler la jeune écorce *(voir p. 99)*. Ces attaches sont ôtées quand les branches se sont suffisamment solidifiées pour conserver la position requise.
Au fur et à mesure du développement de l'arbre, raccourcissez la flèche centrale chaque hiver. Taillez au-dessus d'un bourgeon placé dans la direction opposée que prend naturellement la branche. Par exemple, si elle s'incline légèrement vers la droite, taillez sur un œil de gauche et vice versa. C'est la meilleure méthode pour

Pommier en fuseau, taille d'hiver, l'année de la plantation

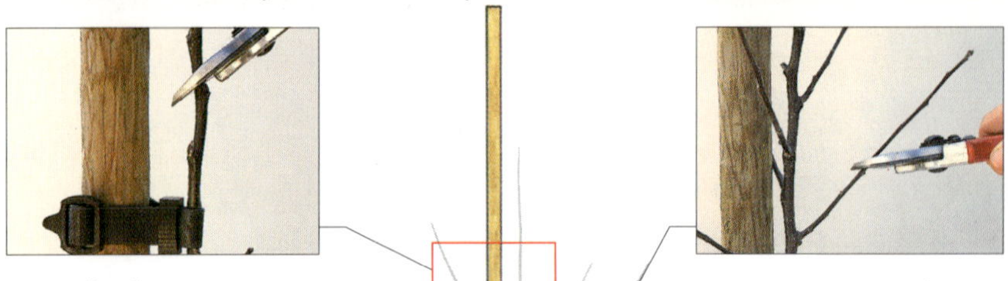

1 Taillez le rameau dominant au-dessus d'un œil, à environ 1 m de hauteur. Il doit être situé entre 8 cm et 10 cm au-dessus du dernier rameau latéral sélectionné.

2 Raccourcissez de la moitié de leur longueur, les trois ou quatre rameaux latéraux choisis pour former les branches charpentières. Coupez-les au-dessus d'un œil orienté vers le bas.

3 Supprimez complètement les pousses faibles.

Première année, août

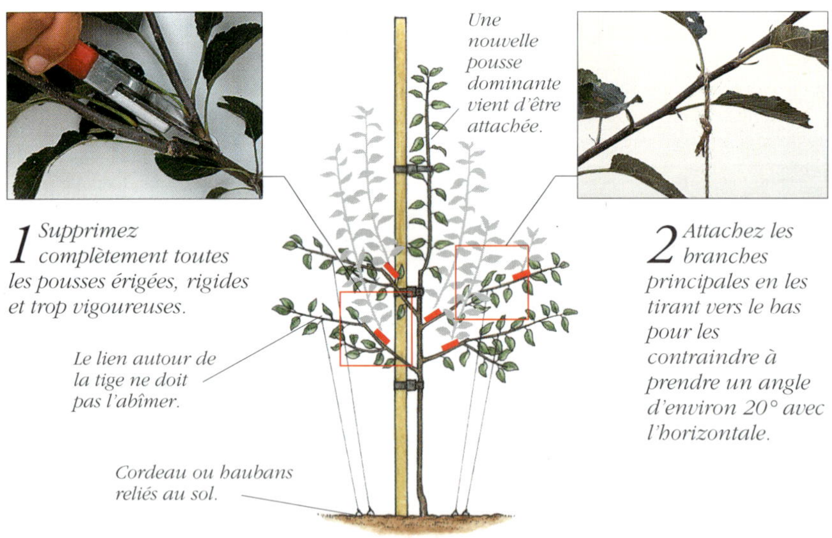

Une nouvelle pousse dominante vient d'être attachée.

1 Supprimez complètement toutes les pousses érigées, rigides et trop vigoureuses.

2 Attachez les branches principales en les tirant vers le bas pour les contraindre à prendre un angle d'environ 20° avec l'horizontale.

Le lien autour de la tige ne doit pas l'abîmer.

Cordeau ou haubans reliés au sol.

À partir de la deuxième année, août

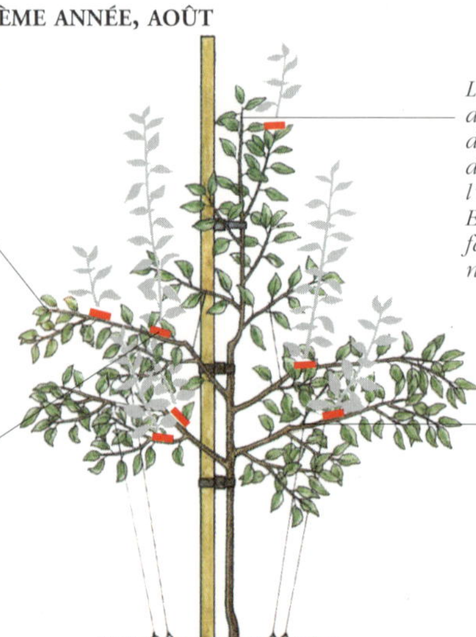

1 Attachez les rameaux latéraux sur le tronc, afin de les abaisser pratiquement à l'horizontale. Veillez si possible à les maintenir droits et pas trop arqués.

Le rameau dominant a été raccourci en hiver du tiers de son développement de l'année précédente. En moyenne, la taille se fait à 20 cm du point de naissance de la pousse.

2 Sur les rameaux latéraux, supprimez les pousses érigées, trop vigoureuses, qui se font concurrence.

3 Les attaches sur les branches principales ne doivent pas blesser l'écorce. Ôtez-les quand les nouvelles charpentières ont prix définitivement leur place et sont bien lignifiées.

obtenir un tronc bien droit. L'allongement annuel de la flèche doit être de 20 à 25 cm de longueur, soit environ celle du sécateur. Tuteurez la jeune pousse verticalement durant la période de croissance, mais ne la pincez jamais. Il ne faut surtout pas qu'elle se ramifie. Quand elle a atteint 2 à 2,5 m de hauteur, elle est chaque année rabattue sur son empattement. Vous pouvez attendre le mois de mai pour réaliser cette intervention, afin d'inhiber la vigueur de la repousse.

Taille de fructification : chaque été, attachez les rameaux latéraux au tronc et aux branches principales pour les faire pousser à l'horizontale. Vous pouvez faire tenir les liens en fixant des agrafes. Supprimez toute nouvelle pousse vigoureuse, érigée, trop raide pour être orientée. En effet, elle retarde le développement des fruits et gâche l'aspect de l'arbre. Après la première récolte, rabattez en hiver les jeunes branches fruitières situées au sommet de la ramure. Rajeunissez par une taille courte, car ces branches ne doivent jamais devenir trop grosses. Pour les rameaux du bas, combinez, durant l'hiver, la taille de rajeunissement et la méthode de taille classique des coursonnes à trois yeux.

POMMIER FUSEAU ADULTE, TAILLE D'HIVER

1 Quand les pousses secondaires sont âgées ou trop ramifiées, taillez-les à un ou deux yeux de la base afin qu'elles se transforment en coursonnes.

2 Sur la partie supérieure du tronc et, si nécessaire, sur les branches principales, rabattez complètement les tiges anciennes qui ont fructifié durant deux ou trois années. Cela favorise le départ de nouveaux rameaux.

Pommier en pyramide naine

La pyramide naine est un petit arbre conduit sur un porte-greffe nain. Il est maintenu dans ses proportions par des tailles régulières en été. La longueur des pousses se réduit du bas vers le haut de l'arbre. Elles rayonnent autour d'un tronc central pour former une pyramide étroite. En raison des tailles répétées, la pyramide naine forme de nombreuses coursonnes et produit bien *(voir p. 104)*. C'est une forme valable aussi pour les poiriers et à conseiller dans les petits jardins.

Taille de formation : procédez comme pour le poirier en pyramide naine *(voir p. 118)*, en commençant avec un jeune arbre bien ramifié.

Taille de fructification : en été, intervenez selon les principes de la taille Lorette *(voir p. 106)*. Il est très important d'empêcher la croissance de pousses vigoureuses, érigées sur la tige centrale. La taille d'hiver consiste à raccourcir à la moitié de leur longueur, les tiges latérales qui se sont développées dans la partie supérieure de l'arbre. Taillez à trois yeux (taille trigemme) tous les rameaux secondaires, pour qu'ils forment des coursonnes productives. Pincez en été les pousses à bois trop développées.

POMMIER EN PYRAMIDE NAINE
À condition d'être bien entretenues, les pyramides naines peuvent être plantées très près les unes des autres, tous les 1,2 à 1,5 m de distance. Elles formeront une sorte de rideau. Prévoyez un tuteur permanent ou, si vous les cultivez en rang, une armature constituée d'un ensemble robuste de pieux et fils de fer tendus horizontalement.

Pommier en cordon oblique

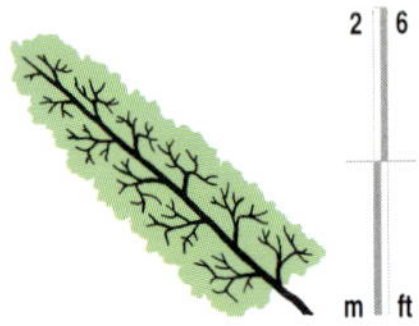

Un cordon oblique est une petite forme fruitière, très utilisée dans certains vergers de production. Au jardin, on préfère souvent le cordon horizontal *(voir p. 116)*. Cette forme est constituée par un simple tronc principal planté à 45°. Il porte des rameaux latéraux, taillés en été et en hiver pour former des coursonnes productives. Le cordon oblique peut habiller joliment un mur de petite taille. Dans un verger, espacez les cordons obliques de 80 cm sur des rangs distants de 2 m. L'astuce de cette forme vient de la position oblique par rapport au sol, qui réduit la vigueur de l'arbre et génère une forte production fruitière. Plus l'angle est fermé et plus les arbres fructifient sur toute leur longueur. Il existe quelques cultivars de pommiers colonnaires, vendus en tige simple, comme arbres à cultiver en pot *(Ballerina)*. On dit souvent qu'ils se passent de taille, mais avec l'âge, ils grandissent beaucoup et ont tendance à émettre des pousses latérales vigoureuses qui nécessitent autant de tailles qu'un cordon traditionnel.

Taille de formation : prévoyez un support horizontal robuste : des fils de fer, fixés à des pitons à œil, qui portent des lattes de bois, sont fixés entre 10 cm et 15 cm d'un mur ou d'une clôture. Les fils

Pommier en cordon oblique, taille après la plantation, hiver

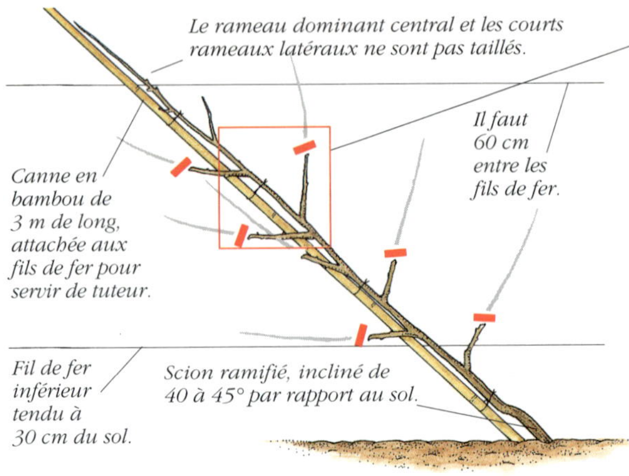

Taillez les rameaux latéraux mesurant plus de 10 cm de long, à trois ou quatre bourgeons (yeux) de leur point de départ.

Première année, été (taille Lorette modifiée)

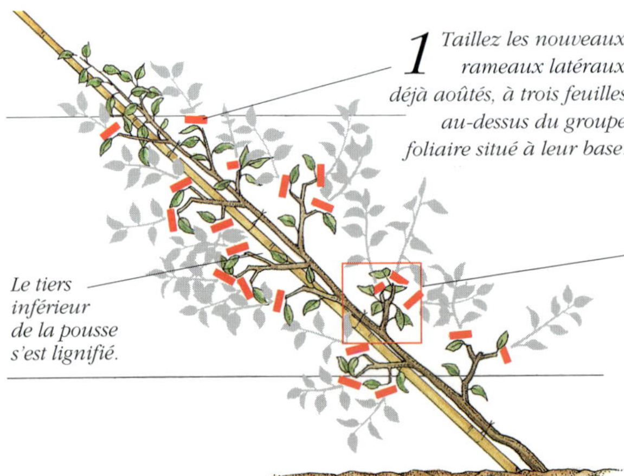

2 Rabattez les pousses secondaires des rameaux latéraux, à une feuille, pour commencer à former des ensembles de coursonnes fructifères.

Cordon de pommier adulte, été (taille Lorette modifiée)

Avant la taille

Après la taille

2 Taillez les pousses secondaires portées par les rameaux latéraux et les coursonnes, à une feuille au-dessus du groupe foliaire développé à leur base.

peuvent être tendus (avec des vis de tension) entre des pieux en béton de 2 m. Commencez par un scion ramifié ou un arbre de deux ans portant de nombreux rameaux latéraux, bien espacés *(voir p. 107)*. Plantez-le en inclinant de 45° la tige principale attachée aux fils de fer, sans abîmer l'écorce. Raccourcissez les rameaux latéraux pour créer des coursonnes. Pincez régulièrement toutes les pousses feuillées lors des premiers étés. Dès que l'extrémité du tronc atteint le fil de fer supérieur, taillez-la au-dessus d'une pousse plus faible, de préférence en mai pour éviter toute repousse vigoureuse.

Taille de fructification : en été, la taille Lorette *(voir p. 106)* se pratique sur les rameaux latéraux et la tige principale. Ébourgeonnez aussi les pousses à bois inutiles. En hiver, simplifiez les coursonnes et taillez les pousses à bois à trois yeux *(voir p. 105)*. Ne touchez pas aux boutons à fleurs. Si en mai, une partie du cordon reste dénudée, une entaille pratiquée au-dessus d'un œil ou d'un bourgeon latent, peut stimuler le départ d'une petite pousse.

CORDON ADULTE, HIVER

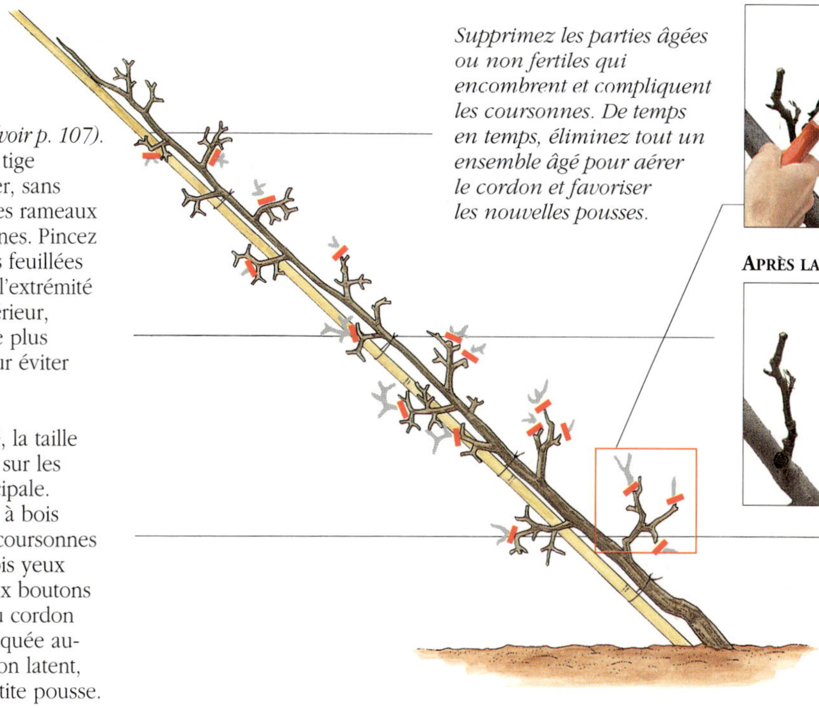

AVANT LA TAILLE

APRÈS LA TAILLE

Pommier en U, simple et double

Très décoratifs et productifs, le U simple (deux bras) et le U double (quatre bras) demandent une formation soignée. Commencez avec un scion. Tendez un fil de fer à l'horizontale, à 30 ou 40 cm du sol, et un second 60 cm plus haut. Fixez deux rangées de lattes de bois verticales espacées de 40 cm de part et d'autre du scion. Posez aussi des cannes de bambou en oblique, pour y palisser les futures charpentières. Le porte-greffe doit être vigoureux.

Taille de formation et de fructification : commencez par rabattre le cordon à 30 cm du sol, au-dessus d'un œil situé sur le côté de la tige. Conservez un autre bourgeon orienté dans le sens opposé, puis éborgnez tous les autres. Il va se former deux tiges qui seront palissées sur les bambous.

Relevez leur extrémité sur les lattes verticales, ce qui va former un U simple. Le troisième été, taillez les pousses développées sur les charpentières, de la même façon qu'un cordon. Pour un U double, procédez comme ci-dessus, mais ne palissez pas les bras à la verticale, avant qu'ils ne soient écartés de 60 à 80 cm. Puis, taillez chaque extrémité sur deux yeux latéraux. Il va naître deux bras de chaque côté, qui seront conduits à leur tour comme pour le U simple. La hauteur moyenne entre les deux étages est de 10 cm. La formation complète nécessite trois ans.

U SIMPLE, TAILLE DE FORMATION

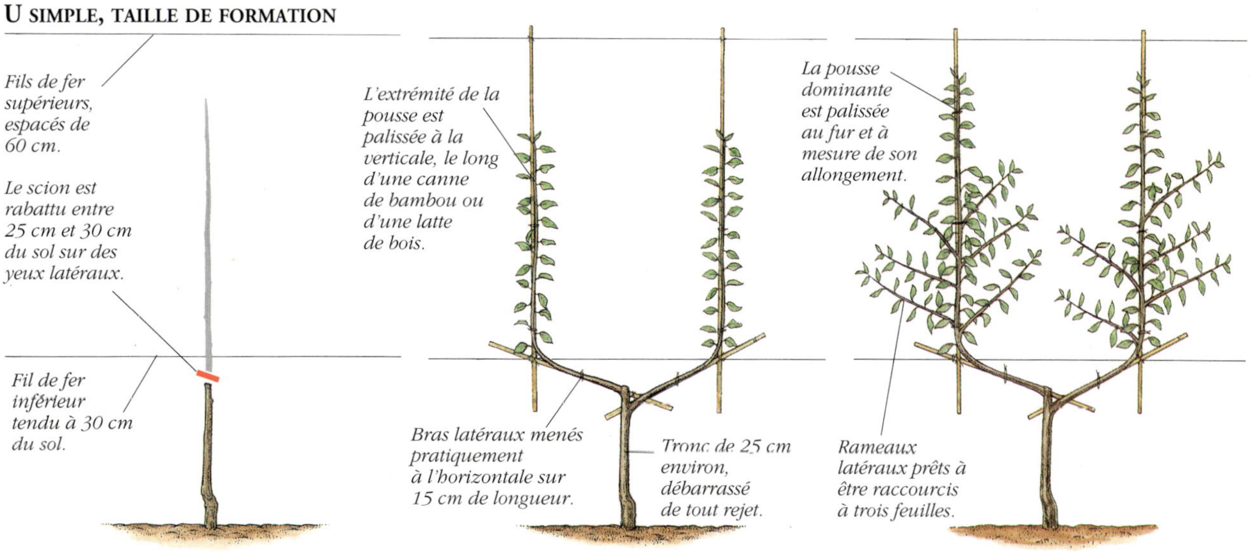

PREMIÈRE ANNÉE, HIVER — **DEUXIÈME ANNÉE, ÉTÉ** — **TROISIÈME ANNÉE, ÉTÉ**

Palmette horizontale

La palmette horizontale est une forme plate à cultiver en espalier. Le support sera solide, avec des fils de fer horizontaux, tendus tous les 45 à 60 cm. Cette forme assez complexe mais très décorative est rarement proposée par les pépiniéristes. Il faut donc faire réalisé la formation vous-même. Attention, l'entretien de la symétrie géométrique réclame beaucoup d'attentions. Pour plus de trois étages, utilisez un porte-greffe vigoureux.

Taille de formation : débuter avec un scion est plus facile *(voir p. 107)*. Un jeune arbre portant une, voire deux paires de rameaux latéraux opposés, peut être utilisé s'il possède une tige supérieure vigoureuse. Elle sera utilisée comme branche centrale maîtresse, puis palissée. Chaque hiver, rabattez la flèche à l'endroit où vous souhaitez former un étage de branches. La coupe va provoquer la formation de rameaux latéraux émis par les bourgeons situés juste en dessous. Palissez verticalement la pousse supérieure qui va devenir la pousse dominante. Les deux rameaux du dessous sont d'abord palissées obliquement sur des lattes ou des bambous. À la fin de l'été, dirigez à l'horizontale tuteurs et rameaux. Si une des deux branches pousse moins vigoureusement que l'autre, redressez-la pendant quelques mois *(voir* Corriger un développement irrégulier *p. 98)*. Raccourcissez-la pour stimuler sa croissance. Quand la palmette s'est bien étalée et qu'elle occupe tout l'espace imparti, rabattez la tige centrale à un bourgeon de son point de naissance. Faites de même avec les pousses verticales vigoureuses qui apparaissent sur le dernier étage de la palmette. Opérez en mai ou en été afin d'éviter toute repousse le reste de la saison.

Pommier en espalier, première année, hiver

Rabattez le scion sur un œil bien formé, situé à 5 cm au-dessus du premier fil de fer. Ce bourgeon produira la nouvelle pousse leader.

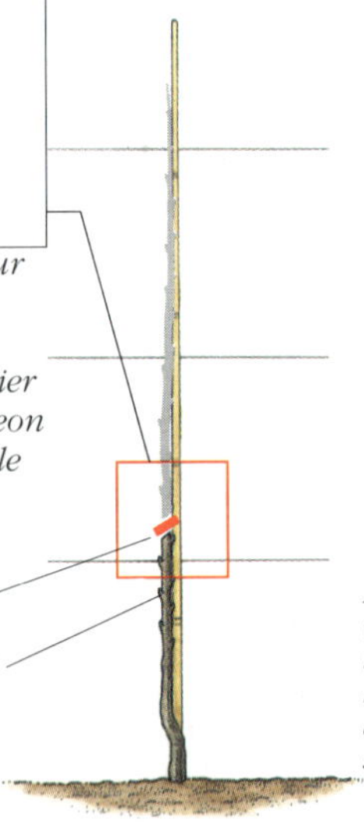

Coupe en biseau.

Les pousses issues des yeux placés plus bas formeront le premier étage des branches.

Première année, été

1 Palissez sur une latte la nouvelle pousse dominante.

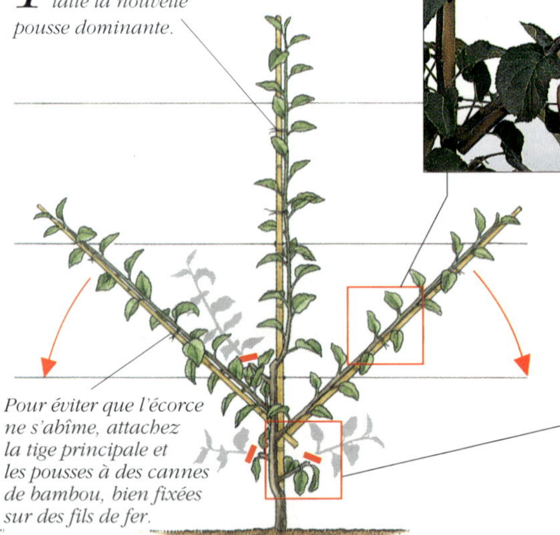

Pour éviter que l'écorce ne s'abîme, attachez la tige principale et les pousses à des cannes de bambou, bien fixées sur des fils de fer.

2 Guidez deux forts rameaux latéraux sur des bambous placés à 40° par rapport au sol. À la fin de l'été, amenez les pousses à l'horizontale et attachez le tout.

3 Taillez ou pincez tous les rameaux latéraux à deux ou trois feuilles.

Deuxième année, et jusqu'à ce que tous les étages soient formés, hiver

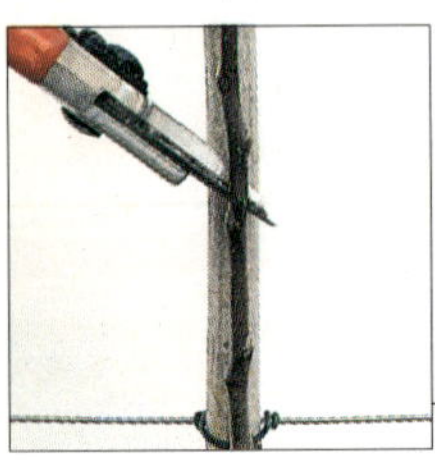

1 Taillez le nouveau leader sur un œil placé juste au-dessus du fil de fer suivant. Le bourgeon doit être si possible orienté dans la direction opposée à celle de l'année précédente.

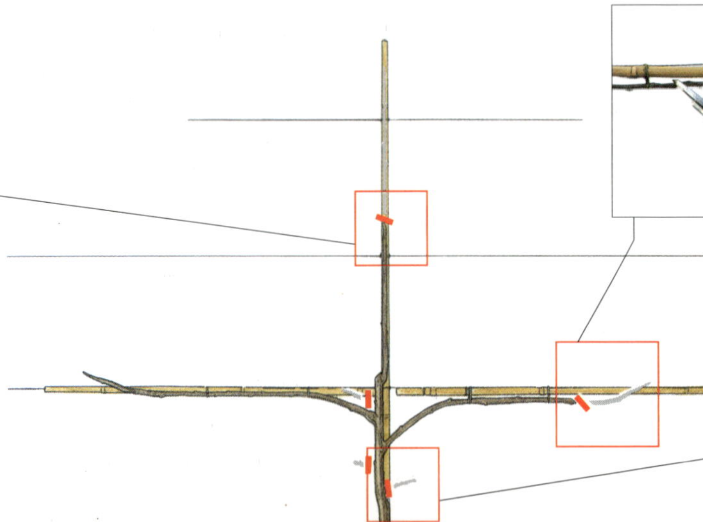

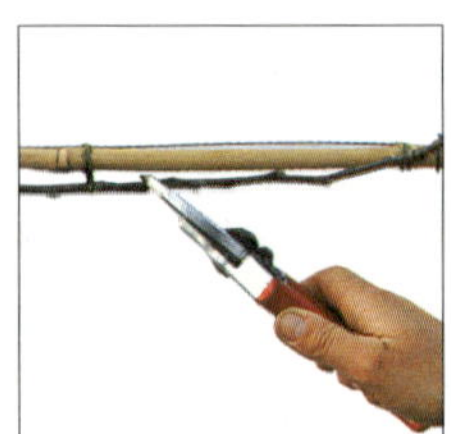

2 Si la branche latérale est faible, réduisez sa longueur d'un quart pour lui donner de la vigueur.

3 Supprimez les rejets qui apparaissent sur la tige principale.

Taille de fructification : une palmette horizontale se constitue peu à peu. Chez un arbre à trois ou quatre étages, les branches inférieures fructifient souvent avant la formation des branches du haut. Elles produisent des pousses latérales que l'on taille en été *(voir p. 106)* pour obtenir des coursonnes. Ces dernières sont éclaircies en hiver *(voir ci-dessous)*. Taillez bien en été, sans quoi la tige centrale canalisera son énergie à développer des pousses fortes dans le haut de l'arbre, au détriment des branches du bas. Si les étages supérieurs restent vigoureux malgré la taille d'été, pratiquez la taille trigemme en hiver afin de provoquer l'émission de boutons à fleurs.

Deuxième année, et jusqu'à ce que tous les étages soient formés, été

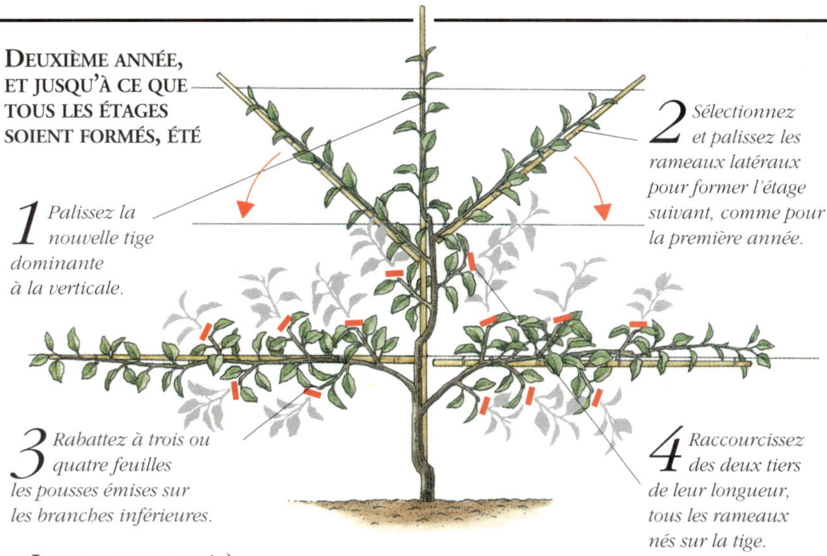

Pommier en espalier adulte, été (taille Lorette modifiée)

CONSEIL TRUFFAUT

Quand toute la palmette horizontale est formée, commencez la taille d'hiver des bras inférieurs. Éclaircissez les coursonnes trop complexes ou trop nombreuses. Supprimez les parties âgées ou non fertiles. Quand les coursonnes sont trop rapprochées, vous pouvez en éliminer une sur deux ou trois. C'est important, car les fruits trouveront ainsi une place suffisante pour se développer.

Avant la taille

Après la taille

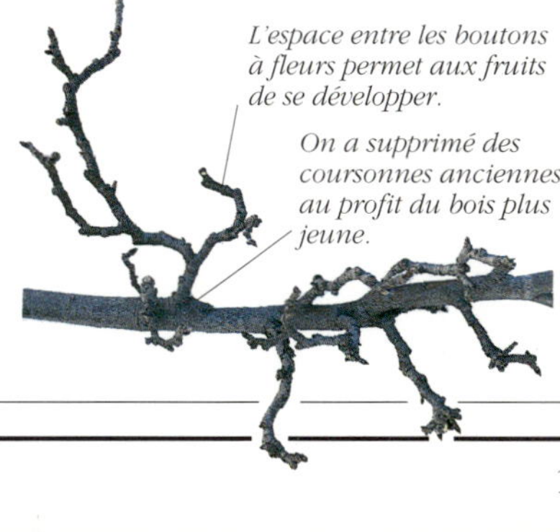

Pommier en éventail

La forme en éventail (ou queue de paon) est utilisée pour palisser les fruits à noyaux contre un mur. Ces arbres ne supportent pas de formes trop rigides nécessitant des tailles importantes inadaptées à leur mode de fructification. Le pommier réussit bien sous forme appelée aussi « palmette à la diable ». Pour réussir cette forme, il faut éviter de laisser monter verticalement une trop forte tige centrale. Elle canalise l'énergie vers le haut, de sorte que la tige supérieure pousse bien plus vigoureusement que le reste. Vous devez donc prévoir de fréquents pincements des prolongements afin de provoquer un maximum de ramifications.

Pommier mené en queue de paon
S'il n'est pas adossé à un mur, le queue de paon (ou éventail) requiert un support constitué de pieux et de fils de fer tendus à l'horizontale. L'armature doit être suffisamment solide pour supporter les coups de vent sans coup férir.

Taille de formation : la méthode est la même que pour le pêcher en éventail *(voir p. 134)*. Il n'y a pas de risque de maladie du plomb comme chez les fruits à noyaux, la taille peut donc se faire en hiver. Tendez des cordeaux verticalement entre les fils de fer pour fournir un grand nombre de points d'attache.

Taille de fructification : dès la formation de la charpente, taillez en été et en hiver les pousses latérales de l'éventail comme pour un cordon *(voir p. 112)*.
Supprimez les pousses vigoureuses qui se développent en été, à moins de vouloir les utiliser l'hiver suivant pour remplacer une branche fatiguée. Éclaircissez les coursonnes trop compliquées comme pour un cordon *(voir p. 112)* et taillez les pousses à bois à 4 ou 5 yeux pour limiter la vigueur. Cette forme est très fertile. Pour éviter le phénomène d'alternance, il est indispensable de procéder à un éclaircissage des fruits dans le courant du mois de juin *(voir p. 101)*.

Cordon horizontal

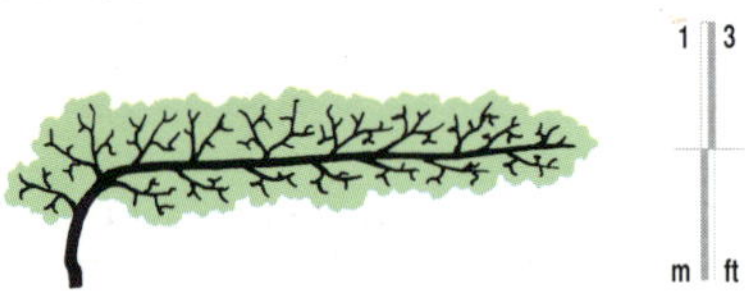

Les cordons horizontaux forment de belles bordures le long d'un massif ou d'une allée. Cette forme ne convient qu'aux pommiers. Elle doit être greffé sur un porte-greffe à faible vigueur (Paradis). Commencez avec un très jeune scion, de sorte que la tige soit assez flexible pour supporter d'être courbée. Procédez progressivement et délicatement, en ployant petit à petit la tige vers le sol et en l'attachant avec une corde fixée et reliée au sol par un piquet. Ce travail s'effectue au cours de la première saison. Raccourcissez les rameaux latéraux qui se développent, à trois feuilles du groupe foliaire situés à la base. Quand la pousse leader atteint la longueur désirée, taillez son prolongement sur son empattement. Traitez la pousse qui apparaît, comme tout autre rameau latéral. Taillez le cordon horizontal adulte en été et en hiver, comme le cordon simple, oblique *(voir p. 112)*. Éliminez par pincements successifs toutes les pousses à bois vigoureuses qui se développent verticalement.

Pommier en cordon horizontal
Pour soutenir un rang de cordons horizontaux, espacez des pieux robustes, hauts de 60 cm environ, tous les 1,5 m et tendez dessus à l'horizontale un fil de fer placé à environ 50 cm du sol.

Palmette oblique

Cette forme est une variation de la palmette précédente, mais avec des étages de branches orientés à 40° par rapport au sol. Elle est très répandue dans les vergers de grandes cultures du sud de l'Europe car, une fois formée, elle fructifie pratiquement sans taille. Dans les régions au climat plus froid, une taille d'été s'impose pour permettre au soleil d'atteindre la base de l'arbre. Ces arbres sont rarement proposés par les pépiniéristes, mais ils sont faciles à former. Les tailles (formation et fructification) sont les mêmes que pour la palmette horizontale *(voir p. 114)*. Vérifiez et, au besoin, relâchez les attaches des branches au fur et à mesure de leur grossissement. En fait, pour les jardins d'amateur, on préfère la palmette verrier quatre branches qui se présente comme deux U aux angles droits insérés l'un dans l'autre. Cette forme est contraignante pour la taille, car il y a toujours un déséquilibre entre les deux parties de l'arbre.

Poirier *Pyrus communis*

Bien qu'il s'agisse d'un arbre fruitier qui réclame des hivers froids, le poirier requiert des conditions plus chaudes et plus abritées que le pommier. Parmi le très grand nombre de variétés (surtout des fruitiers à couteau), figurent des arbres pour tous les climats. Mais comme le poirier fleurit plus tôt que le pommier, une gelée printanière peut poser des problèmes de pollinisation, et entraîner par conséquent une production moins importante.

On palisse souvent à l'abri d'un mur les formes en palmette, en U ou en queue de paon. On trouve dans les jardineries des jeunes arbres de qualité, déjà formés. Toutefois, les différentes formes de poiriers se façonnent aussi facilement que celles des pommiers. Le U simple ou double est très répandu, car il permet à deux variétés ou plus (important pour la pollinisation) de pousser dans un petit espace. Le palissage contre un mur exalte les vertus décoratives du poirier : écorce crevassée, port trapu devenant noueux avec l'âge, floraison admirable au printemps, couleurs du feuillage en automne et des fruits délicieux aux différents coloris. Le gobelet et la pyramide naine sont des petits arbres compacts, parfaits dans un jardin abrité des grands vents froids.

Porte-greffe et greffage : comme chez le pommier, les variétés fruitières de poiriers ne se multiplient pas fidèlement par semis. On les propage par greffage. Le choix des porte-greffes est assez restreint. Dans certains pays, les jeunes semis de poirier (francs) et l'espèce ornementale voisine, *Pyrus calleryana,* servent de porte-greffes. On utilise davantage le cognassier, parce qu'il produit des petits arbres faciles à conduire, qui fructifient dès le plus jeune âge. Le cognassier A est moyennement vigoureux, le cognassier C, plus faible, est idéal pour les variétés vigoureuses comme 'Doyenné du Comice'. Le choix d'une forme précise peut aussi dicter celui du porte-greffe. Le cognassier porte-greffe étant incompatible avec beaucoup de variétés de poiriers. La solution est le double greffage *(voir p. 95).* Il s'agit de greffer d'abord sur le cognassier une variété compatible qui jouera le rôle d'intermédiaire avec la variété fruitière que l'on désire propager. Cette dernière sera, à son tour, greffée sur l'intermédiaire.

Un fruit superbe

Le poirier compte parmi les arbres fruitiers les plus décoratifs, avec ses fleurs blanches prolifiques, suivies de fruits qui, à maturité, prennent des teintes jaunes ou rouges. Le feuillage se pare également de couleurs vives en automne. Même si ses fruits présentent peu d'intérêt, un vieux poirier s'avère toujours très décoratif avec son écorce crevassée et son port noueux.

Porte-greffes

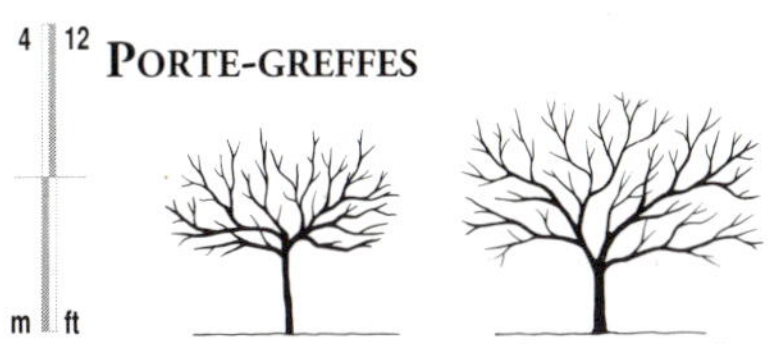

Cognassier C Cognassier A

Port et fructification : le poirier pousse pratiquement comme le pommier, et fructifie également sur des rameaux de deux ans et plus. Cet arbre présente un port un peu plus érigé que la plupart des pommiers. Il montre aussi une tendance naturelle à former des coursonnes à la forme complexe. Sans un éclaircissage régulier, elles se gênent vite. Pour certaines variétés très vigoureuses comme 'Doyenné du Comice' ou 'Beurré Hardy', les longues pousses se contentent d'une taille légère pendant les premières années, jusqu'à la mise à fruits. Les arbres qui ne poussent pas bien (rameaux courts, trop nombreux) souffrent souvent d'une carence en azote. Attention, les poiriers ont une tendance acidophile. Dans un terrain calcaire, ils souffriront souvent de la chlorose, d'où l'intérêt de la greffe sur le cognassier qui est plus tolérant aux différents types de sols.

Époque de taille : tous les poiriers se taillent en hiver selon le principe de la taille trigemme et de l'éclaircissage des coursonnes. De temps en temps, la suppression de grandes sections de branches au profit des jeunes pousses est valable *(voir p. 105).* Chez les formes très élaborées, une taille d'été s'avère essentielle pour limiter la croissance et maintenir la silhouette de l'arbre. Procédez comme pour le pommier, mais en intervenant une semaine *(Suite p. 118.)*

Conseil Truffaut

Tous les poiriers, et à un degré moindre, les pommiers, les cotonéasters, l'aubépine et le pyracantha, sont sujets à une maladie fatale : le feu bactérien. Certains poiriers comme le 'Passe Crassane' sont interdits à la vente en jeunes plants. Dans les régions où cette maladie sévit, surveillez le feuillage en été. Au premier signe de brûlure, rabattez à 60 cm sous la zone affectée, en désinfectant les outils après l'intervention.

Feu bactérien sur poirier

Des feuilles qui noircissent comme sous l'effet d'un feu, sont les principaux symptômes du feu bactérien. Rabattez les pousses affectées le plus rapidement possible.

(Suite de la p. 117.)
ou deux plus tôt, selon la précocité des variétés. Effectuez une taille Lorette complète ou modifiée *(voir p. 106)*. Comme le poirier produit beaucoup, il est souvent nécessaire d'éclaircir fleurs et fruits.

Éclaircissage des coursonnes : les coursonnes s'établissent avec la taille. Elles deviennent plus complexes avec l'âge. Sans éclaircissage régulier, elles se gênent sur la branche, ce qui produit des petits fruits. Chez les arbres âgés, la suppression de tout un ensemble, avec un ébrancheur, permet un rajeunissement et l'apparition de nouvelles pousses sur la branche. Complétez le travail en éclaircissant au sécateur les ensembles de coursonnes. Le but est de simplifier leur forme et de les limiter à un seul bouton à fleur par ramification pour éviter l'épuisement de l'arbre.

ÉCLAIRCISSAGE DES COURSONNES

AVANT L'ÉCLAIRCISSAGE
Supprimez le bois mort, faible ou abîmé, les coursonnes sans bouton, puis toutes les pousses trop nombreuses.

APRÈS L'ÉCLAIRCISSAGE
Il ne reste que les coursonnes productives sur lesquelles les fruits auront de la place pour se développer.

Poirier en pyramide naine

Le mode de fructification du poirier le rend idéal pour cette jolie petite forme. Comme pour le pommier, on peut planter des pyramides naines de poirier très près les unes des autres (tous les 2 m seulement). Assurez alors une bonne taille de formation et une taille d'été régulière pour maintenir l'arbre compact. Pour les variétés les plus vigoureuses, utilisez les porte-greffes cognassier A ou C. Leur croissance est plus régulière que celle des poiriers francs, ce qui leur permet de mieux se prêter au façonnage de cette forme.

Taille de formation : elle vise à façonner l'arbre et à maîtriser son port érigé. Il faut réduire la vigueur pour que se forment des branches charpentières aérées autour d'un tronc central robuste. Choisissez un jeune arbre ramifié *(voir p. 107)* avec des rameaux insérés et avec un angle bien ouvert. Favorisez cette forme en taillant sur des bourgeons tournés vers l'extérieur et situés à la face inférieure du rameau. Supprimez les pousses vigoureuses, dominantes, au sommet de la frondaison. La forme en pyramide permet à toutes les parties de l'arbre de recevoir soleil et air de manière homogène.

Taille de fructification : pratiquez une taille Lorette complète ou modifiée en fonction du climat, comme pour le pommier *(voir p. 106)*, en commençant souvent un peu plus tôt. La taille d'hiver concerne les coursonnes *(voir p. 105 et ci-dessus)*, la taille trigemme des jeunes pousses à bois et le raccourcissement de la pousse leader si besoin est.

POIRIER EN PYRAMIDE NAINE
La plantation serrée maintient ces arbres petits (concurrence des racines). On peut ainsi constituer de jolies haies décoratives, mais surtout pas de brise-vent.

POIRIER EN PYRAMIDE NAINE, PREMIÈRE ANNÉE, HIVER

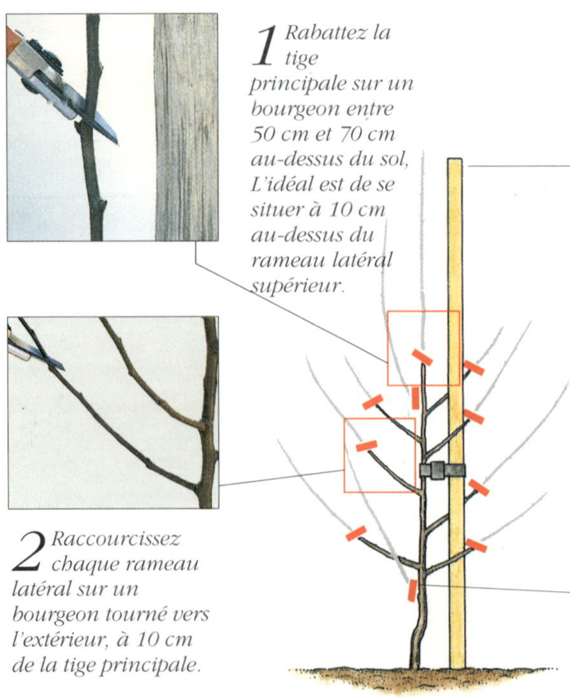

1 Rabattez la tige principale sur un bourgeon entre 50 cm et 70 cm au-dessus du sol, L'idéal est de se situer à 10 cm au-dessus du rameau latéral supérieur.

Lors de la plantation, installez un tuteur permanent, par exemple un pieu robuste de 2 m qui soutiendra l'arbre jusqu'à sa maturité.

2 Raccourcissez chaque rameau latéral sur un bourgeon tourné vers l'extérieur, à 10 cm de la tige principale.

3 Supprimez tous les rameaux latéraux trop bas, enchevêtrés ou formant un angle étroit avec la tige principale.

Première année, été

Rabattez au-dessus d'un bourgeon les pousses vigoureuses, érigées, surtout celles situées dans la partie supérieure de l'arbre.

Si le nouveau leader ne pousse pas droit et vertical, palissez-le sur le tuteur.

Deuxième année, hiver

1 Raccourcissez le prolongement, en laissant environ 25 cm de la nouvelle pousse. Répétez chaque année cette opération, jusqu'à ce que l'arbre atteigne la hauteur souhaitée. Il faut couper sur un œil dirigé vers la droite, puis l'année suivante, vers la gauche et ainsi de suite, afin d'obtenir un tronc bien droit.

Bourgeon orienté dans la direction opposée à la taille de l'année précédente, afin d'obtenir un tronc bien droit.

2 Rabattez les nouvelles branches principales de 15 à 20 cm. Taillez au-dessus d'un bourgeon orienté vers le bas et vers l'extérieur, afin de créer une structure bien aérée.

3 Taillez les pousses latérales à deux ou trois yeux de leur point de départ, pour provoquer la formation des nouvelles coursonnes fructifères.

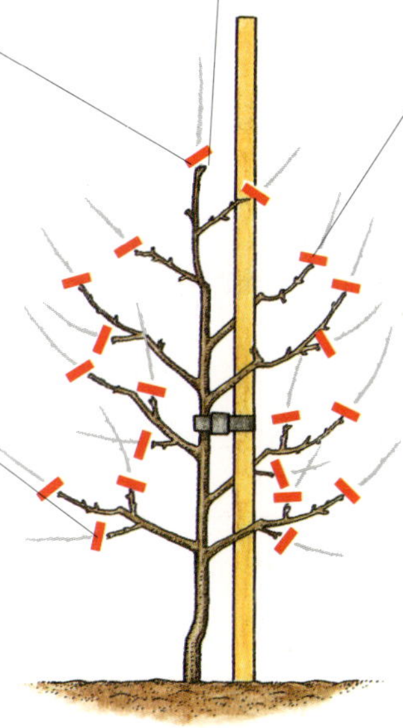

À partir de la deuxième année, été (taille Lorette modifiée)

1 Rabattez les nouvelles pousses apparaissant sur les branches principales, à cinq ou six feuilles leur point de naissance.

Pousse leader non taillée.

2 Taillez à trois feuilles au-dessus de l'empattement, les nouvelles pousses qui naissent à même le tronc ou sur les branches principales.

3 Taillez à une feuille au-dessus de l'empattement, les pousses secondaires des rameaux latéraux (coursonnes) qui avaient été raccourcis en hiver.

Le pincement a été effectué en laissant deux ou trois feuilles.

Le tiers inférieur de la pousse s'est lignifié

À partir de la troisième année, hiver

1 Pour maintenir la hauteur souhaitée, raccourcissez le rameau leader sur le premier bourgeon de la pousse de l'été. Opérez au mois de mai afin de compromettre la repousse.

2 Réduisez les coursonnes trop âgées, éclaircissez les ensembles aux formes trop compliquées.

AUTRES FORMES DE POIRIERS

Gobelet

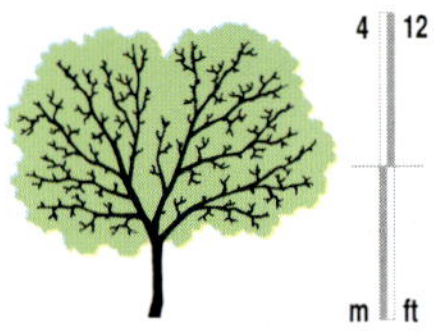

C'est la forme libre la plus cultivée. La taille de formation est identique à celle du pommier en gobelet *(voir p. 108)*, en essayant d'obtenir un centre bien aéré pour contrarier le port plus érigé du poirier. Taillez sur des bourgeons tournés vers l'extérieur ou dirigez les jeunes pousses vers l'horizontale avec un cordeau fiché dans le sol *(voir p. 99)*. Veillez à guider les pousses quand elles sont jeunes, car le bois de poirier se rigidifie très vite. Si la variété choisie est trop vigoureuse pour obtenir un gobelet compact, taillez plus légèrement ou même pas du tout pour mieux maîtriser la repousse. Les gobelets adultes forment naturellement des coursonnes, dont on peut favoriser l'apparition par la taille. En hiver, il faut bien éclaircir ces coursonnes *(voir p. 105)* et de temps en temps, supprimer des parties de branches âgées, là où de jeunes pousses peuvent prendre la relève. La taille trigemme est pratiquée sur les gobelets pour créer le départ des coursonnes. Ensuite, l'arbre se met à fruits de lui-même.

Tige

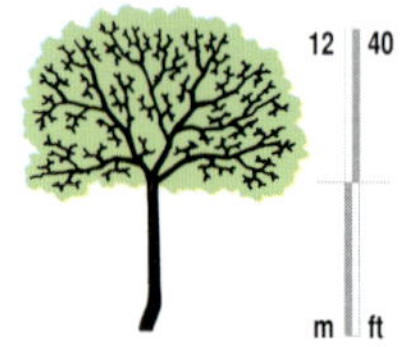

La taille de formation se pratique comme pour le pommier plein vent *(voir p. 109)*, avec toutefois plus d'éclaircissage des coursonnes, un peu comme pour le poirier en gobelet adulte. Peu pratique dans un jardin d'amateur en raison de son ampleur, cette forme se rencontre surtout dans les vergers de conservation. Le poirier tige doit être greffé sur un franc (un jeune sujet issu de semis).

Cordon

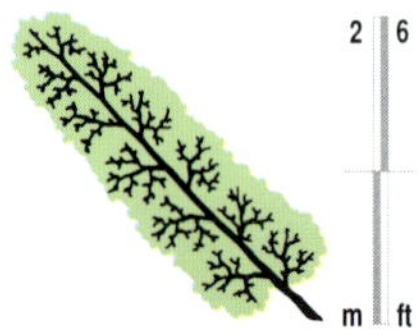

Le poirier en cordon se forme en oblique comme le pommier *(voir p. 112)*. Il a sa place dans tous les lieux abrités. Le poirier est difficile à former en cordon horizontal, car son bois n'est pas aussi flexible que celui du pommier. De plus, il n'existe pas de porte-greffe nain pour le poirier.

Palmette

La formation est similaire à celle du pommier, avec plus d'éclaircissage des coursonnes en hiver. Contre un mur abrité, un poirier en palmette horizontale est très productif. Greffez-le sur cognassier C pour une palmette à deux ou trois étages, et sur cognassier A pour plus de trois étages.

Queue de paon

Rare chez le poirier, cette forme est pourtant très décorative. La formation, délicate, est similaire à celle du pommier en éventail *(voir p. 116)*. Greffez sur cognassier A.

NÉFLIER *Mespilus germanica*

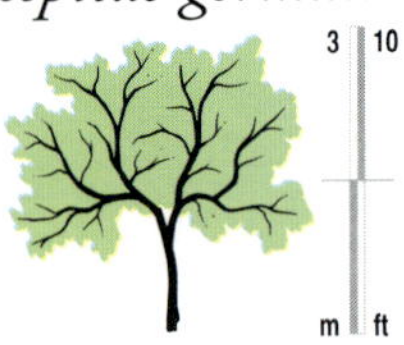

L'intérêt des fruits du néflier est assez limité, puisque les nèfles ne sont comestibles qu'une fois qu'elles se mettent à blettir. On en fait aussi des conserves. Mais tout comme le pommier à fleurs, le néflier constitue un bel arbre d'ornement, avec des fleurs de belle facture, des fruits typiques et des couleurs d'automne très vives. Bien rustique, le néflier est autofertile (un seul arbre suffit pour la fructification). Les coursonnes se forment naturellement sur du vieux bois et elles fructifient bien. Aussi la taille est-elle superflue. Le port naturel de l'arbre est étalé, parfois retombant. Un petit tronc donne à cet arbre sa forme la plus décorative. La formation est identique à celle d'un arbre d'ornement sur tige à cime ramifiée *(voir p. 28)*, avec un tronc dénudé de 1 à 1,2 m de hauteur. Après avoir établi des branches charpentières fortes et bien espacées, il suffit de supprimer, durant l'hiver, les rameaux fruitiers les plus âgés et en surnombre. Le néflier ne supporte pas bien le rajeunissement. Une taille sévère favorise le développement de pousses verticales qui gâchent l'aspect de l'arbre. Supprimez les branches mal placées, surtout celles qui poussent vers l'intérieur de la ramure.

NÉFLIER ET NÈFLES
Pour bien arriver à maturité, les nèfles doivent subir l'action des premières gelées. Vous les conserverez le pédoncule vers le haut, dans un lieu frais et sombre, jusqu'à ce qu'elles blettissent totalement.

COGNASSIER *Cydonia oblonga*

C'est un petit arbre très décoratif, avec ses fruits duveteux, extrêmement aromatiques, en forme de pomme ou de poire. Le cognassier se cultive comme un grand gobelet, mais sous un climat froid, il peut être palissé contre un mur en queue de paon ou en palmette oblique, comme le pommier *(voir p. 116)*. Les cultivars plantés pour leurs fruits sont greffés sur les mêmes porte-greffes que le poirier, c'est-à-dire cognassier A ou C *(voir p. 117)*. Bien que le cognassier soit autofertile, on prétend que le fait de planter deux sujets à proximité l'un de l'autre assure de meilleures productions. Un essai à tenter…

Cognassier en gobelet

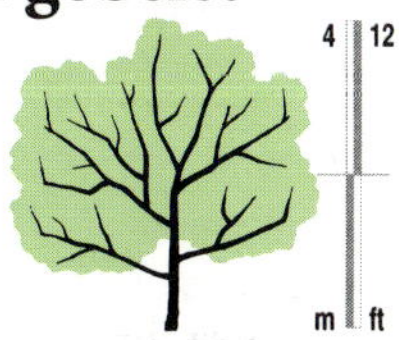

D'un port assez désordonné, l'arbre drageonne beaucoup. Les fruits mûrissent sur des coursonnes formées naturellement et à l'extrémité des pousses d'un an. Livré à lui-même, un cognassier se développe en arbre multitiges qui devient dense et touffu. Il faut l'éclaircir régulièrement pour qu'il fructifie bien. Un gobelet bien formé avec un petit tronc dégagé et des branches principales bien espacées, est un arbre plus facile à conduire, qui requiert peu d'entretien. Le plus simple est de démarrer avec un jeune arbre ramifié et de former les branches charpentières comme pour le pommier en gobelet *(voir ci-dessous et p. 108)*. Avec l'âge, les pousses deviennent désordonnées et trop nombreuses. Raccourcissez les rameaux vigoureux ou supprimez le bois âgé *(voir p. 105)* pour aérer la ramure et surtout le centre. Ne taillez jamais trop sévèrement, sous peine de favoriser des repousses vigoureuses. Éclaircissez les ensembles de coursonnes trop nombreux ou trop complexes et supprimez les drageons qui se forment à la base ou à même le tronc.

COGNASSIER EN GOBELET, PREMIÈRE ANNÉE, HIVER

1 Faites une coupe en biseau juste sous un bourgeon sain, rabattez la tige centrale sur un bourgeon, à environ 1 m du sol.

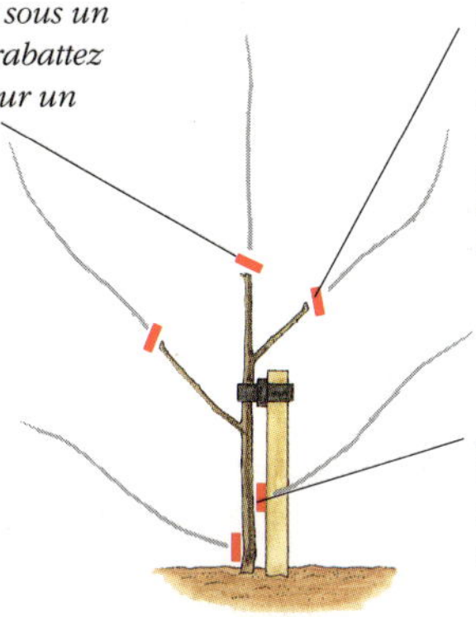

2 Rabattez des deux tiers les rameaux latéraux supérieurs, en les coupant juste au-dessus d'un bourgeon dirigé vers le haut.

3 Supprimez tout rameau latéral naissant directement sur la tige à moins de 60 cm du sol.

DEUXIÈME ANNÉE, HIVER

Taillez sur des bourgeons tournés vers l'extérieur de la ramure.

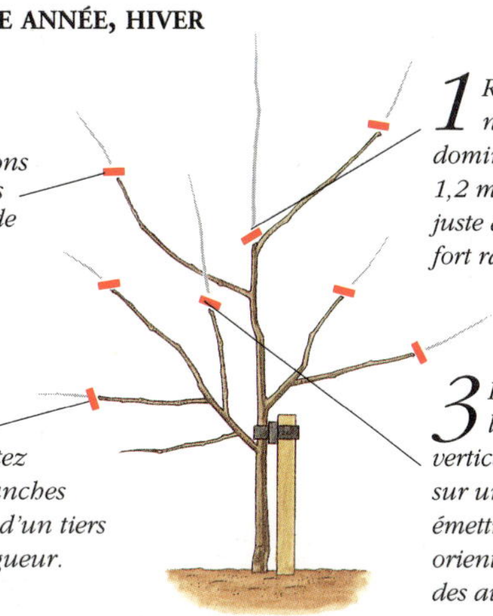

1 Raccourcissez la nouvelle pousse dominante à environ 1,2 m du sol. Taillez juste au-dessus d'un fort rameau latéral.

2 Rabattez les branches principales d'un tiers de leur longueur.

3 Raccourcissez les pousses verticales vigoureuses sur un bourgeon qui émettra une tige orientée à l'opposé des autres.

TROISIÈME ANNÉE ET APRÈS, HIVER

Le port du cognassier est irrégulier : supprimez toute pousse qui en croise une autre ou se développe dans une direction non souhaitée (surtout vers le centre de l'arbre).

Les coursonnes fertiles commencent à se former naturellement.

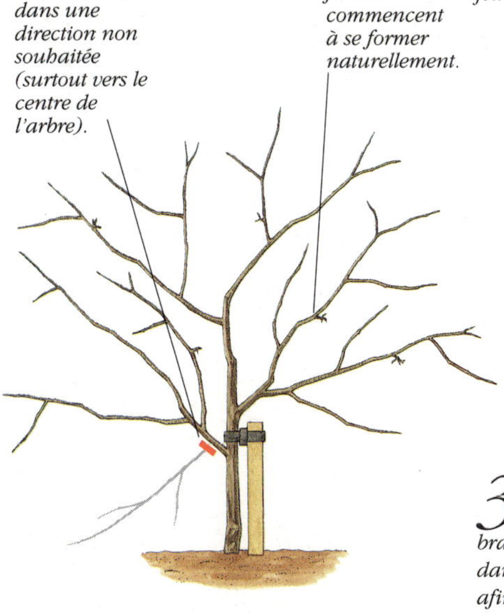

COGNASSIER EN GOBELET ADULTE, HIVER

1 Éclaircissez les coursonnes trop ramifiées, en supprimant les parties plus âgées et moins productives, pour laisser de la place aux pousses plus jeunes.

2 Taillez l'extrémité des branches principales pour favoriser la formation de coursonnes à fruits sur le bois jeune.

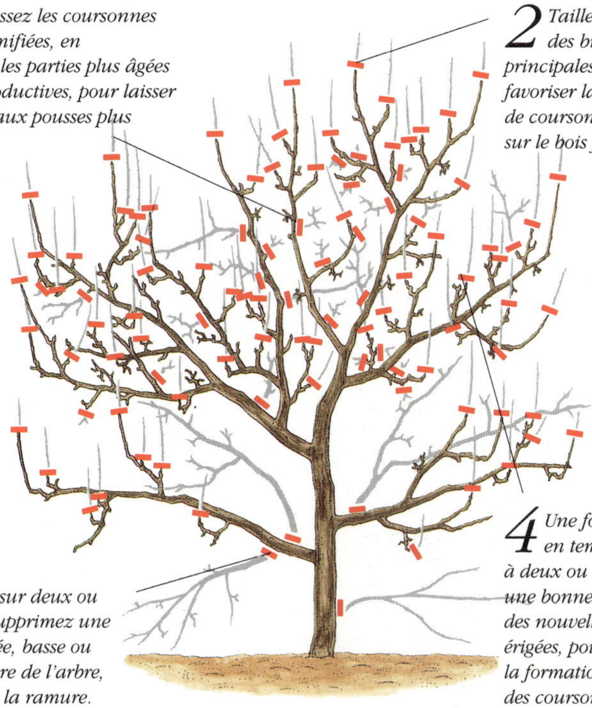

3 Un an sur deux ou trois, supprimez une branche âgée, basse ou dans le centre de l'arbre, afin d'aérer la ramure.

4 Une fois de temps en temps, taillez à deux ou trois yeux, une bonne partie des nouvelles pousses érigées, pour favoriser la formation des coursonnes.

PRUNIER *Prunus* spp.

Le prunier est très souvent planté dans les jardins, en raison de la grande diversité de ses fruits, mais aussi des qualités décoratives de l'arbre. Il est évident que les prunes cueillies sur l'arbre ont un meilleur goût. Sous un climat frais, il faut retenir le prunier commun, le reine-claude, le Saint-Julien et le prunier de Damas *(Prunus domestica* et *Prunus domestica* spp. *insititia).* Dans les régions au climat chaud, conviennent le mirabellier et le prunier japonais *(Prunus salicina* ou *Prunus triflora).*
Les pruniers constituent de superbes petits arbres, qui demandent moins de taille que le pommier ou le poirier. Même dans un petit jardin, on trouve de la place pour deux, voire trois pollinisateurs compatibles, afin d'assurer une bonne récolte.
Le prunier fleurit tôt dans l'année. Il est donc sensible aux gelées printanières.
Les premiers bourgeons attirent les oiseaux qui peuvent causer de sérieux dégâts. Il est parfois nécessaire de rabattre les branches abîmées et de reconstruire la charpente. L'idéal consiste à recouvrir d'un filet les petites formes (pyramide ou queue de paon). Comme pour le pommier, le gobelet est la forme la plus productive et la plus cultivée, mais les pyramides sont également répandues. Le fuseau est une forme compacte assez proche qui réclame moins de tailles d'entretien. Sous un climat froid, on peut palisser un prunier en éventail contre un mur plein sud. Le cordon et les palmettes ne sont pas adaptés au mode de fructification du prunier.
Les risques de maladies peuvent être un facteur de décision pour le choix d'une forme fruitière. Le prunier est sensible à des infections sérieuses *(voir encadré page de droite)* qui pénètrent par des blessures de taille, notamment en hiver. Les formes qui se contentent d'une taille légère, comme le gobelet et le fuseau, risquent moins d'être atteintes par les maladies graves comme le plomb.

Porte-greffes et greffage : le drageonnage et l'émission de gourmands *(voir p. 32)* peuvent être gênants chez les pruniers qui sont tous greffés. Dans un petit jardin, préférez des porte-greffes peu vigoureux comme le 'Saint-Julien A'ou le 'Nain Pixy', pour les petites formes taillées.
'Brompton'et le porte-greffe du prunier à fleurs 'Myrobolan B', donnent un grand arbre ou un large éventail. Quel que soit le porte-greffe utilisé, les cultivars du prunier de Damas développent des arbres toujours plus petits que les autres pruniers. Tuteurez tous les pruniers non palissés durant les deux premières années de leur culture, et ceux greffés sur 'Pixy', de façon permanente. Veillez bien à ce que le tuteur et l'attache ne frottent pas et n'abîment pas la tige, ce qui créerait un point d'entrée pour les maladies.

Mode de fructification :
Le prunier fructifie à la base des pousses de un an et tout le long des tiges de deux ans ou plus. À la différence du pommier et du poirier, il ne faut donc pas tailler les nouvelles pousses très vigoureuses, qui vont devenir rapidement fructifères. Dès l'établissement d'une charpente solide, les formes semi-libres comme le gobelet ou le fuseau se contentent d'une taille minimale. Intervenez davantage sur les formes plus régulières, pour conserver leur silhouette. Éclaircissez les jeunes fruits *(voir p. 101)* si l'arbre en produit beaucoup. Pour se développer, une prune a besoin, selon la variété, d'une partie de tige dégagée sur 7 à 10 cm de longueur.

Époque pour la taille : ne taillez pas les pruniers en hiver, en raison des risques de pénétration de la maladie du plomb et du chancre, par les blessures. Retardez la taille en mars pour les jeunes arbres formés régulièrement. Attendez juillet pour intervenir sur les arbres adultes. Supprimez le bois mort à la fin de l'été ou en automne quand l'arbre est encore vert pour mieux identifier les parties abîmées.
Pour tous les arbres fruitiers à noyaux, n'employez pas les techniques d'entailles utilisées pour le pommier et le poirier, car les blessures formées peuvent faciliter la pénétration des maladies. Pour la plupart des formes de prunier, mieux vaut démarrer avec un jeune arbre ramifié, formé par un professionnel que vous trouverez dans les jardineries. Plantez les pruniers avant fin février, quand ils sont en repos.
Ne procédez à aucune taille avant l'éclosion des yeux. Prévoyez d'étayer les branches chargées de fruits sur les vieux arbres.

QUETSCHES À MATURITÉ
Les quetschiers comme 'Précoce d'Ersinger', fructifient tout le long des jeunes tiges qu'il ne faut donc pas tailler.
Chez les formes régulières, comme la pyramide et l'éventail, raccourcissez un peu les pousses (taille d'été), afin de mieux exposer les fruits à la lumière.

PORTE-GREFFES DE PRUNIER

'PIXY' 'SAINT-JULIEN A' 'BROMPTON' 'MYROBOLAN B'

PINCEMENT DES POUSSES DE PRUNIER
Chez le prunier, les blessures de taille doivent être aussi petites que possible, afin de réduire au maximum les risques d'infection. Essayez de maîtriser la végétation, en pinçant tôt l'extrémité des pousses à l'aide du pouce et de l'index. Si vous inspectez régulièrement vos pruniers (tous les dix ou quinze jours durant la saison de croissance), vous aurez l'occasion de pincer rapidement les pousses non souhaitées, au lieu de les laisser se lignifier et d'être obligé de les couper au sécateur.

CONSEIL TRUFFAUT

La maladie du plomb touche tous les pruniers. Elle se traduit par des taches gris argenté qui apparaissent sur des rameaux distincts. Dans le cas où l'arbre entier présente des feuilles argentées, il s'agit plutôt d'une carence à corriger par un apport d'engrais contenant des oligo-éléments. Il n'y a pas de traitement direct de la maladie du plomb. Pour éviter son extension, éliminez les pousses affectées, brûlez-les et désinfectez les outils.

Le prunier est également sensible à la gommose. L'écorce sécrète une gomme inoffensive, qui traduit un stress dû à une maladie, une blessure ou de mauvaises conditions de culture. La gommose sur une branche indique une infection locale. Supprimez la partie malade. Le chancre bactérien forme une crevasse aplatie et allongée qui exsude de la gomme et s'accompagne de pousses difformes. Creusez jusqu'au bois sain, brûlez les déchets de taille et pulvérisez une bouillie bordelaise.

Prunier atteint par la maladie du plomb.

Prunier en gobelet

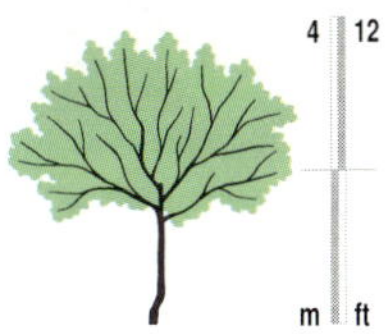

À partir d'un jeune arbre bien ramifié, vous allez créer une cime au centre bien aéré. La ramure porte de trois à quatre branches principales sur un tronc dégagé sur au moins 80 cm de hauteur. Chez l'arbre adulte, la taille est superflue au printemps ou en été. Toutefois, supprimez en juin les pousses grêles, abîmées, non fertiles, enchevêtrées ou trop nombreuses. Coupez-les au-dessus d'une pousse de remplacement ou sur leur empattement. Pour les variétés à port étalé ('Reine-Claude d'Althan'), privilégiez les pousses dirigées vers le haut. Si les branches sont trop horizontales, elles risquent de retomber et de se briser sous le poids des fruits. Les années de fortes récoltes, prévoyez des étais.

PRUNIER EN GOBELET, PREMIÈRE ANNÉE, MARS

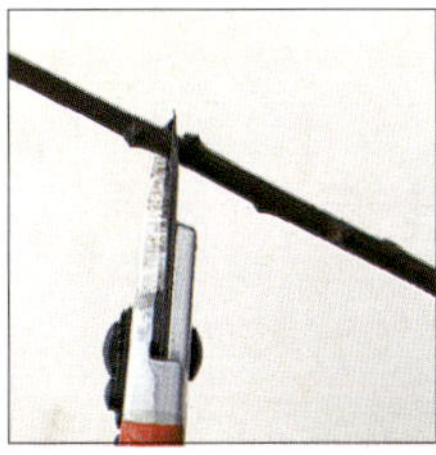

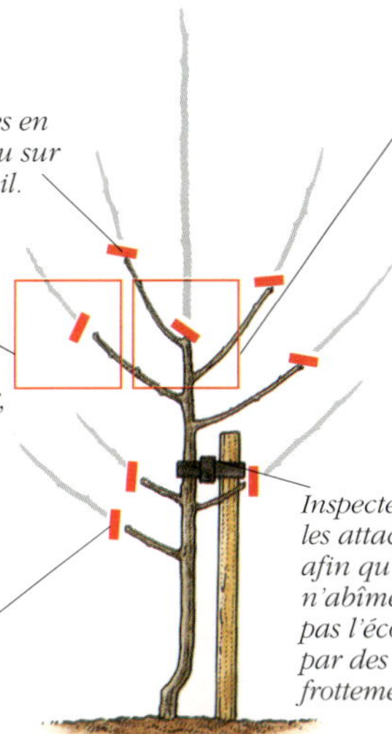

1 Raccourcissez des deux tiers de leur longueur, trois ou quatre rameaux latéraux bien espacés, en coupant sur un œil dirigé vers l'extérieur.

3 Taillez à deux bourgeons de la base les rameaux latéraux trop bas. Pincez à deux feuilles toute pousse apparaissant par la suite.

2 Rabattez la flèche au-dessus des rameaux latéraux sélectionnés, pour constituer des branches charpentières. L'idéal est de les couper à 1 m du sol.

DEUXIÈME ANNÉE, MARS

1 Taillez chaque pousse secondaire de moitié sur un œil dirigé vers l'extérieur de la ramure.

2 Supprimez toute pousse faible, mal placée, ainsi que les tiges insérées avec un angle trop étroit sur les branches.

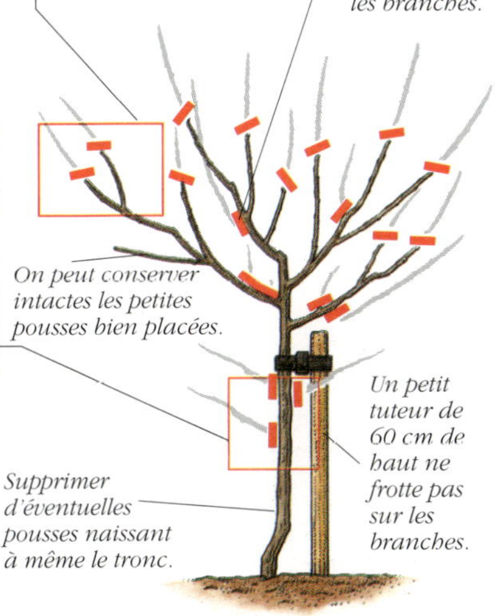

3 Supprimez les rameaux latéraux qui poussent trop bas sur le tronc. Faites une coupe bien nette et propre.

TROISIÈME ANNÉE, D'AVRIL À JUIN

1 En mars, rabattez d'un quart de leur longueur les branches principales faibles ou poussant à l'horizontale. Coupez sur un bourgeon tourné dans une direction permettant de combler les trous de la charpente.

2 Supprimez toute nouvelle pousse à bois qui se développe.

Prunier en pyramide

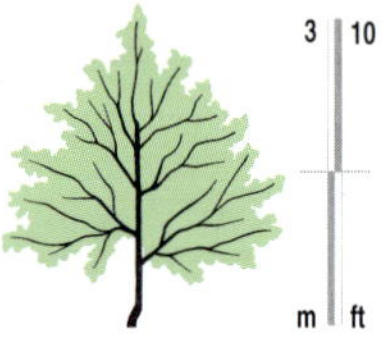

Cette forme est idéale dans un petit jardin, car l'arbre ne dépasse pas 2,5 m de haut (2 m avec le porte-greffe nain Pixy). Un prunier en pyramide requiert une taille régulière pour rester compact. C'est facile à réaliser si l'arbre est bien formé dès le départ. La pyramide est constituée de nombreuses branches qui rayonnent autour d'une tige centrale. Elle convient à tous les types de pruniers. Ceux dont le port est érigé sont plus difficiles à former, car les branches du bas doivent rester dominantes et ne pas être inhibées par les pousses supérieures. Si vous plantez plusieurs pyramides, espacez les arbres greffés sur Pixy de 2,5 à 3 m (tuteur permanent) et les arbres greffés sur Saint-Julien A de 3 à 4 m.

Démarrer avec un scion : rabattez le scion sur un gros bourgeon situé à 1,5 m du sol. Il va émettre une tige qui deviendra le leader central. Supprimez les deux ou trois bourgeons situés juste en dessous. Ils risquent de développer des rameaux trop vigoureux qui vont concurrencer le leader. Ils forment aussi un angle trop étroit avec le tronc, d'où un risque de fragilisation. Après ces interventions, le scion est bien ramifié à la fin de la première année. Il peut alors subir une formation complète.

Taille de formation : il est possible de commencer à former une pyramide à partir d'un scion, mais c'est plus facile avec un arbre ramifié, car tous ses rameaux latéraux, sauf ceux du bas, servent au premier stade d'évolution des branches. Ces arbres produiront très vite. Contrairement au gobelet, il est inutile de raccourcir, puis de supprimer les pousses non désirées, dans le but de conserver du feuillage qui favorisera le grossissement de la tige. Elle pousse bien d'elle-même. Côté charpente, le but est de créer une silhouette en « arbre de Noël ». Taillez toujours sur des bourgeons orientés vers l'extérieur. Favorisez la ramification des branches, en raccourcissant la flèche et les prolongements des charpentières au

Prunier en pyramide, première année, mars

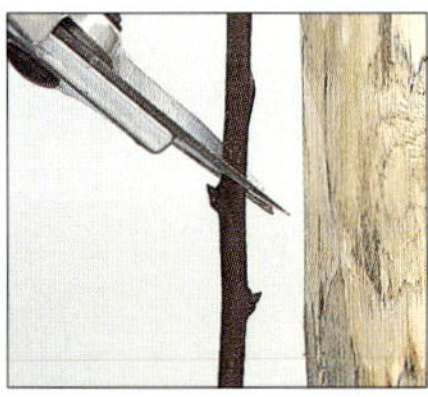

1 Rabattez la flèche en coupant en biseau au-dessus d'un bourgeon bien renflé situé à 1,5 m du sol.

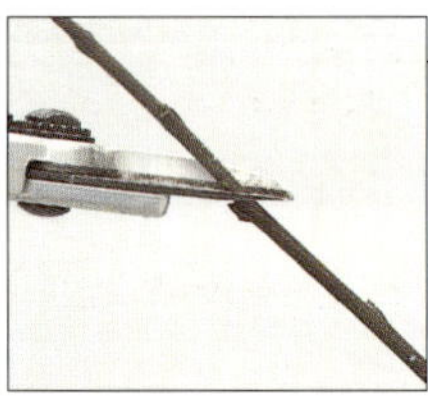

2 Rabattez de moitié les rameaux qui forment les charpentières. Taillez sur un bourgeon orienté vers l'extérieur si le port est érigé, ou vers le haut chez les arbres étalés.

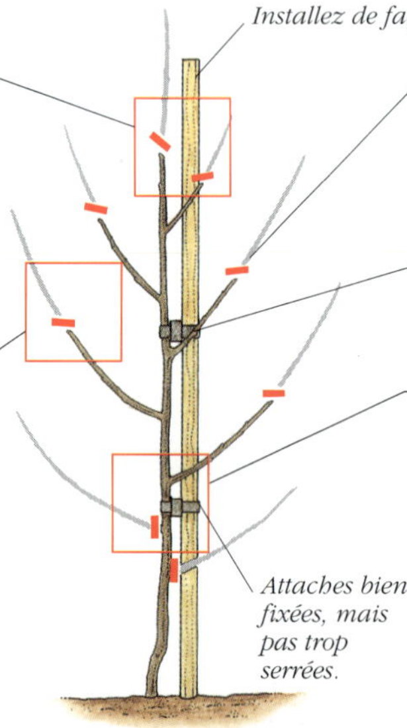

3 Supprimez à la base tout rameau latéral qui se développe à moins de 50 cm du sol.

Première année et jusqu'à l'âge adulte, été

1 Supprimez les nouveaux rameaux latéraux qui forment un angle trop étroit avec la tige principale (pincez-les de préférence quand ils sont très jeunes).

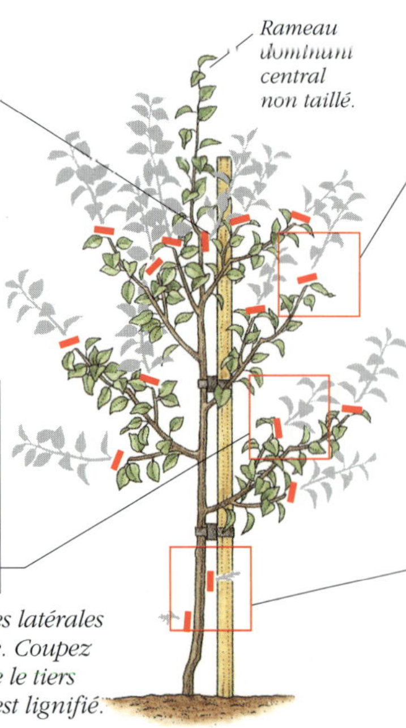

3 Rabattez les pousses latérales à 15 cm de la base. Coupez sur une feuille, dès que le tiers inférieur de la pousse est lignifié.

2 Raccourcissez les nouvelles branches principales, à 20 cm environ de leur point de départ.

4 Supprimez ou pincez toutes les pousses apparaissant sur le tronc.

Deuxième année et suivantes, mars

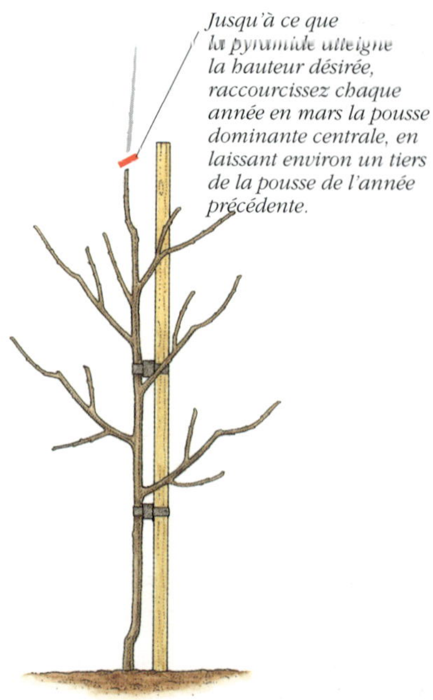

printemps. Quand ils atteignent la longueur souhaitée, coupez la nouvelle pousse à ras. Taillez en été toutes les pousses latérales dès qu'elles se lignifient à la base. Vous conservez ainsi une forme compacte et favorisez la fructification.

Taille de fructification : dès que l'arbre atteint la hauteur souhaitée, retardez la taille annuelle de la flèche en mai, afin de compromettre la repousse. Raccourcissez-le à 3 cm de son empattement. Effectuez une taille d'été chaque année pour conserver la forme pyramidale. Veillez surtout à maîtriser la croissance dans le haut de l'arbre pour que les fruits reçoivent suffisamment de sève pour se former dans les branches plus basses. Supprimez complètement les tiges érigées, très vigoureuses. Le raccourcissement annuel des pousses produit inévitablement des ramifications vers le centre de l'arbre. Aérez en coupant les branches les moins bien placées et en les défourchant. Limitez aussi le nombre de rameaux à bois improductifs.
Éclaircissez les fruits *(voir p. 101)* si nécessaire. Attention, les pyramides sont souvent trop chargées de fruits. Soutenez les branches qui s'inclinent trop, en les attachant sur le tuteur central avec une cordelette *(voir p. 99)*. Après la fructification, raccourcissez toutes les branches souples sur une pousse orientée vers le haut.

PRUNIER ADULTE EN PYRAMIDE, ÉTÉ

1 Dès que les nouvelles pousses se lignifient à la base, raccourcissez les branches principales à 20 cm, et les fortes tiges latérales à 15 cm.

La pousse dominante raccourcie au printemps donne une repousse faible.

2 Quand les pousses deviennent trop nombreuses, supprimez les sections âgées et non fertiles, en les taillant sur des jeunes pousses fortes et bien placées.

3 Supprimez complètement les pousses érigées, trop vigoureuses. Elles épuisent inutilement l'arbre.

4 Débarrassez l'arbre de tout rameau mort en taillant sur une pousse saine ou sur l'empattement.

Prunier en fuseau

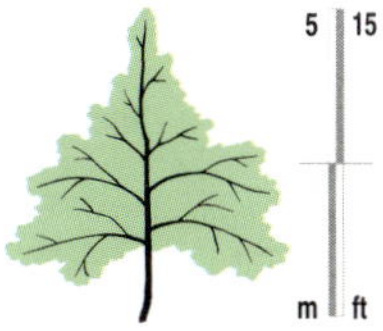

Le prunier en fuseau est plus répandu dans les vergers de grandes cultures que dans les jardins d'amateurs. Une fois correctement formé, il donne un cône à base élargie, portant trois ou quatre branches charpentières très développées. Le tronc et la tige centrale constituent un axe portant des branches fruitières qui doivent être rajeunies de temps en temps par une taille assez sévère.
Le fuseau offre l'avantage de la pyramide par sa forme assez compacte, tout en nécessitant des interventions de taille moins suivies qu'un gobelet.

Taille de formation : commencez avec un jeune arbre ramifié (de préférence greffé sur Saint-Julien A). Il doit présenter trois ou quatre rameaux latéraux bien espacés, offrant un angle large avec la tige principale. Le tronc doit être dégagé sur 60 cm à 1 m de hauteur. Dans les premiers mois suivant la plantation, ne touchez pas aux futures branches charpentières, ni au rameau leader. En revanche, supprimez tout rameau latéral naissant à moins de 60 cm du sol et ceux qui se développent en formant un angle trop étroit avec la tige principale. Toutes les pousses très vigoureuses qui apparaissent dans le haut de la tige doivent être éliminées. Il est important que les rameaux situés au-dessus des branches charpentières soient moins vigoureux que ces dernières. Veillez aussi à alléger la ramure en coupant à ras les pousses en surnombre ou mal placées. Continuez la formation comme pour un pommier en fuseau *(voir p. 110)*. Pincez les branches en été et posez des systèmes d'attaches pour les diriger vers le bas. Ne taillez pas la flèche avant le printemps (et non en hiver comme chez le pommier), afin de minimiser les risque d'apparition de la maladie du plomb au niveau de la blessure.

Taille de fructification : pour la taille de fructification et le palissage des branches, procédez comme pour le pommier en fuseau *(voir p. 110)*. Attendez le mois de juin pour effectuer toutes les tailles. Comme le prunier est souvent très vigoureux, veillez à supprimer des sections de branches assez importantes, surtout dans la partie haute du tronc. Si les branches guidées pour pousser à l'horizontale s'étendent trop, elles risquent alors de se briser sous le poids des fruits. Il faut dons les raccourcir en les coupant au niveau d'une pousse saine, mais moins vigoureuse. Étayez les branches trop lourdement chargées de fruits.

Prunier en tiges

Un prunier haute tige est déconseillé au jardin d'amateur car il monte trop haut, ce qui rend son entretien difficile.
Préférez le demi-tige si vous souhaitez cultiver une forme plein vent. Haute tige et demi-tige ont besoin d'un emplacement de 6 m de diamètre. Pour les hautes tiges, choisissez des porte-greffes vigoureux comme Brompton ou Myrobolan B.
Le Saint-Julien A convient bien pour un demi-tige cultivé dans un sol très riche. Débarrassez le tronc de ses branches sur 1,3 m de hauteur pour un demi-tige, et entre 1,8 m et 2 m pour un haute tige.
Ne taillez pas en hiver. Attendez l'éclosion des bourgeons avant de procéder à la taille de formation. Développez la ramure comme pour le prunier en gobelet *(voir p. 123)*. Au printemps, raccourcissez d'un tiers de leur longueur les rameaux latéraux choisis pour devenir des charpentières. Par la suite, procédez comme pour le prunier en gobelet en équilibrant les pousses latérales qui donneront des fruits.

Prunier en éventail

Le palissage d'un prunier en éventail (ou en « queue de paon ») contre un mur ensoleillé, est idéal pour obtenir de bonnes récoltes sous un climat froid. Conduit dans cette forme sur un espalier, l'arbre se montre moins sensible aux gelées printanières. Ses fruits ont plus de chance d'être abondants. Commencez par poser une armature constituée de fils de fer tendus à l'horizontal tous les 30 cm, entre des pitons à œil. Les arbres greffés sur Saint-Julien A occupent un espace de 4 m de large sur 2,5 m de haut. S'ils sont greffés sur Pixy, leur encombrement est de 3,5 m de large sur 2 m de haut. Sous un climat chaud, on peut former un prunier en queue de paon contre une simple clôture. Plantez de bons pollinisateurs à proximité.

Taille de formation : commencez avec un jeune arbre ramifié. Il doit posséder deux forts rameaux latéraux, si possible de même vigueur et poussant à l'horizontale. Attachez-les sur des cannes de bambou, fixées aux fils de fer horizontaux selon un angle de 40 à 45°. Il est possible d'ajuster l'inclinaison d'un des deux tuteurs, si un rameau est plus vigoureux que l'autre *(voir p. 98)*. Taillez ces deux bras principaux pour stimuler le départ de nombreuses ramifications. Sélectionnez les plus intéressantes et supprimez les moins bien placées. Vous pouvez aussi les pincer à une ou deux feuilles quand elles atteignent 25 cm de longueur. Leur présence contribue à nourrir l'arbre. Elles constituent aussi d'éventuelles pousses de remplacement, dans le cas où les rameaux choisis viendraient à s'abîmer.
Veillez à ce que les branches sélectionnées aient un développement égal de chaque côté. Pour obtenir une forme bien ramifiée, conservez au moins deux belles pousses à bois parmi celles qui se développent sur la partie supérieure de chaque bras et au moins une dans la partie inférieure.
En l'absence de ces rameaux inférieurs, l'éventail ne pourra s'étaler sur toute la surface disponible, puisque la croissance naturelle est toujours verticale. Pour favoriser la ramification qui permet d'établir rapidement la charpente, raccourcissez les pousses secondaires en mars les deuxième et troisième années *(voir p. 134)*, en laissant entre 60 cm et 70 cm de la pousse de l'année précédente.

Taille de fructification : maîtrisez la croissance au lieu de la stimuler. Évitez que les pousses ne soient trop nombreuses en les pinçant très jeunes. Coupez d'abord celles qui partent perpendiculairement au mur ou se dirigent vers lui. Taillez les autres rameaux au printemps à 10 cm de longueur environ. Pincez pendant l'été *(voir p. 127)* et une seconde fois après la cueillette des fruits. Chez les arbres âgés, éclaircissez entre avril et juin les parties de l'éventail qui deviennent trop denses. Échelonnez l'intervention sur plusieurs années, afin d'éviter les coupes trop importantes. Éclaircissez les fruits s'ils sont trop nombreux *(voir p. 101)*.

Formation à partir d'un scion

Si le jeune arbre est faible ou mal ramifié, rabattez-le sur un bourgeon situé à environ 50 cm du sol pour favoriser le départ de rameaux vigoureux.

Prunier en éventail, première année, mars

1 Rabattez le rameau dominant au-dessus des deux jeunes branches sélectionnées pour constituer les charpentières, soit à environ 25 cm du sol.

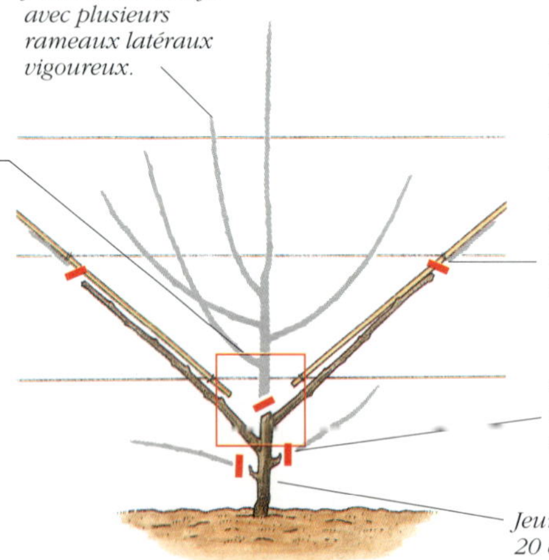

Jeune arbre ramifié avec plusieurs rameaux latéraux vigoureux.

2 Raccourcissez les rameaux latéraux sélectionnés, en taillant sur un œil situé à 40 cm environ de la tige principale. Attachez les parties conservées sur des cannes de bambou, inclinées à 45°.

3 Rabattez ou pincez tous les rameaux latéraux à deux yeux.

Jeune arbre planté entre 20 cm et 25 cm du mur.

Première année, juillet

1 Palissez les bras sélectionnés et, si nécessaire, remettez en place les pousses latérales avec de nouveaux liens.

2 Taillez ou pincez à une feuille de la base, les pousses latérales en excès.

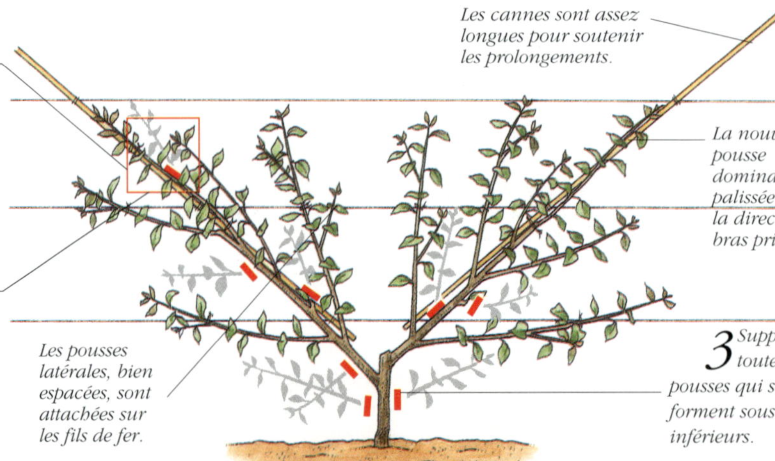

Les cannes sont assez longues pour soutenir les prolongements.

La nouvelle pousse dominante est palissée dans la direction du bras principal.

Les pousses latérales, bien espacées, sont attachées sur les fils de fer.

3 Supprimez toutes les pousses qui se forment sous les bras inférieurs.

Prunier adulte en éventail, été

1 Pour combler les trous dans la charpente, attachez les rameaux latéraux avec des liens en plastique, sans serrer.

2 Quand ils portent entre 9 et 12 feuilles, taillez ou pincez au-dessus de la 5ᵉ ou 6ᵉ feuille, les rameaux non désirés. Ôtez les repousses.

3 Rabattez au sécateur le bois fatigué et les nouvelles pousses mal placées, malades ou d'une vigueur excessive.

Taille après la fructification

En septembre, après la récolte, pincez à nouveau à trois feuilles, toutes les pousses qui ont été raccourcies à cinq ou six feuilles durant l'été.

Prunier adulte en éventail, printemps

Éliminez les nouvelles pousses, de façon à les espacer tous les 10 cm. C'est important pour l'équilibre de la forme.

Les nouvelles pousses situées sur une branche étroite risquent de gêner leurs voisines.

Conseil Truffaut

Pendant la période de croissance, supprimez les jeunes pousses mal placées, situées en dehors du plan horizontal, ou perpendiculairement au mur. Raccourcissez sur une pousse mieux placée, les rameaux en surnombre et toute branche principale qui dépasse les limites imparties.

CERISIER DOUX *Hybrides de Prunus avium*

En raison de leur ampleur naturelle, les bigarreaux et les cerisiers doux sont surtout cultivés en formes plein vent ou semi-libres. Dans un petit jardin d'amateur, ils sont façonnés et taillés comme un prunier en gobelet *(voir p. 123)*. La plupart des cerisiers exigent la présence proche d'une autre variété compatible pour assurer une bonne pollinisation. Renseignez-vous au moment de l'achat. Ces arbres ayant une croissance rapide, il est bon de les tailler très jeunes pour provoquer des ramifications plus productives.

Greffage et porte-greffes : le porte-greffe 'Colt' est très polyvalent et convient à toutes les formes de cerisiers de jardin. En sol sec et calcaire, on préférera une greffe sur 'Sainte-Lucie'. Un éventail couvre un mur ou une clôture sur 2,5 m de haut et 5 m de large. Les formes plein vent et les éventails se greffent sur merisier franc ou sur merisier F 12/1. C'est un porte-greffe vigoureux, qui se montre très résistant au chancre bactérien.

PORTE-GREFFES

COLT MERISIER F 12/1

Port et mode de fructification : comme le prunier, le cerisier fructifie à la base des pousses de l'année précédente et sur du bois plus âgé. L'éclaircissage des fruits est toujours superflu. Les branches du cerisier sont robustes et ploient rarement sous les fruits. Les gobelets restent bien en forme, même en vieillissant. Lors de la taille, veillez à conserver le centre de l'arbre bien aéré. Seules les branches lourdes, insérées avec un angle étroit sur le tronc ou sur une autre branche, risquent de se briser *(voir p. 12)*. Il faut les supprimer.

Époque de taille : comme les autres fruits à noyaux, les cerisiers craignent les tailles sévères. Taillés en hiver, ils sont sensibles à la maladie du plomb *(voir p. 122)*. Retardez la taille jusqu'au départ des bourgeons pour les jeunes arbres en formation. Préférez l'été pour intervenir sur les arbres adultes, quand la sève est descendante (août). Supprimez régulièrement les rameaux morts, malades ou abîmés.

Cerisier en éventail

Sous un climat froid, un éventail palissé contre un mur est très productif et facile à recouvrir d'un filet contre les oiseaux. Procédez à la taille de formation au début du printemps quand les bourgeons éclosent (débourrement). Entretenez la forme par une taille d'été en deux étapes : en mai-juin, puis après la récolte. Édifiez la charpente comme pour un prunier en éventail *(voir p. 126)*, en utilisant une armature de fils de fer et de bambous. Sur le cerisier, sélectionnez quatre rameaux latéraux chez le scion ramifié pour constituer les charpentières. Une fois la charpente établie *(voir ci-dessous)*, taillez comme pour le prunier. Raccourcissez les pousses pour stimuler la fructification et garder une forme bien aplatie. Éclaircissez l'arbre et quand il prend trop de place, rabattez les prolongements au niveau des premiers rameaux latéraux rencontrés.

CERISIER DOUX EN ÉVENTAIL, JUIN

1 Attachez les nouvelles pousses de façon à remplir l'espace au sein de la charpente. Ne serrez pas trop les liens sur la tige.

Ne pas tailler les branches principales avant qu'elles ne remplissent tout l'espace imparti.

2 Taillez les nouvelles pousses dès qu'elles atteignent 25 cm de long. Pincez à six ou sept feuilles, et taillez à une seule feuille toute pousse naissant par la suite. Après la récolte, pincez à nouveau à trois feuilles.

CERISIER ACIDE *Hybride de Prunus cerasus*

La taille du cerisier acide (ou griottier) est un peu plus exigeante que celle du cerisier doux. Mais en revanche, le griottier est bien plus facile à cultiver sous un climat froid et dans un petit jardin. L'arbre est moins vigoureux et le plus souvent autofertile. Attention, les fruits n'arrivent pas bien à maturité lors d'un printemps froid. Les griottes sont excellentes sous forme de conserves, de confitures ou en pâtisserie. Dans les régions froides, on peut obtenir de bonnes récoltes avec un gobelet exposé au soleil ou un éventail palissé contre un mur. 'Montmorency' est le cultivar le plus répandu. On appelle aussi ces fruits des « cerises anglaises ».

Greffage et porte-greffe : en l'absence de porte-greffes nains, les griottiers ne conviennent pas dans un très petit jardin. Le porte-greffe courant est le Colt. De vigueur moyenne, il donne un gobelet de 3 à 4 m de hauteur et un éventail de 2,5 m de haut et 4 m de large. Il est trop vigoureux pour les petites formes taillées, comme les pyramides, les U et les palmettes Verrier.

Port et mode de fructification : à la différence de la plupart des fruitiers, le griottier fructifie presque exclusivement sur des pousses produites l'année précédente. Le but de la taille consiste à rabattre chaque année une partie des rameaux qui ont fructifié. Vous laissez ainsi de la place aux jeunes pousses en développement et stimulez la production de nouveaux rameaux. Le griottier fructifie dès la troisième ou quatrième année, ce dont il faut se rappeler pour la formation d'un jeune arbre. Taillez toujours au-dessus d'un œil pointu, plutôt que sur gros bouton à fleur. Vous obtiendrez ainsi une tige partant du point choisi, dans la direction souhaitée. En l'absence d'un bourgeon correctement placé, repérez un bouquet de mai, c'est-à-dire un bourgeon accompagné de deux boutons à fleurs *(voir* Pêcher et nectarine *p. 132).* Supprimez les deux boutons à fleurs, pour que l'énergie disponible se dirige entièrement vers la nouvelle pousse.

Époque de taille : comme pour les autres arbres fruitiers à noyaux, la taille hivernale favorise la maladie du plomb *(voir* Prunier *p. 122).* Pour la formation d'un jeune arbre, intervenez seulement au débourrement, c'est-à-dire au moment de l'éclosion des bourgeons, au printemps. Si nécessaire, taillez le cerisier adulte dans le courant du mois d'août. C'est la meilleure période pour éviter les écoulements de gomme

RÉCOLTE DE CERISES
Mieux vaut cueillir les cerises avec des ciseaux plutôt qu'à la main. Le fait de tirer sur les pédoncules peut laisser de petites cicatrices dans l'écorce. Elles sont sujettes à des infections en automne.

Vous pouvez supprimer les pousses malades ou abîmées au printemps. Les cerisiers ayant tendance à développer de grandes branches verticales, il convient d'éviter les tailles trop sévères qui accroissent la vigueur des nouvelles pousses.

Griottier en gobelet

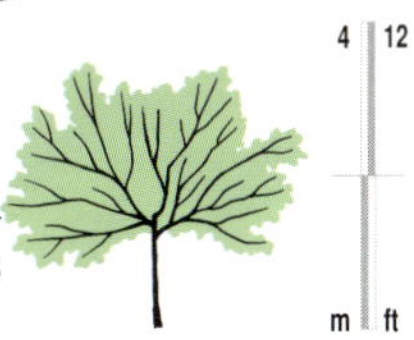

Créez une cime bien charpentée, dense, mais aérée, sur un petit tronc. Rappelez-vous que les cerisiers ont un port étalé. Limitez l'ampleur de la ramure à 4 ou 5 m de large.

Taille de formation : comme le prunier en gobelet *(voir p. 123).* Taillez au printemps sur un bourgeon à bois ou un bouquet de mai. Ne laissez pas un bouton à fleur comme œil terminal.

Taille de fructification : taillez en avril à l'éclosion des bourgeons, puis après la récolte. Sur un arbre âgé, éliminez chaque année une ou deux branches, ou réduisez leur longueur pour favoriser de nouvelles pousses. Sans cette intervention, la fructification se limite peu à peu aux parties hautes de l'arbre. Taillez en avril lorsqu'il est possible de bien repérer les bourgeons à bois sur les tiges. Intervenez aussi après la récolte, en rabattant sur une jeune pousse le quart des tiges qui ont produit. Laissez intactes celles qui se sont beaucoup allongées après la fructification, à moins qu'elles nuisent à l'aspect de l'arbre. Ces nouvelles pousses fructifieront l'année suivante. Il est important que le cerisier acide ne soit pas trop buissonnant.

GRIOTTIER EN GOBELET, JEUNE ADULTE, TAILLE APRÈS LA RÉCOLTE

1 Rabattez une tige fructifère sur quatre sur une pousse de remplacement près de la base.

2 Raccourcissez les pousses érigées trop vigoureuses qui encombrent le centre en coupant en biseau, sur une tige latérale ou au-dessus d'une feuille.

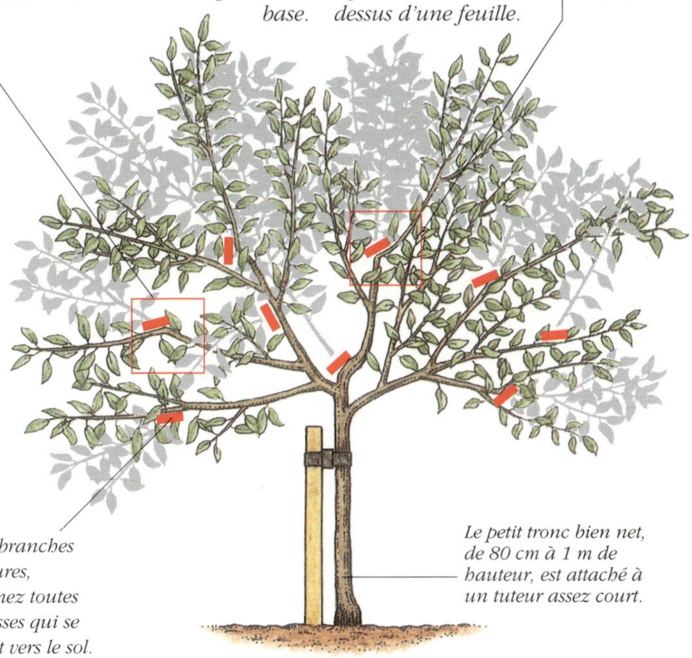

Sur les branches inférieures, supprimez toutes les pousses qui se dirigent vers le sol.

Le petit tronc bien net, de 80 cm à 1 m de hauteur, est attaché à un tuteur assez court.

Griottier en éventail

Comme pour le pêcher, l'éventail de griottier demande beaucoup de soins pour la formation et le maintien de la forme. Il se cultive contre un mur ou une clôture, sur une armature de fils de fer horizontaux. Les pousses se palissant à l'oblique, espacez ces fils de 15 cm ou fixez des cordelettes verticalement entre les fils pour disposer d'un grand nombre de points d'attache. Vous pouvez renforcer l'armature avec des lattes en bois ou des cannes en bambou qui épouseront la direction des branches principales. L'emplacement idéal est ensoleillé et bien aéré. Un lieu trop ombragé risque de favoriser les maladies par temps très humide. Protégez les bourgeons et les fruits des oiseaux, en recouvrant l'arbre d'un filet ou d'un voile non tissé, entre février et avril.

Taille de formation : utilisez la même technique que pour le pêcher en éventail, en palissant bien toutes les pousses secondaires sans qu'elles se croisent.

GRIOTTIER EN ÉVENTAIL (QUEUE DE PAON)
Le fait de palisser un arbre fruitier contre un mur ensoleillé accroît les chances de récolte. Les griottes donnent d'excellentes confitures ou se conservent au sirop.

Taille de fructification : la technique est la même que pour le pêcher en éventail (ou queue de paon), car le griottier produit sur des pousses d'un an. Taillez pour maintenir la forme et favoriser les récoltes au cours de l'année et des années suivantes. Intervenez en mai et juin pour stimuler les pousses d'un an.

Après la récolte, supprimez les rameaux qui ont produit *(voir p. 131)* pour laisser se développer ceux qui fructifieront l'année suivante.
Un éventail âgé est moins productif : réduisez d'un quart la longueur de certaines branches âgées en été, et palissez à leur place les nouvelles pousses.

GRIOTTIER ADULTE EN ÉVENTAIL, JUIN

1 Supprimez les pousses dirigées vers le mur et celles qui gênent le développement d'autres rameaux.

2 Si nécessaire, éclaircissez les nouvelles pousses pour les espacer de 10 cm. Sur chaque rameau portant des fruits, conservez une pousse feuillée à la base, et une autre en extrémité. Elles serviront de remplaçants, les rameaux fructifères devant être supprimés en fin de saison.

GRIOTTIER EN ÉVENTAIL, TAILLE APRÈS LA FRUCTIFICATION

1 Rabattez chaque rameau fructifère sur la pousse de remplacement la plus proche de la base.

2 Attachez les pousses de remplacement pour garnir la forme de l'éventail. Elles fructifieront l'année suivante.

3 Supprimez toutes les pousses dirigées vers l'armature, et celles qui sont en surnombre ou mal orientées.

KAKI (Plaqueminier du Japon) *Diospyros kaki*

Le kaki est l'espèce de *Diospyros* la plus cultivée. On trouve dans ce genre des arbres tropicaux et notamment l'ébène. Le kaki est un bel arbre d'ornement apprécié pour ses fruits. Il est rustique jusqu'à - 10 °C. Il réclame des hivers frais pour induire sa floraison et des étés longs et chauds pour que les fruits arrivent à maturité. Il fructifie sur les pousses de l'année. Les cultivars qui donnent des fleurs femelles sont greffés (on constate souvent des rejets au niveau du porte-greffe). Sans la présence d'un pollinisateur, les fruits sont petits et sans graines.

Taille de formation : le kaki se conduit comme un arbre d'ornement *(voir* Diospyros *p. 62)*. Il atteint 12 m de haut, avec une cime arrondie, portant des branches érigées. Vous pouvez former un arbre plus petit, très ramifié sur un tronc court de 60 cm de haut. Laissez les cultivars nains se développer seuls, mais les premières années, supprimez toutes les pousses mal placées et celles qui forment un angle trop étroit avec le tronc. Tous les kakis requièrent une bonne taille de formation. Les branches ayant une consistance cassante, elles peuvent se briser sous le poids de nombreux fruits.

Utilisez comme charpentières les rameaux insérés avec un angle large sur le tronc. Supprimez toutes celles qui manquent de vigueur. La formation de la charpente du plaqueminier du Japon demande jusqu'à cinq ans, car il faut établir une sélection rigoureuse des tiges. Une fois l'arbre adulte, la taille est superflue, d'autant qu'il ne supporte pas bien les interventions sévères. Contentez-vous d'éclaircir la ramure en hiver, lorsqu'elle comporte trop de petits rameaux. Cela favorise la circulation de l'air et un meilleur ensoleillement des fruits qui mûrissent plus facilement. Les kakis sont récoltés après le passage d'une petite gelée, car ils sont consommés blets. À maturité incomplète, leur saveur est âpre. Sous un climat froid, supprimez durant l'été toutes les pousses abîmées par les gelées.
Dans les régions chaudes, éclaircissez les fruits pour obtenir une récolte de bonne qualité. Cette intervention résout tout problème d'alternance *(voir p. 101)*.

KAKI
Sous un climat froid, le kaki forme un petit arbre au port séduisant. Il porte des feuilles brillantes, foncées, qui se colorent bien en automne. Il ne peut être palissé contre un mur, mais il apprécie une situation abritée, ses fruits ayant plus de chances de bien mûrir.

PÊCHER et NECTARINE *Prunus persica*

Le pêcher et la nectarine donnent des fruits comparables. Ils sont duveteux chez le pêcher, lisses chez la nectarine. Le brugnon est similaire à la nectarine, mais le noyau du fruit adhère à la chair. Les deux formes à fruits lisses préfèrent des conditions un peu plus chaudes. Presque toutes les variétés sont autofertiles. Sous un climat chaud, on cultive les pêchers en gobelet. Dans les régions au climat froid, mieux vaut les palisser contre un mur ensoleillé en éventail, ou même les cultiver en serre froide.

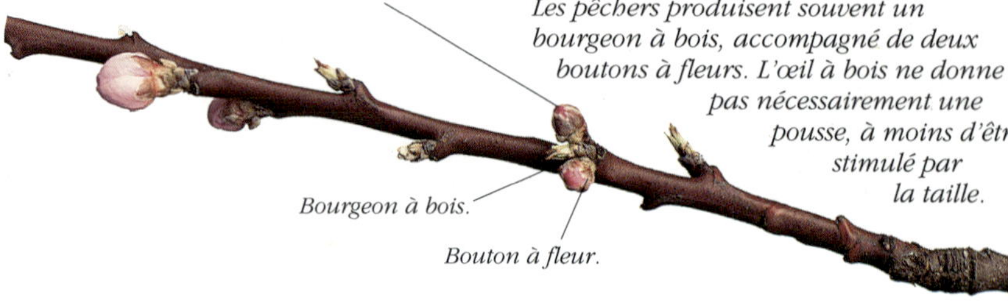

BOUQUET DE MAI (BOURGEON TRIPLE)
Les pêchers produisent souvent un bourgeon à bois, accompagné de deux boutons à fleurs. L'œil à bois ne donne pas nécessairement une pousse, à moins d'être stimulé par la taille.

Pêcher dans les régions froides : le pêcher fleurit très tôt, dès février ou mars. Une taille correcte garantit une bonne pollinisation. Sur un arbre trop ramifié, les insectes pollinisateurs, encore rares à cette époque de l'année, ne peuvent aisément accéder aux fleurs. Sous un climat froid et humide, le pêcher se montre très sensible à la cloque, une maladie cryptogamique qui provoque des boursouflures sur les feuilles et qui épuise l'arbre. Luttez en pulvérisant très tôt un fongicide adapté. Ramassez et brûlez les feuilles atteintes. Supprimez les pousses qui ont subi des attaques répétées et ne produisent plus. Traitez aussi à l'automne avec une bouillie bordelaise. Un pêcher palissé sera protégé du froid en hiver, mais aussi de la pluie, par un voile en plastique transparent, fixé sur un cadre en bois. Cette protection le met à l'abri de la cloque qui a besoin d'humidité. Une pollinisation manuelle peut être nécessaire en appliquant du pollen sur le pistil des fleurs avec un pinceau.

PORTE-GREFFES DU PÊCHER

Greffage et porte-greffes : le greffage est la seule méthode de multiplication des variétés de pêches. Il permet aussi de jouer sur la vigueur et d'améliorer la résistance aux maladies. Les arbres greffés produisent deux ou trois ans après la plantation. Les porte-greffes utilisés sont ceux du prunier et, à un degré moindre, les francs de pêcher. On n'a pas trouvé jusqu'ici de porte-greffes nains, mais le double greffage *(voir p. 95)* sur le Pixy peut donner de bons résultats. Il existe des cultivars génétiquement nains qui fructifient bien dans un endroit chaud et ensoleillé. En hiver, protégez ces petits arbres en les recouvrant d'un plastique transparent posé sur une armature. Les francs de pêcher et la nectarine donnent, au bout de cinq à huit ans seulement, des fruits d'une qualité inférieure.

Mode de fructification : le pêcher fructifie sur des rameaux de l'année précédente. Le but de la taille consiste donc à supprimer les pousses qui ont fructifié et à favoriser de nouveaux départs. Coupez toujours au-dessus d'un bourgeon à bois pointu et non sur un gros bouton à fleur. Conservez les bouquets de mai et supprimez les deux boutons à fleurs placés de part et d'autre de l'œil à bois. Effectuez un bon éclaircissage des fruits, à moins que les intempéries n'aient abîmé beaucoup de fleurs.

Époque de taille : ne taillez pas en hiver, car le pêcher est sensible à la maladie du plomb *(voir p. 122)* et au chancre. Formez les jeunes arbres en mars, puis taillez les arbres adultes en été.

PÊCHER NAIN
Les cultivars nains de pêcher, comme 'Garden Lady', forment de très petits arbres qu'il n'est pas nécessaire de greffer. Les fruits sont de calibre similaire à ceux des variétés « normales ». Les tiges et le feuillage ont un mode de croissance curieux, très touffu, avec des entre-nœuds courts, pas toujours esthétiques. L'éclaircissage des fruits s'impose, surtout si la production est abondante. Des arbres parfaits pour la culture en bacs ou en pots.

ÉCLAIRCISSAGE DES FRUITS, PÊCHER ET NECTARINE

1 En cas de forte fructification, effectuez un éclaircissage préliminaire en avril, en conservant seulement un ou deux fruits par bouquet.

2 Si besoin est, éclaircissez une seconde fois, quand les fruits ont à peu près la taille d'une noisette. L'idéal est de les espacer de 15 cm sur la branche, pour ne pas épuiser l'arbre. Cette intervention n'est à prescrire que dans les climats doux.

Pêcher en gobelet

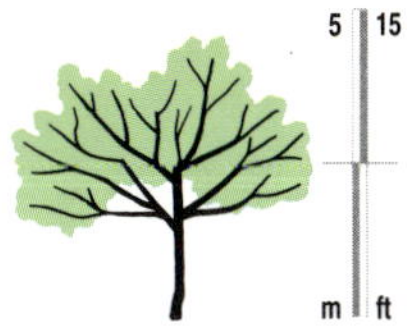

Plantez un jeune arbre déjà ramifié, en automne ou en hiver, attendez mars pour tailler. Il faut prévoir 4 m environ pour l'encombrement de l'arbre. On peut laisser les francs de pêcher se développer naturellement en gobelet libre, mais il est plus facile de maîtriser la hauteur et de réussir un arbre bien formé à partir d'un cultivar greffé.

Taille de formation : avec un pêcher greffé, formez le gobelet comme pour le prunier *(voir p. 123)*, en créant une ramure à huit ou dix branches principales sur un petit tronc. À partir d'un franc, intervenez juste pour enlever le bois mort, abîmé et malade jusqu'à la mise à fruits. Ensuite, taillez comme pour un gobelet adulte *(voir ci-dessous)*.

Taille de fructification : taillez l'arbre adulte en juin. Veillez à maintenir une ramure saine, robuste, avec le centre aéré. Favorisez la fructification en supprimant le vieux bois au profit des nouvelles pousses. Gardez une silhouette aussi légère que possible, en limitant le nombre de branches secondaires.
Après la récolte, raccourcissez les branches courbées par le poids des fruits, en taillant sur un rameau bien placé. Il doit être de préférence dirigé vers le haut.

Pêcher en gobelet, première année, mars

1 Sélectionnez trois ou quatre rameaux latéraux pour former les branches principales et rabattez la flèche au-dessus.

2 Réduisez les branches latérales des deux tiers, en coupant sur un œil orienté vers l'extérieur.

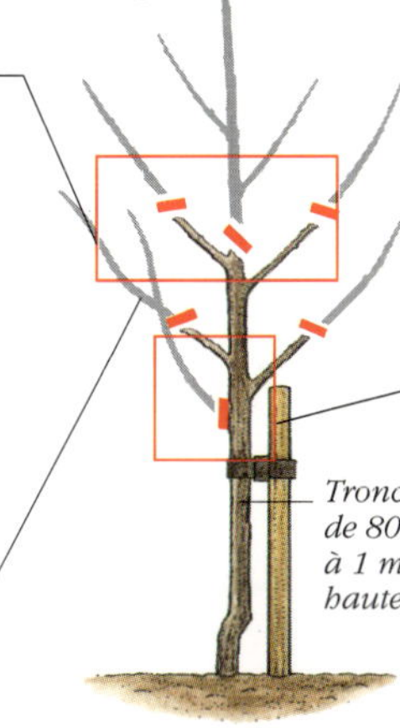

3 Supprimez tout rameau latéral apparaissant sur la tige principale, en dessous de ceux qui ont été sélectionnés.

Pêcher en gobelet, première année, juin

1 Pincez ou rabattez à leur point de naissance toutes les pousses qui apparaissent à même le tronc.

2 Supprimez toutes les pousses dirigées vers le centre du gobelet ou orientées vers le bas. Vous obtenez ainsi une ramure claire et bien aérée.

Deuxième année, mars

1 Sur chaque branche principale, sélectionnez 2 ou 3 pousses fortes et taillez-les de moitié, au-dessus de bourgeons pointés vers l'extérieur.

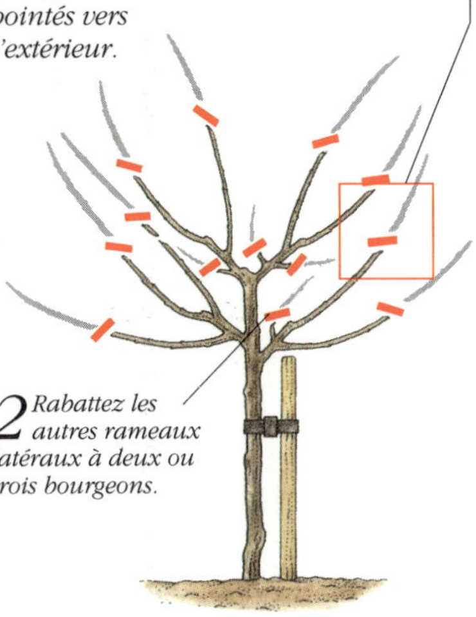

2 Rabattez les autres rameaux latéraux à deux ou trois bourgeons.

Pêcher adulte en gobelet, juin

1 Rabattez un rameau sur quatre parmi ceux qui ont produit l'année précédente. Taillez sur une pousse de remplacement, dirigée si possible vers le haut et l'extérieur.

2 Les fruits étant présents, on peut identifier le bois âgé, non fertile. Éliminez-le, ainsi que les rameaux trop nombreux ou enchevêtrés.

Pêcher en éventail

Un pêcher correctement mené dans cette forme porte deux courts bras principaux de chaque côté du tronc, d'où rayonnent des rameaux dirigés dans tous les sens. Équipez le mur du même réseau de fils de fer horizontaux que pour le prunier en queue de paon *(voir p. 126)*. Sous un climat froid, l'éventail contre un mur ensoleillé permet des récoltes régulières de pêches bien sucrées. En serre, les fils de fer doivent être tendus à 20 cm au moins des vitres pour permettre à l'air de circuler tout en évitant les risques de brûlures du soleil. Commencez la formation avec un jeune arbre ramifié. Préférez un cultivar greffé, planté en automne ou en hiver, entre 15 cm et 20 cm du mur. Ce dernier doit mesurer au minimum 2 m de haut et entre 4 m et 5 m de large pour un pêcher greffé sur un Saint-Julien A, et entre 5 m et 6 m de large pour un pêcher greffé sur un Brompton.

Taille de formation : formez les principales branches de l'éventail comme pour le prunier *(voir p. 126)*. Attachez des lattes ou des cannes en bambou entre les fils de fer, afin d'incliner les jeunes pousses selon l'angle désiré. Ajustez cet angle temporairement si les tiges poussent avec une vigueur différente *(voir p. 98)*. Supprimez les tuteurs chez l'arbre adulte et pour attacher les branches directement aux fils de fer, sans jamais trop serrer. Pendant toute la formation, offrez un maximum de points d'attache aux jeunes pousses, en tendant des ficelles entre les fils de fer. Attachez les pousses au fur et à mesure de leur développement, en les orientant de manière à éviter qu'elles n'ombragent les fruits.

Taille de fructification : une fois la charpente créée, il faut maîtriser le développement de toutes les nouvelles pousses inutiles, en les ébourgeonnant au début du printemps, quand elles ne comptent que quelques feuilles. Pratiquez systématiquement cette taille. Enlevez tout d'abord les tiges qui s'orientent vers le mur et celles qui semblent plus vigoureuses que les autres. Sélectionnez à la base de chaque rameau fruitier (en fleur à cette époque), une forte pousse latérale. Elle assurera le remplacement des branches fructifères à éliminer en fin de saison. Conservez une jeune pousse en extrémité de rameau. Elle sert de tire-sève et peut éventuellement jouer le rôle de remplacement. Pincez toutes les autres pousses à bois, à une feuille.
Au fil du développement des nouvelles pousses, raccourcissez celles qui chevauchent les rameaux à fruits et ne peuvent être palissées. Après la récolte, rabattez chaque rameau à fruits sur sa pousse de remplacement, excepté ceux qui peuvent combler un trou dans la forme. Dans ce cas, ils sont simplement palissés. Le vieux bois a tendance à se dénuder. Si une branche de la structure produit peu de nouvelles pousses, rabattez-la, pourvu qu'il y ait quelques jeunes et belles pousses à fruits pour prendre sa place.

PÊCHER EN ÉVENTAIL, PREMIÈRE ANNÉE, MARS

1 Sélectionnez deux rameaux latéraux pour former les bras principaux : un de chaque côté, de 25 à 30 cm du sol. Rabattez le leader juste au-dessus du bras supérieur.

2 Raccourcissez chaque bras à 40 cm de longueur environ, juste au-dessus d'un gros bourgeon pointé vers le haut.

3 Attachez chaque bras sur une canne de bambou inclinée à 40° environ par rapport aux fils de fer horizontaux.

4 Rabattez à un œil de la base les rameaux latéraux situés en dessous des deux bras principaux. Les bourgeons peuvent fournir des pousses de réserve si l'un des deux bras venait à s'abîmer.

1RE ANNÉE, ÉTÉ, ET 2E ANNÉE, PRINTEMPS

Palissez sur un tuteur en bambou les pousses latérales qui vont constituer les branches secondaires. Elles doivent être orientées dans la même direction que les branches maîtresses. Toutes les pousses qui se forment ensuite sont coupées à deux yeux de la base. Elles porteront les fruits. L'œil terminal assure la production, celui de la base est destiné au remplacement après la fructification. Ne serrez pas trop les liens.

DEUXIÈME ANNÉE, JUIN

1 Palissez au fur et à mesure de leur développement les pousses latérales bien placées. Vous construirez ainsi une charpente homogène et régulièrement étagée.

2 Supprimez complètement toutes les pousses mal placées ou orientées vers le mur ou vers l'extérieur.

3 Les bras sont parfaitement établis. Vous pouvez alors supprimer tous les rameaux latéraux qui se forment en dessous des bras principaux.

Troisième année, mars

Réduisez la longueur de chaque branche principale d'un quart de son développement de l'année précédente.

Troisième année, fin de printemps

Éclaircissez les jeunes pousses latérales tous les 10 à 15 cm, en ébourgeonnant en priorité celles qui se dirigent vers le mur ou risquent de croiser un autre rameau.

Troisième année, juin

1 Raccourcissez à quatre feuilles au-dessus de l'empattement, les pousses qui chevauchent d'autres tiges.

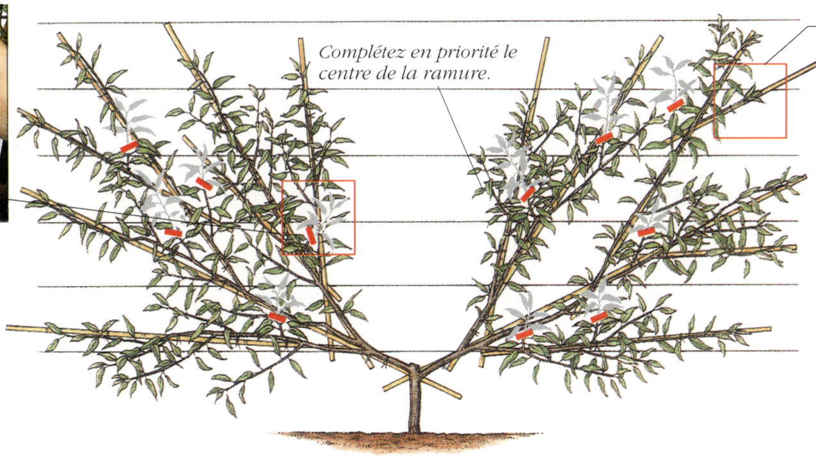

2 Palissez les rameaux latéraux. Ils fructifieront l'année suivante. Si des fruits se forment dès cette année, éclaircissez les deux tiers.

Pêcher adulte en éventail, printemps

1 Supprimez complètement les pousses dirigées vers le mur et celles qui croisent d'autres rameaux.

2 Conservez une pousse ou un œil situé sous la fleur la plus basse et un autre en réserve à l'extrémité du rameau. Pincez tous les autres à une feuille.

3 Chaque pousse doit être espacée de 10 à 15 cm. Supprimez toutes celles qui sont en surnombre.

CONSEIL TRUFFAUT

Quand les pousses de remplacement des tiges fructifères atteignent 50 cm de long, pincez-les d'un tiers environ. Taillez sur l'oeil de la base, toute jeune pousse naissant à l'aisselle d'une feuille. Ne laissez pas les branches s'enchevêtrer, orientez-les par un palissage ou éliminez celles qui sont trop mal placées. Après la récolte, rabattez tous les rameaux qui ont produit, en les taillant sur leurs remplaçants.

Pousse de réserve.

Fleur la plus basse.

Cette pousse latérale va remplacer le rameau après la fructification.

ABRICOTIER *Prunus armeniaca*

Cet arbre fleurit très tôt au printemps. Il doit être palissé contre un mur ensoleillé ou cultivé sous abri dans les régions au climat froid. Dans la plupart des régions de France, on le mène facilement en tige ou en gobelet *(voir p. 123)*. L'abricotier est autofertile, mais il gagne, sous un climat froid, à être pollinisé manuellement au pinceau.

L'abricotier est un arbre capricieux. S'il ne réussit pas bien, ce n'est pas dû à la taille, à la formation ou à la variété, mais plutôt à une intolérance de l'emplacement ou du climat. Cette sensibilité peut se manifester par un dépérissement brutal de certaines branches (apoplexie). Une taille peut éliminer le symptôme, mais pas la cause. La fructification peut aussi être affectée par le mauvais temps au moment de la pollinisation. Dans les régions du nord de la Loire, les abricotiers portent souvent peu de fruits, compensant cela par une forte végétation. Il faut la maîtriser par la taille, en procédant sur l'arbre le plus jeune possible, faute de quoi il risque d'être beaucoup trop dense.

Greffage et porte-greffes : en terre franche, humide, même calcaire, choisissez le prunier Myrobolan ou le franc de pêcher en terre franche, sans calcaire et sans humidité permanente. Il n'existe pas encore de porte-greffe nain.

Mode de fructification : l'abricotier fructifie comme le prunier, sur du bois de deux ans ou plus, mais aussi à la base de rameaux de un an. Un éclaircissage des fruits tous les 8 à 10 cm s'impose.

Époque de taille : comme pour tous les arbres fruitiers à noyaux, taillez l'arbre jeune à l'éclosion des bourgeons et l'arbre adulte en été. Ne taillez jamais en hiver, en raison des risques de maladies. Les interventions sur les arbres adultes doivent être aussi légères que possible, car l'abricotier n'aime pas la taille.

Abricotier en éventail

Pour former un abricotier en queue de paon, prévoyez un support de 2,5 m de haut par 5 m de large. Intervenez durant les premières années comme pour le pêcher, sachant qu'il est fréquent de perdre une tige sélectionnée. Prévoyez donc des pousses de remplacement. Taillez l'éventail adulte comme un prunier *(voir ci-dessous et p. 126)*. Raccourcissez les pousses inutiles au lieu de les supprimer, afin de combler les trous. Laissez la base de ces pousses intacte, pour qu'elles fructifient l'année suivante. Rajeunissez souvent les branches en réduisant leur longueur, pour générer de nouvelles pousses.

ABRICOTIER ADULTE EN ÉVENTAIL

ÉCLAIRCISSAGE AU PRINTEMPS
Pincez les jeunes pousses en surnombre pour laisser un espace d'environ 10 à 15 cm entre chaque rameau conservé.

JUIN

1 Pour aérer la silhouette, rabattez les branches âgées sur une jeune pousse bien placée et vigoureuse.

2 S'il y a des trous dans la ramure, palissez de nouvelles pousses bien placées sur les fils de fer.

3 Rabattez ou pincez les pousses dirigées vers le bas ou qui s'étendent en direction du mur. Coupez sur un œil mieux orienté.

4 Rabattez ou pincez toutes les autres pousses à cinq ou six feuilles de leur point de départ pour aider à la formation de boutons à fruits.

TAILLE APRÈS LA RÉCOLTE
Pincez à nouveau, à trois feuilles, les pousses qui ont été raccourcies en juin. Si elles se sont ramifiées, ne conservez qu'un rameau, en coupant le plus faible à une feuille.

MÛRIER *Morus* spp.

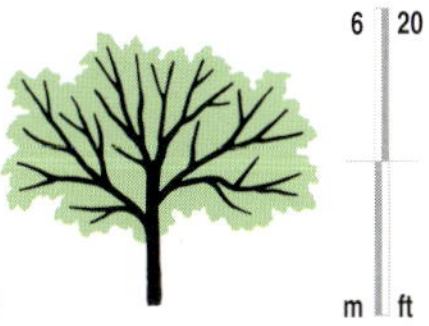

Parmi les mûriers à fruits figurent le mûrier noir, Morus nigra et ses hybrides, et le mûrier blanc, Morus alba. Le mûrier est un arbre qui vit longtemps et pousse lentement. Il requiert des hivers froids pour bien fructifier, mais se met en végétation tard au printemps et ne craint donc pas les gelées tardives. Il est autofertile et fructifie sur du bois de deux ans ou plus.
On le cultive parfois en bacs, mais il ne peut s'y développer suffisamment pour bien fructifier. En été, pincez les nouvelles pousses à cinq feuilles pour que l'arbre conserve sa forme compacte. Vous pouvez arquer les branches à l'horizontale *(voir p. 99)* pour augmenter la production.

Époque de taille : intervenez en plein hiver seulement, quand l'arbre est au repos. Taillez les arbres adultes en cas de nécessité absolue seulement (pour supprimer le bois mort ou abîmé), car les mûriers âgés risquent de « pleurer » abondamment. On emploie traditionnellement un tisonnier pour cautériser les plaies. Enlevez le bois mort en été, il est plus aisément identifiable. Les racines pleurent également, veillez à ne pas les couper lors de la plantation.

Taille de formation : avec un arbre bien formé, les tailles d'entretien sont réduites au minimum. Élevez un jeune arbre *(voir à droite)* sur un tronc net de 1,5 m environ, qui va porter une ramure de branches étalées. La première année, raccourcissez les rameaux latéraux inutiles, avant de les supprimer l'année suivante. Pour obtenir un arbre bien charpenté, à isoler, laissez la flèche s'élever si possible jusqu'à 6 m de hauteur, en la tuteurant et en supprimant les pousses concurrentes. Vous pouvez aussi laisser la ramure se développer naturellement. Pour faciliter l'entretien et la récolte, préférez un arbre plus petit et plus compact. Rabattez la flèche au-dessus entre 1,4 m et 1,6 m du sol, au-dessus de la plus haute des branches latérales. Opérez comme pour un pommier en gobelet *(voir p. 108)*, en constituant une ramure de 8 à 10 branches, que vous laissez se développer naturellement. Limitez la taille à un pincement rapide des nouvelles pousses non désirées. Seules les branches vraiment gênantes seront éliminées en hiver, en parant bien la plaie.
Dans son port naturel, le mûrier a tendance à devenir légèrement retombant. Toutefois, il n'est pas conseillé de reformer la ramure d'un arbre adulte. Si besoin est, soutenez les branches du bas plutôt que de les supprimer. Elles donnent du charme à l'arbre, tout comme son port noueux.

MÛRIER ADULTE
Bien que le mûrier vive très longtemps, son port noueux typique le fait paraître âgé prématurément. Ceci accroît sa valeur ornementale. Les fruits très juteux et sucrés mûrissent en juin et en juillet.

FORMER UN JEUNE MÛRIER
Ces arbres ne sont pas difficiles à conduire. Un jeune scion met longtemps à se ramifier, et il faut attendre trois, voire quatre ans, avant d'obtenir un tronc nu, comme pour tout arbre d'ornement sur tige. Laissez la ramure se développer naturellement ou, pour un arbre plus compact, taillez le rameau dominant et les rameaux latéraux supérieurs, comme pour le pommier en gobelet.

MÛRIER DE TROIS ANS

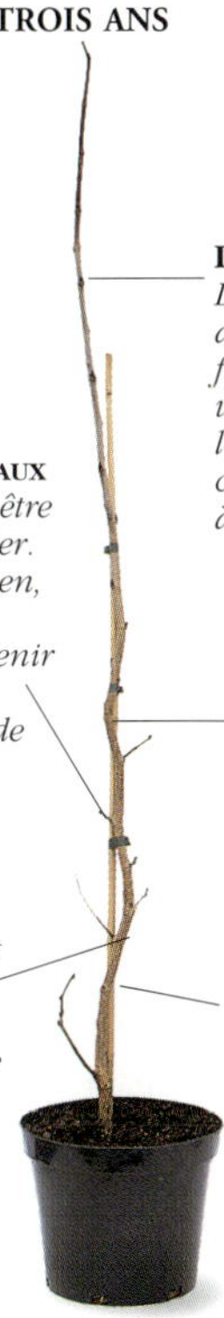

MÛRIER DE CINQ ANS, EN COURS DE FORMATION

FIGUIER *Ficus carica*

Pour bien fructifier, le figuier réclame des étés longs et chauds. Dans les régions méridionales, on le cultive en gobelet naturel ou en demi-tige sur un petit tronc de 60 cm à 1,2 m de hauteur. Sous un climat froid, il produit moins bien en forme libre, à moins d'être bien abrité. Dans ce cas, taillez pour aérer la cime et laisser pénétrer la lumière. L'idéal est de palisser le figuier en éventail, ce qui permet de le protéger en hiver sous un filet rempli de paille ou de fougères. Même ainsi, il ne fructifiera pas chaque année. Il pousse difficilement sous verre, à moins de limiter sévèrement l'ampleur des racines.

Taille des racines : les cultivars de figuier s'obtiennent par bouturage et non par greffage, mais on peut nanifier un figuier en limitant ses racines par une culture en pots, ou en pleine terre dans une fosse de 60 cm de côté, tapissée de briques ou de béton. N'oubliez pas de constituer un bon drainage à la base avec des billes d'argile expansée.

TAILLE D'ÉTÉ
Pincez les jeunes pousses quand elles ont développé 5 à 6 feuilles.

Mode de fructification : il est tout à fait particulier. Les figues peuvent être présentes simultanément sur l'arbre sous trois stades de développement différents. Les premières à mûrir sont les figues-fleurs qui ont passé l'hiver à l'état embryonnaire à l'aisselle des feuilles. Leur succèdent des fruits qui se forment au printemps sur les nouvelles pousses. Dans les régions au climat chaud, ces figues arrivent à maturité à la fin de l'été, alors que des figues-fleurs commencent à se développer pour l'année suivante, à l'extrémité des nouvelles pousses.
Ce cycle permet donc deux récoltes dans les régions privilégiées. Sous un climat froid, seules les figues-fleurs peuvent mûrir et être comestibles. La taille a pour objet de favoriser la formation de ces figues-fleurs, dont on prend un grand soin pour qu'elles arrivent à maturité l'année suivante.

Époque de taille : opérez chaque année fin mars, quand tout risque de froid prolongé est passé. Dans les régions froides, pincez en été toutes les nouvelles pousses à cinq ou six feuilles. Cela favorise un meilleur ensoleillement des fruits et limite la seconde fructification qui n'a aucune chance de parvenir à maturité. Avec de tels pincements à leur extrémité,

DÉVELOPPEMENT DES FIGUES
À la base de cette tige non taillée, une figue a survécu à l'hiver. Elle va mûrir. Les figues qui se sont formées au printemps seront les prochaines à mûrir, à condition que l'été soit assez long et chaud. Les figues-fleurs pour l'année suivante commencent à se former à l'aisselle des feuilles du bout de la tige.

les jeunes pousses ne produiront pas autant de fruits. Elles vont développer des départs latéraux à l'aisselle des feuilles. À la fin de la saison de végétation, les fruits apparus sur ces nouveaux rameaux seront seulement à l'état embryonnaire. Ils passeront l'hiver sans problème. Afin de canaliser l'énergie de l'arbre vers des fruits ayant de bonnes chances de parvenir à maturité, éclaircissez en septembre les figues déjà bien formées sur la tige principale, mais pas encore mûres. À ce stade, elles n'ont aucune chance de survie.

Figuier en gobelet

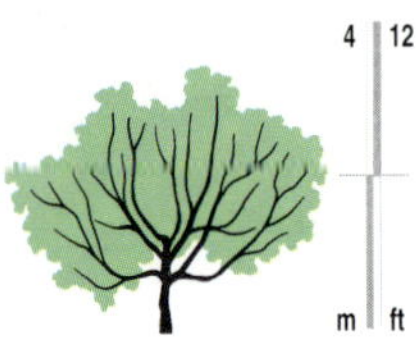

Commencez par planter un figuier de deux ans. Il doit porter trois ou quatre rameaux latéraux bien espacés, de même vigueur. Ces futures charpentières, nées à même la tige principale, se trouvent entre 50 cm et 1 m du sol. Plantez à l'automne et taillez en mars, quand les plus fortes gelées ne sont plus à craindre. Formez une ramure de gobelet, comme pour un pommier *(voir p. 108)*, en sélectionnant de 8 à 10 branches principales, qui s'étagent bien sur le tronc. Taillez le gobelet adulte au printemps. Sous un climat froid, le but de la taille est de garder un gobelet aussi étalé et aéré que possible. Durant l'été, pincez aussi les jeunes pousses situées à l'extrémité des branches *(voir* Taille d'été *ci-dessus)*. Dans les régions au climat chaud : il faut tailler les branches étalées sur des pousses érigées et conserver quelques rameaux dans le centre du gobelet, afin de protéger les fruits des brûlures du soleil.

FIGUIER EN GOBELET ADULTE, PRINTEMPS (CLIMAT FRAIS)

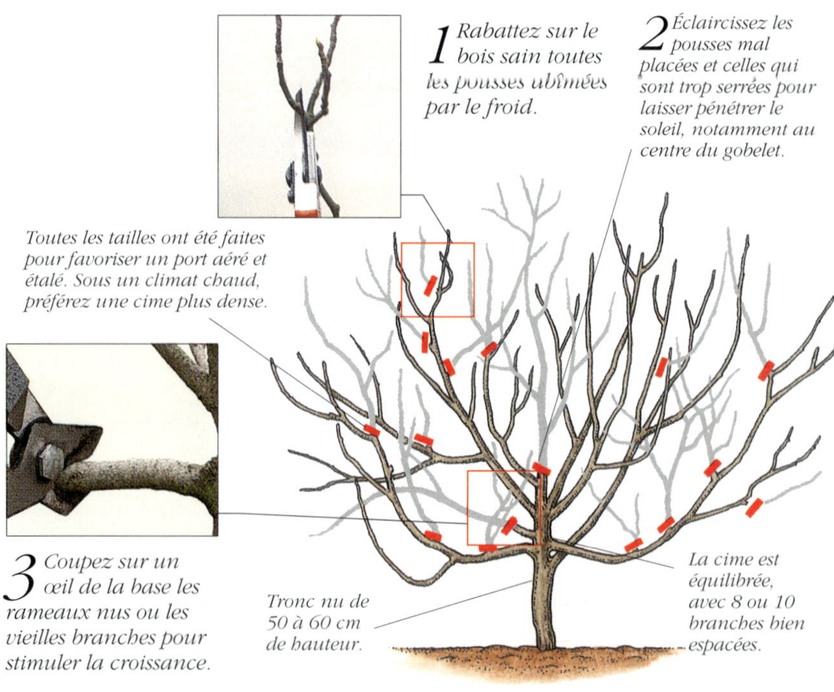

Figuier en éventail

Un figuier en éventail a la même structure générale que les autres fruitiers en queue de paon. Il présente toutefois des branches principales plus espacées, pour laisser de la place aux grandes feuilles aux découpes caractéristiques. Le support idéal est un mur d'au moins 2,5 m de haut et 4 m de large, équipé de fils de fer horizontaux, solides.

Taille de formation : démarrez avec un sujet robuste, de deux ou trois ans. Si les rameaux latéraux sont faibles, mal placés ou de mauvaise qualité, le mieux consiste à les supprimer et à tailler le rameau dominant à 40 cm du sol pour stimuler l'émission de forts rameaux latéraux l'année suivante. Développez la charpente comme pour le pêcher *(voir p. 134)*. Taillez peu les rameaux latéraux s'ils sont vigoureux, plus sévèrement (de la moitié de leur longueur) les pousses faibles. En deux ou trois ans, six branches principales vont s'établir de part et d'autre du petit tronc. Palissez bien les rameaux latéraux pour couvrir toute la surface. Dès que certains s'avèrent superflus, supprimez-les en été pour maintenir la forme aplatie de l'éventail ou palmette à la diable, et favoriser la formation de fruits.

Taille de fructification : elle se pratique au printemps ou en été. Supprimez une partie du bois âgé et coupez quelques jeunes rameaux à un bourgeon de la base, pour générer de nouvelles pousses.

FIGUIER ADULTE, PRINTEMPS

1 Quand les gelées prolongées ne sont plus à craindre, rabattez sur leur empattement les tiges qui ont été abîmées par le froid.

2 Sur chaque bras, rabattez 2 ou 3 jeunes pousses sur l'œil de la base, pour favoriser l'émission de pousses, où naîtront les figues-fleurs.

3 Palissez les pousses bien placées en les répartissant de façon régulière. En été, pincez les nouvelles pousses et laissez 5 à 6 feuilles.

4 Éliminez les pousses qui se développent en direction du mur et celles qui se croisent. Vous les taillerez sur un œil mieux orienté.

5 Rabattez une partie du vieux bois sur un bourgeon et palissez de nouvelles pousses à la place. Opérez de manière symétrique.

CONSEIL TRUFFAUT

Sous un climat froid, cultivez le figuier en pot, qui sera rentré à l'abri en hiver. Formez-le en gobelet, avec un tronc de 40 cm de haut, pas plus, pour qu'il soit bien stable. Il est aussi possible de créer un buisson plus compact, en rabattant au ras du sol un figuier de deux ou trois ans, une fois bien établi dans son pot. Sélectionnez alors une dizaine des meilleures pousses qui naissent de la base.

Les années suivantes, au printemps, rabattez trois ou quatre tiges à la base (supprimez les plus âgées ou les plus faibles). Laissez de nouvelles pousses les remplacer. En été, taillez les rameaux latéraux portés par ces tiges, selon les principes exposés ci-dessus et communs à tous les figuiers.

Supprimez toujours les rameaux qui se croisent ou se frottent mutuellement dans le centre de l'arbre. Un printemps sur deux, rempotez en taillant légèrement les racines.

Rabattez au ras du sol pour former un buisson. Taillez les pousses latérales.

Arbres fruitiers exotiques et tropicaux

Les arbres fruitiers dits « exotiques » sont des essences non rustiques, dont la plupart ne supportent pas la moindre gelée. Certains peuvent survivre après des froids légers, mais ils ont peu de chances de fructifier dans ces conditions. La taille s'avère utile pour la formation. Elle est souvent superflue ensuite et même déconseillée sous un climat chaud et humide. La forme libre est donc la plus répandue chez ces arbres. La formation se pratique avec des techniques similaires à celles utilisées pour les arbres d'ornement. Chez les sujets adultes, la taille se limite souvent à la suppression du bois mort, malade ou abîmé avec, si besoin est, une intervention après la récolte. Mieux vaut remplacer ces arbres que d'essayer de les rajeunir. La plupart réussissent très bien sous verre dans les régions froides. Ils peuvent fleurir sous une serre ou une véranda chauffée, mais étant donné la brièveté de la saison chaude et la faiblesse relative des heures d'ensoleillement, les fruits risquent de ne pas se développer ou de ne pas arriver à maturité. Parmi les plus faciles à cultiver, figurent les agrumes *(voir p. 142)*, plantes très décoratives qui tolèrent les tailles de formation contraignantes. Dans de bonnes conditions, ils fructifient presque chaque année. Les agrumes sont également faciles à réussir en pots que l'on peut sortir en plein air de mai à octobre pour égayer une terrasse ou une cour.

ANONE, COROSSOL, POMME CANNELLE

Annona spp.

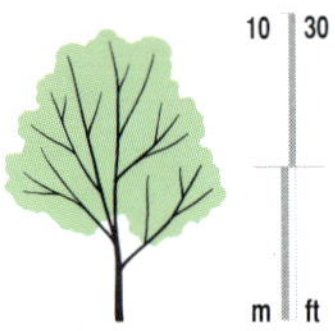

La chérimole *(Annona cherimola)*, le corossol cœur de bœuf *(Annona reticulata)* et la pomme cannelle *(Annona squamosa)* sont très proches. Originaires des montagnes de l'Amérique tropicale, ces arbres tolèrent une température basse, mais toujours supérieure à 0 °C. Leurs fruits ne mûrissent que sous les climats tropicaux ou subtropicaux. Ils perdent leurs feuilles par temps sec ou froid. Les arbres non taillés produisent abondamment sur le bois âgé ou les jeunes pousses, mais dans ce cas, ils ont une charpente faible.

Quand tailler : durant le repos végétatif ou pendant la saison sèche, en complétant par une taille légère durant la période de croissance et après la récolte.

Taille et formation : conduisez ces fruitiers comme des arbres d'ornement multitiges, avec un petit tronc *(voir p. 30)*. Rabattez le jeune sujet à 1 m du sol et conservez de trois à cinq rameaux latéraux. Quand ils atteignent 60 cm de longueur, taillez leur extrémité et laissez pousser sur chaque branche une flèche qui se ramifiera en deux tiges latérales bien espacées. Les bourgeons axillaires émettent des pousses au moment de la chute des feuilles. Supprimez-en quelques-unes de place en place, pour favoriser le développement de nouvelles pousses latérales bien espacées. Raccourcissez les tiges verticales et vigoureuses de la moitié de leur longueur, en coupant sur un bourgeon tourné vers l'extérieur de la ramure ou sur une pousse latérale. Chez l'adulte, n'enlevez que le bois abîmé, malade, enchevêtré, ou les branches en excédent, car un rabattage sévère favorise une croissance excessive au détriment des pousses à fleurs. Taillez ces dernières d'un tiers de leur longueur, durant la saison de croissance, cette intervention stimulera la formation d'autres rameaux à fleurs.

ANNONE
Les arbres non taillés poussent avec une structure irrégulière. Les longues tiges, dégingandées et peu ramifiées, risquent de se briser sous le poids des fruits.

JACQUIER
Ce grand arbre fructifie sur toute la longueur du tronc et des branches principales. La récolte est plus facile chez un petit sujet bien taillé.

ARBRE À PAIN, JACQUIER *Artocarpus* spp.

L'arbre à pain *(Artocarpus altilis)* préfère les plaines tropicales humides, tandis que le jacquier *(Artocarpus heterophyllus)* tolère un climat plus sec et un peu plus frais. Il parvient à fructifier dans certaines régions subtropicales hors gel. Attention, il est sensible au sol détrempé, au froid et à la sécheresse. L'arbre à pain atteint 30 m de hauteur. Il développe naturellement une cime étalée, bien ramifiée, mais ses branches fragiles s'abîment facilement. Le jacquier mesure de 15 à 20 m de haut. Il présente une cime dense, parfois irrégulière, qui s'étale avec l'âge. Les plantes provenant de bouture ou de greffe (multiplication végétative), produisent en trois ou quatre ans. La fructification est améliorée par une pollinisation croisée, d'où la nécessité de planter au moins deux sujets à faible distance l'un de l'autre.

Quand tailler : après la récolte, chez l'arbre adulte uniquement.

Taille et formation : une fois les jeunes arbres bien implantés, rabattez la flèche au-dessus des trois ou quatre rameaux latéraux qui forment la charpente sur un tronc court. Supprimez tous les autres rameaux latéraux, surtout ceux qui apparaissent sur le tronc. Raccourcissez d'un tiers les branches principales trop vigoureuses ou dégingandées. Pour les cultivars très érigés d'arbre à pain, pratiquez l'arcure en courbant vers le bas les jeunes rameaux latéraux pour les inciter à fructifier *(voir p. 99)*. Une fois la charpente établie, raccourcissez les tiges fructifères après la récolte, pour stimuler les pousses. Éclaircissez les arbres adultes pour aérer la cime, offrir plus de soleil aux fruits et faciliter la cueillette.

CARAMBOLE
Averrhoa carambola

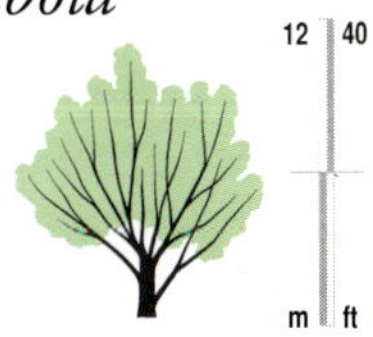

La carambole aussi connu sous son nom anglo-saxon de « star fruit » pousse bien sous un climat tropical et subtropical. L'adulte tolère de petites périodes de froid léger. Le feuillage est persistant sous les Tropiques. Il est semi-caduc sous des latitudes plus élevées, où il croît assez lentement. Il développe un tronc court et une cime d'abord pyramidale, puis arrondie. Les branches pendent chez certains cultivars. Préférez des plants greffés qui fleurissent de deux à trois ans après la plantation. On obtient deux récoltes par an dans certaines régions, mais la fructification est irrégulière. Une pollinisation croisée est nécessaire. Sous un climat tempéré chaud, cultivez la carambole en pots ou en pleine terre, en plein soleil, dans une serre ou une véranda chauffée (22 °C minimum en été, 15 °C en hiver). Prévoyez des apports d'eau et d'engrais copieux. Cet arbre doit son nom à la forme d'étoile qu'ont les fruits quand on les tranche horizontalement.

Quand tailler : après la récolte.

Taille et formation : conduisez l'arbre en multitiges *(voir p. 30)*, en le rabattant entre 30 cm et 40 cm du sol, puis en sélectionnant de quatre à six tiges principales. Certains sujets très vigoureux développent des branches qui forment un angle étroit avec le tronc ou leur point d'attache, ce qui les fragilise. Pour éviter cela, dirigez-les vers le sol *(voir p. 99)*. Raccourcissez les branches principales très vigoureuses, d'un tiers de leur longueur, pour favoriser la ramification. La taille est ensuite superflue. Supprimez régulièrement les pousses faibles, retombantes ou enchevêtrées, et le bois abîmé ou malade.

JEUNES CARAMBOLES
Ces petits arbres de croissance lente nécessitent la pollinisation par un autre cultivar planté à proximité.

PAPAYER *Carica papaya*

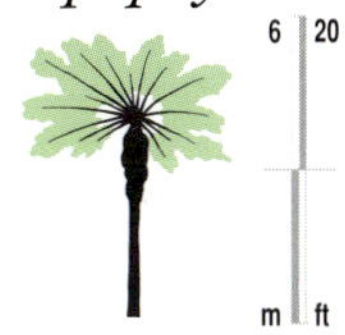

Bien que la papaye évoque souvent un arbre, c'est en fait, sur le plan botanique, une grande et grêle herbe arborescente. Le tronc simple, épais, généralement non ramifié, porte de grandes feuilles très découpées, à la base desquelles naissent les fruits. Le papayer ne produit que pendant quatre à cinq ans. Il est très cultivé dans les régions tropicales. Pour obtenir des fruits, il faut au moins un plant mâle et un plant femelle, mais il existe certains cultivars autofertiles. Plantez le papayer dans un lieu abrité, en plein soleil, dans un sol bien drainé, l'idéal étant un climat tropical avec des pluies abondantes durant la saison de croissance. Les cultivars supportant un minimum de 16 °C réussissent sous serre dans les régions au climat tempéré chaud. Toutefois, ils ne produisent pas beaucoup. Le papayer a besoin de beaucoup de lumière en été et jamais moins de 20 °C pendant son développement. Même les cultivars autofertiles seront pollinisés à la main. Les papayers constituent de très jolies plantes d'ornement qu'il est aussi possible de réussir en pot dans une serre ou une véranda bien chauffée.
Attention, la taille de la flèche crée un sujet au port ramifié, moins vigoureux.
Les papayers se multiplient fort bien par semis. Les jeunes plants atteignent rapidement de 4 à 6 m de hauteur et fructifient en deux ans, toute l'année.

Quand tailler : après la récolte.

Taille et formation : la tige simple du papayer se ramifie rarement d'elle-même. Pour limiter la hauteur et faciliter la récolte, on peut tailler l'extrémité du rameau leader après la première récolte. Rabattez de moitié les plantes devenues trop grandes pour la cueillette ou celles qui, sous verre, prennent trop de place. Vous pouvez aussi les rajeunir en coupant la tige principale à 80 cm du sol. les papayers traités ainsi développent plusieurs tiges à partir de bourgeons dormants situés à la base du pied. Palissez la tige la plus forte sur un tuteur vertical et supprimez les autres sur leur point de départ. Vous pouvez les utiliser comme boutures en les réduisant à 20 cm de longueur. Les arbres mâles taillés de cette façon épanouissent parfois des fleurs femelles et produisent des fruits. Il s'agit d'une forme de déviation sexuelle inexpliquée, mais fort utile.

FLEURS ET FRUITS DE PAPAYE
Les fleurs s'ouvrent à l'aisselle des feuilles ; feuilles et pétioles tombent et les fruits grossissent peu à peu au fur et à mesure que la plante pousse.

CAINITIER *Chrysophyllum cainito*

Ce grand arbre persistant préfère un environnement tropical humide, avec des précipitations bien réparties et des températures élevées toute l'année. Sous un climat subtropical (sud de la Floride par exemple), il faut le protéger des vents froids pendant les deux à trois années qui suivent sa plantation.
Le cainitier (on dit aussi « caïmitier ») atteint 30 m de haut. Il développe une cime large et dense. Il doit être multiplié par semis, par greffage (sur des porte-greffes sélectionnés) ou par marcottage aérien. Les fleurs sont pollinisées par les insectes et généralement autofertiles. La taille est sommaire, car le cainitier forme naturellement un arbre à tiges multiples *(voir p. 30)*, sur un tronc court de 60 cm à 1 m de hauteur. Sélectionnez seulement trois branches charpentières pour laisser la lumière entrer facilement dans la cime. Éclaircissez au besoin les rameaux latéraux dirigés vers l'intérieur, afin d'aérer la ramure. Chez l'adulte, contentez-vous de supprimer les tiges faibles, enchevêtrées, abîmées ou malades, ainsi que les gourmands qui naissent souvent sur les endroits qui ont été coupés.

AGRUMES

Le genre *Citrus* renferme un grand nombre d'espèces cultivées pour leurs fruits, notamment l'oranger, le citronnier, le pomelo et le mandarinier. Quelques agrumes appartiennent à des genres différents comme le kumquat *(Fortunella)* et le calamondin (x *Citrofortunella)*.
Les agrumes poussent fort bien en pots. Beaucoup peuvent être cultivés en plein air dans le Midi ou en Corse, mais ils viennent aussi très bien sous verre dans les zones au climat froid. Les *Citrus* sont aussi cultivés pour leur attrait décoratif, notamment leurs fleurs très parfumées.
Les agrumes poussent bien dans tous les endroits où il ne gèle pas et dans les régions aux étés chauds. Quand il est bien aoûté, le bois supporte de faibles gelées. Sous un climat froid, sortez durant l'été, dans un lieu abrité, les agrumes cultivés en pots. Sous abri, veillez à ce que la température nocturne s'abaisse de 3 à 4 °C, car cela favorise la formation des fleurs.

Port et mode de fructification : dans les régions au climat doux, le cycle de croissance des agrumes dure de quatre à six semaines. Il se renouvelle jusqu'à cinq fois par an dans de bonnes conditions. Ainsi, fleurs et fruits cohabitent en même temps. Les arbres entrent en repos végétatif quand la température descend à moins de 13 °C, ou bien en cas de sécheresse prolongée. Les premières pluies ou la reprise de l'arrosage entraînent l'apparition d'une floraison dans un délai de un mois environ.

Époque de taille : à tout moment de l'année, dans les régions chaudes. Ailleurs, taillez les jeunes agrumes d'avril à août, avec une préférence pour le printemps, pour que le bois ait le temps de se lignifier avant l'hiver. Taillez les arbres adultes sans sévérité excessive, après la récolte.

FRUITS ET FLEURS DE CITRONNIER
Tandis que la plupart des agrumes ont des cycles de croissance distincts, ceux du citronnier se chevauchent, ce qui explique la présence simultanée de fleurs et de fruits.

Taille de formation : pour faciliter la récolte, les agrumes sont formés en gobelet sur un tronc d'au moins 50 cm pour que les fruits ne touchent pas le sol *(voir p. 143)*. La cime est arrondie, aérée au centre. Les arbres cultivés dans un but ornemental, ainsi que les sujets en pots, sont conduits sur une tige avec une cime ramifiée *(voir p. 144)*. Le tronc de 1 à 1,5 m est débarrassé peu à peu des pousses latérales, comme pour un arbre d'ornement *(voir p. 28)*. Intervenez progressivement pour que le feuillage joue son rôle nourricier et protège la jeune écorce des brûlures du soleil.
Quand le tronc atteint la hauteur voulue, formez la cime en sélectionnant trois à quatre rameaux latéraux qui vont servir de branches principales. Ils doivent être taillés à la même longueur et s'insérer sur la tige principale avec un angle d'au moins 40°. Pour développer une cime symétrique et compacte, raccourcissez une seconde fois les branches principales au début de la saison de croissance (de fin février au début mars), pour les agrumes qui poussent en plein air, ou durant l'hiver pour les plantes cultivées sous abri. Les charpentières donnent chacune des rameaux secondaires, qui à leur tour, produiront deux ou trois tiges. Une taille régulière des branches principales favorise un port harmonieux et buissonnant. Si nécessaire, procédez à une seconde taille légère durant la saison

AGRUME VENANT D'ÊTRE GREFFÉ
Ce jeune citronnier vient d'être greffé en fente sur un Citrus limon *'Meyer'. C'est un porte-greffe précieux pour sa résistance aux basses températures et sa bonne productivité.*

CONSEIL TRUFFAUT
Beaucoup d'agrumes se multiplient fidèlement par semis et sont faciles à élever. Les jeunes semis sont souvent plus vigoureux que les plants greffés, surtout chez le citronnier. Ils se montrent plus résistants à la pourriture des racines, mais moins productifs. Ils ne fructifient pas avant l'âge de six ans, alors que les citronniers greffés commencent à fleurir deux ou trois ans après le greffage. L'écusson réussit bien et les Citrus disposent d'une large gamme de porte-greffes servant à modifier la vigueur de l'arbre, le rendement et la qualité des fruits, la résistance aux maladies et aux températures basses. Certains porte-greffes combinent plusieurs propriétés : ainsi, le citrange Troyer donne des arbres plus petits, mais il confère aussi une résistance aux nématodes. Les kumquats sont greffés sur Poncirus trifoliata pour obtenir un effet nanifiant et une meilleure résistance au froid. Ce porte-greffe réduit également l'acidité des fruits des pamplemousses.
Le porte-greffe choisi affecte les interventions de taille, surtout s'il s'agit d'un porte-greffe nain. Demandez conseil à un professionnel pour les interventions spécifiques. Si vous souhaitez cultiver un agrume dans un pot, choisissez toujours un plant greffé sur un porte-greffe nain.

Formation d'un citronnier en gobelet

Premier stade

Dès que le jeune plant non ramifié atteint 1 m de hauteur, taillez-le en biseau, juste au-dessus d'une feuille, située à environ 60 cm du sol.

Deuxième stade

1 Sélectionnez de trois à quatre gros rameaux latéraux pour former les branches charpentières. Raccourcissez-les à 30 cm de leur point de naissance. Le but est de les faire grossir et de provoquer des ramifications.

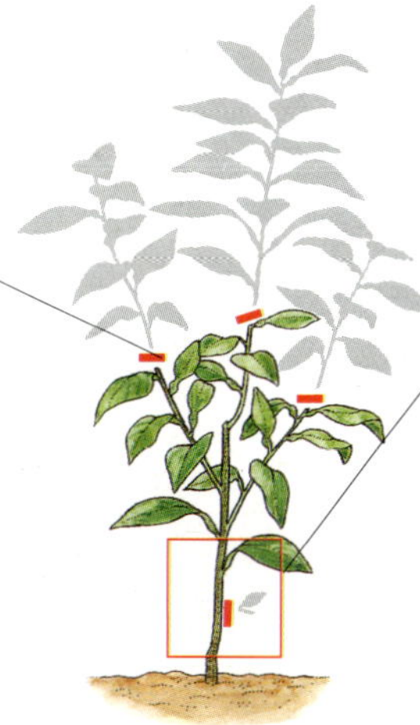

2 Pincez les pousses naissant à même la tige principale, mais conservez les rares feuilles simples qui peuvent se former sur le tronc de temps en temps.

de croissance. Elle a pour but de supprimer les nouvelles pousses en surnombre, les plus faibles et celles qui sont enchevêtrées ou dirigées vers le centre de l'arbre.

Taille d'entretien : taillez les agrumes adultes aussi légèrement que possible, excepté certains cultivars de citronnier qui poussent sur un porte-greffe vigoureux. Ces arbres au port érigé doivent être rabattus assez sévèrement pour favoriser la ramification et donc la fructification. Chez les agrumes greffés, supprimez les drageons apparaissant en dessous du point de greffe. Tous les *Citrus* émettent des gourmands sur leurs branches principales. Supprimez-les dès leur apparition. Enlevez également les pousses dirigées vers le centre de la ramure, ou taillez-les sur un bourgeon tourné vers l'extérieur. les branches en surnombre étouffées par les autres rameaux ne fleuriront pas. Comme pour tous les arbres fruitiers, supprimez régulièrement les branches malades, mortes ou mal formées. L'éclaircissage des fruits est rarement utile, en raison du chevauchement des cycles de production. Une partie des pousses fructifie, tandis que d'autres sont en fleurs. Supprimez les premiers fruits chez un agrume en pot pour favoriser la croissance. Après la récolte, rabattez chaque rameau ayant porté des fruits, sur une jeune pousse située plus bras sur la branche, car il ne produira plus. Cueillez toujours les fruits au sécateur en coupant un morceau de rameau. Si vous les tirez avec la main, vous risquez d'endommager le calice ou de le laisser sur l'arbre, ce qui provoque une blessure sur l'épiderme du fruit. Dans ce cas, il se conserve mal et risque de pourrir.

Rajeunissement : les agrumes se prêtent bien à une taille sévère. Chez un arbre âgé, supprimez une branche ou une partie improductive, mais ne taillez pas tout. Contrairement à de nombreux arbres fruitiers, les agrumes ont des réserves limitées en glucides. *(Suite page 144.)*

Troisième stade

1 Supprimez d'un tiers les nouvelles branches et pincez à 3 ou 4 feuilles les gros rameaux latéraux.

2 Supprimez les pousses qui croisent d'autres rameaux ou celles qui mènent au centre du gobelet.

3 Supprimez toutes les pousses nées directement sur le jeune tronc.

Jeune citronnier en gobelet

1 Pincez l'extrémité des grosses branches principales pour garder une cime compacte et bien équilibrée.

2 Supprimez les pousses qui se croisent, notamment celles dirigées vers le centre de l'arbre, pour créer et maintenir une charpente aérée.

3 Lors de la cueillette des fruits, taillez chaque tige fructifère sur un rameau à bois qui se développe latéralement.

(Suite de la p. 143.) Une taille excessive risque de retarder la croissance et la fructification de l'arbre. Si plusieurs rejets naissent autour d'une plaie de coupe, sélectionnez un ou deux rameaux parmi les mieux placés, pour reformer la branche.

Agrumes pour climat froid : beaucoup de variétés de tangerines, de mandarines et de satsumas acceptent de mûrir sous des climats plus froids que les oranges. Ils sont aussi plus résistants à la sécheresse. Sur la Côte d'Azur et en Corse, ces arbres sont pratiquement rustiques et donnent des récoltes abondantes. Le *Citrus aurantiifolia* 'Tahiti' (ou 'Persian') est plus résistant au froid que 'Mexican'.

DÉGÂTS DU FROID
Coupez les parties abîmées sur les pousses saines, en taillant au-dessus d'une feuille, afin qu'une nouvelle pousse se développe.

Le citronnier Meyer (hybride de *Citrus limon* et du mandarinier) est une petite plante assez résistante au froid, idéale en pot, de même que le kumquat. Ce dernier reste en état de semi-repos en hiver, mais il pousse vigoureusement au printemps et en été. Il constitue normalement un arbre ramifié de 4 m de haut. Sous abri, taillez-le en hiver, en supprimant la plus grande partie des pousses de l'année précédente.

Agrumes en pots : pour ce type de culture particulière, donnez de l'engrais chaque mois durant la saison de croissance. Ceci est essentiel pour la formation d'une charpente saine et vigoureuse. Veillez aussi à supprimer dès leur apparition tout gourmand ou drageon né sur le porte-greffe. Procédez aux autres tailles en début d'année, surtout si les plantes viennent de passer l'hiver en semi-repos. Raccourcissez les pousses abîmées par le froid. Pour les plantes adultes, réduisez l'arrosage au minimum pendant trois à quatre semaines au début de l'été, dans le but de provoquer un court arrêt de la végétation, ce qui stimule la formation des fleurs. Aérez bien la serre, surtout en hiver, pour éviter toute humidité excessive favorable au développement des maladies. Une faible luminosité réduit la fructification. Pendant l'été, sortez les plantes dans un endroit ensoleillé, à l'abri du vent.
En mars, rempotez sans toucher aux racines, pour éviter de nuire à la croissance, car elles sont très fragiles, puis taillez légèrement la ramure pour l'équilibrer.

CALAMONDIN SUR TIGE, EN POT
Ce calamondin est mené sur tige pour renforcer son aspect ornemental. Ses petits fruits orange peuvent être confits ou utilisés en conserve dans de l'alcool.

FORMER UN AGRUME SUR TIGE

PREMIER STADE

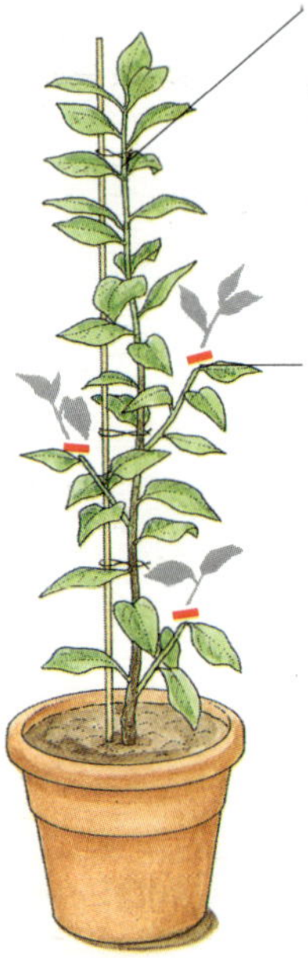

DEUXIÈME STADE

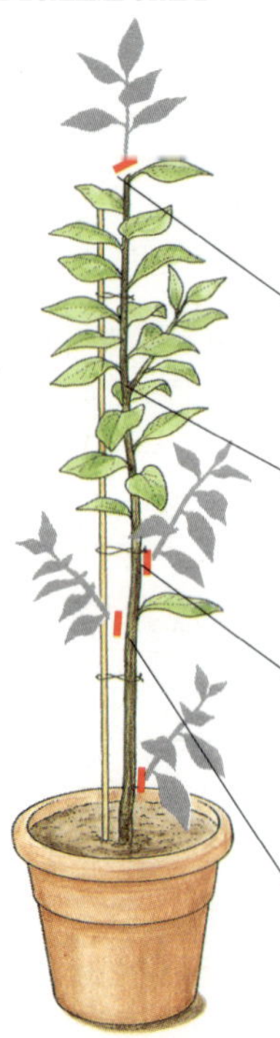

TROISIÈME STADE

DURION *Durio zibethinus*

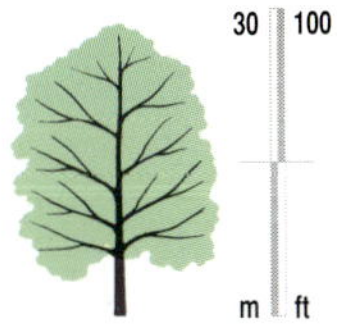

Surtout cultivé dans les zones tropicales de l'Asie du Sud-Est, le durion requiert beaucoup d'humidité et de pluie, avec une saison sèche marquée. Il faut planter un pollinisateur à proximité pour assurer une meilleure fructification. Les arbres issus de semis atteignent 30 m de haut, les sujets greffés ne dépassent pas 15 m. De forme pyramidale, le jeune durion devient peu à peu plus irrégulier. Laissez l'arbre se développer et ne taillez que les grosses tiges érigées qui fructifient rarement. Pour aérer la cime, éclaircissez les branches disposées un peu plus à l'horizontale, sur lesquelles se forment beaucoup de fleurs. Supprimez les pousses qui apparaissent sur le tronc et les branches principales. Chez l'adulte, éclaircissez seulement les jeunes fruits entre quatre et six semaines après la floraison. Laissez-en deux au maximum par panicule. Les arbres trop grands tolèrent la réduction de la cime à environ 10 m de hauteur.

FRUITS DE DURION
Réputés malodorants, ils se forment sur les branches horizontales.

NÉFLIER DU JAPON EN FLEURS
Dans de bonnes conditions, les fleurs apparaissent sur les pousses de l'année. Elles se forment en panicules quatre ans après la plantation. Choisissez un cultivar greffé sur un porte-greffe faible. On appelle aussi ce fruit « loquat ».

NÉFLIER DU JAPON *Eriobotrya japonica*

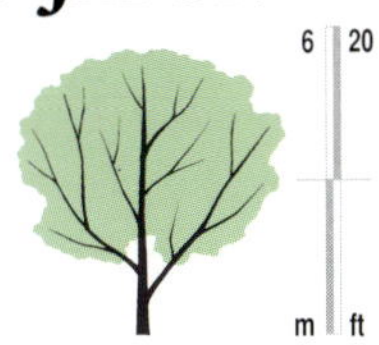

S'il tolère des froids légers, le néflier du Japon ne fructifie bien que dans les régions où il ne gèle pas en hiver et dont les étés sont chauds. Un hiver froid et prolongé réduit ou même détruit la floraison. La présence d'un pollinisateur est utile. Formez le néflier du Japon en arbre multitiges sur un petit tronc. Pour qu'il se ramifie, raccourcissez d'un tiers les branches principales, avant le départ de la végétation. La taille est inutile chez l'adulte. Après la récolte, supprimez les rameaux ayant porté des fruits. Taillez sur un bourgeon ou une tige bien placée. Des pousses latérales vont se développer. Limitez leur nombre et éliminez celles qui poussent vers le centre de l'arbre. Éclaircissez les fruits si besoin est.

MANGOUSTAN *Garcinia mangostana*

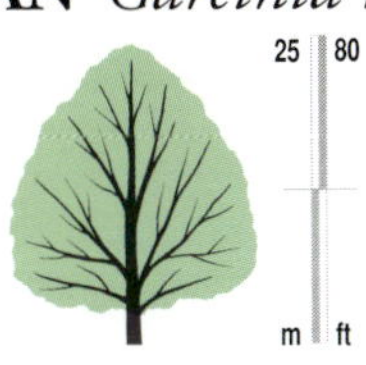

Le mangoustan ne pousse bien que sous le climat de son Asie du Sud-Est natale. On le multiplie par semis. La hauteur de l'arbre est très variable, de 6 à 25 m. Il faut souvent réduire la cime *(voir p. 35)*. L'arbre peut fleurir deux fois par an à des époques variables, ce qui entraîne une disponibilité des fruits presque toute l'année. La taille se pratique après la récolte. Elle se limite à la suppression des grosses branches érigées et des rameaux dirigés vers l'intérieur. Vous pouvez intervenir sur les sujets de tous âges, pour favoriser un port étagé. Supprimez les branches basses qui touchent le sol. Les arbres très ramifiés au feuillage trop dense produisent seulement à l'extrémité des branches. Il faut les éclaircir par étapes progressives sur plusieurs années, pour aérer la cime.

JEUNE MANGOUSTAN
Le mangoustan pousse lentement. Le tronc droit se ramifie pour former une cime pyramidale. Les fruits apparaissent au bout de 8 à 10 ans à l'extrémité des tiges.

LITCHI *Litchi chinensis*

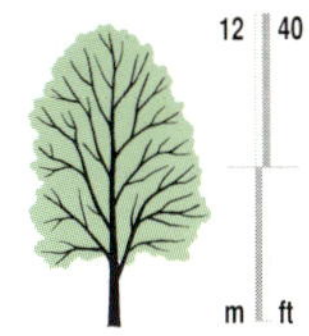

Le litchi est un arbre de croissance lente, à feuillage persistant. La cime conique est dense et symétrique. Certains cultivars présentent un port étalé, semi-retombant. La plupart des litchis ne dépassent pas de 10 à 12 m de hauteur. Il faut à cet arbre un climat subtropical marqué par un hiver un peu frais et sec, mais hors gel, et un été chaud avec une humidité assez forte. Il est très cultivé dans les régions montagneuses de l'Asie du Sud-Est, mais on le cultive aussi à Madagascar et aux Antilles. La fructification apparaît en grappes portées par des rameaux ligneux.

Quand tailler : après la récolte.

Taille et formation : le litchi se ramifie naturellement à la base mais il faut le former pour obtenir un arbre multitiges bien structuré. Choisissez une jeune arbre ramifié portant de trois à quatre rameaux latéraux bien espacés. Ils doivent être insérés entre 30 cm et 60 cm du sol et former un angle large sur la tige principale. Rabattez le rameau leader au-dessus de la branche latérale la plus haute. Supprimez tout départ latéral apparaissant à moins de 30 cm du sol. Raccourcissez à 30 cm de la base les longues branches semi-pendantes de certains cultivars, cela va stimuler la formation de pousses latérales fertiles. L'adulte se passe de taille. Après la récolte, raccourcissez les rameaux productifs à 30 cm de la base, pour favoriser la prochaine fructification. Supprimez les branches mortes et faibles du haut de la cime. Les arbres âgés tolèrent une taille sévère, notamment ceux qui ont été abîmés par le froid. Après cette intervention, le rendement et la dimension des fruits augmentent. On pratique avec succès l'incision annulaire de l'écorce *(voir p. 106)* chez les arbres qui ne fructifient pas bien. Ils doivent être bien établis, sains et vigoureux. Demandez l'avis d'un expert avant de recourir à cette technique.

MANGUIER *Mangifera indica*

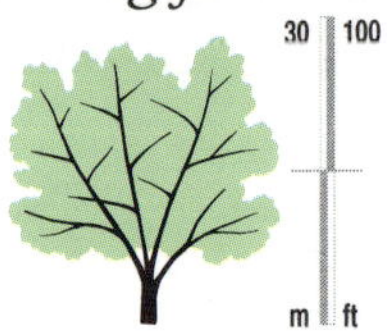

Le manguier est un arbre persistant, bien ramifié. Érigé, il développe une cime aérée, ovale et assez ample. Il requiert un climat humide, tropical ou subtropical, avec une saison de repos distincte, plus fraîche ou sèche. L'arbre se forme naturellement, mais une taille suivie permet d'obtenir une charpente solide. Les plants issus de semis fructifient après sept à huit ans. Les manguiers greffés donnent des fruits seulement trois ans après la plantation. Des porte-greffes nains limitent la hauteur entre 8 m et 10 m, pour une récolte plus facile. Cet arbre ne réussit pas bien sous abri, car il est trop vigoureux.

Quand tailler : au début de la saison de croissance pour les jeunes sujets, après la principale récolte chez les adultes.

Taille et formation : tous les manguiers trouvent avantage dans une taille de formation en gobelet comme celle que l'on pratique pour un pommier *(voir p. 106).* Formez-le avec un tronc de 1 m et une cime aérée composée de trois à cinq branches charpentières, insérées sur le tronc avec un angle bien ouvert. Supprimez les rameaux latéraux faibles, car les mangues sont lourdes et brisent des branches pas assez solides. Éclaircissez ou supprimez les fruits les deux premières années de floraison. Cette intervention est ensuite superflue. Pas de taille d'entretien chez l'adulte. Supprimez les rameaux bas ou enchevêtrés. Raccourcissez les branches principales d'un tiers pour favoriser la ramification ou limiter la vigueur. Rajeunissez les arbres âgés, en taillant les branches dirigées vers l'intérieur, en éclaircissant les pousses trop nombreuses et en pinçant les pousses terminales.

MANGUIER
Les branches charpentières doivent être vigoureuses, car les mangues sont lourdes.

RAMBOUTAN
Nephelium lappaceum

Originaire de Malaisie et d'Indonésie, le ramboutan est cultivé dans de nombreuses régions tropicales en plaine. Une température inférieure à 10 °C limite sévèrement la croissance. Les vents violents endommagent l'arbre. Les plants issus de semis mesurent de 12 à 20 m de haut à l'âge adulte et ont une ramure qui prend naissance aux deux tiers environ de leur hauteur. Les cultivars issus de greffes (multiplication végétative) se taillent souvent pour ne pas dépasser de 4 à 12 m. Ils offrent l'avantage de fructifier plus tôt. Le port est érigé, mais l'arbre s'étale avec l'âge. Les fleurs naissent surtout à l'extrémité des tiges.

Quand tailler : après la récolte.

Taille et formation : façonnez l'arbre très tôt, car il est naturellement dense et très ramifié. Vous pouvez former un gobelet comme pour le pommier *(voir p. 106),* avec des branches régulièrement espacées, laissant passer l'air et la lumière. Après la plantation, taillez un sujet ramifié de un ou deux ans, entre 60 cm et 1 m du sol. Coupez au-dessus de trois ou quatre rameaux latéraux vigoureux, bien espacés et formant un angle ouvert avec la tige principale. Trois mois après, réduisez ces rameaux d'un tiers de leur longueur pour qu'ils se ramifient. Une fois la structure principale établie, taillez peu : supprimez les gourmands, le bois mort ou malade et les rameaux enchevêtrés ou situés trop près du sol. Après la récolte, supprimez les restes des panicules de fruits pour favoriser l'apparition de nouvelles pousses fertiles.

OLIVIER *Olea europaea*

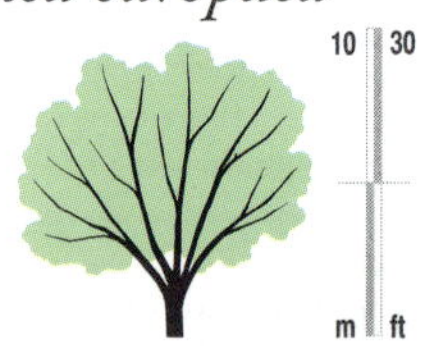

Très cultivé dans les climats de type méditerranéen, l'olivier a besoin d'un hiver relativement froid pour produire, mais il est endommagé par des températures inférieures à - 10 °C. Sous un climat frais, il requiert la protection d'un mur ensoleillé et dépasse rarement 4 m de haut. Dans les régions froides, on peut le cultiver en pot, à titre ornemental, en l'hivernant sous abri. L'olivier est un arbre persistant de croissance lente qui tolère bien la taille et peut être maintenu assez petit. Il existe des cultivars autofertiles. Les arbres fructifient normalement entre quatre et cinq ans après la plantation. Ils restent productifs plus de cent ans. Les fruits se développent sur des rameaux de un an, souvent à la périphérie de la cime. Il faut bien espacer les arbres et aérer la cime pour laisser le soleil pénétrer.

OLIVIER
On peut cultiver l'olivier en pot, à condition de rabattre assez court le leader central et les branches principales.

Quand tailler : en mars.

Taille et formation : commencez par bien tuteurer l'arbre à la plantation. Dans les régions méditerranéennes, formez un tronc de 1 à 1,2 m de hauteur. La cime se ramifie souvent naturellement, sinon taillez à 1,5 m du sol et sélectionnez de trois à quatre rameaux latéraux bien espacés pour former les branches charpentières. Laissez se développer une ramure dense et ramifiée, en intervenant le moins possible. À la suite de légers dégâts dus au gel, rabattez les branches sur le bois vivant.
Chez l'olivier adulte, supprimez seulement le bois âgé, non productif, au profit de nouvelles pousses qui fleuriront l'année suivante. Si nécessaire, éclaircissez les rameaux trop nombreux et éliminez ceux qui poussent vers le centre de l'arbre. Pour faciliter la cueillette, maintenez l'olivier entre 4 m et 5 m de haut, en taillant chaque année les branches principales sur des jeunes pousses de remplacement. Limitez pareillement la végétation des arbres cultivés en pots. L'olivier tolère bien une taille sévère. On peut le rajeunir complètement par une coupe au ras du sol, puis sélectionner un nouveau leader *(voir* Eucalyptus *p. 64)* ou laisser se développer une petite forme arbustive. On peut aussi palisser l'olivier en éventail contre un mur, en espaçant régulièrement les pousses *(voir* Magnolia *p. 74).* Rabattez les rameaux dirigés vers l'extérieur ou mal placés, au profit de jeunes pousses ramifiées au joli feuillage gris argenté.

AVOCATIER *Persea* spp.

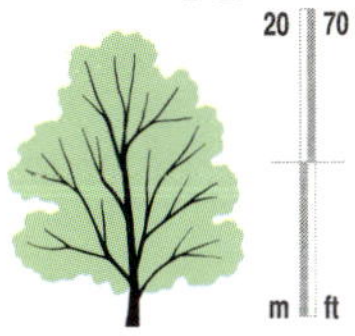

Les trois types d'avocatier : du Mexique, du Guatemala et des Antilles, préfèrent respectivement un climat semi-tropical, subtropical et tropical. Tous ont besoin de beaucoup de lumière. Ils forment souvent de grands arbres qu'il est possible de tailler. Certains cultivars ne dépassent pas de 5 à 6 m de hauteur. Les plants issus de semis ne portent des fruits (souvent de mauvaise qualité) qu'après cinq ans. Les avocatiers greffés fleurissent dès l'âge de trois ans. Certains porte-greffes résistent à la pourriture des racines et aux températures relativement basses. Pratiquement persistant, l'avocatier montre souvent un port étalé, plus conique chez certains cultivars. Ce sont les bourgeons terminaux qui émettent les prolongements. Il y a deux périodes de croissance par an. Certains bourgeons latéraux peuvent tomber en hiver, ce qui entraîne la formation de groupes de fleurs au sommet des branches. La pollinisation croisée améliore nettement les récoltes. Les cultivars mexicains sont les plus résistants au froid. Ils poussent bien au soleil, dans un lieu dégagé mais abrité, avec pour température minimum de 13 à 15 °C. Sous un climat tempéré, cultivez les avocatiers en serre comme plantes d'ornement. La luminosité sera trop basse pour la floraison (pollinisation manuelle nécessaire). Les racines n'aiment pas être dérangées.

Quand tailler : après la récolte.

Taille et formation : les opérations de formation sont peu utiles. Raccourcissez de moitié les rameaux latéraux pour favoriser la ramification si besoin est. Gardez autant de feuillage que possible pour protéger la jeune écorce des brûlures du soleil. Chez l'adulte, supprimez seulement les rameaux abîmés, malades, enchevêtrés ou trop nombreux. Taillez toute grosse pousse érigée à son extrémité, pour qu'elle se ramifie et s'étale bien. Les branches sont cassantes, les bourgeons et les pousses s'abîment facilement. Coupez-les avec soin. Cueillez les avocats en coupant le pédoncule avec un couteau tranchant ou un sécateur, à 1 cm du fruit. On peut rabattre sévèrement la cime des avocatiers devenus trop grands pour favoriser la cueillette *(voir p. 35)*, en procédant de préférence après la récolte.

AVOCATIER
L'avocatier a tendance à fleurir et donc à fructifier à l'extrémité des branches, puis il développe de nouveaux prolongements.

GOYAVIER *Psidium guajava*

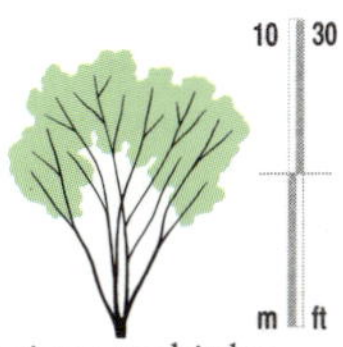

Originaire d'Amérique tropicale et très cultivé dans les régions au climat tropical et même subtropical, le goyavier est un arbre à tiges multiples qui drageonnent souvent. Il est presque aussi haut que large et porte souvent des branches basses. Les cultivars greffés fructifient mieux que les plantes issues de semis. Le goyavier peut fleurir deux, voire trois fois par an. La mise à fruits a lieu sur les nouvelles pousses, entre deux et trois ans après la plantation. Taillez souvent pour que l'arbre reste productif.

Quand tailler : après chaque récolte.

Taille et formation : toutes les tailles ont pour but de favoriser la pénétration du soleil au centre de la ramure. Formez l'arbre en multitiges, avec quatre à cinq grosses charpentières bien espacées. Quand un jeune goyavier dépasse 1 m de hauteur sans se ramifier, il faut le rabattre à 50 cm du sol pour obtenir des départs bas *(voir p. 30)*. Trois mois plus tard, raccourcissez de moitié ces rameaux et éclaircissez les pousses latérales qui se dirigent vers l'intérieur. Chez l'adulte, supprimez les gourmands du porte-greffe et les pousses qui se développent à même le tronc. Après la récolte, taillez l'extrémité des branches principales et les gros rameaux latéraux pour stimuler un port compact et le développement d'autres tiges florifères.

GRENADIER *Punica granatum*

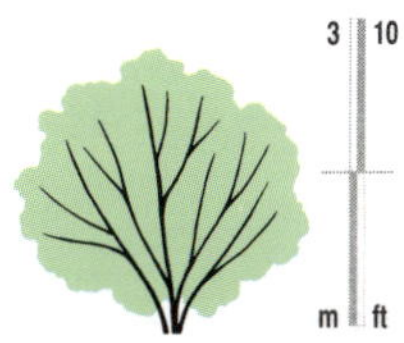

Bien qu'il vienne sans doute d'Iran, cet arbre à tiges multiples ou à port buissonnant s'adapte à différents types de climats doux. Il fructifie mieux dans les zones semi-arides dont l'été est chaud et l'hiver frais. L'arbre est caduc ou semi-caduc, voire persistant sous un climat tropical, humide. Les jeunes semis sont très variables, préférez des arbres multipliés par bouturage ou par séparation de rejets. Les fruits se forment entre quatre et cinq ans après la plantation. Ils mettent de cinq à sept mois pour mûrir, se développant sur des petites coursonnes qui restent productives trois ou quatre ans.

FLEUR ET FRUIT DU GRENADIER
Cueillez les grenades avec un sécateur pour ne pas abîmer la coursonne qui fructifiera.

Selon le climat, le grenadier fleurit une ou deux fois par an. Il est souvent autostérile, aussi, plantez deux cultivars côte à côte pour améliorer la fructification. Chaque année, supprimez un peu de bois âgé, non productif, au profit de nouvelles pousses qui porteront des fruits. Une taille trop sévère réduit la production. Le grenadier pousse bien en pot, dans une serre exposée au sud où il fleurit à profusion et fructifie parfois. On peut le tailler pour limiter son ampleur et bien équilibrer sa silhouette.

Quand tailler : en hiver.

Taille et formation : formez un arbre en multitiges sur un tronc court *(voir p. 30)*. Si le jeune grenadier n'est pas ramifié à la base, taillez-le entre 60 cm et 80 cm du sol. Supprimez tout rameau qui apparaît trop bas et sélectionnez quatre ou cinq branches en privilégiant les plus grosses et les mieux espacées. Les trois années suivantes, raccourcissez d'un tiers les pousses principales pour créer une charpente ramifiée. Chez l'adulte, la taille annuelle se limite au raccourcissement d'une petite partie des branches âgées, pour favoriser le développement de nouvelles pousses qui donneront les fruits. Le grenadier ayant fortement tendance à drageonner à la base, supprimez les rejets dès leur apparition. Si vous devez remplacer la tige principale, sélectionnez un drageon vigoureux et bien placé pour assurer la pérennité de la plante.

Fruits secs

La plupart des fruits secs sont produits par des arbres ou des arbustes. Certains, comme le noyer ou le châtaignier, sont de grands spécimens, à réserver pour un grand jardin ou un parc. Les noisetiers ont un port plus arbustifs, ce qui leur permet de mieux s'adapter au petit jardin d'amateur. Comme la plupart des fruitiers, ces arbres ne produisent pas s'ils ne sont pas pollinisés par un autre cultivar. Tout noisetier épanouit des fleurs mâles et femelles sur la même plante, mais il est rare que ses propres fleurs se fertilisent entre elles. Seul le noisetier pousse et fructifie bien sous les climats continentaux froids. Même rustiques, le châtaignier et le noyer exigent des conditions plus favorables pour être productifs, en particulier l'absence de gelées printanières. L'amandier préfère la douceur du Midi où sa floraison très précoce n'est pas détruite par les gelées. Dans les régions chaudes, le pistachier et le pacanier viennent bien en climat tropical, comme la noix de cajou, le macadamia et le noyer du Brésil. Tous les fruits secs n'ont besoin que d'une taille minimale, sauf le noisetier qui produit mieux s'il est taillé souvent. Une formation précoce donne des arbres sains et bien formés, qui ne réclament ensuite qu'un entretien limité pour rester en bonne santé.

ANACARDIER *Anacardium occidentale*

Cet arbre qui donne la célèbre noix de cajou pousse dans les régions tropicales marquées par une forte saison sèche (Inde, Est africain). C'est un arbre persistant au houppier large, étalé. Les branches du bas, souvent presque horizontales, peuvent atteindre 6 m et se briser par vent fort. On cultive des sujets issus de semis, qui poussent très vite en émettant rapidement de très longues racines, ou des plants greffés dont le rendement est élevé.
Le but de la taille consiste à développer une cime multitiges à centre aéré, sur un tronc court de 1 m. Taillez un jeune arbre ramifié à 1,2 m du sol, puis choisissez de quatre à cinq rameaux latéraux pour former les branches principales *(voir* Acer davidii *p. 52)*. Rabattez-les de la moitié de leur longueur pour qu'elles se ramifient. Inutile de tailler les arbres adultes.

JEUNE ANACARDIER
Formez l'arbre sur un tronc court, mais assez haut, pour que les branches inférieures, étalées, ne touchent pas le sol.

On peut aussi rabattre l'anacardier adulte à 50 ou 70 cm du sol. Il fructifiera deux à trois ans après. En Australie, dans les plantations en haies des grandes cultures, on rabat ainsi une ligne sur deux, quand le feuillage de deux rangs contigus se rejoint.

NOYER DU BRÉSIL *Bertholletia excelsa* (ou *nobilis)*

Spontané dans les forêts amazoniennes, ce grand arbre très dense forme un cône étroit. Il est également planté dans les régions du sud-est de l'Asie au climat très humide. La mise à fruits commence à se produire sur les arbres âgés de dix à vingt ans. Les noix mettent un an à mûrir. On ne taille pas les arbres sauvages, mais en culture, on rabat à entre 1 m et 2 m du sol la flèche des jeunes sujets, pour qu'elle se ramifie. On raccourcit ensuite l'ensemble de la ramure pour obtenir un bon équilibre. C'est une plante incultivable dans nos régions et dont l'intérêt en pot est assez limité. Vous pouvez en revanche essayer de l'acclimater aux Antilles ou à la Réunion.

PACANIER *Carya illinoinensis*

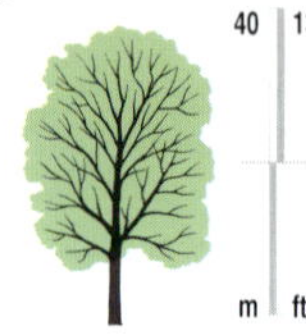

Beaucoup d'espèces de *Carya* forment de beaux arbres d'ornement en climat frais *(voir p. 56)*. Le pacanier produit la délicieuse noix de pécan. C'est un arbre caduc, érigé et vigoureux. Pour bien fructifier, il requiert un climat subtropical assez sec, ou tempéré doux, avec un été chaud et une saison froide marquée, mais sans gelées. Choisissez un cultivar sélectionné et greffé, qui va produire dès l'âge de cinq ans. Le pacanier développe rapidement une longue racine pivotante : préférez les très jeunes spécimens vendus dans des pots plus hauts que larges, et plantez-les délicatement. N'achetez jamais un vieil arbre en conteneur, dont les racines auront du mal à s'installer en pleine terre.

Quand tailler : de l'automne à janvier. L'arbre « pleure » beaucoup si on le taille au printemps, ce qui l'épuise.

Taille et formation : l'idéal consiste à former le pacanier sur tige. Ne pincez pas l'extrémité des rameaux latéraux, quel que soit l'âge de l'arbre. Les fleurs mâles et femelles sont séparées. Elles apparaissent sur des pousses développées à partir des bourgeons terminaux de l'année précédente. Ne faites pas de taille d'entretien chez l'adulte, qui ne tolère pas un rabattage sévère.

CHÂTAIGNIER *Castanea sativa*

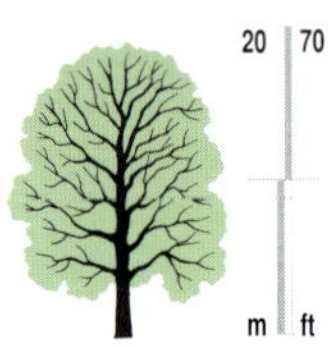

À l'âge adulte, le châtaignier forme un arbre imposant, très ornemental *(voir p. 57)*. Cet arbre entièrement rustique ne produit bien qu'après un été chaud, comme en Ardèche, une des régions les plus réputées pour ses châtaignes. Préférez un cultivar au châtaignier sauvage car les fruits seront plus gros et meilleurs. Le châtaignier cultivé est de préférence greffé, car sa mise à fruits se fait dès l'âge de quatre ans, ce qui n'est pas le cas d'un spécimen issu de semis qui demande de sept à dix ans. La pollinisation croisée est parfois nécessaire. Formez une tige comme pour un arbre d'ornement *(voir p. 57)*. Menez un leader central et ne sélectionnez comme futures charpentières que des rameaux latéraux bien placés et insérés sur le tronc avec un angle ouvert. Chez un châtaignier âgé, les branches peuvent devenir cassantes.

CHÂTAIGNES
Les bogues épineuses se fendent quand les fruits sont mûrs, dévoilant les châtaignes.

COUDRIER et NOISETIER *Corylus avellana* et *maxima*

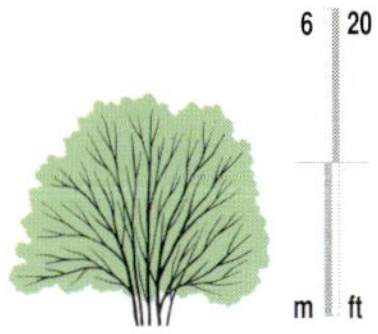

Le coudrier et le noisetier forment de grands arbustes ou des arbrisseaux très décoratifs *(voir aussi p. 189)*. On les cultive également pour leurs fruits, même dans les climats froids. Formés et taillés régulièrement, ils ont un port plus ramassé et un rendement bien plus important. Il existe de nombreux cultivars autofertiles. La multiplication se fait par semis ou prélèvement de drageons.

Quand tailler : en hiver. Lors de la formation des chatons, secouez les branches pour que le pollen sorte et fertilise les fleurs femelles. En été, cassez en deux (sans les couper complètement) les longues tiges vigoureuses des arbres adultes pour réduire la vigueur.

Taille et formation : constituez un gobelet au centre aéré, porté par un tronc de 50 cm. Choisissez un jeune sujet ayant développé trois ou quatre gros rameaux latéraux à 50 cm du sol. Rabattez le rameau dominant vertical au-dessus de la branche latérale la plus haute, comme pour un pommier en gobelet *(voir p. 108)*. Raccourcissez les branches sélectionnées à 20 cm de leur point de départ, et supprimez toutes les autres. Les deux années suivantes, laissez se développer de dix à douze tiges bien espacées pour former les branches principales. Taillez leur extrémité si elles se ramifient lentement. Supprimez toute pousse naissant sur le tronc. Chez l'arbre adulte, en août, brisez en deux (sans les couper complètement) les longues tiges vigoureuses. Conservez les pousses courtes et ramifiées car elles portent les fleurs femelles qui donneront les noisettes. L'hiver suivant, rabattez les tiges cassées en été, à trois ou quatre yeux de la base. Cette technique favorise le développement des rameaux à fruits. De temps en temps, raccourcissez l'ensemble avec une scie. Laissez un moignon sur la branche principale, d'où naîtront de nouvelles pousses. Chez le noisetier âgé, supprimez une ou deux vieilles branches.

CASSURE DES BRANCHES DE COUDRIER
Les longues tiges vigoureuses sont souvent dépourvues de fleurs et ne produisent pas. Brisez-les partiellement, sans toucher au feuillage qui continue à emmagasiner de l'énergie. Elle favorise la production de fleurs femelles sur des rameaux courts.

NOYER *Juglans regia*

Parfaitement rustique, le noyer ne fructifie pas bien dans les régions au climat continental froid exposés aux gelées printanières tardives. Les plants issus de semis demandent dix ans ou plus pour leur mise à fruits, avec souvent une qualité irrégulière. Préférez un cultivar greffé sur *Juglans nigra* ou sur *Juglans hindsii*. Dans les grandes cultures, notamment en Californie, on plante des noyers en gobelet à centre aéré (avec des cultivars adéquats) pour une récolte plus aisée. Au jardin, formez plutôt un arbre avec un rameau dominant central et un tronc de 1,5 à 2 m de hauteur. La technique est celle appliquée aux arbres d'ornement *(voir p. 69)*.

MACADAMIA *Macadamia* spp.

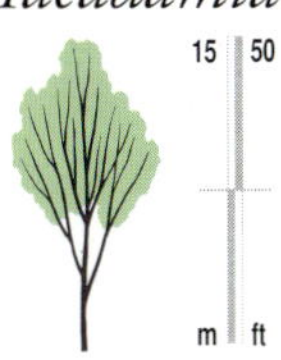

Originaire des forêts tropicales humides d'Australie, le macadamia tolère des gelées légères, mais il réclame une saison de végétation chaude et des précipitations abondantes. C'est un arbre persistant à port dense, érigé. Il faut former la ramure avec un rameau leader central, sur un tronc de 1 m portant des branches étalées, bien espacées. Le jeune arbre produit des feuilles et des tiges groupées par trois (verticilles). Vous devez en sélectionner une seule pour former une branche principale et rabattre les deux autres à 1 cm de la base. Les pousses issues de ces moignons donneront des rameaux à fleurs se développant horizontalement. Dans les grandes cultures d'Afrique du Sud, on rabat régulièrement sur les jeunes arbres le leader central tous les 40 à 50 cm, pour produire des étages de branches horizontales productives. Une taille minimale est réservée à l'adulte.

MACADAMIA
Les branches se ramifient naturellement avec un angle très étroit souvent cassant.

PISTACHIER *Pistacia vera*

Pour fructifier, cet arbre caduc requiert des étés chauds et des hivers frais, sans gelée. Il réussit dans certains coins du Midi. Il aime un emplacement dégagé (les branches du bas meurent si elles sont toujours à l'ombre). Les plants greffés donnent plus facilement un arbre bien équilibré. Tuteurez le rameau dominant et provoquez sa ramification à partir de 1 m du sol. Les tailles ultérieures sont très réduites, car elles cicatrisent lentement et inhibent la croissance. Éclaircissez les pousses et raccourcissez les branches pour éviter un port dégingandé, mais n'intervenez pas avec trop de sévérité la même année.

AMANDIER *Prunus dulcis*

C'est un bel arbre de grande valeur ornementale *(voir aussi p. 82)*, qui ne produit bien que dans les régions au climat méditerranéen. Formez un jeune cultivar greffé en gobelet ou palissez-le en éventail contre un mur, comme un pêcher. Le principe de taille est similaire *(voir p. 134)*. Plantez un pollinisateur adéquat à proximité pour vous assurer une fructification abondante. Taillez très peu le gobelet adulte, car il craint les maladies et exsude de la gomme. Contentez-vous de supprimer seulement un peu de bois improductif en été et les rameaux morts.

Arbustes d'ornement

Une silhouette plaisante, harmonieuse, équilibrée, donne plus d'attraits aux arbustes. La bonne méthode de taille appliquée à une époque favorable augmente l'importance et la qualité des floraisons et des fructifications.

Au jardin, la plupart des compositions qui nécessitent peu d'entretien, s'appuient sur des arbustes bien choisis, dont la forme élégante et la ligne esthétique sont agréables toute l'année. Une légère taille de formation et le retrait régulier des bois morts, malades ou abîmés, sont les seuls soins indispensables pour conserver des sujets plaisants et vigoureux. Mais ce n'est pas suffisant pour nombre d'espèces populaires, dont les besoins culturaux comportent une formation, ainsi qu'une taille régulière pour souligner leurs qualités, telles que la floraison ou la fructification. Le but de ces interventions est de retirer le bois ancien, moins productif, au profit de pousses plus jeunes. On recherche aussi à susciter l'apparition des pousses de renouvellement. La taille est en fait une accélération du processus naturel de vieillissement et de régénération.

La gamme d'arbustes disponible pour le jardin est énorme. Les espèces varient beaucoup en dimension, vigueur et aspect, ainsi qu'en longévité. À moins de vouloir créer un effet particulier, les arbustes gagnent, le plus souvent, à revêtir leur port naturel. La taille a pour but d'améliorer leur aspect et de favoriser leur croissance. Ce n'est pas une intervention réductrice, en dépit de son apparente brutalité. Bien conduite, la taille sera bénéfique pour les plantes. Elle vous permettra aussi de vous familiariser avec le comportement particulier de chaque espèce et de moduler leur développement.

FREMONTODENDRON PALISSÉ
Des techniques de taille et de conduite particulières permettent au jardinier de former les arbustes selon ses désirs. Cet arbuste californien est un peu fragile en climat froid. Il a été palissé pour profiter du plein soleil, d'un abri contre les vents glacés et de la chaleur réfléchie par le mur. Il est taillé chaque année pour rester équilibré, avec une répartition régulière des branches.

EUPHORBIA CHARACIAS SUBSP. WULFENII
Les longues tiges de cette euphorbe poussent un an et fleurissent l'année suivante. La taille est facultative, mais on gagne à éliminer les tiges défleuries pour dégager les nouvelles pousses.

Techniques de base

La taille habituelle des arbustes d'ornement comprend diverses interventions de coupe sur des branches de toutes dimensions, depuis le pincement des pousses tendres jusqu'à l'élagage du vieux bois. Une panoplie complète d'outils solides et bien entretenus *(voir p. 16)* avec serpette, sécateur, ébrancheur et scie, est obligatoire pour obtenir des résultats efficaces.

Comme avec toutes les plantes, la taille élémentaire consiste à retirer les pousses mortes, malades ou abîmées. On élimine aussi les indésirables, tels que les retours au type et les drageons. On va également aérer le centre de l'arbuste, équilibrer sa ramure et veiller à limiter son extension. La taille de formation ne sert donc pas seulement à mettre l'arbuste dans de bonnes conditions au départ, elle peut être prolongée toute sa vie durant. Dans des conditions de culture optimales, les arbustes prennent d'eux-mêmes une forme équilibrée. Mais nombre de facteurs les perturbent : une maladie, un accident, une déformation due, par exemple, à l'ombre, à des voisins encombrants ou à un vent dominant. Des coupes bien nettes effectuées à des endroits précis et, si possible, la suppression de la cause du problème, rétabliront les arbustes dans leurs bonnes formes. La taille prend une autre dimension, quand elle a pour but d'augmenter, sur de nombreux arbustes, la floraison et la fructification. Dans ce cas, les interventions peuvent être plus systématiques et être menées de manière régulière. Dans tous les cas, la taille devra toujours respecter la végétation naturelle de l'arbuste et même l'améliorer.

Bien couper

Dans la mesure du possible, il faut retirer les pousses indésirables dans leur jeune âge. Toutefois, la taille des arbustes implique souvent la coupe de pousses ligneuses. L'intervention doit être réalisée avec autant de précautions que celle des arbres pour que l'arbuste se rétablisse au mieux. Les plaies de taille seront toujours propres. Attention, les tissus déchirés et hachés se cicatrisent mal et laissent mieux passer les agents pathogènes. Les coupes doivent être aussi petites que possibles, car si elles sont trop grandes, elles mettent du temps à se refermer et constituent une voie de passage pour les maladies.

Quand tailler

Si les tailles de formation et de rattrapage sont toujours menées, de préférence, pendant le repos végétatif, l'époque idéale d'intervention sur un arbuste établi dépend presque toujours de son mode de floraison. L'âge des pousses portant des fleurs est décisif. Les arbustes fleurissant sur le bois de l'année doivent être taillés avant son apparition, en fin d'hiver. Ceux qui fleurissent sur du bois d'un an sont plutôt taillés au printemps, les nouvelles pousses ayant le temps de se développer avant d'hiverner, puis de fleurir l'année suivante. D'une manière générale et pour simplifier, on peut dire que les arbustes à floraison printanière sont taillés en fin de printemps et les arbustes à floraison estivale ou automnale, plutôt en hiver.

Couper au bon endroit

Les tiges des arbustes à bourgeons opposés doivent être coupées droit, les lames du sécateur perpendiculaires à l'axe de la branche. Sur les arbustes à bourgeons alternés, taillez en biseau, en orientant le sécateur entre 30° et 45°. Pour rabattre sur une branche ou une pousse de remplacement, coupez parallèlement à la direction prise par le rameau que vous conservez.

La coupe doit être réalisée aussi près que possible du bourgeon (œil), sans toutefois l'endommager. Une distance de 5 mm environ est idéale. Trop proche, la taille provoque le dessèchement de l'œil. Si vous coupez trop près d'une pousse, elle risque de casser sous l'action du vent ou de se nécroser. Une taille trop éloignée de l'œil ou du rameau laisse un chicot sans bourgeons, qui devient une source possible d'infections.

On doit parfois rabattre au niveau du collet certaines branches principales d'arbustes. Aucun bourgeon ne semble apparent. Mais cette taille réveille des bourgeons dormants situés à proximité du sol. Ils donneront des pousses vigoureuses au printemps. Si un chicot persiste, supprimez-le. Imaginez toujours le type de pousse que l'arbuste risque d'émettre après une taille. Une taille sévère donnera une végétation plus forte qu'une taille légère. Pour équilibrer un arbuste, taillez court les pousses faibles et peu les pousses fortes.

Prévoyez la direction que vont prendre les rejets en fonction de la position des bourgeons. Cela vous permettra de former habilement la plante.

Coupe sur des bourgeons opposés

Sur un arbuste à bourgeons opposés, coupez net juste au-dessus d'une paire d'yeux ou de pousses solides. Si l'on ne souhaite qu'une pousse (pour une flèche ou une branche charpentière, par exemple), éborgnez l'œil mal placé.

Coupe sur des bourgeons alternes

Choisissez un œil vigoureux pointé dans la direction désirée. Taillez en biais du côté opposé à l'œil, juste au-dessus du point de jonction (environ 5 mm au-dessus de l'œil). Ne laissez pas un sifflet trop long, qui se cicatriserait avec difficulté.

Pincement

Pincez la pousse terminale au ras d'une feuille ou d'une paire de feuilles.

Les pousses tendres peuvent être pincées net avec les ongles ou coupées avec le sécateur. La suppression du bourgeon terminal (voir p. 13) *fait démarrer les bourgeons inférieurs et la plante s'étoffe.*

Travaux courants

De petites interventions de tailles correctives peuvent s'avérer nécessaires même sur les jeunes plantes. Les pousses mortes, malades, abîmées ou gênantes *(voir p. 154)* doivent toujours être retirées, tout comme les retours au type et les gourmands des plants greffés. N'hésitez pas à intervenir, même de manière sévère. Traitez toujours ces menus problèmes dès leur apparition et tout sera plus facile.

Nettoyage

Le nettoyage qui consiste surtout en l'élimination des fleurs et des fruits fanés, n'est pas vital, mais il améliore l'aspect des arbustes. Cette taille les empêche aussi de se ressemer n'importe où dans le jardin et, en évitant la formation des graines, elle favorise la végétation et la vigueur de la plante.

Retour au type

Les cultivars panachés produisent parfois des pousses à feuilles vertes. C'est souvent la réaction à un choc ou à une taille intense. Les pousses panachées sont moins vigoureuses, leurs feuilles contenant moins de chlorophylle (indispensable à la production d'énergie). Faute d'être supprimée, la pousse verte, plus robuste, dominera les autres.

Drageons

De nombreux arbustes émettent des rejets à la base du pied ou sur leurs racines. Ces drageons favorisent l'extension du sujet et le rajeunit. Sur un arbuste touffu, il faut retirer le vieux bois, et non les jeunes pousses vigoureuses (sauf si la plante est conduite sur tige). Sur les arbustes greffés, le problème est souvent différent. *(Suite p. 154.)*

Nettoyage des arbustes à fleurs

Fleurs groupées
Certains rhododendrons émettent des pousses à partir des yeux situés juste sous les fleurs. Pincez juste celles-ci, en épargnant les bourgeons.

Taille des tiges florales (racèmes)
Sur les buddléias, les viornes et les lilas (Syringa), *rabattez au sécateur les pousses florales fanées des jeunes rameaux latéraux. Ils vont assurer la pérennité de la branche et se ramifier.*

Suppression des pousses vertes
Éliminez les pousses vert uni sur les arbustes panachés, dès leur apparition. Sinon, elles deviendront dominantes, car elles sont plus vigoureuses que les pousses panachées. Rabattez le rameau vert sur son point de naissance.

Repérage et suppression des rejets

Repérage des drageons *(à gauche)*
Une pousse terminale sur un cultivar de Hamamelis mollis *est différente d'un rejet du porte-greffe,* Hamamelis virginiana, *une espèce moins décorative avec ses feuilles plus petites, très espacées.*

Suppression des rejets
La meilleure solution consiste à éborgner les rejets encore jeunes et tendres, en les cassant à la main. S'ils ont épaissi, arrachez-les d'un coup sec à leur point de naissance, sur le tronc ou sur une racine mise à nu. Éliminez la pousse en entier. Vous pouvez aussi couper avec le sécateur. S'il reste des morceaux, arasez-les avec la serpette de jardinier, sans agrandir la blessure.

(Suite de la p. 153.) Les gourmands sont des pousses nées sous la greffe, plus bas sur le tronc ou directement sur les racines. Ils proviennent du porte-greffe (ou sujet) et non du greffon qui propage la variété désirée. Il faut supprimer les gourmands pour que la variété, d'ordinaire plus faible, reste dominante.

Branches croisées ou en surnombre

Une végétation dense est la bienvenue sur des plantes défensives, comme les *Berberis*, par exemple, ainsi que dans les haies ou les topiaires. En retirant quelques rameaux ou une branche entière mal placés, une taille d'éclaircissage évite au centre de l'arbuste de s'assombrir, ce qui favorise les maladies. Ne laissez aucune pousse frotter sur ses voisines. L'écorce s'abîme, laissant une porte ouverte aux maladies. À terme, la robustesse de l'arbuste sera menacée *(voir à droite)*.

Pousses malades ou abîmées

Quand la limite entre le bois vif et les parties mortes est nette, coupez juste au-dessus. Si la frontière entre les tissus sains et les zones malades est floue, taillez dans du bois visiblement sain, sur un bourgeon ou une pousse bien orientés. Si la plaie laisse apparaître des taches ou des marques sombres, coupez plus loin encore.

Les bouts de branches éclatés, à la suite d'une tempête ou d'une maladresse, doivent être rabattus proprement sur une pousse ou sur un œil. Si les dégâts sont importants, essayez de rajeunir l'arbuste *(voir* Restauration et rénovation *p. 160)*. Les pousses gelées ne seront pas éliminées avant la disparition des froids sévères, car elles assurent une protection aux bois encore intacts.

Ne vous fiez pas à l'apparence extérieure d'un rameau pour décider de son état de santé, c'est le bois interne qui compte.

Branches enchevêtrées

Cet hamamélis adulte montre le risque pris en laissant se développer des branches croisées. Ici, une branche repose sur l'autre, qui se fend sur son point d'attache. Si elle se casse, elle entraînera l'autre, provoquant des dégâts importants dans l'arbuste. De telles branches croisées ne doivent jamais être laissées en place. Mais une restauration (voir p. 160)*, un haubanage ou un étayage* (voir p. 32) *peuvent aider l'arbuste à retrouver une jolie forme.*

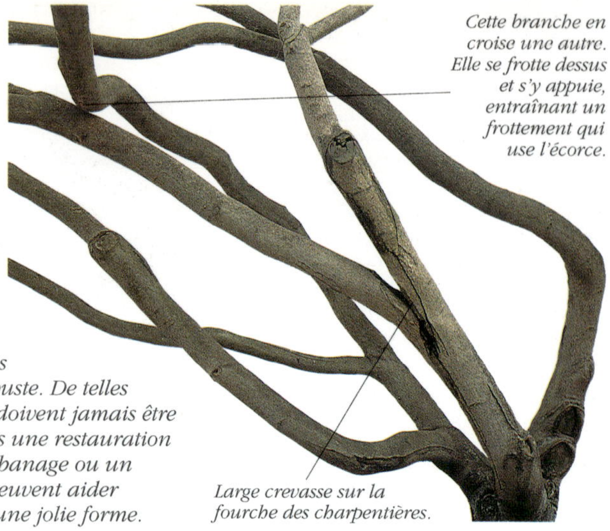

Suppression du bois mort

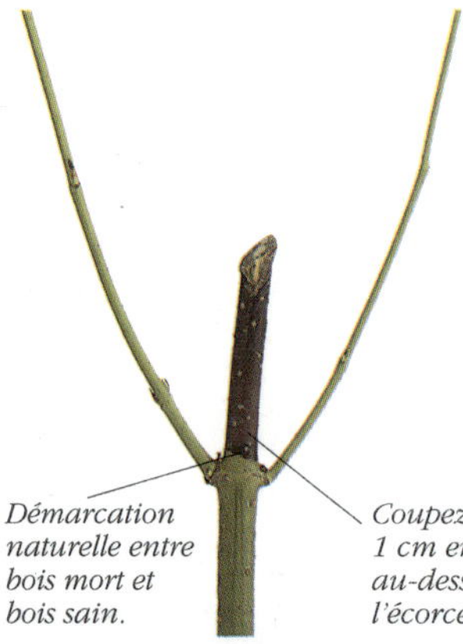

La plante a constitué une barrière naturelle pour isoler le bois mort et protéger le reste (voir p. 11). *Taillez juste au-dessus pour supprimer le chicot.*

Dégâts du gel

Sur ces dégâts récents, la limite entre tissus atteints et intacts n'est pas claire. Rabattez assez loin sur un bourgeon, une feuille ou une pousse bien vivants.

Conseil Truffaut

Beaucoup d'arbustes poussent bien en pots, ce qui permet de les mettre à l'abri dans une véranda en hiver. Rempotez les arbustes au fur et à mesure de leur croissance. Opérez de préférence au début du printemps. Un bac de 30 cm de côté est suffisant pour la plupart des espèces. N'oubliez pas de leur apporter de l'engrais régulièrement. Un ralentissement de la croissance indique la nécessité imminente d'un rempotage. Vérifiez si les racines forment un chignon. Dans ce cas, il faut rabattre à la fois les branches et les racines. Cette taille va aider la plante à former de nouvelles radicules nourricières. Après un départ lent, elle repoussera de plus belle...

Taille des racines d'un arbuste en pot

1 Si la plante est à l'étroit, aidez-vous d'une fourche à main pour décoiffer les racines serrées. Évacuez le plus possible de vieux substrat, sans trancher dans le corps même de la motte.

2 Raccourcissez les racines épaisses ou abîmées des deux tiers environ et rempotez la plante dans un substrat neuf. Taillez l'arbuste pour réduire sa couronne d'un tiers.

Débuts de la formation

Les pépinières et les jardineries proposent souvent des arbustes partiellement formés selon des techniques professionnelles éprouvées *(voir p. 156)*. Si vous essayez de multiplier vous-même des arbustes, vous utiliserez le plus souvent des méthodes végétatives simples comme le bouturage et le marcottage. Sachez qu'il n'est jamais trop tôt pour commencer la taille de formation, en vue d'obtenir des sujets adultes robustes et bien charpentés.

Boutures

Tout comme les semis, les boutures à bois tendre ou demi-aoûté donnent d'abord naissance à une jeune pousse simple. Certaines espèces se ramifient seules, alors que chez d'autres, la forte dominance apicale implique une taille pour provoquer le développement des bourgeons latéraux *(voir ci-dessous)*.
Une bouture à bois sec donnera plusieurs pousses à partir des bourgeons situés le long de la tige. Les bourgeons adventifs d'une bouture de racine donneront également plusieurs tiges. Si l'arbuste doit former un cône autour d'un tronc central (comme chez l'*Abutilon vitifolium* par exemple), conduisez la pousse dominante verticalement, en la palissant sur un tuteur fin. Retirez les autres tiges en les taillant ou en éborgnant les yeux. Si vous souhaitez obtenir une cépée touffue, conservez toutes les ramifications bien placées.

Marcottes

Chez certains arbustes, les branches s'enracinent spontanément en touchant le sol. D'autres peuvent être délibérément marcottés, en entaillant l'écorce d'une pousse, qui est ensuite enterrée, pour qu'elle s'enracine sur l'endroit dénudé. Pour ce marcottage, dit « par couchage », la pointe du rameau doit être maintenue verticalement sur un tuteur, pour que la nouvelle plante ait un tronc droit. Sur une marcotte naturelle, la jeune plante aura tendance à pousser de travers. On remédie à cet inconvénient, en plantant de biais et en tuteurant. Sinon, rabattez sur un œil et palissez la nouvelle pousse.

Greffes

Les arbustes qui se bouturent mal ou dont on cherche à obtenir des caractéristiques particulières peuvent être greffés. Les jeunes plantes écussonnées donneront une seule tige. Les petits rameaux greffés en fente ou en couronne produisent des pousses multiples, conservez seulement la plus forte ou la mieux placée. Ensuite, la conduite est la même que pour les boutures. Tout œil ou pousse situé sous le point de greffe sera éliminé dès son apparition.

Taille de très jeunes arbustes

Les jeunes plants peuvent être taillés légèrement pour déterminer leur forme future. L'égalisation se fait par pincement des pousses tendres, ou en rabattant toutes les latérales d'un tiers de leur longueur, tout au plus. Cette intervention favorise la ramification précoce de l'arbuste qui développera un port buissonnant. N'exposez pas en plein soleil des plantes venant d'être taillées, comme sur une tablette de serre par exemple. L'écorce tendre, qui était jusque-là ombragée par les feuilles, pourrait brûler et la plante se dessécher. Sous un climat froid, ne taillez pas les plantes de plein air après le mois d'août. Les jeunes pousses n'auraient pas le temps de se lignifier avant l'hiver et seraient plus sensibles aux gelées.

BOUTURES D'ARBUSTES CADUCS

Ce jeune forsythia (à gauche) *pousse vigoureusement, droit sur un seul tronc. Il va demander du temps avant de se ramifier, ce qui est parfait si l'on souhaite un grand sujet dressé. Si vous supprimez sa pointe tôt en saison, il prendra la forme du sujet de droite. Deux branches latérales vigoureuses sont nées, la plante évolue vers un port plus branchu, buissonnant. Aucune pousse n'étant vraiment dominante, d'autres bourgeons, à la base, seront également réveillés et donneront des branches basses.*

SCION INTACT

SCION RABATTU POUR QU'IL SE RAMIFIE

BOUTURE D'ARBUSTE PERSISTANT

Les persistants, tel ce céanothe, sont plus enclins à se ramifier à la base. Ils prennent un port équilibré, comme dans ce cas précis. Ces végétaux ont rarement besoin d'une taille la première année.

BOUTURE RAMIFIÉE NATURELLEMENT

CONSEIL TRUFFAUT

Les jardineries proposent leurs gammes d'arbustes en conteneurs. À l'automne, on trouve aussi des espèces caduques présentées à racines nues et des sujets en motte prête à planter. Ils sont conditionnés en sachets avec un chromo pour faciliter le choix (très utile pour les variétés de rosiers). Sélectionnez des plants vigoureux et sains. S'ils sont greffés, ils doivent présenter un bourrelet solide et bien cicatrisé. Les racines doivent être assez abondantes pour nourrir la ramure. Le déséquilibre entre les parties aériennes et souterraines est unes des principales causes d'une végétation médiocre après la plantation. Les sujets en conteneurs possèdent souvent une structure de branches un peu forte pour leurs racines. Une petite taille de la ramure est tout à fait profitable.

Racines nues et mottes

Les plantes présentées ainsi sont mises en place durant la période de repos. L'automne est préférable pour que le système radiculaire commence à se développer et soit bien installé avant que la saison de végétation ne reprenne. Les arbustes à racines nues et en mottes seront plantés le plus tôt possible après l'achat. Coupez net toute partie abîmée. Stockez les plantes à l'ombre et à l'abri du vent pour épargner les racines fines, qui meurent vite par dessiccation. Ne plantez pas en période de gel. En attendant un moment plus propice pour la mise en place, mettez les arbustes en jauge, dans une petite tranchée, la motte enterrée dans du sable et protégée par de la paille. Les plantes sont couchées les unes contre les autres pour mieux résister au froid. Ne plantez surtout pas par temps de gel ou tant que la terre est encore durcie par le froid.

Arbustes en conteneurs

Ils présentent l'avantage de pouvoir être plantés à tout moment. Assurez-vous que l'arbuste a grandi dans son récipient et n'a pas été rempoté juste avant la vente. Il suffit pour s'en convaincre d'observer la sortie de quelques racines par les trous de drainage au fond du conteneur. De bons sujets en conteneurs peuvent présenter un chignon de racines à la base. Il faut démêler ce noeud de racines en tirant doucement dessus et en couper une petite partie pour assurer la reprise.

Taille à la plantation

La plupart du temps, les arbustes proposés par les jardineries sont prêts à planter. Ils ont subi une taille en pépinière et sont équilibrés. Tout au plus, une jeune plante saine peut nécessiter un pincement des tiges élancées. Retirez toutes les pousses faibles ou mortes, ainsi que les tuteurs. Si la couronne semble trop forte par rapport aux racines, rabattez-la d'un tiers maximum de son volume. Si vous coupez un rameau de droite, vous devez obligatoirement équilibrer son vis à vis. Si la motte est sèche, trempez-la quelques minutes dans une cuvette d'eau. N'oubliez pas de praliner les racines nues.

Arbustes greffés
Vérifiez que les arbustes greffés, comme cet hamamélis, ont un bourrelet solide. Porte-greffe et greffon doivent s'unir sans former un coude disgracieux.

RAPPORT ENTRE RACINES ET RAMURE

Ce sujet s'établira plus vite si sa couronne est réduite en rabattant toutes les branches d'un tiers, ou en supprimant les deux pousses déséquilibrées situées sur la gauche.

Repérer la bonne plante au moment de l'achat

Plante de qualité
Ce camélia possède tous les atouts pour former un bel arbuste : une végétation saine, un bon rapport entre les racines et la couronne, et une forme bien équilibrée.

Plante contestable
Ce Prostanthera *est resté trop longtemps dans son conteneur. Ses racines congestionnées s'ancreront mal dans le sol. Le substrat, épuisé, n'a pu fournir des repousses de bonne vigueur.*

Taille de formation

Les interventions courantes telles que la suppression des bois morts, malades ou abîmés *(voir pp. 153 et 154)* ont lieu si nécessaire, durant la période de croissance des arbustes. Après une saison complète de croissance qui leur a permis de bien s'établir, les arbustes nouvellement plantés pourront être taillés plus en détails. Intervenez en période de repos végétatif pour contrôler la future forme et accentuer les aspects décoratifs. Sur les arbustes aux formes libres, il peut s'agir d'une légère taille corrective : d'un rabattage pour obtenir une charpente basse, ou d'un pincement de toutes les extrémités pour stimuler les ramifications. Les arbustes destinés à un usage particulier subissent des tailles spécifiques : pour le palissage, le recépage ou la conduite en tige, *voir pp. 162-165*, pour la topiaire *p. 48*, et les haies *p. 44*.

Arbustes à feuillage caduc

Ils ont plus besoin d'une taille de formation que les persistants qui ont tendance à former d'eux-mêmes une silhouette compacte et régulière. Les besoins en taille des arbustes adultes apparaissent déjà chez les jeunes plants. Il faut que les sujets volumineux qui forment l'ossature du jardin présentent une ramure bien épanouie. Ces arbustes fleurissent d'ordinaire sur le vieux bois, comme par exemple les *Weigela* et les *Philadelphus*. Une ramure excessivement dense empêche l'air et la lumière de circuler. Retirez les branches en surnombre ou rabattez-les sur des yeux bien placés ou de jeunes pousses vigoureuses, judicieusement orientées.

Nombre d'arbustes fleurissant sur le bois de l'année sont rabattus à chaque saison près de la charpente. Cette taille est surtout pratiquée sous les climats froids. Ces arbustes : *Caryopteris, Buddleja davidii, Ceanothus* caducs, etc., doivent être taillés court pour former une base de branches solides, qui soutiendront chaque année leurs pousses vigoureuses *(voir également* Hydrangea paniculata *p. 202)*. Cette charpente se ramifie en général depuis le sol. Si vous souhaitez former un petit tronc, la sélection d'une tige leader et la suppression de toutes les autres permet d'y parvenir.

Arbustes persistants

Chez les arbustes à feuillage persistant, la taille a pour but de donner une forme symétrique à la plante en essayant d'intervenir le moins possible.

Commencez par supprimer toutes les pousses endommagées par le froid et les rameaux mal placés. Éliminez ensuite les branches faibles et dégingandées. Pincez, si nécessaire, les tiges les plus longues, pour équilibrer la silhouette et provoquer la naissance de ramifications qui porteront les fleurs. Dégagez bien le centre de l'arbuste.

Jeune arbuste persistant
Ce jeune Prostanthera cuneata *est en bonne forme. Il ne demande plus de taille à ce stade, mais sa forme sera améliorée en pinçant les plus longues tiges. Les branches basses étalées peuvent être retirées si elles gênent le développement des plantes couvre-sol que vous planterez tout autour.*

Formation d'une charpente sur un arbuste
Le jeune arbuste à feuillage caduc va être taillé court chaque année en fin de saison, pour constituer une solide charpente de bois bien aoûté. Pincez les pousses faibles et supprimez celles qui sont mal placées. Raccourcissez les tiges conservées. Si vous préférez une charpente plus haute, taillez plus long. Les rameaux qui restent sur la plante vont se lignifier et s'étoffer. Essayez d'obtenir une silhouette en forme de main ouverte, paume en l'air, d'où les branches principales partent en éventail, sans se gêner. Une technique à conseiller pour les espèces vigoureuses.

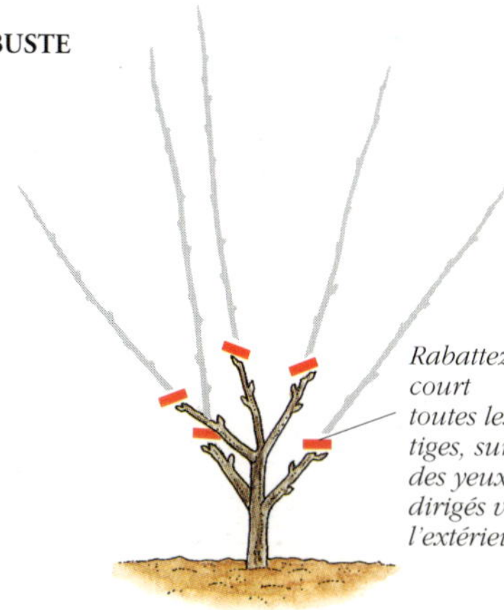

Rabattez court toutes les tiges, sur des yeux dirigés vers l'extérieur.

Taille de formation : arbuste caduc fleurissant sur du vieux bois

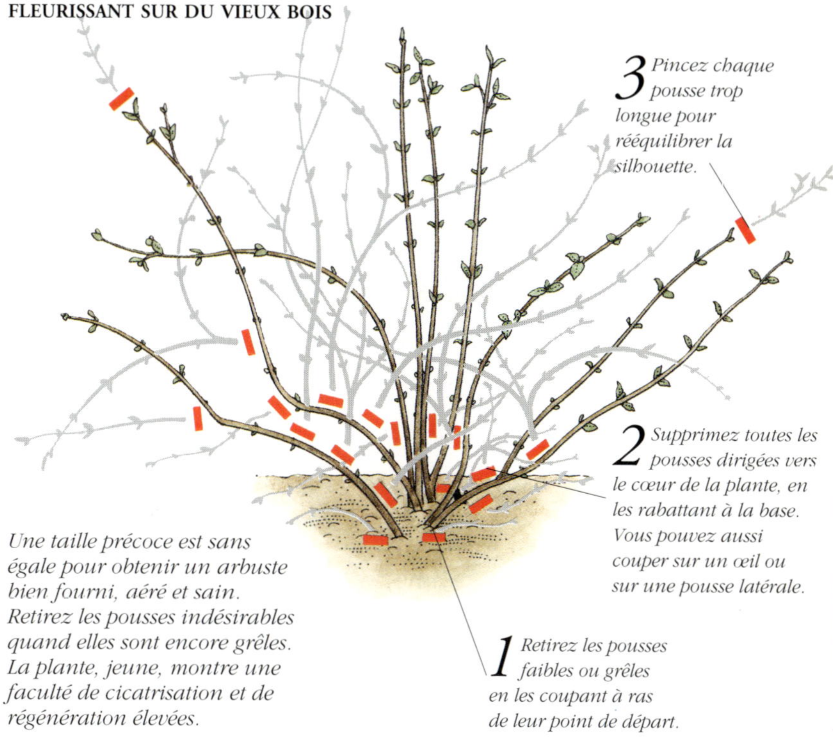

3 Pincez chaque pousse trop longue pour rééquilibrer la silhouette.

2 Supprimez toutes les pousses dirigées vers le cœur de la plante, en les rabattant à la base. Vous pouvez aussi couper sur un œil ou sur une pousse latérale.

1 Retirez les pousses faibles ou grêles en les coupant à ras de leur point de départ.

Une taille précoce est sans égale pour obtenir un arbuste bien fourni, aéré et sain. Retirez les pousses indésirables quand elles sont encore grêles. La plante, jeune, montre une faculté de cicatrisation et de régénération élevées.

Taille d'entretien des arbustes adultes

S'ils ne sont jamais taillés, les arbustes s'altèrent au fil des ans et ils abandonnent petit à petit leur valeur ornementale. Dans un massif, les différents sujets parviennent à se gêner et l'on perd l'harmonie des associations. Les pousses mortes ou graciles s'accumulent et favorisent l'apparition des maladies. Les branches difformes donnent une plante sans élégance et menacent même la robustesse de la ramure. Laissés à l'abandon, la plupart des arbustes se dégarnissent de la base et ne fleurissent plus qu'à l'extrémité des branches. Une taille de restauration drastique *(voir p. 160)* sera évitée par des interventions de tailles *(voir p. 153)* exécutées de manière régulière. Ces travaux comprennent le retrait des bois morts, malades ou abîmés, la suppression des branches entrecroisées, des drageons et des rameaux qui retournent au type.

Les arbustes sans exigences

Certains arbustes, notamment les rhododendrons et les camélias, demandent le moins de tailles possibles. D'autres, dont de nombreux persistants, exigent peu de soins, mais ils supportent un rabattage éventuel, pour retirer une branche gênante par exemple, ou pour une rénovation *(voir p. 160)*. Quelques arbustes requièrent une taille discrète quand ils sont cultivés en forme naturelle, mais ils exigent en revanche des interventions annuelles, s'ils sont conduits avec dans un but précis ou avec une silhouette structurée. *Cornus alba*, par exemple, forme un plaisant buisson touffu, quand il est laissé libre. Mais, pour renforcer l'effet décoratif en hiver de ses tiges jeunes à l'écorce brillante, on le rabat chaque année.

Le vieillissement et la dégénérescence ne se manifestent pas avec la même régularité selon les espèces. Beaucoup d'arbustes, comme par exemple les *Berberis*, poussent et fleurissent bien des années durant, sans nécessiter beaucoup de soins. Puis arrive un moment où ils demandent un recépage revigorant. D'autres plantes se montrent moins accommodantes et aucune taille ne les revigore. Ces sujets ont simplement atteint la fin de leur vie et ils doivent être remplacés. Il est important, dans un jardin d'ornement, d'effectuer un renouvellement régulier des plantations, même des espèces ligneuses. Il est rare qu'un arbuste d'ornement soit intéressant plus de dix à quinze ans. Plutôt que d'entreprendre des ravalements importants qui laissent la plante dénudée plusieurs années, mieux vaut sans aucun doute la remplacer purement et simplement. Le principal avantage de cette méthode est de faire évoluer le jardin avec des espèces ou des variétés plus performantes ou plus originales. Rappelez-vous aussi que la taille ne pourra rien pour une plante mal adaptée au climat de votre région et au sol de votre jardin.

La plupart des arbustes apprécient une taille régulière qui supprime le vieux bois au profit de nouvelles pousses vigoureuses.

Si quelques principes généraux peuvent être adoptés, la plupart des arbustes montrent des exigences spécifiques à leur espèce, et certains spécimens échappent même aux besoins de la plante type. Ces soins particuliers sont expliqués dans le Lexique des arbustes d'ornement *(voir pp. 174-225)*. En taillant, souvenez-vous que l'orientation de la coupe déterminera la future direction et la vigueur

TAILLE D'ENTRETIEN D'UN ARBUSTE FLEURISSANT SUR LE VIEUX BOIS

2 Rabattez les tiges ayant fleuri sur des pousses non florifères ou des bourgeons bien placés, pour constituer une charpente équilibrée et bien aérée.

1 Sitôt après la floraison, rabattez une partie des plus vieilles branches entre 5 cm et 10 cm du sol, pour conserver une charpente équilibrée.

3 Taillez les tiges faibles ou abîmées sur du bois solide. En retirant le bois mort, ne blessez aucune barrière naturelle visible entre le bois mort et le bois sain. Limitez le nombre des branches principales partant du sol entre sept et onze, afin que l'arbuste ne soit pas trop touffu et respecte les plantations voisines.

des pousses. Profitez toujours de la taille annuelle d'un arbuste pour équilibrer sa silhouette et, si nécessaire, en aérer le centre.

Quand tailler

Si la taille d'entretien et le retrait du bois mort peuvent être effectués dès l'apparition d'un problème, l'époque de la taille ornementale est capitale. En intervenant correctement, mais à la mauvaise époque, vous risquez de retirer toutes les pousses à fleurs de la saison suivante.

Pour les arbustes fleurissant sur les pousses de l'année (des caducs à floraison estivale, pour l'essentiel, mais aussi quelques persistants, comme la lavande), une taille à la fin de l'hiver va concentrer l'énergie sur les bourgeons conservés. On obtiendra des fleurs moins nombreuses, mais plus belles. L'intérêt de la taille chez ces arbustes est de limiter les proportions de vieux bois improductif pour que la plante ne se dégarnisse pas trop de la base.

Pour les arbustes fleurissant sur le vieux bois, (en général les espèces qui s'épanouissent au printemps), une taille après la floraison suscite l'apparition de longues pousses, fleuries l'année suivante.

Les persistants sont en général taillés au printemps, après les gelées, et sans excès.

Taille d'entretien d'un arbuste fleurissant sur le bois de l'année

Rabattez toutes les tiges sur la charpente basse, en veillant à n'abîmer aucune pousse saine issue de la base. Cette santoline a été tondue une première fois, en automne, pour équilibrer sa forme. Elle est maintenant rabattue pour retirer les pousses que le vent ou la neige avaient couchées, en abîmant le cœur de l'arbuste.

Taille d'entretien d'un arbuste persistant

1 Sitôt après la floraison, éliminez les fleurs fanées et rabattez les pousses sur des bourgeons sains dirigés vers l'extérieur, ou des pousses non florifères.

2 Rabattez au sécateur, à l'ébrancheur ou à la scie, tout rameau abîmé, malade, mort ou bien difforme.

3 Retirez les pousses en surnombre pour aérer les zones denses et supprimez les tiges mal placées qui détruisent l'équilibre de la silhouette de l'arbuste. Défourchez les rameaux pour alléger les branches.

Restauration et rénovation

Nombre d'arbustes négligés deviennent trop touffus. Ils sont peu florifères, encombrés de brindilles et de bois mort. Un rabattage leur sera bénéfique. Si la plante est vigoureuse, le recépage est un moyen efficace pour lui redonner une nouvelle jeunesse. En dépit d'une taille régulière, beaucoup d'arbustes ont tendance à dépasser l'espace qui leur est imparti dans le jardin. Le lilas *(Syringa)* et le laurier du Portugal *(Prunus lusitanica)*, en sont des exemples courants. Un rabattage sévère permettra de les maintenir dans un volume correct.

Une gamme étonnante de végétaux supporte un rajeunissement sévère. Toute la partie aérienne est rabattue au ras du sol ou sur une courte charpente de moignons. Les plantes ainsi traitées réagissent rapidement en repoussant avec vigueur. Cette taille appelée « recépage » est le moyen le plus pratique de traiter des espèces difficiles à aérer, comme les *Berberis*, en raison de leurs rameaux épineux. D'autres arbustes repoussent lentement. Ils seront rajeunis pas étapes. Les plantes greffées ne doivent jamais être coupées sous le point de greffe. Une taille sévère peut aussi encourager le développement de gourmands sur le porte-greffe. Ces rejets deviennent vite dominants.

Rajeunissement ou remplacement ?

Rénover les plantations fait partie du programme normal d'entretien du jardin. Il peut s'avérer nécessaire d'arracher les arbustes pour retirer les adventices vivaces qui les envahissent, pour amender traiter le sol ou encore rénover les massifs. Vous pouvez aussi transplanter les sujets qui semblent ne pas se plaire à l'endroit où ils se trouvent. Intervenez au début du repos de la végétation (courant novembre), de préférence après avoir rabattu les plantes.

Si un arbuste malade n'a pas recouvré la santé par les traitements, mieux vaut le remplacer. Il faut savoir également reconnaître une plante épuisée ou trop âgée. Même les espèces qui rajeunissent bien après une taille sévère, réagissent moins bien au fil des années. Il est sage de penser à remplacer vos plantes favorites de temps en temps. Seuls les arbustes rares et les sujets d'exception méritent d'être conservés à tout prix. Pensez toutefois à faire des boutures pour éviter tout risque de perte brutale.

Restaurer au bon moment

La taille de restauration des arbustes à feuillage caduc est entreprise de préférence pendant le repos végétatif, en automne et en hiver. Intervenez par beau temps et dans les périodes hors gel seulement. Les espèces qui fleurissent au printemps, tels que les seringats *(Philadelphus)* peuvent être restaurées juste après la floraison.

La rénovation des arbustes persistants se fait au moment du débourrement, vers la fin mars. La perte d'une saison de floraison est compensée par une végétation plus vigoureuse. Chez ces arbustes, la taille de structure peut aussi être pratiquée à la même période que la taille d'entretien.

Restauration par étapes

La réaction d'un arbuste à une taille drastique est toujours incertaine, mieux vaut souvent agir en deux ou trois temps. De nombreux persistants repoussent faiblement quand l'essentiel du feuillage a disparu d'un coup. En revanche, ils réagissent fort bien quand l'opération est menée sur plusieurs années. Il en est de même pour les sujets très développés dont les branches ont un diamètre important et beaucoup de branches ligneuses. Même les végétaux aptes à supporter les recépages les plus forts gagnent à être rajeunis en deux ou trois ans, ne serait-ce que pour conserver un minimum d'esthétique. Les tailles par épisodes vous évitent de trop dégarnir le jardin.

La première année, retirez la moitié des tiges en les coupant au ras du sol, ou sur la charpente. Supprimez d'abord les bois morts, abîmés ou malades, ceux qui s'entrecroisent ou se frottent. Passez ensuite aux pousses âgées les moins productives. Les rameaux que vous avez conservé peuvent être rabattus de la moitié de leur longueur sur un œil vigoureux

RAJEUNISSEMENT D'UN ARBUSTE NÉGLIGÉ OU TROP TOUFFU (SERINGA)

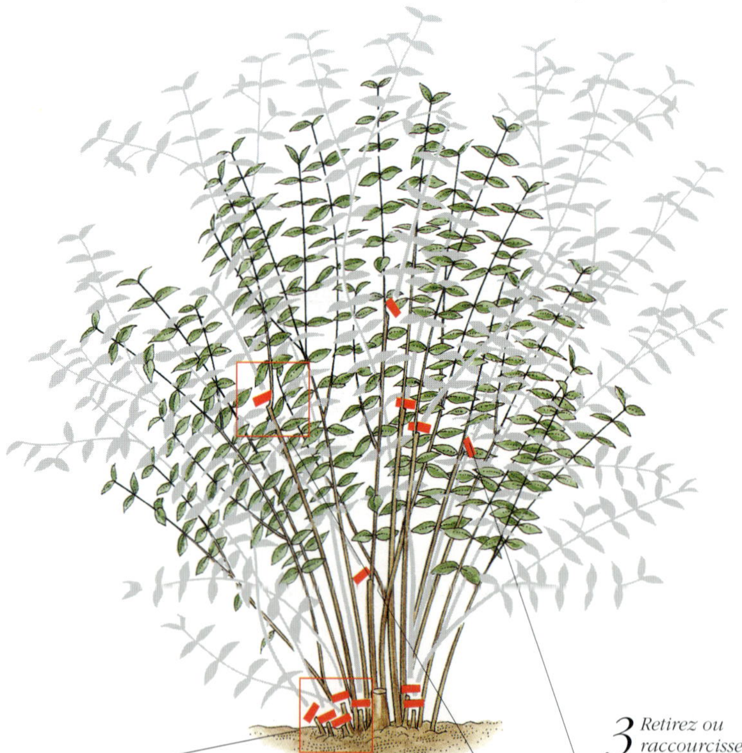

3 Retirez ou raccourcissez sur un œil bien orienté, les pousses latérales qui encombrent le centre de l'arbuste. Éliminez celles qui se croisent ou frottent sur d'autres branches, ce qui abîme l'écorce.

1 Supprimez d'abord tout bois mort, les parties malades ou abîmées, puis rabattez la moitié de la ramure entre 5 cm et 10 cm du sol seulement.

2 Raccourcissez de moitié les bois conservés, en coupant sur un bourgeon ou une belle pousse latérale. Veillez à ce que le centre soit dégagé.

ou un rejet bien placé. Sélectionnez toujours des organes tournés vers l'extérieur pour la reconstitution de la charpente.

Au cours de la saison de végétation, l'arbuste fournira sans doute une quantité importante de repousses vigoureuses. Elles devront être éclaircies. Sélectionnez les plus vigoureuses et les mieux placées, puis éliminez les autres sur leur point de naissance. L'année d'après, la moitié des vieilles pousses qui subsistent sur l'arbuste seront recépées à leur tour. Les autres vont être raccourcies si nécessaire, pour être recépées un an plus tard. De cette façon, vous aurez complètement rénové l'arbuste en trois ans. Par la suite, pratiquez régulièrement la taille d'entretien spécifique à l'arbuste.

Recépage : le dernier recours

Quelques arbustes, essentiellement des caducs, réagissent bien à un recépage complet en une seule fois. À la différence du recépage à but ornemental pratiqué régulièrement sur les arbustes *(voir p. 164)* et les arbres *(voir p. 36)*, en vue d'obtenir constamment des jeunes pousses colorées, seules les tiges les plus vigoureuses seront conservées pour reformer une charpente.

Commencez par supprimer les branches latérales. Les charpentières sont alors plus faciles à couper. Il faut les rabattre proprement entre 30 cm et 50 cm du sol. Coupez toujours au-dessus du point de greffe s'il y en a un. Le bourrelet se trouve généralement à 15 cm au-dessus du collet (le point de jonction entre la tige et les racines). Pour éviter tout risque d'éclatement du bois, coupez d'abord à 30 cm plus haut que le point final ou taillez par morceaux successifs en utilisant une scie de jardinier ou un ébrancheur de qualité *(voir* Suppression d'une branche *p. 22)*.

Rénovation par étapes (deuxième année) d'un persistant (rhododendron)

Repousse de la charpentière rabattue au cours de la première année.

1 Comme la première année, rabattez la moitié des vieilles tiges au ras du sol, ou juste au dessus de la greffe. Poursuivez la troisième année, pour que tous les troncs soient rajeunis.

2 Quand les repousses apparaissent au niveau des coupes, éclaircissez-les. Gardez seulement les deux ou trois branches les plus vigoureuses et les mieux réparties sur le pied.

Ne traitez pas les coupes avec du goudron, ce produit n'est plus recommandé aujourd'hui *(voir p. 22)*. En revanche, vous pouvez appliquer un mastic à greffe ou une pâte fongicide sur les espèces qui sécrètent des pleurs ou de la gomme. Les arbustes recépés bénéficieront d'un apport d'engrais complet et d'un paillage avec une litière organique ou du compost. Même si les yeux ne sont guère visibles, un arbuste sain produira de nombreuses pousses dans la saison qui suit le recépage. L'hiver suivant, conservez-en seulement deux ou trois par souche, bien placées et solides. Retirez par la suite toute repousse de la base, ainsi que les gourmands des plantes greffées.

Recépage d'un arbuste caduc (lilas)

1 Pour rafraîchir un gros arbuste aux branches lourdes, réduisez la végétation avant de couper les charpentières.

2 Éliminez les charpentières en tranchant net pour former une souche de 30 à 60 cm du sol.

3 Retirez les drageons formés autour des troncs, ainsi que sous le point de greffe.

Repousse après le recépage

Les arbustes sains et vigoureux produisent de nombreuses pousses sur les souches dans la saison qui suit le recépage. L'hiver suivant, gardez-en deux ou trois solides, bien placées, sur chaque moignon. Elles formeront une nouvelle charpente.

Palissage

Outre les plantes grimpantes, bon nombre d'arbustes donnent d'excellents résultats quand ils sont cultivés contre des murs ou des palissades. C'est un moyen efficace pour acclimater certaines espèces frileuses, en les faisant pousser contre une paroi ensoleillée et abritée. Le palissage donne aussi à l'arbuste une forme originale assez inattendue. Dans un petit jardin, par exemple, le palissage contre un mur permet d'accueillir une espèce trop vigoureuse pour être laissée libre. Seul inconvénient : un arbuste palissé demande des soins plus réguliers et une attention plus soutenue que la même espèce dans sa forme naturelle.

PYRACANTHA PALISSÉ SUR UN MUR
Les grandes branches souples des Pyracantha *(buissons ardents) se prêtent au palissage sur les murs et les grandes clôtures. Ils mettent ainsi leurs baies en valeur.*

Palissage régulier ou libre

Certains arbustes, dont les espèces sensibles au froid, apprécient la proximité de murs sans toutefois se coller dessus. Laissez-les se développer naturellement, leurs longues tiges étant juste attachées ici et là. Cette conduite libre exalte l'aspect ornemental de nombreuses espèces d'ordinaire étalées et lâches. Elles donnent alors une « cascade » de feuillage et de fleurs. D'autres se prêtent mieux à la taille et acceptent une conduite plus stricte. On les palisse en éventails (queue de paon) ou en formant des échelles de branches qui vont se couvrir de fleurs ou de fruits. Pour obtenir un effet bien réussi, il faut tenir compte du port spontané du végétal. La méthode de taille sera appliquée en fonction de son métabolisme. Les besoins de chaque espèce sont indiqués dans le Lexique des arbustes d'ornement.

Les arbustes palissés contre des murs, des claustras ou des palissades, demandent des supports ou des armatures similaires à ceux des lierres *(voir p. 246)*. Ils sont installés pour des années car, à l'inverse des plantes grimpantes aux rameaux souples, il est malaisé de les dépalisser pour des menus travaux. Assurez-vous que murs et treillages sont en parfait état avant d'y appuyer des arbustes et de les former. Employez des matériaux durables pour fournir aux plantes un support solide, qu'il s'agisse d'un treillage (en bois imputrescible) ou d'un réseau de fils de fer (inoxydable), qui les maintiendra à quelque distance du mur, en laissant l'air circuler.

PREMIER STADE DU PALISSAGE D'UN ARBUSTE (CEANOTHUS)

1 Supprimez les tuteurs et les attaches d'origine, puis fixez la plante sur son support en commençant par les charpentières.

2 Supprimez ou rabattez à un ou deux yeux de leur base, les tiges vagabondes, rebelles au palissage.

3 Pincez les brindilles et l'extrémité des jeunes pousses pour favoriser l'émission de branches latérales qui porteront les fleurs.

4 Rabattez les longues branches secondaires de la moitié de leur longueur, pour qu'elles s'étoffent bien.

Taille à la plantation

Plantez l'arbuste à palisser à 15 cm du mur minimum, pour éviter que les racines ne plongent dans la zone sèche qui se trouve toujours à l'aplomb de la construction. Un vieux mur, au mortier riche en chaux, ne convient pas aux plantes acidophiles. Si l'arbuste est planté à racines nues, dirigez ces dernières vers l'extérieur. Placez un arbuste en conteneur, de manière à obtenir un maximum de branches dans le plan du mur.

La taille à la plantation varie avec l'espèce et l'effet voulu. Pour une forme assez libre, courante avec le *Ribes speciosum*, il n'y a guère à faire, sinon à retirer les pousses faibles et mal placées avant d'étaler les branches en les attachant. Pour un éventail strict de *Prunus triloba* 'Multiplex', par exemple, l'idéal est de démarrer avec trois à cinq tiges fortes rayonnant régulièrement depuis le tronc. Les scions des plantes adaptées au palissage seront rabattus court à la plantation pour faire apparaître des tiges multiples. Attachez ces dernières sur un treillage ou des tuteurs obliques fixés sur les fils de l'armature. On peut guider quelques arbustes en palmettes aux branches étagées, réparties le long d'un tronc vertical.

Entretien des arbustes palissés

Chaque espèce demande souvent une méthode de taille spécifique, mais certaines techniques sont communes à tous les arbustes palissés. Attachez les pousses au fur et à mesure qu'elles grandissent et remplacez régulièrement les liens, avant qu'ils ne soient trop serrés. Supprimez ou rabattez les pousses trop rigides, dirigées vers le mur ou vers l'extérieur. Comblez les vides dans la ramure en orientant les jeunes branches à votre guise par le palissage. Provoquez des repousses par des tailles et des pincements. Quand la forme s'y prête (un éventail, par exemple), veillez à remplacer peu à peu les vieilles branches par des rameaux plus jeunes. Une taille plus poussée, pour tapisser régulièrement le mur de jeunes branches, tout en augmentant la floraison, est souvent souhaitable. Il faut l'adapter à chaque espèce *(voir le* Lexique des arbustes d'ornement *pp. 174-225)*. Certains arbustes comme les *Chaenomeles* et les *Pyracantha* s'accommodent bien des méthodes utilisées pour la taille fruitière des pommiers et des poiriers *(voir p. 105)*. Ces interventions donneront une abondante production de fleurs et de fruits, tout en contrôlant la plante.

Ribes sanguineum.

Arbustes bien adaptés au palissage contre un mur

Buddleja *alternifolia, crispa, fallowiana* et *madagascariensis*. ***Camellia*** 'Inspiration'. ***Ceanothus*** (les persistants). **Cestrum** elegans. ***Chaenomeles*** (cognassier du Japon). ***Chimonanthus*** *praecox*. ***Coronilla*** *emerus*. ***Cotoneaster*** *horizontalis* et *salicifolia*. ***Cytisus*** *battandieri*. ***Euonymus*** *fortunei*. ***Forsythia*** *suspensa*. ***Fremontodendron***. ***Fuchsia*** *arborescens* et *magellanica*. ***Lonicera*** *nitida*. ***Piptanthus*** *nepalensis*. ***Plumbago*** *capensis*. ***Prunus*** *mume* et *triloba* 'Multiplex'. ***Pyracantha***. ***Ribes*** *sanguineum* et *speciosum*. ***Vitex*** *agnus-castus*. ***Viburnum*** *tinus*.

Taille d'un arbuste palissé adulte (Ceanothus)

1 Attachez le plus de nouvelles pousses en les répartissant bien sur le treillage. Avec l'âge, les plus anciennes charpentières laissent place aux jeunes. Coupez les pousses faibles (ci-dessus) *pour obtenir une végétation dense.*

2 Rabattez les pousses défleuries de la moitié de leur longueur. Vous pouvez les supprimer si elles sont trop serrées.

3 Raccourcissez les branches trop longues qui débordent sur les côtés et sur la partie supérieure de l'armature.

4 Vérifiez le bon état de la plante et renouvelez ou déplacez les liens trop serrés sur les tiges qu'ils étranglent.

Effets de feuillages et d'écorces

Nombre d'arbres et d'arbustes, les saules et les noisetiers surtout, sont souvent rabattus dans un but utilitaire, pour récolter des badines solides et souples, destinées à la vannerie et à la construction de palissades. Le recépage, qui rabat chaque année la ramure au ras du sol, et l'étêtage systématique au sommet d'un tronc, sont des techniques forestières traditionnelles. On peut les adapter à des fins ornementales sur certains arbres *(voir p. 36)* et quelques arbustes. Un recépage près du sol se pratique chez le *Cornus*. La coupe sur un tronc ou une charpente courte est propre à l'Eucalyptus. Chez les *Salix* (saules), ces techniques sont employées pour stimuler l'apparition de jeunes tiges, plus colorées que les anciennes. Les tailles courtes peuvent aussi maintenir un feuillage juvénile décoratif ou donner des feuilles plus grandes, comme chez le *Cotinus (voir ci-dessus, à droite)*.

Ne soumettez à ce traitement que les arbustes qui supportent le recépage et les sujets en pleine santé. Cette particularité est précisée pour chaque espèce dans le Lexique des arbustes d'ornement *(voir pp. 174-225)*.

Si vous désirez obtenir un effet de ramification très près du sol, rabattez court chaque année tant que l'arbuste est jeune, pour former une souche solide. Pour créer une silhouette plus élevée, formez une ou plusieurs tiges comme pour un sujet isolé. Une fois obtenue la hauteur désirée, taillez en têtard ou en laissant seulement une charpente trapue. Quand la structure est bien établie, les jeunes pousses sont rabattues tous les uns à cinq ans, selon la plante et l'effet désiré. Coupez par exemple chaque année le *Populus candicans* 'Aurora'. Un grand nombre d'arbustes fleurissent sur le vieux bois et la taille annuelle les prive de fleurs. La valeur décorative de l'écorce ou la coloration du feuillage compensent cette perte. C'est le cas par exemple de *Leucothoe watereri* 'Rainbow'. Le recépage ne s'applique pas à toutes les plantes. Les jeunes pousses de certaines espèces comme le *Salix irrorata*, conservent leur bel aspect durant des années et peuvent donc mûrir et fleurir avant le recépage. On peut supprimer une tige sur deux ou trois chaque année pour avoir des branches d'âges différents et moins épuiser la plante.

Les belles couleurs du Cotinus
Les cultivars pourpres de Cotinus coggygria *et* obovatus *produisent de plus grandes feuilles s'ils sont taillés courts et leurs superbes couleurs d'automne sont plus éclatantes.*

Arbustes bien adaptés au recépage

Berberis, plusieurs espèces, comme le *dictyophylla*, ont de jolies jeunes pousses à pruine blanche ou pourpre.

Cornus, les jeunes tiges sont rouges, jaunes ou vert vif. Les tiges rouges de *Cornus alba* 'Sibirica' sont très vives.

Cotinus a un feuillage coloré à l'automne.

Philadelphus, le feuillage jaune de *Philadelphus coronarius* 'Aureus' est mieux souligné.

Rubus, les jeunes tiges argentées de *Rubus thibetanus* et *cockburnianus* sont superbes.

Salix, très vives couleurs des jeunes bois.

Sambucus, feuilles découpées et colorées chez *Sambucus racemosa* 'Plumosa Aurea'.

Tailler pour l'écorce
À la fin de l'hiver, juste avant le débourrement, rabattez toutes les tiges avec un sécateur ou un ébrancheur, entre 5 cm et 10 cm du sol, (ici un Cornus stolonifera *'Flaviramea').*

Eucalyptus, feuillage juvénile
Nombre d'Eucalyptus (voir *Lexique des arbres d'ornement* p. 64) *forment de beaux arbustes, à recéper très court.*

Formation sur tige

En cultivant un arbuste sur tige, on lui donne une ampleur nouvelle et un aspect original qui attire l'œil. Cette forme convient bien aux petits jardins. Les arbustes sur tiges constituent des plantes en pot appréciées. Ils servent aussi à donner du volume dans un petit massif ou dans un carré de plantes basses. Rares sont les plantes qui se prêtent à cette formation particulière *(voir* Lexique des arbustes d'ornement *pp. 174-225)*. Les espèces qui ne peuvent former elles-mêmes leur tronc sont souvent greffées en tête sur une tige verticale pour donner ensuite le même effet. Les soins sont similaires quel que soit le mode de multiplication utilisé. Le greffage en tête est une opération délicate qu'il vaut mieux confier à des professionnels. On trouve dans les jardineries un assortiment de plus en plus important d'arbustes conduits sur tiges élevés en conteneurs et donc prêts à planter. Les espèces qui forment facilement un tronc comme le lilas, par exemple, peuvent être formées sans trop de difficulté par un amateur. Utilisez les mêmes principes que pour un arbre d'ornement *(voir p. 28)*. Un tuteurage permanent est souvent nécessaire. Au début, un tuteur en bambou suffit. Un arbuste adulte demande un grand piquet, arrivant jusqu'au sommet du tronc. Servez-vous de liens souples ou couverts de mousse *(voir p. 23)* pour séparer le tuteur du tronc.

Formation de la tige

Choisissez une pousse vigoureuse pour former la flèche. Tuteurez-la verticalement. Dégagez la tige par étapes, en raccourcissant d'abord les pousses latérales, pour qu'il reste toujours un peu de feuillage avant de les supprimer définitivement en fin de saison. La plante peut ainsi continuer à assimiler la nourriture qui l'aidera à former un tronc solide. Une fois parvenu à la hauteur voulue, (entre 1 m et 1,7 m), laissez trois groupes de bourgeons se développer pour former des branches charpentières, puis pincez la flèche. La suppression du bourgeon terminal favorisera le développement d'yeux latéraux qui formeront la charpente de la tête.

Formation et taille de la tête

Après la première saison, ou si l'arbuste acheté a été récemment greffé, rabattez les pousses latérales de la moitié de leur longueur. La taille sert ensuite à former une tête dense, équilibrée, en rabattant les nouvelles pousses sur des bourgeons bien placés. Taillez court les branches grêles pour étoffer la végétation. Supprimez les pousses en surnombre, même si certains croisements sont inévitables, ainsi que tout rejet apparaissant sur le tronc et au pied de la plante. C'est important pour les sujets greffés, car il s'agit de gourmands du porte-greffe, toujours plus forts. Taillez en douceur la tête de ces plantes greffées, sinon le porte-greffe rejette vigoureusement. De même que pour tout autre arbuste, éliminez la moindre pousse faible, malade ou morte, dès son apparition. Appliquez par la suite la taille traditionnelle, à la même saison, comme pour un arbuste normal. Coupez les rameaux secondaires un peu plus courts, pour garder une tête arrondie, homogène et bien équilibrée.

PYRACANTHA SUR TIGE

TAILLE, CONDUITE ET FORMATION

1 Retirez la moindre flèche concurrente ou les pousses latérales vigoureuses dès leur apparition, pour concentrer l'énergie sur une seule tige verticale.

2 Raccourcissez les latérales faibles pour les supprimer l'année suivante. Les portions de rameaux conservées alimentent et renforcent le tronc.

FORMATION D'UNE TÊTE DENSE

La flèche a été pincée juste au niveau de la hauteur maximum souhaitée pour la tige.

1 Pincez les jeunes pousses latérales qu'il faut laisser en place pour épaissir la végétation, car elles servent de tire-sève.

2 Éliminez les rejets qui apparaissent sur le tronc. Les feuilles isolées sont laissées pour nourrir la plante ; elles tomberont seules.

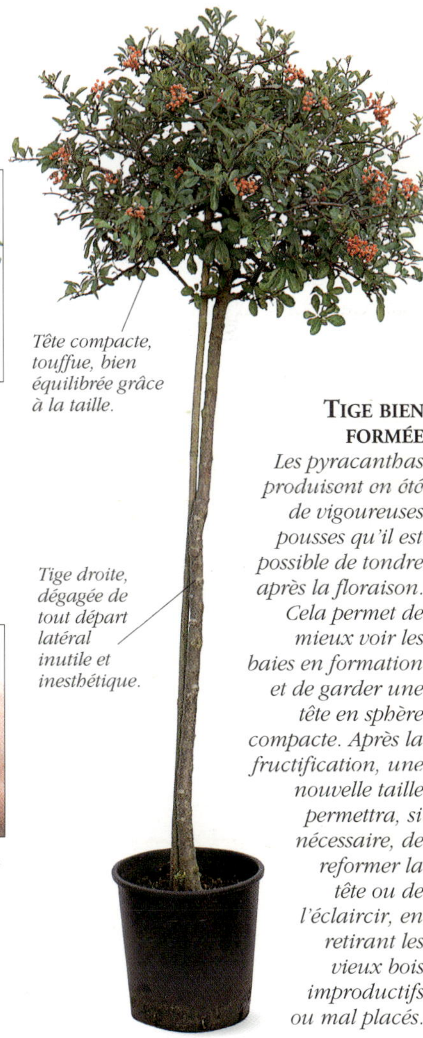

Tête compacte, touffue, bien équilibrée grâce à la taille.

Tige droite, dégagée de tout départ latéral inutile et inesthétique.

TIGE BIEN FORMÉE

Les pyracanthas produisent en été de vigoureuses pousses qu'il est possible de tondre après la floraison. Cela permet de mieux voir les baies en formation et de garder une tête en sphère compacte. Après la fructification, une nouvelle taille permettra, si nécessaire, de reformer la tête ou de l'éclaircir, en retirant les vieux bois improductifs ou mal placés.

Bambous et autres graminées

Les bambous, les roseaux, les carex et les graminées ornementales, ne sont pas des arbustes, mais ils forment souvent des tiges ligneuses. Il n'est pas possible de les soumettre à une taille de formation, car les coupes n'aident pas à modeler la silhouette ou à raccourcir la plante. Si la touffe est trop encombrante, supprimez des tiges ou des feuilles au ras du sol, ou le plus bas possible. Les raccourcir partiellement défigurerait la plante. Toute la beauté de ces végétaux tient dans leur silhouette libre, souple ou érigée.

TONTE DES GRAMINÉES
Cisaillez la touffe près du sol, puis évacuez les déchets pour laisser le soleil éclairer la base de la plante. Nombre d'espèces ont des feuilles coupantes : portez des gants.

BAMBOUS

Hormis les formes naines, les bambous n'ont guère besoin de taille. Au printemps, toute tige cassée, gelée ou décolorée est coupée au pied. Il faut utiliser un ébrancheur ou une scie, car les cannes sont très dures. Quand une touffe devient trop dense et envahissante, éclaircissez-la au printemps ou à la fin de l'été pour aérer le cœur de la touffe. Cette intervention permet aux espèces à tiges colorées ou aux jeunes pousses ornementales de se mettre en valeur. Pour réduire l'extension des bambous rhizomateux, il faut installer une barrière solide constituée d'éléments métalliques ou même d'une cloison en béton. Cette construction est impérative pour planter une ligne de bambous en haie et délimiter nettement l'emplacement de la plantation. En effet, un rhizome peut parcourir plusieurs mètres sous terre, avant d'émettre une nouvelle tige. La plupart des bambous sont rajeunis en les rabattant à ras.

Bambous nains

Les bambous nains, à l'inverse des grandes espèces, réagissent bien aux traitements appliqués aux herbes, comme par exemple une tonte à 15 cm de hauteur chaque prin temps. Cela fait apparaître des pousses fraîches. Le sécateur est souvent nécessaire pour tailler les chaumes rigides.

HERBES, ROSEAUX ET CAREX

Les herbes décoratives (graminées) apprécient une tonte annuelle qui supprime les feuilles élimées et les tiges florales, en faveur de nouvelles pousses toutes fraîches. Nettoyez les touffes des espèces annuelles et débarrassez-les de leurs fleurs pour éviter qu'elles ne se ressèment. En revanche, laissez les plumets des vivaces, pour un très joli décor hivernal. Vous les supprimerez en février quand elles commencent à se décomposer ou cassent sous l'effet du vent. Au printemps, rabattez toute la plante près du sol. Servez-vous de cisailles, de préférence, ou d'une faux sur les grosses touffes, si vous savez l'employer sans danger. Un taille-haies électrique donne de bons résultats, surtout avec les espèces aux tiges ligneuses. Pour les graminées un peu frileuses, retardez cette tonte jusqu'en avril, afin que les chaumes morts protègent des gelées les nouveaux départs qui émergent au cœur de la touffe. Vous veillerez à ne pas abîmer ces derniers lors de la tonte. Faites une première intervention en coupant à 30 cm du sol, puis évacuez les déchets pour bien dégager le cœur de la plante. Cela vous permet de terminer le travail avec plus de précision.

Pour réduire leur extension, les graminées ornementales sont d'ordinaire arrachées et divisées au printemps, quand elles deviennent imposantes. Les éclats de la souche servent à la multiplication. Les herbes en touffes, qui agrandissent petit à petit leur couronne centrale, sont les moins envahissantes.

Pour les roseaux et les carex, la technique est similaire, mais il faut s'équiper pour travailler dans l'eau. Coupez les épis destinés à faire des bouquets secs, quand ils sont encore dissimulés dans leur gaine. Laissez-les s'ouvrir dans une pièce fraîche et bien aérée.

ÉCLAIRCISSAGE D'UNE TOUFFE DE BAMBOUS

PENDANT L'ÉCLAIRCISSAGE
Muni de gants et d'un ébrancheur, retirez d'abord les chaumes morts et abîmés, puis coupez à ras les plus vieux.

APRÈS L'ÉCLAIRCISSAGE
Évacuez les déchets pour permettre à l'air et à la lumière de pénétrer. Laissez les jeunes pousses se développer à nouveau.

RÉDUIRE L'INVASION DES BAMBOUS

Creusez une tranchée autour de la touffe, plus profonde que la souche, en taillant dans les racines périphériques. Enterrez une barrière de plaques de plastique épais.

Pincements et formes originales

Le pincement est la taille des pousses tendres d'extrémité que l'on écrase entre le pouce et l'index. Il se pratique aussi avec des ciseaux ou un petit sécateur sur diverses plantes pour obtenir un port bien touffu. Répétée régulièrement, cette technique contribue à créer de nombreuses formes décoratives. Elle limite avec efficacité le développement des végétaux et permet d'obtenir des silhouettes originales en s'aidant d'un support en bambou ou en grillage. Chez les plantes à fleurs, des pincements répétés retardent la floraison de façon efficace, parce que les tiges n'ont jamais le temps de former un bouton à fleur à leur extrémité. L'énergie est détournée vers la production de pousses latérales et la plante s'étoffe sous contrôle. Il faut cesser tous les pincements, environ deux mois avant la date souhaitée pour la floraison. Les fleurs apparaissent toutes en même temps, sur la dernière série de pousses émises à la même période. Ceci produit un effet très spectaculaire. Les plantes ainsi conduites font plutôt partie des sous-arbrisseaux, végétaux qui vivent peu de temps, comme les fuchsias, les *Solenostemon* (coléus) et certains types de chrysanthèmes qui se lignifient à la base et restent herbacés au sommet. Dans les régions au climat froid, cultivez en hiver les nombreuses plantes gélives, en particulier les agrumes et les espèces d'origine méditerranéenne, dans une serre ou une véranda. Sortez-les au jardin à partir de la mi-mai.

CHRYSANTHÈME
Certains chrysanthèmes à petites fleurs forment naturellement une boule régulière. Le pincement est inutile, il faut seulement rabattre les pousses rebelles. N'oubliez pas de fertiliser très généreusement, c'est une plante gourmande.

CHRYSANTHÈME CASCADE
C'est le nom d'un groupe particulier de cultivars à tiges flexibles, au feuillage finement découpé et aux très nombreuses petites fleurs. Ils requièrent un support et sont faciles à mener le long de bambous ou de fils de fer, dirigés vers le bas. Pincez régulièrement pour former une vraie cascade de fleurs (voir p. 170).

ÉVENTAIL
Les fuchsias sont charmants sur tige ou palissés, mais ils se prêtent également à une formation en éventail (voir p. 173), *sur un support de cannes de bambous. Les chrysanthèmes cascade et les coléus constituent également de superbes éventails avec un aspect plus massif.*

CHRYSANTHÈME SPHÉRIQUE
Trois ou quatre plants de vigoureuses variétés de chrysanthèmes cascade suffisent à couvrir un grand support métallique de forme sphérique. Attachez les jeunes pousses sur l'armature au fur et à mesure de leur développement, et pincez les tiges surabondantes pour former des boules de fleurs aussi compactes que possible (voir p. 172). *Donnez souvent de l'engrais liquide.*

COLONNE DE PELARGONIUM
Palissés le long d'un tuteur central et régulièrement pincés, trois pélargoniums constituent une impressionnante colonne (voir p. 171). *Les fleurs durent plus longtemps que celles des chrysanthèmes cascade. On en obtient davantage avec une fertilisation et si l'on supprime les fleurs fanées.*

COLÉUS SUR TIGE
Comme les fuchsias, les coléus sont souvent menés sur tige, avec un tronc net et une ramure dense, résultant de pincements réguliers. On peut aussi mener sur tige Pelargonium, Heliotropium, Abutilon *x* hybridum *et* megapotamicum, Anthemis, Felicia, Lantana *et* Argyranthemum *avec des hauteurs variées.*

HELICHRYSUM SUR TIGE AVEC TROIS BOULES
Les plantes à petites feuilles permettent de réaliser des variations menées sur tige. Avec leur feuillage fin, les chrysanthèmes cascade donnent de bons résultats. Les Helichrysum *à feuillage décoratif sont précieux pour créer un effet rapide de topiaire. La tige leader est menée le long d'un tuteur de bambou et les pousses latérales sont pincées régulièrement pour créer une forme sphérique, ou supprimées pour créer les vides entre les boules.*

ANTHÉMIS CONIQUE
La plupart des plantes qui se prêtent au pincement peuvent être menées naturellement en forme de cône (voir p. 171). *Comme pour une colonne, trois plantes regroupées donneront des résultats plus impressionnants qu'un seul sujet. Il sera plus simple de créer une forme symétrique, en raison de l'abondance des pousses.*

Techniques de base

Le pincement est familier à ceux qui cultivent des fuchsias ou des chrysanthèmes, car il faut pincer ces plantes dès le plus jeune âge. Les horticulteurs qui cherchent à obtenir des fleurs de très bonne qualité à une époque donnée, pour présenter leurs chrysanthèmes à une exposition florale, utilisent beaucoup le pincement. C'est une technique simple qui doit être répétée à des intervalles fréquents et réguliers durant toute la période de croissance. Pas besoin d'utiliser un outil même si une paire de ciseaux à bonsaïs permet par exemple d'aller plus vite avec une précision accrue. On utilise aussi un couteau de jardinier ou un greffoir sur les plantes à tiges poilues, comme les *Helichrysum*, ou les rameaux plus raides.

Entretien et culture

Choisissez de préférence des cultivars réputés pour leur vigueur et leur abondance de fleurs, comme le *Fuchsia* 'Swingtime', voire pour leur joli feuillage, comme *Solenostemon* (coléus) 'Pineapple Beauty'ou *Helichrysum petiolare* 'Limelight'. Employez des plantes issues de boutures, pour être assuré d'une reproduction à l'identique du cultivar et, dans le cas du coléus (cultivé seulement pour son feuillage), pour obtenir des plantes moins florifères que celles multipliées par semis. Rempotez régulièrement les jeunes plantes, dans des godets de 6 à 12 cm de diamètre, puis au final dans un pot d'au moins 22 cm, pour être assuré de la bonne stabilité de la plante adulte. Ne pincez pas une semaine avant ou après un rempotage pour favoriser la bonne reprise des racines.
Seules les plantes saines se prêtent bien à cette technique. Installez les sujets cultivés sous verre dans un endroit bien éclairé et aéré, car dans une atmosphère confinée, les pousses sont sensibles à l'oïdium. Supprimez les feuilles décolorées dès leur apparition. Apportez un engrais riche en azote pour stimuler la croissance des jeunes plants, puis, après les pincements, un engrais bien dosé en potassium, pour aider à la formation de fleurs ou à la coloration du feuillage chez le coléus. Ne fertilisez pas les chrysanthèmes durant la période de floraison hivernale.

Une armature bien adaptée

Utilisez comme support les cannes de bambou, le fil de fer et le grillage métallique, ainsi que la ficelle ou le raphia pour attacher les jeunes pousses. Ces matériaux serviront à créer une des nombreuses formes décrites dans les pages suivantes. La tête d'une plante sur tige, dont l'aspect résulte uniquement de pincements répétés, se passe d'armature, mais n'oubliez pas le tuteur, car aucun sous-arbrisseau ne peut, en l'espace d'une saison, produire une tige suffisamment vigoureuse pour soutenir la tête seule.

PINCEMENT

La suppression de l'extrémité d'une pousse rompt sa dominance apicale (voir p. 13). *Les bourgeons latéraux, souvent latents à l'aisselle des feuilles, voient leur activité stimulée et ils émettent des tiges. Si l'on pince leur extrémité, il se produit une prolifération de pousses. Le pincement peut servir à façonner et à maintenir des formes denses et compactes.*

1 Pincez l'extrémité de la tige, juste au-dessus d'une feuille. Vous allez stimuler la formation de bourgeons qui donneront des pousses latérales.

2 Les bourgeons latéraux gonflent et se transforment en pousses que l'on pince à nouveau dès qu'elles ont entre deux et quatre feuilles.

3 Des pousses latérales se développent sur la tige d'origine, ainsi que sur les tiges latérales. La plante devient peu à peu plus touffue. Elle ne fleurit pas tant qu'on la pince. Il faut attendre de huit à douze semaines après le dernier pincement, avant d'obtenir des boutons à fleurs au bout de chaque tige.

CHRYSANTHÈME PRÊT POUR UNE EXPOSITION FLORALE

L'horticulteur pince les jeunes plants, puis il laisse se développer les tiges en les éboutonnant. Pour les fleurs simples, il supprime tous les boutons latéraux, mais pour les doubles, il pince le gros bouton central, afin que les yeux latéraux se développent.

Tige obtenue par pincement

On peut conduire sur tige de nombreux sous-arbrisseaux, y compris ceux qui n'ont pas naturellement tendance à former un tronc unique. Les fuchsias tiges et chrysanthèmes cascade tiges sont très répandus. Le coléus est un des plus faciles à façonner ainsi. Chez le chrysanthème, préférez les jeunes plants aux feuilles disposées par trois et non par deux, car ils donnent des plantes plus touffues. Avant d'acheter un spécimen sur tige, il faut vérifier s'il s'agit de plantes formées sur une tige par diverses interventions de taille, ou si, comme dans le cas des pélargoniums à feuilles de lierre, la ramure a été greffée au sommet d'une tige. La hauteur de la tige et de la tête varient selon la plante utilisée et vos propres goûts. On obtient l'aspect le plus attrayant quand la tête mesure entre le tiers et la moitié de la hauteur totale. La densité de la tête varie selon la fréquence des pincements. Elle est aussi liée à la dimension des feuilles de la plante, comparée à la longueur de l'entre-nœud (intervalle entre deux feuilles). Avec ses grandes feuilles très serrées, un cultivar de coléus vigoureux développe une tête massive, tandis qu'un héliotrope aura une tête plus lâche, moins géométrique.

Les premiers stades de la formation concernent l'obtention d'une tige unique, poussant vigoureusement vers le haut. Si elle se brise, ne se développe pas, ou, ce qui est rare, produit un bouton à fleur avant d'atteindre la hauteur désirée, il faut la pincer ou la rabattre sur une feuille saine. Vous attacherez la nouvelle pousse qui va se former à partir d'un œil latéral. Il y aura inévitablement un léger défaut dans la tige. Une fois la hauteur souhaitée obtenue, réalisez de nombreux pincements pour favoriser une bonne ramification au sommet de la tige. C'est la bonne solution pour obtenir une tête bien fournie.

PREMIER STADE

Empotez une bouture vigoureuse à tige unique dans un pot de 25 cm de diamètre. Insérez un tuteur dans le pot et attachez la jeune tige verticalement avec de la ficelle ou du raphia. Veillez à ne pas l'abîmer et ne touchez pas aux feuilles. Nourrissez bien la plante, mais ne la pincez pas durant la première semaine qui suit la transplantation.

DEUXIÈME STADE

Pincez toutes les pousses latérales qui se développent, jusqu'à ce que la tige atteigne la hauteur désirée. Conservez les grandes feuilles, car elles contribuent à nourrir la plante et à épaissir la tige. Continuez à attacher la tige principale à intervalles réguliers, au fur et à mesure qu'elle pousse vers le haut. Fertilisez la plante, mais sans excès.

TROISIÈME STADE

Lorsque la pousse leader mesure 20 cm de plus que la hauteur désirée pour la tige principale, pincez son extrémité. Cela va provoquer des ramifications qui constitueront le début de la tête.

QUATRIÈME STADE

À l'extrémité, pincez toutes les nouvelles pousses dès qu'elles portent deux à quatre feuilles, jusqu'à obtention d'une tête bien ronde. Une coupe à ras, de toutes les pousses situées sur la tige principale, termine le travail.

STADE FINAL

Pour les plantes à fleurs, arrêtez tout pincement entre huit et douze semaines, avant le moment choisi pour la floraison. Chez les plantes à feuillage décoratif comme ce coléus, poursuivez les pincements pour maintenir une jolie forme. Quand la plante devient moins belle, coupez-la pour fournir des boutures et renouveler la culture.

Les feuilles sont tombées naturellement de la tige principale. Si elles persistent, enlevez-les délicatement du bout des doigts.

Chrysanthèmes Cascade

Les chrysanthèmes du groupe Cascade ont un port souple et une croissance très vigoureuse. Malgré leur nom, ils poussent plutôt verticalement s'ils ne sont pas guidés vers le bas par un tuteur. Il faut installer la plante sur un support, à environ 1,5 m de haut, car les plus belles cascades peuvent atteindre 2 m de long. Le processus de formation prend pratiquement un an. Il s'achève par une floraison spectaculaire pendant plusieurs semaines à la fin de l'automne. Avant les premières gelées importantes, la plante est rentrée sous abri. Elle est bouturée en février pour obtenir de nouveaux plants. Le pied mère peut alors être jeté. Commencez la formation avec des boutures prélevées en février ou avec des plants achetés très jeunes et portant une tige unique. La formation commence sous abri, dans une pièce fraîche de la maison ou dans une véranda. Les plants sont placés à l'extérieur dès la fin des dernières gelées. Au départ, palissez vers le haut la tige dominante du jeune plant. Pincez l'extrémité des pousses latérales pour favoriser la formation d'une colonne buissonnante. Au bout de douze semaines (trois mois), commencez à orienter la plante vers le bas, en lui donnant un angle de 45° *(voir ci-dessous)*. À ce stade, il est temps de placer les plantes dans leur pot définitif, de 25 cm de diamètre. Tout rempotage deviendra impossible une fois les tuteurs en place. Courbez vers le bas la tige dominante. Si par malheur elle se brise, il faut la rabattre proprement en coupant sur une feuille proche de la partie cassée. La pousse qui va se développer à partir du bourgeon axillaire constituera la nouvelle pousse dominante. Pincez toutes les autres pousses durant l'été, jusqu'en septembre. Les derniers pincements se pratiquent quatre semaines avant la floraison. Taillez alors la tige principale pour arrêter son développement. Les nouvelles pousses qui se forment portent les fleurs. Pour obtenir un beau sujet, il faut le fertiliser en permanence avec une solution d'engrais peu concentrée. Pensez aussi à traiter contre l'oïdium (maladie du blanc), très virulent.

Premier stade, mai

Plantez une bouture de trois mois dans un pot de 25 cm, en inclinant la motte pour que le chrysanthème soit incliné de 30° par rapport à l'horizontale. Comblez avec de la bonne terre et tassez autour de la motte, en arrosant bien. Avec une telle plantation, la tige principale sera plus facile à guider vers le bas.

Maintenez la plante attachée à son tuteur d'origine, sans quoi elle essaiera de pousser verticalement.

Deuxième stade, quatre semaines après

1 Insérez verticalement un petit tuteur solide au centre du pot. Fixez à ce tuteur vertical une canne en bambou de 2,5 m de long. Elle est inclinée de 45° environ et s'appuie sur le bord du pot.

La canne en bambou s'appuie sur le bord du pot et descend presque jusqu'au sol.

2 Détachez la tige de son premier tuteur, puis palissez-la sur la nouvelle canne, en lui donnant son inclinaison définitive.

Troisième stade : de juillet à octobre

Chaque fois que se forment deux feuilles sur une nouvelle pousse, pincez l'extrémité. Continuez à attacher la tige principale sans la pincer.

Cicatrice du pincement précédent.

Quatrième stade, octobre

Quatre semaines avant la date souhaitée pour la floraison, pincez la pousse leader puis cessez tout autre pincement, afin de laisser se développer les boutons à fleurs.

Cascade de fleurs

La floraison se prolonge plusieurs semaines dans un lieu abrité et bien aéré. Apportez un engrais riche en potasse et effectuez de généreux apports d'eau le matin, sans mouiller les feuilles.

Colonnes et cônes

Les pélargoniums, les fuchsias et même les plantes naturellement étalées comme *Helichrysum petiolare*, peuvent être guidés verticalement et pincés pour former des cônes et des colonnes très élégants. Avec de bons soins culturaux, ces plantes peuvent durer plusieurs années. Une seule plante bien pincée formera un petit cône en une seule saison, mais trois plantes cultivées ensemble donneront une structure de 1,2 à 1,5 m de hauteur. Une colonne de cette dimension demande beaucoup d'attention pour conserver des côtés bien verticaux. Elle doit être pincée régulièrement et n'atteindra son apogée, avec un feuillage dense jusqu'au sommet, qu'après deux saisons complètes. Dans les régions au climat froid, attendez que tout risque de gel soit passé pour installer ces plantes à l'extérieur. Il faut les hiverner sous abri. Au printemps, reprenez les opérations de tailles et de pincements, dès le démarrage des nouvelles pousses.

Premier stade, mars

Démarrez avec des jeunes plants, attachez la flèche et laissez se développer les pousses latérales.

Ne serrez pas trop les liens sur la tige.

Deuxième stade, de six à huit semaines après

1 Plantez trois jeunes plants dans un pot de 22 cm et attachez chaque tige de Helichrysum sur un nouveau tuteur.

2 Pincez sur un œil, afin de ne pas dépasser le bord du pot.

Troisième stade : durant l'été

1 Pour produire un cône, attachez les trois tuteurs en pyramide. Palissez les tiges leaders au fur et à mesure. Si l'une d'elles se brise, choisissez une pousse vigoureuse plus bas et attachez-la à la place. Si besoin est, augmentez la hauteur du cône en insérant des tuteurs.

2 Pincez les pousses une fois par semaine pour créer une forme conique, et tous les deux ou trois jours pour créer une colonne. Taillez alors dans la partie supérieure, afin que la plante soit aussi ramifiée à la base qu'en hauteur.

Les pousses situées de ce côté ont été pincées.

Les pousses situées de ce côté doivent être pincées.

Quatrième stade

Quand les plantes atteignent la hauteur et la forme désirées, pincez les rameaux dominants. Cessez de pincer les espèces à fleurs, sauf pour supprimer les tiges verticales émises au sommet. Cela permet aux pousses à fleurs de former leurs boutons.

Les tiges dominantes sont désormais palissées sur un tuteur central.

Le cône est achevé

On a laissé pousser ce cône de Helichrysum *pour qu'il prenne un aspect plus naturel et fleurisse. Mais cette plante étant surtout cultivée pour son feuillage, on peut pincer davantage ou tailler régulièrement pour obtenir un effet de topiaire.*

Supprimez les feuilles qui se décolorent ou fanent à la base de la plante.

Pour un plus bel effet, masquez le pot en plastique dans un cache-pot en terre cuite.

Chrysanthème en boule

Les chrysanthèmes cascade, qui présentent la particularité de se ramifier beaucoup, sont les plantes les plus utilisées pour former de grandes sphères sur une armature métallique. On forme aussi des grimpantes de cette manière *(voir p. 246)*. Un chrysanthème bien conduit peut former une sphère de 2 m, portant plusieurs centaines de fleurs.

Prévoyez dès le départ un gros pot pour une bonne stabilité. Le cadre est installé autour des jeunes plants. Il est constitué avec du grillage souple aux mailles larges, de 20 cm environ. Découpez huit bandes de grillage ayant chacune une maille de large et six mailles de long. Conservez des parties pointues à chaque extrémité pour que la bande forme une sorte d'échelle. Enfoncez les pointes inférieures dans le sol à la périphérie du pot, et courbez l'échelle de grillage pour qu'elle forme un demi-cercle. L'armature centrale est composée de quatre cannes de bambou sur lesquelles vient se fixer l'extrémité de chaque bande de grillage. La partie la plus délicate de l'opération consiste à couvrir le support uniformément avec les tiges des plantes. Attention, elles sont charnues et cassent très facilement. Guidez les tiges principales vers le haut et pincez les tiges latérales, pour qu'elles se ramifient de plus en plus. À la fin de l'été, les nombreuses pousses, qui ont été attachées au fur et à mesure de leur croissance, tapissent tout le cadre. À ce stade, laissez les tiges développer leurs boutons à fleurs.

Premier stade, mai
Plantez des boutures âgées de trois mois, dans un pot de 50 cm de diamètre. Elles doivent comporter plusieurs tiges principales. Inclinez-les légèrement vers l'extérieur.

Deuxième stade

1 À l'aide d'une tenaille ou d'un sécateur pouvant couper le fer, découpez huit « échelles » dans du grillage à mailles larges.

2 Insérez quatre tuteurs dans le centre du pot, en formant un carré. Mettez en place les bandes de grillage autour du pot, en les cintrant et en enroulant les pointes métalliques autour des tuteurs.

3 Attachez très délicatement les pousses principales sur le grillage, en veillant à les espacer régulièrement sur l'armature.

4 Dirigez toutes les jeunes pousses vers l'extérieur de l'armature, afin de constituer une sphère bien fournie.

Troisième stade

Continuez à attacher les tiges principales, en pinçant leur extrémité quand elles atteignent le haut du cadre. Pincez toutes les autres tiges dès qu'elles ont émis deux feuilles. Attachez les pousses latérales jusqu'à ce que le cadre soit bien garni d'une végétation ramifiée. En octobre, cessez les pincements pour laisser se développer les boutons à fleurs. Hivernez les plantes sous abri hors gel, une fois la floraison terminée. Elles vivent plusieurs années.

Sphère terminée

Après les derniers pincements, la sphère met environ huit semaines à fleurir.

Une sphère de chrysanthème reste décorative durant près de six semaines.

Coléus en éventail

Le coléus *(Solenostemon)* est idéal pour former un éventail. Grâce à son port robuste et buissonnant, quelques bambous suffisent pour lui servir de support. Il sont rapidement dissimulés sous la végétation. Les chrysanthèmes cascade, les anthémis et les fuchsias conviennent également pour cette formation. Mais ils nécessitent, en plus, la présence d'un grillage sur la charpente de bambous. Avec ces plantes, l'armature ne sera masquée que d'un côté.

La forme en éventail est une des plus faciles à produire. Mais comme pour les arbres fruitiers, il est très important de ne pas laisser pousser trop vite les tiges principales vers le haut ou l'extérieur. Si vous n'y prenez garde, la base se dénudera et sera difficile à regarnir. Pincez les jeunes plants dès le début de leur croissance, pour qu'ils soient bien ramifiés et buissonnent avant de commencer à former l'éventail.

STADE FINAL
Le feuillage brillant de certains coléus reste longtemps décoratif. Pincez tous les boutons à fleurs qui se forment.

PREMIER STADE

Plantez deux boutures vigoureuses dans un même pot de 25 cm de diamètre. Pincez l'extrémité des pousses, puis toutes celles qui apparaissent ensuite, jusqu'à ce que les plantes mesurent 25 cm de hauteur. Ne pincez ensuite que les deux faces principales de la plante pour développer une forme aplatie.

UN SUPPORT BIEN ADAPTÉ

Quand les plantes atteignent 50 cm de hauteur, installez un support constitué de bambous disposés en éventail. Les cannes obliques sont retenues par deux tuteurs horizontaux. Pour des plantes à tiges plus grêles, doublez ce support d'un grillage en forme de demi-cercle.

DEUXIÈME STADE

Attachez les rameaux en plusieurs points, afin de renforcer la solidité de l'ensemble.

1 Mettez en place l'armature et attachez les tiges dessus sans les serrer.

2 Répartissez les tiges en abaissant délicatement les plus souples à l'horizontale.

TROISIÈME STADE *(vue latérale)*

La végétation est dense et buissonnante des deux côtés.

Laissez toutes les pousses s'étendre à la périphérie de l'éventail, tout en les attachant régulièrement. Poursuivez le pincement de toutes les pousses sur les faces principales. Une fois le cadre couvert, ne laissez plus la plante pousser en hauteur.

Lexique des arbustes d'ornement

A

Abelia

Ce sont surtout des arbustes persistants, caducs en climat froid, au port ramifié et aux branches arquées. Ils sont rustiques dans un emplacement chaud et abrité. La plupart fleurissent en été sur le bois de l'année précédente. Les abélias produisent régulièrement de nouvelles pousses à la base et profitent donc d'une taille de remplacement modérée.
Toutes les formes, sauf les naines, se prêtent au palissage contre un mur, notamment *Abelia floribunda.*

Quand tailler : au printemps, après les gelées, et en été, après la floraison.

Conduite et taille : pour le palissage contre un mur *(voir p. 162)*, attachez les branches avant que le bois ne durcisse.
La taille de printemps consiste à supprimer le bois mort ou abîmé. Après la floraison, taillez court (sauf pour *Abelia triflora*), en rabattant au niveau du sol ou sur de nouvelles pousses fortes, une tige à fleurs sur quatre. Rajeunissez en taillant en mars toutes les tiges au niveau de la souche.

Abeliophyllum

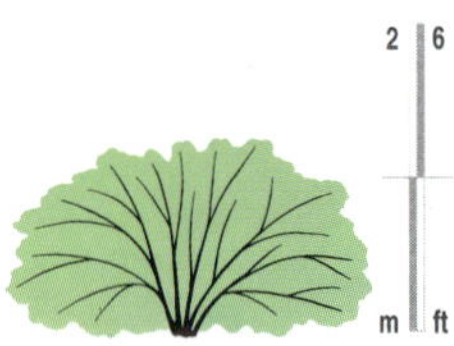

Abeliophyllum distichum est un arbuste caduc au port lâche et aéré. Il donne, en mars, des fleurs blanches sur les pousses de l'année précédente. Ses tiges s'enracinent quand elles touchent le sol. Sous un climat froid, plantez dans un emplacement abrité. Le palissage contre un mur ensoleillé favorise la floraison.

Quand tailler : au printemps, après la floraison. Palissez les plantes adossées à un mur et taillez durant la saison de croissance pour leur donner une belle forme.

Conduite et taille : taillez les arbustes isolés comme le *Forsythia (voir p. 196)*, en rabattant un peu de bois âgé sur des tiges vigoureuses. Rajeunissez la plante en la rabattant sur la souche. Pour les arbustes palissés *(voir p. 162)*, sélectionnez des tiges vigoureuses pour constituer une charpente. Une fois la plante établie, coupez une tige à fleurs sur deux ou trois sur des tiges de remplacement. Chez l'adulte, supprimez les branches âgées qui seront remplacées par des tiges latérales.

Abutilon

Ces arbustes persistants, semi-persistants ou caducs, doivent être protégés du gel dans les régions au climat froid. Vous pouvez aussi les cultiver à l'intérieur.
On peut mener sur tige certaines espèces. Les abutilons fleurissent sur les pousses de l'année pendant plusieurs mois, mais leur longévité est assez courte.

Abutilon megapotamicum

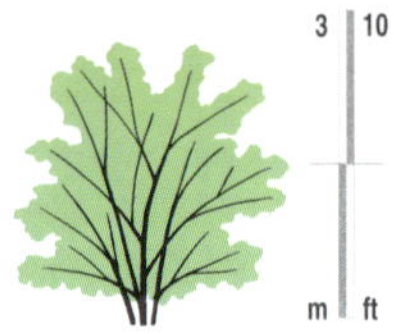

C'est un arbuste persistant semi-rustique, fleurissant du printemps à l'automne. C'est une plante qui se palisse bien contre un mur, avec ses longues tiges grêles et son aptitude à émettre des pousses depuis la base.

Quand tailler : en mars ou en avril.

Conduite et taille : sur un arbuste isolé, raccourcissez d'un tiers de leur longueur les pousses de l'année précédente. Rabattez les branches dénudées sur une forte tige ou au-dessus d'un gros bourgeon situé près de la base. Pour obtenir des feuilles plus grandes sur les plantes panachées, coupez toutes les branches chaque année.
Les jeunes sujets tolèrent ce traitement. Contre un mur, palissez cette espèce en éventail *(voir p. 162)*, en attachant les jeunes pousses à des cannes de bambou fixées sur des fils de fer. Une fois la charpente établie, supprimez du bois âgé, au profit de tiges de remplacement qu'il faudra attacher pour combler les trous.

Abutilon x hybridum

Le port naturel (à gauche) *est érigé et grêle. Taillez la plante très jeune pour favoriser un port buissonnant* (à droite). *Ne laissez pas la flèche.*

Abutilon 'Kentish Belle'
Cet hybride peut être traité comme un Abutilon megapotamicum. *Le palissage met les fleurs en valeur et permet à la plante de supporter l'hiver sans autre protection.*

Abutilon vitifolium

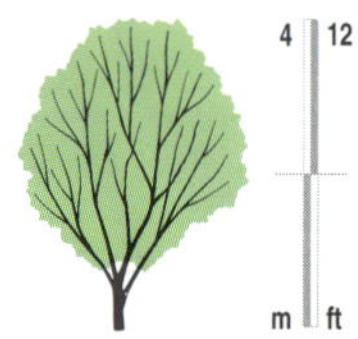

Cet arbuste persistant, de croissance rapide, porte des nuées de fleurs bleu-pourpre ou blanches en mai et juin. Il est abîmé par des gelées sévères en climat froid. On peut le laisser se ramifier, mais aussi le former avec un leader central pour rehausser sa forme pyramidale et lui donner une belle stature.

Quand tailler : en été, après la floraison.

Conduite et taille : privilégiez d'abord la formation d'une tige centrale *(voir p. 155)* pour provoquer l'allongement de la plante. Si la flèche se brise, remplacez-la par une tige latérale vigoureuse que vous palissez verticalement sur un tuteur *(voir p. 28)*. Dans ce cas, rabattez les rameaux latéraux des deux tiers. Cette intervention fait grossir la tige maîtresse. Taillez l'adulte uniquement pour supprimer le bois abîmé. Évitez le rabattage sévère qui gâche la silhouette, en favorisant une ramification trop importante.

Autres abutilons

Abutilon x hybridum se taille comme l'*Abutilon pictum*. Attention, rabattu au printemps, il ne repart pas bien.
Abutilon x milleri se taille comme l'*Abutilon megapotamicum*.
Abutilon pictum (ou **striatum**) peut être formé avec un port érigé et un leader central, en éliminant les pousses latérales sur le tronc. Pour obtenir un arbuste buissonnant, coupez de moitié la tige principale et de 8 à 10 cm les rameaux latéraux en avril.
Abutilon x suntense se taille comme *vitifolium*.

Acalypha

Ce sont des arbustes ou des plantes vivaces à feuillage décoratif persistant. Certaines espèces donnent des fleurs intéressantes, notamment *Acalypha hispida* avec ses longues « queues-de-renard » rouges. Ces plantes ne réussissent à l'extérieur qu'en climat tropical. On les utilise en arbuste isolé ou en haie naturelle. Dans nos régions, il faut les cultiver en pots, comme des plantes d'intérieur ou de véranda. La taille est peu nécessaire, excepté le raccourcissement des tiges les plus vigoureuses pour équilibrer la forme.

Allamanda

Allamanda schottii (ou *neriifolia)* est un arbuste persistant à végétation dense. Il épanouit, de juillet à octobre, des fleurs en trompette jaunes, suivies de capsules de graines épineuses. L'allamanda est une plante subtropicale qui se prête bien à la taille. Pincez les jeunes plants *(voir p. 168)* pour favoriser un port buissonnant. Taillez l'adulte en février ou mars, en ramenant les tiges qui ont fleuri, à 10 cm de la base. Pendant la croissance, réduisez la longueur des tiges pour maintenir une forme équilibrée. Pour les autres espèces, *voir* Lexique des plantes grimpantes *p. 262.*

Aloysia

Aloysia triphylla (ou *Lippia citriodora*), est la verveine-citronnelle, un persistant de taille moyenne. Cet arbuste est surtout cultivé pour ses feuilles à la senteur citronnée. Les fleurs blanches apparaissent sur les pousses de l'année. Dans nos régions, il faut le cultiver en plein soleil et le pailler en hiver, car il est gélif.

Quand tailler : en avril, après les gelées.

Conduite et taille : taillez les tiges principales à 30 cm du sol, au-dessus d'un gros bourgeon. Dans le Midi, laissez se développer une charpente ligneuse, puis raccourcissez les pousses entre 5 cm et 10 cm de leur point de départ. D'avril à juin, pincez les extrémités pour obtenir un port bien touffu et buissonnant. On peut aussi palisser la verveine-citronnelle contre un mur ou la mener sur tige.

Amelanchier

Ce sont de grands arbustes ou de petits arbres, caducs, entièrement rustiques. Ils donnent des fleurs blanches en avril-mai et offrent de belles couleurs de feuillage en automne. Certaines espèces produisent également des baies comestibles. L'amélanchier forme spontanément un arbuste en cépée ou peut être mené comme un petit arbre. *Amelanchier stolonifera* est une espèce drageonnante, qui forme un arbuste dense, très touffu.

Amelanchier lamarckii

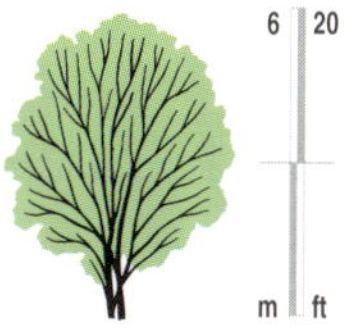

Cet arbuste caduc, à port érigé, peut se développer naturellement en cépée. Il nécessite alors une taille minimale. Vous pouvez aussi le former sur un tronc court, pour obtenir un petit arbre.

Quand tailler : en hiver, pendant la période de repos, ou en mai après la floraison.

Conduite et taille : pour obtenir un arbuste en cépée, taillez légèrement les jeunes plants en contrôlant l'équilibre de la forme et l'aération de la ramure. Attention, les tiges principales trop serrées ont tendance, avec l'âge, à s'enrouler les unes autour des autres. Pour rajeunir un amélanchier négligé, rabattez au niveau du sol les tiges entrelacées. Pour obtenir un amélanchier en arbre, sélectionnez la tige verticale la plus forte. Débarrassez-la de ses ramifications sur 50 cm à 1,5 m, puis laissez se développer une tête ramifiée.

AMELANCHIER STOLONIFERA
Taillez une tige sur trois en hiver dans le cas d'une croissance trop importante.

AMELANCHIER LAMARCKII
Une forme légère, aérée, exalte la féerie des couleurs automnales chez les spécimens en cépée.

Sélectionnez les rameaux latéraux pour créer une charpente aérée avec des branches régulièrement espacées.

Amelanchier stolonifera

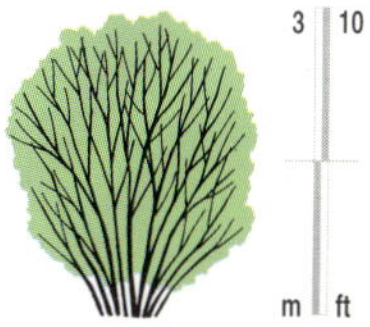

C'est un arbuste drageonnant, pour un grand massif, un sous-bois ou le coin sauvage du jardin. Non taillé, il peut former un fourré impénétrable.

Quand tailler : en hiver, par temps doux, durant la période de repos.

Conduite et taille : la taille d'entretien est superflue. Dans le cas d'une végétation excessive chez l'adulte, rabattez au ras du sol une tige sur trois. Intervenez tous les deux ou trois ans pour ne pas épuiser la plante. Pour rajeunir une plante négligée, vous devez la rabattre et conserver sur le pied les jeunes tiges les plus vigoureuses.

AUTRES AMÉLANCHIERS

AMELANCHIER ASIATICA et **CANADENSIS** se forment sur une tige comme l'*Amelanchier lamarckii*. Si vous souhaitez profiter des baies comestibles, attendez l'hiver pour tailler.

AMELANCHIER CONFUSA et **X GRANDIFLORA** sont peu communs. Taillez comme un *lamarckii*.

CONSEIL TRUFFAUT

Les abutilons sont rentrés sous abri dans le courant du mois d'octobre. N'attendez pas les premières gelées, car les jeunes pousses sont très sensibles au froid. Dans les terrains durs et compacts, arrosez une heure avant l'arrachage. La terre colle mieux aux racines, ce qui permet de former une motte. Empotez l'abutilon dans un bon terreau, puis taillez-le. Toutes les pousses qui se sont développées dans l'année (écorce verte, encore tendre) sont coupées à 5 cm de leur point de départ. Taillez sur un bourgeon, dirigé vers le haut, ou à l'extérieur de la ramure. Cette taille permet à la plante de mieux passer l'hiver et de conserver une forme compacte pour l'année suivante. Si vous ne taillez pas, les jeunes pousses se lignifient, elles durcissent et seuls les bourgeons de l'extrémité se développent. Il s'ensuit un allongement excessif de la ramure, qui présente d'importantes parties dénudées.

ARALIA

Ces arbustes caducs, rustiques, à tiges très épineuses, produisent de jolies feuilles pennées et de superbes panicules de fleurs blanches. Ce sont de grandes plantes drageonnantes, dont les tiges érigées portent des rameaux latéraux courts. Les aralias forment parfois de petits arbres peu ramifiés. Il faut les tailler en mars avant le démarrage de la végétation. Laissez se développer naturellement les jeunes plantes, en ne supprimant que les tiges mortes, malades, abîmées ou mal placées. Chez l'adulte, taillez le moins possible. Les bourgeons éclatent tardivement et au printemps peuvent paraître sans vie. Ne confondez pas ce phénomène avec des dégâts du froid. Si une gelée tardive abîme l'extrémité des pousses, vous devez les rabattre au-dessus d'un rameau vigoureux et sain. Supprimez rapidement les pousses vertes qui apparaissent chez les cultivars panachés (il peut aussi s'agir de drageons). Les plantes âgées ne supportent pas une taille sévère, car le bois reperce très mal.

ARALIA ELATA 'VARIEGATA'
Supprimez les pousses à feuilles vertes qui apparaissent parfois dans la ramure, ainsi que les drageons.

ARGYRANTHEMUM

Bien connu sous le nom d'« anthémis », *Argyranthemum frutescens* (appelé aussi *Chrysanthemum frutescens*) est un sous-arbrisseau persistant dont les jolies marguerites, blanches, jaunes ou roses, durent tout l'été. Sous un climat tempéré froid, cette plante n'est pas rustique. On la cultive en pot dans les massifs d'été ou sur les balcons. Améliorez la floraison et conservez une forme arrondie en pinçant l'extrémité des jeunes pousses deux ou trois fois au printemps. Supprimez régulièrement les fleurs fanées. L'anthémis peut être formé sur tige par des pincements *(voir p. 169)*. Laissez d'abord se développer une tige droite, solide, puis formez une tête buissonnante en pinçant régulièrement l'extrémité des pousses latérales. Les anthémis sont, pendant l'hiver, maintenus hors gel dans une véranda.

ARONIA

Ces arbustes persistants caducs, rustiques, sont proches des *Pyrus* et des *Sorbus*. Il existe deux espèces qui ont donné une forme hybride. Les *Aronia* produisent des grappes de fleurs blanches au printemps sur les pousses de l'année précédente. Ils offrent aussi de belles couleurs d'automne, souvent assez tôt, et des fruits, noirs ou rouges selon l'espèce, qui persistent jusqu'à la fin de l'année. Non taillé, l'arbuste se dégarnit vite et perd sa silhouette arrondie. Il s'étend peu à peu par drageonnage, loin de la souche principale. Chez l'adulte, supprimez chaque année une tige âgée sur trois, en taillant entre décembre et avril. Pour limiter l'extension de la plante, supprimez les drageons en coupant sur leur point de naissance sous le niveau du sol. On peut aussi détacher des drageons avec leurs racines et les transplanter ailleurs. Le rajeunissement est inutile, même si les plantes âgées produisent parfois de nouvelles tiges vigoureuses, après avoir été rabattues sévèrement.

ARTEMISIA *Armoise*

Le genre *Artemisia* comprend un grand nombre d'espèces cultivées pour leur beau feuillage aromatique. Les armoises aiment le soleil et un sol bien drainé. Il faut les tailler régulièrement pour éviter qu'elles ne se dénudent pas à la base et pour favoriser un port buissonnant. Rabattez-les pour la plupart, sur du bois âgé, où apparaissent souvent de minuscules petites feuilles. Ce sont elles qui assureront le nouveau développement de la plante. Pincez les inflorescences dès qu'elles se développent, pour conserver un joli feuillage.

Artemisia abrotanum

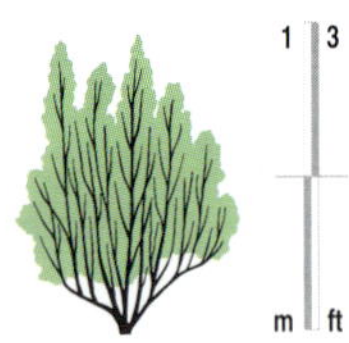

C'est un sous-arbrisseau caduc à feuillage gris-vert, agréablement aromatique. Comme il a tendance à devenir désordonné, taillez-le pour favoriser un port buissonnant. Rajeunissez une plante dénudée à la base par une taille sévère en fin de saison.

ARTEMISIA 'POWIS CASTLE'
Rabattez assez bas chaque année, pour renouveler le feuillage jeune et frais.

Quand tailler : en automne ou en avril, une fois tout risque de gel disparu.

Conduite et taille : le premier printemps après la plantation, rabattez toutes les tiges entre 3 cm et 5 cm du sol pour favoriser l'apparition de nouvelles pousses vigoureuses. Pincez plusieurs fois dans la saison l'extrémité des rameaux pour obtenir un port buissonnant. Chez l'adulte, rabattez chaque année les tiges de la moitié de leur longueur. Tous les trois à cinq ans, éliminez toute la partie aérienne au ras de la souche pour rajeunir la plante.

Artemisia 'Powis Castle'

Cet arbuste persistant au feuillage gris argenté, très fin, pousse très vite. Les jeunes rameaux étant les plus séduisants, taillez la plante chaque année pour obtenir un effet décoratif maximal. La coupe est plus sévère que pour *Artemisia abrotanum*, car le feuillage a tendance à dépérir sur le bois âgé. Il laisse la place à des tiges allongées et dénudées, peu esthétiques.

Quand tailler : en mars, une fois passé tout risque de gel sévère. En automne, dans les régions au climat doux.

Conduite et taille : pincez l'extrémité des jeunes tiges pour favoriser un port buissonnant. Réduisez la plante chaque année à une courte charpente de tiges principales *(voir p. 158)*. Arrachez les plantes trop âgées, car le bois très dur ne reperce pas bien et la plante se dégarnit.

AUTRES ARMOISES
ARTEMISIA ARBORESCENS, LUDOVICIANA, NUTANS (OU **SERIPHIDIUM NUTANS**), **ARTEMISIA TRIDENTATA** (OU **SERIPHIDIUM TRIDENTATA**), se taillent comme *Artemisia abrotanum.*

ATRIPLEX *Pourpier de mer*

Ce sont des plantes arbustives rustiques, persistantes ou semi-persistantes.
Leur feuillage décoratif, d'un joli gris-vert résiste bien aux conditions du bord de mer. Avec l'âge, les pourpiers de mer deviennent désordonnés, et ils portent des branches très écartées. Vous les garderez bien compacts par une taille annuelle au printemps. Coupez toute la plante à la cisaille, en supprimant un tiers des pousses de l'année précédente, ou bien taillez au sécateur pour dégager une silhouette plus naturelle. *Atriplex halimus* présente un port assez dense pour être utilisé en haie.

AUCUBA

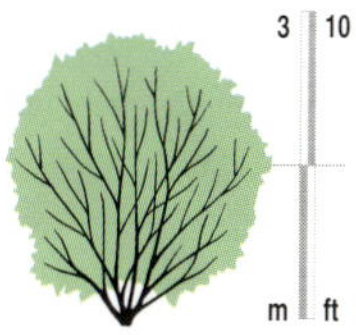

Très communs, les aucubas sont des arbustes rustiques, à feuillage persistant, souvent panaché ou tacheté. L'espèce la plus cultivée est *Aucuba japonica,* dont les pieds femelles produisent de jolis fruits rouge vif en automne. Cet arbuste est utilisé dans les massifs ou en haie semi-naturelle, dans les endroits ombragés. Il réussit bien en bac. Les aucubas poussent lentement, développant une silhouette dense et arrondie. Ils sont sujets à la maladie du dépérissement et ont tendance à se dénuder à la base en vieillissant.

AUCUBA JAPONICA
Tailler les tiges de l'intérieur de la plante, afin de dissimuler les marques de coupe.

Quand tailler : en avril, après avoir profité des fruits tout l'hiver.

Conduite et taille : au premier printemps suivant la plantation, rabattez les pousses de l'année précédente, d'un tiers de leur longueur, pour favoriser un port plus buissonnant. Dès que la plante s'est bien établie, supprimez toutes les tiges trop vigoureuses qui nuisent à l'obtention d'une silhouette homogène.
Rabattez toutes les tiges qui dépérissent (la sécheresse opu une maladie peuvent en être la cause), au-dessus d'un bourgeon ou sur un rameau vigoureux et sain. Taillez les haies d'aucuba au sécateur plutôt qu'à la cisaille, afin de ne pas abîmer les grandes feuilles lustrées. Défourchez les branches. Raccourcissez d'un tiers les tiges d'extrémité et défourchez les branches chaque année au sécateur pour garder une forme compacte et la hauteur désirée. On peut rajeunir un aucuba par une taille sévère en procédant par plusieurs étapes. Éliminez chaque année une tige principale sur trois en veillant à ne pas déséquilibrer l'ensemble de l'arbuste. Parez les plaies.

AZARA

Ce sont des arbustes ou des arbres persistants, cultivés pour leurs jolies feuilles et leur floraison jaune intense.
Ils poussent en isolé dans le Midi où ils se contentent d'une taille minimale.
Il est possible de les utiliser en haie que vous taillerez en automne (ou en avril dans les zones fraîches) comme pour un *Escallonia (voir p. 194).* Dans les régions aux hivers froids, palissez les azaras en éventail contre un mur exposé au sud, car ils sont frileux *(voir p. 162).*
En mai, supprimez les rameaux abîmés par le gel. *Azara microphylla* se prête à une mise en forme géométrique *(voir* Topiaires et plantes formées *p. 48),* mais ceci au détriment des fleurs. L'arbuste adulte tolère bien une taille sévère en mai. Il développe alors de nouvelles pousses sur le vieux bois, ce qui permet un rajeunissement

B

BANKSIA

Originaires d'Australie, les *Banksia* sont des arbustes ou des petits arbres subtropicaux. Leurs épis de fleurs cylindriques ou globuleux sont très spectaculaires. Ces plantes requièrent un climat hors gel, elles réussissent aussi en potée dans une véranda. Vous devez les tailler, juste pour limiter leur développement. Comme les eucalyptus *(voir p. 64),* certains *Banksia* ont une base renflée (on dit « tubéroligneuse ») d'où naissent de nouvelles pousses quand on rabat sévèrement l'arbuste.

Quand tailler : après la floraison.

Conduite et taille : limitez la taille des adultes au raccourcissement des pousses de l'année pour limiter leur développement. *Banksia integrifolia, menziesii* et *spinulosa* repartent du pied si on les rabat. En revanche, *Banksia coccinea* et *ericifolia* n'aiment pas les tailles sévères. Mieux vaut remplacer un sujet que de le rajeunir.

BANKSIA ERICIFOLIA
Ses fleurs et son feuillage en aiguille sont très appréciés dans les compositions florales.

BARLERIA

C'est un arbuste tropical, persistant, de taille moyenne. Les fleurs tubuleuses, violet pâle ou blanches, durent longtemps.
Pincez l'extrémité des jeunes plants pour favoriser leur ramification. Raccourcissez les longues tiges à fleurs d'environ un tiers pour stimuler l'apparition des fleurs. On peut aussi former une haie. Dans ce cas, il faut tailler après la floraison afin de conserver tout le potentiel décoratif.

CONSEIL TRUFFAUT
Certaines espèces d'armoises comme Artemisia vulgaris, font partie des mauvaises herbes les plus tenaces.
La plupart ont des vertus thérapeutiques. C'est le cas de l'absinthe (Artemisia absinthium), dont les feuilles stimulent les fonctions digestives. Jadis, on en brûlait autour du berceau des nouveau-nés pour les protéger des maladies. L'aurone (Artemisia abrotanum) est aussi une armoise. Son feuillage fin montre de belles couleurs orangées à l'automne.
On appelait cette plante « garde-robe » parce qu'elle était utilisée dans les armoires pour éloigner les mites. L'estragon est aussi une armoise (Artemisia dracunculus).

BERBERIS *Épine vinette*

Ces arbustes rustiques, épineux, de dimensions variables, ont un port semi-rampant, arrondi, érigé ou arqué, souvent touffu. Ils portent des fleurs jaunes ou orange au printemps, suivies de fruits rouges ou noirs. Beaucoup d'espèces caduques offrent de belles couleurs à l'automne. Les *Berberis* tolèrent, pour la plupart, des emplacements et des sols secs. Les formes persistantes sont parfaites pour créer une barrière impénétrable, qui gagne à être taillée de façon précise au sécateur. Certaines espèces, comme *Berberis* x *ottawensis* et les cultivars de *Berberis thunbergii*, peuvent être régulièrement recépés ou rabattus pour donner une charpente courte avec des feuilles plus grandes et plus vivement colorées. Les jeunes tiges qui se développent au printemps sont superbement colorées. Ne taillez pas de cette façon les espèces décoratives d'automne, les feuilles colorées sont le plus souvent portées par du bois lignifié. Les *Berberis* se prêtent bien aux tailles de rajeunissement. Les plantes adultes et vigoureuses devenues trop grandes gagnent à être rabattues tous les cinq à sept ans. Au cours de la taille, portez des gants et des vêtements épais pour vous protéger des épines.

Berberis darwinii

C'est un arbuste persistant, au port souple, souvent utilisé en haie naturelle ou dans les massifs d'arbustes en mélanges. Les fleurs jaune-orangé foncé, sont portées sur les pousses de l'année précédente. Elles sont suivies de baies bleu pourpré. Cette espèce offre une végétation naturellement dense avec des tiges arquées qu'il faut conserver par une taille très légère. L'arbuste peut devenir très grand et ne fleurir et fructifier qu'à l'extrémité des pousses. Dans ce cas, il se prête bien à un rabattage sévère de rajeunissement.

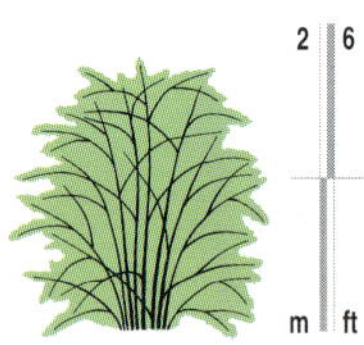

Quand tailler : en juin, après la floraison, si l'on ne souhaite pas obtenir de baies. Sinon, taillez en automne ou en hiver, après la fructification.

Conduite et taille : il faut une taille minimale pour les *Berberis* plantés dans les massifs d'arbustes. Pour les rajeunir, rabattez toutes les tiges à 30 cm du sol, en février. Cela compromet la floraison d'une saison, mais la plante repart avec vigueur. Ne taillez pas les sujets plantés en haie libre, afin de ne pas perdre les baies. En hiver, raccourcissez les tiges qui ont fructifié pour garder une forme compacte.

BERBERIS DARWINII
Après un rabattage sévère, les berbéris repoussent vigoureusement de la base.

Berberis thunbergii

Cet arbuste caduc se décline en nombreux cultivars, cultivés surtout pour leur feuillage qui devient rouge-orange brillant en automne. C'est une plante très cultivée en haie, mais dans ce cas, la floraison est faible. Taillez la ramure chaque année, en aérant les branches trop denses à la base, ce qui met mieux en valeur le feuillage. Vous pouvez rabattre sévèrement chaque année certains cultivars comme 'Aurea' ou 'Rose Glow' pour rehausser l'effet coloré du jeune feuillage printanier.

Quand tailler : en janvier-février. Supprimez le bois mort en été, car il est alors possible de le distinguer plus aisément.

Conduite et taille : pour favoriser le départ de nouvelles pousses, supprimez chaque année une tige sur cinq, en la coupant à la base. Pour un bel effet de feuillage, rabattez la plante. La méthode de rajeunissement est identique au *Berberis darwinii*.

AUTRES BERBERIS

BERBERIS BUXIFOLIA et **LINEARIFOLIA** se taillent comme le *Berberis darwinii*, de même que **BERBERIS HOOKERI** au joli port dense et érigé.
BERBERIS X CARMINEA, X OTTAWENSIS et **WILSONIAE** sont taillés comme le *Berberis thunbergii*. Le cultivar **'SUPERBA'**, très vigoureux, est recommandé pour une taille sévère, régulière *(voir p. 164)*, produisant des jeunes tiges rouges et des feuilles vert pourpré.
BERBERIS X STENOPHYLLA, conduit en haie naturelle, doit être rabattu sévèrement en juin, après la floraison. Éliminez le bois mort, toujours très abondant.
BERBERIS TEMOLAICA est rabattu très court pour favoriser un bel effet de tiges.

BORONIA

Ce sont de petits arbustes persistants, cultivés pour leur feuillage aromatique et leurs fleurs en clochettes parfumées. Certains résistent à des gelées légères, mais mieux vaut les cultiver sous abri dans la plupart des régions. Il faut les tailler pour maintenir la vigueur, l'aspect buissonnant, et accroître la quantité de fleurs. Les *Boronia* vivent peu de temps.

Boronia megastigma

C'est un arbuste persistant, avec des fleurs en clochettes, au parfum puissant, qui apparaissent le long des tiges à la fin de l'hiver et au printemps. Les cultivars présentent diverses couleurs de fleurs.

Quand tailler : en mai, après la floraison.

Conduite et taille : à la plantation, pincez l'extrémité des tiges pour favoriser la ramification et la formation de rameaux fleuris. Après la première floraison, rabattez sévèrement les tiges, mais ne conservez pas celles qui ont perdu leur feuillage. Les années suivantes, raccourcissez d'environ un tiers les tiges à fleurs. Pour rajeunir une plante, rabattez de moitié toutes les tiges en mai. Attention, il faut des conditions idéales pour que la plante reparte bien.

AUTRES BORONIA

BORONIA DENTICULATA ne tolère pas une taille sévère, mais il peut être rabattu légèrement après la floraison.
BORONIA FLORIBUNDA, réduisez de moitié chez l'adulte, les tiges à fleurs trop longues.
BORONIA HETEROPHYLLA se taille comme le *Boronia megastigma*.
BORONIA MOLLIS demande une taille minimale.
BORONIA SERRULATA, chez l'adulte, supprimez une ou deux branches âgées. Si vous raccourcissez les autres tiges, ne coupez pas trop court dans le bois dénudé.

BOUVARDIA

Ces arbustes caducs, semi-persistants ou persistants, sont surtout cultivés pour leurs fleurs, portées en grappes terminales sur le bois jeune. Les *Bouvardia* sont gélifs. Dans nos régions, il faut les cultiver à l'intérieur. Taillez à la fin de l'hiver, en supprimant le bois mort et faible. Rabattez les tiges qui ont fleuri de la moitié et jusqu'aux trois quarts de leur longueur. Pincez les nouvelles pousses *(voir p. 168)* jusqu'en juillet, pour favoriser la ramification. Rabattez au ras du sol toutes les pousses âgées, dénudées et improductives.

BRACHYGLOTTIS *Séneçon en arbre*

Plus connus sous leur ancien nom de *Senecio*, ces arbustes persistants sont le plus souvent rustiques. De forme arrondie, ils offrent un joli feuillage gris argenté. Les groupes de fleurs en marguerites jaunes, apparaissent en abondance en été, sur les pousses de l'année précédente. Une taille sévère favorise le développement d'un feuillage plus fin, mais toujours au détriment des fleurs. La plupart préfèrent le soleil et tolèrent bien les embruns du bord de mer. Ils ne conviennent pas dans un lieu ombragé ou humide. Ils sont souvent abîmés par le froid et une forte chute de neige peut briser les branches.

Brachyglottis 'Sunshine'

C'est un arbuste rustique, au port étalé, dont les feuilles grises sont blanches au revers. Les fleurs jaunes sont superbes en été.

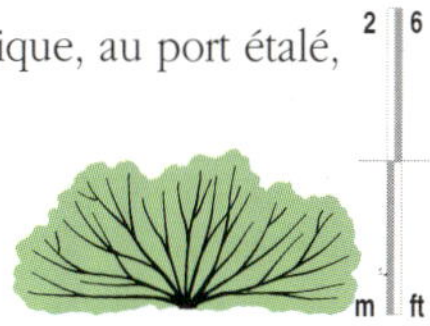

Quand tailler : en avril, une fois passé tout risque de froid vif, au moment du démarrage des nouvelles pousses.

Conduite et taille : les plantes cultivées en bord de mer et sous un climat chaud ont tendance à prendre un port arrondi sans taille régulière. Dans les régions plus froides, le port est plus lâche. Rabattez toutes les pousses rebelles ou abîmées par le gel. Redonnez une belle forme à l'adulte après la floraison, en le rabattant au niveau d'un gros bourgeon sur le bois âgé. Pour un rajeunissement réussi, les plantes doivent être en bonne santé ; mieux vaut remplacer une plante âgée.

AUTRES BRACHYGLOTTIS
Toutes les formes hybrides se taillent comme le cultivar **'SUNSHINE'**, de même que le **BRACHYGLOTTIS LAXIFOLIA.**
BRACHYGLOTTIS ELAEAGNIFOLIA et **HUNTII** requièrent une taille minimale.

RAJEUNISSEMENT DU SÉNEÇON
'Sunshine' se prête bien à une taille sévère, mais la repousse est lente sur les plantes âgées. Voici le résultat, en juillet, après un rabattage sévère au printemps. Mieux vaut remplacer une plante âgée par un jeune spécimen qui produira rapidement des pousses vigoureuses.

BRUGMANSIA *Datura*

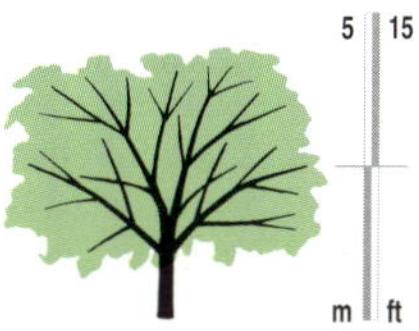

Ces arbustes qui évoluent en petits arbres sont semi-persistants ou persistants. Jadis appelés « daturas », ils sont cultivés pour leurs grandes fleurs en trompettes, parfumées, portées de juin à octobre. Sous un climat chaud, une taille modérée incite les plantes à fleurir abondamment. Dans les régions moins favorisées, les daturas poussent bien dans une véranda, taillés en arbuste ou conduits sur tige *(voir p. 165)*. Vous devez les tailler régulièrement pour limiter leur encombrement, tout en stimulant les boutons à fleurs. Les pousses tendres peuvent dépérir en hiver, mais la plante repart souvent au printemps suivant. Portez des gants pendant la taille, les feuilles et les fleurs renfermant des alcaloïdes toxiques.

Quand tailler : en février, avant le départ de la végétation, toujours par temps doux.

Conduite et taille : rabattez les pousses de l'année précédente à 15 cm du sol, ou coupez court sur les branches charpentières, afin de former une ramure trapue sur un tronc dégagé *(voir ci-dessus)*. Supprimez les fleurs fanées en été. Le datura se prête bien au rajeunissement. Taillez court sur les charpentières la plante trop volumineuse. Intervenez toujours avant le démarrage de la croissance.

BRUGMANSIA TAILLÉ SÉVÈREMENT
Après une coupe très courte, de jeunes pousses vigoureuses apparaissent au printemps, reconstituant la forme.

BRUNFELSIA

Ce sont des arbustes ou des petits arbres persistants à feuilles lustrées. On les cultive pour leurs fleurs qui apparaissent sur les pousses de l'année précédente. Elles sont bleues, lavande, puis blanches (ou jaunes), si bien que l'on peut voir des fleurs de plusieurs couleurs sur la même plante. Les *Brunfelsia* ne poussent à l'extérieur qu'en climat subtropical, mais ils font chez nous de bonnes plantes d'intérieur assez éphémères, proposées en potées fleuries.

Brunfelsia pauciflora

C'est un arbuste à floraison printanière, qui prend un port étalé lorsqu'il pousse à l'ombre. Il est idéal palissé contre un mur.

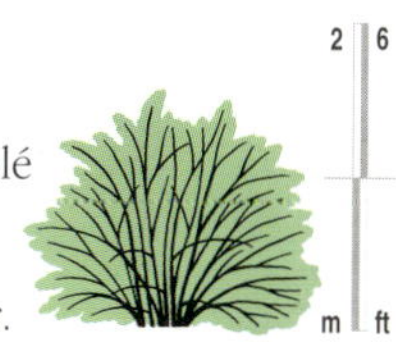

Quand tailler : au printemps, après la floraison.

Conduite et taille : pour favoriser un port plus compact, pincez l'extrémité des pousses. Taillez pour maintenir un port buissonnant. Rabattez les branches désordonnées pour redonner une belle forme. Pour le palissage sur un mur, *voir p. 162*.

CONSEIL TRUFFAUT
Souvent cultivés en haies, les Berberis fleurissent moins s'ils sont trop taillés. Intervenez une seule fois par an à la fin de l'hiver. En début de saison, la haie est régulière, puis les jeunes pousses apparaissent et fleurissent, donnant un aspect plus naturel. Laissez les fruits se former pour en profiter tout l'automne et recommencez la taille. Il faut intervenir dans les massifs, afin que les branches épineuses des Berberis ne viennent pas s'enchevêtrer avec les autres espèces.

AUTRES BRUNFELSIA
BRUNFELSIA AMERICANA ne tolère pas la taille. Il peut former un petit arbre. Équilibrez les branches après la floraison, si nécessaire.
BRUNFELSIA LATIFOLIA se taille comme le *Brunfelsia pauciflora*, avec un port plus aéré.

BUDDLEJA *Buddléia*

Ces grands arbustes sont surtout caducs. On les cultive pour leurs fleurs parfumées et leur port élégant, souvent arqué. La disposition en buisson isolé leur convient très bien, mais beaucoup de buddléias sont attrayants sur tige ou palissés contre un mur. La plupart sont rustiques. Certains fleurissent sur le nouveau bois, d'autres sur des tiges partant du bois âgé, ce qui conditionne la taille. Les premiers se rabattent sévèrement chaque année, tandis que les seconds nécessitent un développement sur une charpente de branches permanente.

Buddleja alternifolia

C'est un arbuste élégant, caduc, dont les tiges pendantes, arquées, se couvrent en juin de bouquets de fleurs lilas, parfumées. Elles apparaissent sur les pousses de l'année précédente.

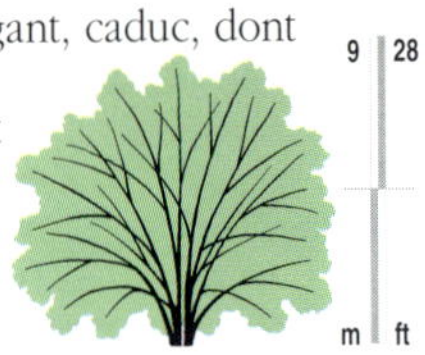

Quand tailler : en juillet, juste après la fin de la floraison.

Conduite et taille : laissez la plante se développer naturellement ou formez-la sur tige. Vous pouvez aussi palisser les longs rameaux souples contre un mur. Cherchez à conserver une forme équilibrée et à renouveler les tiges qui vont porter des fleurs. Rabattez les rameaux défleuris sur un bourgeon sain ou sur un rameau latéral non florifère. Rajeunissez tous les cinq ans.

Buddleja davidii

Cet arbuste vigoureux produit en été des fleurs en grappes terminales sur les pousses de l'année. Non taillé, il a tendance à former une masse inesthétique, enchevêtrée de tiges mortes et vivantes, qui fleurissent moins. Une taille sévère annuelle produit de meilleures fleurs, sur des tiges vigoureuses qui atteignent de 2 à 2,5 m de hauteur en une seule saison. Ce buddléia se ressème en abondance. Supprimez les fleurs fanées *(voir p. 153)*, ce qui favorisera l'apparition d'une seconde floraison en fin d'été.

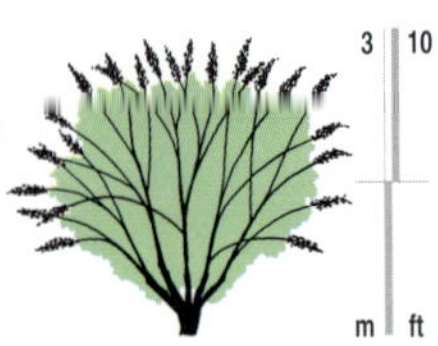

Quand tailler : en mars, au moment du départ de la croissance, quand tout risque de gel sévère a disparu.

Conduite et taille : le premier printemps suivant la plantation, supprimez les pousses faibles et raccourcissez les tiges principales pour commencer à créer une charpente courte de 15 à 50 cm de hauteur *(voir également p. 157)*. Dans le cas d'une plante placée à l'arrière-plan d'un massif, la charpente peut monter jusqu'à 1,2 m de hauteur. Chaque année en automne, rabattez les pousses en ne laissant que deux ou trois paires de bourgeons. Raccourcissez des trois quarts toutes les nouvelles pousses apparues à la base. Vous pouvez même les supprimer entièrement si les touffes sont trop denses. Chez l'adulte, éliminez avec un élagueur ou une scie tout rameau mort ou non productif. Supprimez les fleurs fanées au sécateur, en coupant au niveau d'une jeune tige. Dans un jardin exposé au vent, limitez le nombre de branches principales pour obtenir une ramure assez légère. Les buddléias négligés se prêtent généralement bien à une taille sévère, car le vieux bois reperce aisément.

BUDDLEJA DAVIDII ADULTE, MARS (DÉMARRAGE DE LA VÉGÉTATION)

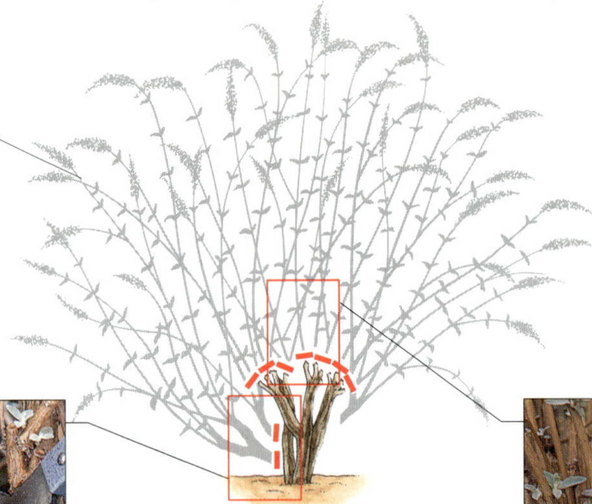

1 Éclaircissez les tiges âgées et rabattez au ras du sol celles qui produisent des pousses mal placées.

2 Rabattez toutes les tiges conservées, en coupant bien net à deux ou trois yeux de la base.

Buddleja globosa

C'est un arbuste semi-persistant, d'assez grande ampleur, qui porte des inflorescences terminales, sphériques, sur les tiges de l'année précédente. Les rameaux gardent souvent

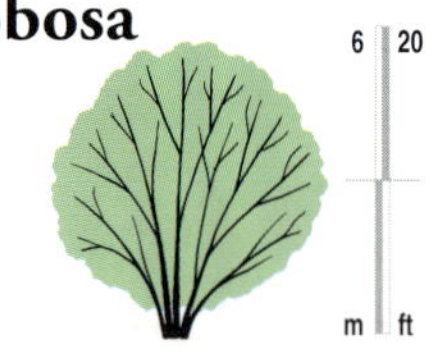

DÉBUT DE LA FORMATION D'UN BUDDLEJA ALTERNIFOLIA SUR TIGE

À l'achat, taillez pour créer un port buissonnant (à gauche). *Supprimez jusqu'aux trois quarts de la pousse centrale, puis utilisez une branche latérale comme branche dominante, en la tuteurant verticalement. Formez le buddléia comme une plante sur tige.*

AVANT LA TAILLE

APRÈS LA TAILLE

leur joli feuillage durant l'hiver. Mieux vaut cultiver le *Buddleja globosa* à l'arrière-plan d'un massif, entouré d'arbustes plus petits, car il a tendance à se dénuder de la base. La taille est rarement utile. Elle consiste juste à redonner une belle forme. Opérez de façon sélective pour ne pas compromettre la floraison de l'année suivante.

Quand tailler : en février, avant le démarrage des nouvelles pousses.

Conduite et taille : supprimez toutes les tiges mortes ou celles qui poussent mal. Raccourcissez les trop longues tiges d'un tiers, même si cela provoque la suppression de la fleur. Les grandes branches dénudées sont raccourcies de moitié. Cela compromet la floraison de l'année suivante, mais la plante repart mieux en produisant des tiges vigoureuses qui fleuriront dès la deuxième année.

Buddleja madagascariensis

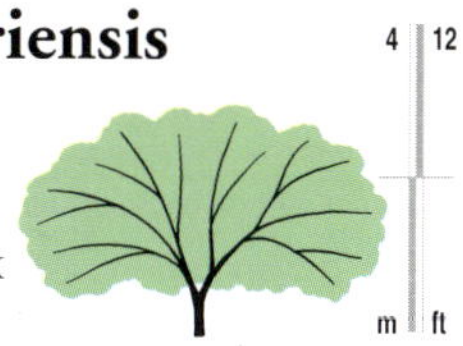

C'est un arbuste persistant, vigoureux, gélif, aux longs rameaux souples. Dans nos régions, mieux vaut l'adosser à un mur, dans un lieu abrité, très ensoleillé, ou le cultiver sous abri. Son feuillage allongé est argenté au revers. Des panicules de petites fleurs jaunes embaument en hiver.

Quand tailler : au printemps, juste après la fin de la floraison.

Conduite et taille : cultivé en isolé, *Buddleja madagascariensis* a tendance à développer une grande masse de tiges désordonnées. Même dans le Midi, on le palisse le plus souvent contre un mur *(voir p. 162)*. En mars ou avril, rabattez les tiges qui ont fleuri sur un bourgeon bien placé ou au-dessus d'une jeune tige vigoureuse.

AUTRES BUDDLÉIAS

BUDDLEJA AURICULATA est persistant. Il faut le palisser contre un mur, comme le *Buddleja madagascariensis*. Taillez les buissons isolés comme le *Buddleja alternifolia*.
BUDDLEJA COLVILEI se taille assez légèrement, après la floraison.
BUDDLEJA CRISPA présente un meilleur aspect si l'on développe une bonne charpente, au lieu de le rabattre au niveau du sol comme les autres espèces. Il se prête également au palissage contre un mur.
BUDDLEJA FALLOWIANA se taille court, comme le *Buddleja davidii*. Il faut le palisser.
BUDDLEJA SALVIFOLIA est rabattu chaque année comme un *Buddleja davidii*.

BUDDLEJA ALTERNIFOLIA, ADULTE SUR TIGE

1 Supprimez toutes les pousses âgées, faibles ou non productives, pour éviter de former une ramure trop dense.

2 Rabattez les longues tiges à fleurs sur des jeunes pousses non florifères, dirigées vers le haut et l'extérieur ; sinon, coupez sur un œil.

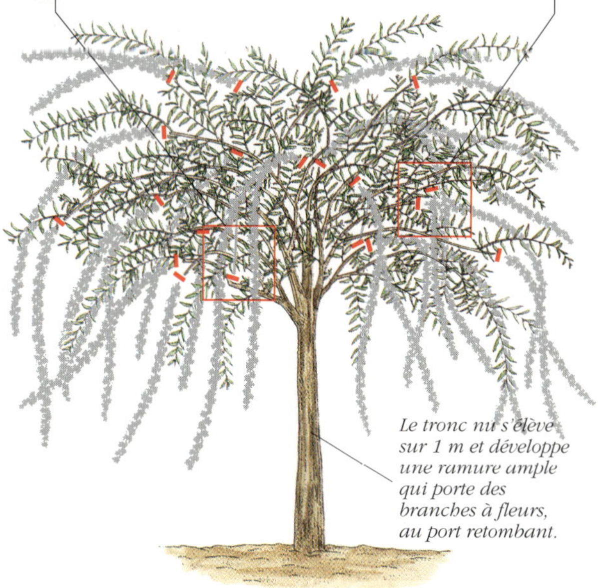

Le tronc nu s'élève sur 1 m et développe une ramure ample qui porte des branches à fleurs, au port retombant.

BUXUS *buis*

Arbustes ou petits arbres coriaces, persistants, les buis portent de jolies feuilles arrondies. Ils sont parfaits pour former des haies taillées *(voir p. 44)* ou des topiaires *(voir p. 48)*. Le buis se prête bien à la taille et repart bien sur du bois âgé. Toutes les espèces sont rustiques, seul *Buxus balearica* peut être abîmé par les froids vifs. Attention, le poids de la neige ou de la glace risque d'abîmer les grands spécimens. Pour tailler les cultivars de *Buxus sempervirens*, tenez compte de leur port, qui peut être rampant ou érigé. *Buxus balearica* est grand, avec un port plus aéré que les autres. Une taille régulière le maintient compact.

Quand tailler : en juillet et en août. Le rajeunissement se pratique en mai.

Conduite et taille : intervenez peu sur les buis laissés libres. Maintenez la hauteur désirée, en réduisant la longueur des tiges et en les équilibrant. Rabattez sévèrement lors de la plantation les buis destinés à former des haies ou des topiaires, pour favoriser un port buissonnant. Taillez minutieusement les buis adultes pour eur donner une forme régulière. Une plante âgée ou abîmée par la neige forme de nouvelles pousses lorsqu'on la rabat à entre 15 cm et 30 cm du sol. Supprimez toutes les branches qui s'enracinent après avoir touché le sol.

BUXUS SEMPERVIRENS
Plantez les jeunes buis en laissant poindre à la surface la partie supérieure de la motte. Cela stimule la formation des pousses depuis la base de la plante.

CONSEIL TRUFFAUT
Chaque jardin devrait accueillir au moins un buddléia. C'est un des meilleurs arbustes de l'été. Il attire les papillons, créant une ambiance unique dans le jardin. Fertilisez après la taille.

C

CAESALPINIA

Ces arbustes et plantes grimpantes sont décoratifs par leur feuillage léger et leurs fleurs découpées. Ils sont rustiques dans le Midi. Pincez l'extrémité des tiges principales chez les jeunes plantes. Taillez pour limiter la végétation après la floraison. Sur les sujets palissés, rabattez au printemps les pousses de l'année précédente entre 5 cm et 8 cm de la charpente.

CALYCANTHUS

Ces arbustes caducs très rustiques fleurissent en été. Ils ont un feuillage aromatique et des fleurs brun rougeâtre aux pétales fins. Pas de taille, si ce n'est la suppression des pousses malades, faibles ou rebelles.
Les *Calycanthus* émettent beaucoup de pousses à la base. Au printemps, avant le démarrage de la végétation, supprimez à la base une tige ancienne sur trois. Rajeunissez une plante négligée en rabattant toutes les tiges au printemps, sauf les plus jeunes.

CALLICARPA

Ce sont des arbustes caducs, de taille moyenne, cultivés pour leurs fruits violet vif qui apparaissent en grand nombre le long des tiges en automne et en hiver. Ils fleurissent sur les bois de un et deux ans. Certains, comme *Callicarpa rubella*, requièrent un climat hors gel. Les touffes sont denses et buissonnantes. Il faut les tailler, en rabattant les tiges à la base.

Callicarpa bodinieri

On cultive surtout la variété 'Giraldii' de cet arbuste rustique, buissonnant, aux minuscules fleurs lilas, suivies d'une profusion de fruits violets, en hiver.

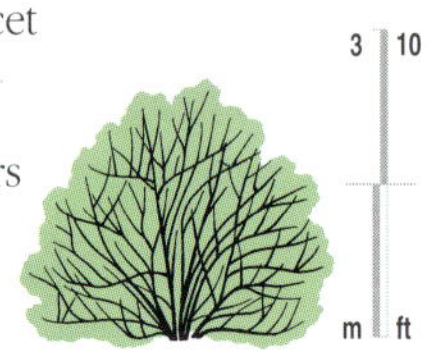

Quand tailler : en mars, quand la plante est encore en repos et qu'il n'y a plus de risques de très fortes gelées.

Conduite et taille : chaque année, supprimez complètement une tige sur cinq en la coupant à la base. Rabattez immédiatement toute branche cassée par le poids des fruits, en taillant au niveau d'une jeune pousse vigoureuse située plus bas. Les *Callicarpa* tolèrent généralement une taille sévère.
Les plantes qui semblent avoir souffert d'un grand froid peuvent repartir de la souche, si l'on rabat le bois mort au ras du sol en mars. Cette pratique ne doit pas être trop fréquente.

AUTRE CALLICARPA
CALLICARPA RUBELLA se taille comme *bodinieri.*

CALLISTEMON *Plante goupillon*

Ces arbustes persistants forment des buissons à un port souple et arqué. Ils portent des fleurs en goupillons, rouges ou jaunes, sur les nouvelles tiges. Frileux, ils poussent seulement dans les régions les plus tempérées. Ailleurs, il faut les planter à l'abri d'un mur ensoleillé, ou bien les hiverner dans une véranda.

Callistemon citrinus

C'est un arbuste persistant, aux branches arquées, avec de longues fleurs rouges qui sont, en été, à l'extrémité des nouvelles pousses.

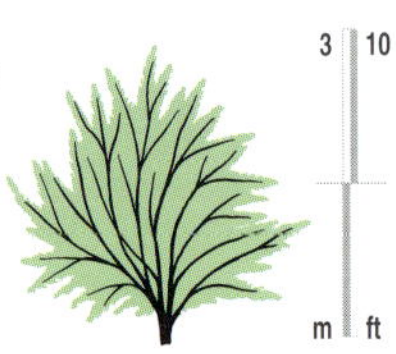

Quand tailler : en été, après la floraison.

Conduite et taille : raccourcissez l'extrémité des jeunes tiges pour favoriser un port buissonnant. Pour un sujet palissé contre un mur, la taille est inutile. Attachez les longues tiges ici et là, et laissez la plante pousser vers le haut ; avec des branches dirigées à l'opposé de son support. L'adulte se contente d'une taille légère. Pour qu'il reste compact, vous pouvez rabattre le bois âgé sur des jeunes tiges bien orientées. Le but final est de limiter le port retombant, pour donner plus d'ampleur à la plante. Le Callistemon supporte bien la suppression d'un peu de bois âgé, mais échelonnez cette intervention sur deux ou trois années et ne rabattez pas plus d'une grosse branche sur deux au même moment Une taille trop drastique entraîne un ralentissement de la végétation et rend plus sensible la plante aux maladies

AUTRES CALLISTEMON
CALLISTEMON 'HARKNESS', 'MAUVE MIST', PHOENICEUS et **RIGIDUS** se taillent assez court, comme le *Callistemon citrinus.*
CALLISTEMON SIEBERI se taille très peu.
CALLISTEMON VIMINALIS est un grand arbuste à port retombant qui se taille peu. Palissez-le contre un mur, sans serrer les tiges.

CULTIVAR DE CAMELLIA RETICULATA
Pour assurer la floraison, il convient de tailler avec beaucoup de parcimonie.

CAMELLIA *Camélia*

Ces arbustes persistants portent des grandes fleurs roses, blanches ou rouges, de novembre à fin mars selon les espèces. La plupart sont rustiques, même si les fleurs se montrent sensibles aux brusques écarts de température. Dans les régions continentales, mieux vaut prévoir une protection hivernale. On peut aussi palisser certains camélias contre un mur. Évitez l'exposition à l'est, la chaleur du soleil matinal pouvant provoquer l'éclatement des bourgeons affectés par le gel nocturne. La plupart des camélias ont besoin d'une taille de formation, car les jeunes plantes émettent souvent des tiges déséquilibrées. Chez l'adulte, la taille favorise un port plus dense. Certains camélias épanouissent des fleurs d'une couleur différente de la variété. Supprimez au printemps ces pousses anormales. N'intervenez pas sur des branches âgées.

Camellia japonica

L'espèce type est peu cultivée, mais il existe de nombreux cultivars au port très variable. La plupart supportent assez mal la taille.

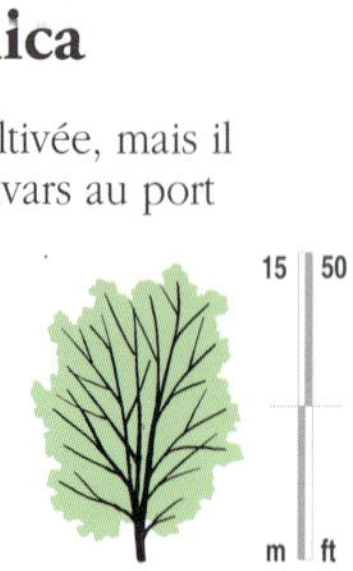

Quand tailler : au printemps, après la fin de la floraison, mais

CARAGANA

Ce sont des arbustes caducs aux longues feuilles composées. Les fleurs jaunes ressemblent à celles des haricots, portées sur des tiges courtes de deux ans. Taillez les jeunes plantes pour les équilibrer, c'est ensuite inutile. *Caragana arborescens* peut former une tige, surtout la forme 'Pendula', greffée sur une tige de 1 m avant le départ de la croissance.

JEUNES CAMÉLIAS
Les jeunes plants présentent une grande diversité de formes ; une taille modérée à la plantation les équilibre bien.

AUTRES CAMÉLIAS

CAMELLIA CHRYSANTHA (ou **NITIDISSIMA**) se taille comme le *Camellia sasanqua*.

CAMELLIA X HIEMALIS se taille comme le *Camellia japonica*. Cet hybride forme aussi de très jolies haies.

CAMELLIA LUTCHUENSIS se taille comme le *Camellia sasanqua*.

CAMELLIA RETICULATA se taille comme le *Camellia japonica*. Il a tendance à se déséquilibrer, d'où la nécessité d'une taille de formation suivie.

CAMELLIA X WILLIAMSII se taille modérément. Il est inutile de supprimer les fleurs fanées, puisqu'elles tombent naturellement.

Conduite et taille : intervenez sur les jeunes plants pour favoriser un port buissonnant, en réduisant les tiges fines et dégarnies, à deux ou trois feuilles de la base ou en les coupant à ras. Chez l'adulte, vous pouvez rabattre les pousses de l'année précédente à 10 cm de leur point de naissance, afin de stimuler le départ de nombreuses ramifications qui porteront les fleurs. Cette taille permet aussi de limiter le volume des plantes cultivées sous abri. Supprimez les fleurs fanées, car elles restent sur la plante et l'enlaidissent. En Bretagne, rajeunissez les vieux camélias par un rabattage sévère. Coupez en mars les grandes branches à 60 cm du sol, voire plus bas si elles sont très vigoureuses. Échelonnez l'opération sur trois ans. Les branches coupées ne repoussent qu'à partir de juillet, mais elles développent de nombreux départs. Vous devez les éclaircir pour créer de nouvelles branches charpentières

Camellia sasanqua

C'est un arbuste à fleurs parfumées qui se montre assez frileux. Il peut présenter un port lâche et gagne alors à être palissé contre un mur. Il est intéressant pour sa floraison hivernale.

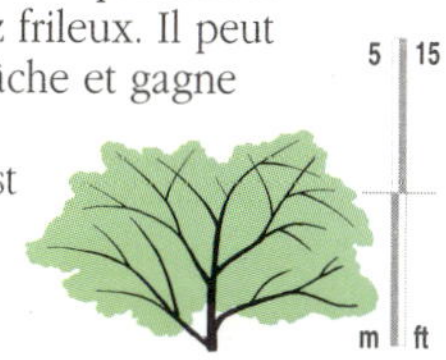

Quand tailler : au début du printemps.

Conduite et taille : *Camellia sasanqua* bénéficie de la présence d'un tuteur central autour duquel on arrime les branches *(voir p. 99)*. Il peut être palissé pour créer une charpente en espalier. Quand la ramure est bien formée ce camélia ne requiert pas beaucoup d'entretien.
Raccourcissez toutes les branches rebelles qui déséquilibrent la forme, en les coupant au-dessus d'un rameau latéral bien formé et orienté dans une direction adéquate.
Supprimez les branches âgées qui ne fleurissent plus. Si un rajeunissement s'avère nécessaire, procédez comme pour le *Camellia japonica*, mais cette espèce apprécie peu les coupes fortes.

RAJEUNISSEMENT DU CAMÉLIA
Après un rabattage sévère, les camélias repartent bien, mais lentement. À faire seulement dans les régions à climat doux.

CAMELLIA SASANQUA
Cette espèce à croissance rapide peut présenter un port lâche et exiger un support. Ici, l'arbuste est attaché sur un tuteur central et les branches sont étirées pour mettre les fleurs en valeur. La touffe mériterait d'être un peu aérée au centre.

On a rabattu sévèrement toutes les tiges après la floraison.

À la fin de l'été, les branches taillées produisent une abondance de nouvelles pousses.

CONSEIL TRUFFAUT
En France, le camélia réussit bien dans un endroit abrité du jardin. Contrairement à une idée reçue, ce n'est pas un arbuste de terre de bruyère comme les azalées, par exemple. Il faut plutôt le classer parmi les espèces acidophiles, comme le magnolia ou l'hortensia, c'est-à-dire des plantes qui demandent un sol acide, au pH idéal de 6. Dans de la terre de bruyère pure, le camélia manque vite d'éléments nutritifs et il végète. Ceci est la cause principale des échecs avec les camélias. Vous devez également lui fournir un lieu mi-ombragé, protégé des vents dominants et des courants d'air froids. N'hésitez pas à placer un brise-vent le long de la plante, quand ses boutons sont formés. Cette protection évite la chute précoce des boutons floraux dans les zones un peu fraîches. La taille des camélias est déconseillée en dehors de leurs régions de prédilection (la Bretagne et une partie de la côte Atlantique). Leur croissance est insuffisante dans la plupart des régions pour nécessiter ces interventions. Pensez à fertiliser les sujets que vous avez taillés.

Carissa

Ce sont des arbustes persistants, assez grands mais non rustiques. La ramure souvent dense porte des fleurs parfumées en été. *Carissa macrocarpa* (ou *grandiflora*) produit des fruits comestibles. Les espèces épineuses forment des haies impénétrables à tailler juste après la floraison. Il est possible de cultiver ces *Carissa* à l'intérieur, en pots. En mars, supprimez les pousses faibles. Sur les arbustes en isolé, faites comme pour les *Aucuba*, éliminez les tiges rebelles durant la saison de croissance *(voir p. 177)*.

Carpenteria

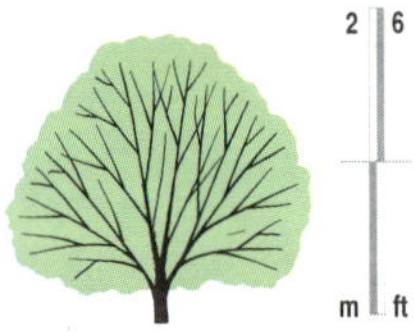

Cet arbuste persistant porte, durant l'été, des fleurs blanches sur les pousses de l'année précédente. S'il est considéré comme rustique, *Carpenteria californica* préfère toutefois un lieu abrité. C'est une plante érigée, ramifiée, qu'il faut tailler de façon sélective. Supprimez le vieux bois, qui a perdu sa vigueur à la suite de floraisons répétées.

Quand tailler : en été, après la floraison.

Conduite et taille : au fur et à mesure du développement de la plante, supprimez les branches (pas plus d'une sur trois) épuisées par les floraisons, en les rabattant à la base ou sur un jeune départ vigoureux. Un recépage sévère est possible, mais la plante a du mal à se remettre. Remplacez un arbuste trop âgé.

Carpenteria californica
Dans un endroit froid, mieux vaut le cultiver contre un mur, en le palissant de façon naturelle, sans trop serrer les tiges.

Caryopteris

Ces arbustes caducs, rustiques, à feuillage grisâtre, produisent des fleurs bleues sur les pousses de l'année. Elles apparaissent à la fin de l'été et en automne. Il faut les tailler chaque année sur une charpente courte, pour qu'ils ne se dénudent pas de la base et produisent une abondance de tiges à fleurs. Si l'hiver est froid, la plupart des pousses de l'année précédente meurent.

Caryopteris x clandonensis

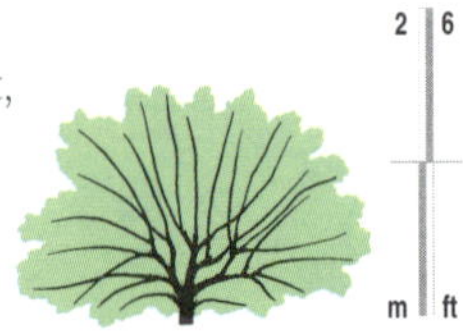

C'est un arbuste érigé, buissonnant, avec des fleurs bleu vif portées à l'extrémité des pousses et à l'aisselle des feuilles. Les nombreux cultivars se taillent tous de la même façon.

Quand tailler : en mars, avant le débourrement, quand le bois mort est bien visible, et une fois passé tout risque de froid sévère.

Conduite et taille : créez une charpente courte *(voir p. 157)* en taillant sévèrement les jeunes plantes au printemps suivant la plantation. Ensuite, rabattez toutes les tiges à 5 cm du vieux bois. Taillez au-dessus d'un petit départ ou d'un bourgeon apparent pour être assuré de la repousse. N'intervenez pas au sein de la charpente, car les caryoptéris produisent très rarement de nouvelles pousses à partir du bois âgé. Pour rajeunir une plante négligée, rabattez les tiges au printemps, sur les yeux apparents situés le plus près possible de la souche. Ces arbustes ne tolèrent pas une taille plus sévère et font beaucoup de bois mort.

Autres Caryopteris
Caryopteris incana et **monghoлica** se taillent comme le *Caryopteris* x *clandonensis.*

Taille du caryoptéris au printemps
Supprimez les pousses de l'année, mais ne taillez jamais dans le bois âgé.

Floraison en fin d'été
Des tiges vigoureuses se développent et produisent des inflorescences terminales.

Cassia

Ce sont des arbustes de taille moyenne, caducs ou persistants, ou des petits arbres cultivés pour leurs fleurs souvent jaunes et leur joli feuillage découpé. Les *Cassia* ne sont pas rustiques, il faut les cultiver sous verre en climat froid.

Cassia corymbosa

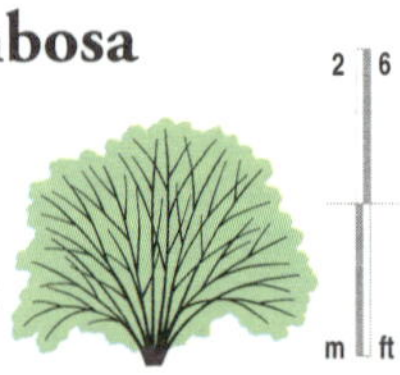

Appelé aussi *Senna corymbosa*, c'est un arbuste ou un petit arbre, semi-persistant ou persistant. Il réussit dans le Midi, mais doit être maintenu hors gel. Les fleurs d'un jaune intense naissent en fin d'été. Il est préférable de le cultiver dans nos régions, à l'abri d'un mur bien exposé, ou même en véranda dans un grand bac.

Quand tailler : au printemps, quand la végétation démarre.

Conduite et taille : en régions tropicales, taillez au minimum. En Europe, créez une charpente de tiges robustes, comme pour le *Caryopteris*. Rabattez les tiges tous les ans à deux ou trois bourgeons de la base pour favoriser les fleurs. Faites de même pour les plantes palissées contre un mur, en veillant à bien répartir la charpente de branches permanentes.

Autres Cassia
La plupart étant des arbres, *voir* le Lexique des arbres d'ornement *p. 56.*

CEANOTHUS *Céanothe*

Ce sont des arbustes caducs ou persistants, cultivés pour leurs fleurs en grappes. Les formes bleues sont appelées « lilas de Californie ». Les céanothes qui fleurissent sur les pousses de l'année sont tout à fait rustiques. Les espèces à feuillage persistant sont souvent palissées contre un mur. L'âge du bois sur lequel la plante fleurit définit l'époque de la taille. Les espèces rampantes se contentent d'une intervention minimale.

Ceanothus 'Autumnal Blue'

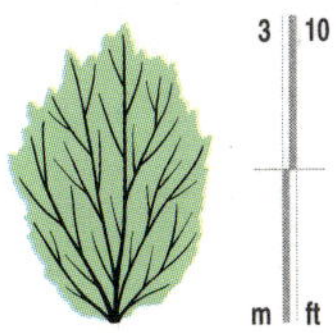

C'est un cultivar persistant et buissonnant dont les fleurs bleues se forment en mai sur les pousses de l'année précédente. Certaines apparaissent en automne sur les pousses de l'année. Mieux vaut le cultiver à l'abri d'un mur ensoleillé.

Quand tailler : à la fin du printemps.

Conduite et taille : pincez l'extrémité des pousses chez les jeunes sujets *(voir p. 155)*. Chez les adultes non palissés, réduisez la longueur des pousses de l'année précédente. Pour les plantes adossées à un mur *(voir p. 162)*, rabattez les pousses de un an, entre le tiers et la moitié de leur longueur, et supprimez les tiges mal orientées. Attachez les nouvelles tiges pour remplacer les branches âgées et réduisez de moitié les pousses latérales qui apparaissent sur la tige de remplacement.

Ceanothus 'Gloire de Versailles'

C'est un hybride caduc, à fleurs bleu pâle, de juillet à septembre sur les pousses de l'année.

Quand tailler : en mars-avril.

Conduite et taille : il faut raccourcir chaque printemps les pousses de l'année précédente des deux tiers, pour développer une charpente ramifiée. Chez l'adulte, rabattez les jeunes tiges tout près de leur point de naissance. Rajeunissez l'arbuste tous les cinq à sept ans, en rabattant les pousses au ras du sol. Des pousses apparaîtront sur la souche.

FORMATION ET TAILLE D'UN CÉANOTHE CADUC

PREMIÈRE ANNÉE, MARS

Raccourcissez toutes les tiges des deux tiers, en les coupant au-dessus de bourgeons orientés vers l'extérieur de la ramure.

DEUXIÈME ANNÉE, MARS

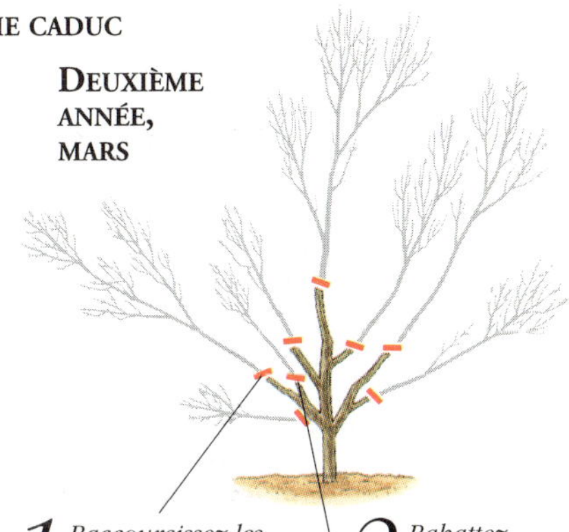

1 Raccourcissez les tiges principales des deux tiers de leur longueur.

2 Rabattez les pousses latérales entre 10 cm et 25 cm de la charpente.

PLANTE ADULTE, MARS

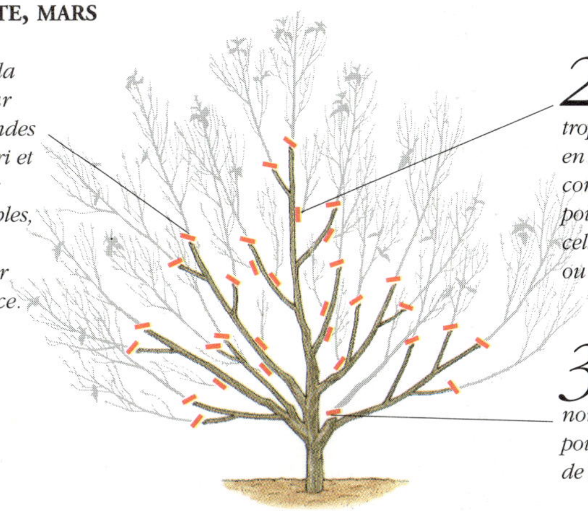

1 Rabattez de la moitié de leur longueur les grandes tiges qui ont fleuri et taillez les pousses latérales plus faibles, à un ou deux bourgeons de leur point de naissance.

2 Éclaircissez les parties trop denses, en supprimant complètement les pousses faibles et celles qui se gênent ou se croisent.

3 Supprimez les tiges âgées, non productives, pour aérer le centre de la plante.

Ceanothus 'Trewithen Blue'

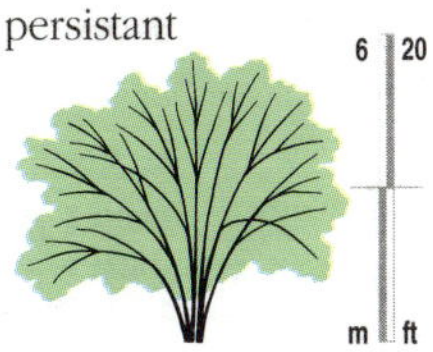

C'est un bel arbuste persistant et vigoureux. Les fleurs bleu intense apparaissent en avril-mai sur les pousses de l'année précédente.

Quand tailler : en fin juin, après la floraison.

Conduite et taille : formez l'arbuste comme pour la variété 'Autumnal Blue'. Puis rabattez les longues tiges à fleurs d'un tiers à la moitié de leur longueur, après la floraison. Pour obtenir un port plus buissonnant, taillez à nouveau, mais superficiellement, durant l'été. Si vous désirez le palisser, *voir p. 162*. Le rajeunissement est difficile, car il ne se forme pas de pousses sur le bois âgé.

AUTRES CÉANOTHES

CEANOTHUS 'BURKWOODII' se taille comme 'Autumnal Blue'. C'est une forme assez compacte qu'il faut bien aérer.
CEANOTHUS 'CONCHA' et *thyrsiflorus* 'Skylark' se taillent comme le *Ceanothus arboreus* 'Trewithen Blue', en recherchant un effet buissonnant par des pincements.
Les cultivars de **CEANOTHUS X DELILEANUS**, dont 'Marie Simon', 'Henri Desfossé' et 'Perle Rose', sont taillés et rajeunis comme le *Ceanothus* 'Gloire de Versailles'.
CEANOTHUS DENTATUS et sa variété **FLORIBUNDUS** sont palissés contre un mur où ils créent une magnifique de cascade fleurie. Une taille trop rigoureuse des tiges poussant vers l'extérieur, gâche cette jolie silhouette. Contentez-vous de les équilibrer. Ces plantes demandent un support très solide en raison de leur vigueur.

CONSEIL TRUFFAUT

Les céanothes à floraison printanière résistent plus ou moins au froid, selon la qualité du sol. Incorporez un bon amendement organique au moment de la plantation et mélangez les terres argileuses avec du sable assez grossier. Il est indispensable que les racines ne se trouvent pas dans une ambiance humide, surtout pendant le repos végétatif. Ceanothus thyrsiflorus 'Repens', qui prend un port étalé, est sans doute la forme la plus résistante parmi les céanothes persistants. C'est un bon arbuste pour décorer un talus bien exposé ou habiller un muret. Il est inutile de le tailler, excepté pour éliminer les branches qui se développent verticalement et nuisent à l'aspect rampant de la plante.

CERATOSTIGMA

Ce sont des arbustes, parfois des plantes vivaces caduques, semi-persistants ou persistants. On les cultive surtout pour leurs fleurs d'un bleu étonnant. Elles apparaissent à la fin de l'été et en automne, formant des grappes terminales sur les pousses de l'année. Cultivez les *Ceratostigma* dans un lieu abrité, car ils ne sont pas très rustiques. Lors d'un hiver rigoureux, la partie aérienne est totalement détruite. Taillez en avril en supprimant tout le bois mort. Raccourcissez toutes les autres tiges entre 3 cm et 5 cm du sol. Sous un climat doux, ces plantes conservent une charpente ligneuse. Taillez alors comme un *Caryopteris* *(voir p. 184)*.

CESTRUM

Ces arbustes caducs ou persistants portent des fleurs décoratives sur les pousses terminales de l'année. Elles apparaissent parfois sur les rameaux latéraux qui se développent sur le bois de un an. Certaines espèces comme *Cestrum parqui* sont assez rustiques, mais la plupart sont gélives et viennent mieux en pots à la maison. Les *Cestrum* ont un port lâche. Taillez les longues pousses d'extrémité pour favoriser la ramification. On peut aussi les palisser contre un mur. En mars, supprimez à la base les tiges de deux ou trois ans. Les parties terminales des plantes cultivées à l'extérieur meurent généralement en hiver. Vous devez les rabattre sévèrement en mars pour favoriser l'émission de nouveaux départs vigoureux au niveau de la souche.

CHAENOMELES

Très communs, les cognassiers du Japon sont des arbustes épineux, caducs et rustiques. Bien ramifiés, ils fleurissent en mars et en avril, puis produisent des coings jaunes en automne. Il faut les cultiver en isolé, en massifs ou palissés (ils fleurissent souvent mieux ainsi). La taille d'été contribue à limiter les dégâts des pucerons et de la fumagine, car vous supprimez ainsi toutes les jeunes feuilles attaquées. Le principe est le même pour tous les cognassiers à fleurs comme *Chaenomeles speciosa*, au port dense, souvent utilisé en haie libre. La taille favorise la formation de nouveaux rameaux à fleurs.

PLUS DE FLEURS PAR LA TAILLE
Les tiges de Chaenomeles *non taillées produisent peu de fleurs. Celles qui ont été rabattues fleurissent à profusion.*

Chaenomeles x superba

C'est un arbuste caduc, au port étalé, qui a donné naissance à de nombreux cultivars. Les fleurs printanières rouges, roses, orange ou blanches, sont suivies de fruits jaunes assez décoratifs.

Quand tailler : en mai et en juin, après la fin de la floraison.

Conduite et taille : éclaircissez sans excès les arbustes adultes isolés. Le raccourcissement des nouvelles pousses à cinq ou six feuilles améliore la floraison. Sur les cognassiers du Japon palissés contre un mur, sélectionnez cinq à six branches et attachez-les pour former la charpente principale *(voir p. 162)*. En été, rabattez les tiges dirigées vers l'extérieur et celles qui se croisent. Éliminez les pousses surabondantes entre mai et août. Favorisez la formation de rameaux à fleurs, en rabattant toutes les pousses latérales à deux ou trois feuilles de la base. Comme pour le pommier *(voir p. 105)*, réduisez le nombre de rameaux à fleurs quand ils deviennent trop nombreux. Rajeunissez la plante par un rabattage sévère au printemps, que vous échelonnerez sur deux ou trois années.

AUTRES CHAENOMELES
CHAENOMELES CATHAYENSIS est très vigoureux, avec souvent un port un peu lâche. Il se taille comme le *Chaenomeles* x *superba*, de même que les **CHAENOMELES JAPONICA** et **CHAENOMELES SPECIOSA.**

CHIMONANTHUS

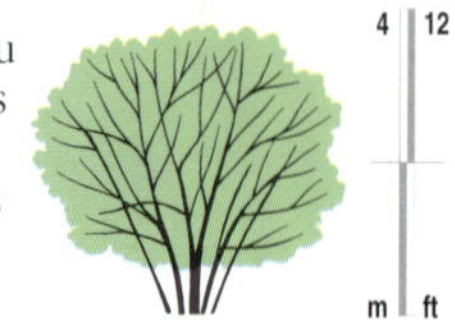

Le chimonanthe est un arbuste caduc ou semi-persistant sous un climat chaud. Il produit des fleurs agréablement parfumées en hiver dès la cinquième année de plantation. Dans les régions froides, mieux vaut abriter *Chimonanthus praecox* contre un mur au sud, ou le palisser pour protéger les fleurs des gelées.

Quand tailler : en février et en mars, après la fin de la floraison.

Conduite et taille : ne taillez pas le chimonanthe quand il est jeune, afin de laisser se développer le bois adulte qui portera les fleurs. Il est inutile de tailler un arbuste isolé bien établi. Au besoin, éclaircissez les tiges et raccourcissez les plus vieilles branches entre 15 cm et 30 cm de leur point de naissance. Pour les arbustes palissés contre un mur, rabattez les rameaux latéraux qui ont fleuri, à deux ou trois feuilles de la base. Entre décembre et mars, coupez au ras du sol les branches âgées, faibles ou mal placées. Rajeunissez la plante en rabattant toutes les tiges à 60 cm de hauteur. Après une intervention aussi sévère, la plante est lente à repartir et ne refleurit qu'après plusieurs années. Il faut l'éviter dans la mesure du possible.

CHOISYA

Ce sont des arbustes de taille moyenne, au feuillage persistant, aromatique. Ils épanouissent des groupes de fleurs blanches, fortement parfumées, au printemps. Ils sont souvent rustiques,

CHOISYA TERNATA
La taille des tiges fleuries favorise une seconde floraison, moins importante.

CISTUS *Ciste*

Ce sont des arbustes persistants assez petits, qui épanouissent des fleurs de diverses couleurs en juin et en juillet. Il faut les tailler peu, excepté les jeunes sujets.

Quand tailler : au printemps.

Conduite et taille : pincez assez fortement les jeunes plants pour favoriser leur ramification. Chez l'adulte, pas de soin particulier. En mars, supprimez le bois mort ou abîmé par le froid. Remplacez une plante âgée ou désordonnée.

JEUNES CISTUS X PURPUREUS
Taillez la tige leader et rabattez des deux tiers les rameaux latéraux vigoureux.

mais se montrent sensibles au gel dans un endroit trop exposé. Le *Choisya ternata* (oranger du Mexique) est bien résistant au froid. Il repart après un hiver rigoureux, même si certains rameaux ont flétri. Dans certaines régions, mieux vaut cultiver en pots, sous abri, les espèces les plus frileuses. De croissance rapide, les *Choisya* prennent une belle forme sans nécessiter de taille. Intervenez peu sur les plantes adultes, si ce n'est pour tailler les tiges à fleurs. Cela favorisera une seconde floraison en automne et jusqu'en hiver, si le temps reste doux. Les *Choisya* deviennent désordonnés avec l'âge, avec beaucoup de branches qui s'entrecroisent. Ils se prêtent bien à un rabattage sévère au printemps.

Quand tailler : au printemps, juste après la fin de la floraison.

Conduite et taille : chez le *Choisya* adulte, rabattez de 25 à 30 cm l'extrémité des tiges à fleurs si vous souhaitez provoquer une seconde floraison *(voir ci-contre)*. Supprimez entièrement la moindre tige abîmée par le gel. N'hésitez pas à rabattre sévèrement une plante âgée, mal formée ou abîmée par le froid.

CLERODENDRUM

Ce genre aux quatre cents espèces comprend des plantes grimpantes et des grands arbustes buissonnants, caducs ou persistants. La plupart des clérodendrons ne sont pas rustiques.

Clerodendrum bungei

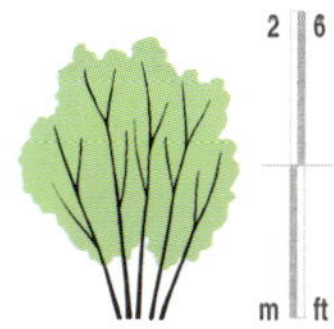

C'est un arbuste érigé, drageonnant et rustique. Ses feuilles en forme de cœur sont caduques ou semi-persistantes. Des inflorescences roses et parfumées, apparaissent en août et en septembre. Il a tendance à flétrir en hiver. Dans ce cas, taillez sévèrement pour éviter l'accumulation du bois mort pouvant héberger la maladie du corail.

Quand tailler : au printemps.

Conduite et taille : dans le Midi, rabattez toute la plante chaque année entre 60 cm et 1 m du sol. Ailleurs, supprimez toutes les pousses mortes ou abîmées et rabattez complètement les tiges les plus âgées.

Clerodendrum trichotomum

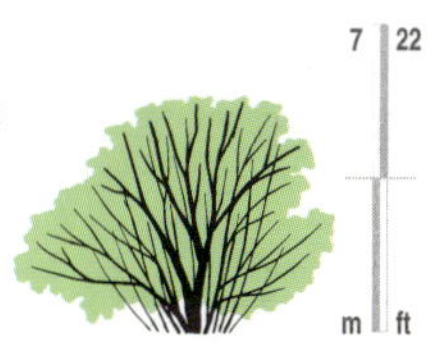

C'est un arbuste caduc, tout à fait rustique. Il porte des feuilles arrondies et des fleurs blanches parfumées, suivies de baies bleues. Il est préférable de le cultiver sur un tronc court, afin de pouvoir contrôler son port naturellement drageonnant. Une taille annuelle réduit le nombre de fleurs et de fruits.

CLERODENDRUM TRICHOTOMUM
Arrachez les drageons qui apparaissent en nombre autour de cette espèce. Vous pouvez aussi les transplanter ailleurs.

Quand tailler : en mars, avant que les bourgeons ne commencent à pousser.

Conduite et taille : formez les jeunes plantes sur une tige simple *(voir p. 28)*, en rabattant le leader entre 50 cm et 2 m de hauteur. Sélectionnez de cinq à six rameaux latéraux pour former la ramure. Une blessure du système radiculaire peut favoriser l'apparition de drageons à la base. Vous l'éviterez en paillant au pied de la plante et en n'ameublissant pas la terre à cet endroit. Les drageons épuisent le pied mère, supprimez-les.

AUTRES CLÉRODENDRONS
CLERODENDRUM SPECIOSISSIMUM et **UGANDENSE** sont des persistants buissonnants qui se contentent d'une taille légère.
Pour les autres espèces, *voir* le Lexique des plantes grimpantes *p. 269*.

CONSEIL TRUFFAUT
Les cognassiers du Japon sont des arbustes buissonnants dont les tiges principales naissent de la souche. Cette particularité permet d'utiliser le système du marcottage par buttage pour les multiplier. Dans le courant de l'hiver, recépez la plante (de préférence un sujet de trois à cinq ans bien vigoureux). Coupez toutes les branches au ras du sol, puis couvrez la souche d'un lit de compost mélangé à de la terre de jardin légère. Au printemps, de jeunes branches vont émerger du sol. Attendez qu'elles mesurent 30 cm de hauteur. Couvrez-les avec un mélange de terre de jardin et de terreau, en ne laissant émerger que deux ou trois feuilles au sommet de la butte. Laissez les extrémités se développer, puis renouvelez l'opération une seconde fois. Pendant toute la période de végétation, pensez à arroser généreusement votre cognassier du Japon.
Si tout se passe bien, la partie enterrée aura émis des radicelles à sa base. Vérifiez cela en automne, en dégageant la butte de terre. Coupez les tiges qui portent des racines et transplantez-les aussitôt comme des nouveaux sujets.
Pour éviter d'épuiser complètement la plante mère, mieux vaut lui laisser entre le tiers et la moitié de ses nouvelles pousses. Elle va ainsi reconstituer sa ramure le plus rapidement possible. Les cognassiers du Japon reprennent aussi fort bien par bouturage. Les portions de rameaux sont mises à raciner à la fin du mois d'août.

Colquhounia

Peu connus, ces arbustes persistants ou semi-persistants, de taille moyenne, portent un feuillage aromatique. Ils sont appréciés pour leurs grappes décoratives de fleurs rouges, orange ou jaunes, qui apparaissent à la fin de l'été, sur les pousses de l'année. Rustiques, mais frileux, ils supportent mal un hiver rigoureux. Offrez-leur un emplacement abrité. Leur port est similaire à celui du *Buddleja davidii*, taillez les *Colquhounia* de la même façon *(voir p. 180)*. On peut palisser les *Colquhounia* contre un mur et rabattre les tiges à fleurs à quelques centimètres de la charpente. Si vous souhaitez un port plus buissonnant, pincez l'extrémité des pousses au printemps.

Colutea *Baguenaudier*

Ces arbustes buissonnants de dimensions moyennes sont rustiques. Ils poussent vite et portent en été, sur les pousses de l'année, des fleurs qui ressemblent à celles du haricot. Taillez très peu, juste pour raccourcir les longues tiges au printemps. Vous pouvez aussi former un petit arbre sur tige courte *(voir p. 165)*. Dès que la plante pousse fortement, il faut la rabattre comme pour un *Cornus alba (voir à droite)*, pour favoriser une floraison en fin d'été.

Convolvulus *Liseron*

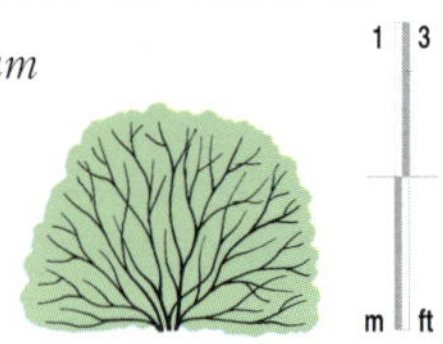

Convolvulus cneorum est un joli petit arbuste persistant. De port arrondi, il porte un feuillage soyeux, gris argenté. De mai à juillet apparaissent des boutons roses qui s'épanouissent en fleurs blanches à cœur jaune. Cette espèce rustique requiert un emplacement chaud et abrité. Elle forme naturellement une petite boule et se passe de taille, sauf pour supprimer d'éventuelles tiges trop longues. Cette espèce se montre sensible au dépérissement.

Quand tailler : en mars, avant la pousse des bourgeons (débourrement).

Conduite et taille : laissez la plante se développer naturellement. Raccourcissez les tiges trop longues en les rabattant à la base ou sur une pousse latérale jeune, bien dirigée. Supprimez au ras du sol la moindre pousse affectée par le dépérissement (marron). *Convolvulus cneorum* ne vit pas bien longtemps. Il se prête mal à une taille sévère. Mieux vaut remplacer, par de jeunes spécimens, une plante âgée ou négligée. La culture en pot est facile dans un substrat sableux.

Cornus *Cornouiller*

On connaît quarante espèces de *Cornus*, petits arbres, arbustes ou vivaces, surtout caduques et rustiques. On cultive beaucoup ces arbustes pour la couleur de leurs tiges en hiver (rouge, jaune ou vert), mais aussi parfois pour leurs fleurs, leurs fruits et leur feuillage panaché.

Cornus alba

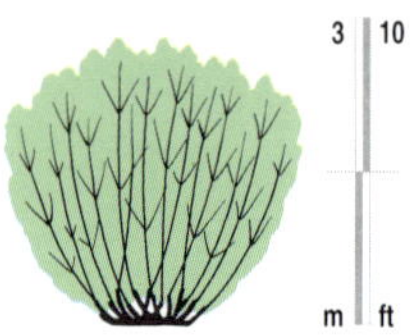

C'est un arbuste vigoureux, ramifié, très rustique. Il porte des fleurs étoilées en mai, suivies de fruits blancs ou bleu pâle. Les jeunes tiges sont rouge vif en hiver. Une taille annuelle sévère assure un très beau spectacle en hiver, mais au détriment de la formation des fleurs.

Quand tailler : en mars, avant le départ de la végétation.

Conduite et taille : si vous le cultivez pour ses fleurs, ses fruits ou son feuillage panaché, laissez-le se développer sans tailler. Limitez son extension, si nécessaire, en supprimant chaque année une tige âgée sur quatre. Cela favorise le développement de nouvelles pousses à la base. On peut rajeunir une plante négligée en supprimant le bois âgé au centre de l'arbuste. Si vous plantez ce cornouiller pour ses tiges colorées *(voir p. 164)*, laissez pousser la plante sans la tailler pendant trois à quatre ans. Ensuite, rabattez toutes les tiges à 5 cm du sol. Les années suivantes, taillez toutes les tiges deux bourgeons au-dessus de leur point de départ.

Cornus mas

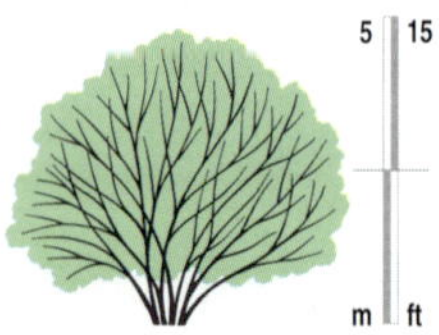

Ce grand arbuste caduc, très rustique, est souvent cultivé en cépée. Il peut aussi être mené sur un petit tronc.

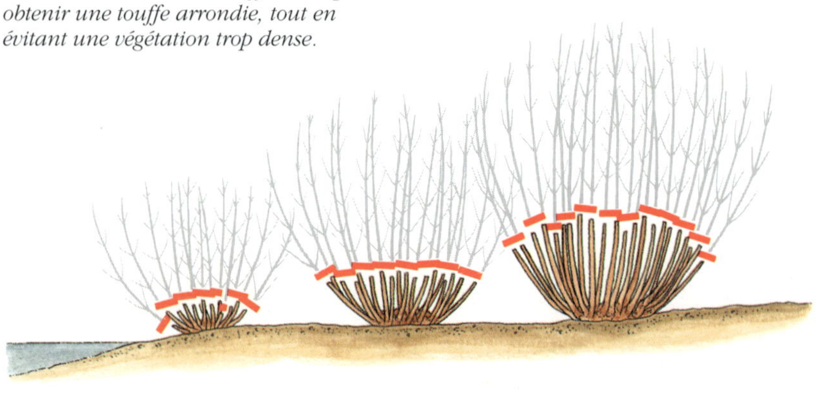

Taille échelonnée
Rabattez à des hauteurs différentes pour obtenir une touffe arrondie, tout en évitant une végétation trop dense.

Cornus stolonifera
En hiver, les jeunes tiges offrent une couleur jaune vif étonnante quand qu'elles sont dénudées de leurs feuilles.

Des fleurs jaunes s'épanouissent en février et en mars. En automne, les feuilles se colorent richement, des fruits rouge vif apparaissent.

Quand tailler : en juin.

Conduite et taille : éclaircissez les arbustes en cépée, pour conserver une forme aérée et mieux mettre en valeur les fleurs. Chez les cultivars panachés, une taille de rajeunissement limitée produit des jeunes pousses vigoureuses. Rajeunissez un arbuste trop touffu en rabattant les branches à deux yeux de la charpente. Pour mener un *Cornus mas* sur tige, formez un tronc de 50 cm à 1,5 m de haut. Des pousses leaders qui se concurrencent naissent souvent à la base des tiges. Il faut les raccourcir à 40 cm de la base.

Autres cornouillers
Cornus chinensis et **officinalis** se taillent comme le *Cornus mas*.
Cornus sanguinea et **stolonifera** se taillent comme le *Cornus alba*.
Pour les autres espèces, *voir* le Lexique des arbres d'ornement *p. 60*.

CORONILLA *Coronille*

Ces petits arbustes et plantes vivaces, caducs ou persistants, sont cultivés pour leur beau feuillage, parfois bleu-vert, et leurs fleurs, généralement jaunes. Ils fleurissent au printemps, ou de novembre à mai. Certains ne sont pas très rustiques, mais on peut les réussir dans un lieu abrité. Limitez la taille à la suppression du bois âgé, non productif. Taillez les coronilles rustiques en mars, mais dans les régions aux hivers rigoureux, retardez la taille des espèces les plus gélives, comme *Coronilla valentina* spp. *glauca*. Intervenez à la fin de leur floraison, en rabattant sur une tige saine, tous les rameaux abîmés par le froid. Les coronilles ne supportent pas un rajeunissement trop sévère.

CORYLOPSIS

Ce sont des arbustes caducs, très rustiques, à port ramifié. Ils portent de janvier à mars, sur le bois de l'année précédente, des fleurs jaunes, à l'aspect de chatons. Les *Corylopsis* prennent naturellement une forme séduisante. S'il faut limiter l'ampleur de l'arbuste, supprimez à la base des branches âgées. Intervenez au printemps après la floraison, et en même temps, taillez les tiges à fleurs chez les sujets palissés contre un mur. D'ordinaire, ne taillez que pour éliminer le bois mort qui se forme en hiver.

COTINUS

Ce sont des arbustes caducs et des petits arbres cultivés pour leur feuillage, leurs inflorescences plumeuses en été et leurs couleurs d'automne. Les fleurs, produites sur du bois de deux ou trois ans, sont abondantes quand l'été est chaud. On cultive donc surtout le cotinus pour son feuillage. Il est plus imposant si l'on rabat la plante chaque année. Faites de même avec les différents cultivars à feuilles pourpres, pour qu'ils produisent des feuilles encore plus spectaculaires.

Cotinus coggygria

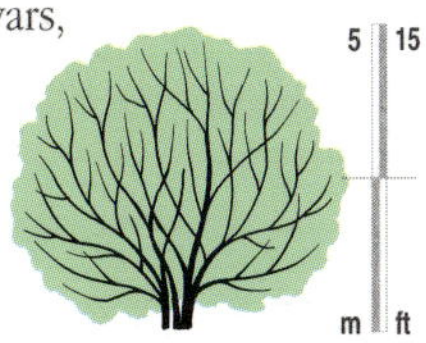

Cet arbuste buissonnant a donné naissance à de nombreux cultivars, tous spectaculaires par leurs couleurs d'automne et leurs inflorescences vaporeuses. Chez l'espèce, les feuilles sont vert pâle, souvent teintées de rose. 'Royal Purple' porte un feuillage pourpre foncé et de superbes inflorescences plumeuses et roses.

Quand tailler : au printemps, avant le départ de la végétation.

Conduite et taille : une taille légère est suffisante sur un sujet à fleurs. Pour un bel effet de feuillage, sélectionnez la première année, trois à cinq tiges fortes comme charpente principale. Taillez-les entre 50 cm et 1 m du sol. Les années suivantes, rabattez des trois quarts toutes les tiges, en veillant à conserver au moins deux gros bourgeons. Une taille plus sévère produit des tiges moins vigoureuses.

COTINUS EN FLEUR
Non taillé, le cotinus fleurit à profusion. Rabattu chaque année, il produit des feuilles plus grandes.

AUTRES COTINUS
COTINUS AMERICANUS et **OBOVATUS** se taillent très peu. Intervenez juste pour alléger la forme et dégager le centre de l'arbuste.

CORYLUS *Noisetier*

Ce sont de grands arbustes caducs, rustiques, drageonnants. Certains noisetiers ont un feuillage décoratif, d'autres, comme *Corylus avellana* 'Contorta', des tiges tortueuses. Tous portent des chatons jaunes en février-mars, et certains cultivars donnent de délicieuses noisettes.

Corylus avellana *Coudrier*

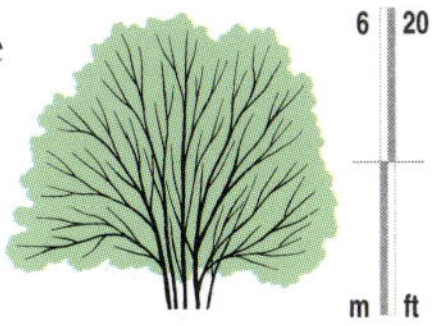

Cette grande espèce très productive pousse en cépée. C'est aussi une plante ornementale, cultivée surtout pour ses feuilles dorées ou pourpres, plus colorées lorsqu'elles sont régulièrement taillées.

Quand tailler : en février.

Conduite et taille : laissez se développer naturellement la forme en cépée. Pour maintenir la vigueur et l'équilibre, supprimez chaque année un peu de bois âgé, en coupant une branche à la base. Coupez court toutes les tiges en février. Pour obtenir un arbuste très productif, *voir p. 149*. Pour tailler 'Contorta', *voir p. 30*.

CORYLUS AVELLANA
Après une taille sévère, la repousse est vigoureuse. Le recépage du noisetier (voir p. 36) se fait traditionnellement sur un cycle de sept ans. La pousse de première année se voit à droite, celle de deuxième année au centre et celle de troisième année à gauche.

AUTRES NOISETIERS
CORYLUS MAXIMA, mieux vaut rabattre sévèrement et souvent les formes à feuilles pourpres sinon, taillez comme le *Corylus avellana*. *Voir également* Noisetiers *p. 148* et le Lexique des arbres d'ornement *p. 60*.

CONSEIL TRUFFAUT
Si les tailles très sévères sont bien tolérées par les cornouillers et les noisetiers, ce sont des interventions épuisantes pour les plantes. Évitez de couper chaque année de manière radicale sous peine de réduire la longévité de vos plantes. Taillez un an sur deux. Les plantes prendront un aspect différent d'une année sur l'autre. N'oubliez pas d'apporter un bon engrais au pied, ou de vaporiser le feuillage d'une solution nutritive.

COTONEASTER

Ces arbustes persistants ou caducs, très rustiques, sont cultivés pour leurs fleurs et leurs fruits rouges. Les espèces caduques présentent souvent un joli feuillage d'automne. Leur port est variable, certains cotonéasters sont rampants, d'autres forment de grands arbustes arqués. Ils tolèrent bien la taille mais s'en passent tout aussi bien, sauf dans les haies.

Cotoneaster horizontalis

C'est un arbuste caduc, très rustique, avec des branches étalées à port rigide. Il montre des ramifications typiques par leur disposition en chevron. Elles se couvrent de baies rouges en hiver. En pleine terre, c'est un arbuste arrondi à port étagé, idéal sur un talus ou palissé contre un mur.

Quand tailler : en février.

Conduite et taille : chez les sujets isolés, supprimez seulement les pousses en excès et les plus âgées, peu ramifiées. Rabattez ces branches le plus près possible de la tige principale. Pour palisser un cotonéaster contre un mur, choisissez un jeune plant flexible et prévoyez un support pour les branches principales. Orientez les tiges à plat contre le mur. Raccourcissez les rameaux dirigés vers l'extérieur pour bien maintenir la forme plate. Cette espèce ne se prête pas bien à un rabattage sévère, car elle reperce mal sur le vieux bois.

COTONEASTER HORIZONTALIS
Cette espèce est particulièrement jolie contre un mur Les fleurs et les baies de l'automne sont bien mises en valeur par les branches plates avec la disposition régulière de leurs rameaux latéraux le long des tiges. Un arbuste de culture facile.

Cotoneaster x watereri

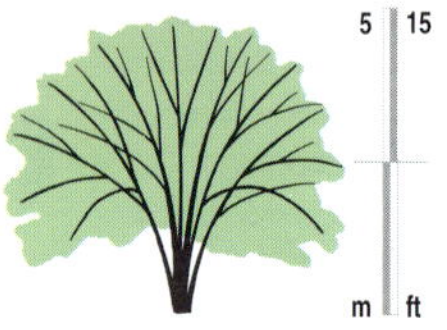

C'est un arbuste, parfois un petit arbre persistant ou semi-persistant, avec des tiges érigées et des rameaux latéraux arqués. Ses petites fleurs blanches sont suivies de fruits rouges et sphériques.

Quand tailler : entre décembre et avril.

Conduite et taille : pour former un arbuste en cépée, créez une charpente de quatre à sept branches principales, en supprimant les rameaux latéraux enchevêtrés au centre de la touffe. Ensuite, taillez légèrement. Pour rajeunir une plante négligée, rabattez toutes les tiges inutiles au niveau des branches principales, ou bien taillez toute la partie aérienne sur la souche.

AUTRES COTONÉASTERS

COTONEASTER DAMMERI est un petit arbuste rampant. Taillez les pousses rebelles en mars. Il supporte bien une taille sévère. Idem pour **COTONEASTER MICROPHYLLUS**.
COTONEASTER DIVARICATUS, idéal dans une haie libre, il apprécie une taille très légère.
COTONEASTER FRANCHETII se taille très peu.
COTONEASTER FRIGIDUS 'CORNUBIA' se taille comme le *Cotoneaster* x *watereri*. Il en est de même pour le **COTONEASTER SALICIFOLIUS**.
COTONEASTER 'HYBRIDUS PENDULUS' se traite comme un arbre pleureur *(voir p. 28)*.
COTONEASTER LACTEUS requiert une taille minimale quand il est cultivé en haie libre.
COTONEASTER SIMONSII est surtout planté en haie que l'on peut tailler légèrement, en veillant à ne pas perdre les baies très décoratives. Sinon, contentez-vous d'égaliser superficiellement la forme.
COTONEASTER STERNIANUS et **WARDII** poussent de manière homogène. Taillez très peu.

CYTISUS *Genêt*

Ce sont des arbustes surtout caducs, à fleurs jaunes au printemps ou en été. Dotés d'une croissance rapide, ils vivent souvent peu de temps. Ils aiment les conditions chaudes et sèches, même au niveau du sol.

Cytisus battandieri

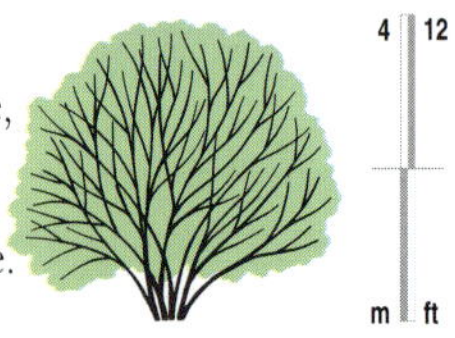

Arbuste semi-persistant, rustique, il fleurit en juin et en juillet sur les pousses de l'année. Il drageonne abondamment et requiert un lieu chaud et abrité. Il gagne beaucoup à être palissé contre un mur.

Quand tailler : en été, après la floraison.

Conduite et taille : peu d'interventions sur les plantes isolées, si ce n'est la suppression du bois âgé. Pour les sujets palissés *(voir p. 162)*, supprimez de temps en temps une branche de la charpente et palissez des jeunes pousses de remplacement.

Cytisus scoparius

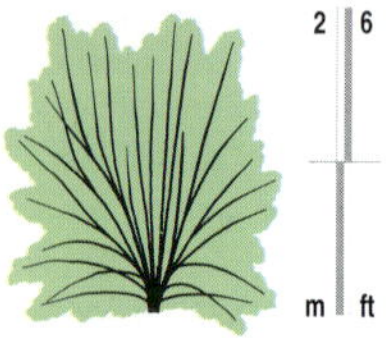

C'est un arbuste arqué, fleurissant en mai sur le bois de l'année précédente. Il vit peu de temps. Une taille annuelle évite la production de graines qui l'affaiblit.

Quand tailler : en juin ou en juillet, juste après la fin de la floraison.

Conduite et taille : pincez l'extrémité des jeunes pousses pour obtenir un port buissonnant. Chez l'adulte, coupez très court les deux tiers des tiges fleuries portées par les branches de l'année précédente. Cette espèce ne repart pas sur le vieux bois, mieux vaut remplacer une plante âgée.

AUTRES GENÊTS

CYTISUS BEANI et **X KEWENSIS** se taillent peu.
CYTISUS NIGRICANS, rabattez toutes les tiges ayant fleuri des deux tiers de leur longueur.
CYTISUS X PRAECOX se taille comme le *Cytisus scoparius*, en conservant sa forme.

CYTISUS SCOPARIUS
Taillez régulièrement les genêts pour éviter qu'ils se dégarnissent de la base et prennent un aspect échevelé.

D

DAPHNE *Bois gentil*

Ces arbustes bien rustiques sont caducs ou semi-persistants. On les apprécie pour leurs fleurs parfumées en hiver et jusqu'en mars et en avril. La plupart se passent de taille, car les coupes favorisent le dépérissement qui est le défaut majeur de ces plantes. *Daphne odora* et *Daphne cneorum* tolèrent une taille légère pour conserver un port compact. *Daphne mezereum* supporte la suppression des pousses rebelles, mais il est très sensible au dépérissement. Pour éviter ce problème, mieux vaut marcotter par couchage une pousse rebelle d'un daphné rampant au lieu de l'enlever. Dans tous les cas, supprimez les pousses atteintes de dépérissement dès l'apparition de la maladie (brunissement brutal). *Daphne jezoensis* perd naturellement ses feuilles en été, ce qu'il ne faut pas confondre avec le dépérissement.

DECAISNEA

Decaisnea fargesii est un arbuste érigé, qui produit en été des grappes de fleurs blanc verdâtre, suivies de fruits allongés. Il est rustique, mais il vaut mieux, dans les régions aux hivers très rigoureux, le planter à l'abri. Inutile de tailler les jeunes plantes. Chez l'adulte, rabattez au printemps toutes les pousses faibles, et quelques branches âgées, en coupant au-dessus d'un bourgeon sain ou d'une jeune pousse, voire au ras du sol. Pas d'autre taille à conseiller, si ce n'est la suppression en juin des nouvelles pousses abîmées par les gelées. Taillez au niveau d'une belle pousse placée plus bas.

DESMODIUM

Connus aussi sous le nom de *Lespedeza*, les *Desmodium* sont de petits arbustes caducs. On les cultive pour leur feuillage et les grappes de fleurs lilas ou rose foncé, qui apparaissent sur les pousses de l'année. Taillez toutes les pousses au ras du sol en hiver, avant les fortes gelées. La plante pousse bien dans un lieu abrité, de préférence à côté d'un mur exposé au sud. Dans les régions au climat doux, rabattez toutes les tiges au ras du sol, au printemps, comme pour *Indigofera heterantha* *(voir p. 204)*. Procédez de même avec une plante négligée, car la souche repart très bien.

DENDROMECON

Ces persistants peu connus, rustiques à semi-rustiques, portent des branches souples. Proches des *Romneya*, ils sont décoratifs par leurs feuillage gris-vert. Les fleurs ressemblent à des pavots jaunes. Parfumées, elles naissent en été sur les rameaux latéraux des tiges principales. *Dendromecon harfordii* 'Rhamnoides' et *rigida* doivent être cultivé dans un lieu chaud et abrité. Leur port souple les prédispose à un palissage contre un mur.

Quand tailler : en mars, au départ des nouvelles pousses. Taillez les plantes palissées, en été, après la floraison.

Conduite et taille : après la plantation, pincez les jeunes tiges pour favoriser un port buissonnant. Chez l'adulte, taillez seulement pour supprimer les tiges abîmées par le froid ou pour raccourcir les tiges faibles ou dénudées. Coupez au-dessus d'une pousse latérale forte, dirigée vers l'extérieur. Taillez les *Dendromecon* palissés après la floraison, en attachant les jeunes tiges sur le support. Le rajeunissement se fait en rabattant la plante à ras.

CONSEIL TRUFFAUT
Comme beaucoup d'arbustes à fleurs qui produisent de longues tiges à partir de la souche, les deutzias nécessitent des interventions régulières. Limitez le nombre de branches principales à une dizaine tout au plus. Les jeunes tiges se reconnaissent à leur écorce marron clair, bien lisse. Le vieux bois est plus gris avec une écorce crevassée. Coupez à ras toutes les branches qui montrent une grande longueur de tige dénudée. En revanche, vous pouvez toujours tailler au-dessus d'un petit bouquet de feuilles qui naît directement sur le vieux bois. Dans la plupart des cas, il produira une pousse de remplacement. Si vous négligez ces interventions, les deutzias vont devenir trop touffus et surtout, ils vont se dégarnir de la base. Vous pouvez habiller les vieux sujets avec quelques plantes couvre-sol à fleurs comme les Ajuga, l'alchémille, les millepertuis ou des campanules par exemple.

DEUTZIA SCABRA
Supprimez certaines tiges âgées pour favoriser l'apparition de jeunes pousses.

DEUTZIA

Ce sont des arbustes caducs, de dimension moyenne. Ils portent des fleurs blanches ou roses en été, sur les nouvelles pousses nées au printemps. Comme le forsythia, les deutzias forment de nouvelles pousses à la base. Ils émettent des tiges vigoureuses qui se ramifient ensuite. Vous devez les tailler pour favoriser un port buissonnant et dense. Supprimez les dégâts provoqués par les gelées tardives chez *Deutzia gracilis* et *Deutzia* x *lemoinei*. Rabattez les branches dont les boutons ont flétri après une gelée, car elles ne repartent jamais très bien.

Deutzia scabra

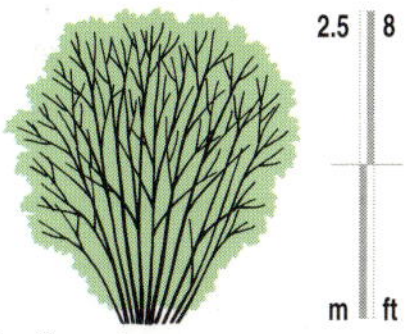

C'est un arbuste caduc, érigé, aux fleurs blanches à la fin du printemps. L'écorce prend un aspect velouté avec l'âge.

Quand tailler : au début de l'été, après la floraison.

Conduite et taille : pincez les pousses d'extrémité lors de la plantation. Ensuite, rabattez les tiges qui ont fleuri, en taillant au-dessus d'un rameau latéral. Chez l'adulte, supprimez les branches âgées au niveau du sol, ou en les ramenant sur une jeune tige apparue plus bas. Rajeunissez la plante en privilégiant les pousses à écorce lisse. Après une taille sévère, les deutzias refleurissent rarement avant deux ans.

AUTRES DEUTZIAS
DEUTZIA CRENATA, GRACILIS, X HYBRIDA, X LEMOINEI, PULCHRA et **PURPURASCENS** se taillent comme le *Deutzia scabra*.
DEUTZIA MONBEIGII et **SETCHUENENSIS** sont moins vigoureux. Il faut les tailler plus modérément. Après la floraison, rabattez les pousses latérales ayant fleuri, à un ou deux bourgeons de leur point de naissance.

DIERVILLA

Ces arbustes, caducs et drageonnants, sont proches des *Weigela*. Ils s'en distinguent par leurs petites fleurs jaunes que portent les pousses de l'année en été. Taillez sévèrement chaque année en mars, en rabattant les tiges sur une paire de bourgeons situés à 30 cm de la base. Cela stimule le développement de jeunes tiges vigoureuses au joli feuillage bronze. Une plante négligée ou trop exubérante accepte un rabattage sévère. Mieux vaut arracher une plante âgée, la diviser, et replanter des éclats portant des branches jeunes.

DIPELTA

Cultivés pour leurs fleurs admirables en juin, ce sont de grands arbustes rustiques, caducs. L'écorce des sujets âgés s'exfolie joliment. Le *Dipelta* prend un port naturel souple. Il émet de nouvelles tiges fortes à la base. Taillez-le après la floraison, en rabattant au ras du sol une tige sur cinq. Éliminez les plus âgées et celles qui montrent des signes de dépérissement.

DODONAEA

Ces petits arbustes persistants sont surtout cultivés pour leur feuillage allongé et leurs jolis fruits ailés rouge pâle. D'origine tropicale, ils constituent de bonnes plantes en pots pour la véranda. Ils peuvent sortir dans le jardin en été. Pincez l'extrémité des pousses des jeunes plants pour favoriser un port buissonnant. Modelez la forme de l'adulte à la fin de l'été et au printemps. Ces plantes qui tolèrent bien les endroits exposés au vent forment de bonnes haies dans les régions au climat chaud.

DURANTA

Ce sont des arbustes persistants aux branches arquées, parfois épineuses. Du printemps à l'automne, ils produisent des inflorescences, lilas, bleu lilacé ou blanches, et des baies décoratives jaunes, mais toxiques. Ils sont gélifs, à l'exception de *Duranta erecta* (ou *repens*), qui réussit jusqu'en Anjou. On les cultive comme arbustes en cépée aérée ou sur tige, mais ils font aussi de bonnes haies libres.

Quand tailler : au printemps.

Conduite et taille : laissez se développer les jeunes plants sans les tailler, sauf pour former une tige *(voir p. 165)*. Chez l'adulte, rabattez les vieilles branches pour garder une forme compacte. Ne raccourcissez pas les tiges, car l'arbuste deviendrait trop touffu. Pour les sujets sur tige, supprimez les rejets qui naissent directement sur le tronc.

E - F

EDGEWORTHIA

Ce sont des petits arbustes caducs, peu rustiques, qu'il faut planter près d'un mur exposé au sud. Les fleurs blanches ou jaunes sont sensibles aux gelées. L'écorce très fine est séduisante. Les inflorescences se forment en automne et les fleurs s'ouvrent à la fin de l'hiver et au printemps. Les tiges, produites depuis la base, sont fines et souples. Il est possible de les attacher ensemble pour un créer un effet de topiaire. La taille est superflue. Chez l'adulte, rabattez à la base les tiges âgées et non productives, après la floraison.

ELSHOLTZIA

Ces petits arbustes à feuillage souvent aromatique sont cultivés pour leurs fleurs. Elles apparaissent en automne sur les pousses de l'année. Si l'hiver est doux, supprimez à la base, en mars, une ou deux tiges âgées. Raccourcissez les autres en coupant au-dessus des gros bourgeons à 30 cm environ du sol. En France, il faut cultiver l'*Eslholtzia* dans un endroit abrité. Si l'hiver est froid, l'extrémité des tiges meurt. Taillez au printemps, en laissant une charpente courte de tiges ligneuses, comme pour le *Perovskia (voir p. 211).*

ELAEAGNUS

Ces grands arbustes, persistants ou caducs, sont très rustiques et vigoureux. Certains portent des fleurs très parfumées. On les cultive en massifs, en isolés, et le plus souvent pour former une haie ou un écran.

Elaeagnus angustifolia

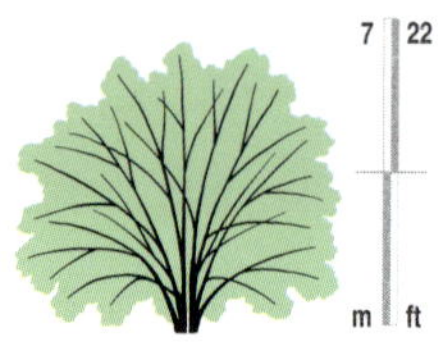

C'est un grand arbuste ou un petit arbre, caduc, étalé, aux feuilles argentées. Il donne des fleurs parfumées en juin, suivies de fruits ambre en automne.

Quand tailler : en juillet, après la floraison.

Conduite et taille : laissez cet arbuste se développer naturellement en cépée. Vous pouvez aussi le mener en tige *(voir p. 165)* sur un tronc de 1,2 à 1,5 m de hauteur. Il tolère un rabattage sévère qui permet de garder une forme compacte et régulière. En raison de sa tendance buissonnante, aérez bien le centre de la ramure.

ELAEAGNUS PUNGENS 'MACULATA'
Supprimez les pousses à feuilles vertes, unies, chez ce cultivar panaché.

ELAEAGNUS X EBBINGEI
Les jeunes feuilles persistantes ont un duvet argenté naturel qui peut être pris pour une maladie ; ne les supprimez pas.

Elaeagnus x ebbingei

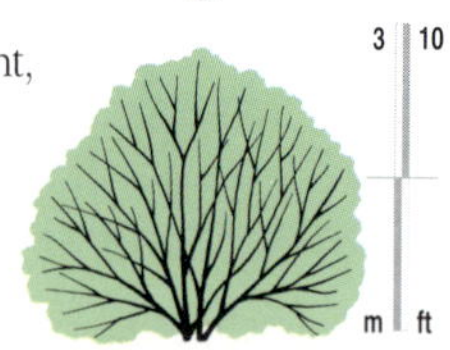

Cet arbuste persistant, très rustique, a des feuilles écailleuses, argentées, et des fleurs parfumées en automne. Une taille annuelle est inutile, sauf si l'arbuste est en haie libre. Il tolère bien les emplacements en bord de mer.

Quand tailler : à la fin de l'été.

Conduite et taille : La taille des arbustes isolés est inutile. Pour maintenir une haie en bon état, rabattez les tiges longues au sécateur, sur un bourgeon bien placé. Le rajeunissement est possible par un rabattage sévère dans le bois âgé.

AUTRES ELAEAGNUS

ELAEAGNUS COMMUTATA montre une croissance lente et un port drageonnant. Taillez les pousses non désirées et les drageons.
ELAEAGNUS GLABRA et **MACROPHYLLA** se taillent comme l'*Elaeagnus* x *ebbingei*, les jeunes plants produisent de longues tiges rebelles.
ELAEAGNUS PUNGENS 'MACULATA' se conduit en haie. Supprimez les pousses vertes
ELAEAGNUS UMBELLATA se taille de la même manière que l'*Elaeagnus angustifolia*.

ERICA *Bruyère*

Dans ce vaste groupe de persistants, on rencontre des plantes naines, couvre-sol, des formes arbustives et de grandes bruyères arborescentes. La plupart sont très rustiques. La floraison se produit toute l'année. Ces plantes ne repartent généralement pas sur le bois âgé, aussi ne taille t on que superficiellement les pousses de l'année précédente. Les grandes espèces (bruyères arborescentes) tolèrent une taille plus sévère qui favorise la ramification.

Quand tailler : en mars, jusqu'à ce que la plante devienne adulte ; puis en mai ou en juin, après la fin de la floraison.

Conduite et taille : les deux ou trois premières années, rabattez les tiges des deux tiers de leur longueur, pour favoriser un port buissonnant. La taille s'avère ensuite inutile. On peut supprimer des branches pour limiter le développement, mais cela favorise généralement une repousse dense et buissonnante. Dans les régions où se produisent d'abondantes chutes de neige, rabattez d'environ un tiers les tiges qui ont porté des fleurs. Coupez au niveau des nouvelles pousses afin d'obtenir des plantes compactes. Effectuez le rajeunissement sur deux ou trois ans.

ERICA CARNEA 'WESTWOOD YELLOW'
Le feuillage jaune doré de cette bruyère d'hiver est décoratif toute l'année. Elle se pare de fleurs rose foncé à la fin de l'hiver.

Erica arborea

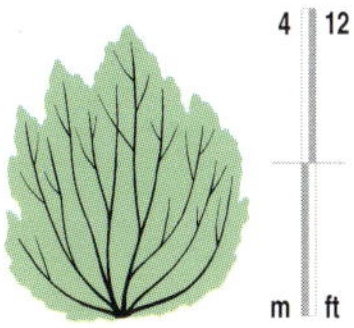

C'est la bruyère arborescente, une forme rustique, érigée, qui développe un petit tronc en vieillissant. Une taille de formation permet d'équilibrer la silhouette. Par la suite, la taille est légère, sauf en climat froid où les grandes bruyères sont sensibles aux dégâts causés par les fortes chutes de neige. Les rameaux cassés doivent être coupés sur un départ situé sur la partie de la ramure encore intacte. Une taille régulière donne des plantes plus buissonnantes et plus résistantes. Une bruyère abîmée ou trop exubérante se prête bien au rajeunissement.

ERICA ARBOREA
Cette espèce tolère parfaitement une taille sévère dans le vieux bois.

Erica carnea

Bruyère alpine

Ce petit arbuste rustique est persistant. Il porte, à la fin de l'hiver et au printemps, des fleurs en clochettes, du blanc au rose et au rouge pourpré. Plusieurs formes ont un feuillage qui se colore superbement en hiver. Dans ce cas, on peut pincer les boutons floraux de ces plantes, car la couleur des fleurs jure avec celle du feuillage. Une taille annuelle permet de garder des plantes compactes, arrondies et florifères. Cette bruyère ne repart pas bien sur le vieux bois. Ne raccourcissez que les pousses de l'année précédente.

Quand tailler : au printemps, dès que les fleurs fanent et que de nouvelles pousses apparaissent.

Conduite et taille : rabattez les tiges fanées, juste sous les épis de fleurs. Une intervention au sécateur est plus précise sur les plantes isolées ou cultivées en pots, mais pour un massif ou un tapis fleuri, procédez à la cisaille, c'est plus rapide. Mieux vaut remplacer une bruyère âgée, dont la végétation est devenue désordonnée avec la base dégarnie.

AUTRES BRUYÈRES

ERICA AUSTRALIS et **X VEITCHII** se taillent comme *Erica arborea*, mais le rajeunissement ne réussit que dans les régions au climat doux.

ERICA CILIARIS, CINEREA et **VAGANS**, taillez légèrement en mars, en coupant près des grosses tiges situées sous les inflorescences.

ERICA X DARLEYENSIS, un hybride solide, se taille comme *Erica carnea*.

ERICA ERIGENA, supprimez au printemps les tiges abîmées par le froid, en rabattant sur de nouvelles pousses. Après la floraison, réduisez les tiges à fleurs d'un tiers de leur longueur, en coupant au-dessus de nouveaux départs. Cette espèce tolère une taille sévère, à condition de garder une partie des tiges à la base.

ERICA LUSITANICA exige une taille minimale au printemps, seulement pour égaliser la végétation et en limiter l'ampleur.

ERICA MACKAIANA et **TETRALIX** se taillent comme *Erica cinerea*.

ERICA SCOPARIA a besoin d'un minimum de taille. Tant que la plante ne gêne pas ses voisines dans le massif, n'intervenez pas.

ERICA TERMINALIS, une espèce à fort développement, mais assez frileuse, se taille comme *Erica arborea*. On peut aussi la planter en petites haies libres.

CONSEIL TRUFFAUT

Contrairement à une idée très répandue, les bruyères ne se cultivent pas dans de la terre de bruyère pure. Un sol trop acide et trop pauvre ne leur permet pas de bien pousser. Il est préférable de disposer d'un sol au pH moyen de 6, composé d'un mélange de terre de jardin sableuse et de bon terreau forestier. Des espèces comme Erica carnea et Erica vagans acceptent même la présence de calcaire et un pH allant jusqu'à 7,5.

Autre idée préconçue à bannir : les bruyères ne sont pas toutes des plantes d'ombre. Elles poussent en lisière des forêts ou sous des futaies très aérées. Au jardin, vous devez leur choisir une exposition mi-ombragée, voire le plein soleil, si vous habitez une région où l'été n'est pas trop torride. Les bruyères supportent fort bien les expositions ventées.

Erica carnea 'Aurea' et Erica vagans 'Valerie Proudley' ont un feuillage doré toute l'année. En revanche, Erica vulgaris 'Sunrise' ou 'Wickwar Flame' sont dorés au printemps, puis évoluent vers le brun orangé en hiver. Ne confondez pas les pousses avec des parties desséchées. Attendez le redémarrage printanier pour tailler si cela vous semble nécessaire.

Les bruyères à port compact (surtout les cultivars de Erica carnea) ne doivent être taillés que tous les deux ou trois ans, pour égaliser la végétation tapissante. Utilisez une cisaille à haies pour effectuer ce travail, c'est à la fois rapide et très efficace.

ESCALLONIA

Ce sont des arbustes persistants (sauf *Escallonia virgata*) au port souple. Ils épanouissent des fleurs blanches, roses ou rouges, en été et en automne. Dans nos régions, ils subissent les dégâts du gel, il est préférable de les réserver aux régions de bord de mer. La plupart des *Escallonia* conviennent en haie libre, une haie taillée ne donnant pas une floraison très abondante. Certains *Escallonia* acceptent d'être palissés contre un mur.

Escallonia 'Langleyensis'

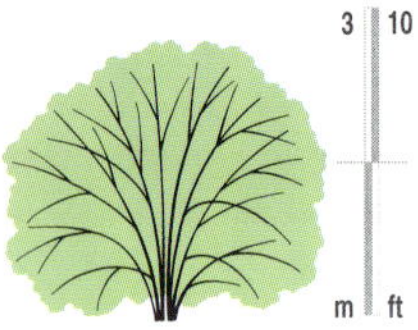

C'est un hybride souple, élégant, attrayant en isolé. Il est très beau palissé contre un mur ensoleillé. Les fleurs rose foncé, en été, donnent à profusion.

Quand tailler : en été, après la floraison. Rajeunissez en avril ou en mai.

Conduite et taille : peu d'intervention pour la formation. Pour le palissage contre un mur (voir p. 162), attachez les tiges fortes pour former une charpente bien hiérarchisée et supprimez les autres. Chaque année, rabattez les tiges à fleurs des plantes palissées, sur des jeunes pousses latérales. Pour limiter l'extension des plantes isolées, supprimez une partie des tiges ayant fleuri.

Escallonia rubra

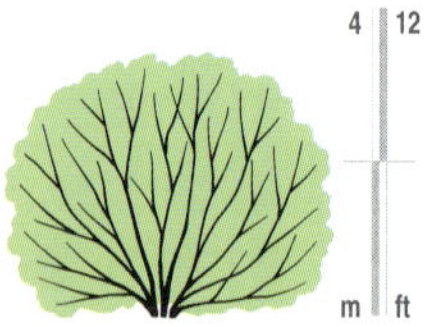

La floraison estivale de cet arbuste est très appréciée. Les cultivars sont parfaits en haie.

Quand tailler : après la floraison. Rajeunissez au printemps suivant.

Conduite et taille : la taille est le plus souvent inutile, mais certaines plantes mal formées ou dégarnies à la suite d'un gel, supportent un rabattage sévère. Pour conserver aux haies une silhouette naturelle *(voir p. 45)*, rabattez les tiges sélectionnées, juste au-dessus des pousses latérales.

ESCALLONIA 'LANGLEYENSIS'
Supprimez seulement une partie des tiges à fleurs pour ne pas gâcher le port arqué.

AUTRES ESCALLONIAS

ESCALLONIA ALPINA, BIFIDA, ILLINATA, 'IVEYI' et **RUBRA** VAR. **MACRANTHA** se taillent tout en douceur, comme l'*Escallonia rubra*.
ESCALLONIA VIRGATA ne se taille pas.
La plupart des hybrides, comme **'APPLE BLOSSOM'** et **'DONARD BEAUTY'** ont un port trop rigide pour être palissé contre un mur. Taillez juste pour équilibrer la forme.

EUONYMUS *Fusain*

Ce genre comprend de très nombreux arbustes persistants et caducs. Les persistants, dont certains conviennent en haie en bord de mer, sont cultivés pour leur feuillage. Les caducs sont prisés pour leurs couleurs et leurs fruits en automne. La plupart des fusains sont rustiques, mais ils peuvent être abîmés par des gelées sévères. La méthode de taille varie selon l'espèce et l'utilisation de la plante (haie ou isolé). Certains cultivars de *Euonymus fortunei* constituent de superbes couvre-sol. Chez une plante panachée, supprimez les pousses à feuilles vertes, unies, en les coupant à leur point d'origine dès leur apparition. Les fusains persistants sont très utilisés en haies qu'il vaut mieux tailler au sécateur qu'à la cisaille. Vous éviterez ainsi de couper en deux une feuille qui va brunir et enlaidir la haie. Taillez en défourchant les branches au sécateur. Coupez surtout les parties internes de l'arbuste pour en aérer la silhouette. Si vous désirez rajeunir une plante negligée, il faut la rabattre sévèrement entre 30 cm et 60 cm du sol. Le redémarrage sera bien vigoureux.

EUONYMUS EUROPAEUS
Ne taillez cette espèce intéressante que pour aérer le centre de la plante.

Euonymus europaeus
Fusain d'Europe

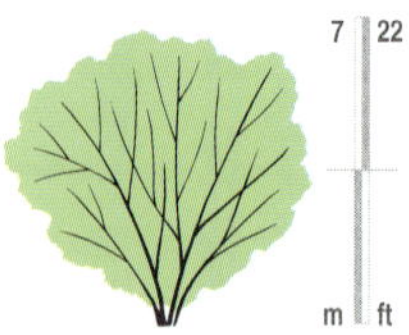

C'est un petit arbre aux jolies couleurs de feuilles en automne. Il donne de remarquables capsules roses qui enferment des graines orange.

Quand tailler : en février ou en mars.

Conduite te taille : une taille de formation légère s'impose. Chez l'adulte, taillez pour éclaircir les tiges excessives, en coupant à la base les tiges âgées pour aérer le centre de l'arbuste.

Euonymus japonicus

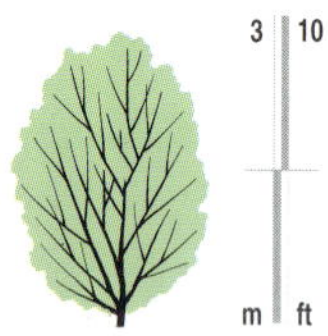

C'est un persistant buissonnant, dense. Ses jeunes pousses sont parfois abîmées par les gelées. On peut le palisser contre un mur.

Quand tailler : en avril ou en mai.

Conduite et taille : pincez l'extrémité des pousses pour favoriser un port buissonnant. Défourchez les branches d'une haie, plutôt que de tailler superficiellement. Pour les plantes palissées, attachez les tiges au fur et à mesure de leur développement. Si besoin est, rabattez le bois âgé et replacez la plante sur son support.

AUTRES FUSAINS

EUONYMUS ALATUS, HAMILTONIANUS, PHELLOMANUS et **PLANIPES,** aux jolies couleurs d'automne, se taillent comme l'*Euonymus europaeus*.
EUONYMUS FORTUNEI est égalisé superficiellement pour obtenir un couvre-sol plus dense. Vous pouvez aussi le palisser contre un mur *(voir p. 162)* pour exploiter verticalement son port étalé.
EUONYMUS MYRIANTHUS se taille sans excès comme l'*Euonymus japonicus*.
EUONYMUS NANUS et **ORESBIUS** se contentent d'une taille légère de temps en temps.

EUPHORBIA *Euphorbe*

Ce genre aux deux mille espèces comporte des vivaces, des annuelles, des plantes grasses, ainsi que de nombreux arbustes. Ils sont cultivés pour leur feuillage et leurs bractées florales. Certains sont rustiques, d'autres requièrent une protection hivernale en climat froid. L'importance de la taille varie selon l'espèce, mais il faut porter des gants, car les tiges d'euphorbes exsudent, lorsqu'on les coupe, une sève laiteuse, irritante et toxique.

Euphorbia characias

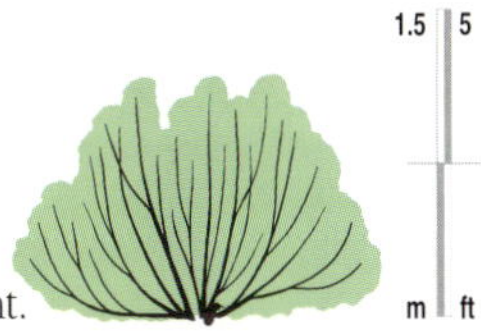

C'est une plante vivace à souche ligneuse (sous-arbrisseau), rustique, à feuillage persistant. Elle produit de grandes panicules de bractées jaune verdâtre au printemps. Les tiges sont bisannuelles. Elles se développent la première année et fleurissent l'année suivante. Les fleurs étant porté à l'extrémité des rameaux, ne raccourcissez pas les tiges. Supprimez les parties défleuries pour accélérer le cycle naturel de rajeunissement et stimuler de nouveaux départs.

EUPHORBIA CHARACIAS
Après la floraison, taillez sur une grosse tige placée plus bas sur la branche.

Quand tailler : juste après la floraison.

Conduite et taille : rabattez les tiges ayant porté les fleurs, au-dessus d'une jeune pousse vigoureuse ou sur un gros bourgeon, voire même à la base de la plante. Ne taillez pas les nouvelles tiges vigoureuses qui fleuriront l'année suivante. Un rajeunissement sévère s'impose rarement, mais la plante repart souvent plus vigoureusement si l'on rabat toutes les tiges en février-mars. Mais cela compromet évidemment la floraison durant une saison.

Euphorbia pulcherrima
Poinsettia

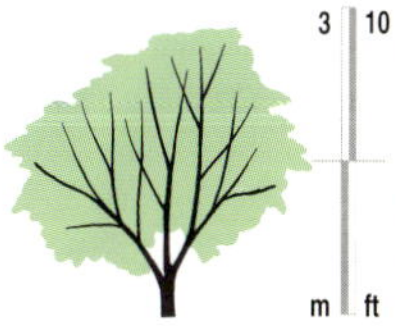

C'est un arbuste tropical, persistant, décoratif par ses bractées, rouges, roses ou blanches. Il est volumineux sous les Tropiques. Ailleurs, on le cultive en pot, comme plante d'intérieur à floraison hivernale.

Quand tailler : après la floraison.

Conduite et taille : rabattez cette euphorbe, en coupant très court, près de la souche, les tiges à fleurs fanées. Cela favorise la naissance de pousses vigoureuses.

AUTRES EUPHORBES

EUPHORBIA CAPUT-MEDUSAE ne se taille pas.
EUPHORBIA DENDROIDES, INGENS et **MELLIFERA** requièrent une taille très légère.
EUPHORBIA MILII, cultivée en haie libre, doit être pincée à l'extrémité de toutes les tiges principales et des rameaux latéraux, pour favoriser un port plus compact.
EUPHORBIA MYRSINITES se taille comme l'*Euphorbia characias*.
Rabattez les formes herbacées en hiver.

EXOCHORDA

Ce sont de beaux arbustes rustiques, caducs, de taille moyenne, au port gracieux, arqué. Les grappes de fleurs blanches sont admirables en avril-mai. Elles apparaissent sur le bois de l'année précédente. La taille de formation est peu utile, car les *Exochorda* produisent de nombreuses tiges à la base. Taillez l'adulte chaque année après la floraison, en supprimant les tiges faibles et en réduisant les pousses excessives. Rabattez à la base une tige âgée sur trois et toutes les nouvelles pousses mal placées. Supprimez également en hiver les tiges surabondantes. Rajeunissez la plante, en supprimant toutes les tiges âgées au printemps.

X FATSHEDERA

Cultivé surtout à l'intérieur, cet arbuste persistant peut réussir dehors dans le Midi. Il est cultivé pour ses grandes feuilles luisantes. C'est un hybride de *Fatsia* et de *Hedera* qui peut être traité comme un arbuste ou une plante grimpante. Vous devez le tuteurer durant les premières années de croissance. Formez-le avec une tige principale ou palissez-le contre un mur *(voir p. 162)*. À la différence de son parent le lierre, il ne grimpe pas seul et doit être attaché à un support. Le fatshédéra est très beau, appliqué contre un pylône. Son port étalé en fait aussi un très bon couvre-sol dans les régions chaudes. À la fin de l'été, rabattez les tiges érigées qui apparaissent au sein de la charpente. On peut aussi cultiver les fatshédéras en pots, comme plante d'intérieur, guidés le long d'un tuteur. La taille est alors inutile.

CONSEIL TRUFFAUT
Les fusains à feuillage caduc ne sont pas connus et c'est dommage. Ils sont un peu imposants pour un petit jardin, mais comme ils supportent bien la taille, vous pouvez les limiter à loisir. Une intervention régulière maintient la plante dans une proportion harmonieuse. Les vieux sujets non taillés se dégarnissent de la base et ne fructifient plus qu'au sommet de la ramure. Pensez à accompagner ces fusains de plantes vivaces à port étalé, comme certaines euphorbes ou des graminées ornementales.

FATSIA *Aralia*

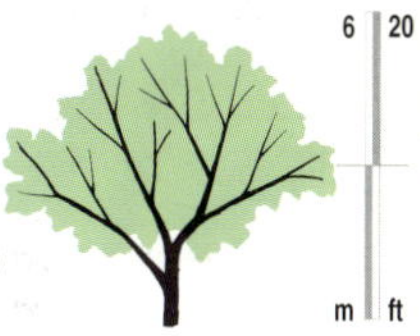

Il n'en existe qu'une seule espèce : *Fatsia japonica,* un arbuste persistant et ample qui porte de grandes feuilles palmées très décoratives. Les fleurs blanches en automne sont aussi intéressantes. Il tolère un emplacement ombragé, mais aime le plein soleil dans un jardin au bord de la mer. Frileux, il vaut mieux éviter de le planter ailleurs que dans le Midi, la côte Atlantique ou le Sud-Ouest. On peut le palisser contre un mur. Taillez uniquement pour limiter l'étalement de la plante. Le *Fatsia* est également répandu en tant que plante d'intérieur.

Quand tailler : en avril.

Conduite et taille : la taille de formation est inutile, intervenez peu chez l'adulte, si ce n'est pour supprimer les branches indésirables qui gâchent le port naturellement gracieux de la plante. Les coupes sévères favorisent la formation de nouvelles pousses à la base. Pour le palisser contre un mur *(voir p. 162)*, rabattez les tiges trop éloignées du support sur leur point de naissance. Rajeunissez la plante, en supprimant les tiges âgées (bois sombre) et en gardant seulement les jeunes pousses vigoureuses et bien placées.

Forsythia

Très populaires, ces arbustes caducs sont cultivés pour leurs fleurs jaune vif, très précoces. Elles apparaissent parfois dès février, en profusion sur du bois adulte. Les pousses de plus de cinq ans ne fleurissent presque plus. Les forsythias buissonnants, comme *Forsythia* x *intermedia* 'Spectabilis', forment de jolies haies fleuries, naturelles.

D'autres présentent un port lâche et aéré, comme *Forsythia suspensa*. Ils peuvent être palissés contre un mur. Dans un grand jardin, on peut planter cette espèce en regroupant plusieurs pieds très près les uns des autres. Les forsythias sont très rustiques. Sans taille régulière, ils ont tendance à former des arbustes désordonnés. Les longues tiges vigoureuses se dégarnissent, le centre devient inextricable et la plante fleurit moins.

TAILLE DES TIGES À FLEURS
Chez l'adulte, rabattez les branches les plus âgées (écorce brune) sur de nouveaux départs vigoureux (écorce verte) ou coupez au ras du sol.

Quand tailler : en avril, après la floraison. Rajeunissez en hiver ou en mars.

Conduite et taille : laissez les jeunes plants se développer avec une taille minimale durant les trois premières années qui suivent la plantation. Ensuite, éclaircissez chaque année les tiges en surnombre qui poussent au centre de l'arbuste. Rabattez une partie du vieux bois sur des tiges vigoureuses. Supprimez aussi une ou deux vieilles tiges principales à la base. Pour le palissage contre un mur *(voir p. 162)*, développez une charpente, puis rabattez les tiges latérales à un ou deux bourgeons de la base. De temps en temps, remplacez des vieilles charpentières par de jeunes tiges. Rajeunissez une plante âgée ou négligée par une taille sévère, échelonnée sur deux années *(voir p. 160)*.

Fremontodendron

C'est un grand persistant aux jolies fleurs jaunes, de l'été à l'automne. Elles apparaissent sur les pousses de l'année. Frileux, le *Fremontodendron* doit être palissé contre un mur ensoleillé. Les tiges et les feuilles sont couvertes de poils irritants.

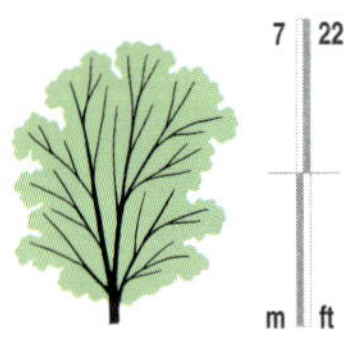

Quand tailler : après la fin de la première floraison, en juillet.

Conduite et taille : formez les arbustes isolés avec une tige dominante centrale, soutenue par un tuteur. L'adulte se contente d'une taille légère. Pour les plantes palissées, orientez les tiges principales de façon à former une charpente. Ne raccourcissez ensuite que les tiges dirigées vers l'extérieur. Taillez sur des pousses latérales parallèles au mur. Le *Fremontodendron* vit hélas peu de temps.

FREMONTODENDRON 'CALIFORNICA GLORY'
Rabattez les tiges à fleurs au niveau de pousses vigoureuses bien placées, qui les remplaceront.

Fuchsia

Ces arbustes caducs ou persistants sont cultivés pour leurs fleurs remarquables qui se renouvellent de mai à l'automne sur les pousses de l'année. La plupart ont un port arqué ou retombant. La majorité des espèces, ainsi que tous les hybrides, sont gélifs. Il faut les hiverner en pots sous abri. Les fuchsias se prêtent à divers emplois : massifs, haies fleuries, palissages contre un mur, petites tiges, potées, suspensions.

Fuchsia magellanica

C'est un arbuste caduc, à port souple, sans doute le plus rustique de tous les fuchsias. Ses fleurs rouges et pourpres sont suivies de fruits noirs. Planté en isolé, il est rabattu sévèrement chaque année. Il est plus souvent formé en une jolie haie fleurie, naturelle.

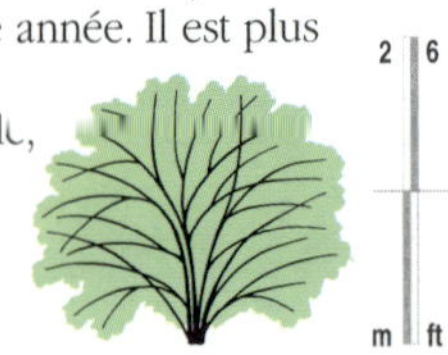

Quand tailler : en mars, dès le démarrage de la végétation. Dans un jardin venteux, rabattez les tiges d'un tiers pour réduire les risques de cassure.

Conduite et taille : pincez l'extrémité des jeunes plants pour favoriser un port buissonnant. En cas de destruction de l'extrémité des pousses par le gel, rabattez les tiges abîmées sur le bois nu de la charpente. Ne touchez pas aux bourgeons proches de la base. Si les branches ont survécu à l'hiver, rabattez les pousses latérales sur le bourgeon vivant le plus bas. Pour les haies, coupez les rameaux latéraux sur un œil apparent. Rajeunissez une haie désordonnée ou désunie, en la rabattant au printemps *(voir p. 47)*. Échelonnez la taille en taillant d'abord une plante sur deux la première année, puis celles qui restent, l'année suivante.

FUCHSIA HYBRIDE FORMÉ SUR TIGE
Supprimez les tiges mortes au printemps, dès l'apparition des nouvelles pousses sur la tige principale.

Hybrides de fuchsia

Les nombreux hybrides de fuchsia ont une rusticité médiocre. Plantés dans un jardin où il ne gèle pas, ils se taillent comme le *Fuchsia magellanica*. Dans la plupart des régions, vous rentrerez sous abri tous les fuchsias dans le courant octobre. Beaucoup sont très buissonnants, avec une végétation favorisée par les pincements répétés. Certains fuchsias à longues tiges souples, comme 'Golden Marinka' et 'Swingtime' conviennent en paniers suspendus ou en pots. Les fuchsias vigoureux, comme

FORSYTHIA 'MINI GOLD'
Beaucoup de cultivars ont été sélectionnés pour leur floraison qui couvre les branches.

'Tennessee Waltz', peuvent être conduits sur une tige de 60 cm à 1,50 m de hauteur. Il est aussi possible de les palisser en éventail par des techniques de pincement.

Quand tailler : répétez les pincements durant toute la saison de croissance.

Conduite et taille : peu de soins sont nécessaires pour les fuchsias retombants si ce n'est le pincement des pousses rebelles. Chez un fuchsia en buisson, pincez l'extrémité des tiges pour favoriser le développement d'une ramure dense, bien équilibrée. Après la floraison et avant les premières gelées, on arrache les fuchsias buissons et retombants. Pensez à prélever des boutures par précaution avant d'effectuer la taille. Les pieds mères peuvent être conservés plusieurs années. Une fois empotés, ils sont taillés sévèrement en ramenant toutes les jeunes pousses à deux yeux de la ramure. Si vous craignez des froids très forts, ou ne disposez pas d'un local de conservation totalement hors gel, attendez le début du printemps pour réaliser cette intervention. Vous limiterez ainsi les dégâts.

AUTRES FUCHSIAS

FUCHSIA ARBORESCENS est un grand persistant gélif qui se taille comme le *Fuchsia magellanica*. Coupez sans excès.

FUCHSIA BOLIVIANA : ne pincez pas l'extrémité des tiges qui manquent de vigueur.

FUCHSIA EXCORTICA est un grand arbuste qui se contente d'une taille légère. Il peut être palissé contre un mur, pour mettre en valeur son écorce décorative.

FUCHSIA FULGENS se taille comme le *Fuchsia magellanica*, mais pas trop court.

G

GARRYA

Ces grands arbustes persistants sont rustiques. Ils séduisent par leurs feuilles coriaces et les longs chatons argentés, qui apparaissent en hiver et au printemps sur les pieds mâles. Le garrya se cultive en isolé. Il peut aussi former une haie. Dans les zones froides, palissez-le contre un mur, car le froid endommage les chatons.

Garrya elliptica

C'est un arbuste buissonnant, dense, aux chatons gris-vert ou argentés. Le cultivar 'James Roof' porte les chatons les plus longs.

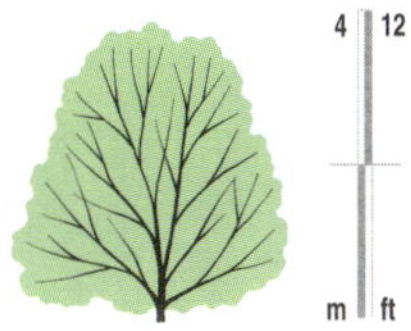

Quand tailler : en mars, quand les chatons fanent et avant la reprise de la croissance.

Conduite et taille : laissez se développer les sujets isolés sans les tailler. Les formes palissées doivent conserver à la plantation une ou deux tiges pour former leur charpente. Rabattez les rameaux latéraux qui s'éloignent du mur. Chez l'adulte, coupez les tiges mal placées. Rajeunissez une plante trop exubérante en trois ou quatre ans *(voir p. 160)*. Elle repousse alors vigoureusement.

GARRYA ELLIPTICA
Le cultivar 'James Roof' exhibe ses longs chatons argentés à la fin de l'hiver.

AUTRES GARRYA

GARRYA FREMONTII et **X ISSAQUAHENSIS** se taillent comme le *Garrya elliptica*.

GARRYA X THURETII ne nécessite pas de taille s'il est cultivé en arbuste isolé. Équilibrez légèrement au sécateur les sujets plantés en haie libre, en cherchant à aérer le centre de la touffe. Coupez le bois mort.

GENISTA *Genêt*

Ces arbustes caducs sont cultivés pour leurs fleurs jaune d'or, au printemps ou en été. Elles naissent sur le bois de deux ans. La plupart sont rustiques, mais certains genêts exigent un lieu abrité. Tous aiment le plein soleil. Plantez des sujets jeunes que vous taillerez après la floraison pour garder des plantes buissonnantes et compactes. Mieux vaut cultiver sur tige *Genista aetnensis*, avec un tronc net, bien tuteuré. Taillez après la floraison, à la fin de l'été, les espèces tapissantes, comme *Genista hispanica*. *Genista lydia* ne supporte pas la taille. Remplacez ceux qui ne repartent pas après avoir été rabattus sur le vieux bois.

GREVILLEA

Ce sont des arbustes ou des arbres persistants *(voir aussi p. 67)*, à floraison estivale. Les fleurs admirables, jaunes ou rouges, durent longtemps. Aucun n'est rustique, mais on peut en réussir certains à l'extérieur, en les plantant à l'abri d'un mur au sud. Dans le Midi, ils réussissent en isolé ou en haie libre. Taillez l'extrémité des pousses des jeunes plants pour favoriser la ramification. Supprimez en avril les tiges qui ont été abîmées par le gel. Rabattez les branches à leur point d'origine, pour limiter l'encombrement de la plante. Taillez les haies, à la fin de l'été, une fois la floraison terminée.

CONSEIL TRUFFAUT

La taille des forsythias peut se pratiquer seulement tous les cinq ans, toujours après la floraison. Elle consiste alors à éliminer l'ensemble des rameaux âgés dont l'écorce est devenue un peu grise et présente des aspérités bien marquées (lenticelles). Conservez le jeune bois qui se reconnaît à son écorce vert tendre. Les pousses qui partent de la souche sont les plus intéressantes. Limitez ensuite le nombre de rameaux à une dizaine, en choisissant les plus vigoureux et ceux qui se trouvent à la périphérie de la souche. Cette méthode de taille simplifiée donne de très bons résultats et vous garantit une floraison maximum sans beaucoup d'efforts.

GRINDELIA

Ces espèces arbustives à floraison estivale sont suffisamment rustiques pour pousser à l'extérieur. Placez-les à l'abri du froid, car elles sont sensibles aux fortes gelées. Chaque année, cet arbuste émet de nombreuses pousses qui, sous un climat chaud, ont tendance à lui donner un port lâche et échevelé. Taillez les jeunes rameaux pour obtenir un port buissonnant, ramifié depuis la souche. Le printemps qui suit la plantation, raccourcissez d'un tiers les tiges des jeunes plants. Dans le Midi, pratiquez une taille très légère au printemps. Dans les régions froides, coupez les tiges très près de la base de l'arbuste ou éliminez les branches les plus anciennes.

GRISELINIA

Cet arbuste persistant, assez imposant, est rustique dans les zones maritimes à climat tempéré où il prospère rapidement. Il constitue de précieux brise-vent et de bons écrans. Ailleurs, il est souvent détruit par le gel. Le *Griselinia* se ramifie bien. Il émet chaque année de nombreuses pousses, près de la souche, qui lui donnent naturellement une forme arrondie. Au printemps, supprimez les rameaux en surnombre. Plus la coupe est sévère, plus les nouvelles pousses sont vigoureuses. Taillez les haies en été, au sécateur pour ne pas abîmer les feuilles *(voir p 44)*. Les *Griselinia* plantés en isolé sont taillés plus légèrement, juste pour les équilibrer.

GYNURA

D'origine tropicale, ce petit arbuste persistant, au port rampant *(voir aussi p. 271)*, est apprécié pour son feuillage et sa floraison hivernale. Cultivez-le à la maison ou dans une véranda. Il a besoin d'une bonne humidité et d'un peu d'ombre en été. Pincez l'extrémité des pousses des jeunes plantes, pour favoriser la ramification. En avril, rabattez toutes les tiges à 10 cm du sol.

FEUILLAGE COLORÉ DU GYNURA
Pincez les jeunes tiges pour favoriser un port compact et obtenir un joli feuillage.

H

HAMAMELIS

Ces grands arbustes ou petits arbres rustiques, portent des feuilles caduques, qui prennent souvent de jolies couleurs d'automne. Leurs fleurs rouges ou jaunes, en hiver, sont un enchantement. Tous les hamamélis ont un port buissonnant, certaines espèces sont drageonnantes. Les cultivars sont multipliés par greffage, sur l'*Hamamelis virginiana*, dont les pousses gardent leurs feuilles plus longtemps. De croissance lente, les hamamélis tolèrent mal la taille. Intervenez seulement sur les plantes devenues trop envahissantes.

Hamamelis mollis

Cet arbuste étalé porte un joli feuillage doré en automne et des fleurs jaunes parfumées, au cœur de l'hiver.

Quand tailler : en mars, après la floraison, mais avant le développement des feuilles. Sur les plantes greffées, supprimez les drageons dès leur apparition.

Conduite et taille : taillez au minimum. Après une coupe sévère, les plantes repartent lentement. Éliminez les vieux rameaux pour ne conserver que de jeunes pousses saines. Sur les plantes greffées, supprimez les gourmands, en les coupant le plus près possible de la souche.

Hamamelis vernalis

Cet arbuste drageonnant fleurit en hiver et au printemps. Il prend de spectaculaires couleurs d'automne, rouge vif.

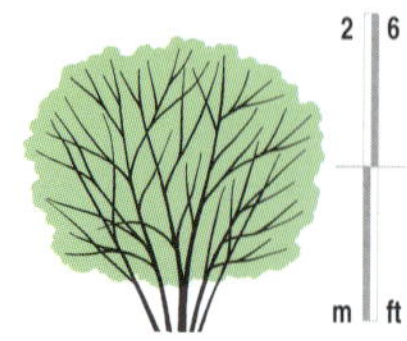

Quand tailler : à la même époque que l'*Hamamelis mollis.*

Conduite et taille : taillez au minimum. Supprimez les drageons chez les plantes non greffées s'ils deviennent envahissants. Rajeunissez l'arbuste en taillant les rameaux âgés de plus de deux ans.

AUTRES HAMAMÉLIS
HAMAMELIS X INTERMEDIA et ses cultivars à grandes fleurs, de même que **HAMAMELIS JAPONICA** à la floraison automnale, se taillent comme l'*Hamamelis vernalis.*

TAILLER UN HAMAMELIS MOLLIS

1 Coupez les tiges enchevêtrées pour aérer la touffe. Taillez au-dessus d'une jeune pousse dirigée vers l'extérieur.

2 Supprimez, à leur point de naissance, toutes les tiges faibles, mal formées ou malades. Faites une coupe nette.

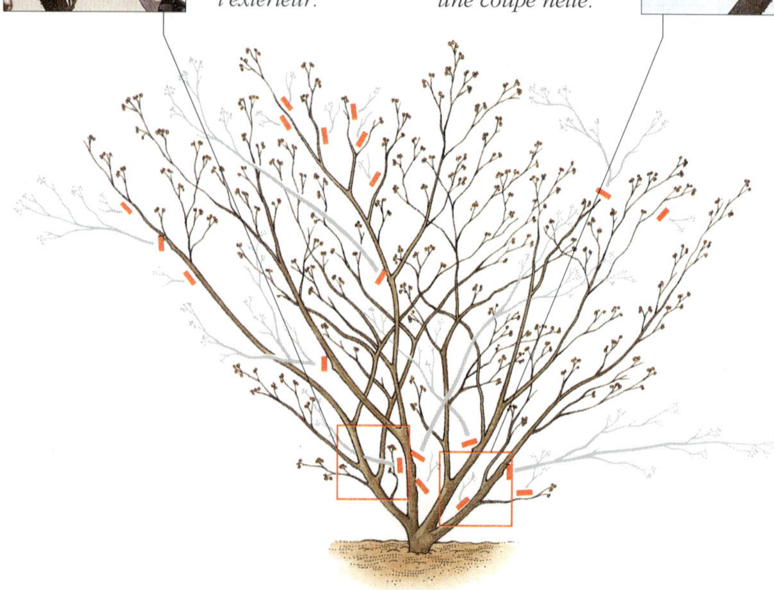

HEBE *Véronique arbustive*

Ces arbustes persistants, au port rampant ou dressé, sont recherchés pour leurs fleurs et leur feuillage. Certains *Hebe* poussent très bien dans les rocailles. Leur rusticité varie d'une espèce à l'autre, les formes à grandes feuilles étant les plus gélives. La plupart repartent facilement à partir du vieux bois. Les véroniques arbustives tolèrent un rabattage sévère. Supprimez aussi les pousses abîmées par le froid ou par le vent. Taillez les tiges mal formées et les épis de fleurs fanées, pour maintenir la beauté du buisson. Chez les variétés panachées, supprimez les pousses à feuilles vertes qui risquent de dominer.

Hebe cupressoides

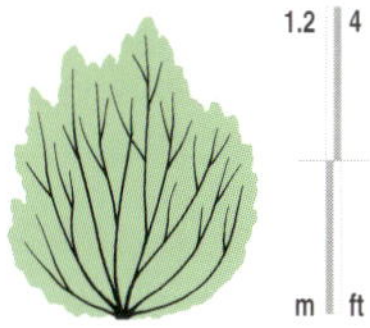

Arbuste persistant, il est cultivé pour son feuillage et pour le port arrondi du cultivar 'Boughton Dome', plus que pour ses fleurs lilas pâle, peu nombreuses.

Quand tailler : au printemps.

Conduite et taille : chaque année, taillez légèrement la plante et sacrifiez les fleurs insignifiantes pour garder une jolie forme compacte. Si l'arbuste est abîmé, ne serait-ce que d'un côté, rabattez-le entièrement. Cela va favoriser la repousse des jeunes rameaux et bien rééquilibrer la forme.

Hebe pinguifolia

Cet arbuste rampant, à petites feuilles glauques, est très utilisé en couvre-sol. Il fleurit entre mai et juillet. 'Pagei', à fleurs blanches, est le cultivar le plus répandu.

Quand tailler : au printemps et en été, après la floraison.

Conduite et taille : en avril ou en mai, supprimez les pousses abîmées et les tiges flétries. En été, taillez les plantes à la cisaille pour supprimer les fleurs fanées et conserver leur végétation compacte.

Hebe speciosa

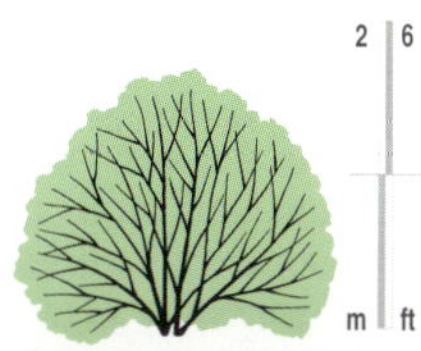

C'est un arbuste buissonnant, aux grandes feuilles lustrées. Ses épis de fleurs pourprées apparaissent en été et en automne.

HEBE 'GREAT ORME'
Taillez au printemps, comme pour Hebe speciosa*, afin que la plante ait le temps d'émettre de nouvelles pousses qui fleuriront de juillet à octobre.*

La plante est sensible au gel. Elle est à l'origine de nombreux hybrides très décoratifs, qui se taillent de la même façon.

Quand tailler : en avril ou mai, dès que la végétation a bien démarré.

Conduite et taille : en période de formation, contentez-vous d'une taille légère pour assurer une croissance équilibrée. Taillez les plantes adultes pour supprimer les tiges abîmées par le froid. Si nécessaire, limitez la végétation en rabattant les tiges les plus longues et les moins bien placées. Remplacez une plante âgée plutôt que d'essayer de la rajeunir par une taille sévère qu'elle ne supporte pas.

HEBE PINGUIFOLIA 'PAGEI' ABÎMÉE PAR LE GEL
Supprimez toute la partie abîmée par le gel (ci-dessus, à gauche), puis taillez légèrement l'ensemble de la plante (ci-dessus, à droite) pour stimuler une repousse vigoureuse.

AUTRES VÉRONIQUES ARBUSTIVES
HEBE ALBICANS, BRACHYSIPHON et RAKAIENSIS se taillent comme le *Hebe pinguifolia.*
HEBE ARMSTRONGII et OCHRACEA se taillent de la même façon que le *Hebe cupressoides.*
HEBE DIEFFENBACHII, X FRANCISCANA, HULKEANA, MACRANTHA et SALICIFOLIA se taillent sans excès, comme le *Hebe speciosa.*
Les plantes cultivées en pots peuvent être rabattues des deux tiers de leur longueur après la première gelée, puis rentrées sous abri, où elles reprendront leur croissance.

HELIANTHEMUM *Hélianthème*

Persistants, rampants, on les considère souvent comme des vivaces. Les hélianthèmes sont recommandés pour la rocaille ou les massifs ensoleillés. Ils produisent des fleurs chiffonnées, en été. Il existe de nombreux hybrides aux différentes couleurs. Non taillés, ils deviennent désordonnés, les tiges âgées étant cachées sous les pousses plus jeunes.

Quand tailler : après la floraison.

Conduite et taille : pincez les jeunes plantes pour les maintenir compactes. Favorisez une nouvelle floraison en rabattant les tiges l'une après l'autre. L'hélianthème vit peu de temps : remplacez-le plutôt que de le rajeunir.

CONSEIL TRUFFAUT
Les hamamélis ont toujours du mal à s'installer après la plantation. Ne les taillez pas trop quand ils sont jeunes, à moins qu'ils prennent une silhouette déséquilibrée. Le sol doit être acide et frais. Un système d'arrosage au goutte à goutte programmé vous évitera tout souci d'entretien durant l'été. Paillez le sol chaque automne avec un amendement organique.

HELICHRYSUM

Ces arbustes persistants sont cultivés pour leur feuillage duveteux et argenté. Plusieurs espèces sont assez rustiques pour pousser à l'extérieur, mais elles souffrent des fortes gelées. *Helichrysum petiolare,* semi-rustique, est planté en été dans les massifs ou bien en pots. Ses boutures sont hivernées à l'abri du froid. Tous les *Helichrysum* se prêtent bien à une taille légère, pratiquée pour rehausser l'effet du feuillage. La sortie de nouvelles pousses sur les vieux rameaux est très aléatoire.

Helichrysum italicum

Appelé « plante curry », ce petit arbuste rustique, buissonnant, développe un feuillage gris argenté, très aromatique. Il porte des fleurs jaunes en été. *Helichrysum italicum* spp. *serotinum* a des feuilles très feutrées.

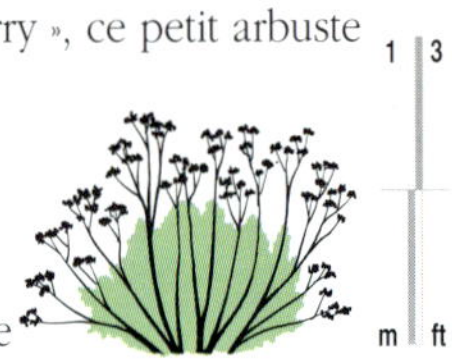

Quand tailler : au printemps.

Conduite et taille : rabattez sévèrement. Supprimez les pousses gelées et les tiges mal formées. Procédez à une taille de formation très légère.

Helichrysum petiolare

Semi-rustique, cet arbuste porte des tiges rampantes, gris argenté, et des feuilles grises, feutrées. Souvent cultivé pour son feuillage,

HELICHRYSUM PETIOLARE
Surtout cultivée comme plante couvre-sol, cette espèce peut aussi être élevée sur une tige. Il faut alors pincer l'extrémité des pousses, durant tout l'été, pour obtenir une ramure dense et compacte.

il produit également des fleurs crème en été. On peut le laisser ramper ou le tuteurer et le pincer, pour créer des formes décoratives.

Quand tailler : au printemps. Durant la période de croissance, pincez les pousses pour favoriser la ramification.

Conduite et taille : pour créer un buisson bien ramifié, pincez régulièrement l'extrémité des pousses et supprimez les boutons à fleurs. Ces derniers ne sont pas souhaitables, car ils ont tendance à provoquer l'allongement inesthétique des tiges qui se dénudent de la base.

AUTRES HELICHRYSUM
HELICHRYSUM SPLENDIDUM se taille comme l'*Helichrysum italicum.*
HELICHRYSUM PLICATUM et **STOECHAS** se taillent comme l'*Helichrysum italicum.*
Toutefois, ils se prêtent moins bien à un rabattage sévère.

Le buisson est obtenu en pinçant les pousses.

Tige nue.

HYBRIDE D'HÉLIOTROPE
Souvent cultivé comme plante annuelle, en massifs, l'héliotrope peut aussi être conduit sur tige.

HELIOTROPIUM
Héliotrope

Ces arbustes persistants portent des fleurs parfumées qui se développent sur les pousses de l'année, durant toute la saison de croissance. Ces plantes conviennent pour les massifs d'été ou les potées dans une véranda. Gélives, il faut les remplacer chaque année. Dans le Midi, taillez-les au minimum. Pincez juste l'extrémité des pousses. Prévoyez un tuteur pour les grandes plantes. Pour former un héliotrope sur tige, utilisez le pincement *(voir p. 169)* ; guidez la tige dominante en la tuteurant et en supprimant toutes les pousses latérales. Quand la hauteur de tronc désirée est obtenue, coupez la tige au-dessus de la troisième feuille.
Pincez les rameaux latéraux pour obtenir des ramifications. Pour garder la plante sur tige une deuxième année, taillez légèrement la tête en automne.

HETEROMELES

La seule espèce de ce genre peu répandu est *Heteromeles arbutifolia* (ou *Photinia arbutifolia*).

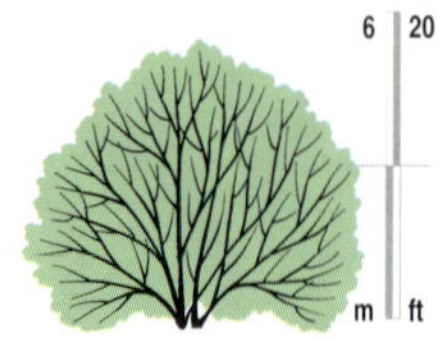

C'est un grand arbuste ou un petit arbre, persistant, peu rustique. Il produit des fleurs blanches à la fin de l'été, suivies de fruits rouges. Cette plante requiert un abri dans nos régions, mais peut rester en plein air dans le Midi. Avec son port buissonnant, étalé, elle tolère parfaitement la taille et peut être menée sur un tronc ou en cépée. Taillez en février-mars. Pincez les jeunes plants. Chez l'adulte, éclaircissez les pousses ramifiées et, s'il faut restructurer la plante ou limiter sa végétation, rabattez les branches sur des rameaux latéraux bien placés. Pour rajeunir un sujet âgé, rabattez-le près des branches principales, en février-mars, avant le départ de la végétation. Cette plante peut aussi former une haie libre de hauteur moyenne.

HETEROMELES ARBUTIFOLIA
Facile à cultiver, cet arbuste peut être taillé pour prendre diverses formes.

HIBBERTIA

Ces petits arbustes persistants portent de jolies fleurs jaunes ou orange, au printemps et en été. Certaines espèces fleurissent toute l'année dans de bonnes conditions climatiques. Quelques *Hibbertia* tolèrent des gelées légères, mais la plupart requièrent un climat hors gel, réussissant toutefois dans le Midi. Les espèces rampantes et semi-rampantes se contentent d'une taille légère. Pincez les autres dans leur jeune âge, pour favoriser les ramifications. Pour maintenir ces arbustes compacts, taillez après la floraison, en supprimant l'extrémité des pousses et les têtes florales fanées. Au printemps, coupez les pousses en surnombre. Il existe plusieurs formes grimpantes *(voir p. 273).*

HIBISCUS

Ce genre comporte des espèces annuelles et des vivaces, ainsi que de nombreux arbustes et petits arbres caducs ou persistants. Cultivez-les pour leurs grandes fleurs mauves, qui naissent sur les pousses de l'année, à la fin de l'été. Ils fleurissent bien en situation chaude, sans trop de vent, et en plein soleil. Sous nos climats, les hibiscus ne sont pas tous rustiques, mais les espèces gélives poussent bien en pot dans une véranda.

Hibiscus rosa-sinensis

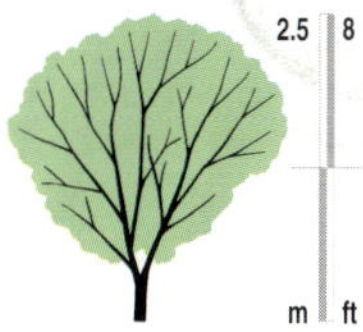

Cet arbuste persistant, arrondi, a donné beaucoup de sélections intéressantes. Elles sont prisées pour leurs fleurs admirables, qui s'épanouissent tout au long de la végétation. Plantez-le à l'extérieur, en situation chaude, hors gel, pour créer une haie ou un écran. Il vient bien en pot, à la maison ou dans une véranda. Taillez les plantes cultivées en pot pour limiter leur développement et favoriser leur floraison.

Quand tailler : en mai.

Conduite et taille : pour avoir une forme générale bien équilibrée, taillez légèrement les jeunes plantes *(voir p. 157)*. Chez les adultes, rabattez les tiges principales d'un tiers, puis raccourcissez les rameaux latéraux, en laissant seulement deux à trois bourgeons. Enlevez et brûlez le bois mort : il attire la maladie du corail. Pour rajeunir la plante, supprimez entièrement les branches âgées et rabattez sévèrement celles qui restent. N'hésitez pas à revenir très près de la souche. L'hibiscus repart généralement bien si vous veillez à ce que les tiges ne flétrissent pas. Sinon, mieux vaut remplacer la plante.

RÉNOVER UN HIBISCUS SYRIACUS MAL FORMÉ

2 Taillez légèrement le reste de la plante, en supprimant toutes les pousses faibles ou celles qui paraissent malades.

1 Supprimez à la base les tiges mal placées ou coupez au-dessus d'une pousse robuste, dirigée vers le haut.

Hibiscus syriacus *Althéa*

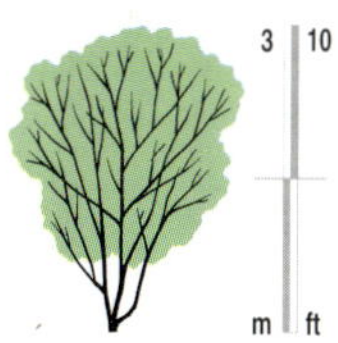

Cet arbuste caduc, très rustique, émet des fleurs de diverses couleurs. Évitez de le placer dans un lieu venteux, car ses racines n'assurent pas un bon ancrage. Il prend alors un port de guingois, trop étalé.

Quand tailler : en mai.

Conduite et taille : taillez sévèrement les jeunes plantes pour favoriser leur ramification dès la base. Chez l'adulte, taillez peu, mais rabattez près du tronc toutes les tiges montrant un signe de dépérissement. Comme pour l'*Hibiscus rosa-sinensis*, procédez à une taille de rajeunissement. Redonnez une forme régulière à une plante, en veillant à l'abriter du vent, sans quoi elle reprendra un port désordonné et peu esthétique.

AUTRES HIBISCUS

HIBISCUS DIVERSIFOLIUS, HETEROPHYLLUS et **MUTABILIS** se taillent comme l'*Hibiscus rosa-sinensis*. Pareil pour les **HIBISCUS TILIACEUS** et **WAIMEAE**.
HIBISCUS SCHIZOPETALUS est une espèce tropicale qui requiert une simple taille d'équilibrage après la floraison.
HIBISCUS SINOSYRIACUS se taille en douceur comme l'*HIBISCUS SYRIACUS*.

HIPPOPHAE *Argousier*

Ce sont des arbustes ou des arbres caducs, très rustiques, qui produisent des fleurs mâles et femelles sur des plantes séparées. Ils sont cultivés pour leur feuillage et leurs beaux fruits chez la plante femelle. Offrez-leur de préférence un lieu dégagé. Le port naturel est drageonnant, mais on peut les former sur tige. Il est possible de les utiliser en haie *(voir p. 44)*, notamment en bord de mer, et comme brise-vent, car ils tolèrent parfaitement les embruns salés.

Quand tailler : en été, quand il est facile de différencier le bois mort de celui qui peut encore émettre des bourgeons.

Conduite et taille : la taille est très réduite, que ce soit chez la plante jeune ou chez l'adulte. Les espèces âgées présentent souvent de nombreuses branches ramifiées. Si leur silhouette devient embroussaillée, supprimez les tiges indésirables près de la souche. Éliminez aussi les drageons superflus qui naissent tout autour de la plante. Sachez toutefois qu'une taille sévère stimule la production de nombreux drageons. Les plantes élevées en tige *(voir p. 165)* ont souvent tendance à développer une tête échevelée. Taillez régulièrement pour obtenir une forme bien équilibrée. Coupez les haies en fin d'été, si nécessaire.

CONSEIL TRUFFAUT

Il est fréquent que les hibiscus cultivés à la maison ne fleurissent pas. C'est dû à l'allongement rectiligne des pousses qui ne se ramifient pas, faute de lumière. Pour éviter ce problème, rapprochez la plante d'une grande fenêtre bien exposée et pratiquez deux à trois pincements au début de la végétation. En étêtant la totalité des jeunes rameaux, vous provoquerez des ramifications qui porteront les fleurs. Taillez toutes les pousses fanées à trois feuilles de leur point de départ, elles recommenceront ainsi à fleurir.

HYDRANGEA

Rustiques, ces arbustes caducs très décoratifs, fleurissent de juin à l'automne. Tous tolèrent bien la taille. Certaines espèces vivant en sous-bois demandent peu de soins. Les cultivars peuvent se passer de taille, mais ils fleurissent mieux quand leurs rameaux sont régulièrement raccourcis. Si vous souhaitez palisser un *Hydrangea* contre un mur, choisissez une espèce grimpante comme *petiolaris*.

Hydrangea macrophylla

Hortensia

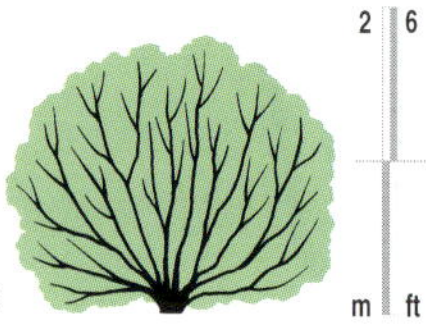

C'est un arbuste buissonnant, dont les nombreux cultivars produisent des fleurs terminales en été. Certains ont des têtes rondes composées surtout de fleurs stériles, d'autres forment des têtes plates, avec de grandes fleurs stériles à la périphérie et des fleurs fertiles, plus petites, au centre. Elles naissent sur les pousses de l'année précédente. La plante demande peu de soins pour fleurir, mais une taille régulière bien conduite améliore presque toujours la floraison.

Quand tailler : sous un climat chaud, taillez après la floraison. Dans les régions froides, laissez les têtes fanées sur le buisson tout l'hiver. Elles protégeront les nouvelles pousses. Ne taillez alors qu'en avril.

Conduite et taille : la taille de formation n'est pas nécessaire. Chez l'adulte, rabattez les pousses faibles et fines et une ou deux des tiges les plus âgées. Taillez les branches à fleurs de l'année précédente, de 30 cm environ, au-dessus de gros bourgeons. Ils produiront les futures tiges à fleurs. Au printemps, rabattez près de la base une plante abîmée par le gel, sachant que la floraison suivante est compromise.

TAILLE D'UN HYDRANGEA MACROPHYLLA AU PRINTEMPS

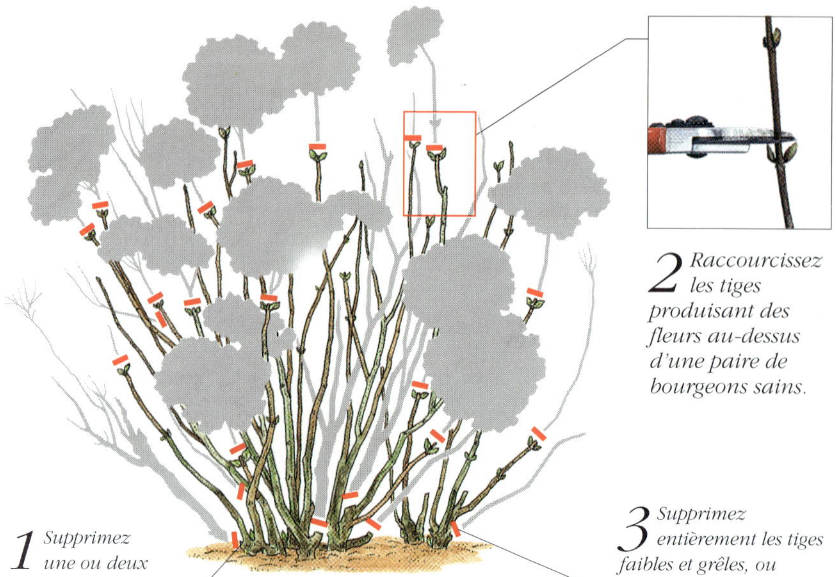

2 Raccourcissez les tiges produisant des fleurs au-dessus d'une paire de bourgeons sains.

1 Supprimez une ou deux branches âgées, moins productives, en coupant le plus près possible du sol.

3 Supprimez entièrement les tiges faibles et grêles, ou éventuellement, taillez au-dessus de deux gros bourgeons situés près de la base.

Hydrangea paniculata

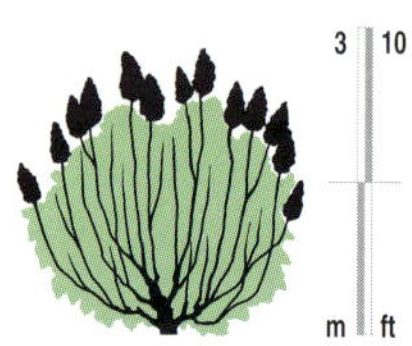

Cet arbuste érigé donne de grandes panicules de fleurs en fin d'été, sur les pousses de l'année.

Quand tailler : en mars, avant le départ de la végétation.

Conduite et taille : la taille n'est pas indispensable, mais la plante fleurit mieux si vous la rabattez chaque année au-dessus d'une branche bien lignifiée *(voir ci-dessous)*. Laissez 25 cm de longueur dans un lieu venteux, 60 cm, voire plus, dans un massif. Les années suivantes, au printemps, rabattez toutes les tiges au-dessus de deux bourgeons situés aussi près que possible de la branche principale. La plante repart généralement bien après une taille sévère, qui recrée une charpente courte.

AUTRES HYDRANGÉAS

HYDRANGEA ARBORESCENS, ASPERA, HETEROMALLA, QUERCIFOLIA, SARGENTIANA et **VILLOSA** demandent une taille minimale pour éclaircir la forme, au printemps si nécessaire.
HYDRANGEA SERRATA se taille régulièrement, comme l'*Hydrangea macrophylla*.
Pour d'autres espèces, *voir* le Lexique des plantes grimpantes *p. 273*.

TAILLE D'UN HYDRANGEA PANICULATA À CHARPENTE COURTE

PREMIER PRINTEMPS APRÈS LA PLANTATION
Rabattez toutes les tiges, sauf trois à quatre, que vous raccourcissez à 25 cm.

PLANTE ADULTE
Rabattez les pousses de l'année précédente sur des bourgeons bien placés.

PLANTE ADULTE EN FLEUR
Une taille annuelle sévère, donne des inflorescences plus grosses.

HYPERICUM *Millepertuis*

Ce grand genre diversifié comprend des arbustes vigoureux, caducs ou persistants, le plus souvent rustiques, de dimensions variables. Ils portent longtemps des fleurs jaune vif, en fin d'été et en automne. Certains constituent d'excellents couvre-sol, les plus grands s'imposant dans une haie libre, fleurie. La méthode de taille dépend de l'espèce cultivée et de l'usage qui est fait de la plante.

Hypericum calycinum

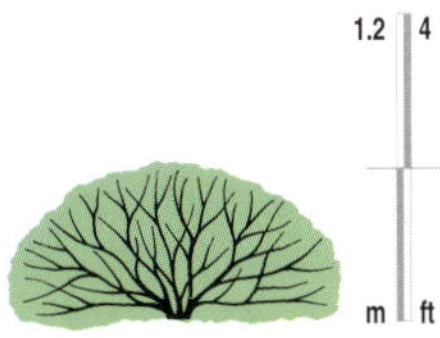

Ce petit arbuste persistant s'étale grâce à de longues tiges traçantes qui produisent de nouvelles plantules. Il convient en couvre-sol, même à l'ombre sèche. Très envahissant, il faut toujours limiter son extension. Les fleurs s'épanouissent sur les pousses de l'année. La floraison est plus importante au soleil. Une taille annuelle, même très courte, favorise l'émission de nouvelles feuilles et permet de maîtriser l'étalement de la plante.

Quand tailler : en mars.

Conduite et taille : rabattez toutes les pousses de l'année précédente à la cisaille, au coupe bordure, ou à la tondeuse sur coussin d'air. Pour limiter l'extension, arrachez les racines périphériques qui risquent de donner naissance à de nouvelles plantules, par drageonnage.

HYPERICUM FORRESTII *Supprimez certaines tiges âgées* (ci-dessous) *pour obtenir une plante aérée, bien formée* (à droite).

Hypericum forrestii

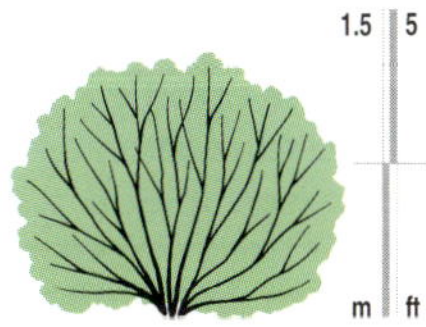

Cet arbuste buissonnant, persistant ou semi-persistant, porte des branches d'abord érigées, puis arquées. Taillez-le chaque année pour améliorer la floraison et rabattez-le plus sévèrement une année sur deux ou trois. Ce millepertuis, et d'autres espèces de port similaire, conviennent pour les haies.

Quand tailler : au printemps.

Conduite et taille : chez les plantes isolées, pour que la touffe reste compacte, supprimez toute tige âgée, faible ou fine. Ensuite, raccourcissez près de la base ou des branches principales, l'ensemble des rameaux. Pour revigorer une plante âgée ou négligée, taillez les tiges près du sol, au printemps. Cela entraîne la production en grand nombre de pousses vigoureuses.

AUTRES MILLEPERTUIS

HYPERICUM AEGYPTICUM et **BALEARICUM** sont des plantes de rocaille qui se passent de taille.

HYPERICUM ANDROSAEMUM se taille comme un *Hypericum calycinum*, mais seulement tous les deux ou trois ans.

HYPERICUM BEANII, BELLUM, 'HIDCOTE', KOUYTCHENSE et **X MOSERIANUM** se taillent comme un *Hypericum forrestii*.

HYPERICUM X INODORUM se taille comme un *Hypericum androsaemum*.

CONSEIL TRUFFAUT

On dit qu'il ne faut pas tailler les hortensias, car les hybrides à grandes fleurs épanouissent leurs têtes colorées, sans nécessiter d'entretien. Toutefois, veillez à ce qu'ils ne deviennent pas trop touffus. Éliminez les branches âgées de plus de trois ans, afin de privilégier les plus jeunes rameaux qui porteront les fleurs. Respectez la silhouette de l'arbuste et cherchez à dégager la partie centrale.

I - J - K

ILEX *Houx*

Arbres *(voir p. 68)* ou arbustes le plus souvent persistants et très rustiques, les houx portent le plus souvent des fleurs mâles et femelles sur des plantes séparées. Vous les apprécierez pour leur feuillage et les baies qui apparaissent sur les plantes femelles, en automne et en hiver. Ils tolèrent bien la pollution, poussent en bord de mer et viennent au soleil ou à l'ombre. De croissance assez lente, ils constituent de superbes plantes. Les houx se prêtent bien à la taille et peuvent être menés selon des formes géométriques. Certaines espèces conviennent pour constituer des haies taillées ou libres totalement impénétrables.

Ilex opaca

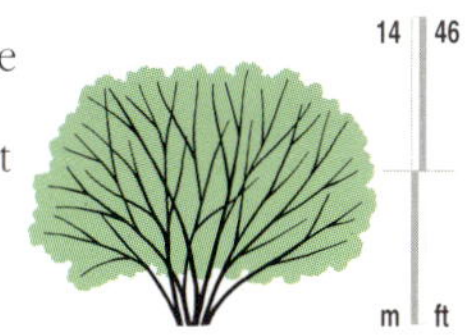

Cette espèce forme un arbuste ou un petit arbre, au port érigé, persistant. Les baies rouges ou jaunes contrastent avec les feuilles ovales, plus ou moins épineuses, vert pâle mat. Très rustique, ce houx pousse mieux sous un climat continental. En zone tempérée, il produit peu de baies et manque de densité.

Quand tailler : à la fin de l'été, quand les nouvelles pousses sont déjà aoûtées, mais pas encore ligneuses.

Conduite et taille : la taille de formation n'est pas nécessaire, sauf si vous souhaitez favoriser une tige principale simple. Les plantes adultes tolèrent la taille, mais la forme arbustive est laissée à son libre développement. Les haies sont taillées à la cisaille, mais cela cause inévitablement la perte des baies. Pour rajeunir un arbuste isolé ou une haie, pratiquez une taille sévère, mais seulement tous les deux ou trois ans, pour ne pas épuiser la plante.

AUTRES HOUX

ILEX CRENATA est une espèce rustique, buissonnante, dense, à fruits noirs. En isolé, il se contente d'une taille minimale, mais il convient également en haie ou en topiaire. À tailler comme *Ilex opaca*.

ILEX X MESERVEAE a un feuillage foncé, teinté de bleu, très séduisant quand il est jeune. Il est parfait pour une haie taillée. Même taille que pour *Ilex opaca*.

ILEX PERNYI se cultive de préférence en isolé ou en petit arbre ramifié *(voir p. 27)*. La taille est très réduite, car c'est une forme à la silhouette compacte.

ILEX VERTICILLATA est une espèce caduque à tailler le moins possible.

INDIGOFERA

Ces arbustes caducs, élevés en cépée, ont un port ample et souple. Ils produisent des fleurs ressemblant à celles du haricot, sur les pousses de l'année, en été.

Indigofera heterantha

Dénommé aussi *Indigofera gerardiana,* cet arbuste fort gracieux porte des grappes de fleurs rouge pourpré en été. Il atteint son plein développement dans les régions au climat chaud. Ailleurs,il est souvent endommagé par les gelées. Rabattez-le sévèrement au printemps pour obtenir de fortes pousses.

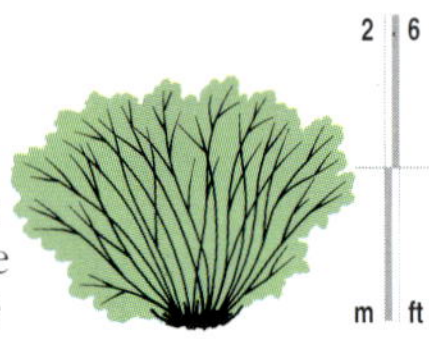

Quand tailler : en mars-avril, avant la formation des nouvelles pousses.

Conduite et taille : dans le Midi, réduisez la taille au minimum. Dans une région froide, supprimez les tiges faibles et rabattez toutes les autres, juste au-dessus du niveau du sol. Après une taille sévère effectuée au printemps, une plante négligée repart mieux. Paillez en hiver.

AUTRES INDIGOFERA
INDIGOFERA AMBYLANTHA, transformez la base ligneuse en une charpente courte pour donner de la hauteur.
INDIGOFERA AUSTRALIS, DECORA et **KIRILOWII** se taillent comme un *Indigofera heterantha.*

INDIGOFERA HETERANTHA
Dans nos régions, taillez cette espèce au niveau du sol, au printemps, car elle se montre sensible au gel.

IXORA

Ce sont de petits arbustes tropicaux, persistants, qui ne supportent par le gel. Les fleurs naissent sur les pousses de l'année. Des pincements réguliers de l'extrémité des jeunes tiges, quand elles mesurent environ 15 cm de long, rendent cette plante ramifiée encore plus buissonnante. Après la floraison, supprimez environ la moitié des pousses de l'année pour remettre la plante en forme. Pour rajeunir une plante, éclaircissez, puis supprimez toutes les tiges restantes à environ 30 cm du sol, en février-mars.

JASMINUM *Jasmin*

Ces arbustes vigoureux, caducs ou persistants, ont un port arqué *(voir* le Lexique des plantes grimpantes *p. 274).* Toutes les espèces arbustives, comme *Jasminum humile* et *Jasminum parkeri*, portent, durant l'été, des fleurs jaunes, étoilées, en grappes terminales. Elles naissent sur le bois de l'année précédente. Taillez tous les jasmins pour éviter l'enchevêtrement des tiges âgées. S'il fait froid, plantez les jasmins les plus gélifs à l'abri d'un mur. Les jeunes plants se taillent peu. Chez l'adulte, supprimez une ou deux tiges âgées après la floraison. Une taille sévère effectuée au printemps sur une plante négligée compromet la floraison suivante.

KALMIA

Petits arbustes persistants, les *Kalmia* fleurissent abondamment en juin s'ils sont placés dans un lieu ensoleillé. La taille se résume à la suppression des fleurs fanées quand c'est possible. Rabattez les sujets trop envahissants, en échelonnant la taille sur deux ou trois années *(voir p. 160).* Sinon, ne touchez pas à cette plante délicate.

KERRIA

Cet arbuste caduc, au port arqué, est très rustique. Drageonnant, vigoureux, Il fleurit au printemps. On ne cultive qu'une seule espèce : *Kerria japonica,* dont la forme à fleurs doubles est la plus vigoureuse. Chaque année, cet arbuste émet au niveau du sol de nouvelles tiges rigides qui fleuriront l'année suivante. Taillez pour éviter une accumulation de bois âgé et supprimez les tiges à fleurs fanées.

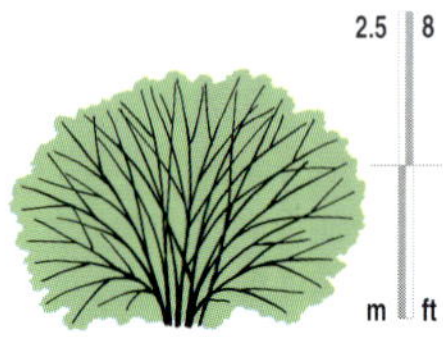

Quand tailler : en mai, après la floraison.

Conduite et taille : taillez les rameaux à fleurs au-dessus d'une forte tige latérale, ou bien au niveau du sol, afin de créer une forme équilibrée et bien aérée. Le fait de rabattre les branches à différents niveaux, favorise la formation de nouveaux rameaux à fleurs, sur plusieurs hauteurs.
Si une plante s'étale trop, arrachez les tiges périphériques à la bêche et utilisez les drageons pour la multiplication.
Afin de rajeunir les tiges, rabattez-les près du sol, au printemps.

TAILLE DU KERRIA JAPONICA

1 Pour maintenir la vigueur, taillez une tige sur trois au niveau du sol, chaque année, au printemps.

2 Rabattez les autres tiges à fleurs sur de jeunes pousses latérales vigoureuses lorsque celles-ci existent.

KOLKWITZIA

Ce genre ne comporte qu'une seule espèce, *Kolkwitzia amabilis,* un arbuste caduc d'aspect ample et gracieux. Ses fleurs roses, très nombreuses, apparaissent en mai-juin sur du bois de deux ans.

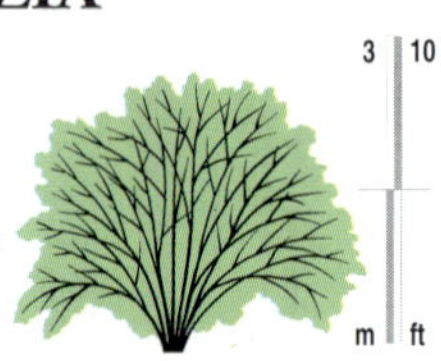

Quand tailler : en juillet, après la floraison.

Conduite et taille : les jeunes sont peu taillés pour laisser le port arqué se développer. Les adultes drageonnent et produisent beaucoup de tiges à la base. Éclaircissez chaque année, pour maintenir la vigueur. Rabattez un rameau sur trois ou quatre, en supprimant les plus âgés. Coupez au-dessus d'une pousse latérale, ou près de la base. Rajeunissez en taillant sévèrement les tiges au ras du sol. Gardez de cinq à sept jeunes tiges érigées.

L

LANTANA

Ces arbustes persistants ont des fleurs en têtes tubuleuses. Le plus connu, *Lantana camara*, est une mauvaise herbe dans certaines régions tropicales et subtropicales, mais il est très cultivé dans nos régions, comme plante à massif ou pour décorer la véranda.

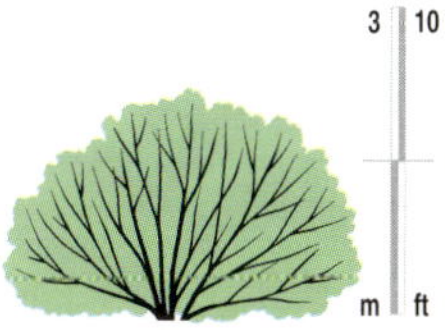

Quand tailler : au printemps, en automne, pour les plantes cultivées en intérieur.

Conduite et taille : pincez l'extrémité des pousses pour favoriser un port buissonnant. Utilisez la technique des pincements pour former une tige. Élevez un tronc simple et pincez-le à son extrémité, juste au-dessus de la hauteur désirée. Pincez ensuite les rameaux latéraux. On arrache souvent les plantes à la fin de la saison. Pour hiverner un *Lantana* tige, rabattez les rameaux latéraux à 10 cm de leur point de départ, en automne.

LAVATERA *Lavatère*

Ces arbustes caducs, très vigoureux, fleurissent sur les pousses de l'année, de l'été à l'automne. Ce sont des plantes rustiques, mais elles préfèrent un lieu chaud et ensoleillé. Le bois n'est pas solide et les branches âgées, trop lourdes, peuvent se fendre ou craquer. Les lavatères se montrent sensibles aux dégâts du gel et du vent. Elles tolèrent toutes une taille sévère, qui permet de conserver une plante bien équilibrée et améliore la floraison.

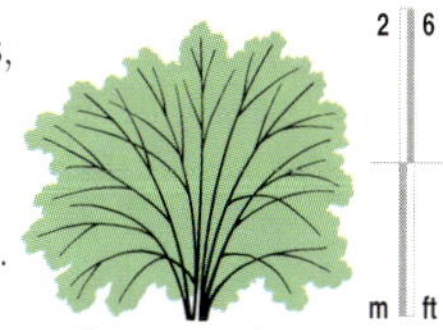

Quand tailler : au printemps, dès le départ des bourgeons et après les derniers froids. Dans un lieu venteux, raccourcissez les tiges en automne. Durant la saison de croissance, supprimez toute tige abîmée.

Conduite et taille : au printemps, supprimez les pousses faibles et rabattez toutes les autres tiges à 30 cm du sol. Durant la croissance, supprimez tous les rameaux abîmés. En automne, raccourcissez les tiges de moitié, pour éviter qu'elles soient endommagées par le vent. Les lavatères ne vivent pas longtemps.

LAVATERA 'BARNSLEY'
Rabattez la plante sévèrement à la base, chaque année, dès que les tiges commencent à se développer avec vigueur.

LAVANDULA *Lavande*

La lavande forme des petits arbustes persistants, rustiques à semi-rustiques, au feuillage aromatique, souvent gris-vert. Ses fleurs, parfumées, sont généralement mauves ou pourpres, mais on en trouve aussi des blanches ou des roses. Elles s'épanouissent en été. Plantez au soleil, en isolé, ou en rang pour former une haie ou une bordure (espacez les pieds de 25 à 30 cm). Une taille annuelle permet de garder des plantes compactes et bien habillées de feuillage jusqu'au sol.

Lavandula angustifolia

Cet arbuste persistant porte des épis de fleurs parfumées en été. Parmi les nombreux cultivars et hybrides, figurent 'Hidcote' et 'Munstead', une lavande naine.

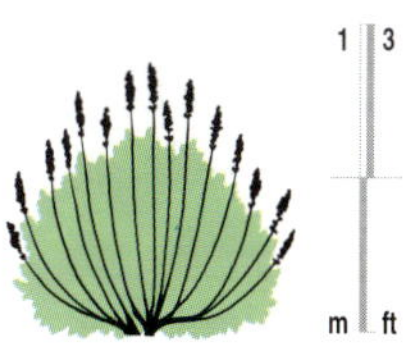

Quand tailler : dans le Midi, taillez en automne, mais en zone froide, contentez-vous de supprimer les fleurs fanées en automne. Retardez la taille au printemps.

Conduite et taille : taillez sévèrement les jeunes plants. Sur les adultes, supprimez la plupart des pousses de l'année précédente. Si vous coupez les fleurs fanées en automne, enlevez simplement les longues tiges dénudées. Durant l'hiver, le feuillage laissé sur la plante protège les jeunes bourgeons. Taillez les haies sans excès, avec la même technique. Remplacez une lavande âgée ou négligée, car elle ne repart pas facilement à partir du vieux bois.

LAVANDULA ANGUSTIFOLIA
S'il fait froid, supprimez les fleurs fanées (ou récoltez les dernières fleurs), puis taillez plus sévèrement au printemps, une fois passé tout risque de gel.

AUTRES LAVANDES

LAVANDULA DENTATA et **X INTERMEDIA** se taillent comme une *Lavandula angustifolia*.
LAVANDULA STOECHAS et **STOECHAS** SPP. **PEDUNCULATA** (la lavande papillon) se taillent de manière classique, mais comme elles montrent une rusticité moindre, il est prudent de les pailler en automne ou de les couvrir d'un voile.
LAVANDULA VERA est aussi frileuse, elle peut être rabattue sévèrement en mars-avril.

CONSEIL TRUFFAUT

L'aspect dégarni que prennent les lavandes vient souvent d'un excès d'arrosage en été. Ces plantes apprécient un climat sec. Elles souffrent d'une humidité permanente au niveau des racines. Ceci entraîne l'apparition d'une maladie cryptogamique (Phoma) qui provoque le brunissement des rameaux, puis le dépérissement de la souche. Pour éviter ce problème n'associez pas de lavandes avec des fleurs annuelles, qui nécessitent beaucoup d'arrosages. Incorporez du sable grossier à la plantation pour que l'humidité ne stagne pas sur les racines. Si vous cultivez des lavandes en pots, évitez les bacs à réserve d'eau qui maintiennent trop les racines humides.

LEONOTIS

Leonotis leonorus est un petit arbuste persistant, cultivé pour ses feuilles aromatiques et ses verticilles de fleurs rouge orangé vif qui apparaissent en été et en automne. Dans de bonnes conditions, il dépasse 2 m dans l'année. Il n'est pas très rustique, mais avec une protection, il peut survivre à un hiver doux dans nos régions. Il pousse également en véranda, en plein soleil, à condition d'être éloigné d'une source de chaleur en hiver.

Quand tailler : en automne, dans le Midi ; au printemps, après la floraison, ailleurs.

Conduite et taille : pincez l'extrémité des jeunes pousses, pour favoriser la ramification. Dans les régions chaudes, rabattez les pousses de l'année précédente sur une branche basse plus âgée. Ailleurs, coupez toutes les tiges à 15 cm du sol. Rajeunissez de la même manière une plante qui a manqué de soins.

LESPEDEZA

Ces arbustes de dimensions modestes sont, pour certains, persistants en climat chaud. Leurs fleurs, décoratives, blanches à pourpres, naissent sur les pousses de l'année en fin d'été ou en automne. Dans le Midi, supprimez chaque année au printemps, certaines tiges âgées. S'il fait froid, les gelées sévères détruisent ces plantes jusqu'au sol, même avec la protection d'un mur. Protégez les racines avec de la paille et des voiles d'hivernage et rabattez les branches âgées, une fois que tout risque de gel est passé.

LIGUSTRUM *Troène*

Arbustes persistants ou caducs, rustiques, les troènes sont cultivés pour leur feuillage et leurs fleurs. On les apprécie en haie, du fait de leur vigueur, de leur résistance à la pollution et de leur bon comportement. Certaines espèces, comme *Ligustrum confusum* et *Ligustrum sinense*, sont assez décoratives pour être plantées en isolé. Les troènes sont également précieux en topiaire *(voir p. 48)* ou conduits sur tige.

Ligustrum ovalifolium

Ce grand arbuste vigoureux, très rustique, semi-persistant ou persistant, porte des feuilles lustrées et en été, des bouquets de fleurs blanches, parfumées, suivies de fruits noirs. Certains cultivars ont un joli feuillage panaché.

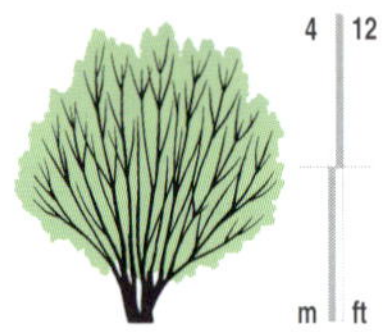

Quand tailler : au printemps.

Conduite et taille : il n'est pas nécessaire de tailler au moment de la plantation, sauf les plantes destinées à former une haie. Dans ce cas, coupez toute la ramure à 30 cm du sol, puis rabattez de moitié les nouvelles pousses chaque année, durant deux à trois ans. Cela permet que la base soit bien dense. Pour les arbustes plantés en isolé, procédez à une taille légère chaque année. Surveillez l'apparition des pousses vertes chez les cultivars panachés *(voir p. 153)*. Pour former une plante sur tige, *voir p. 165*. Taillez légèrement les haies et les topiaires deux ou trois fois par an, entre mai et août.

LIGUSTRUM SINENSE 'PENDULUM'
Caduc, le troène de Chine est très ramifié. Il porte des feuilles ovales, vert pâle, et de grandes panicules de fleurs blanches, parfumées. Elles apparaissent en été.

Les troènes âgés ou laissés à l'abandon (en isolé ou en haie), sont rajeunis par une taille sévère effectuée au printemps. Attention, cela peut faire reverdir certains cultivars panachés.

AUTRES TROÈNES

LIGUSTRUM DELAVAYANUM, JAPONICUM, OBTUSIFOLIUM SINENSE et **VULGARE** se taillent comme le *Ligustrum ovalifolium*. Ce sont aussi de bonnes plantes de haies.

LIGUSTRUM LUCIDUM se taille aussi comme un *Ligustrum ovalifolium*, mais il peut être conduit sur une tige *(voir p. 165)*, avec un tronc court, inférieur à 60 cm. Dans ce cas, on en fait une excellente plante en pot.

LEYCESTERIA

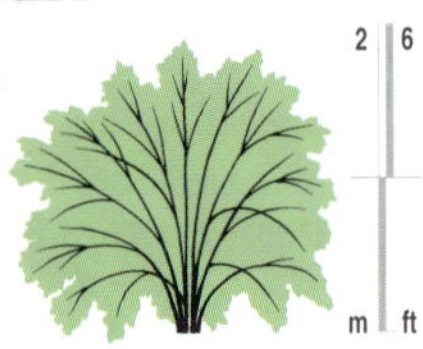

Ces arbustes caducs, rustiques à semi-rustiques, forment une touffe. Les nouveaux rameaux se développent et fleurissent en une seule saison. Les tiges vertes, creuses, à l'aspect de bambou, de *Leycesteria formosa,* sont décoratives en hiver. Plantez au soleil, dans un lieu abrité, car les vents violents cassent souvent les tiges. Les arbustes non taillés deviennent rapidement broussailleux et enchevêtrés.

Quand tailler : au printemps.

Conduite et taille : éclaircissez les touffes chaque année, en rabattant près du sol les vieilles tiges faibles. Les plantes âgées sont rajeunies par une taille sévère, en coupant les tiges à 5 ou 10 cm de la base. Apportez un engrais pour stimuler la reprise.

LEYCESTERIA FORMOSA
Il forme une belle touffe arquée. Rabattez certaines tiges au niveau du sol, au printemps. Les plantes non taillées deviennent embroussaillées et produisent de faibles pousses.

LONICERA *Chèvrefeuille*

Ces arbustes caducs ou persistants sont très rustiques ou gélifs selon l'espèce. Vigoureux, ils s'adaptent bien à tous les sols. Les fleurs, fortement parfumées, naissent sur le bois de deux ans. Elles sont, chez certaines espèces, suivies de fruits décoratifs. Beaucoup de chèvrefeuilles ont un port arqué et peuvent devenir désordonnés s'ils ne sont pas taillés. D'autres, comme *Lonicera nitida* et *Lonicera xylosteum*, sont plus compacts et précieux en haie. Les *Lonicera* tolèrent bien la taille, dont l'époque dépend de la période de floraison et de l'utilisation. Le genre comprend plusieurs espèces grimpantes *(voir p. 276)* vraiment intéressantes.

Lonicera nitida

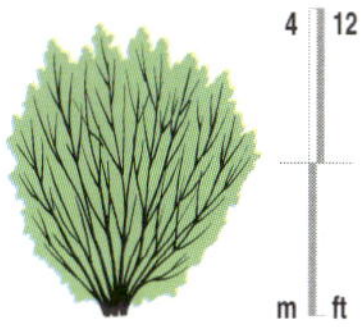

C'est un arbuste buissonnant, persistant, très rustique, à petites fleurs crème. Son port dense le rend précieux dans une petite haie taillée. 'Aurea' et 'Baggesen's Gold' sont des cultivars à feuillage coloré.

Quand tailler : taillez les haies au moins trois fois entre le printemps et l'automne.

Conduite et taille : les interventions sont très limitées pour les arbustes isolés. À la plantation, rabattez les plantes cultivées en haie d'au moins la moitié, et taillez-les deux ou trois fois la première année. Coupez ensuite de moitié les pousses de l'année, jusqu'à ce que la haie atteigne la hauteur désirée. En mars, rajeunissez les plantes qui se dénudent à la base, en les rabattant à 15 cm du sol.

Lonicera tatarica

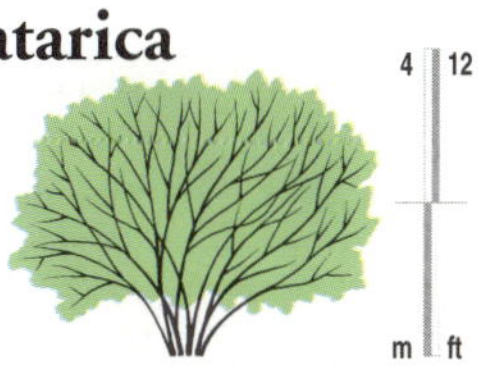

Cet arbuste caduc, vigoureux, très rustique, au port arqué, porte en juin des fleurs parfumées, blanches à roses, sur les pousses de l'année précédente. Des baies colorées apparaissent ensuite.

Quand tailler : en juillet, après la floraison.

LONICERA XYLOSTEUM
Assez peu connu, ce chèvrefeuille est fort séduisant et facile à tailler de manière régulière, pour former un écran naturel.

Conduite et taille : rabattez les tiges âgées et faibles, près de la base de la plante, pour favoriser le départ de nombreuses pousses sur la partie inférieure. Raccourcissez les autres branches (une sur trois). Coupez juste au-dessus de jeunes rameaux érigés, afin de garder une forme équilibrée. Évitez d'endommager la silhouette naturelle de la plante. Les sujets âgés ou abandonnés sont rajeunis en les rabattant près d'une branche principale courte, entre janvier et mars.

AUTRES CHÈVREFEUILLES

LONICERA FRAGRANTISSIMA et **X PURPUSII** se taillent comme un *Lonicera tatarica*, mais après la floraison.

LONICERA KOROLKOWII, MAACKII SYRINGANTHA (ou **LONICERA RUPICOLA** var. **SYRINGANTHA**) et **XYLOSTEUM** se taillent de la même manière qu'un *Lonicera tatarica*.

LONICERA PILEATA, une taille minimale s'applique sur cette espèce couvre-sol.

Pour d'autres espèces, *voir* le Lexique des plantes grimpantes *p. 276.*

LOTUS

Ce genre comprend quelques arbustes nains, notamment *Lotus berthelotii*. Il développe des rameaux rampants, argentés, et porte en été des fleurs rouges ou orange aux formes étonnantes. Le *Lotus* est frileux. Il requiert des conditions hors gel. Dans la majeure partie du pays, cultivez-le en pot, qui sera hiverné sous abri. Dans le Midi, plantez-le dans une rocaille ou sur un talus. Pincez l'extrémité des tiges des jeunes plants pour favoriser la ramification. Chez l'adulte, stimulez la naissance de nouvelles pousses et gardez une plante bien ordonnée, en rabattant quelques tiges anciennes à la fin de l'été, après la floraison. Au printemps, taillez sévèrement les plantes hivernées sous abri.

LUCULIA

Ce sont des arbustes persistants, gélifs, assez grands. Ils portent en hiver des fleurs blanches ou roses, parfumées, ressemblant à celles des phlox. Une taille sévère favorise une floraison abondante. Dès que les fleurs fanent, rabattez les rameaux à 10 cm des branches principales. Rajeunissez la plante par une taille sévère.

LYCIUM

Ces arbustes rustiques, caducs ou persistants, de taille moyenne, ont un port désordonné et des baies décoratives. Les espèces épineuses sont souvent plantées en haies taillées ou libres. Dans certains pays, *Lycium ferocissimum* est une mauvaise herbe envahissante.

Quand tailler : les arbustes, en hiver ; les haies au printemps et en été.

Conduite et taille : supprimez le bois mort chaque année et raccourcissez les tiges trop longues, en les taillant au-dessus d'une pousse érigée. Les haies libres sont, par définition, peu taillées. Pour une haie taillée *(voir p. 276)*, rabattez les rameaux à 15 ou 30 cm du sol lors de la plantation. Les années suivantes, taillez de moitié les pousses, en juillet-août, jusqu'à ce qu'elles atteignent la hauteur désirée. Rajeunissez la plante tous les trois ou quatre ans, en hiver, en rabattant les tiges près de la base.

CONSEIL TRUFFAUT
Les troènes supportent bien des tailles répétées. Ils sont très utilisés pour les haies régulières. Elles peuvent dépasser 2 m de hauteur et former un rempart végétal très homogène avec une taille fréquente. Elle évite un allongement trop rapide des pousses et provoque la croissance de nombreux départs latéraux. Ces derniers donnent à la haie sa compacité. Ils portent aussi des fleurs parfumées. Pour un rendement optimum, qui allie l'aspect décoratif de la haie avec un nombre d'interventions réduites, taillez une fois au printemps quand les pousses atteignent le diamètre d'un crayon, puis à nouveau après la floraison. Une dernière intervention est souvent nécessaire fin septembre pour remodeler la haie. Utilisez un cordeau pour guider l'outil dans le plan.

M

Magnolia

Ce genre comprend surtout des arbres, mais aussi de nombreux arbustes caducs ou persistants. Selon les espèces, ils sont plus ou moins rustiques. Très prisés pour leurs fleurs cireuses, souvent parfumées, les magnolias présentent un port gracieux qui se développe normalement, sans taille. Cultivez-les de préférence au soleil ou à mi-ombre, en les plaçant à l'abri des vents forts qui risquent de les endommager.

Magnolia x soulangeana

Ce grand arbuste caduc est surtout apprécié pour ses fleurs blanches ou pourpres, qui apparaissent avant les feuilles dans le courant d'avril.

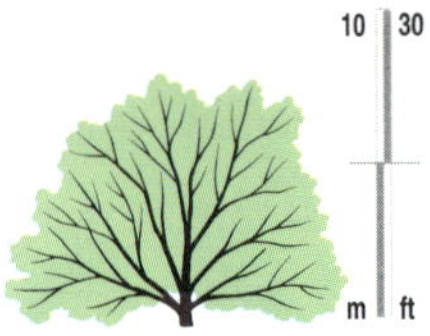

Quand tailler : en juillet, quand les feuilles sont pleinement développées. Ne taillez pas au printemps, car la sève coule, ni en hiver, car le magnolia risque alors de souffrir de dépérissement.

Conduite et taille : après une taille de formation légère, les coupes se résument à éliminer les branches endommagées. Supprimez les fleurs fanées, car la formation de nombreuses graines peut réduire la vigueur de la plante. Rajeunissez un magnolia mal formé par une taille sévère, échelonnée sur deux ou trois ans.

> **AUTRES MAGNOLIAS**
> **MAGNOLIA GLOBOSA, SIEBOLDII SSP. SINENSIS ET WILSONII** se taillent le moins possible.
> **MAGNOLIA LILIIFLORA** se taille comme un *Magnolia* x *soulangeana*.
> **MAGNOLIA STELLATA,** la plante repart lentement après une taille sévère.
> Pour d'autres espèces, *voir* le Lexique des arbres d'ornement *p. 74*.

MAGNOLIA X SOULANGEANA *Protégez ses superbes fleurs fragiles, en plaçant le magnolia à l'abri de l'effet dévastateur du vent.*

Mahonia

Arbustes persistants, très rustiques à semi-rustiques, les mahonias présentent un port étalé, ample et généreux. Les espèces les plus grandes forment de beaux arrière-plans dans les massifs. La plupart des mahonias poussent bien à l'ombre.

Mahonia aquifolium

C'est un arbuste vigoureux, drageonnant mais assez compact. Les fleurs jaunes, en hiver, sont suivies de baies bleu-noir.

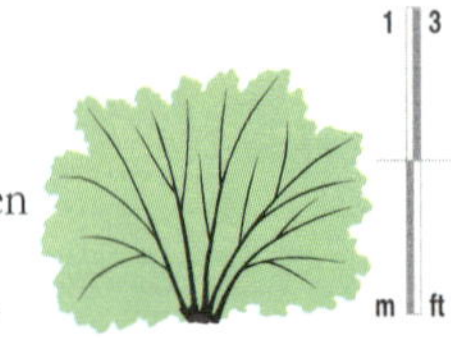

Quand tailler : au printemps, lorsque la floraison est terminée.

Conduite et taille : cette espèce s'étale par des drageons. Supprimez toutes les pousses indésirables situées à la périphérie de la touffe. Taillez les plantes buissonnantes chaque année ou un an sur deux, pour les rendre plus épaisses. Les grands arbustes ne nécessitent pas de taille, si ce n'est la suppression des drageons indésirables. Rabattez aussi les branches âgées au niveau du sol, sans tailler les jeunes.

Mahonia x media

Ce groupe d'arbustes érigés est prisé pour son feuillage foncé, épineux, en verticilles. Il porte des fleurs jaunes en automne et en hiver. *Mahonia* x *media* est parfois très dégarni. Il tolère alors un rabattage sévère.

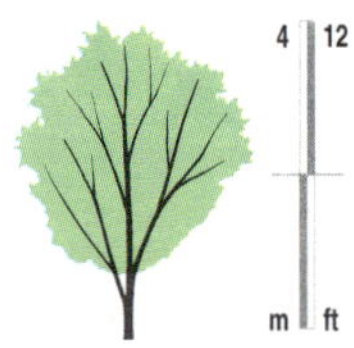

MAHONIA X MEDIA *Après la floraison, raccourcissez au-dessus d'une pousse latérale.*

Quand tailler : au printemps, lorsque la floraison est terminée.

Conduite et taille : n'effectuez pas de taille régulière. Rabattez près d'une grosse branche, plus basse, les tiges longues ou trop âgées, dénudées à la base. Rajeunissez les vieilles touffes dégarnies, en taillant près d'une branche courte, entre 30 cm et 60 cm du sol. La plante repart bien, mais souvent lentement.

> **AUTRES MAHONIAS**
> **MAHONIA JAPONICA** et **LOMARIIFOLIA** se taillent comme un *Mahonia* x *media*.
> **MAHONIA PINNATA** et **X WAGNERI** se taillent comme un *Mahonia aquifolium*.

Malvaviscus

Ces arbustes tropicaux, persistants et touffus fleurissent sur le bois de l'année. *Malvaviscus arboreus* porte des fleurs rouges, tubuleuses, comme un hibiscus qui ne s'ouvrirait pas. Dans nos régions, on peut le cultiver en pots, dans une véranda. En février-mars, rabattez les pousses de l'année précédente des deux tiers de leur longueur. Sur une plante trop touffue, supprimez les tiges ramifiées, ou âgées, en conservant la forme naturelle, arrondie. N'hésitez pas à tailler sévèrement. En zone tropicale, palissez ces arbustes contre un mur ou plantez-les en haies.

Melastoma

Ces arbustes ou arbres persistants, sont cultivés dans les zones tropicales pour leur feuillage. Ils portent des fleurs blanches, roses ou pourpres. Certains ont des fruits comestibles. *Melastoma affine* est considéré comme une mauvaise herbe sous les Tropiques. La taille permet d'obtenir des plantes bien ramifiées. Coupez l'extrémité des pousses pour former un buisson. Taillez légèrement les plantes adultes, en février, si vous ne souhaitez pas obtenir de fruits. Supprimez le vieux bois pour favoriser la production de nouvelles tiges.

Mimosa

Ce genre diversifié, à ne pas confondre avec les *Acacia,* comprend des arbustes persistants, gélifs, au feuillage décoratif. Certains, notamment *Mimosa pudica* (la sensitive), peuvent être cultivés comme annuelles dans nos régions. Les mimosas poussent également en pots. Leur port est variable : laissez les espèces rampantes se développer naturellement, mais pincez les types buissonnants à l'état jeune pour favoriser la ramification (*voir p. 168*). Vous pouvez aussi conduire la plupart des espèces arbustives sur tige (*voir p. 165*).

MIMULUS

Connus sous leurs formes herbacées annuelles ou vivaces, les *Mimulus* sont aussi des arbustes. Du printemps à l'automne, ils portent des fleurs très colorées, sur du bois jeune. Gélifs, ils demandent à être palissés contre un mur chaud ou à être placés dans une véranda. Pincez l'extrémité des tiges pour stimuler la ramification. Après la première floraison, coupez les tiges de 10 à 20 cm pour favoriser une remontée des fleurs. En mai, raccourcissez de moitié toutes les pousses des plantes cultivées en plein air.

MUSSAENDA

Arbustes ou plantes grimpantes, les *Mussaenda* sont des persistants tropicaux. Du printemps à l'automne, des fleurs étonnantes, munies de bractées colorées, éclosent à l'extrémité des tiges. Taillez pour favoriser l'obtention de nouvelles pousses et de fleurs. Supprimez en permanence les fleurs fanées. En hiver ou au printemps, une fois la floraison achevée, rabattez sévèrement la plante. Supprimez la plupart des pousses de l'année précédente. Sous les Tropiques, plantez les *Mussaenda* en massifs ou en haies libres. Dans nos régions, cultivez-les en pots dans une véranda.

MYRICA

Ces arbustes, caducs ou persistants, sont cultivés pour leur feuillage aromatique et, dans certains cas, pour leurs baies décoratives. *Myrica gale* est un petit arbuste caduc, frileux, mais presque rustique, bien drageonnant. Au printemps, supprimez les tiges mal formées, qui rendent sa silhouette disgracieuse. Coupez au niveau du sol et taillez légèrement la plante. *Myrica californica* est un petit arbuste persistant, prisé pour ses fruits pourpres, cireux, et pour son feuillage aromatique. Inutile de le tailler régulièrement, mais au printemps, rabattez les pousses abîmées par le gel, sur les branches principales ou au niveau du sol.

N

NANDINA

Cet arbuste persistant, rustique, de hauteur moyenne, ressemble un peu à un bambou. *Nandina domestica* produit des fleurs blanches en été, suivies dans les régions chaudes, de baies rouges décoratives. Plusieurs cultivars présentent de belles couleurs au printemps et en automne.

Les plantes vigoureuses produisent de nombreuses pousses à la base. Rabattez une jeune plante grêle au moment de la plantation pour stimuler sa croissance. Ensuite, maintenez une jolie forme. Le rajeunissement est possible, en rabattant les tiges au niveau du sol. La reprise est lente.

NERIUM *Laurier-rose*

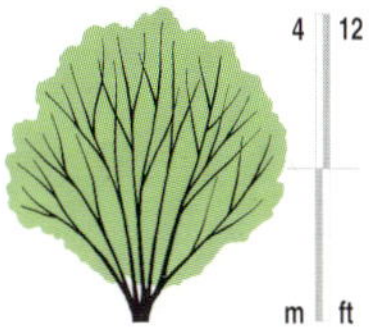

Nerium oleander, l'espèce la plus cultivée, est un grand arbuste persistant qui porte des fleurs ressemblant à des pervenches. Il existe de nombreux cultivars aux fleurs roses, blanches ou rouges, simples ou doubles. Au nord de la Loire, cultivez cet arbuste gélif dans un lieu très abrité, voire en véranda. Les lauriers-roses formés sur tige sont superbes. Ils se palissent aussi contre un mur ou constituent une haie libre.

N'oubliez pas de porter des gants quand vous les taillez, car leur sève est toxique.

Quand tailler : d'août à novembre.

Conduite et taille : taillez l'extrémité des tiges des jeunes sujets. Dans le Midi, pratiquez une remise en forme légère pour les plantes isolées. Celles qui sont cultivées en pots ou palissées, sont taillées chaque année, en rabattant les tiges florales de moitié et les rameaux latéraux à 10 cm. Ces arbustes tolèrent une taille sévère, mais peuvent mettre deux années pour refleurir.

TIGES ENTRELACÉES
Dans la plupart des régions, le laurier-rose est une plante de véranda, de culture facile. Conduit sur tige, il prend un aspect plus original (voir p. 165). *Pour un effet encore plus raffiné, vous pouvez même entrelacer les tiges* (voir p. 51), *tant qu'elles sont jeunes et très flexibles.*

NERIUM OLEANDER
Le laurier-rose fleurit bien partout s'il est placé à l'abri d'un mur ensoleillé.

CONSEIL TRUFFAUT

Les mahonias s'accommodent de tous les types de sols. Les débutants choisiront Mahonia aquifolium qui ne demande pas d'entretien. Les amateurs de plantes plus originales préféreront Mahonia x media 'Charity' ou Mahonia lomariifolia aux longues grappes de fleurs jaunes, voire le plus rare Mahonia bealii dont les fleurs sont odorantes. Ce sont tous des arbustes d'origine chinoise, qui dépassent 2 m de hauteur. Ils développent de longues feuilles pennées qui leur donnent un aspect un peu exotique. Ces mahonias asiatiques, à grandes feuilles, sont moyennement rustiques. Vous devez les planter dans un sol frais et humifère, à exposition mi-ombragée, bien abritée des vents violents. La croissance est lente les premières années. Ne taillez pas tant que la plante n'a pas donné ses premières fleurs. Celles-ci apparaissent au milieu de la couronne de feuilles supérieure. Une taille pourrait les faire avorter. Dès que l'arbuste a fleuri, taillez pour l'empêcher de pousser en hauteur comme un plumeau. Coupez au-dessus d'un jeune départ sur la tige principale. Cette taille va provoquer l'émission de ramifications,gage d'une belle silhouette. Elle permet aussi de renforcer la tige principale, qui a tendance à plier sous le poids des branches.

O - P

OCHNA

Arbustes gélifs, les *Ochna* sont persistants ou semi-persistants. Ils sont cultivés pour leurs fleurs et leurs fruits décoratifs. *Ochna serrulata* est le plus courant. Il épanouit des fleurs jaunes au printemps et en été. Un anneau de fruits noirs, lustrés, se forme ensuite sur leur calice rouge, ce qui crée un effet très ornemental. Les branches porteuses de baies font de jolis bouquets. Cultivez les *Ochna* en plein soleil, dans le Midi seulement, même si les plantes adultes tolèrent des gelées légères. Plantez-les en isolé, formez un espalier contre un mur *(voir p. 162)* ou créez une haie libre *(voir p. 45)*. Dans les autres régions, cultivez les *Ochna* en pots, dans une véranda. Pincez l'extrémité des pousses des jeunes plants pour favoriser un port buissonnant. Taillez légèrement les adultes en mars, en rabattant les tiges florales sur un gros rameau latéral. En même temps, supprimez le bois mort ou non productif, et les pousses faibles.

OLEARIA

Ces arbustes persistants sont cultivés pour leur feuillage et leurs fleurs en forme de marguerite, qui viennent surtout en été. Malgré leur origine australienne, la plupart des oléarias sont assez rustiques pour être cultivés chez nous. On les plante souvent devant un mur ensoleillé, mais ils ne se palissent pas. Ils prospèrent en bord de mer dans un endroit venteux, où ils forment généralement des buissons compacts. Taillez-les uniquement pour nettoyer les dégâts du froid ou pour maîtriser leur développement. Après un rabattage sévère, les oléarias émettent de nouvelles pousses vigoureuses. *Olearia macrodonta* et *Olearia* x *haastii* constituent de bonnes haies libres.

Quand tailler : au printemps, mais pas avant le départ des nouvelles pousses.

Conduite et taille : chez les jeunes plantes, raccourcissez les tiges les plus longues pour favoriser un port buissonnant. Rabattez sévèrement les jeunes sujets plantés en haie, pour obtenir un port plus dense. Laissez les plantes isolées adultes se développer librement. Taillez uniquement les tiges gelées, au-dessus d'un bourgeon sain, dirigé de préférence vers l'extérieur. Pour supprimer de grandes branches, coupez au cœur de la plante, afin de masquer les plaies de taille. Rajeunissez la plante, en la rabattant sévèrement sur le bois plus ancien. Les olearias repartent généralement bien, mais une protection hivernale est à prévoir.

OSMANTHUS

Ces grands arbustes persistants sont cultivés pour leur feuillage et leurs petites fleurs parfumées. La plupart sont rustiques. Les sujets plantés en isolé n'ont pas besoin de taille régulière, mais de temps en temps, maîtrisez leur végétation. Tous tolèrent un rabattage sévère, même sur le vieux bois. L'époque de la taille dépend de la période de floraison de chaque espèce.

Osmanthus delavayi

C'est un arbuste buissonnant, à feuilles lustrées piquantes, et à fleurs blanches, très parfumées. Elles naissent en avril-mai sur le bois de l'année précédente.

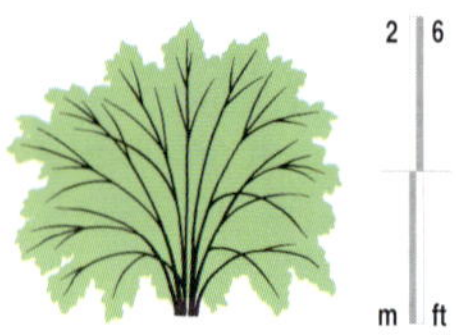

L'osmanthus est aisément abîmé par le gel. Plantez-le à l'abri d'un mur bien exposé. Attention, il est trop raide et de croissance trop lente pour être palissé.

Quand tailler : en mai, quand la floraison est terminée. Taillez une haie plusieurs fois durant l'été, mais, sous un climat froid, n'intervenez pas après le mois de juillet. Sinon, les nouvelles pousses seraient trop sensibles aux dégâts du gel, en hiver.

Conduite et taille : la formation se fait naturellement, sans autre intervention que l'équilibrage de la silhouette. Taillez les adultes pour limiter leur développement et rehausser leur forme. Rabattez les tiges trop longues sur une branche placée au cœur de la plante pour masquer la coupe. À l'abri d'un mur, mieux vaut laisser les plantes se développer seules, sans intervenir. Taillez les haies une ou deux fois par an pour les remettre en forme. Pour rajeunir une plante âgée ou négligée, taillez sévèrement, en revenant près de la souche sur une feuille ou un bourgeon. La plante repart ensuite bien de la base.

AUTRES OSMANTHUS

OSMANTHUS ARMATUS, DECORUS, FRAGRANS var. **AURANTIACUS, X BURKWOODII, X FORTUNEI** et **YUNNANENSIS** se taillent en mai comme un *Osmanthus delavayi*, en coupant sans excès les rameaux trop inégaux. Taillez les haies en juillet pour les égaliser
OSMANTHUS HETEROPHYLLUS se taille en mai. Cette espèce ne se palisse pas.

PAEONIA *Pivoine*

On distingue les pivoines herbacées vivaces, des pivoines arborescentes qui forment des arbustes caducs, rustiques, de dimensions moyennes. Les deux groupes produisent des types de fleurs similaires. Parmi les arbustes, citons *Paeonia delavayi* var. *lutea*, l'une des plus grandes espèces, au feuillage fin, très dense, et *Paeonia suffruticosa* qui compte de nombreux cultivars de toute beauté. Les pivoines arborescentes vivent longtemps, mais elles sont lentes à s'établir. Leur port est érigé, mais les tiges âgées peuvent devenir dégingandées. Taillez-les peu, mais supprimez le vieux bois pour favoriser un port plus buissonnant. Les cultivars à grosses fleurs sont généralement greffés.

PAEONIA DELAVAYI VAR. LUTEA
Après la fructification, les tiges florales flétrissent. Taillez-les au-dessus d'une pousse située plus bas.

Quand tailler : en été, après la floraison, et en automne, après la chute des feuilles.

Conduite et taille : la taille de formation est pratiquement inexistante. Supprimez les fleurs fanées et les fruits en automne. Sur les sujets adultes, rabattez de temps en temps les tiges âgées et dégingandées, au niveau du sol. Évitez toute taille sévère, notamment sur les plantes greffées.

PAVONIA

Ce sont des arbustes persistants, cultivés pour leurs jolies fleurs en forme de lanterne japonaise. Ils sont d'origine tropicale ou subtropicale, quelques-uns tolèrent des gelées légères. Pour conserver leur port naturel, étalé et aéré, rabattez l'extrémité des jeunes plants pour les rendre buissonnants. Taillez les adultes en mars, en vue de les équilibrer. Pour rajeunir une plante ancienne, coupez un peu de bois âgé et rabattez les branches de moitié, sur des jeunes tiges bien placées.

PENSTEMON

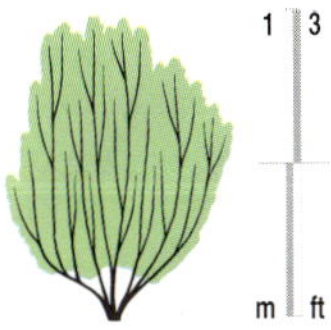

La plupart des *Penstemon* sont des plantes vivaces pour les massifs ou la rocaille, qui se contentent d'une taille minimale. Les espèces les plus cultivées (parfois nommées *Keckiella*) sont des vivaces à base ligneuse (sous-arbrisseaux), qui produisent de jolies fleurs en juin. Leur port érigé est favorisé par un rabattage annuel. Les *Penstemon* sont rustiques, mais les fortes gelées abîment les jeunes tiges.

Quand tailler : au printemps, une fois passé tout risque de froid, et après la floraison.

Conduite et taille : coupez sévèrement toutes les tiges abîmées par l'hiver, afin de provoquer de nouvelles repousses près de la base. Après la floraison, raccourcissez de moitié les tiges florales, pour éviter la production de graines et favoriser une remontée de fleurs. Coupez à la base les tiges montrant un signe de dépérissement. Si la maladie s'étend, remplacez les plantes, car les *Penstemon* ne se prêtent pas bien au rajeunissement de la touffe.

PEROVSKIA

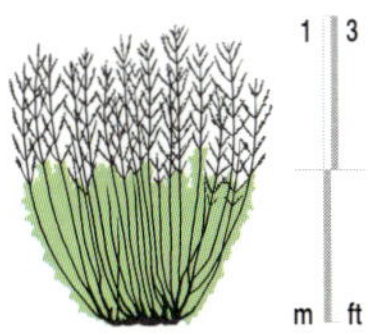

Ces arbustes caducs, très rustiques, ont un feuillage gris-vert, aromatique. Leurs épis de fleurs bleues, situés à l'extrémité des nouvelles tiges, s'épanouissent d'août à octobre. La partie supérieure des tiges meurt en hiver, mais de nouvelles pousses naissent à chaque printemps, sur la souche ligneuse. Cette partie morte assure une protection hivernale. Une taille annuelle sévère permet de garder une plante ordonnée et d'obtenir des épis floraux plus grands, mais moins nombreux. Non taillées, les plantes deviennent dégingandées, avec une accumulation de bois mort ou dénudé.

Quand tailler : au départ de la végétation, quand les bourgeons sont visibles.

Conduite et taille : dès la première année de plantation, taillez sévèrement toutes les pousses de l'année précédente, à 5 ou 10 cm du sol, puis les années suivantes, revenez près des branches plus anciennes qui se sont développées. Procédez comme sur une plante âgée ou négligée.

PEROVSKIA ATRIPLICIFOLIA
Régulièrement taillé, cet arbuste produit de vigoureuses tiges à fleurs estivales et il dure de nombreuses années.

TAILLER UN PEROVSKIA ADULTE

1 Rabattez toutes les tiges florales, en laissant trois ou quatre bourgeons sur les rameaux plus anciens.

2 Supprimez les parties âgées de la charpente qui n'ont produit aucune nouvelle pousse.

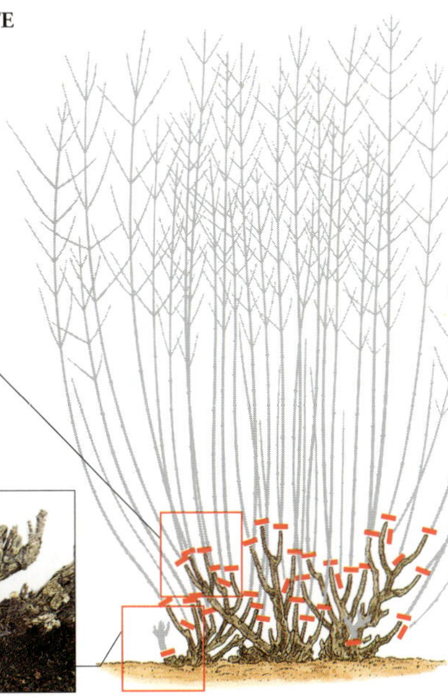

PERSOONIA

Ces grands arbustes persistants, originaires d'Australie, ont un feuillage très fin et des épis terminaux de fleurs jaune safran en été. Des groupes pendants de fruits comestibles, verts à pourpre-prune, apparaissent en hiver. Ils supportent des gelées légères s'ils sont placés au soleil, dans un sol bien drainé. Formez des petits arbres, en conservant une tige centrale unique sur de jeunes plants.

Quand tailler : en automne, après la fructification.

Conduite et taille : évitez de tailler les premières années, afin de laisser le port naturel de la plante se développer. Chez les adultes, pratiquez seulement une taille légère pour épaissir le feuillage. Vous pouvez raccourcir les tiges désordonnées. Supprimez les têtes florales après la floraison si vous ne souhaitez pas avoir de fruits. Si vous cultivez le *Persoonia* sur tige, conservez une tige vigoureuse, puis taillez les rameaux latéraux supérieurs pour former une tête.

CONSEIL TRUFFAUT

Les pivoines sont réputées pour être casanières et c'est vrai. Mais une pivoine chétive peut être promenée plusieurs fois dans le jardin, avant de trouver sa place. Une orientation à l'ouest est préférable, car les pivoines apprécient peu le soleil matinal, surtout Paeonia suffruticosa. Un sol frais, bien ameubli et enrichi de matières organiques, est idéal. Chaque automne, couvrez le pied de la pivoine avec un lit de compost. Il est important que le point de greffe soit bien protégé et ne se dessèche pas sous l'action du soleil.
Tuteurez les jeunes pivoines arbustives pendant les premières années. Une fois la souche ligneuse bien formée, le support n'a plus d'utilité. Attention toutefois, les variétés d'origine japonaise aux fleurs énormes (parfois plus de 20 cm de diamètre) gagnent à voir leurs tiges florales soutenues par un tuteur discret en bambou. Mettez-le en place quand la plante est encore en boutons, afin de ne pas abîmer cette petite merveille un peu fragile.
Bien qu'elles soient rustiques, les pivoines arbustives n'aiment pas beaucoup les hivers froids et très secs. Des conditions défavorables nuisent à la floraison. Fertilisez vos pivoines au départ de la végétation. Un engrais pour rhododendrons convient très bien. Pendant la période de croissance, l'aspersion du feuillage avec une solution nutritive diluée est aussi appréciée.

PHILADELPHUS *Seringa*

Ces arbustes rustiques, caducs, assez imposants, sont cultivés surtout pour leurs fleurs blanches, très parfumées. Elles naissent en mai-juin, sur les pousses de l'année précédente. Les *Philadelphus* produisent, près de la souche, des tiges qui se ramifient bien. Au bout de quatre ans, elles se dégarnissent de la base et fleurissent moins. La plupart des seringas se prêtent à une taille régulière qui permet d'optimiser la floraison. Pour certaines espèces surtout décoratives par leur feuillage, comme *Philadelphus coronarius* 'Aureus', une taille supplémentaire va rehausser cet effet, au détriment des fleurs. Pour inciter les jeunes sujets à émettre de nouvelles pousses près de la souche, enfouissez le collet, à la plantation, à 5 cm sous le niveau du sol.

Philadelphus coronarius

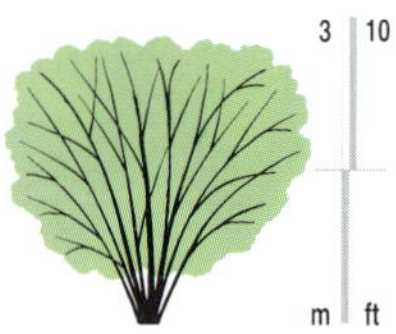

C'est un arbuste dont l'espèce type est rarement cultivée, on lui préfère ses cultivars au joli feuillage printanier. On peut tailler l'arbuste de différentes façons : pour stimuler les fleurs ou pour rehausser et prolonger l'attrait du feuillage. C'est le cas chez 'Aureus' à feuilles dorées au printemps, puis qui verdit en juillet.

Quand tailler : d'ordinaire, opérez en août, après la floraison. Mais, pour obtenir un très bel effet de feuillage, taillez en mai, juste avant la floraison. Rajeunissez les vieux sujets en hiver.

Conduite et taille : pour un arbuste à fleurs décoratives, procédez comme pour Philadelphus 'Virginal'. Pour rehausser et prolonger l'effet du feuillage (ce qui inhibe la floraison), taillez légèrement pour supprimer les boutons à fleurs. Vous pouvez aussi rabattre la plante en mars, sur les branches principales, comme pour un *Hydrangea paniculata (voir p. 202)*. Fertilisez bien pour maintenir un port vigoureux. Rajeunissez comme pour le *Philadelphus* 'Virginal'.

Philadelphus microphyllus

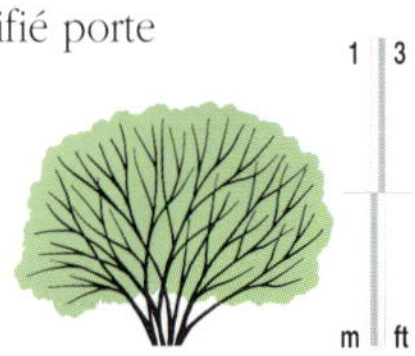

Ce petit arbuste ramifié porte des fleurs blanches en juin. Il se taille, en général, peu.

Quand tailler : en été, lorsque la floraison est terminée. Rajeunissez au printemps si la plante est dégarnie de la base.

PHILADELPHUS 'VIRGINAL'
Chaque année, supprimez plusieurs tiges près du sol pour favoriser la floraison.

Conduite et taille : ne taillez pas trop chaque année, mais supprimez toutes les branches rebelles au-dessus d'une tige saine. Si l'arbuste devient trop dense, éclaircissez-le, en coupant quelques tiges à la base. Rajeunissez en taillant sévèrement près de la souche, au printemps.

Philadelphus 'Virginal'

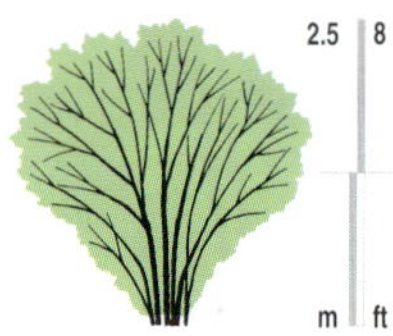

Cet arbuste de taille moyenne porte des nuées de fleurs blanches en juin. Taillez pour éclaircir les tiges en surnombre et conserver une plante très florifère.

Quand tailler : en été, juste après la floraison. Rajeunissez en hiver.

Conduite et taille : efforcez-vous de stimuler les jeunes rameaux à fleurs, tout en gardant des proportions équilibrées. Pour cela, taillez une tige sur quatre au niveau du sol ou sur une branche basse, en éliminant les plus âgées. Rajeunissez les vieux sujets en coupant près du sol toutes les branches dénudées, et en raccourcissant du quart ou de la moitié de leur longueur, les jeunes tiges. Si la souche n'émet pas de nouvelles pousses, remplacez la plante.

AUTRES SERINGAS

PHILADELPHUS 'AVALANCHE', **'BELLE ÉTOILE'** et **DELAVAYI** se taillent et se rajeunissent régulièrement comme le *Philadelphus* 'Virginal', de même que les cultivars de **PHILADELPHUS X LEMOINEI** et de **PHILADELPHUS X PURPUREO-MACULATUS**.
PHILADELPHUS MEXICANUS se taille aussi comme le *Philadelphus* 'Virginal', mais dans les régions au climat froid, plantez-le de préférence à l'abri d'un mur ensoleillé. Il n'est pas utile de le palisser.

PHLOMIS

Ce genre comprend des petits arbustes persistants et des plantes vivaces. Originaires des régions méditerranéennes, les *Phlomis* ont un feuillage gris-vert, à l'aspect de sauge. Les verticilles de fleurs jaunes ou lilas, en forme de casque, sont superbes en été. *Phlomis fruticosa* offre un port étalé. *Phlomis italica* est plus érigé, avec des fleurs roses. Bien que rustiques, la plupart des espèces peuvent souffrir des gelées. Elles repartent souvent bien de la base. Veillez à supprimer les pousses abîmées ou rebelles pour garder une plante ordonnée et compacte. Un sujet jeune et vigoureux tolère un rabattage sévère.

Quand tailler : en avril, quand l'arbuste est en pleine croissance.

Conduite et taille : la taille de formation n'est pas utile, mais vous pouvez supprimer les pousses faibles et raccourcir les tiges désordonnées. Il n'y a pas de taille annuelle sur les sujets adultes, juste une remise en forme de temps en temps. Raccourcissez les tiges abîmées par le froid, juste au-dessus d'un bourgeon sain. Supprimez entièrement toutes les tiges faibles ou âgées. Dès que les branches deviennent dégingandées ou trop nombreuses, taillez-les au-dessus d'un bourgeon dirigé vers l'extérieur. Il est facile de maintenir une jolie forme, à condition d'intervenir régulièrement. Rajeunissez une plante en supprimant le bois âgé à 10 cm du sol ou près d'une branche principale. Les *Phlomis* repartent généralement bien, mais ils vivent assez peu de temps. Mieux vaut remplacer une plante âgée de plus de cinq ans.

PHLOMIS ITALICA
Taillez légèrement pour supprimer les pousses abîmées ou rebelles.

PHOTINIA

On rattache aussi aujourd'hui les *Stranvaesia* au genre *Photinia*. Ce sont des arbustes ou des arbres, caducs ou persistants, rustiques. Ils ont un port buissonnant ou érigé. Leurs fleurs blanches apparaissent au printemps ou en été. Certains photinias persistants dévoilent de jeunes feuilles vivement colorées au printemps. Les espèces caduques, qui ne tolèrent pas le calcaire, offrent en automne des fruits admirables et de jolies couleurs de feuillage. La taille régulière n'est pas nécessaire, sauf pour les plantes conduites sur tige, ou pour accentuer l'effet du feuillage printanier chez certains persistants.

Photinia *x* fraseri.

Photinia x fraseri

Il s'agit d'un hybride persistant dont le jeune feuillage rouge vif est rehaussé par la taille du sujet. Ce bel arbuste s'avère précieux pour former des haies libres ou taillées.

Quand tailler : au printemps pour les isolés. Au printemps ou en été pour les haies.

Conduite et taille : la taille de formation est réduite au minimum. Pour obtenir des jeunes feuilles rouge vif, raccourcissez les tiges à 15 cm, en les coupant juste au-dessus d'un bourgeon orienté vers l'extérieur. Deux ou trois fois par an, taillez l'extrémité des jeunes pousses des haies, afin d'obtenir des plantes bien feuillues. Rajeunissez le photinia en le rabattant sévèrement près des branches charpentières. Il repart assez bien.

Photinia villosa

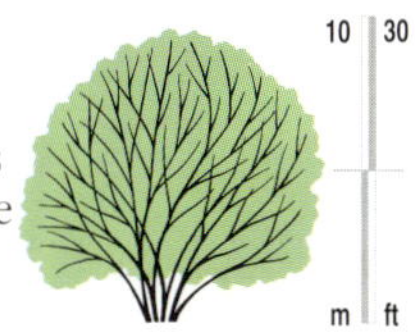

Cet arbuste caduc fleurit en mai-juin. Ses fruits sont rouges et ses feuilles ont une couleur automnale rouge orangé.

Quand tailler : en hiver, pendant la période de repos de la plante.

Conduite et taille : taillez au minimum les arbustes conduits en cépée. Si la végétation devient trop dense, rabattez les tiges sur une pousse plus basse. Pour former une plante sur tige, *voir p. 165*. Taillez les arbustes trop exubérants en les rabattant près de la souche. Éclaircissez les pousses nouvelles si elles sont trop nombreuses.

AUTRES PHOTINIAS

PHOTINIA ARBUTIFOLIA, *voir Heteromeles.*
PHOTINIA BEAUVERDIANA se taille comme le *Photinia villosa.*
PHOTINIA GLABRA et **SERRATIFOLIA** se taillent comme le *Photinia* x *fraseri.*

PHYGELIUS

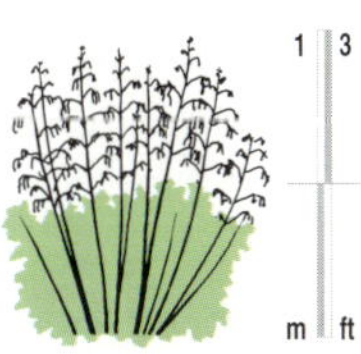

Ces arbustes, persistants ou semi-persistants, donnent des fleurs tubuleuses sur les pousses de l'année, en été et en automne. Dans nos régions, ils sont endommagés par les fortes gelées, mais ils repartent souvent bien au printemps. Plantez-les dans un lieu abrité ou palissez-les contre un mur au sud.

Quand tailler : au printemps, une fois disparu tout risque de gel.

Conduite et taille : dans le Midi, taillez légèrement au printemps. Ailleurs, supprimez toutes les tiges gelées au-dessus d'un bourgeon sain ou près de la souche. Vous pouvez aussi palisser les tiges, sans les serrer, contre un mur bien exposé. Pour rajeunir la touffe, coupez toutes les tiges près du sol, au printemps, puis fertilisez.

PHYGELIUS 'WINCHESTER FANFARE'
Supprimez les tiges âgées pour stimuler la formation de jeunes pousses à la base de la plante. Protégez du gel en hiver.

PIERIS *Andromède*

Ces arbustes persistants, arrondis, rustiques, portent des fleurs roses ou blanches au printemps, Chez certaines espèces, les jeunes feuilles sont rouge vif.

Pieris japonica

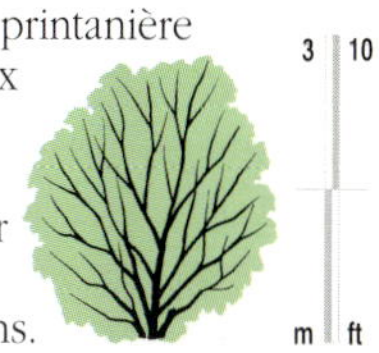

Cet arbuste à floraison printanière se décline en nombreux cultivars au jeune feuillage rouge vif. Vous pouvez le cultiver en pots ou en massif avec des rhododendrons.

Quand tailler : au printemps, quand la floraison est terminée.

Conduite et taille : la taille de formation est réduite au minimum. Enlevez les fleurs fanées et supprimez les tiges abîmées par le froid. Pour corriger une forme irrégulière, taillez les branches trop longues, en coupant davantage du côté le plus faible. Rabattez les sujets anciens. Ils repartent généralement bien du pied, même si la coupe s'effectue sur du bois âgé.

AUTRES ANDROMÈDES

PIERIS FLORIBUNDA, FORMOSA et **FORMOSA** var. **FORRESTII** se taillent comme un *Pieris japonica*. Tous ces arbustes poussent assez bien sans aucune intervention. Ils semblent même préférer que l'on respecte leur silhouette naturelle.

CONSEIL TRUFFAUT

Les seringas sont exceptionnels par l'abondance de leurs fleurs au parfum de jasmin. Ils se plaisent dans tous les types de sols, même calcaires. Si vous recherchez le parfum, optez pour les variétés à fleurs simples comme 'Bouquet blanc' ou 'Silver Showers'. Si vous préférez obtenir un effet de neige avec une floraison très généreuse, orientez votre choix vers les formes à fleurs doubles, comme 'Bouquet blanc' ou 'Snowflake' qui sont moins odorantes. Pour la culture en bac sur le balcon ou la terrasse, nous vous recommandons : Philadelphus x purpureo maculatus 'Beauclerk' qui forme un petit buisson de 1 m de hauteur avec des fleurs parfumées blanches à coeur rouge.
Pour limiter vos efforts, taillez les seringas à fleurs tous les trois ou quatre ans seulement, en vous contentant de supprimer les vieilles branches. Elles sont reconnaissables à leur aspect dénudé et leur écorce crevassée. Fertilisez ensuite, car la repousse est parfois laborieuse.

PITTOSPORUM

Arbustes ou petits arbres persistants, les *Pittosporum* portent de jolies feuilles et des fleurs parfumées au printemps ou en été. Ils présentent un port ordonné, arrondi, érigé, et se taillent peu. Ils poussent bien en bord de mer où ils prennent un aspect très buissonnant. La plupart n'acceptent que les climats doux, mais on peut les cultiver en véranda dans les régions fraîches. *Pittosporum tenuifolium* et *Pittosporum ralphii* comptent parmi les espèces les plus rustiques, idéales pour former une haie.

Pittosporum tenuifolium

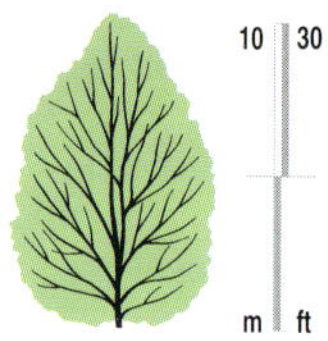

Cet arbuste rustique développe des tiges noires, avec des feuilles ondulés. Ses fleurs printanières marron ont un parfum de miel.

Quand tailler : en avril, au démarrage de la croissance et une seconde fois en juillet, pour les haies *(voir p. 44)*.

Conduite et taille : conservez une tige unique. Les plantes adultes se taillent peu. Faites juste un éclaircissage si besoin est. Les vieux sujets repartent généralement bien après une taille sévère effectuée en avril.

> **AUTRES PITTOSPORUMS**
> **PITTOSPORUM CRASSIFOLIUM, EUGENIOIDES** et **UNDULATUM** se taillent en douceur, comme le *Pittosporum tenuifolium.*
> **PITTOSPORUM RALPHII** doit être taillé plus régulièrement pour se maintenir compact.
> **PITTOSPORUM TOBIRA** se taille peu. Il repart plus lentement après un rajeunissement. Il peut être formé sur une petite tige.

PITTOSPORUM SUR TIGE
La plupart des pittosporums poussent naturellement en formant une tige principale. Cela facilite la formation d'un jeunes sujet sur un tronc de 80 cm à 1 m de hauteur.

POTENTILLA *Potentille*

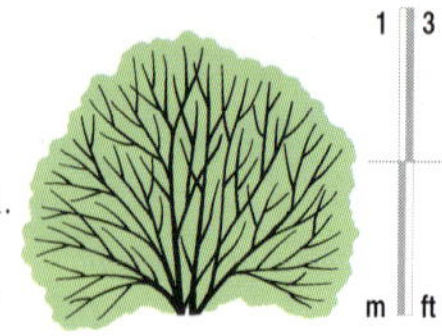

Ce sont des arbustes caducs, très rustiques, au port dense, arrondi. Les tiges fines des pousses de l'année se couvrent de fleurs simples, à l'aspect d'églantine. Elles durent tout l'été. Les nombreux cultivars de *Potentilla fruticosa* et plusieurs hybrides, offrent une large gamme de couleurs. Certaines potentilles s'imposent en rocaille, d'autres en haie libre. Elles ont tendance à accumuler des tiges desséchées et dénudées. Taillez pour harmoniser la silhouette et rajeunir la plante, tout en stimulant une plus forte végétation.

Quand tailler : en avril ; intervenez une seconde fois, légèrement, en automne.

Conduite et taille : raccourcissez de moitié les jeunes tiges vigoureuses. Pour remettre une plante en forme, taillez-la après la floraison. Supprimez les rameaux âgés à la base, ainsi que les pousses faibles, trop ramifiées. Procédez de même pour les haies. Une vieille potentille tolère d'être rabattue près de la souche, mais il est souvent préférable de la remplacer.

PROTEA

Ce genre sud-africain comprend des arbustes persistants, gélifs. Les *Protea* sont cultivés pour leurs grandes fleurs très durables. Elles sont idéales en pots pour la véranda, mais résistent en plein air dans le Midi et dans le sud de la Bretagne. Taillez-les peu, sauf pour limiter le développement des sujets en pots, en raccourcissant les tiges en mars.

PROTEA CYNAROIDES
Une fois adulte, cette belle plante aux fleurs d'artichaut tolère de faibles gelées.

PRUNUS

Ces arbustes rustiques sont cultivés pour leurs fleurs et, dans certains cas, pour leurs couleurs et leurs fruits en automne. Les formes persistantes s'utilisent en haies. Les membres du genre *Prunus* sont sensibles à diverses affections, notamment la maladie du plomb, qui pénètre à travers les plaies de taille *(voir Prunier p. 123)*. À quelques exceptions près, mieux vaut tailler au minimum. Les plantes sont moins sensibles en juin, quand elles sont bien couvertes de feuilles. Le genre comporte également de nombreux arbres *(voir p. 82)*.

Prunus glandulosa

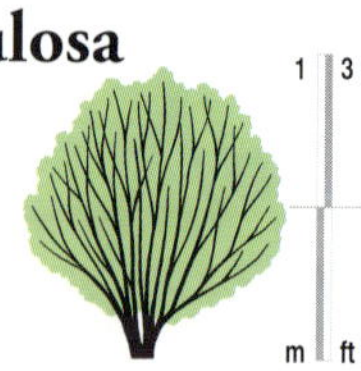

C'est un petit arbuste caduc, à tiges érigées, qui produit des fleurs roses ou blanches en février-mars, sur le bois de l'année précédente. Il est plus connu par ses cultivars à fleurs doubles. Plantez-le au soleil pour que les tiges florifères se lignifient bien. Sinon, il risque de dépérir lors d'un hiver froid. Taillez chaque année, en rabattant les rameaux près de la souche pour obtenir un arbuste très florifère. Vous pouvez aussi le palisser contre un mur bien exposé.

Quand tailler : en mars, lorsque la floraison est terminée.

Conduite et taille : la première année, après la plantation, taillez les tiges pratiquement au niveau du sol. Les années suivantes, rabattez-les sévèrement. Pour adosser cette plante à un mur *(voir p. 162)*, laissez plusieurs tiges se développer pour constituer la charpente. En juillet, supprimez les rameaux qui ont fleuri, attachez les tiges de remplacement et coupez celles qui poussent vers l'extérieur. Pour rajeunir l'arbuste, rabattez, en mars, toutes les tiges près du sol. Mieux vaut toutefois remplacer une plante âgée qui repart assez mal après avoir été rabattue.

Prunus lusitanica

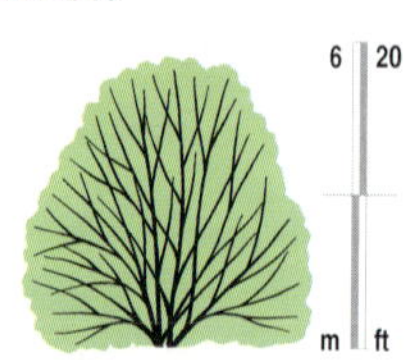

Appelé « laurier du Portugal », ce grand arbuste persistant, devient un arbre s'il n'est pas taillé. En juin, il produit des épis grêles de petites fleurs blanches parfumées, parmi les feuilles lustrées, vert foncé. Il convient pour un écran ou une haie libre et peut être mené en tige sur un tronc court.

HAIE DE POTENTILLE
Les potentilles taillées ont un port dense.

PTELEA

Il s'agit de grands arbustes ou d'arbres à feuilles caduques, très rustiques. Les *Ptelea* sont cultivés surtout pour leur feuillage décoratif et leurs fruits ailés. Ils se passent généralement de taille, mais tolèrent un rabattage sévère, en mars-avril, pour supprimer les branches disgracieuses ou trop anciennes. Tuteurez-les au départ de la végétation, car leur système racinaire manque de vigueur. *Ptelea trifoliata* est une petite plante étalée que vous pouvez mener sur tige sur un tronc court, de 60 cm à 1 m de hauteur *(voir p. 165)*.

Quand tailler : à la fin du printemps ou au début de l'été.

Conduite et taille : il n'y a pas de taille particulière, mais vous pouvez limiter le développement sans problème. Coupez les tiges trop longues près du tronc ou sur la branche principale. Taillez en arrondi les plantes menées sur tige *(voir p. 165)*. Rabattez sévèrement près des charpentières ou de la souche, une plante trop vigoureuse. Elle repart facilement sur le bois ancien. En une saison, les nouvelles pousses masquent les plaies de taille.

AUTRES PRUNUS

PRUNUS LAUROCERASUS se taille comme le *Prunus lusitanica*.

PRUNUS MUME, laissez-le se développer en petit arbre. Supprimez toute pousse atteinte de dépérissement.

PRUNUS PUMILA ne se taille pas

PRUNUS SINENSIS se taille comme un *Prunus glandulosa*.

PRUNUS TENELLA, limitez le drageonnage ; il tolère une taille sévère tous les quatre à cinq ans pour stimuler la floraison.

PRUNUS TRILOBA, pour le palisser contre un mur, rabattez les rameaux latéraux au niveau de la charpente.

PYRACANTHA *Buisson ardent*

Ces arbustes persistants, très rustiques, sont cultivés pour leurs petites fleurs blanches qui s'épanouissent en abondance en mai-juin et leurs fruits, rouges, orange ou jaunes, qui naissent sur des rameaux à même le vieux bois. Cultivez-les dans un massif ou palissez-les contre un mur, en éventail ou en espalier. Vous pouvez aussi les planter en haie libre ou taillée, ou en faire un écran, en raison de leur végétation dense et épineuse. Les *Pyracantha* se prêtent bien aux formes géométriques. Prenez garde au feu bactérien *(voir p. 117)* qui sévit chez le *Pyracantha* (sauf chez certains cultivars résistants). En cas d'attaque, arrachez la plante et brûlez-la. Portez des gants pour la taille, car les épines sont longues et acérées.

Quand tailler : en avril pour toutes les espèces ; en avril et en août pour les plantes palissées. Raccourcissez certaines pousses nouvelles, afin de mettre en valeur les baies. Taillez les haies au printemps, puis légèrement à deux ou trois reprises durant la période de croissance.

Conduite et taille : les arbustes plantés en isolé, jeunes ou adultes, se taillent peu. Supprimez les branches rebelles ou trop vigoureuses. Dans le cas d'un arbuste palissé contre un mur, formez une charpente *(voir p. 162)*. Rabattez les tiges dirigées vers l'extérieur et raccourcissez les autres au printemps, même si vous devez, pour cela, perdre quelques fleurs et des baies. À la fin de l'été, coupez les jeunes pousses inutiles pour le palissage, à deux ou trois feuilles. Vous favoriserez ainsi l'ensoleillement des baies. Taillez une haie géométrique à deux ou trois reprises au printemps et en été. Vous pouvez rajeunir un *Pyracantha*, mais il se montrera alors plus sensible au feu bactérien.

TAILLE, EN ÉTÉ, D'UN PYRACANTHA PALISSÉ CONTRE UN MUR

CONSEIL TRUFFAUT

Comme beaucoup de rosacées, les pyracanthas (mais aussi les aubépines, les sorbiers, les poiriers, etc.) sont attaqués par le feu bactérien. Cette maladie sévit avec une virulence très variable selon les régions. Les autorités du Service de protection des végétaux ont longtemps interdit la multiplication des pyracanthas (encore valable pour les aubépines). La découverte assez récente de cultivars de pyracanthas résistants au feu bactérien a redonné un nouvel élan à cette plante. Ils ont pour nom : 'Dart's Red', 'Saphyr jaune', 'Saphyr rouge', 'Saphyr orange'. Ils sont également résistants à la tavelure, une maladie qui tache les feuilles et les fruits. Ces nouveaux pyracanthas sont très rustiques et peuvent se prêter à toutes les utilisations. Taillez-les modérément, afin de ne pas perdre le bénéfice de leur floraison abondante et de leur fructification qui persiste sans problème une partie de l'hiver.

R

Rhododendron

Ce groupe d'arbustes persistants, semi-persistants ou caducs, réunit sous le même nom générique les azalées. La floraison printanière est spectaculaire et les formes caduques ont souvent de belles couleurs d'automne. Les rhododendrons nains sont recommandés pour la rocaille, tandis que les plus grands forment, avec l'âge, de véritables arbres. Beaucoup sont des plantes de sous-bois. Il en est qui conviennent pour les haies libres. La plupart des rhododendrons sont rustiques. Vous cultiverez à l'abri les espèces et les hybrides gélifs, certains fournissant même de belles plantes fleuries d'intérieur. Les rhododendrons se taillent peu, même si beaucoup supportent un rabattage sévère. Vous pouvez les changer de place en automne ou au printemps. Supprimez les gourmands sur les sujets greffés. Attention, une plante âgée peut devenir très touffue et souffrir de dépérissement, du fait d'un manque de lumière dans sa partie centrale.

Rhododendron augustinii

Ce persistant érigé donne des fleurs bleu lavande au printemps. Le manque de lumière cause le dépérissement au cœur de la plante.

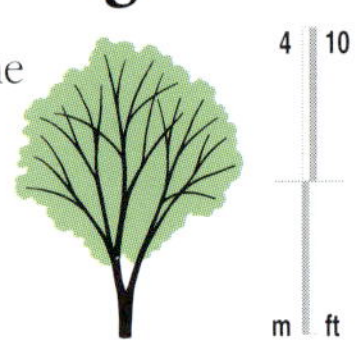

Quand tailler : en mai-juin, quand la floraison est terminée.

Conduite et taille : la taille de formation est inexistante. Chez l'adulte, le port naturel est très gracieux. Coupez seulement le bois mort abîmé, ainsi que les fleurs fanées. Pour rajeunir la plante, procédez à un rabattage sévère, en laissant quelques branches anciennes. De nouvelles pousses apparaîtront sur le vieux bois.

AZALÉES KURUME TAILLÉES AU JAPON Rhododendron kiusianum *est un parent de ces hybrides à petites feuilles et à croissance lente, souvent taillés selon des formes spéciales dans les jardins traditionnels au Japon. On les cultive parfois en pots ou en bonsaïs.*

Rhododendron kiusianum

Cette petite azalée semi-persistante produit des fleurs mauves ou pourpres, en mai. Elle tolère la taille.

Quand tailler : en été, après la floraison. Rajeunissez au printemps.

Conduite et taille : seules les plantes conduites en formes géométriques (surtout des boules) sont taillées. Pincez l'extrémité des tiges des jeunes sujets, pour favoriser un port dense. En juin, quand les fleurs fanent, taillez les adultes avec une cisaille. Procédez à une taille supplémentaire en juillet pour les topiaires. Les arbustes sont rajeunis au printemps, en raccourcissant de moitié toutes les tiges. Mais il est préférable de remplacer une plante âgée.

Rhododendron luteum

Cette azalée à fleurs jaunes parfumées au printemps, est caduque, rustique, avec de très jolies couleurs d'automne.

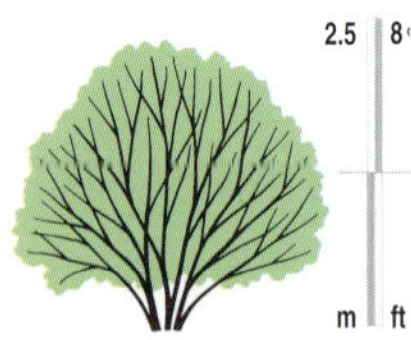

Quand tailler : en été, après la floraison.

Conduite et taille : taillez légèrement les jeunes plantes. N'intervenez pas chaque année sur les sujets adultes. Mais, pour aérer l'arbuste, vous pouvez le rabattre près de la base. Il est aussi possible de tailler une ou deux tiges âgées, près d'une pousse située plus bas. Le rajeunissement d'une plante se fait en rabattant au printemps toutes les tiges, sauf les plus jeunes.

Rhododendron rex

Ce persistant à fleurs rouges, roses ou crème au printemps, présente des feuilles foncées.

Quand tailler : en juin, après floraison.

Conduite et taille : intervenez légèrement sur les jeunes plants, pour obtenir une forme régulière avec des branches bien espacées. Les sujets adultes ne sont pas taillés durant de nombreuses années, mais supprimez, à chaque début d'été, les fleurs fanées. Une plante au port dégingandé n'est pas facile à tailler, car les branches âgées, épaisses, émettent rarement de nouvelles pousses sur le vieux bois.

RHODODENDRON 'MRS G. W. LEAK' *Traitez cette variété comme le* Rhododendron rex. *Il en est de même pour la plupart des hybrides à grandes fleurs. Ils se contentent d'une taille aussi réduite, que possible, pour conserver leur floraison exceptionnelle, en mai, comme ce magnifique sujet adulte.*

AUTRES RHODODENDRONS

RHODODENDRON ARBOREUM, CALOPHYTUM, MACABEANUM, SINOGRANDE et **THOMSONII** se taillent comme un *Rhododendron rex.*

RHODODENDRON HIPPOPHAEOIDES et **PONTICUM** se taillent comme un *Rhododendron augustinii.* Il en est de même pour le **TRIFLORUM.**

RHODODENDRON OCCIDENTALE se taille comme le *Rhododendron luteum.*

HYBRIDES DE YAKUSHIMANUM, ne se taille pas, supprimez seulement les fleurs fanées.

HYBRIDES À GRANDES FEUILLES, on peut tailler sévèrement les vieux sujets, à condition de laisser une bonne longueur de tige au-dessus du point de greffe.

Les **AZALÉES KURUME** se taillent comme un *Rhododendron kiusianum.*

RHUS TYPHINA
Une taille sévère donne des feuilles plus grandes et plus imposantes.

RHUS *Sumac*

Ces grands arbustes caducs, rustiques, le plus souvent drageonnants, sont cultivés pour leurs vives couleurs d'automne. Taillez régulièrement pour accentuer l'effet du feuillage. Portez des gants lors de la taille, car la sève est très toxique.

Rhus typhina

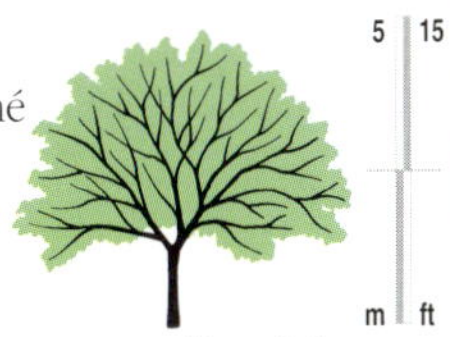

Cet arbuste étalé, drageonnant, peut être également mené sur tige. Le cultivar 'Dissecta' (ou 'Laciniata') offre un joli feuillage très découpé, rehaussé par une taille sévère.

Quand tailler : en mars. Supprimez les drageons indésirables dès leur apparition.

Conduite et taille : pour obtenir un arbuste, laissez la plante se développer naturellement. Pour former une tige, conservez un tronc nu de 1,2 m environ de haut *(voir p. 165)*. Supprimez tous les drageons *(voir p. 153)*. Rabattez chaque année les plantes cultivées pour leur feuillage à 10 cm du sol environ, ou en laissant un ensemble court de tiges ligneuses. Le rajeunissement se fait en coupant l'arbuste au ras du sol et en ne conservant que quelques nouvelles pousses.

AUTRES SUMACS
RHUS COPALLINA, GLABRA, POTANINII et **X PULVINATA** se taillent comme un *Rhus typhina*.
RHUS VERNICIFLUA, *voir* le Lexique des arbres d'ornement *p. 86*.

RIBES *Groseillier à fleurs*

Ces arbustes rustiques sont cultivés pour leurs jolies fleurs qui apparaissent au printemps. D'autres espèces sont élevées pour leurs fruits. Une plante non taillée accumule du bois âgé et fleurit moins.

Ribes sanguineum

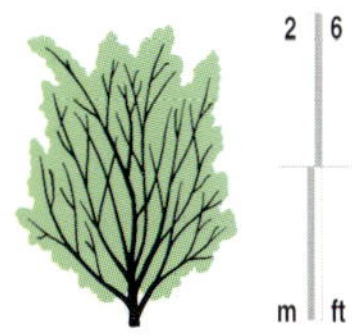

C'est un arbuste caduc, très rustique, à fleurs blanches, roses ou rouges au printemps. Elles apparaissent sur le bois de l'année précédente. Cette espèce se plante en isolé ou en haie libre. La taille régulière du sujet favorise l'émission de nouvelles pousses.

Quand tailler : en avril-mai, après la floraison. Rajeunissez en février.

Conduite et taille : coupez environ un quart des branches tout près du sol, parmi les plus âgées. Supprimez celles qui sont mal formées et conservez les autres. Les haies sont taillées en sélectionnant les rameaux un par un, car une coupe à la cisaille compromet la floraison. Rajeunissez une plante âgée, en supprimant toutes les tiges au niveau du sol à la fin de l'hiver.

Ribes speciosum

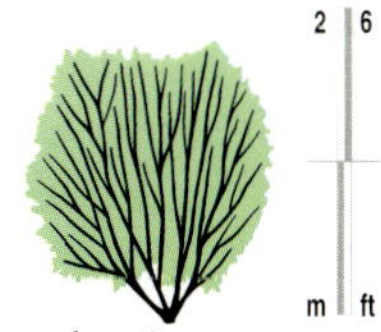

Cet arbuste caduc, épineux, porte des fleurs rouges, retombantes, en avril-mai. Il est rustique, mais dans nos régions, il fleurit mieux lorsqu'il est planté contre un mur exposé au sud ou au sud ouest.

Quand tailler : en mai, dès que la floraison est terminée.

Conduite et taille : les arbustes plantés en isolé se taillent comme le *Ribes sanguineum*, mais plus modérément. Pour les sujets cultivés contre un mur, réalisez un palissage en éventail *(voir p. 162)*. Une fois la charpente créée, la taille est limitée à la suppression d'une branche âgée de la charpente, remplacée par une jeune tige que vous palissez. Pour rajeunir une plante négligée, rabattez toutes les tiges principales à 30 cm de longueur environ.

AUTRES GROSEILLIERS
RIBES ODORATUM se taille aisément comme un *Ribes sanguineum*.
Voir les Petits fruits *pp. 234-240*.

ROSMARINUS *Romarin*

Ces arbustes persistants, rustiques ou semi-rustiques, sont cultivés pour leurs feuilles aromatiques, gris-vert, et leurs fleurs bleues printanières. *Rosmarinus officinalis* présente de nombreux cultivars au port variable. Érigés, ils sont utilisés en haie libre ou taillée.

Quand tailler : en juin, après la floraison. Rajeunissez la plante en avril.

Conduite et taille : laissez les jeunes plantes se développer sans les tailler. Sur les adultes, la taille se résume à couper les pousses dégingandées près d'une branche principale ou de la souche. Taillez légèrement les haies géométriques, à deux reprises durant la croissance *(voir p. 46)*. Remplacez les sujets négligés, mais vous pouvez aussi équilibrer une plante trop vigoureuse, en rabattant ses tiges de moitié.

ROSMARINUS OFFICINALIS
Vous pouvez palisser un romarin cultivé en pot contre un support installé à l'abri d'un mur bien exposé. Soyez patient.

CONSEIL TRUFFAUT
La taille des rhododendrons hybrides n'est pas nécessaire chez les jeunes sujets et tous ceux qui sont cultivés en dehors de la Bretagne et des sous-bois acides. Plantés dans des fosses de terre de bruyère, les rhododendrons poussent assez lentement. Les boutons floraux étant formés dans le courant de l'été, la moindre taille supprime des fleurs. Limitez votre rôle à une aération de la ramure chez les sujets âgés de plus de dix ans. Cette intervention allège la silhouette et favorise la pénétration du soleil. Notez qu'un rhododendron trop touffu peut souffrir de la sécheresse, son feuillage dense faisant obstacle à la pénétration au pied, de la pluie ou de l'eau d'arrosage. Prévoyez une installation d'arrosage automatique au goutte à goutte dans les grands massifs.

RUBUS *Ronces*

Rustiques, les *Rubus* sont des arbustes buissonnants ou couvre-sol. Ils émettent des tiges souples depuis la souche, qu'il faut souvent palisser. Certains sont cultivés pour leur écorce et leur feuillage décoratifs, d'autres pour leurs jolies fleurs simples. Quelques *Rubus* donnent des fruits comestibles. Portez des gants pour tailler, car la plupart des *Rubus* sont épineux.

Rubus 'Benenden'

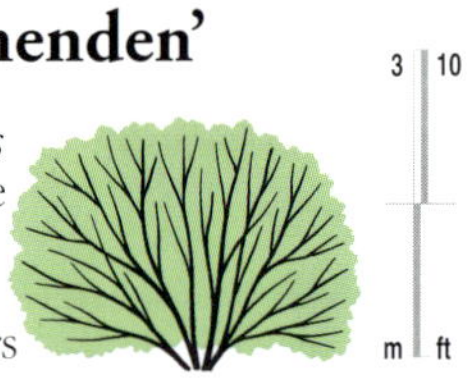

Appelé aussi *Rubus* x *tridel*, cet arbuste caduc, arqué, est vigoureux. Il produit des fleurs blanches en avril. Son écorce s'exfolie joliment.

Quand tailler : en été, après la floraison.

Conduite et taille : moins sévère que pour le *Rubus thibetanus*. Chaque année, supprimez quelques tiges florales et un peu de bois âgé pour maintenir la vigueur de la plante. Au printemps, rajeunissez le pied en rabattant toutes les tiges près du sol.

Rubus thibetanus

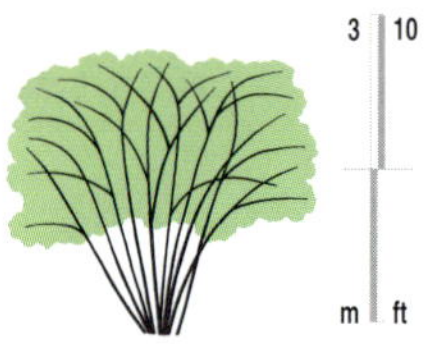

Cet arbuste caduc, arqué, vigoureux, porte en hiver des tiges dénudées très séduisantes. Les rameaux fleurissent la deuxième année. Ensuite, mieux vaut les supprimer,

RUBUS COCKBURNIANUS
Après la floraison, supprimez les rameaux de deux ans pour ne laisser que les jeunes tiges blanches, fort décoratives en hiver.

en conservant seulement les plus jeunes. Vous obtiendrez un beau décor en hiver, avec des tiges d'un blanc peu banal.

Quand tailler : en été, après la floraison.

Conduite et taille : chaque année, rabattez près du sol tous les rameaux ayant fleuri. Conservez les nouvelles tiges pour apprécier leur effet décoratif hivernal. Seul le bois jeune est vraiment intéressant.

AUTRES RONCES

RUBUS BIFLORUS, COCKBURNIANUS et **ODORATUS** se taillent comme un *Rubus thibetanus*.
RUBUS SPECTABILIS drageonne et devient envahissant. Taillez comme les précédents.
Voir également Petits fruits *pp. 230-233* et le Lexique des plantes grimpantes *p. 282*.

TAILLE D'UN RUBUS 'BENENDEN' ADULTE

1 Supprimez une tige sur trois ou quatre, en choisissant la plus âgée. Rabattez-la tout près de la souche.

2 Coupez les autres tiges d'environ un tiers de leur longueur, au-dessus d'une jeune pousse qui permettra au buisson de conserver une forme bien équilibrée.

3 Pincez l'extrémité des pousses pour éliminer les têtes florales fanées.

RUTA *Rue*

Ces petits sous-arbrisseaux rustiques, persistants, sont cultivés pour leur feuillage bleu-gris très léger. Leurs fleurs jaunes, estivales, sont assez gracieuses. Taillez pour garder la plante compacte et rehausser l'effet du feuillage, au détriment de la floraison. Portez des gants pour la taille, car la sève est assez caustique. Intervenez en mars, en rabattant toutes les pousses de moitié. Supprimez les tiges faibles. Une plante âgée ou privée de soins plusieurs années peut être rabattue à 15 cm du sol car elle repart bien, mais il est souvent plus pratique de la remplacer.

SALIX *Saule*

Arbres ou arbustes nains pour certaines espèces, les saules sont rustiques et caducs. Ils sont cultivés pour leur port, leur feuillage et leurs chatons et, parfois, leurs tiges colorées. Taillez régulièrement les espèces portant de jeunes pousses décoratives, afin qu'elles se renouvellent. Coupez toutes les tiges sur les grands saules. Vous pourrez les mener en arbuste par le recépage. Taillez plus légèrement les autres espèces. Il n'y a pas de taille particulière pour les saules nains dont la croissance est lente.

Salix hastata 'Wehrhahnii'

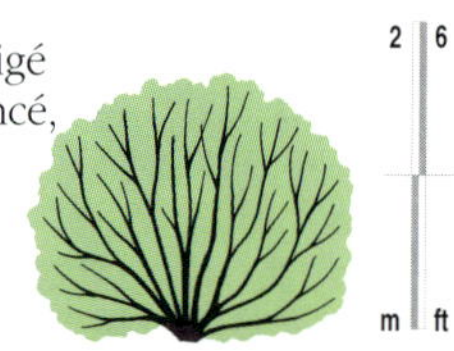

Ce petit arbuste érigé à tiges pourpre foncé, porte des chatons gris argenté au printemps. Taillez pour maintenir un équilibre entre les jeunes tiges au joli coloris hivernal et le bois plus âgé, porteur de chatons.

Quand tailler : après la plantation, puis de temps en temps au printemps, quand les chatons sont fanés.

Conduite et taille : nettoyez les jeunes plants. Sur les adultes, coupez chaque année une ou deux des branches les plus âgées. Taillez toutes les tiges très court pour rajeunir une plante vieillissante.

AUTRES SAULES

SALIX FARGESII et **MAGNIFICA** se taillent comme le *Salix hastata* 'Wehrhahnii'.
SALIX ELAEAGNOS spp. **ANGUSTIFOLIA** (ou **ROSMARINIFOLIA**), **GRACILISTYLA** et **PURPUREA**, taillez-les légèrement en hiver si besoin est.
SALIX HELVETICA et **LANATA**, pas de taille.
SALIX IRRORATA, éliminez les tiges les plus âgées pour obtenir de jeunes pousses glauques.
SALIX REPENS et **RETICULATA**, ces espèces naines se contentent d'une taille minimale.
Voir également le Lexique des arbres d'ornement *p. 86*.

SALVIA *Sauge*

Ce genre comprend des petits arbustes et des sous-arbrisseaux persistants, mais aussi des annuelles, des bisannuelles et des vivaces. Les premiers sont prisés pour leurs fleurs et leur feuillage aromatique, quelques uns ayant une valeur culinaire. Moyennement rustiques, les sauges arbustives ne poussent, en climat froid, qu'à l'abri d'un mur exposé au soleil. Chez ces espèces, une taille régulière donne de jeunes pousses vigoureuses.

Salvia microphylla

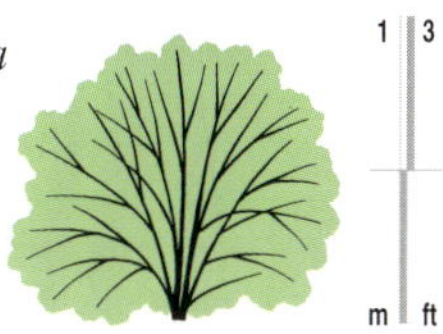

Appelé aussi « *Salvia grahamii* », cet arbuste porte des fleurs rouge vif à la fin de l'été. Dans nos régions, il peut survivre à l'hiver s'il est placé à l'abri d'un mur.

Quand tailler : au printemps, au démarrage de la croissance.

Conduite et taille : sous un climat chaud, taillez peu. En zone plus froide, coupez l'extrémité des tiges des jeunes plants pour favoriser la ramification. Sur les plantes adultes, rabattez chaque année les jeunes rameaux près de la charpente formée par les branches les plus anciennes. Un sujet négligé se prête à un rabattage sévère au niveau du sol.

Salvia officinalis

La sauge officinale est un arbuste rustique qui porte des grappes de fleurs bleu pourpré en été. Cette herbe culinaire possède différents cultivars à feuilles pourpres, panachées ou dorées. Sans une bonne taille, la plante perd son port compact.

Quand tailler : en avril et en été, pour supprimer les fleurs.

Conduite et taille : taillez l'extrémité des tiges après la plantation *(voir p. 155)*. Quand une plante âgée se dénude à la base, rabattez-la sur l'ancien bois, comme pour une taille de rajeunissement. Les espèces à feuillage coloré sont plus belles si vous les coupez au printemps, en leur donnant une forme de buisson arrondi. Supprimez aussi les fleurs fanées pour prolonger la durée de la floraison.

> **AUTRES SAUGES**
> **SALVIA FULGENS, GREGGII, LEUCOPHYLLA** et **SESSEI** se taillent comme une *Salvia microphylla*.

SAMBUCUS *Sureau*

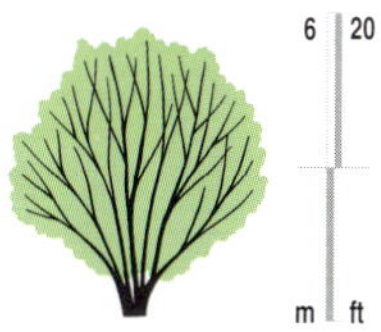

Les sureaux sont des arbustes caducs, rustiques, dont la hauteur varie de 3 à 6 m. Certaines espèces sont des mauvaises herbes courantes. Mais beaucoup de sureaux donnent des fleurs, des fruits ou un feuillage très décoratif. La plupart repartent vigoureusement après la taille. Une coupe sévère, régulière, rehausse l'attrait des cultivars à feuillage décoratif. Cultivez les sureaux sous forme d'arbustes en cépée, en les taillant régulièrement pour éviter qu'ils ne deviennent trop grands et dégingandés. Certaines espèces vigoureuses peuvent même être conduites en tige.

Quand tailler : en hiver, durant la période de repos. Supprimez les drageons qui naissent à la base des sureaux sur tige.

Conduite et taille : laissez les grands arbustes une année sans taille. Rabattez ensuite, près du sol, une tige sur deux et raccourcissez de moitié les autres, de même que les rameaux de un an. Enfin, taillez près de la souche les branches les plus anciennes. Une taille sévère, effectuée tous les deux ou trois ans, rehausse l'effet du feuillage des sureaux à feuilles pourpres, dorées ou découpées, comme *Sambucus canadensis* 'Acutiloba' et 'Aurea', *Sambucus nigra* 'LaCiniata' et *Sambucus nigra* 'Guincho Purple', à feuillage pourpre. Ces espèces peuvent être rabattues chaque année près du sol, ou sur la souche ligneuse, comme pour le *Buddleja davidii (voir p. 180)*. Si les nouvelles tiges sont trop nombreuses, faites un éclaircissage dans le courant du mois de juin. Pour conduire un sureau sur tige *(voir p. 165* pour la technique*)*, utilisez des espèces vigoureuses comme le *Sambucus sieboldiana*, qui peut former un tronc de 1 à 2 m de hauteur. Coupez les nombreuses pousses qui apparaissent sur le tronc. Malgré l'effet rajeunissant d'une taille sévère, les sureaux vivent généralement peu de temps. Mieux vaut remplacer un sujet vieillissant ou négligé.

> **CONSEIL TRUFFAUT**
> *Les ronces d'ornement (Rubus) gagnent à être mieux connues. Ce sont des plantes d'une rusticité parfaite qui s'adaptent à tous les types de sols, même les plus pauvres. Vous pouvez utiliser les espèces à port rampant, comme Rubus calycinoides et tricolor, ainsi que les variétés 'Betty Ashburner' et 'Green Wave', pour garnir des endroits difficiles, notamment des talus. Ces plantes ne dépassent pas 10 cm de hauteur, mais elles s'étalent sur 2 à 3 m. Leur feuillage étant persistant, elles créent une couverture uniforme décorative qui ne nécessite pratiquement aucun entretien. Une exposition ombragée est bien tolérée, ce qui en fait aussi de très bonnes plantes pour les sous-bois. Vous pouvez les associer à des rhododendrons, le couvert végétal du Rubus réduira alors les besoins en arrosage.*

SANTOLINE ABÎMÉE PAR LA NEIGE
Rabattez sur les rameaux anciens pour provoquer le départ de nouvelles pousses.

SANTOLINA *Santoline*

Ces petits arbustes persistants, rustiques, ont des feuilles grises ou vertes, aromatiques, finement divisées. Les fleurs sont jaunes ou blanches, en forme de bouton. Une taille régulière conserve à la plante une forme harmonieuse.

Quand tailler : en automne, après la floraison et sévèrement en mars.

Conduite et taille : après la plantation, raccourcissez les rameaux. En automne, supprimez les fleurs fanées et les longues tiges. Tous les deux ou trois ans, faites une coupe sévère dans le vieux bois pour conserver une touffe compacte. Cette taille est mieux supportée par les jeunes plantes vigoureuses que par les sujets âgés.

Skimmia

Ces arbustes rustiques, persistants, assez compacts, sont cultivés en bordure des massifs ou en potées. Leurs fleurs parfumées apparaissent au printemps et leurs fruits rouges persistent longtemps. Les plants femelles ne produisent des fruits que s'il y a un plant mâle à proximité. Il existe toutefois quelques espèces hermaphrodites. Les skimmias se taillent peu, sauf si des tiges trop vigoureuses dérangent la silhouette naturellement homogène. Coupez-les au printemps, après la floraison. Ces arbustes tolèrent une taille sévère, mais mieux vaut remplacer une plante âgée que d'essayer de la rajeunir.

Skimmia japonica
Rabattez les tiges trop longues qui déséquilibrent la forme nette et arrondie.

Solanum

Ce vaste genre renferme de nombreuses espèces apparentées à des grimpantes *(voir p. 283)* et des petits arbustes persistants, semi-persistants ou caducs. Les *Solanum* portent des fleurs décoratives et, dans certains cas, des fruits. La plupart des arbustes sont assez gélifs. Sous un climat froid, cultivez-les en véranda. *Solanum rantonnettii* est un arbuste rustique dans le Midi, qui se cultive comme un fuchsia dans les autres régions. Les pousses de l'année sont taillées sévèrement au début de l'automne, quand la plante est mise en pot et rentrée sous abri. La ramure doit être éclaircie au début du printemps, car la plante devient vite très touffue. *Solanum capsicastrum*, plus petit et persistant, porte des fruits rouge-orange, ovoïdes.

Sophora

Ce genre comprend des arbres *(voir p. 88)* et des arbustes caducs ou semi-persistants, plutôt grands. Cultivez-les pour leur feuillage et leurs fleurs magnifiques. Les sophoras arbustifs sont peu rustiques. Dans nos régions, plantez-les à l'abri d'un mur bien exposé au soleil. Il est possible d'en palisser certains. Laissez les plantes développer leur port naturellement élégant, sans procéder à des tailles importantes. Retardez la coupe jusqu'en juillet, car les plaies, notamment celles effectuées en fin d'hiver ou au printemps, favorisent les écoulements de sève, toujours épuisants.

Sophora davidii
Taillez légèrement, les fleurs ne s'épanouissant que sur les rameaux âgés.

Sophora tetraptera

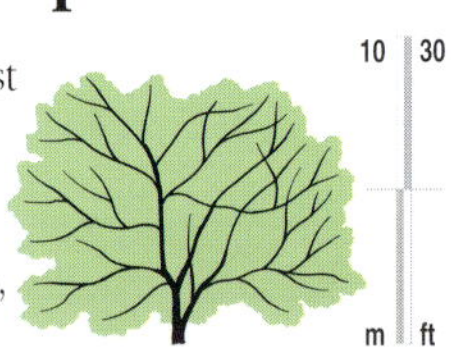

Ce grand arbuste est persistant ou semi-persistant. Cultivé en isolé dans les régions très douces, il peut devenir un arbre. Cette espèce porte des fleurs jaune doré, en mai. Les bourgeons, qui se forment en hiver, sont souvent abîmés par les fortes gelées. Dans la plupart des régions, palissez cet arbuste contre un mur. Taillez le moins possible, car les fleurs naissent sur le bois âgé.

Quand tailler : en juillet, quand le risque d'écoulement de sève, au niveau des plaies de taille, est le plus faible.

Conduite et taille : ne touchez pas à l'arbuste isolé. S'il est planté contre un mur, attachez-le sur un support. Pratiquez une taille réduite ou palissez-le en forme d'éventail *(voir p. 162)*. Attention, la taille retarde la floraison d'au moins cinq années. Une intervention sévère ne s'impose qu'en climat chaud sur les gros sujets.

> **Autres sophoras**
> **Sophora davidii, macrocarpa** et **microphylla** se taillent comme un *Sophora tetraptera*. Pour les autres espèces, *voir* le Lexique des arbres d'ornement *p. 88*.

Sparmannia

Appelé aussi « tilleul d'appartement », c'est un grand arbuste ou un petit arbre. Il est persistant, gélif, avec un port ample, très élégant. Ses fleurs sont blanches et s'épanouissent de mai à août. Sous abri, il tolère bien la taille pour limiter sa croissance.

Quand tailler : en été, après la floraison. En hiver, dans le cas d'une taille sévère.

Conduite et taille : intervenez peu sur les arbustes plantés en pleine terre. Sous abri, rabattez les tiges florales au-dessus de belles pousses latérales, pour obtenir un port plus compact. Pour produire des feuilles et des fleurs plus grandes, taillez sévèrement tous les deux ans. Rajeunissez la plante dégarnie du pied, en la rabattant près du sol.

Spartium

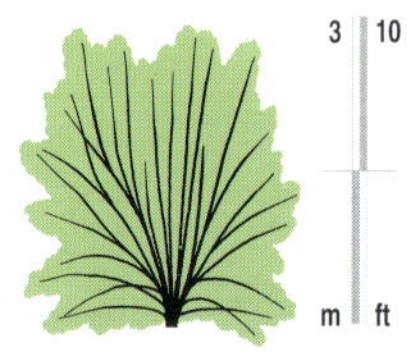

Le *Spartium junceum*, ou genêt d'Espagne, est la seule espèce du genre. C'est un arbuste rustique, caduc, bien touffu. Ses tiges sont érigées et ses fleurs jaunes, parfumées. Elles s'épanouissent de mai-juin à octobre, sur les nouvelles pousses. Non taillé, le genêt d'Espagne se dégarnit de la base. Taillez pour le maintenir compact et favoriser une longue période de floraison.

Quand tailler : en mars, au départ de la végétation, après les gelées.

Conduite et taille : les deux premières années, coupez de moitié les tiges principales pour créer un port dense. Puis, tous les deux ou trois ans, réduisez à 3 cm les pousses de l'année précédente. Rajeunissez les plantes âgées par une taille sévère, mais il vaut mieux les remplacer.

Sphaeralcea

Ces petits arbustes caducs (persistants sous un climat chaud) sont semi-rustiques. Ils fleurissent en été sur les pousses de l'année. Dans nos régions, ils réussissent à l'extérieur s'ils sont placés dans un lieu abrité et ensoleillé. Les pousses supérieures sont toutefois abîmées par le gel. Vous pouvez aussi les cultiver en pot dans une véranda. Une coupe des tiges trop longues, au printemps, est suffisante. Les sujets en pots peuvent être taillés plus court pour qu'ils restent compacts. Mieux vaut remplacer une plante âgée que d'essayer de la rajeunir.

SPIRAEA *Spirée*

Ce sont des arbustes rustiques, caducs ou semi-persistants, très buissonnants. Quelques espèces sont drageonnantes. Les spirées portent des fleurs abondantes et certaines, un feuillage décoratif. Les grandes spirées ont un port arqué et fleurissent sur des pousses âgées ou nouvelles. Les petites espèces sont ramifiées et ne fleurissent que sur le bois de l'année. Toutes ont besoin d'une taille régulière pour maintenir une bonne floraison. Elle se pratique à des périodes différentes, selon que la plante fleurit sur le bois nouveau ou ancien.

Spiraea 'Arguta'

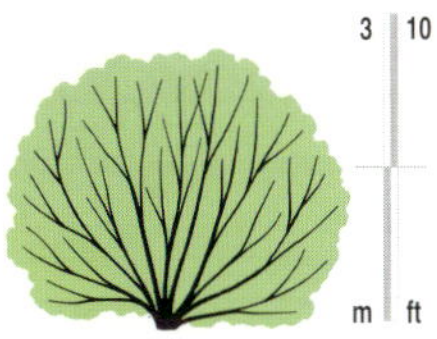

Cet arbuste se couvre de grappes de petites fleurs blanches en avril-mai. Elles naissent sur les pousses de l'année précédente. Taillez pour éviter l'accumulation du bois mort, et favoriser la production de nouvelles tiges vigoureuses, qui fleuriront l'année suivante.

Quand tailler : en juin, juste après la floraison.

Conduite et taille : chez les jeunes arbustes, rabattez les tiges florales au-dessus d'un gros bourgeon et supprimez toutes les pousses faibles. Éclaircissez les plantes adultes, en taillant un quart des tiges âgées près du sol. Supprimez toutes les pousses faibles. Raccourcissez de moitié les tiges florales, en les coupant près d'une tige vigoureuse. Les spirées repartent lentement après une taille sévère. Conservez toujours un minimum de deux ou trois tiges principales, rabattez les autres près du sol.

TAILLE DE LA SPIRAEA 'ARGUTA'
Éclaircissez chaque année. Supprimez des rameaux près de la base. Raccourcissez les tiges florales au-dessus d'un bourgeon sain ou d'une pousse florale bien placée.

Spiraea douglasii

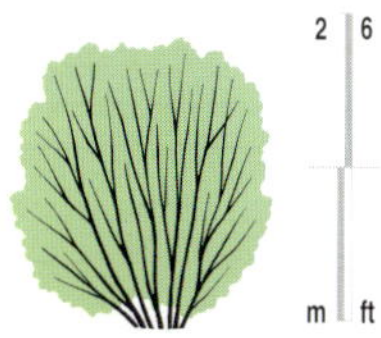

Cet arbuste vigoureux, érigé, drageonne beaucoup. Ses fleurs rose pourpré apparaissent en juin et en juillet sur les pousses de l'année. Une taille annuelle le maintient en bonne santé. Elle favorise la formation des tiges florales.

Quand tailler : en mars ; supprimez les fleurs fanées après la floraison.

Conduite et taille : rabattez près du sol toutes les pousses faibles ou très âgées. Selon la vigueur de la plante, raccourcissez d'un tiers ou d'un quart des rameaux de l'année précédente. Au besoin, supprimez certaines tiges, pour que la touffe conserve un port aéré. Quand la vigueur du buisson diminue, remplacez-le par des rejets que vous rabattez près du sol après la plantation.

Spiraea japonica

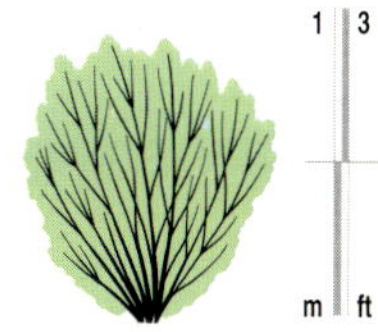

Cet arbuste porte en été des petites inflorescences, le plus souvent roses. Elles naissent sur les pousses de l'année. Parmi les nombreux cultivars, certains, comme 'Goldflame', ont des jeunes feuilles colorées. Une taille annuelle permet de disposer de plantes florifères avec un jeune feuillage frais.

Quand tailler : en mars ; supprimez les fleurs fanées après la floraison.

Conduite et taille : au moment de la plantation, supprimez toutes les pousses faibles et âgées. Rabattez les tiges qui restent, pour conserver une souche ligneuse de 10 à 15 cm de hauteur. Coupez chaque printemps les pousses de l'année à un ou deux bourgeons de cette souche. Le rajeunissement peut se pratiquer comme pour la *Spiraea douglasii*.

AUTRES SPIRÉES

SPIRAEA CANTONIENSIS, NIPPONICA, PRUNIFOLIA, THUNBERGII, X VANHOUTTEI et **VEITCHII** se taillent comme la *Spiraea* 'Arguta'.
SPIRAEA DOUGLASII spp. **MENZIESII** et **JAPONICA 'BUMALDA'** (ou **X BUMALDA**) se taillent comme une *Spiraea japonica*.
SPIRAEA SALICIFOLIA se taille comme *douglasii*.

STACHYURUS

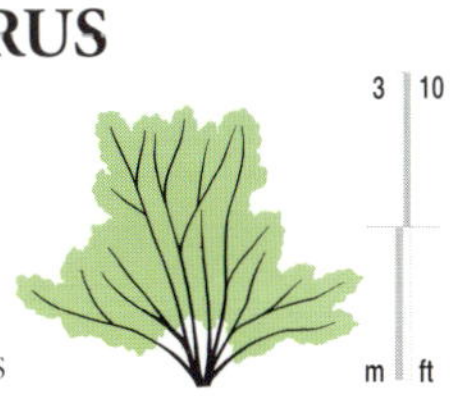

Cet arbuste caduc, rustique, présente un port étalé et aéré. Il fleurit en mars sur les bourgeons produits à l'automne précédent. Inutile de le tailler régulièrement, mais rajeunissez-le, en rabattant les pousses fines ou âgées près de la base. Raccourcissez d'un tiers les branches trop longues. Intervenez au printemps, après la floraison, la plante repart alors plus vite de la base.

STACHYURUS CHINENSIS 'MAGPIE'
Ce cultivar panaché est ici palissé contre un mur. Ses grappes de fleurs pendantes se forment avant les feuilles, en mars. Elles sont jaune pâle, en forme de clochette. En hiver, les bourgeons peuvent être affectés par un froid très rigoureux.

CONSEIL TRUFFAUT
Les spirées devenues trop encombrantes peuvent subir une division de touffes, comme pour une plante vivace. En période de repos végétatif, arrachez la plante avec une motte de terre autour des racines. Tranchez la touffe à la bêche, en conservant les parties fournies en jeunes pousses et replantez-les séparément.

STEPHANANDRA

Ce sont des arbustes très rustiques, caducs, de hauteur moyenne. Ils sont cultivés surtout pour les couleurs d'automne de leur feuillage et l'effet saisissant de leurs tiges brunes en hiver. Les fleurs, estivales, sont insignifiantes. Les touffes drageonnent à maturité. En été, après la floraison, éclaircissez les plantes, en supprimant environ une tige âgée sur quatre, près de la base. Rabattez les tiges florales qui restent, près des gros rameaux latéraux. Vous conservez ainsi le port naturel, arqué. Rajeunissez la plante en coupant toutes les tiges près de la base, entre janvier et mars.

SYMPHORICARPOS

Ces arbustes caducs, très rustiques, portent des pousses denses, ramifiées, et des groupes de fruits décoratifs. Ils sont assez drageonnants, mais précieux pour constituer une petite haie ou décorer un massif. Pour obtenir une plante bien dense, taillez à 30 cm de hauteur au moment de la plantation. Ensuite, vous éclaircirez les pousses âgées en mars. Pour limiter l'étalement de la plante, supprimez en mars les pousses excessives ou arrachez-les avec une bêche. Rajeunissez en coupant toutes les tiges au niveau du sol. Utilisez un sécateur ou une débroussailleuse.

SYRINGA *Lilas*

Il s'agit d'arbustes caducs, très rustiques qui, avec l'âge, prennent l'aspect d'un petit arbre. Ils sont cultivés pour leurs fleurs parfumées, épanouies entre avril et juin.

Syringa vulgaris

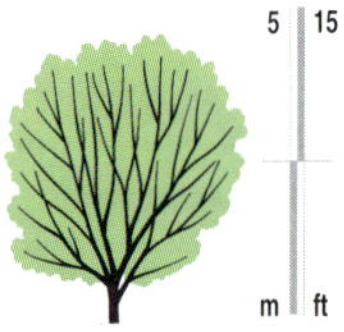

Cet arbuste vigoureux porte des fleurs blanches, lilas ou pourpres. Elles naissent sur les pousses de l'année précédente. Taillez peu, jusqu'à ce que la plante commence à se dégarnir. Faites alors une coupe de rajeunissement. Les cultivars sont souvent greffés et peuvent drageonner.

SYRINGA MEYERI
Souvent cultivé sous forme d'arbuste dense, ramifié, ce petit lilas peut former un bel arbuste sur tige qui réussit bien en pot.

Quand tailler : en juin, après la floraison. En hiver, pour un rajeunissement.

Conduite et taille : la taille de formation n'est pas utile sur les jeunes plants. Veillez simplement à préserver la forme équilibrée du buisson. Sur les arbustes adultes, supprimez les fleurs fanées avec un sécateur *(voir p. 155)*. Veillez à ne pas abîmer les jeunes pousses, ce sont elles qui fleuriront l'année suivante. Supprimez les drageons dès leur apparition *(voir p. 153)*. Pour le rajeunissement, rabattez les tiges principales entre 30 cm et 60 cm du sol *(voir p. 161)*. Elles émettent une abondance de nouveaux rameaux, mais la floraison est retardée de trois ans. Pour cette raison, il est préférable d'échelonner une taille sévère sur deux ou trois ans. Éclaircissez les rejets.

Syringa meyeri

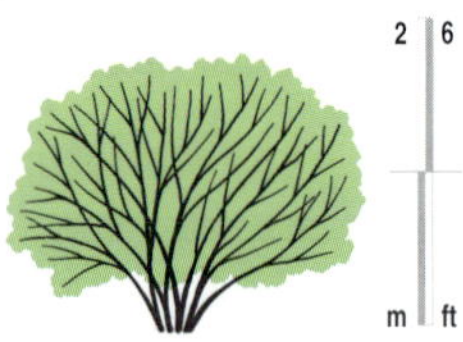

C'est un arbuste ramifié, cultivé pour ses panicules de fleurs pourpres. Parfumées, elles pointent en mai-juin. On assiste parfois à une remontée de la floraison à la fin de l'été.

Quand tailler : en juillet, quand les fleurs sont toutes fanées.

Conduite et taille : cet arbuste est bien ramifié. Il se contente d'une taille légère. Vous pouvez aussi le conduire sur tige, en veillant à sélectionner un tronc fort.

AUTRES LILAS
SYRINGA X JOSIFLEXA, X PERSICA, X PRESTONIAE, REFLEXA et **YUNNANENSIS** se taillent comme le *Syringa vulgaris*.
SYRINGA MICROPHYLLA 'SUPERBA', touffu et de croissance moyenne, nécessite peu d'interventions, excepté un équilibrage des branches et l'aération du centre.

T - U - V

TAMARIX PARVIFOLIA
Taillez en été cette espèce à floraison printanière. Vous éviterez qu'elle ne prenne un port désordonné, peu élégant.

TAMARIX *Tamaris*

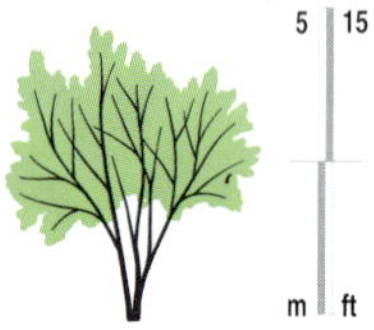

Ce sont des arbustes et arbres caducs ou persistants, très rustiques. Ils sont cultivés pour leurs branches plumeuses, duveteuses, et leurs fleurs roses. Ils conviennent en haie libre, notamment au bord de la mer. Au jardin, taillez-les pour qu'ils restent aussi compacts que possible.

Quand tailler : en été, après la floraison, taillez les tamaris qui fleurissent en juin, comme le *Tamarix parviflora*. Taillez en mars ceux qui fleurissent à la fin de l'été, comme le *Tamarix ramosissima*.

Conduite et taille : pour former un arbuste en cépée, bien ramifié, rabattez de moitié les tiges au moment de la plantation. Faites de même l'année suivante. Taillez les plantes adultes chaque année, en supprimant les pousses faibles et en rabattant les tiges florales au-dessus de pousses latérales vigoureuses. Taillez sévèrement chaque année *Tamarix ramosissima* pour favoriser la floraison et obtenir une plante buissonnante. Dans une haie libre, rabattez les plantes à 30 cm du sol, à la plantation. En été, taillez l'extrémité des nouvelles tiges pour favoriser une végétation dense. Dans une haie adulte, rabattez en février les pousses de l'année précédente. Pour rajeunir une plante ou une haie trop envahissante, coupez dans le vieux bois, mais vous n'obtiendrez pas de floraison avant au moins deux années. Tuteurez les plantes conduites sur tige et taillez la ramure pour qu'elle reste bien équilibrée. Les nouvelles pousses prennent une jolie forme arquée.

THYMUS *Thym*

Ces arbustes et sous-arbrisseaux assez rustiques sont cultivés pour leurs feuilles aromatiques, utilisées en cuisine. Tous les thyms sont des petites plantes (certains sont rampants) à cultiver en plein soleil. Ils s'imposent en rocaille ou dans les anfractuosités d'un muret. Taillez-les régulièrement pour maintenir leur forme compacte et soutenir la production de nouvelles feuilles. Il existe des cultivars à feuilles dorées, argentées ou panachées, qui peuvent retourner au type, ce qui nécessite une intervention rapide.

Quand tailler : à la fin août.

Conduite et taille : les cultivars très rampants ne se taillent pas. Égalisez légèrement les autres thyms avec une cisaille ou un sécateur, pour enlever les fleurs fanées. Chez les formes à feuilles colorées ou panachées, supprimez toutes les pousses qui portent le type d'origine à feuilles vertes. Rabattez-les près de leur point d'origine. Remplacez une plante négligée, car le vieux bois ne reperce pas.

THYMUS VULGARIS 'SILVER POSIE'
En été, après la floraison, taillez superficiellement ce thym panaché.

TIBOUCHINA

Grands, persistants, gélifs, ces arbustes sont cultivés pour leur feuillage et leurs fleurs estivales apparaissant sur le nouveau bois. Dans nos régions, ils se cultivent dans une véranda. Pincez l'extrémité des jeunes pousses pour favoriser l'obtention d'un port buissonnant. Au début du printemps, coupez les tiges qui ont fleuri, au-dessus de la seconde paire de bourgeons. Comptez à partir de la base du rameau.

ULEX *Ajonc*

Ces petits arbustes épineux portent des fleurs jaunes. Bien que dépourvues de feuilles en hiver, leurs tiges vertes et leurs épines les font paraître persistants. Les ajoncs viennent en sol pauvre, dans un emplacement venteux, très exposé. *Ulex europaeus* est devenu une mauvaise herbe redoutable dans certains pays, notamment en Australie et en Nouvelle-Zélande. Dans une terre de jardin trop riche, les ajoncs poussent trop vite, avec des tiges désordonnées qui se dénudent à la base. Taillez pour garder les plantes compactes.

Quand tailler : le premier printemps après la plantation, puis en mai-juin, après la floraison. Rajeunissez la plante en mars.

Conduite et taille : incitez les jeunes plants désordonnés à se ramifier, en raccourcissant en mars toutes les tiges entre le quart et la moitié de leur longueur. Chez *Ulex minor*, espèce à petit développement, pincez l'extrémité des tiges. Taillez légèrement les ajoncs adultes après la floraison pour qu'ils restent compacts. Raccourcissez les tiges rebelles.

ULEX EUROPAEUS
Dans une terre de jardin trop riche, l'ajonc s'étale en se dégarnissant de la base, s'il n'est pas taillé après la floraison.

Rajeunissez une touffe devenue dégingandée, en la rabattant sévèrement près du vieux bois. Coupez à 15 cm du sol. La plante repart en général très bien.

VESTIA

C'est un arbuste persistant de hauteur moyenne et de croissance rapide. Il est cultivé pour ses fleurs jaune pâle et ses baies qui naissent sur le bois de l'année. Son feuillage est également intéressant. Une seule espèce, *Vestia foetida*, est détruite jusqu'au sol par les fortes gelées. Plantez-la à l'abri dans nos régions. Pincez l'extrémité des pousses des jeunes plantes, pour favoriser la ramification. Dans le Midi, taillez en fin d'été comme un *Cestrum* *(voir p. 186)*. Rabattez de moitié les tiges qui ont fleuri. Chaque année, supprimez près de la base une ou deux des tiges les plus âgées. Vous éviterez une accumulation de vieux bois qui gène les jeunes tiges florales. Pour rajeunir une plante négligée, en mars, rabattez les rameaux près du sol ou sur le vieux bois. Si la partie aérienne a gelé, supprimez toutes les tiges au printemps.

CONSEIL TRUFFAUT

La manière la plus simple pour tailler les lilas à grandes fleurs consiste tout simplement à cueillir leurs belles grappes parfumées pour en faire des bouquets. En effet, la suppression des tiges florales provoque des ramifications qui portent les fleurs l'année suivante.
Au jardin, ne vous privez pas de la floraison des lilas, mais taillez, après la floraison, toutes les pousses qui ont produit. Il suffit de les réduire de la moitié de leur longueur pour obtenir une taille efficace. Coupez toujours au-dessus d'une feuille. C'est l'oeil latent situé à la base du pétiole de la feuille qui va développer une nouvelle pousse.
Cette taille doit être annuelle et systématique, sinon le lilas s'accroît en longueur, se dégarnit de la base et ne porte plus de fleurs que dans sa partie supérieure.
Les sujets négligés, devenus inesthétiques, pourront subir une taille sévère. Essayez de reconstituer la ramure en plusieurs étapes. Taillez d'abord la partie supérieure, en cherchant à privilégier les jeunes pousses situées le plus bas possible. En pratique, vous éliminerez toute la partie de la branche située au-dessus du jeune départ. Cette première intervention va alléger très sensiblement la ramure du lilas. Attendez l'année suivante et la percée de nouvelles pousses pour compléter le travail.
Après une taille de rajeunissement, le lilas a besoin d'un apport d'engrais complet et d'arrosages réguliers. Sarclez le sol autour du pied, afin qu'il ne soit pas envahi par les mauvaises herbes.

VIBURNUM *Viorne*

Les viornes sont des arbustes rustiques, caduques, semi-persistants ou persistants. Certaines espèces portent des fleurs parfumées, d'autres des baies décoratives en automne. Leur port varie, mais tous les *Viburnum* forment de nouvelles pousses à la base. L'importance de la taille dépend de l'emploi de l'arbuste. Certains constituent de belles plantes à isoler. Plantez en groupes *Viburnum davidii*, qui doit bénéficier d'une pollinisation croisée pour fructifier. Certaines espèces se prêtent à un palissage. L'époque de la taille dépend de la période de floraison. À l'exception de *Viburnum plicatum*, toutes les viornes adultes supportent bien une taille sévère.

VIBURNUM PLICATUM 'TOMENTOSUM'
Dès que la forme adulte est bien établie, supprimez toutes les tiges verticales. Elles paraissent incongrues par rapport à la disposition typiquement étagée des branches.

Viburnum x bodnantense

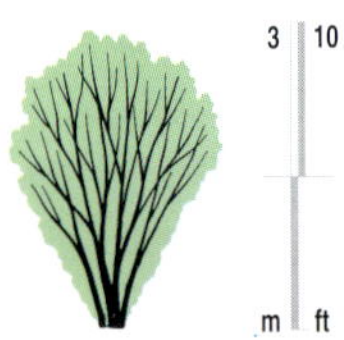

Il appartient à un groupe d'arbustes caducs, érigés, assez clairsemés. Ses fleurs parfumées sont blanches ou roses, portées par l'extrémité des tiges nues. Elles s'épanouissent en automne et en hiver. Cet hybride émet de nouvelles tiges à la base. La taille se limite à la suppression du bois âgé.

Quand tailler : en mars, juste après la floraison. Rajeunissez la touffe en mai.

Conduite et taille : laissez les jeunes plants se développer sans les tailler. Sur les sujets adultes, rabattez près de la base une branche sur cinq, en supprimant les plus âgées et les plus faibles. Ne taillez pas les autres pour ne pas affecter la floraison de l'année suivante ni la forme générale de l'arbuste. Rajeunissez la plante en rabattant toutes les branches sur la souche. Cette espèce produit beaucoup de nouvelles tiges qu'il faudra éclaircir.

VIBURNUM X BODNANTENSE
Coupez près de la base une tige âgée sur cinq, pour éclaircir cet arbuste dense, érigé.

Viburnum plicatum

Cet arbuste caduc est imposant, avec ses branches étagées à l'horizontale. Ses superbes inflorescences plates et blanches naissent en mai-juin sur le bois de l'année précédente. Un port étalé se développe normalement sans la moindre taille, mais vous devez supprimer les tiges vigoureuses, érigées, qui gâtent la silhouette.

Quand tailler : en été, après la floraison.

Conduite et taille : la taille est réduite au minimum chez une plante jeune. Des tiges vigoureuses, érigées, se développent au cœur de la plante, puis se ramifient pour former les étages caractéristiques. Chez l'adulte, supprimez près de leur point d'origine, les nouvelles tiges verticales qui traversent les étages et nuisent à la beauté de la forme. Vous pouvez toutefois les laisser se développer pour remplacer des branches plus âgées, abîmées ou improductives. Une plante assez jeune et vigoureuse tolère un rabattage sévère près d'une branche constituant la charpente. Attention, une telle taille risque d'abîmer la forme. Intervenez au début du printemps.

Conduite et taille : pratiquez une taille de formation *(voir p. 157)* sur l'arbuste isolé pour assurer un bon équilibre de la forme. Chez l'adulte, taillez à peine, juste pour supprimer les tiges trop vigoureuses. Elles nuisent à la régularité de la forme. Supprimez-les au cœur de la plante pour que l'on ne distingue pas les plaies de coupe. Pour mener une plante sur tige, *voir p. 165.* Taillez les haies avec un sécateur pour ne pas abîmer les feuilles *(voir p. 44).* Rajeunissez une plante isolée, en rabattant sévèrement ses branches *(voir p. 160).* Intervenez en mai. Procédez de la même façon sur une haie négligée.

VIBURNUM TINUS
Toutes les viornes ont tendance à émettre de nouvelles pousses à la base. Veillez à les supprimer sur les arbustes menés sur tige, comme celui-ci.

Viburnum tinus *Laurier-tin*

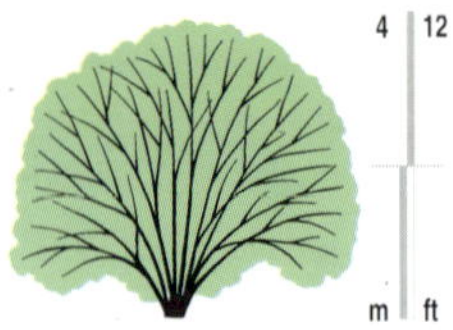

Cet arbuste persistant produit des têtes de fleurs blanches et étoilées. Elles apparaissent en hiver et au printemps. Cette espèce se prête bien à la taille et peut être façonnée en différentes topiaires. Plantez le laurier-tin en massif, sur tige ou au sein d'une haie libre ou taillée. Il vient très bien en pot.

Quand tailler : en juin, après la floraison. Rajeunissez dans le courant du mois de mai.

AUTRES VIORNES

VIBURNUM BETULIFOLIUM, taillez en février, après la fructification.

VIBURNUM X BURKWOODII, CARLESII et **X CARLCEPHALUM,** taille minimale, en juillet si nécessaire.

VIBURNUM DAVIDII, rabattez sur des tiges vigoureuses ou à la base de la plante. Supprimez les fleurs fanées des plantes mâles, qui ne fructifient pas.

VIBURNUM FARRERI et **OPULUS** se taillent comme le *Viburnum* x *bodnantense.*

VIBURNUM LANTANA et **RHYTIDOPHYLLUM** se taillent comme le *Viburnum* x *bodnantense,* mais intervenez de préférence en février.

VINCA *Pervenche*

Ces petits arbustes persistants s'étalent indéfiniment et forment un excellent couvre-sol. D'abord érigées, les tiges rampent ensuite, s'enracinant à leur extrémité quand elles touchent le sol. Des fleurs bleues, blanches ou pourpres, naissent à différentes époques de l'année. Taillez pour maintenir une végétation dense, limiter l'extension des plantes et dégager les fleurs. Une taille sévère, de temps en temps, permet de supprimer les débris végétaux et d'améliorer la floraison.

Quand tailler : au printemps.

Conduite et taille : taillez chaque année pour supprimer les tiges en surnombre et celles qui sont longues, désordonnées. Utilisez une cisaille ou un coupe-bordures à fil.

VITEX *Agneau chaste*

Ces arbustes et arbres caducs sont cultivés pour leurs fleurs. Elles apparaissent en été et en automne sur les pousses de l'année. Dans les régions au climat froid, plantez les *Vitex* dans un lieu abrité. Ailleurs, palissez-les contre un mur chaud. Les premières années, taillez légèrement les arbustes isolés. Sur les pieds adultes, au printemps, rabattez les tiges florales sur de jeunes pousses situées sur les branches principales. Supprimez une ou deux tiges âgées. Parmi les branches palissées contre un mur, coupez les pousses de l'année précédente, au-dessus de courts rameaux à fleurs. Remplacez si nécessaire une branche âgée de la charpente par une jeune tige.

CONSEIL TRUFFAUT

Les grandes viornes comme Viburnum rhytidophyllum, qui dépassent 3 m de hauteur, peuvent être limitées dans leur ampleur par une taille régulière. Cette espèce persistante a une vigueur supérieure à la moyenne. Elle montre aussi une grande vitesse de croissance. Intervenez toujours en douceur et sur les branches jeunes pour les équilibrer.
Rappelez-vous le principe de base de la taille : une coupe sévère entraîne le plus souvent un surcroît de vigueur dans les repousses.
La taille du Viburnum rhytidophyllum (la viorne à feuilles ridées) se pratique en mai, comme pour les autres viornes persistantes. Faites des coupes bien nettes avec un sécateur dont la lame a été désinfectée à l'alcool. Vous éviterez ainsi de propager des maladies bactériennes graves.

W - X - Y - Z

WEIGELA

Ces arbustes caducs, très rustiques, sont cultivés pour leurs fleurs tubuleuses, rouges, blanches ou roses. Elles naissent en été, sur le bois de l'année précédente. Certaines espèces ont également un feuillage décoratif. Tous les *Weigela* se prêtent bien à une taille annuelle. Elle évite la production de graines, au profit de la formation de nouvelles pousses vigoureuses.

Weigela florida

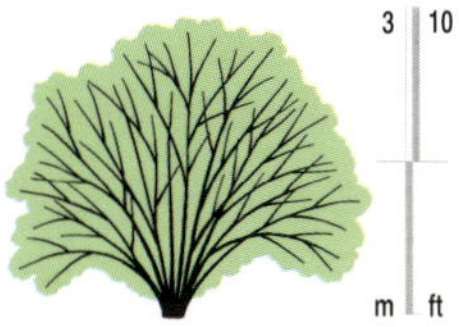

Cet arbuste porte des fleurs de diverses couleurs, au printemps ou en été. Une taille régulière favorise la production de fleurs. On peut tailler plus sévèrement, pour rehausser l'effet du feuillage des cultivars aux jolies feuilles bronze, doré, pourpres ou panachées.

Quand tailler : en juillet, après la floraison. Rajeunissez la plante en mars.

Conduite et taille : chez les jeunes plants, la taille de formation n'est pas nécessaire. Sur les sujets adultes, rabattez chaque année les tiges florales, au-dessus de beaux rameaux érigés, situés plus bas. Taillez près de la base une ou deux tiges âgées, en veillant à conserver un équilibre entre les bois jeune et adulte. Supprimez ou raccourcissez les nouvelles pousses trop longues. Elles gâtent la forme de la plante. Rabattez plus sévèrement les cultivars à feuilles jaunes et pourpres. Supprimez les trois quarts des tiges pour ne conserver que les plus jeunes. Sur les cultivars panachés, éliminez toutes les pousses qui reverdissent. Éclaircissez les nouvelles tiges nées en juillet, de manière à donner à l'arbuste une forme élégante et bien aérée.

AUTRES WEIGELA
WEIGELA 'BRISTOL RUBY', 'EVA RATHKE' et les autres hybrides se taillent et se forment comme le *Weigela florida*. Il en est de même pour les **WEIGELA HORTENSIS, MIDDENDORFFIANA** et **PRAECOX** qui sont des espèces moins courantes et souvent moins florifères.

TAILLE D'UN WEIGELA FLORIDA ADULTE

1 Supprimez une ou deux des tiges les plus âgées en les rabattant entre 5 cm et 8 cm de la base.

2 Taillez les nouvelles pousses érigées, ou coupez au-dessus d'un rameau latéral, de préférence non ramifié.

3 Rabattez les tiges florales au-dessus d'un bourgeon sain ou d'une pousse latérale bien placée.

ZENOBIA *Muguet en arbre*

Ce genre ne comprend qu'une seule espèce, *Zenobia pulverulenta*, un arbuste de hauteur moyenne, rustique, caduc ou semi-persistant. Il est cultivé pour ses fleurs blanches, parfumées, qui ressemblent à celles du muguet. Elles apparaissent en été. La taille améliore la vigueur et la floraison. La plante a un port arqué ; elle drageonne, produisant des nouvelles pousses à la base.

Quand tailler : en juillet, dès que les fleurs fanent. Rajeunissez en avril.

Conduite et taille : les jeunes plantes n'ont pas besoin de formation. En revanche, taillez les adultes chaque année. Vous devez rabattre les tiges florales au-dessus des pousses vigoureuses. Supprimez les pousses faibles et une ou deux branches âgées pour conserver une plante assez équilibrée. Veillez à bien respecter le port naturel. Pour rajeunir un *Zenobia* âgé, négligé ou trop vigoureux, vous pouvez le recéper, car la souche reperce souvent très bien. Il faut le cultiver dans un sol acide.

Petits fruits

Plantes de culture facile, les arbustes à petits fruits s'adaptent à tous les jardins. Cultivés en pots, ils parviennent à produire de façon satisfaisante. Dans tous les cas, ils doivent être taillés chaque année pour bien fructifier.

Même dans un petit jardin, on peut profiter du rare plaisir procuré par la cueillette de fruits frais en été. Le jardin fruitier idéal peut être le verger « modèle » classique. Mais dans un jardin d'ornement, optez pour les arbustes à petits fruits qui sont aussi décoratifs. La plupart aiment le soleil, détestent l'humidité et craignent les ambiances confinées. Tous sont autofertiles et se multiplient par prélèvement de drageons, marcottage ou bouturage. Le greffage n'est pas utile en soi, mais il peut servir pour former une tige. Achetez vos plants dans une pépinière spécialisée ou une jardinerie, car la plupart de ces arbustes sont très sensibles aux virus. Certains plants sont certifiés indemnes, notamment chez le fraisier.

La taille et la conduite visent à développer et à maintenir une plante saine, bien formée. Chaque année, supprimez du bois âgé ou improductif pour favoriser le développement de jeunes pousses vigoureuses, qui porteront les fruits. Si vous ne taillez pas, ces arbustes à petits fruits continueront bien à produire, mais la qualité et la grosseur des baies déclineront rapidement. Une taille et une formation adaptées sont donc indispensables pour obtenir des récoltes plus abondantes et de meilleure qualité. Ces interventions sont un pari sur l'avenir, car elles font souvent effet un ou deux ans plus tard, en générant de nouvelles pousses fortes qui produiront les années suivantes.

Il est aisé de comprendre le principe de mise à fruits de chaque espèce, ce qui simplifie les diverses opérations de taille. Avant de couper un rameau, posez-vous toujours les questions : « Comment va évoluer cette branche, vers où va-t-elle se diriger, l'arbuste conserve-t-il son équilibre, existe-t-il un remplaçant pour ce rameau ? », etc. Chaque fois que les réponses vous apparaîtront clairement, cela signifiera que vous maîtrisez bien la technique.

GROSEILLIER À MAQUEREAU SUR TIGE
Le groseillier se prête bien à la conduite en formes décoratives. Ce sujet sur tige a un attrait ornemental, mais il rend aussi la récolte plus aisée, puisque les premières branches fructifères se trouvent moins bas.

FRAMBOISES
Les longues tiges flexibles des framboisiers requièrent un support. L'utilisation d'un mode de formation ordonné facilite grandement l'entretien, la récolte et la taille.

Des formes pour les petits fruits

Certains framboisiers, mûres et hybrides comme le loganberry, émettent chaque année à la base de nouvelles grosses tiges verticales. Elles remplacent les rameaux âgés qui ont produit. La taille accélère ce processus naturel de rajeunissement. Elle est facilitée par un palissage soigneux des longues tiges flexibles.

Les groseilliers, cassissiers et myrtilles sont naturellement arbustifs et compacts. La plupart se conduisent aisément sous diverses formes qui associent l'aspect esthétique et la productivité. Ces plantes peuvent être palissées contre un mur sur une armature de fils de fer, à condition que l'air puisse bien circuler entre le mur et les rameaux.

Le palissage, comme la taille, accroissent les récoltes et facilitent la culture, notamment chez les plantes épineuses. Il est important de choisir un cultivar et une forme adaptés à l'emplacement choisi, pour que la plante puisse prospérer longtemps. C'est le cas surtout pour les framboisiers et les mûres, qui détestent être déplacés quand ils sont bien établis. La taille doit aussi être modulée en fonction de la vigueur et du port du cultivar choisi, et de ses performances sur le terrain. Une taille trop sévère favorise le développement des pousses à bois (celles qui ne portent que des feuilles), au détriment des rameaux à fruits. Une taille insuffisante entraîne la prolifération de pousses faibles, enchevêtrées, sensibles aux attaques des oiseaux destructeurs et des maladies. C'est surtout à craindre si vous n'enlevez pas le vieux bois ou les tiges âgées de framboisier, par exemple. Sur les formes palissées, la taille a pour objet de maintenir l'harmonie de la silhouette. Les arbustes à petits fruits laissés trop longtemps à l'abandon seront assez difficiles à récupérer. Il est souvent préférable de renouveler la plantation avec des jeunes sujets, plutôt que de tenter des opérations de sauvetage longues, délicates et hasardeuses.

CORDON SIMPLE
Une tige simple, habillée de courts rameaux à fruits, donne dans un faible espace, une production abondante de groseilles et de cassis de bonne qualité. Le cordon s'emploie souvent en rangs, maintenus par une armature et faciles à recouvrir d'un filet antioiseaux. Il peut aussi se palisser contre un mur. Vous pouvez le conduire à la verticale ou en oblique, voire cultiver tout un carré de cordons à l'intérieur d'une « cage » grillagée. Elle protégera ces petits fruits des oiseaux, qui en raffolent.

CORDONS MULTIPLES
Des groseilliers ou des cassissiers menés en cordon vertical double (U simple), triple ou à quatre bras (U double), assurent un effet très décoratif. Il faut les palisser contre un mur pour minimiser les risques de dégâts par vents forts.

BUISSON MULTITIGES
Cassissiers et myrtilles émettent chaque année de nouvelles pousses à la base de la plante. Il forment ainsi un beau buisson.

GOBELET
On cultive ainsi les groseilliers, avec une ramure de charpentières réparties harmonieusement sur un tronc court.

TIGE
Pour obtenir cette forme, sur un tronc de 50 à 80 cm de haut, il faut greffer un groseillier à fruits sur un Ribes *vigoureux.*

ÉVENTAIL
Groseilliers à grappes ou à maquereau peuvent être palissés en éventail contre un mur pour constituer un arbuste décoratif.

HAIE DE FRAMBOISIERS
Ces arbustes drageonnent beaucoup. Ils s'étendent chaque année, en émettant de nouvelles tiges, jusqu'à former une haie.

MÛRES ET HYBRIDES
Les tiges de ces plantes naissent sur la souche. Séparez-les et palissez-les, pour qu'elles bénéficient d'air et de lumière.

Techniques de base

À l'exception des framboisiers à fructification remontante *(voir p. 233)*, tous les petits fruits produisent sur du bois d'au moins un an. Pour les framboisiers et les cassissiers, on supprime les rameaux une fois qu'ils ont fructifié. Pour les groseilliers à grappes et à maquereau, on raccourcit les pousses fructifères à quelques centimètres des branches charpentières. Cela favorise la formation de nouvelles pousses latérales, qui fructifieront l'année suivante. Veillez à éclaircir les branches charpentières et à limiter le nombre de rameaux à bois, afin que la forme reste bien aérée.

Les petits fruits se taillent en hiver et en été. L'hiver est la période idéale pour façonner et améliorer la silhouette de la plante. Supprimez les pousses mal placées ou âgées, ainsi que le bois non productif, au profit des jeunes pousses. Éliminez les rameaux en surnombre en dégageant le centre de l'arbuste. Effectuez la taille hivernale le plus tard possible, afin de prendre en compte les bourgeons picorés par les oiseaux. Supprimez entièrement les pousses qu'ils ont abîmées. En été, la taille s'impose pour les formes palissées dont on limite la végétation pour conserver la silhouette régulière.

Les petits fruits sont touchés par de graves maladies virales. Arrachez et brûlez les plantes atteintes, avant de commencer à tailler les sujets sains. Pensez à bien désinfecter les sécateurs et les autres outils de taille, avant et après utilisation, afin de ne pas propager de virus.

Portez des gants pour tailler les framboisiers et certains hybrides de ronces qui sont fortement épineux. Ne laissez jamais les déchets de taille joncher le sol. Ramassez-les et brûlez-les, de même que les feuilles mortes.

Entretien d'un cassissier, hiver

Taille fruitière

Les groseilliers à grappes et à maquereau peuvent être cultivés comme des arbustes multitiges à port souple. Développez une charpente solide. Elle sera rabattue régulièrement pour donner des petits rameaux à fruits, semblables, aux coursonnes d'un pommier ou d'un poirier.

Taille de rajeunissement

Le cassissier et la myrtille ne produisent pas de petits rameaux à fruits. Supprimez une partie du vieux bois chaque hiver pour dégager le centre. Gardez les rameaux de un et deux ans qui fructifieront durant l'été, tandis que se développeront les nouvelles pousses qui produiront l'année suivante.

Entretien des framboisiers

Suppression d'une tige
Les tiges fructifères des framboisiers, mûres et hybrides, comme le tayberry ou le loganberry, sont taillées bien droit au niveau du sol, en veillant à ne pas abîmer les jeunes pousses alentour.

Fixation d'une tige sur l'armature
Attachez bien les tiges des mûres et des framboisiers qui doivent endurer les vents de l'hiver. Utilisez des liens souples noués en forme de 8 pour renforcer leur solidité. Ne serrez pas trop la jeune branche.

Drageons
Les framboisiers émettent des bourgeons adventifs portés par les racines ou la souche. Éliminez-les avec leurs racines. Il ne faut pas les multiplier, car ils drageonnent encore plus.

Framboisiers et mûres

Les framboisiers, les mûres et leurs nombreux hybrides, fructifient sur des jeunes pousses latérales courtes. Excepté pour les framboisiers à fructification remontante, les fruits apparaissent sur de longues tiges vigoureuses et flexibles, émises l'année précédente. La taille annuelle consiste à supprimer les tiges à fruits les plus âgées, au profit de nouvelles pousses bien placées. Même si leur habitat d'origine est le sous-bois, ces plantes très rustiques ont besoin de soleil pour bien produire. Seules les mûres tolèrent un peu d'ombre. Pour qu'elles bénéficient d'un maximum de soleil, vous devez les palisser selon une technique adaptée à la vigueur de chaque cultivar, sachant qu'une plante trop forte produit moins.

Baies hybrides

Il existe des ronces hybrides, dont les plus populaires sont le loganberry et le tayberry. Certains sont des croisements entre des genres fruitiers connus. Le tayberry, par exemple, est né d'une mûre et d'un framboisier. D'autres sont liés à d'autres espèces du genre Rubus.

Mûres et hybrides *Rubus fruticosus,* autres *hybrides de Rubus*

Les mûres et les hybrides de *Rubus* se palissent et se taillent tous de la même façon. Pour favoriser une croissance vigoureuse et saine, distinguez les tiges à fruits des nouvelles pousses qui naissent durant la saison de croissance. Il faut bien étaler les tiges fructifères pour permettre une bonne maturation. Ne laissez pas les tiges toucher le sol, car elles se marcottent très facilement. Achetez les plantes dans une pépinière spécialisée ou une jardinerie. On ne trouve pas de mûres, ni d'hybrides de *Rubus* sous forme de plants certifiés indemnes de maladies virales, comme c'est le cas pour les framboisiers. Refusez les plantes qui montrent des signes inquiétants, comme des feuilles marbrées ou une croissance ralentie.

Méthode de formation : le support le plus simple est un mur ou une clôture, habillés de fils de fer solides. Un ensemble robuste de pieux et fils de fer peut suffire. Il est aussi possible de palisser les longues

Modes de palissage des mûres et de leurs hybrides

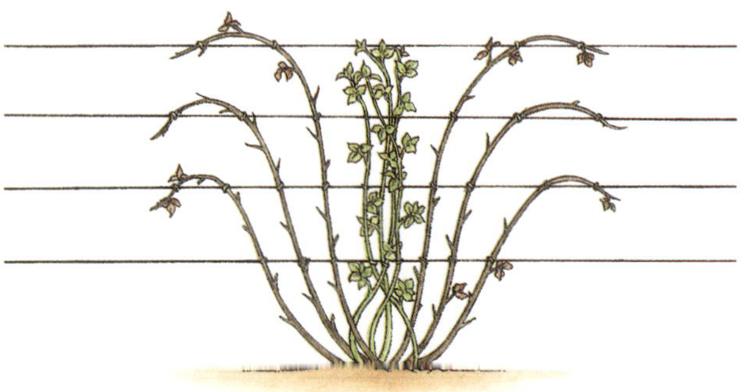

Le palissage en éventail s'adresse aux cultivars les moins vigoureux et ceux dont les tiges sont plus rigides. Les rameaux fructifères sont disposés en éventail, les nouvelles tiges étant palissées au fur et à mesure dans la partie centrale.

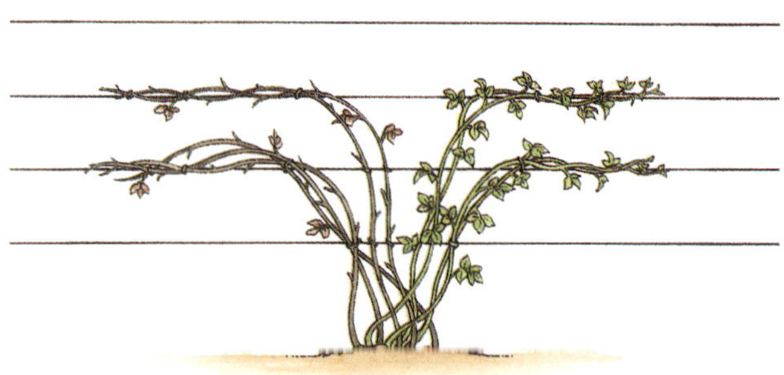

Le palissage orienté est idéal sur un mur couvert de plusieurs plantes. Enroulez les tiges fructifères les unes autour des autres en les orientant d'un seul côté. Palissez les nouvelles pousses à l'opposé. La production se fait alternativement à gauche, puis à droite.

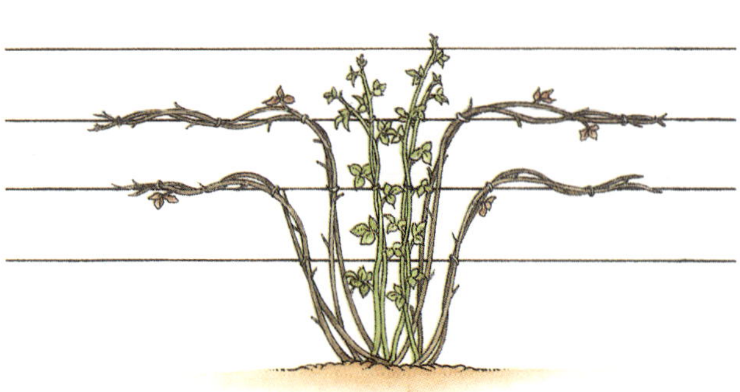

Le palissage en corde est adapté aux cultivars à nombreuses tiges flexibles, comme le loganberry. Enroulez les tiges fructifères autour des deux fils les plus bas et les nouvelles pousses au milieu et sur les fils supérieurs. La production est plus abondante.

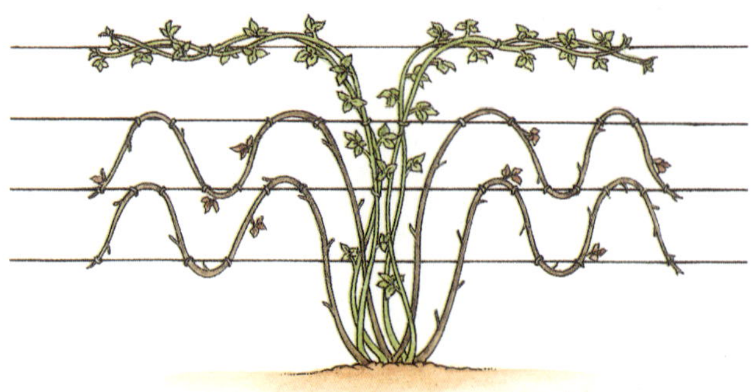

Le palissage ondulé permet de gagner de l'espace pour les cultivars vigoureux à tiges flexibles. Palissez les tiges fructifères en serpenteaux sur les fils du bas, les nouvelles pousses étant dressées au milieu et attachées sur le fil supérieur.

tiges autour d'un simple poteau.
Les cultivars les moins vigoureux, comme le loganberry 'Thornless', s'y prêtent bien. Le mode de conduite le plus simple consiste à séparer les tiges à fruits des jeunes pousses qui se développent depuis la base. Palissez les nouvelles tiges à leur emplacement définitif, cela minimise la manipulation. Le support doit mesurer au moins 1,5 m de hauteur.
Fixez les fils de fer avec des boulons ou des agrafes sur des tasseaux, en ménageant un espace avec le mur. Pour créer une armature autonome, enfoncez dans le sol sur 50 cm de profondeur, des pieux de 2,5 m de haut. Prévoyez des jambes de force pour renforcer la rigidité. Tendez trois ou quatre fils de fer à l'horizontale, en les espaçant de 50 cm. Laissez au moins 3 m entre les plantes, mais jusqu'à 5 m pour les cultivars très vigoureux comme 'Himalaya Giant'.

Époque de taille : après la plantation, puis en automne après la fructification, et enfin en février-mars. À tout moment, supprimez les tiges et les drageons indésirables. Portez des gants pour les cultivars épineux.

Taille de formation : les plants vendus sont âgés d'un an et issus d'un marcottage. Mettez-les en place en janvier ou, si l'hiver est très rigoureux, en mars. À la plantation, ramenez les tiges à 20 ou 30 cm du sol, pour stimuler l'apparition de nouvelles pousses à la base. Elles seront supprimées après le premier été. Un paillis favorise aussi le développement de nouvelles pousses vigoureuses. Attachez-les solidement au fur et à mesure de leur développement, en écartant les branches.

Taille de fructification : le but est d'obtenir chaque année des tiges d'un an qui fructifient. Après la dernière cueillette, rabattez toutes les branches fructifères et palissez les jeunes tiges en place. Si leur nombre est insuffisant pour remplir l'espace disponible, conservez quelques rameaux anciens dont vous rabattez les pousses latérales à 3 cm de leur base. Supprimez les pousses faibles trop nombreuses. Arrachez les drageons qui naissent en dehors de l'alignement ou trop loin de la souche. À la fin de l'hiver, taillez l'extrémité des tiges de 15 cm, voire plus s'il a fait très froid. Détachez toutes les tiges, puis remettez-les en place en faisceau régulier, en les palissant sur le fil de fer inférieur.
Il n'est pas facile de remettre en état des plantes laissées à l'abandon. Arrachez les drageons et supprimez les pousses âgées très enchevêtrées. Conservez les jeunes tiges les mieux placées et orientez-les sur le support. Vous pouvez aussi éliminer la vieille souche et utiliser comme plante de remplacement, un beau drageon ou une marcotte naturelle déjà enracinée.

JEUNE POUSSE
Sur un jeune plant, coupez la tige d'origine à 20 ou 30 cm du sol. Cela va stimuler l'apparition, à la base de nouvelles pousses, qui produiront la seconde année. Supprimez la tige âgée en juillet.

MÛRE ADULTE, TAILLE APRÈS LA CUEILLETTE

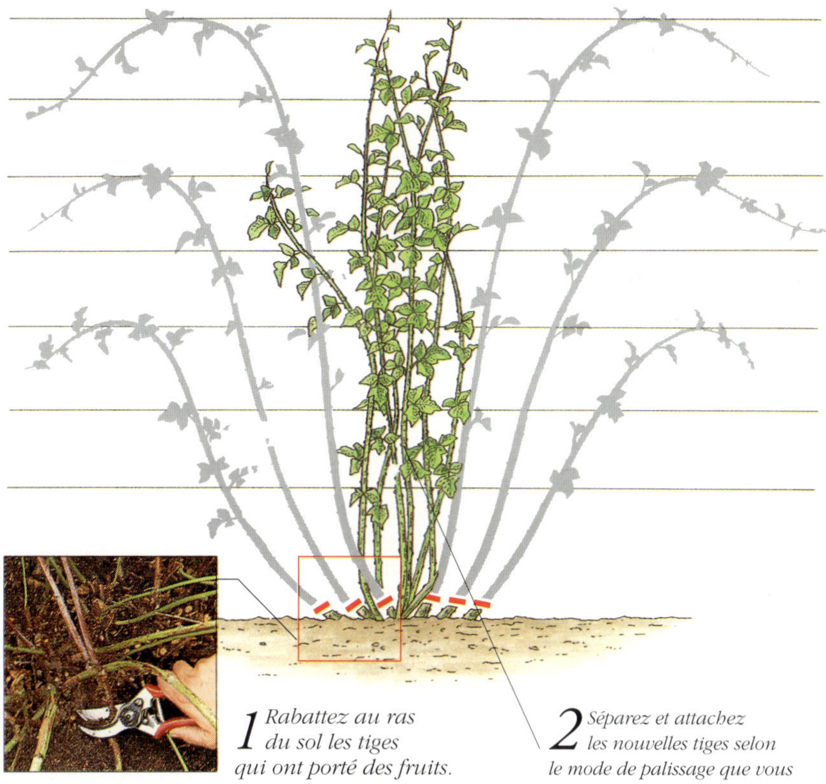

1 Rabattez au ras du sol les tiges qui ont porté des fruits.

2 Séparez et attachez les nouvelles tiges selon le mode de palissage que vous avez choisi.

FIXATION DES NOUVELLES TIGES
Attachez solidement les tiges aux fils de fer. Choisissez un cultivar à tiges inermes, comme 'Oregon Thornless', ce qui rend le palissage et la cueillette beaucoup plus aisés.

FRAMBOISIERS *Rubus idaeus*

Les framboisiers produisent de nombreuses tiges qui naissent directement d'une masse de racines fibreuses, juste en dessous du niveau du sol. Pour obtenir le meilleur rendement, supprimez les tiges âgées après la récolte, elles seront remplacées par les nouvelles pousses, bien vigoureuses. Certains framboisiers fructifient en été, d'autres remontent en automne. Leur culture est identique, mais pas la taille. Les tiges des framboisiers non remontants se développent la première année et produisent la suivante. Ensuite, on les rabat au niveau du sol. Les cultivars à fructification remontante (jusqu'aux premières gelées) produisent en fin de saison à l'extrémité des tiges de l'année. Ils donnent à nouveau au début de l'été sur les parties basses de ses tiges, avant de mourir. Il faut planter les framboisiers dans un lieu protégé et prévoir un bon support. Les armatures, pieux et fils de fer, forment des rangs réguliers. Ne cultivez pas de framboisier contre un mur ou une clôture, car la mauvaise circulation de l'air favorise l'oïdium (le blanc) sur les fruits. De plus, l'entretien est alors plus difficile. Le framboisier est très sensible aux maladies virales contre lesquelles on ne connaît pas de traitement efficace. Arrachez et brûlez les plantes qui montrent les symptômes suivants : tiges courtes, peu nombreuses, feuillage marbré de jaune et fruits épars, petits ou déformés. Surveillez et ôtez tout drageon qui apparaît sur des fragments de racines négligés. Ne replantez pas de framboisiers durant plusieurs années à l'endroit où des plantes ont été atteintes par une maladie virale.

MODES DE PALISSAGE DES TIGES DE FRAMBOISIER

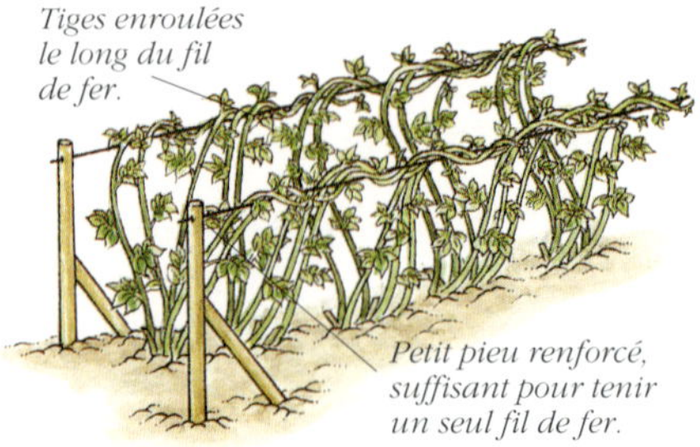

MÉTHODE SCANDINAVE *(ci-dessus)*
Idéal dans les endroits où l'on peut installer beaucoup de plants dans un grand espace abrité, ce mode de palissage est utilisé pour les framboisiers non remontants de faible vigueur. Il est inutile de tailler leurs tiges à l'extrémité. Quand on a bien séparé les tiges à fruits des nouvelles pousses, il suffit de procéder de la manière suivante : Tracez deux rangs parallèles espacés de 1 m, avec, tous les 3 m, des pieux de 1,5 m enfoncés de 60 cm dans le sol. Chaque poteau est renforcé par un jambage oblique. Tendez un seul fil de fer au sommet des pieux. Amenez doucement les nouvelles tiges, encore flexibles, de part et d'autre de l'armature, pour les enrouler en spirale tout au long du fil de fer. Ne conservez que les trois ou quatre plus grosses tiges de chaque plant. Attachez-les au besoin et supprimez les autres. La deuxième année, laissez pousser des tiges centrales entre les rangs. Elles seront à l'abri et protégées d'éventuels dégâts lors de la cueillette.

PIEUX ET FILS DE FER *(ci-dessous)*
C'est un mode de palissage compact et sûr pour les régions venteuses, qui permet un bon ensoleillement des fruits. Tendez entre deux poteaux espacés de 3 m, trois fils de fer à 75 cm, 1 m et 1,5 m de hauteur. Attachez les tiges sur l'un des côtés de l'armature, sans les enrouler afin qu'elles ne frottent pas. Fixez d'abord les nouvelles tiges avec des liens en plastique, de la ficelle fine ou du raphia.

PIEUX ET CORDE EN NYLON *(ci-dessus)*
Le mode de culture le plus simple (notre illustration le montre vu par-dessus) consiste à guider les tiges avec une corde de nylon tendue à 50 cm du sol et clouée entre des pieux de 2 m de hauteur. Dans un emplacement venteux, ajoutez une autre corde à 1,2 m de haut. Prévoyez aussi des renforts à intervalles réguliers,

Framboisiers non remontants

On les achète sous forme de tiges simples ne dépassant généralement pas 60 cm de hauteur. Une fois le support installé, plantez de novembre à mars, en installant les racines dans un trou peu profond pour favoriser le départ de nouvelles tiges.

Quand tailler : à la plantation, puis au cours de l'hiver suivant la cueillette.

Conduite et taille : taillez les tiges à 50 cm de hauteur au moment de la plantation. Laissez une partie intacte jusqu'en juin, pour que leur feuillage nourrisse les nouvelles pousses. Au cours de l'été, fixez les nouvelles tiges en place. Si des fleurs apparaissent dès cette première année, pincez-les. Assurez un bon support aux tiges durant l'hiver, puis taillez leur extrémité en février. Ces tiges produiront l'été suivant. Dès la fin de la récolte, rabattez à la base les tiges ayant donné des fruits et attachez celles de l'année sur le support. On conserve en général huit à

FRAMBOISIER, PREMIÈRE ANNÉE, ÉTÉ

1 Attachez les nouvelles tiges aux fils de fer au fur et à mesure qu'elles se développent. Utilisez des liens en plastique. Inutile de serrer.

2 Après la plantation, raccourcissez la tige d'origine à 25 cm du sol. Elle sera rabattue complètement à la base en juillet. Les jeunes pousses vigoureuses à écorce claire vont produire dès la première année de plantation.

dix pousses par touffe. L'hiver suivant, les extrémités tendres des tiges risquent d'être abîmées par les gelées. Taillez en février les parties endommagées.

Supprimez dès leur apparition les pousses naissant trop loin de la souche. Le fait de les rabattre au ras du sol ou de les arracher dérange les racines et favorise la formation de nombreux rejets. Mieux vaut les couper à la binette quand elles sont encore jeunes et molles. Vous pouvez aussi récupérer les drageons pour obtenir de nouveaux plants. Dans ce cas, arrachez-les délicatement avec une bonne racine. On peut rajeunir les framboisiers, mais ils ne produisent généralement pas pendant plus de douze ans. Si des rangs laissés à l'abandon paraissent encore sains, rabattez les tiges les plus vieilles et palissez les autres. Si la première production est faible, cela ne vaut pas la peine de conserver ces plants.

Framboisiers remontants

Les cultivars à fructification remontante s'achètent sous forme de jeunes rejets et se plantent comme les autres framboisiers. En été, les nouvelles tiges donnent leur première récolte. La technique la plus simple consiste à traiter ces plantes comme des vivaces et à rabattre chaque hiver toutes les tiges au ras du sol. Si vous ne le faites pas, elles produiront à nouveau, mais seulement sur la partie basse de la tige qui n'a pas fructifié l'année précédente. Il est à noter que les nouvelles tiges produisent plus, même si elles sont plus tardives.

Quand tailler : à la plantation, puis en février quand les plants sont en plein repos. Ne supprimez pas les tiges à fruits après la cueillette, car elles formeront de nouvelles pousses, avant l'hiver, qui risquent d'être abîmées par les gelées.

Conduite et taille : au départ, la culture est similaire à celle des framboisiers non remontants. En période de végétation, les petits cultivars comme 'September' se passent de support, tandis que les plus vigoureux comme 'Autumn Bliss' seront palissés et ainsi protégés des dégâts du vent. Sur les framboisiers remontants, il est inutile de séparer les nouvelles tiges des rameaux fructifères. L'armature sera constituée d'un simple support de fils de fer ou de nylon tendus sur des poteaux. La technique de taille classique consiste à éliminer les parties qui ont produit, en rabattant les tiges fructifères de la moitié de leur longueur. Éliminez tous les rameaux de deux ans et conservez huit à dix pousses de remplacement qui seront taillées à 80 cm de hauteur. Pendant la végétation, ne taillez pas l'extrémité des tiges, même les plus grandes, car c'est là que se forment les fruits. Attendez qu'elles soient fanées par les premières gelées pour intervenir, mais ne taillez pas par temps trop froid.

Opérations d'entretien, framboisiers adultes

Suppression des tiges faibles
La plupart des cultivars drageonnent trop. Supprimez les tiges grêles pour que l'énergie se concentre sur celles qui restent. Gardez environ huit grosses tiges par plant et rabattez les autres à la base.

Soutien des nouvelles tiges
Avant qu'elles atteignent le premier niveau de fil de fer, ou si elles sont trop nombreuses pour être palissées une par une, les nouvelles tiges peuvent avoir besoin d'un soutien temporaire.

Suppression des tiges ayant fructifié
Rabattez à ras toutes les tiges qui ont porté des fruits, sans abîmer les nouvelles pousses. Pour les framboisiers remontants, supprimez toute la végétation.

Espacement des nouvelles tiges sur le fil
Maintenez une distance d'au moins 10 cm entre chaque tige. Commencez par attacher une tige en la maintenant avec une cordelette sur le fil de fer.

Arcure des tiges trop longues
Attachez les tiges très longues sur le fil de fer du haut. Taillez les pousses faibles pour stimuler leur croissance.

Taille d'extrémité des remontants
Réduisez en février, la longueur des jeunes tiges, de 15 cm environ. Coupez d'un tiers celles qui ont fructifié.

Petits fruits arbustifs

Les cassissiers, les groseilliers à grappes et à maquereau, et les myrtilles produisent avec générosité, en supprimant chaque année une partie du bois âgé, moins productif, au profit de jeunes pousses à fruits. Une taille spécifique s'applique parfois aux groseilliers. On les rabat très court chaque année, pour favoriser la formation de petits rameaux fructifères, comme des coursonnes. Ce type d'intervention permet de modeler à loisir de nombreuses formes décoratives et facilite l'entretien des groseilliers en pots.

CASSISSIER *Ribes nigrum*

Cet arbuste émet un grand nombre de jeunes pousses depuis le sol. La fructification se produit en grande partie sur des tiges émises au cours de l'été précédent. Les rameaux de deux ans produisent également, mais il est préférable de les sacrifier avec le bois plus âgé, au profit des nouvelles pousses. Achetez des plants certifiés, car le cassissier est très sujet aux maladies virales et au phytopte du groseillier, un acarien qui véhicule les virus. Supprimez dès leur apparition les bourgeons contenant le phytopte et brûlez-les (aucun traitement n'est réellement efficace). Ils sont facilement repérables par leur grosseur. Arrachez les arbustes très malades et détruisez-les.

Les nouvelles tiges qui vont produire ont une écorce lisse de couleur brun foncé.

Le bois gris, de deux ans, a déjà produit une fois. Il fructifie à nouveau l'année suivante, tout en émettant de nouvelles tiges qui se mettent vite à fructifier.

Le cassissier porte souvent des fragments de pédoncules qui restent sur l'arbuste.

DISTINGUER LES POUSSES
Le bois du cassissier change de couleur avec l'âge. C'est une aide précieuse pour simplifier les interventions de taille. Sélectionnez le jeune bois, à l'écorce lisse et pâle, et supprimez le bois âgé, à l'aspect rugueux et foncé.

Cassissier en buisson

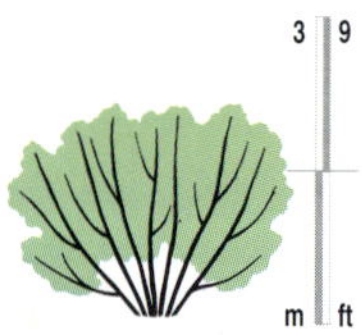

Le cassissier s'achète sous la forme d'une jeune touffe de deux ans, qui va fructifier le second été après la plantation. Choisissez un spécimen sain portant trois ou quatre grosses tiges vigoureuses. Plantez de novembre à février, en enterrant bien le collet. Paillez le pied pour favoriser la croissance à la base de la touffe.

Quand tailler : à la fin de l'hiver, dès le grossissement des bourgeons. Ne taillez pas la première année, les cassissiers cultivés en pots et plantés en période de végétation (arbustes en conteneurs). Chez les plants adultes, la taille peut être réalisée partiellement en été au moment de la récolte. Il suffit de prélever entières, les tiges portant des fruits mûrs. La pénétration du soleil et la circulation de l'air au sein de l'arbuste sont alors meilleurs. La taille d'hiver consiste, dans ce cas, à nettoyer la touffe et à l'équilibrer.

Taille de formation : le but est de créer un arbuste productif, robuste et érigé. Commencez par rabattre sévèrement toutes

PREMIÈRE ANNÉE, HIVER

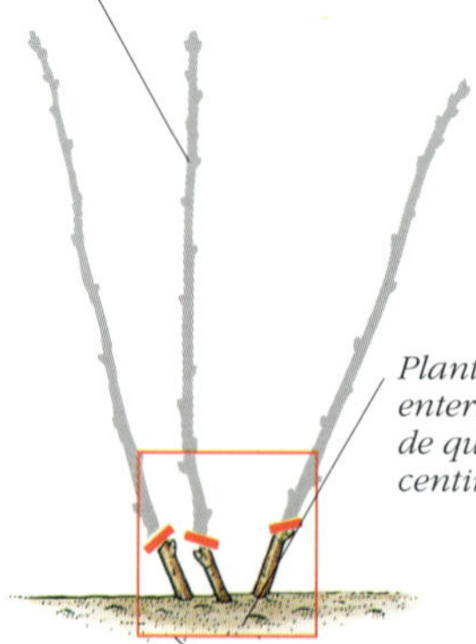

Une plante de deux ans, bien cultivée, porte plusieurs tiges fortes.

Plantez en enterrant le collet de quelques centimètres.

Juste après la plantation, rabattez toutes les pousses en ne laissant qu'un bourgeon émerger au-dessus du niveau du sol.

DEUXIÈME ANNÉE, HIVER

De nouvelles tiges fortes se sont développées.

Supprimez entièrement les tiges très faibles et celles qui poussent horizontalement ou trop près du sol. Conservez une dizaine de tiges par touffe.

Cassissier adulte en touffe, taille après la cueillette

1 Avec un élagueur ou une scie, rabattez le bois âgé à la base ou sur un bourgeon bien visible.

2 Supprimez l'ensemble des pousses faibles ou en surnombre.

les tiges, presque au ras du sol. Cela va favoriser la formation de jeunes pousses fortes durant l'été. L'hiver suivant, supprimez seulement les rameaux faibles ou mal placés. Les grosses tiges que vous conservez produiront l'été suivant.

Taille d'entretien : chez l'adulte, intervenez à tout moment de la cueillette en février. Le but est de supprimer le maximum de bois foncé, âgé de trois ans ou plus, au profit de jeunes pousses plus claires. Elles produiront bien mieux, tout en maintenant le port érigé de l'arbuste.

Certaines pousses naissent à la base de l'arbuste et d'autres sur du bois de deux ans, de couleur grise. Chez un cassissier vigoureux, il faut parfois rabattre d'un tiers ce bois de deux ans pour bien l'aérer. Chez un sujet plus chétif, conservez davantage de branches de deux ans avec ses jeunes pousses, pour constituer une ramure homogène. Ne touchez pas à l'extrémité des rameaux. Supprimez les tiges les plus basses pour limiter l'extension de la touffe, tout en évitant le développement des fruits près du sol. Ils risquent d'être abîmés par les pluies et par différents indésirables.

Un cassissier abandonné peut souvent être rajeuni avec succès. Mais mieux vaut le remplacer s'il a plus de dix ans ou s'il paraît faible ou malade. Sinon, supprimez le plus possible de bois âgé, en gardant seulement les jeunes pousses les plus fortes. En l'absence de ces dernières, vous pouvez rabattre entièrement l'arbuste à 5 cm du sol. Dans les deux cas, fertilisez et paillez le cassissier après cette taille de rajeunissement. Ensuite, conservez une dizaine de nouvelles pousses parmi les plus fortes et les mieux placées. La récolte a lieu à partir de l'année suivante.

Tailler un cassissier adulte en buisson

Avant la taille
Ce gobelet non taillé est très enchevêtré. La mauvaise circulation de l'air, au centre, favorise les maladies, surtout par temps humide. Le mauvais éclairage des branches serrées est peu propice à la maturité des fruits.

Après la taille
On a rabattu au niveau du sol les branches les plus âgées, puis éclairci la végétation pour aérer la forme de l'arbuste. La touffe que l'on obtient offre un bon équilibre entre les bois de un an et de deux ans.

GROSEILLIER À GRAPPES *Ribes rubrum* (ou *Ribes sylvestre*)

Le groseillier à grappes est simple à former et à tailler, surtout s'il est mené en buisson. Il est aussi possible de le conduire en cordon ou en éventail, car la taille consiste à le rabattre sévèrement, tout en maintenant une ramure permanente.
Le groseillier à grappes fructifie à la base des rameaux latéraux de un an. On les taille sévèrement en hiver pour favoriser la formation de « coursonnes », qui produisent l'année suivante. À la différence du cassissier, il est inutile de remplacer chaque année les pousses ayant porté des fruits. Le recépage de la totalité des branches se pratique sur les plantes malades, âgées ou trop touffues.
Il est inutile d'acheter des plants certifiés car, contrairement au cassissier, le groseillier à grappes rouges ou blanches ne souffre pas de maladies à virus graves. Ce plantes sont toutefois sensibles au dépérissement ou à l'apoplexie partielle des rameaux, surtout les vieux sujets. Rabattez la branche atteinte jusqu'au bois sain et laissez une jeune pousse forte, bien placée, combler le trou. Si des tailles successives vous font observer que le dépérissement atteint la tige principale, il faut arracher l'arbuste.

GROSEILLIER À GRAPPES MATURE
Les gobelets de groseillier à grappes doivent être bien formés et taillés, afin de ne pas donner des pousses faibles ou enchevêtrées et produire des fruits de bonne qualité.

Groseillier en gobelet

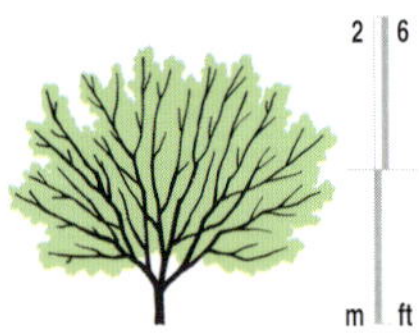

Le but de la formation est de produire un gobelet érigé portant de huit à dix branches principales, le centre de l'arbuste étant bien ouvert, pour laisser pénétrer le soleil et l'air. Les plants du commerce sont multipliés par boutures et âgés d'un an. Ils fructifient la deuxième année suivant la plantation. Les plants de deux ou trois ans sont plus rares en pépinière, généralement proposés en conteneurs. Ils se mettent à fruits plus tôt. Plantez de novembre à février dans un sol enrichi en fumier, à l'abri des vents forts risquant d'abîmer les nouvelles pousses.

Quand tailler : en hiver, aussi tard que possible, et juste avant l'éclosion des bourgeons, afin de tenir compte des dégâts provoqués par les oiseaux.

Taille de formation : un gobelet de un an bien cultivé comprend au moins trois branches vigoureuses portées par un petit tronc. Ce dernier est débarrassé de tout bourgeon ou pousse, ce que font les bons pépiniéristes. En hiver, rabattez les tiges de la moitié de leur longueur, pour favoriser le départ de nouvelles pousses fortes. Ces dernières vont constituer la ramure du gobelet. Dans un lieu très venté, tuteurez les jeunes branches dès le départ.

GROSEILLIER À GRAPPES EN GOBELET, TAILLE APRÈS LA PLANTATION

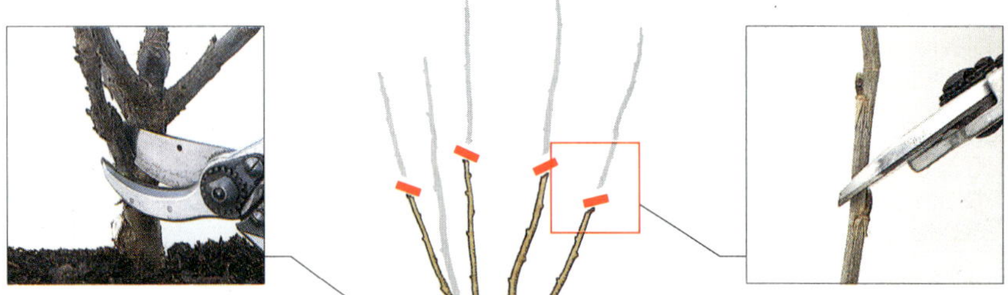

1 Supprimez les pousses près du sol, en coupant au ras de la tige principale pour former un petit tronc.

2 Réduisez chaque tige de moitié, en coupant sur un œil pointé vers l'extérieur ou vers le haut.

DEUXIÈME ANNÉE, HIVER

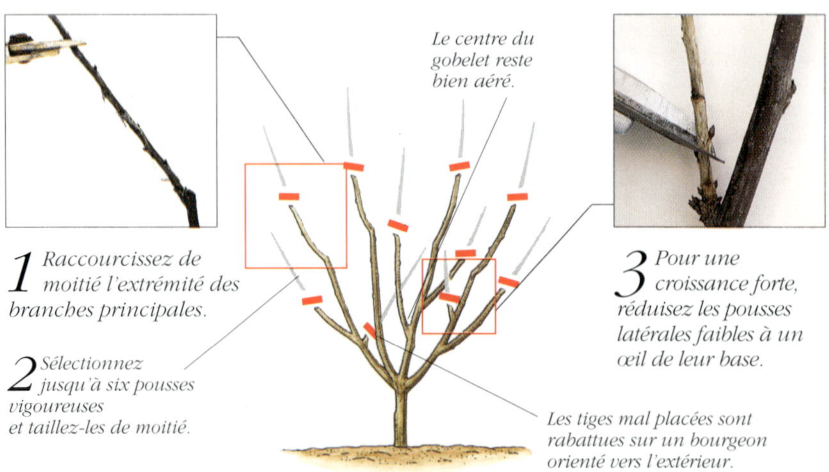

1 Raccourcissez de moitié l'extrémité des branches principales.

2 Sélectionnez jusqu'à six pousses vigoureuses et taillez-les de moitié.

3 Pour une croissance forte, réduisez les pousses latérales faibles à un œil de leur base.

Taille d'entretien : en hiver, raccourcissez les nouvelles pousses de l'année. Après la taille, le gobelet se compose de ses branches principales et de petites coursonnes. De temps en temps, supprimez une branche âgée, moins productive. Si le gobelet n'est pas trop ramifié, vous pouvez tailler la branche sur une tige placée plus bas. Choisissez une tige de remplacement érigée qui maintienne la forme du gobelet, aérée au centre. Attention aux branches trop basses, qui risquent d'exposer les fruits aux rongeurs, aux insectes du sol et aux limaces. Pour obtenir un groseillier vigoureux, taillez aussi en été les rameaux latéraux à cinq feuilles, comme pour les cordons *(voir p. 238)*.
S'il est encore vigoureux, on peut rajeunir un groseillier à grappes en gobelet qui a été abandonné. Mieux vaut l'arracher s'il a plus de quinze ans, présente un aspect maladif ou est envahi de mauvaises herbes vivaces. Pour rajeunir un gobelet de groseillier, commencez par supprimer le bois mort, malade ou abîmé, puis les branches âgées ou mal placées, afin d'aérer le centre. Coupez les tiges latérales trop longues, à un ou deux bourgeons de leur point de départ. Mieux vaut opérer sur deux hivers, en veillant à recréer une ossature de huit à dix jeunes branches bien espacées. Elles seront soumises ensuite à la taille d'entretien. Fertilisez et paillez l'arbuste qui vient d'être rajeuni.

GROSEILLIER À GRAPPES ADULTE EN GOBELET, HIVER

Groseillier en éventail

Il faut trois ans pour former un groseillier en éventail et un support (mur ou clôture) équipé de fils de fer comme pour un cordon *(voir p. 238)*.

Quand tailler : en hiver, de la même façon qu'un gobelet, et en juillet pour limiter la croissance et l'encombrement.

Conduite et taille : en hiver, plantez un groseillier de un an à 15 cm du support. Rabattez le rameau central à 15 cm du sol en coupant au-dessus de deux branches latérales. Orientez ces rameaux à gauche et à droite, en les palissant sur des cannes de bambou inclinées de 45°. Raccourcissez de moitié chaque rameau, en taillant sur un bourgeon orienté vers le bas. Supprimez toutes les autres pousses. Si un bras est plus vigoureux que l'autre, redressez le plus faible vers la verticale et abaissez le plus fort à l'horizontale *(voir p. 98)*. En été, sélectionnez sur chaque bras trois ou quatre tiges bien espacées, dont une au moins se dirige vers le bas. Palissez-les avec des bambous.

GROSEILLIER À GRAPPES EN ÉVENTAIL
Cette technique réussit mieux avec le support et la protection d'un mur ou d'une clôture, qu'avec un palissage sur une armature de pieux et de fils de fer. Le mode de palissage en éventail garantit un ensoleillement maximum sur le fruit en cours de mûrissement. Au printemps, les fleurs sont plus accessibles pour les insectes pollinisateurs.

Supprimez les pousses en surnombre et celles qui sont trop vigoureuses. Gardez les plus faibles, qui seront raccourcies à trois feuilles.
L'hiver suivant, coupez les tiges principales de moitié et rabattez leurs pousses latérales à un bourgeon de leur point de départ.

Le troisième été, comblez les trous dans la ramure, en orientant de jeunes tiges. Limitez toutes les tiges latérales à cinq feuilles en été, puis à un ou deux bourgeons en hiver. Les années suivantes, taillez les coursonnes de chaque branche principale à deux ou trois yeux.

Groseillier en cordon

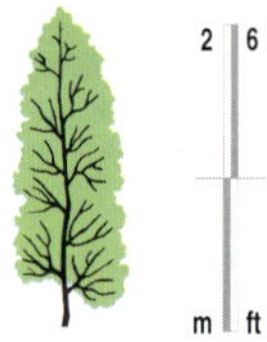

Un cordon simple se compose d'une tige verticale principale avec des coursonnes fruitières disposées tout du long. Tel un candélabre, un cordon multiple se ramifie à la base en plusieurs bras érigés, portés par un tronc court. Il prend alors le nom de « palmette ». Palissez ces cordons contre un mur, une clôture ou des pieux de 2 m, qui portent des fils de fer horizontaux tous les 30 cm. Espacez les cordons simples de 40 cm, les doubles de 80 cm, les triples de 1,2 m et ceux à 4 bras de 1,5 m.

Quand tailler : au printemps qui suit la plantation, puis en hiver, comme pour les gobelets *(voir p. 237),* et en juillet.

Taille de formation : plantez en hiver un groseillier de un an portant une seule tige. Tuteurez-le sur une canne en bambou fixée aux fils de fer. Pour un cordon simple, *voir ci-contre.*
Pour un cordon double (ou U simple), rabattez la tige leader au-dessus de deux rameaux latéraux opposés et de vigueur comparable, situés entre 15 cm et 30 cm du sol. Coupez les pousses plus basses, à deux feuilles, puis en été à la base. Dirigez les deux bras sur des bambous inclinés de 30° par rapport au sol, un vers la gauche, un vers la droite. Quand leurs extrémités sont écartées de 30 cm par rapport à l'axe central, amenez les tiges à la verticale.
Pour obtenir un cordon triple, palissez la tige leader verticalement et les deux rameaux latéraux, avec un angle de 30°, après les avoir raccourcis de moitié. Dirigez-les à la verticale dès que les extrémités sont écartés de 30 cm de la tige centrale.
Un cordon à quatre bras (U double) demande une année de plus pour produire sa charpente. Comme pour un U simple, palissez deux tiges aussi horizontalement que possible, avant de diriger leur extrémité à la verticale, dès qu'elles atteignent 50 cm de long. En hiver, raccourcissez la partie terminale de chaque bras sur deux bourgeons. Palissez ensuite les deux tiges qui vont se former sur chaque bras, comme s'il s'agissait d'un U simple.
Une fois les arbustes formés, raccourcissez leurs bras et palissez chacun comme pour un simple cordon, jusqu'à ce qu'ils atteignent la hauteur souhaitée. Cela donne une tige principale plus vigoureuse. Raccourcissez toutes les pousses latérales et rabattez les pousses apparues en été pour favoriser la formation des coursonnes qui produiront l'année suivante.

Taille d'entretien : intervenez sur tous les cordons en été et en hiver pour réduire les pousses trop vigoureuses et éliminer la végétation en excès.

GROSEILLIER À GRAPPES EN CORDON, TAILLE À LA PLANTATION, HIVER

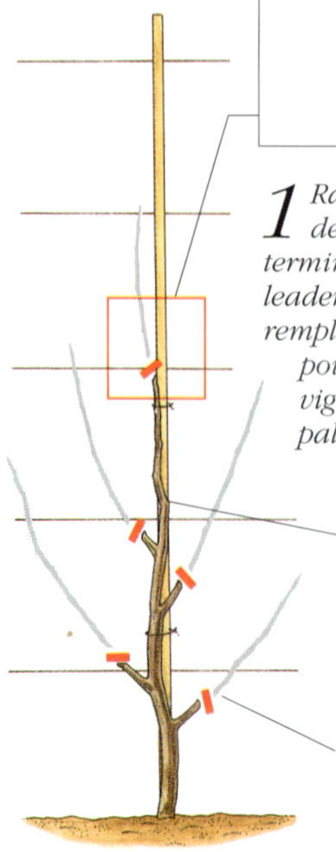

1 Rabattez la moitié de la pousse terminale de la tige leader. Elle peut être remplacée par une pousse latérale vigoureuse qui sera palissée à sa place.

Extrémité de la bouture d'origine.

2 Rabattez les autres tiges à un bourgeon de leur base.

À PARTIR DE LA PREMIÈRE ANNÉE, ÉTÉ

Quand les nouvelles tiges portent au moins sept ou huit feuilles, vous pouvez les rabattre à cinq feuilles. Si elles émettent des pousses latérales, il faut les pincer ou les rabattre à un bourgeon de leur point de départ.

À PARTIR DE LA DEUXIÈME ANNÉE, HIVER

1 Au fur et à mesure du développement du cordon, rabattez chaque hiver d'un quart de sa longueur, le prolongement de la tige leader. Taillez toujours sur un bourgeon situé du côté opposé à celui de la coupe de l'année précédente. Dès que le cordon atteint le fil de fer supérieur, limitez sa flèche à la hauteur désirée.

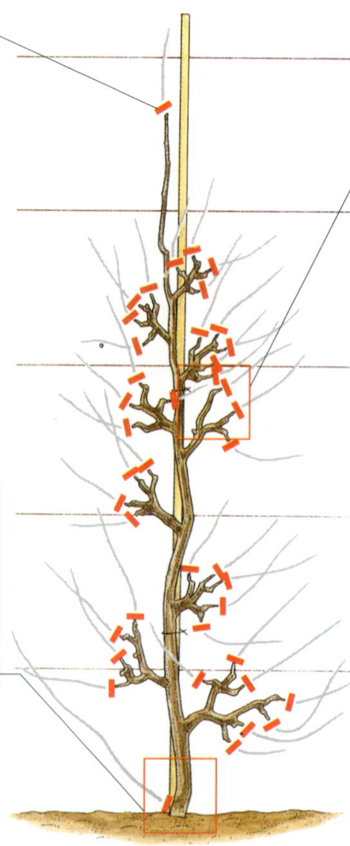

2 Rabattez à un bourgeon de la base, toutes les tiges taillées en été et toutes les nouvelles pousses latérales. Avec l'âge, supprimez les parties âgées et improductives, afin de simplifier la forme des groupes de coursonnes qui se sont trop ramifiés.

3 Rabattez à la base toutes les pousses qui naissent sur la tige principale à moins de 10 cm du sol.

GROSEILLIER À MAQUEREAU *Ribes uva-crispa*

Cet arbuste épineux fructifie sur des tiges de un an ou plus. Il montre un port plus ou moins arqué selon les cultivars. On le cultive sous forme d'un buisson au centre bien dégagé. Une taille de rajeunissement est valable de temps en temps. Il est bon aussi d'effectuer une taille sévère des coursonnes de manière régulière. Cela permet de créer des formes comme le cordon, l'éventail ou la tige. Attention, ce groseillier est muni de méchantes épines, mais il existe aussi des cultivars inermes. Certaines variétés récentes résistent à l'oïdium brun du groseillier à maquereau. Il ne faut pas cultiver ce groseillier dans un courant d'air froid, car la floraison très précoce serait endommagée. Choisissez un lieu abrité, mais aéré, ombragé une partie de la journée. Le groseillier à maquereau est sujet au dépérissement. Si cette maladie atteint la tige principale, il faut arracher l'arbuste et le brûler. Sinon, rabattez les pousses affectées jusqu'au bois parfaitement sain, en taillant si possible sur une tige jeune et en bonne santé.

TAILLE DES COURSONNES
On comprend ici le mode de fructification du groseillier à maquereau, qui porte surtout ses fruits sur du bois de un an.

Groseillier à maquereau en gobelet

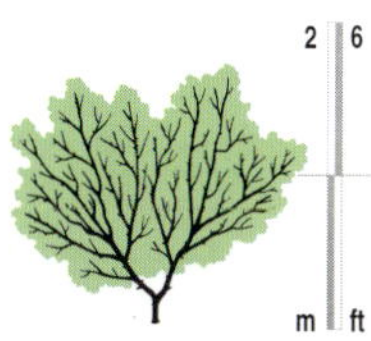

On trouve le plus souvent dans les jardineries des plants de un an, issus de boutures. Les groseilliers plus âgés sont proposés en conteneurs. La formation a pour but de produire un gobelet de 1,2 à 2 m de hauteur, qui développe une charpente solide de 8 à 12 branches principales. Elles doivent être bien placées sur un tronc court et laisser le centre aussi aéré que possible. Cette forme favorise une bonne circulation de l'air et facilite la cueillette. Choisissez un spécimen robuste, portant au moins trois bonnes branches. Plantez de novembre à février. Il est nécessaire de tuteurer au départ dans un jardin venté (les nouvelles pousses sont fragiles).

Quand tailler : en février ou en mars. N'intervenez pas avant, pour éviter que les oiseaux ne commettent des dégâts importants. Si vous craignez l'oïdium brun, taillez les jeunes pousses en été, comme pour le cordon ou l'éventail. Vous réduirez l'extension de la maladie en pinçant les tiges, car c'est à leur extrémité qu'elles risquent le plus d'être affectées.

Taille de formation : en février après la plantation, coupez toutes les pousses aux trois quarts. Taillez de préférence sur un bourgeon pointé vers le haut. Sélectionnez une dizaine de tiges latérales parmi celles qui sont émises l'année suivante, ce sont les futures charpentières. *(Suite p. 240.)*

GROSEILLIER À MAQUEREAU EN GOBELET, PREMIÈRE ANNÉE, HIVER

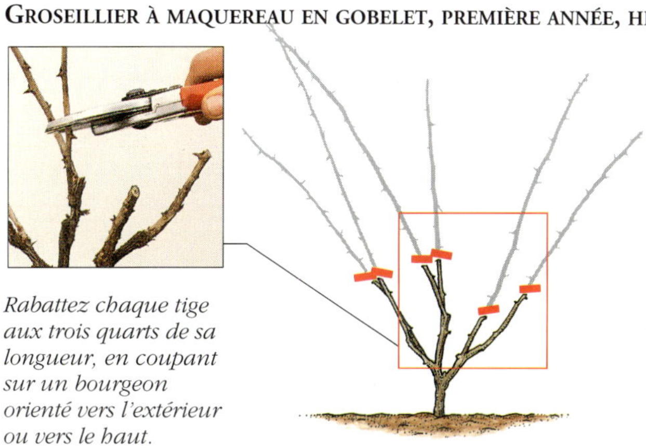

Rabattez chaque tige aux trois quarts de sa longueur, en coupant sur un bourgeon orienté vers l'extérieur ou vers le haut.

DEUXIÈME ANNÉE, HIVER

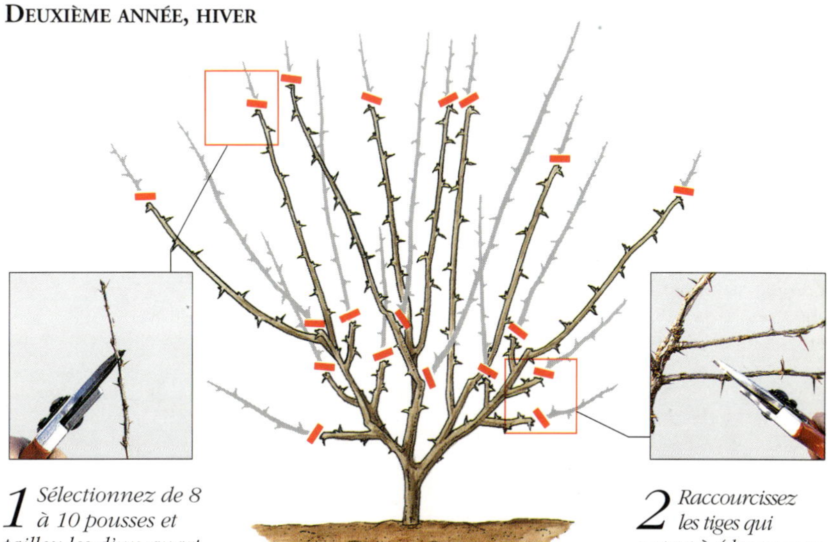

1 Sélectionnez de 8 à 10 pousses et taillez-les d'un quart de leur longueur.

2 Raccourcissez les tiges qui restent à 4 bourgeons de la base.

(Suite de la p. 239.)
Taille d'entretien : le gobelet adulte d'un groseillier à maquereau peut être taillé de deux façons. La taille en coursonnes est un raccourcissement de toutes les nouvelles pousses sur une charpente permanente. Elle donne des gros fruits en petite quantité. La taille de rajeunissement, ou taille « modulée », consiste à supprimer les branches âgées. Elle favorise une production importante de petits fruits, parfaits pour la conserve. Pour avoir des fruits encore plus gros, supprimez une groseille à maquereau sur deux en mai ou en juin, quand les fruits éclaircis sont déjà assez développés pour pouvoir être cuits. Il est possible de rajeunir un gobelet abandonné ayant moins de douze ans. En hiver, supprimez les fortes tiges verticales à la base de l'arbuste et raccourcissez les tiges rampantes (qui peuvent s'être marcottées) en les coupant sur un bourgeon orienté vers le haut. Supprimez les branches les plus âgées (une sur quatre) afin d'aérer le centre de l'arbuste. Il est facile de les repérer pendant la végétation, car elles produisent beaucoup moins.

GROSEILLIER À MAQUEREAU ADULTE EN GOBELET, TAILLE DES COURSONNES, HIVER

1 Taillez les nouvelles tiges à 8 ou 10 cm de la base. Pour former les coursonnes.

2 Réduisez la nouvelle pousse, de trois ou quatre yeux pour limiter son importance.

GROSEILLIER À MAQUEREAU ADULTE EN GOBELET, TAILLE MODULÉE, HIVER

AVANT LA TAILLE
Afin de bien aérer le centre, supprimez les branches âgées, moins productives ou faibles, qui surchargent la ramure.

APRÈS LA TAILLE
Après la suppression du bois enchevêtré, les branches sont bien espacées et laissent la lumière et l'air pénétrer.

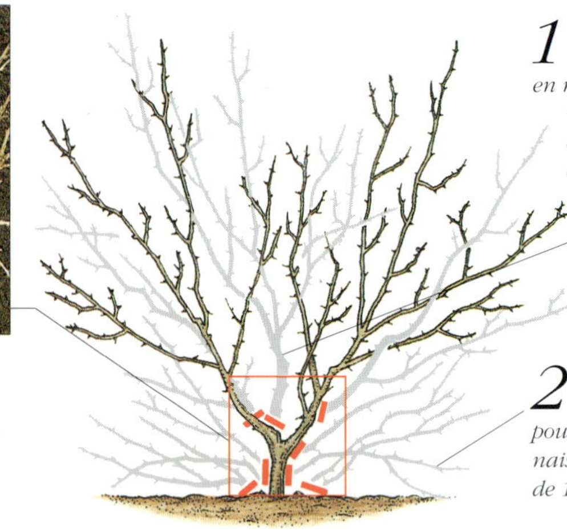

1 Supprimez les branches âgées, en respectant le port naturel du cultivar pour obtenir un gobelet érigé mais bien aéré dans sa partie centrale.

2 Supprimez toutes les pousses qui naissent à moins de 10 cm du sol.

Groseillier sur tige

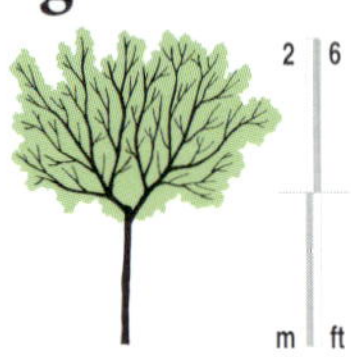

Le groseillier à maquereau dans cette forme « en arbre » est greffé à 1 m ou 1,2 m de hauteur, sur un porte-greffe de *Ribes* américain, vigoureux et bien tuteuré. La formation de la ramure (qui doit être équilibrée, compacte mais aérée) est similaire à celle du gobelet. Effectuez ensuite une taille en coursonnes, comme pour un gobelet adulte, tout en gardant une ramure bien compacte. Supprimez dès leur apparition, tout rameaux naissant à même le tronc. Vérifiez souvent le tuteur et l'attache, en la relâchant si besoin est.

Groseillier en cordon

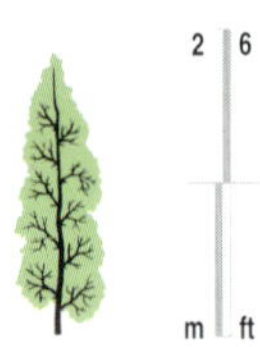

On peut former le groseillier à maquereau en cordon simple, double ou multiple, comme le groseillier à grappes *(voir p. 238)*. Mais la taille d'hiver est moins sévère. Raccourcissez les pousses latérales à quatre bourgeons de leur base. Quand les groupes de coursonnes sont devenus trop complexes, il est temps de les éclaircir *(voir* Pommier *p. 105)*. Vous pouvez créer une scène étonnante en réalisant un alignement de cordons simples, alternant divers cultivars de couleurs différentes (rouge, jaune et vert). Une forme idéale pour un petit jardin ou une terrasse.

Groseillier en éventail

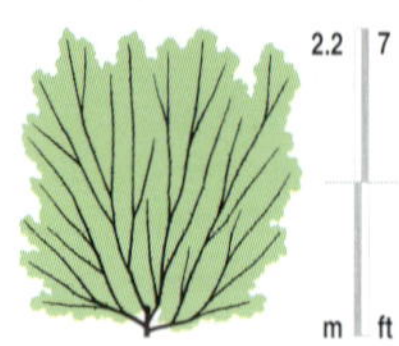

Un groseillier à maquereau formé en éventail et conduit contre un mur ensoleillé, donne des fruits de bonne qualité. Il est bon de les éclaircir pour ne pas épuiser la plante (gardez un fruit sur deux quand ils ont la dimension d'une noisette). À mi-ombre, l'éventail produit aussi des fruits qui atteignent une maturité suffisante pour être cuits ou mis en conserve. La formation est la même que pour un groseillier à grappes *(voir p. 237)*. Traitez préventivement les attaques d'oïdium brun chez les groseilliers palissés. C'est une forme qui demande beaucoup de soins.

MYRTILLE *Vaccinium* spp.

L'espèce la plus cultivée, *Vaccinium corymbosum,* a un port et une forme comparable à ceux de la mûre en gobelet. Mais vous pouvez la laisser se développer davantage, car ses branches restent productives plusieurs années de suite. Les baies bleu-violet foncé mûrissent à partir de juillet. Pour qu'elles soient abondantes, plantez un gobelet à port ouvert, bien aéré, dans un lieu ensoleillé et abrité. Bien qu'elle soit autofertile, la myrtille produit plus quand elle bénéficie d'une pollinisation croisée.

Plantez les jeunes sujets dans un sol acide (pH 5), en pleine terre ou en pots. Un terreau forestier ou de la terre de bruyère conviennent bien. Un sujet en pot doit être arrosé avec une eau non calcaire (eau de pluie ou eau de ville additionnée d'un produit décalcairisant). Rempotez tous les deux ou trois ans. *Vaccinium ashei,* espèce plus petite et plus étalée, tolère un pH un peu plus élevé (6). Cette plante préfère un climat plus chaud et plus sec. Ses fruits ne sont pas aussi savoureux, sauf ceux de certains cultivars ou de formes hybridées avec le *Vaccinium corymbosum*. Ce sont des plantes séduisantes qui, tout comme le *Vaccinium corymbosum,* dévoilent de jolies couleurs d'automne. La taille est similaire pour les deux espèces.

MYRTILLES À MATURITÉ
Les branches fertiles, aptes à produire abondamment, peuvent être identifiées à un stade précoce. Vous devez en tenir compte lors de la taille en février, pour bien choisir celles qu'il faut garder. Les boutons à fleurs sont bien plus gros que les bourgeons à bois, plutôt insignifiants.

Myrtille en gobelet

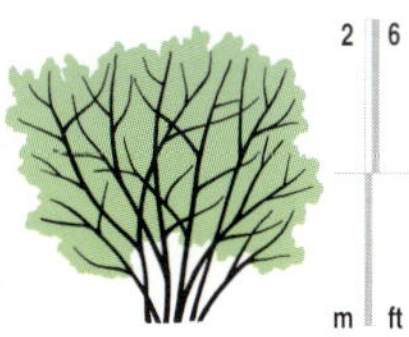

Les cultivars de *Vaccinium corymbosum* s'achètent en plants de deux ans, issus de boutures. Vous pouvez les planter de novembre à février. La taille est similaire à celle de la mûre *(voir p. 234)*. Toutefois, comme les branches fructifient de un à quatre ans, vous pouvez conserver du bois plus ancien. Rabattez les plus vieilles branches, au profit de tiges plus jeunes, mieux placées et plus productives.

Quand tailler : en février, quand les boutons à fleurs sont faciles à reconnaître.

Taille de formation : les deux premières années, taillez juste pour favoriser l'obtention d'un gobelet robuste, bien formé, au centre dégagé. Rabattez les rameaux faibles et les tiges qui poussent horizontalement, en les taillant au-dessus d'une tige ou d'un bourgeon bien visible.

Taille d'entretien : rabattez le bois âgé ou faible, aussi près que possible de la souche de la plante, pour favoriser l'apparition de nouvelles pousses fortes. Supprimez tout rameau s'étalant vers le sol. Chaque année, renouvelez le quart de l'arbuste. Même taille de rajeunissement que pour la mûre.

MYRTILLE ADULTE EN GOBELET, HIVER

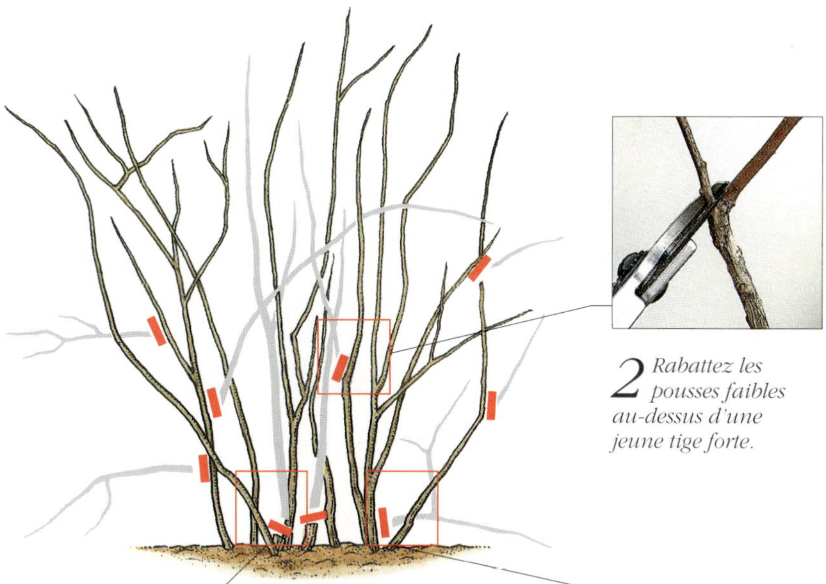

2 Rabattez les pousses faibles au-dessus d'une jeune tige forte.

1 Supprimez le vieux bois improductif, en coupant la branche le plus près possible du sol avec un ébrancheur.

3 Éliminez les branches trop basses et mal placées ou taillez-les sur une jeune tige, dirigée verticalement.

Plantes grimpantes

Les grimpantes sont des plantes spectaculaires en raison de leur ampleur et de leur générosité. Palissées avec soin et talent, elles donnent une certaine grandeur au jardin et décorent les éléments inesthétiques comme par magie.

Dans la nature, les grimpantes développent leur port particulier dans le but de concurrencer les espèces voisines. Elles montent à l'assaut de leurs rivales et partent à la recherche de l'air et de la lumière. Leurs longues tiges à croissance rapide ont besoin d'un support, car elles sont trop faibles pour supporter leur propre poids. Avec l'âge, certaines grimpantes développent des tiges ligneuses, épaisses, et leur végétation pesante requiert une armature solide. Une plante grimpante non palissée se comportera comme un couvre-sol.

Toutes les lianes sont précieuses pour donner du volume et une impression de hauteur dans une composition paysagère. Dans un petit jardin où l'on ne peut cultiver ni arbre ni grand arbuste, une liane palissée contre un mur ou une clôture va fournir un fond à d'autres plantations. Une arche, un trépied, une pergola, une tonnelle ombragée ou une gloriette, s'habillent d'une grimpante et apportent une nouvelle dimension au jardin.

Ces plantes peuvent recouvrir des éléments existants, comme les façades d'une maison, un arbre ou une haie. Elles s'avèrent irremplaçables pour dissimuler un cabanon inesthétique ou pour former un écran naturel. Les grimpantes peuvent aussi mettre en valeur des matériaux décoratifs comme de la maçonnerie, des poteaux rustiques ou du fer forgé. Elles se prêtent à de multiples associations avec d'autres espèces ornementales.

EFFET DE TOPIAIRE
Les grimpantes n'offrent pas toutes une végétation exubérante. Témoins, ces petits lierres palissés sur un cadre métallique en forme d'hippocampe. Ils engendrent un effet de topiaire décoratif et très original. Les grimpantes à petites feuilles sont les mieux adaptées à ce type de palissage qui nécessite des contours bien nets. La silhouette de l'armature forme aussi un point de mire, tant qu'elle n'est pas entièrement habillée par la plante.

ASSOCIATION DE GRIMPANTES
Palissée contre trois pieux rustiques disposés en trépied, cette belle union de rosiers et de clématites s'apprécie de tous les côtés. La plantation bénéficie d'un ensoleillement maximum et d'une bonne aération. Les structures verticales (trépied ou obélisque), garnies de verdure, donnent une dimension supplémentaire aux massifs et un effet de relief qui mettent la subtilité d'un petit jardin en valeur.

Caractéristiques des plantes grimpantes

Les végétaux ont développé différents systèmes pour s'accrocher à un support. Le plus simple est celui des plantes dites « sarmenteuses » qui ressemblent à des arbustes souples, dont les tiges flexibles, très longues, recouvrent les structures et les plantes voisines. C'est le cas des *Actinidia* et des *Celastrus*. Certaines plantes, comme les rosiers lianes, portent sur leurs tiges des épines qui jouent un rôle d'ancrage. Chez les clématites, les tiges ou les pétioles des feuilles, se sont adaptées pour pouvoir s'enrouler autour du moindre support. Les tiges s'allongent vite avant le développement des feuilles. Cela leur permet de ne pas plier sous le poids des feuilles, tandis qu'elles recherchent un point d'ancrage. Des grimpantes plus sophistiquées, comme les passiflores, portent des vrilles qui leur permettent de s'accrocher. Chez le lierre, des racines aériennes adhésives, ou des coussins adhésifs chez la vigne vierge, permettent à ces plantes d'adhérer à une surface unie. Connaître le mode de végétation de chaque grimpante est indispensable pour lui offrir un support adéquat. Vous devez aussi prendre en compte sa texture et son cycle. Une plante, qui développe des rameaux ligneux comme la glycine, a besoin d'une armature bien plus solide qu'une cobée annuelle ou même un houblon doré vivace, mais dont la partie aérienne disparaît chaque année en hiver. Les espèces caduques ne produisent pas le même effet que les persistantes et s'emploient autrement. Enfin, tenez compte du développement adulte de ces lianes, dont certaines ont une croissance délirante.

Des supports adaptés aux différentes espèces

La façon dont les plantes grimpent n'est pas directement liée à leurs exigences en matière de taille, mais elle affecte le palissage. Il faut d'abord choisir des espèces dont le mode de croissance est adapté au support disponible. Une séduisante obélisque en fer forgé va être étouffée sous la végétation d'une grimpante vigoureuse comme la vigne vierge *(Parthenocissus)* ou la glycine *(Wisteria)*. Une grimpante à feuillage persistant sera idéale pour dissimuler en permanence une citerne de fioul ou une souche d'arbre.

Dans un premier temps, il faudra aider les plantes à grimper, en orientant leurs branches et en les palissant. Un lierre ou un hortensia grimpant *(Hydrangea petiolaris)* peut habiller de lui-même un mur nu, tandis qu'un chèvrefeuille forme une masse enchevêtrée à la base. Il suffit d'équiper le mur de fils de fer ou d'un treillage pour que les tiges du chèvrefeuille s'enroulent dessus.

Attention, ce n'est pas le cas du jasmin d'hiver qui n'arrive jamais à recouvrir un support vertical sans aide. Il est nécessaire d'attacher toutes ses tiges, une par une.

Le Lexique des plantes grimpantes *(voir pp. 262-287)* est complété par des pictogrammes simples qui indiquent de quelle façon chaque plante grimpe.

CRAMPONS ADHÉSIFS
Le lierre (à gauche) *s'agrippe à la moindre surface rugueuse avec ses petites racines aériennes. La vigne vierge* (Parthenocissus tricuspidata, ci-dessus) *a des coussinets adhésifs. Ces deux organes continuent d'adhérer quand la tige est morte.*

ÉPINES CROCHUES
La bougainvillée (à droite), *les ronces et les rosiers grimpants* (voir p. 316) *ont des épines, parfois crochues, qui aident les longues tiges souples à s'agripper sur un support.*

Plantes rampantes

Beaucoup de plantes dites « grimpantes » se contentent d'émettre de longues tiges qui retombent ou montent à l'assaut d'un obstacle. Si elles ne disposent pas d'un support, elles se comportent comme des couvre-sols *(voir p. 253)*. Elles s'emploient aussi pour habiller des haies ou des arbres *(voir p. 255)* qu'elles n'étouffent pas. La plupart émettent en permanence de nouvelles tiges à partir de la base. Ces pousses sont destinées à remplacer les parties mortes. Dans la nature, cette catégorie de grimpantes continue à pousser au-dessus des parties mortes. Résultat, les plantes se dégarnissent de la base. Au jardin, une taille appropriée permet de nettoyer et de rajeunir la ramure, tout en évitant les risques de maladies.

TIGES VOLUBILES
Les tiges de la glycine (Wisteria) *s'enroulent dans le sens des aiguilles d'une montre ou dans le sens inverse selon les espèces. Les tiges volubiles poussent très rapidement avec de vigoureuses pousses latérales qui se ramifient à la recherche d'autres supports. Il est souvent nécessaire de les guider vers un support ou même de les attacher.*

CONSEIL TRUFFAUT

Il est difficile d'établir une distinction nette entre les véritables plantes grimpantes et les arbustes à longues tiges, lâches que l'on appelle des « sarmenteux ». Ils se palissent contre un mur et ne peuvent pas réellement s'élever sans l'aide d'un support. C'est le cas des rosiers dits « grimpants », surtout les hybrides modernes.

Autre exemple, le Jasminum mesnyi (à droite), une plante dont les tiges, longues et fines, bien que coriaces, ne sont pas assez rigides pour se passer de support.

Toutes ces plantes bénéficient d'un palissage contre un mur. Guidez et attachez leurs tiges le long du support, dès la plantation. Ensuite, elles s'accrocheront d'elles-mêmes en grandissant.

L'armature peut être constituée de simples fils de fer tendus horizontalement. Toutefois, la majorité des plantes grimpantes ayant un feuillage caduc, il est bon de prévoir un support plus décoratif. Les treillages en bois à mailles carrées sont parfaits pour cet usage. Vous les installerez de manière à ménager un espace de 5 cm avec le mur.

Jasminum mesnyi.

VRAIES VRILLES
Les vraies vrilles sont des tiges modifiées émises à partir d'une tige comme chez la Passiflora racemosa. *Ces vrilles s'enroulent autour du moindre support, puis se resserrent sur leur prise. Certaines se ramifient et s'enroulent. Beaucoup durcissent pour garantir une attache solide.*

VRILLES FOLIAIRES
Des grimpantes comme la cobée (Cobaea scandens) *ou les pois vivaces* (Lathyrus), *ont des feuilles ou des parties de feuilles, modifiées en vrilles volubiles qui partent à la recherche d'un support. La croissance est rapide.*

PÉTIOLES VOLUBILES
Chez la Clematis montana (à gauche), *les pétioles s'enroulent les uns autour des autres et autour de tout obstacle rencontré. La plante est caduque, mais les pétioles restent sur la tige une fois les feuilles tombées. Palissez pour guider et diriger les jeunes pousses.*

Grimpantes volubiles et à vrilles

Pour les espèces volubiles et celles qui forment des vrilles, il faut un support à prises multiples pour qu'elle puissent enrouler leurs tiges ou accrocher leurs vrilles. Dans le cas d'un mur ou d'une clôture équipé de fils de fer, reliez ceux-ci par des câbles verticaux, afin d'assurer une meilleure répartition des rameaux. Le grillage à moutons, fixé sur un mur ou entre des pieux, est idéal pour les grimpantes volubiles. Les espèces à vrilles camouflent rapidement un filet en plastique, un grillage à poules ou des rames à pois. Ces plantes s'imposent également pour habiller un arbre ou une haie, car elles se passent de palissage. Les grimpantes herbacées recevront un support temporaire, léger (rames à pois).

Grimpantes à crampons adhésifs

Certaines grimpantes développent des racines ou des coussinets adhésifs qui se cramponnent aux revêtements en bois ou en pierre et au tronc des arbres. Les racines adhésives se forment le long des tiges. Elles ne puisent ni eau ni éléments nutritifs. Elles diffèrent des longues racines aériennes formées par de nombreuses grimpantes tropicales. Ces dernières n'adhèrent pas au support, mais elles se lignifient avec l'âge et servent d'appui à la plante. Des coussinets adhésifs naissent aux extrémités des vrilles ramifiées qui se forment au niveau des nœuds foliaires. Ils sont caractéristiques des vignes vierges. Plantez ces grimpantes près de surfaces plates (mur, clôture, palissade). En revanche, utilisez-les avec précaution contre les façades de la maison, car elles peuvent dégrader un vieux mortier en mauvais état, pénétrer sous le toit ou même bloquer une gouttière ou un tuyau. Avec l'âge, les tiges deviennent plus épaisses, plus dures et plus lourdes. La limitation de la croissance des espèces grimpantes est toujours le problème majeur. La taille y remédie bien par des réductions sévères et répétées de la longueur des branches ou des jeunes pousses, et par des palissages en spirales qui ralentissent la sève.

Supports de fixation

Une plante grimpante vivace ou arbustive est destinée à rester en place de nombreuses années durant lesquelles il sera difficile de peindre, nettoyer ou entretenir le support. Aussi, doit-il être en bon état avant la plantation. Traitez par exemple une clôture contre les insectes et les champignons, avec un produit de protection non toxique. Le support doit être capable de soutenir le poids de la plante choisie. Les fils de fer et les éléments de fixation doivent résister à la corrosion. Préférez le fil de fer enrobé de plastique et des attaches en métal non ferreux ou en plastique. Tous ces éléments seront bien sûr installés avant la plantation.

Couvrir un mur ou une clôture

Dans un lieu abrité, on peut dresser un treillage en plastique ou en bois entre des poteaux pour former un écran isolé, ou le fixer contre un mur ou une clôture. Le grillage est proposé sous divers modèles de mailles : du grillage à moutons aux grosses mailles métalliques au filet en plastique à mailles fines, idéal pour les annuelles légères ou les grimpantes herbacées. Le grillage à poulailler, flexible, est utile pour mouler des formes, adoucir des contours ou créer une topiaire *(voir ci-contre)*.

N'installez pas les treillages et les grillages à même le mur ou contre la clôture. Les tiges des grimpantes ne pourront pas s'enrouler autour de ces supports. Le manque d'aération va créer une atmosphère confinée, propice au développement des maladies. Vous risquez aussi d'abîmer le mur. Pour laisser un peu d'espace entre les plantes et le mur, vissez le treillage sur des tasseaux de 5 cm. Si vous souhaitez conserver un accès au mur (pour pouvoir le repeindre par exemple), fixez le treillage avec une charnière à la base et un crochet à œillet au sommet. Il pourra facilement être basculé en cas de besoin et remis en place tout aussi aisément. La base d'un treillage en bois doit se situer à 10 cm du sol au moins, pour éviter toute pourriture. Si vous utilisez des fils de fer, tendez-les à 5 cm de leur support. Espacez-les entre 25 cm et 40 cm selon la vigueur de la plante. Ils seront attachés à des pitons munis de tendeurs. On peut aussi ajouter des fils de fer ou des cordelettes à la verticale, pour former une ossature cloisonnée qui facilite le palissage et améliore la couverture végétale.

Structures verticales

Il est possible de palisser des grimpantes sur une structure permanente construite en matériaux lourds. Une arche ou une pergola seront suffisamment larges et hautes, l'espace disponible devant tenir compte de l'encombrement de la plante. Dans un massif, plantez les tuteurs en bois dans du gravier afin d'éviter qu'ils ne pourrissent à la base.

Une sphère fleurie
Une clématite est palissée sur une armature en forme de sphère, formée par des mailles de fils de fer, dont la base est enterrée à la périphérie du pot. Utilisez du grillage à moutons aux mailles larges. C'est un des supports les plus souples d'emploi. Ce grillage peut aussi être fixé sur des tasseaux contre un mur pour constituer un treillage économique, qui disparaîtra rapidement sous la végétation dense d'une plante grimpante.

Fixer les fils de fer et le treillage

Fils de fer tendus
Un piton à œil maintient le fil de fer à l'écart du mur ou de la clôture. Utilisez des tendeurs ou bien tordez le fil avec une tenaille pour lui donner de la rigidité.

Rehausser une clôture
Un treillage est maintenu par des pièces métalliques vissées dans la partie supérieure des poteaux de la clôture. Vous pouvez y palisser une grande plante.

Fixer l'armature du treillage

La façon la plus simple de fixer un treillage consiste à visser des tasseaux de 5 cm sur la clôture ou sur le mur, puis de visser le treillage sur les tasseaux. Si vous désirez pouvoir abaisser le treillage de temps en temps pour entretenir le mur, utilisez un crochet à œillet au sommet et des charnières à la base.

Techniques de base

Palissez les grimpantes dès la plantation, tout en les taillant légèrement. Cela va stimuler la production d'un grand nombre de tiges fortes qui vont recouvrir rapidement l'espace disponible. Guidez et attachez les tiges afin d'habiller le support de façon homogène avec une répartition esthétique et bien équilibrée de la ramure. Il est nécessaire de consacrer du temps et une attention soutenue pour le développement harmonieux de la ramure des plantes grimpantes permanentes.

Une fois adultes, les grandes plantes grimpantes sont difficiles à entretenir régulièrement. C'est surtout le cas pour celles qui habillent les branches d'un arbre, ou un grand mur. Sélectionnez des espèces peu exigeantes et bien adaptées aux conditions climatiques de votre région. Il est possible de tailler la plupart des grimpantes pour contrôler leur développement. Ces interventions consistent à limiter la hauteur, supprimer des pousses âgées, moins productives, au profit de jeunes tiges. La taille peut aussi rendre la plante plus florifère en provoquant des ramifications. Si la vigueur de la plante est bien adaptée à son usage, abstenez-vous de toute taille. Certains groupes de plantes importants et variés, comme les clématites, se taillent à des époques et avec des techniques différentes selon les espèces.

Une grimpante négligée devient vite inextricable. Rabattez presque au ras du sol l'ensemble de la ramure en hiver. Si vous avez la chance d'obtenir des repousses, vous les palissserez au fur et à mesure de leur développement. Si la plante ne repart pas de la base dans le courant de la saison, arrachez la souche en automne et plantez un nouveau sujet. Il est déconseillé de remettre à la même place une espèce similaire, voire une plante de la même famille. Profitez-en pour changer.

Types de taille

Pour les grimpantes de vigueur moyenne, dont les tiges présentent toujours un petit diamètre, la taille s'effectue au sécateur ou à la cisaille. Mais certaines espèces développent des pousses ligneuses et dures qu'il faut couper avec un élagueur ou une scie.

Pour celles qui offrent une ossature permanente de tiges ligneuses, comme la glycine et les vignes, rabattez au sécateur chaque jeune tige afin de favoriser la formation de rameaux à fleurs. Pour les grimpantes qui produisent une masse dense de rameaux grêles, il est plus pratique et plus rapide de les tailler à la cisaille. La technique de taille et le mode de palissage dépendent du port, du type de floraison et de fructification de la grimpante en question. L'époque choisie pour l'intervention est aussi très importante. N'oubliez pas de fertiliser avec un engrais spécifique et de bien pailler après la taille.

Quand tailler

Mieux vaut effectuer une taille d'ensemble durant la période de repos pour les grimpantes caduques et au printemps pour les persistantes. Les repousses vont vite masquer les plaies de taille.

Les interventions plus sévères s'effectuent en mars pour les plantes qui fleurissent sur du bois d'un an et plus, ou après la floraison, pour celles qui donnent des fleurs sur les pousses de l'année. Dans les régions tropicales où les grimpantes poussent tout au long de l'année, taillez au moment où c'est nécessaire, pour les façonner ou limiter leur extension. Effectuez un rabattage sévère en période hivernale ou durant la saison sèche.

Emplacement de la taille

Chez les espèces qui ne se prêtent pas à une taille globale, rabattez chaque tige au-dessus d'un bourgeon ou d'une pousse, orientée dans la direction souhaitée. Avec les tiges à bourgeons alternes, vous devez toujours tailler en biseau.

BOURGEONS ALTERNES

Coupez en biseau juste au-dessus du bourgeon, les lames du sécateur parallèles à la direction de l'œil.

Sur les tiges aux bourgeons alternes, taillez à 5 mm au-dessus du bourgeon, en orientant les lames du sécateur dans la même direction que le bourgeon.

BOURGEONS OPPOSÉS

Taillez les tiges à bourgeons opposés en coupant horizontalement, juste au-dessus de deux bourgeons ou de rameaux sains. Ne laissez pas de chicot inesthétique.

TAILLE SUR UNE POUSSE

En rabattant un rameau sur une jeune tige latérale, on obtient un effet de rajeunissement, tout en limitant l'expansion trop importante de la plante.

TAILLE D'UNE GRIMPANTE TOUFFUE

La taille d'entretien des plantes grimpantes, qui produisent une masse importante de tiges fines et ramifiées, est plus rapide et plus pratique à la cisaille.

Taille d'entretien

Comme pour toutes les autres plantes, la taille des grimpantes est surtout affaire d'évaluation et de bon sens. L'idéal est de résoudre les problèmes dès leur apparition. Certaines tâches s'imposent avec l'âge des plantes, comme le palissage ou l'éclaircissage des pousses enchevêtrées.

La suppression des rameaux morts, malades ou endommagés, se fait sans attendre dès que vous les avez repérés. Brûlez les déchets de taille des pousses malades et désinfectez les outils que vous avez utilisés. Certaines grimpantes prolongent leur floraison si on supprime les fleurs fanées au fur et à mesure. Mais c'est peu commode avec les sujets de forte ampleur. Cette opération contribue également à rendre la plante plus attrayante. Ne l'effectuez surtout pas chez les grimpantes qui produisent des fruits décoratifs.

Comme très peu de grimpantes sont greffées, le problème d'émission de drageons à partir du porte-greffe se rencontre rarement. Toutefois, il existe de nombreux cultivars panachés sur lesquels il faut supprimer rapidement toutes les pousses aux feuilles vertes. Sans une intervention rapide, elles risquent de dominer en quelques saisons.

Guider les tiges

Guidez les jeunes tiges flexibles des grimpantes à vrilles ou volubiles, comme ce houblon, entre les mailles du grillage, pour qu'elles prennent la direction désirée.

Palissage des tiges

Le palissage est une opération indispensable chez les grimpantes, surtout celles qui sont adossées à un mur. Cela permet de diriger les pousses afin de favoriser une couverture maximale du support. À moins de créer un effet spécial, comme une grimpante sur tige *(voir p. 260)*, il convient d'étaler en éventail régulier, les rameaux des jeunes grimpantes. Ainsi, la plante garnira tout l'espace dévolu, au lieu de former une tige centrale un peu raide. Guidez ou attachez les toutes jeunes pousses si besoin est. Palissez régulièrement les plantes sarmenteuses. Elles ne peuvent s'accrocher avec des tiges ou des vrilles volubiles. C'est important pour créer une belle ossature, bien équilibrée, en forme d'éventail. Sur les espèces à fleurs, orientez les pousses latérales horizontalement et les principales en spirale autour du support. Le palissage horizontal stimule la formation de fleurs et de fruits *(voir p. 13)*. Il suffit d'entretenir ensuite la forme et la structure de la plante, par des tailles et des palissages réguliers. Des grimpantes abandonnées reprennent très rapidement une croissance verticale et se dégarnissent de la base.

Supprimez également les tiges qui poussent dans des directions indésirables (par exemple, vers le support ou complètement à l'opposé). Il est important de stimuler la végétation dans un seul plan. Rabattez aussi les tiges faibles ou enchevêtrées, afin de concentrer l'énergie des plantes vers les jeunes pousses fortes et vigoureuses. Cela leur permet aussi de conserver une silhouette aérée.

Supprimer le bois mort

Cette pousse de jasmin s'est fanée au-dessus de bourgeons qui ont émis deux pousses vigoureuses. Quand la barrière naturelle (voir p. 11) *qui isole le bois mort du bois vivant s'est bien formée, coupez juste sous la ligne visible qui sépare le bois mort et le bois vivant.*

Vérification des attaches

Inspectez régulièrement les liens pour vérifier leur état et vous assurer qu'ils ne compriment pas certaines tiges. Le diamètre des tiges des grimpantes semi-rustiques s'accroît rapidement chaque année au printemps. Chez les plantes gélives, les tiges s'épaississent peu à peu de façon continue. Relâchez les attaches avant qu'elles n'étranglent les tiges et ne les endommagent, ce qui les rend plus sensibles aux maladies. Dans les cas extrêmes, la partie supérieure peut mourir.

Palissage

Obtenir une couverture maximale
Palissez tôt. Pour tapisser la partie inférieure d'un support, il faut orienter quelques tiges à l'horizontale dès le départ, les trous à la base étant difficiles à combler par la suite.

Attacher une tige
Faites un nœud assez lâche qui laisse assez de place à la tige pour grossir sans s'étrangler.

Vérifier une attache
Un lien oublié risque de causer une entaille profonde qui blesse la tige à vie.

Évitez le frottement des tiges le long du support, en les attachant plusieurs fois même pour les espèces suffisamment rigides pour se passer de tuteurage. La présence du lien minimise le mouvement des tiges. Autre point important, la ligature permet d'orienter les pousses avec précision dans la direction voulue, pour bien équilibrer la silhouette.

Tiges surabondantes et enchevêtrées

Chez les grimpantes, la force de la végétation est telle qu'il est difficile d'éviter la surabondance et l'enchevêtrement, comme on le fait pour les arbres et les arbustes. C'est d'autant plus délicat que la texture souple des rameaux conduit inévitablement à cet état de fait. La seule solution consiste à les rabattre sévèrement chaque année.

Mais si vous cherchez à développer une ramure permanente de pousses ligneuses, il est indispensable d'espacer les tiges principales avec régularité *(voir p. 248)*. Le palissage méticuleux est la méthode que nous conseillons, car il permet de moduler la répartition des branches à volonté. Si les pousses sont vraiment trop abondantes, réduisez leur nombre. Vous pouvez aussi les raccourcir, au lieu de les palisser.

Une fois la ramure formée, laissez se développer librement les pousses grêles et légères, car seule une profusion de tiges permet d'obtenir cette impression de générosité, caractéristique des lianes. Pour favoriser une repousse vigoureuse, rabattez complètement au niveau du support les espèces touffues comme le chèvrefeuille ou *Clematis montana*. En plusieurs années, elles produisent une masse inextricable de tiges enchevêtrées. Intervenez au moment propice pour chaque type de plante, afin de ne pas sacrifier de futures floraisons.

Pour les grimpantes plus vigoureuses, éclaircissez les tiges secondaires qui naissent sur les branches charpentières. Cela évitera que la plante ne devienne trop lourde et se développe trop loin de son support. Vous permettrez ainsi que la ramure, moins dense, laisse passer plus de lumière.

SUPPRIMER LES PÉDONCULES DE FLEURS FANÉES
Chez certaines grimpantes, comme la bougainvillée, les pédoncules des fleurs fanées, tombées à terre, restent sur la plante et sont inesthétiques. Éliminez-les sans abîmer les nouvelles pousses.

Pour les grimpantes qui ne se taillent pas régulièrement, le but est d'empêcher un enchevêtrement trop important, sans attendre le moment où il faut effectuer un rabattage sévère qui gâche l'esthétique de la plante. Vous parviendrez à réduire un enchevêtrement assez important, en rabattant certaines tiges sur leur empattement. Vous pouvez aussi tailler au-dessus d'une jeune pousse de remplacement, ou au pied de la plante, pour favoriser le développement de nouveaux rameaux plus faciles à conduire.

Détachez les plantes palissées contre un mur, puis étendez les branches à plat par terre. Sélectionnez les pousses à éliminer, et palissez en éventail les tiges qui ont été conservées. Si ce n'est pas possible, coupez quelques tiges trop enchevêtrées, puis attendez deux ou trois jours qu'elles soient flétries à leur extrémité. Il est alors plus facile de repérer les tiges fanées, ce qui permet de les supprimer sans risque pour la végétation environnante.

Grimpantes sous verre

Il est toujours important d'éclaircir les grimpantes cultivées en serre ou en véranda, car cela accroît la circulation d'air autour de la plante. Effectuez un palissage des tiges sur un support et raccourcissez-les pour éviter qu'elles ne touchent le vitrage. Supprimez les feuilles et les fleurs tombées, et maintenez propres et secs les endroits sur lesquelles s'accrochent les plantes. Il faut toujours bien ventiler la serre ou la véranda, même si l'on doit y maintenir une température et une hygrométrie élevées, à cause des risques de prolifération de l'oïdium dans un environnement confiné.

Grimpantes en pots

Parmi les vraies grimpantes, assez peu sont originaires des régions tempérées. La plupart viennent des régions tropicales et subtropicales. Sous notre climat, on doit cultiver ces plantes en pots sous abri. Dans ces conditions, elles se montrent moins vigoureuses et offrent un développement moins exubérant que dans leur habitat d'origine. Il est bon d'intégrer le support (par exemple, un grillage fin) au pot, afin d'obtenir une plus grande rigidité. Prévoyez des apports d'engrais réguliers et rempotez les sujets qui sont trop à l'étroit. Sortez au jardin, en juin, les espèces les moins fragiles (passiflores, par exemple). Rentrez-les en octobre.

ÉCLAIRCIR

SUPPRIMER LES TIGES AUX FLEURS FANÉES
Supprimez les tiges ayant porté des fleurs, afin de bien aérer la ramure et de stimuler la formation de jeunes pousses.

TAILLER LA BONNE TIGE
Rabattez la tige à éliminer à la base, et supprimez par la suite toutes les pousses quand elles sont flétries.

TAILLE À LA CISAILLE
Pour égaliser une plante touffue, taillez à la cisaille, comme une haie. Vous éliminerez ensuite les pousses fanées.

Palissage d'une jeune plante

Les principes du palissage contre un mur ou une clôture s'appliquent à tous les types de grimpantes. Mais la méthode de taille varie selon la plante, *voir* le Lexique des plantes grimpantes *pp. 262-287*.

Achat et plantation

Choisissez toujours des jeunes plants aux tiges robustes, présentant des feuilles et des bourgeons sains. Supprimez toute tige morte, abîmée, faible ou grêle. Si vous souhaitez garder une tige principale, sélectionnez la plus vigoureuse. Si les départs de la souche sont épars et peu nombreux, pincez leur extrémité pour que des ramifications apparaissent à la base. Mais s'il n'y a qu'une tige (comme chez de nombreuses clématites), n'y touchez pas la première année. Vous la rabattrez presque au ras du sol en février ou mars de l'année suivante, pour favoriser la formation de nouvelles pousses à la base.

Pour une grimpante à palisser, plantez à 20 cm du support et, si nécessaire, guidez les tiges vers l'armature avec des rames. Pour une grimpante plantée au pied d'un poteau, un pylône ou un trépied, palissez les tiges faibles verticalement et les plus fortes en spirale autour du support. Quel que soit le mode de fixation de la grimpante, il est important d'attacher les jeunes pousses qui se développent juste après la plantation. Elles ne s'accrochent pas encore toutes seules et risquent d'être abîmées par le vent.

Palissez les pousses sur leur support, en leur donnant la direction souhaitée, au fur et à mesure qu'elles se développent. Pour couvrir une surface plate, vous devez les disposer régulièrement en éventail. S'il s'agit d'une structure à trois dimensions, il y a plusieurs solutions (*voir* Palissage spécial *pp. 253-259*).

Formation et taille

Pour les grimpantes qu'il n'est pas nécessaire de tailler chaque année, il convient d'aider durant les premières années au développement d'une ramure saine aux tiges bien espacées. Il arrive parfois que l'on casse une jeune pousse en voulant la palisser. Mieux vaut attacher d'abord les tiges sélectionnées, avant de supprimer toutes les pousses en excédent. Vous pourrez toujours en utiliser une en cas de maladresse. Si la plante pousse mal, raccourcissez les tiges pour stimuler les ramifications. Repositionnez les rameaux qui poussent dans des directions non souhaitées (par exemple, ceux qui sont enchevêtrés ou qui s'éloignent perpendiculairement du support). Attachez-les tant qu'ils sont jeunes et souples. Le guidage et le palissage des tiges pendant les premières années favorisent une bonne couverture du support, d'autant que les grimpantes montrent une tendance naturelle à pousser vers le haut.

TAILLE ET PALISSAGE À LA PLANTATION

1 Rabattez sur leur point d'origine les pousses mal placées (ici un Jasminum mesnyi), afin de favoriser le développement de tiges plus vigoureuses.

2 Attachez les jeunes pousses au support avec des liens en plastique ou de la corde. Fixez solidement les bambous sur les fils de fer ou le treillage.

TAILLE DE FORMATION DE LA RAMURE

1 Si les tiges principales se développent en longueur, sans émettre de rameaux latéraux, veillez à les raccourcir pour stimuler la ramification. L'objectif est de tapisser uniformément tout le support.

2 Raccourcissez les tiges non utilisées pour le palissage, entre trois et six bourgeons de leur point de départ. Cela favorise la formation de jeunes pousses latérales qui, chez de nombreuses plantes, produiront des fleurs.

3 Raccourcissez les tiges situées au pied de la plante, afin de favoriser la ramification.

Taille des grimpantes adultes

Entretenir les grimpantes palissées contre un support leur permet de rester saines et vigoureuses. Procédez aux tâches d'entretien développées *p. 248*. Sur des plantes âgées, prévoyez des éclaircissages et une taille de rajeunissement pour conserver un bon équilibre de la végétation. Il faut aussi tailler les espèces qui donnent des fleurs et des fruits pour les rendre plus productives. La taille peut servir à limiter la végétation dans un espace bien défini, ou à maintenir une forme harmonieuse sur les arches, les pergolas et certains treillages.

TAILLE D'ÉTÉ
Taillez les pousses de l'année précédente après la floraison. Coupez les tiges qui ont fleuri sur des yeux ou des jeunes pousses latérales.

Taille d'entretien

Les petites interventions au quotidien maintiennent les plantes en bon état et favorisent une croissance vigoureuse, tout en maîtrisant le développement des plantes. L'importance de l'intervention varie selon la plante, sa vigueur et son état. Évitez de pratiquer une taille trop sévère qui entraîne une croissance excessive, au détriment des fleurs et des fruits. Effectuez la taille d'entretien durant la période de repos, excepté pour les espèces à feuillage persistant que l'on taille plutôt en été pour dissimuler les coupes.

Taille de floraison et de fructification

On distingue deux cas pour cette intervention sur les plantes grimpantes. Ils dépendent de l'âge des rameaux sur lesquels apparaissent les fleurs. Les plantes qui fleurissent sur les tiges aoûtées de l'année précédente se taillent tout de suite après la floraison. N'intervenez pas à cette période si vous souhaitez récolter des fruits. Dans ce cas, la taille se pratique après la récolte. Une taille après la floraison permet à de nouvelles pousses de se développer avant le début de l'hiver. Taillez en été les grimpantes vigoureuses pour limiter leur végétation. C'est une coupe légère qui consiste à égaliser les branches et à les empêcher de se faufiler dans des endroits indésirables, comme les gouttières par exemple.

Les plantes grimpantes qui fleurissent sur les pousses de l'année, comme les rosiers grimpants remontants, se taillent en février ou en mars. Profitez-en pour réaliser en même temps la taille d'entretien. Le principe consiste à raccourcir les pousses entre trois et six bourgeons de leur point de naissance, soit de 20 à 40 cm. Ces bourgeons développeront ensuite des rameaux à fleurs.

Pour connaître les détails précis et les dates concernant chaque plante, *voir* le Lexique des plantes grimpantes *pp. 262-287*.

TAILLE D'ENTRETIEN, HIVER

1 Supprimez les tiges faibles, enchevêtrées ou surabondantes, quand il est impossible de les séparer pour les palisser. Rabattez à un bourgeon de la base les tiges qui dépassent.

3 Guidez et attachez les nouvelles tiges dans les parties libres de la ramure. Si la végétation est clairsemée, vérifiez que les tiges ne soient pas étranglées par les liens ou abîmées par des frottements avec le support. Remettez-les en place si nécessaire.

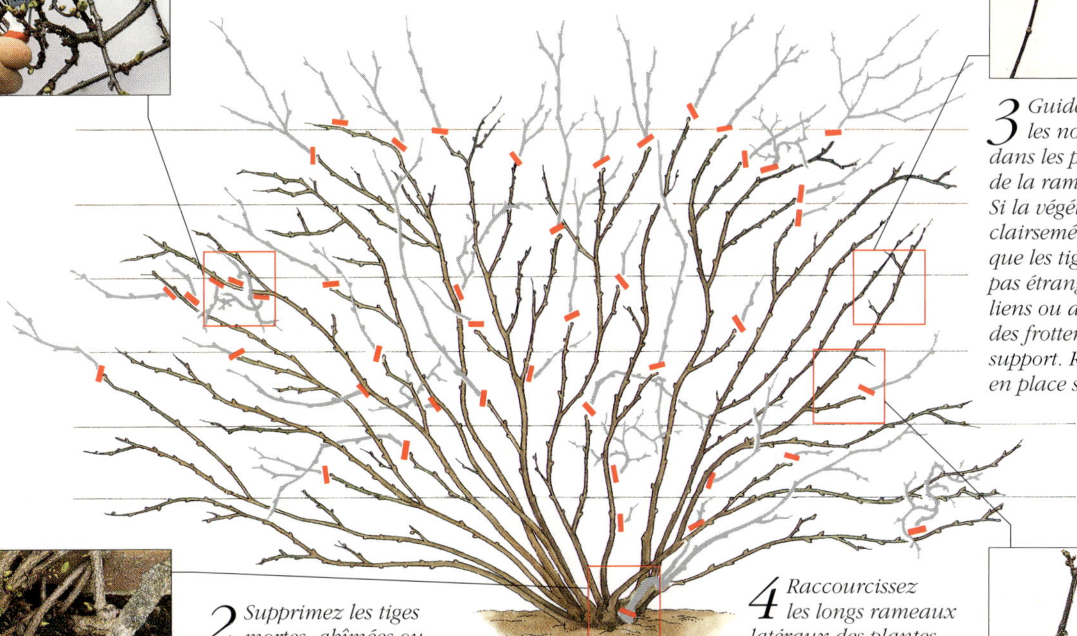

2 Supprimez les tiges mortes, abîmées ou malades. Pour couper les grosses tiges ligneuses, utilisez un ébrancheur pour diminuer les efforts.

4 Raccourcissez les longs rameaux latéraux des plantes grimpantes qui fleurissent sur les pousses de l'année. Elles produiront plus.

Rajeunissement

Une grimpante abandonnée se transforme en un fouillis inextricable. Elle a tendance à ne pousser qu'en hauteur, ce qui la rend difficile à repalisser. Elle fleurit et fructifie moins, se dégarnit de la base et ses tiges denses, enchevêtrées, risquent de détériorer le support. La charpente s'alourdit sous le poids du bois mort et des feuilles mortes qu'elle retient.

Il ne faut pas rajeunir une plante moribonde ou gravement attaquée par des ravageurs ou des maladies, mais la remplacer par un jeune sujet vigoureux, de préférence d'une espèce différente. Il mettra deux à trois ans à s'établir, mais donnera un résultat final bien supérieur à toute tentative de « réparation », toujours un peu aléatoire.

Rajeunissez une plante grimpante saine durant la période de repos. L'idéal est de la recéper complètement. Auparavant, vérifiez que la plante peut se prêter à une telle intervention *(voir* le Lexique des plantes grimpantes *pp. 262-287)*. Paillez après le recépage, mais il est inutile de fertiliser sous peine de provoquer une repousse trop vigoureuse. Attendez la reprise de la végétation pour procéder, si besoin est, à un apport d'engrais. Palissez les nouvelles tiges au fur et à mesure de leur développement.

Si la plante ne tolère pas un rabattage sévère (c'est le cas de nombreuses espèces à feuillage persistant), ou si vous n'acceptez pas l'idée de laissez un emplacement dégarni pendant le temps nécessaire à la plante pour repousser, échelonnez le rajeunissement sur plusieurs années. Vous ne supprimerez que deux ou trois tiges principales chaque hiver, jusqu'au renouvellement total de la ramure.

Il est plus facile de démêler les branches si vous détachez la grimpante de son support et si vous disposez les tiges à plat sur le sol. Vous profiterez de l'occasion pour effectuer les travaux d'entretien du mur, de la clôture ou des treillages en bois. Procédez avec soin pour démêler les tiges qui sont souvent très raides ou cassantes. De nombreuses grimpantes s'enroulent avec une telle emprise sur les supports qu'il est impossible d'enlever leurs tiges sans avoir à les couper.

Nettoyez le support de toutes les parties mortes, même sèches. Elles peuvent héberger des ravageurs ou des maladies. Repalissez la grimpante en espaçant bien les tiges et en les attachant sans les serrer.

Rénovation totale
Rabattez près du sol les grimpantes qui supportent bien une taille sévère. Pour de nombreuses espèces, mieux vaut ne pas les couper trop ras, mais laisser entre 30 cm et 60 cm de tige principale. Elles portent des yeux dormants qui vont donner de nouvelles tiges fortes. Comme ces bourgeons sont rarement visibles, taillez simplement les tiges à la hauteur appropriée. Coupez en biseau.

Rajeunissement d'une grimpante exubérante

1 Avec un ébrancheur à long manche, rabattez un tiers des tiges principales. Conservez seulement les plus jeunes et les plus vigoureuses. Démêlez les pousses d'extrémité enchevêtrées.

2 Une fois la ramure partiellement dégagée, les tiges mortes, malades ou abîmées, sont plus facile à repérer. Il faut les supprimer.

3 Attachez les jeunes pousses de façon à combler les parties libres dans la ramure. Raccourcissez les tiges si besoin est. Lorsque les pousses sont surabondantes, allégez la végétation, en supprimant les tiges les plus faibles.

Palissage spécifique

Sur les arbres et les arbustes, on ne peut améliorer la forme que par des tailles judicieuses. Les plantes grimpantes sont plus souples d'emploi, car il est possible d'orienter leur silhouette par le palissage, en choisissant diverses sortes de structures. Dans les pages suivantes, nous vous montrons comment créer des scènes originales, en habillant un arbre ou un arbuste avec une liane *(voir p. 255)*, en décorant une arche et des structures verticales *(voir p. 256)* ou en couvrant de verdure et de fleurs une pergola *(voir p. 258)*. Il est possible aussi de mener des grimpantes sur des supports bien plus simples, comme des fils de fer. Vous pouvez en utiliser certaines comme tapis végétal, en ne leur offrant aucun support.

BOUGAINVILLÉE
Dans le Midi, la bougainvillée constitue une belle haie quand elle s'appuie sur un support solide. Ce dernier disparaît sous la végétation dense. Supprimez les fleurs fanées pour favoriser la formation de nouvelles pousses superficielles et de rameaux à fleurs.

Des grimpantes couvre-sols

Avec leurs longues pousses souples et très ramifiées, certaines grimpantes constituent de bons couvre-sols sur un talus ou dans un jardin en pente. Leur exubérance permet d'habiller la terre d'une couverture de feuillage qui s'ornera de fleurs ou de fruits selon les espèces. Une fois installée, la plante ne demandera plus d'entretien.

S'il s'avère nécessaire d'enlever le bois mort ou de tailler des branches mal orientées, ne piétinez pas la plante. Posez une planche dessus pour réduire la pression de vos pas.

Pour obtenir la couverture homogène du sol, l'idéal est de laisser courir les tiges par terre en les étalant bien. Il faut espacer uniformément les branches sur la zone à couvrir et les ancrer, comme pour une marcotte, avec des cavaliers en fil de fer, bien plantés dans le sol. Il va se former des marcottes naturelles, certaines parties des tiges s'enracinant au contact du sol, ce qui accroît la vigueur et l'extension de la plante.

Grimpantes sur une structure basse

Il est possible de composer un décor original, en conduisant une plante grimpante en couvre-sol sur une structure horizontale. Pour la fabriquer, plantez des pieux de 1 m à 1,5 m, sur toute la zone concernée. Ils doivent être enfouis sur la moitié de leur hauteur. La partie enterrée sera traitée avec un produit protecteur non toxique. Tendez des fils de fer entre les pieux, ou plus simplement, du grillage à moutons aux mailles suffisamment larges pour permettre le passage des tiges de la grimpante. Fixez ce grillage au sommet des pieux, sans trop le tendre. Ne travaillez pas par temps froid, car le grillage se détend dès que la température remonte. Dans ce cas, l'armature manquerait de rigidité. Palissez les tiges sur le grillage, puis guidez les nouvelles pousses.

Pour créer un effet plus original, n'hésitez pas à faire varier les hauteurs des pieux ou à recourber ici et là des parties de grillage. Vous obtiendrez un volume ondulé tout à fait inhabituel. Il est possible d'utiliser une telle structure grillagée pour masquer un abri de jardin ou une citerne de fioul.

Pour conduire des grimpantes en haies, il faut prévoir un support solide avec de robustes traverses verticales et horizontales ou des fils de fer très tendus, pour soutenir efficacement les plantes. Elles forment de jolies haies libres à la silhouette souple et généreuse. Les meilleures espèces pour cet usage sont celles qui forment rapidement des tiges épaisses, ligneuses. Les lierres sont parfaits, tout comme les glycines, les *Campsis* (bignones) et les rosiers grimpants. Dans les régions au climat subtropical, les bougainvillées et les allamandas constituent aussi de belles haies. Pour maintenir un contour bien net, effectuez une taille régulière à la cisaille. Durant la période de croissance, palissez ou raccourcissez les tiges trop longues pour maintenir la haie homogène.

Grimpantes en pots

Beaucoup de plantes grimpantes acceptent de pousser en pots, aussi bien à l'extérieur que dans la véranda. Il s'agit surtout d'espèces non ligneuses, pas très vigoureuses et au port léger. La plupart vivent peu de temps. Les supports les mieux adaptés sont des structures métalliques circulaires ou sphériques, les échalas ou les cannes de bambou disposées en trépied ou en éventail. Les petits cadres improvisés en grillage s'avèrent également valables. *(Suite p. 254.)*

DU LIERRE EN COUVRE-SOL
Cette grimpante persistante forme naturellement un tapis végétal s'il ne trouve pas de support sur lequel grimper. Le lierre peut mettre un an à s'établir, mais ensuite, il pousse avec vigueur, nécessitant une taille pour limiter l'ampleur de ses rameaux.

PLANTES GRIMPANTES UTILISABLES COMME COUVRE-SOLS

AKEBIA ;
ANTIGONON LEPTOPUS (climats tropicaux) ;
CLEMATIS (surtout le groupe *Viticella*) ;
HEDERA AZORICA, CANARIENSIS, COLCHICA et **HELIX** (tous les cultivars de lierres vigoureux) ;
HYDRANGEA PETIOLARIS (hortensia grimpant) ;
LONICERA (chèvrefeuille grimpant) ;
PARTHENOCISSUS (vigne vierge) ;
RUBUS HENRYI, LINEATUS, TRICOLOR et **PENTALOBUS** ;
SCHISANDRA ;
SCHIZOPHRAGMA ;
TRACHELOSPERMUM JASMINOIDES (faux jasmin) ;
VITIS (vignes d'ornement) ;
WISTERIA (glycine).

(Suite de la p. 253.)
Le palissage des plantes grimpantes en pots est relativement simple. Pincez l'extrémité des pousses des espèces annuelles comme les *Rhodochiton* ou les capucines, pour favoriser leur ramification. Guidez les tiges principales en les attachant de place en place, jusqu'à ce qu'elles recouvrent entièrement le support. Au moment de la plantation, rabattez sévèrement les plantes qui ne donnent qu'une seule tige principale. Cela va stimuler la formation de nouveaux départs à la base. Ils seront palissés au fur et à mesure de leur développement.

Enroulez, autour de tuteurs couverts de mousse, les grimpantes qui produisent des racines aériennes, comme les philodendrons, *Epipremnum*, *Manettia*, *Scindapsus* et *Syngonium*. Leurs longues racines qui naissent sur la tige (on dit « caulinaires ») servent rarement à la plante pour s'accrocher.

Quand les végétaux atteignent le développement souhaité, raccourcissez les pousses pour conserver la forme souhaitée. Les plantes en pots ne deviennent jamais aussi grandes qu'en pleine terre. Vous devez en tenir compte pour la taille. La plupart des espèces originaires des Tropiques et cultivées en véranda poussent continuellement, sans période de repos spécifique. Il faut les tailler en cas de besoin, tout en veillant à ne pas supprimer de futures fleurs.

Pour les grimpantes qui fleurissent sur les pousses de un an, taillez dès que les fleurs sont fanées. Coupez sur des pousses latérales qui porteront des fleurs l'année suivante. Pour les plantes qui fleurissent sur le bois de l'année, vous devez réduire la ramure et tailler court les pousses secondaires, avant le départ de la végétation.

Rempotez les sujets devenus trop volumineux pour leur pot. Quand une plante devient trop encombrante, il faut la tailler à ras en espérant un redémarrage de la souche ou bien tenter une multiplication par bouturage ou marcottage pour la remplacer.

PLANTES À PALISSER SUR UN TUTEUR EN MOUSSE
CISSUS ANTARTICA ;
CISSUS RHOMBIFOLIA ;
EPIPREMNUM ;
FICUS PUMILA ;
HEDERA HELIX ;
MANETTIA ;
MONSTERA DELICIOSA ;
PHILODENDRON ;
SENECIO MACROGLOSSUS ;
STEPHANOTIS ;
SYNGONIUM PODOPHYLLUM.

PALISSAGE SUR UN TUTEUR DE MOUSSE
Les longues racines aériennes des plantes comme cet Epipremnum *se collent un tuteur de mousse qu'il faut garder humide en le brumisant.*

TAILLE D'UN JASMINUM POLYANTHUM CULTIVÉ EN POT

AVANT LA TAILLE
Jasminum polyanthum *fait une jolie plante en pot à cultiver dans la véranda. Elle se taille chaque année après la floraison.*

1 Démêlez délicatement toutes les tiges, en les étalant autour du pot. Vérifiez le bon état et la stabilité du support. Changez-le en cas de besoin ou pour obtenir une forme différente. Rempotez la plante et surfacez-la en retirant la couche de terre superficielle et en la remplaçant par du substrat neuf.

2 Rabattez toutes les longues tiges à fleurs sur des pousses latérales ne portant pas de boutons à fleurs ou coupez la tige à deux yeux de la base.

3 Repalissez soigneusement la plante sur son support, en attachant les tiges sans les serrer, pour qu'elles recouvrent entièrement l'armature.

REPOUSSE APRÈS LA TAILLE
Guidez les tiges autour du cadre pour obtenir une couverture maximale et stimuler les pousses latérales à fleurs.

Associations diverses

Une grimpante qui monte à l'assaut d'une autre plante engendre un spectacle étonnant. Elle crée tout au long de l'année un contraste par son feuillage et sa floraison. L'effet est encore plus marqué s'il s'agit d'une liane persistante dans un arbre caduc. Vous pouvez aussi prolonger l'intérêt d'une scène, en palissant une grimpante à floraison estivale dans un arbuste à épanouissement printanier.

La plante hôte doit être saine, vigoureuse et bien établie, afin de pouvoir supporter la vigueur et le poids de la grimpante adulte. Il peut s'agir d'un arbre, d'un arbuste ou d'une haie, la seule condition étant que la vigueur de la grimpante ne soit pas supérieure à celle de son hôte. N'utilisez pas les arbustes qui nécessitent des tailles importantes chaque année, comme le buddléia par exemple. L'entretien serait peu commode, à moins de tailler en même temps la grimpante et la plante hôte. Dans une haie, préférez une grimpante annuelle ou herbacée, dont les tiges légères meurent en hiver. Cela permet de tailler la haie régulièrement. Les grimpantes à vrilles ou à tiges volubiles sont idéales, car elles s'attachent toutes seules aux tiges de l'hôte. Évitez les espèces vigoureuses portant des crampons ou des coussinets adhésifs, car elles habillent leur hôte de façon trop pressante et risquent de l'étouffer. Réservez-les à des arbres morts.

Clématite dans un arbre
Cette vigoureuse Clematis *'Comtesse de Vouchaud' a été plantée au pied d'un arbre vigoureux. La plante qui accueille la grimpante doit être en pleine santé afin de supporter la présence de cet hôte envahissant. L'idéal est d'obtenir un équilibre de végétation entre les deux espèces, l'une ne devant pas dominer l'autre.*

Plantation et formation initiale

Une grimpante installée trop près de la plante hôte s'établit lentement et manque de vigueur. Il se produit une concurrence pour l'eau et les éléments nutritifs entre les racines, la grimpante manque de lumière. L'idéal est d'éloigner le pied de la grimpante d'environ 1 m de celui de son hôte. Disposez-la du côté du vent dominant afin qu'il entraîne les tiges de la grimpante en direction de son hôte plutôt que de l'inverse. Tenez compte de l'exposition, car la grimpante dirige toujours ses tiges vers le soleil.

Au départ, conduisez la grimpante le long d'une grosse corde courant jusqu'à l'hôte, ou bien sur un support en bois ou en métal, orienté dans sa direction. Les deux ou trois premières années après la plantation, veillez à guider et à attacher les tiges principales. Une fois la grimpante établie, limitez la taille à la suppression des rameaux faibles, morts ou abîmés, et à l'éclaircissage des pousses trop serrées. Orientez les longues branches dans la direction souhaitée.

CONSEIL TRUFFAUT

Si la plante hôte et la grimpante sont bien assorties sur le plan de la vigueur et des besoins culturaux, vous allez vers le succès. La partie la plus subtile concerne l'esthétique. Les couleurs des fleurs et des feuillages doivent créer une harmonie. Dans ce cas précis, ne recherchez pas un effet monochrome, il faut créer un joli contraste avec deux couleurs qui tranchent l'une avec l'autre. Le « style » des deux plantes doit également s'accorder. Dans le Midi, les bougainvillées et les passiflores créent un effet spectaculaire, en grimpant le long d'un arbre dont elles habillent le tronc dénudé. Pour obtenir l'effet typique d'un jardin de curé à l'anglaise, palissez de préférence une clématite à petites fleurs ou un grand chèvrefeuille dans les arbres. N'oubliez pas non plus, pour cet usage, les somptueux rosiers lianes. Des fleurs vivement colorées sur un arrière-plan foncé (voir ci-contre) suggèrent un style citadin, sophistiqué, alors qu'un lierre ou un Hydrangea petiolaris, évoquent une ambiance de sous bois, plus rustique. L'intérêt saisonnier peut différer ou coïncider, c'est une question de choix personnel. Avec sa floraison estivale parfumée, un chèvrefeuille assure une jolie transition entre les fleurs d'un pommier et ses fruits. À l'inverse, les fruits épanouis, orange et écarlates, d'un Celastrus scandens, rehaussent l'intérêt de la couleur automnale du Cornus kousa. Une Clematis montana habillera en beauté un bouleau avec un subtil mariage entre le blanc des fleurs et de l'écorce.

Le rouge et le noir
Dans un sol acide, les fleurs rouge écarlate du Tropaeolum speciosum *éclairent le feuillage toujours sombre d'une haie d'if. Cette plante à la croissance forte disparaît en hiver.*

Palisser des grimpantes sur une structure verticale

Au jardin, les plantes grimpantes palissées sur un pylône, une arche, un trépied ou tout autre structure verticale, créent une grande attraction visuelle. Même un simple trépied, composé de trois pieux rustiques, crée un élément architectural non négligeable au sein du jardin. Les structures verticales s'imposent pour donner du relief à une plate-bande ou à un massif et pour conduire des plantes grimpantes dans les endroits éloignés des murs ou des limites du jardin.

CONSEIL TRUFFAUT

Les grimpantes annuelles ne sont pas assez utilisées dans les jardins. Elles rendent pourtant de grands services, car elles sont de culture facile et montrent une croissance très rapide. Les pois de senteur, ipomées et cobées sont les espèces les plus courantes, mais il en existe d'autres. Pensez par exemple à la capucine des Canaries (Tropaeolum peregrinum) dont les fleurs jaunes sont finement ciselées. Eccremocarpus scaber développe de délicieux petits tubes orangés pendant tout l'été. Mina lobata porte des grappes rouges et jaunes d'une grande élégance. Quant au haricot d'Espagne, il développe une végétation très forte et se montre décoratif avec ses fleurs orangées. Ses longues gousses sont comestibles. Toutes ces plantes se sèment directement en place dans un endroit chaud et bien ensoleillé.

Des espèces adaptées

Tous les types de grimpantes conviennent, pourvu que leur vigueur soit suffisante pour couvrir toute la structure. L'espèce retenue doit pouvoir atteindre assez rapidement le haut du support et montrer une vigueur suffisante pour tolérer une taille annuelle, afin de limiter son extension. Certaines plantes grimpantes, comme la *Cobaea scandens* (cobée), se plaquent contre le support, tandis que les chèvrefeuilles, par exemple, ont une végétation en cascade. L'apparence hivernale de la plante est sans grande importance. Parmi les grimpantes idéales, faciles à entretenir, figurent les espèces herbacées. Vous pouvez aussi utiliser les hybrides de *Clematis viticella*, qui tolèrent une taille sévère une fois les racines établies. Elles produisent ensuite de nombreuses tiges vigoureuses à la base qui atteignent la hauteur de la structure, en l'espace d'un été. C'est le cas aussi du houblon doré qui disparaît en hiver pour renaître à chaque printemps avec plus de vigueur. Certaines grimpantes nécessitent une aide minimale au départ, à condition de bien équiper les supports de points d'attache : fils de fer et grillages enrobant les poteaux, voire la structure entière, ou bandes de treillage sur des pylônes assez larges. Pour les plantes qui sont taillées chaque année au niveau de la charpente, l'inconvénient est qu'il faut démêler toutes les pousses avant de les supprimer. Une bonne solution consiste à tendre un filet en plastique contre la structure, puis de supprimer le filet en même temps que les rameaux de la plante. Vous ne pourrez pas procéder ainsi si vous avez l'intention d'utiliser les déchets de taille pour le compost.

Pour obtenir un effet plus permanent, même avec une espèce suffisamment vigoureuse pour atteindre le sommet en une seule saison, mieux vaut passer deux ou trois années à enrouler peu à peu les tiges en spirale autour de la structure. Vous allez ainsi créer une charpente de tiges bien espacées. Les tiges palissées à l'horizontale produisent des rameaux à fleurs sur toute leur longueur, qui seront taillés selon les besoins spécifiques de la plante (*voir* le Lexique des plantes grimpantes *pp. 262-287*). Pour obtenir un résultat

ASSOCIER DES GRIMPANTES AUX MODES DE TAILLE ET DE PALISSAGE DIFFÉRENTS

Une passiflore et une clématite à floraison tardive se marient bien. Ces deux espèces se taillent en mars, en coupant les tiges de la première sur la charpente et en rabattant toute la végétation de la seconde à la base.

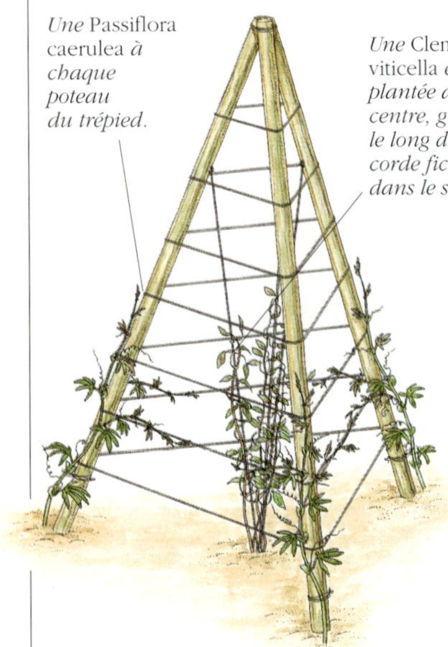

PALISSAGE INITIAL
Guidez ou attachez les tiges de la clématite qui vont grimper sans aide. Palissez les rameaux latéraux de la passiflore en vue de former des bras horizontaux le long des fils de fer.

FLORAISON ESTIVALE
La passiflore développe un rideau de pousses latérales à fleurs sur ses bras horizontaux. Quand la clématite dépasse le sommet du trépied, ses tiges secondaires retombent ou recouvrent l'ensemble.

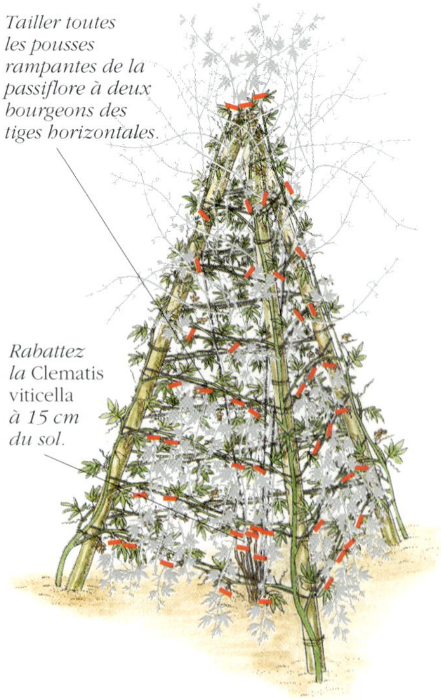

TAILLE DE MARS
Commencez par tailler la passiflore. Une fois la structure bien dégagée, rabattez à 15 cm de leur point de naissance les tiges de clématite et démêlez les pousses supérieures sans jamais tirer dessus.

esthétique dans le cas d'une plantation nécessitant une longue formation, ajoutez des grimpantes annuelles ou herbacées, comme l'ipomée ou la cobée. Les espèces gélives, que l'on peut employer comme annuelles semi-rustiques, élargissent aussi la gamme des grimpantes. Pour varier l'effet, changez d'espèce chaque année.

Palissage sur une arche

Une arche métallique ou en bois s'avère précieuse au jardin pour encadrer un endroit, marquer une limite ou une transition et couvrir le début ou la fin d'une allée. Elle peut être tapissée de diverses façons. Privilégiez les plantes à parfum, toujours appréciées quand on passe dessous. Mariez plusieurs grimpantes pour offrir une succession de fleurs et de senteurs, et palissez à la base de la structure des arbustes non grimpants. Menez une grimpante ligneuse sur un côté de l'arche jusqu'à son sommet, et une espèce annuelle ou herbacée de l'autre côté. Choisissez des plantes qui tolèrent une taille régulière pour permettre le libre passage. Évitez les plantes à tiges épineuses.
Plantez à l'extérieur de l'arche en espaçant bien les tiges pour qu'elles couvrent les côtés. Attachez-les en place sans serrer. Palissez les rameaux latéraux en tous sens, de façon à combler les trous.
Une fois la grimpante bien établie, continuez à répartir les tiges harmonieusement sur le support. Quand l'arche est entièrement couverte, il suffit d'éliminer les fortes tiges qui se développent verticalement.

Associations de grimpantes

Pensez à marier au moins deux espèces différentes sur une structure verticale. Cela va prolonger l'intérêt et créer des contrastes attrayants de feuillages ou de fleurs. Installez par exemple une plante différente de chaque côté du support en les guidant pour qu'elles se rejoignent. Vous pouvez utiliser plusieurs plantes de chaque côté, une à la base de chaque poteau. Sur une structure fermée, pensez à planter une grimpante vigoureuse au centre de la structure. Elle va monter rapidement sur un fil de fer vertical en position centrale ou bien sur un grand tuteur en bambou. Ses tiges vont ensuite retomber, allant à la rencontre de celles des autres plantes palissées sur les côtés. Comme il est très difficile de tailler avec précision deux grimpantes entrelacées, mieux vaut marier des espèces qui se taillent de manière drastique ou se comportent différemment. Une plante herbacée ou annuelle d'un côté, et une grimpante ligneuse qui se taille au printemps de l'autre, sont un bon exemple. N'oubliez surtout pas les rosiers qui assurent un effet très spectaculaire et peuvent s'associer en variétés différentes ou avec d'autres espèces, notamment les clématites à petites fleurs. Les plantes géantes comme la glycine ou l'aristoloche restent de préférence solitaires.

Palissage des grimpantes sur une arche

L'arche de métal protégé par une couche de plastique est imputrescible et résistante à la rouille.

Palissage d'un houblon sur une arche
Plantez un jeune houblon doré de chaque côté de l'arche. Les tiges iront à la rencontre de celles se trouvant de l'autre côté. Ce dessin met en évidence les méthodes de taille et de palissage appliquées au fil des années.

Le filet en plastique apposé sur le support est vite recouvert par le feuillage.

Taille d'entretien
Raccourcissez les longues pousses pour respecter la forme de l'arche. Taillez les plantes à fleurs selon leurs propres exigences, afin de ne pas compromettre la floraison. On peut rabattre à tout moment les pousses rebelles.

Jeune houblon planté à l'extérieur de l'arche.

Palissage initial
Moyennant un support adéquat les plantes volubiles et celles à vrilles grimpent sans aide. Pour diriger leur végétation, guidez les jeunes pousses sur les fils de fer ou entre les mailles du filet.

De bonnes idées d'associations de plantes grimpantes

Asarina avec une clématite à grosses fleurs ou un rosier remontant à fleurs blanches ;
Clematis viticella avec **Passiflora caerulea** ;
Jasminum polyanthum avec **Hoya carnosa**, pour le Midi seulement ;
Lonicera periclymenum 'Serotina' ou **'Belgica'** avec **Clematis 'Jackmanii'** ou **Clematis 'Madame Julia Correvon'**. Cette association nécessite un support d'une bonne solidité ;
Lonicera avec des pois grimpants vivaces (**Lathyrus latifolius** et **nervosus**) ;
Rhodochiton volubile, espèce annuelle frileuse, avec **Humulus lupulus 'Aureus'** ;
Lapageria rosea ou **Bomarea** avec **Solanum jasminoides 'Album'**, pour les climats doux seulement ;
Solanum jasminoides avec **Clematis 'Lasurstern'** ou un hybride de **Clematis viticella** à fleurs bleues ;
Trachelospermum jasminoides avec **Eccremocarpus scaber** ou une bougainvillée, dans le Midi ;
Tropaeolum peregrinum avec **Plumbago auriculata** ou **Plumbago capensis** ;
Vitis vinifera 'Purpurea' avec des annuelles comme le pois de senteur (**Lathyrus odoratus**), les capucines (**Tropaeolum**) ou une Suzanne aux yeux noirs (**Thunbergia alata**) ;
Wisteria sinensis avec un rosier vigoureux à fleurs roses, par exemple **'New Dawn'**.

Plantes grimpantes en tonnelles

Une pergola consiste en une succession de poteaux reliés par des liteaux ou bien par un ensemble d'arches. Cette construction décorative doit être réalisée avec des matériaux résistants. Une pergola bien placée et bien construite constitue un point de mire, créant un effet visuel fort dans le plan du jardin. On peut également adosser une demi-pergola à un mur, souvent la façade de la maison, mais aussi à une véranda, pour former un délicieux coin de repos. Plantez des grimpantes le long des poteaux et palissez-les dessus et sur les liteaux du sommet. Les espèces à tiges retombantes et à fleurs pendantes conviennent particulièrement (glycine).

Prévoyez une hauteur de 3 m, surtout pour les plantes à tiges retombantes. Équipez les poteaux de fils de fer ou, s'ils sont assez larges, de grillage fin ou de treillage ; installez ces supports avant la plantation, car il est difficile de les installer quand les plantes ont commencé à pousser.

Des espèces adaptées

Choisissez des plantes qui rehaussent la pergola sans l'étouffer et qui se marient bien aux matériaux. Le but est plus de créer une structure aérée qu'un tunnel de végétation. Pour couvrir toute une pergola, plantez une glycine, une aristoloche, un rosier liane, un actinidia ou bien plusieurs espèces moins vigoureuses. Si la position de la pergola offre différentes expositions, plantez du côté le moins favorable des grimpantes tolérant l'ombre ou le froid, et du côté ensoleillé des espèces plus frileuses, mais rustiques.

Palissage et taille

Il y a deux façons de palisser une grimpante le long d'un poteau : à la verticale ou en spirale. Le palissage vertical donne rapidement une bonne couverture, mais les tiges ont tendance à se dégarnir de la base. Il faudra masquer cette partie inesthétique, en l'habillant avec des arbustes ou des grimpantes annuelles à port léger, comme les capucines ou les pois de senteur. Le palissage en spirale favorise l'apparition des pousses à fleurs de manière homogène sur l'ensemble de la pergola, mais il est plus contraignant au départ.

Dès que les tiges atteignent le haut des poteaux, il faut les étaler uniformément sur les liteaux et les attacher en place. Taillez selon les besoins spécifiques de chaque plante *(voir* le Lexique des plantes grimpantes *pp. 262-287).* Utilisez un élagueur à long manche pour couper les grosses tiges. Si vous devez monter sur une échelle, assurez-vous qu'elle est bien stable. Conservez toujours une bonne assise pendant le travail et ne faites pas de mouvements inconsidérés. Il est toujours préférable de déplacer l'échelle plutôt que d'essayer d'atteindre une branche lointaine dans une position périlleuse.

GRIMPANTES TRÈS VIGOUREUSES
Actinidia arguta ;
Aristolochia durior ;
Bignonia capreolata ;
Clematis montana ;
Lonicera ;
Polygonum ;
Vitis coignetiae ;
Wisteria sinensis.

GRIMPANTES À FLEURS
Bougainvillea ;
Campsis ;
Clematis ;
Clerodendrum ;
Ipomoea ;
Lathyrus ;
Lonicera ;
Pyrostegia venusta ;
Thunbergia grandiflora ;
Wisteria.

TAILLE POUR DES FLEURS
Si certaines grimpantes demandent peu d'attention pour fleurir à foison, les clématites et les glycines, s'épanouissent mieux avec une taille régulière.

COUVERTURE RAPIDE
Les grimpantes vigoureuses sont idéales pour habiller une pergola, à condition de maîtriser leur développement. On peut tailler certaines clématites et chèvrefeuilles avec une cisaille, juste pour réduire l'ampleur de la ramure.

Rabattez les longues tiges ou essayez de les insérer parmi les autres pousses.

Chèvrefeuille (Lonicera periclymenum).

PETITES ESPÈCES À PLANTER À LA BASE
Les grimpantes palissées verticalement sur un poteau, pour habiller plus rapidement le haut de la pergola, sont souvent dénudées à la base. Camouflez le pied de chaque montant avec un petit arbuste ou une grimpante annuelle (voir la liste ci-dessous).

Liseron bleu (Ipomoea tricolor).

Les poteaux peuvent être en brique, en métal, en bois dur lasuré ou en bois tendre, imprégné sous pression.

POUR LA BASE DES POTEAUX
Eccremocarpus scaber ;
Hardenbergia violacea ;
Ipomoea tricolor ;
Ipomoea lobata ;
Lathyrus odoratus *(pois de senteur) et* latifolius *;*
Plumbago capensis ;
Rhodochiton volubile ;
Thunbergia alata *(Suzanne aux yeux noirs, photo ci-contre) ;*
Tropaeolum majus *(capucine) ;*
Tropaeolum tuberosum.

GRIMPANTES À FEUILLAGE DÉCORATIF
Actinidia kolomikta ;
Akebia quinata ;
Aristolochia macrophylla ;
Bougainvillea *'Variegata'* ;
Hedera *'Dentata Variegata'* ;
Humulus lupulus *'Aureus'* ;
Vitis vinifera *'Purpurea'* ;
Wisteria.

GRIMPANTES À FRUITS INTÉRESSANTS
Actinidia deliciosa
Actinidia sinensis
Celastrus orbiculatus
Curburbita pepo
Passiflora *(à droite)*
Periploca
Rubus
Vitis vinifera

DES FRUITS DÉCORATIFS
Seules les passiflores cultivées dans des conditions très favorables, avec des étés chauds et très ensoleillés elles donnent une profusion de fruits comestibles. Ailleurs, les fruits ne mûrissent pas, mais sont décoratifs.

FILS DE FER
Équipez tous les poteaux et les linteaux de points d'attache. Tendez aussi des fils de fer entre les linteaux.

PLANTES À JOLI FEUILLAGE
On laisse souvent se développer en toute liberté les grimpantes à feuillage décoratif, mais on peut aussi les tailler avec rigueur, comme les Vitis (ci-dessus), afin qu'elles n'étouffent pas les plantes voisines.

Les rosiers grimpants sont parfaits pour habiller une pergola (voir p. 322).

Le raccourcissement des tiges à fleurs, comme sur ce Solanum, *permet de respecter la forme de la pergola.*

DISTANCE DE PLANTATION
Plantez à une petite distance du poteau, guidez et attachez les jeunes tiges. Plantez soit à l'extérieur de la structure, soit de chaque côté, et non à l'intérieur de la pergola.

Grimpantes conduites sur tige

Une plante grimpante formée sur tige prend l'aspect d'un bel arbrisseau pleureur que l'on peut isoler au milieu du jardin. Il lui faut un tuteur permanent en bois ou en matériau résistant, comme le fer forgé par exemple. On utilise parfois un support en forme de baleines de parapluie, notamment pour les rosiers pleureurs *(voir p. 311)*.
Les grimpantes ligneuses de grande vigueur, comme la glycine, forment de très belles tiges. On les taille en rabattant les jeunes tiges sur la ramure bien structurée. On forme aussi sur tige les grimpantes à feuillage dense, persistant, comme le lierre. On pourra l'éclaircir sans laisser de tiges dénudées. Les grimpantes à racines aériennes conviennent aussi. En revanche, il n'est pas possible de mener sur tige des grimpantes à tiges fines ou raides, ni les plantes très volubiles ou à vrilles, car elles s'enchevêtrent et, de ce fait, sont difficiles à conduire.

Taille de formation

Commencez par planter et tuteurer une jeune plante. Conservez une seule tige vigoureuse et supprimez les autres si besoin est. Vous pouvez aussi garder plusieurs tiges s'enroulant les unes sur les autres. Formez un tronc court et épais en supprimant progressivement les rameaux latéraux, comme pour un pleureur sur tige *(voir p. 28)*. Cela permet à la tige principale de grossir. Pour obtenir une croissance vigoureuse, raccourcissez chaque année la tige principale et palissez verticalement la jeune pousse qui va se développer. Si cette flèche venait à s'abîmer, il faudrait la remplacer par une autre pousse, comme pour la formation d'un arbre sur tige *(voir p. 26)*. Une fois la hauteur désirée atteinte, raccourcissez les rameaux latéraux et les pousses secondaires pour créer une cime à l'ossature forte, compacte et bien structurée. Après quelques années, la plante prendra un port buissonnant. Il faudra l'aérer ensuite.

PALISSAGE D'UNE GRIMPANTE (GLYCINE) SUR UNE TIGE DE 1,5 M

TAILLE À LA PLANTATION — **PREMIÈRE ANNÉE, ÉTÉ**

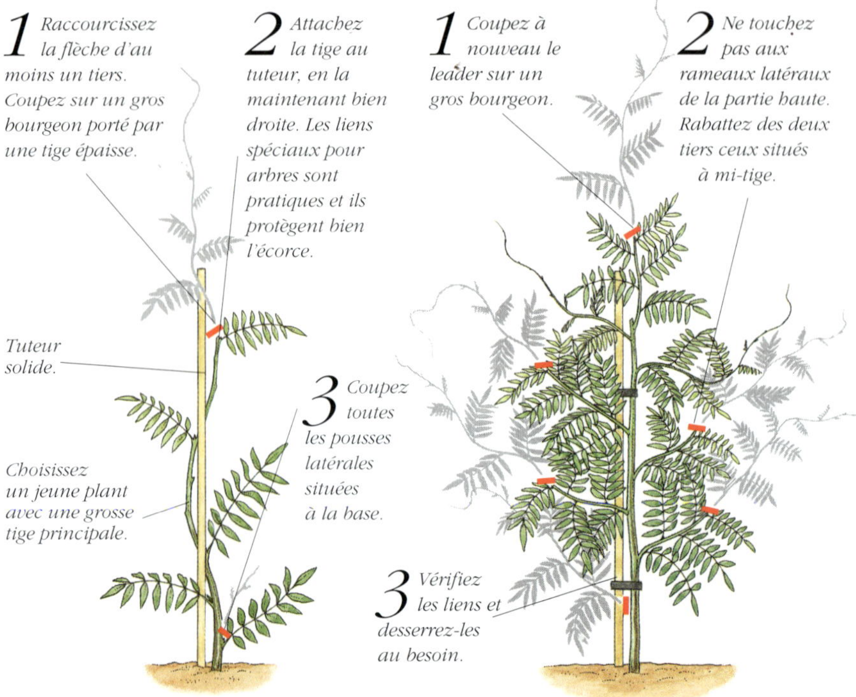

Adaptez la taille d'entretien à chaque plante pour maintenir une belle forme. En hiver, il faut rabattre plus sévèrement du côté le moins vigoureux et supprimer le bois âgé. En été, raccourcissez les pousses pour limiter l'ampleur de la plante et favoriser la formation d'un feuillage dense, et de fleurs.

GLYCINE SUR TIGE
Sur une terrasse ou dans un massif, on apprécie la présence d'une grimpante portée par une tige de 1,5 à 2 m de hauteur. Jadis, on formait des grimpantes sur des tiges beaucoup plus grandes. Les très vieilles glycines en arbre ont leur tronc souvent enroulé autour de fragments de métal qui constituaient leur tuteur. Elles sont parvenues à les briser au fil des années, signe de leur grande vigueur.

PLANTES GRIMPANTES IDÉALES SUR TIGE

- **ACTINIDIA ARGUTA** et **KOLOMIKTA** ;
- **BAUHINIA CORYMBOSA**, pour les Tropiques ;
- **BEAUMONTIA GRANDIFLORA**, frileux ;
- **BIGNONIA CAPREOLATA** ;
- **BOUGAINVILLEA GLABRA** et **PERUVIANA** ;
- **CAMPSIS RADICANS**, bignone ;
- **CLERODENDRUM THOMSONIAE**, craint le froid ;
- **COMBRETUM GRANDIFLORUM**, semi-tropical ;
- **HEDERA HELIX**, les lierres stériles surtout ;
- **HYDRANGEA PETIOLARIS** et **SEEMANNII** ;
- **JASMINUM POLYANTHUM**, dans le Midi ;
- **LONICERA PERICLYMENUM** et **JAPONICA** ;
- **MANDEVILLA X AMOENA** et **SPLENDENS**, frileux ;
- **MUSSAENDA ARCUATA** et **ERYTHROPHYLLA**, tropical ;
- **PANDOREA JASMINOIDES** et **PANDORANA**, frileux ;
- **PETREA VOLUBILIS**, pour les Tropiques ;
- **PLUMBAGO AURICULATA** (ou **CAPENSIS**), frileux ;
- **PYROSTEGIA VENUSTA**, subtropical ;
- **SCHIZOPHRAGMA HYDRANGEOIDES**, pousse lente ;
- **SOLANDRA GRANDIFLORA** et **MAXIMA**, pour le Midi ;
- **SOLANUM CRISPUM** et **JASMINOIDES**, frileux ;
- **STEPHANOTIS FLORIBUNDA**, subtropical ;
- **STREPTOSOLEN JAMESII**, pour le Midi ;
- **TECOMARIA CAPENSIS**, subtropical ;
- **VITIS AMURENSIS** et **VINIFERA**, assez long ;
- **WISTERIA FLORIBUNDA** et **SINENSIS**.

PREMIÈRE ANNÉE, HIVER

1 *Retaillez encore le rameau leader. Supprimez toutes les pousses secondaires émises après la taille d'été, et un tiers des rameaux latéraux.*

2 *Rabattez tous les rameaux latéraux à deux ou trois yeux de leur point de départ.*

La taille d'été a été réalisée à cet endroit.

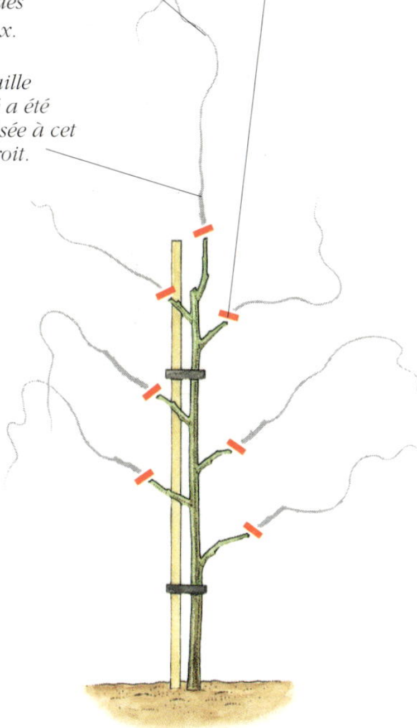

DEUXIÈME ANNÉE, ÉTÉ

1 *Pincez la tige principale à la hauteur désirée. Cette pousse leader deviendra impossible à distinguer au fur et à mesure du développement de la cime.*

2 *Raccourcissez les rameaux latéraux d'un tiers à la moitié de leur longueur pour favoriser les ramifications et le grossissement de la tige principale et de la ramure.*

3 *Vérifiez les liens et desserrez-les si nécessaire.*

TROISIÈME ANNÉE, HIVER

1 *Raccourcissez à deux ou trois bourgeons les nouveaux rameaux latéraux qui sont apparus sur les tiges principales.*

2 *Raccourcissez à deux ou trois yeux tous les rameaux latéraux, pour favoriser la formation de pousses à fleurs.*

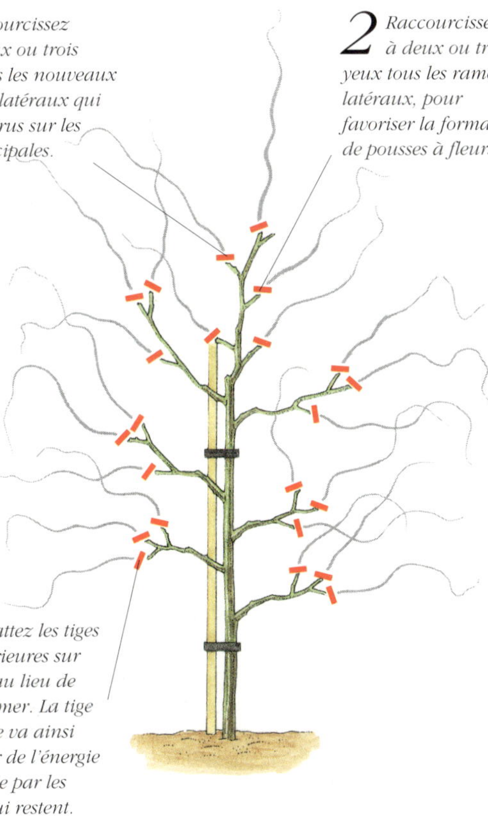

3 *Rabattez les tiges inférieures sur le tronc, au lieu de les supprimer. La tige principale va ainsi bénéficier de l'énergie synthétisée par les feuilles qui restent.*

TROISIÈME ANNÉE, ÉTÉ

1 *Raccourcissez toutes les pousses nouvelles, entre la moitié et les deux tiers de leur longueur, pour obtenir un port buissonnant, compact.*

2 *Supprimez les rameaux latéraux du bas, afin de dégager le tronc. Pincez les nouvelles pousses.*

Lexique des plantes grimpantes

A

ACTINIDIA

Ces plantes grimpantes, volubiles, caduques, le plus souvent rustiques, sont prisées pour leurs feuilles alternes, en ovale élargi, tachetées de couleurs vives chez certaines espèces. Elles aiment la mi-ombre au niveau du pied, mais la cime doit être exposée au soleil, pour que le feuillage se colore bien. Les fleurs sont blanches, crème ou chamois. S'il y a un plant mâle à côté, les plants femelles donnent des fruits, parfois comestibles (le kiwi d'*Actinidia chinensis*). La plupart des *Actinidia* ont besoin de beaucoup d'espace et d'un support robuste. *Actinidia kolomikta* est l'espèce la moins vigoureuse.

ACTINIDIA KOLOMIKTA
Contre un mur ensoleillé, les feuilles de Actinidia kolomikta *sont très colorées.*

Actinidia kolomikta

Cette grimpante très rustique est cultivée surtout pour ses grandes feuilles, joliment maculées de rose crème et de blanc.

Quand tailler : en février-mars, avant le départ de la végétation. En été, supprimez ou raccourcissez les pousses trop vigoureuses ou mal placées.

Taille de formation : rabattez les jeunes plants, à 30 ou 40 cm au-dessus du sol, pour favoriser la croissance dès la base. Sélectionnez de cinq à sept grosses tiges et palissez-les au fur et à mesure de leur croissance. La deuxième année, coupez les rameaux latéraux vigoureux des deux tiers de leur longueur, en conservant un ou deux yeux. Supprimez toutes les pousses faibles. Sur les sujets adultes, limitez la végétation en taillant les pousses d'un tiers ou de la moitié de leur longueur, au-dessus d'un œil sain. Supprimez de temps en temps une tige âgée pour obtenir de nouvelles pousses. Rajeunissez en avril, en taillant toutes les branches enchevêtrées au niveau du support.

AUTRES ACTINIDIAS
ACTINIDIA ARGUTA se taille comme un *Actinidia kolomikta*. Bien plus vigoureux, il est idéal palissé sur un grand arbre. Attention, la taille des sujets ainsi conduits n'est pas très aisée.
ACTINIDIA DELICIOSA (ou **CHINENSIS**), *voir p. 297.*
ACTINIDIA POLYGAMA, taillez en rajeunissant, comme pour un *Actinidia kolomikta*.

AGAPETES

Le genre *Agapetes* (synonyme *Pentapterygium*) est constitué d'arbustes persistants et semi-grimpants. Leurs fleurs pendantes, qui apparaissent de novembre à avril, forment un charmant motif en zigzag. Tous sont gélifs. Dans nos régions, cultivez-les dans une serre tempérée humide, avec une lumière tamisée. Palissez les jeunes plants contre un mur ou un treillage. Espacez les tiges principales pour obtenir une couverture régulière et attachez-les au fur et à mesure de leur développement. En février-mars, supprimez les pousses mal placées. *Agapetes macrantha* demande à être davantage palissé que *Agapetes serpens*. Sur les sujets adultes, supprimez les pousses faibles, mortes ou mal placées. L'*Agapetes* ne se prête pas bien à une taille sévère.

LÉGENDES
Dans ce lexique, les symboles suivants servent à préciser la façon dont la plante grimpe.

GRIMPANTES SANS VRILLE (À PALISSER)

VOLUBILE LÂCHE

VOLUBILE SERRÉE

VRILLES ATTACHÉES À LA TIGE

PÉTIOLES VOLUBILES

VRILLES FOLIAIRES

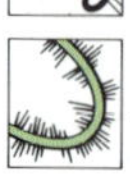
RACINES AÉRIENNES EN CRAMPONS

COUSSINETS ADHÉSIFS

AKEBIA QUINATA
Palissez cette belle grimpante sur un pylône pour apprécier ses petites fleurs brun pourpré au parfum de vanille.

AKEBIA

Grimpantes caduques ou semi-persistantes, vigoureuses, rustiques, les *Akebia* ont un feuillage divisé, élégant. Les fleurs marron à chocolat pourpré, sont suivies, après un été long et chaud, de fruits pendants, violets à gris pourpré, en forme de haricot. Parfaits sur un mur, une clôture ou une pergola, les akébies se plaisent au soleil ou à la mi-ombre. Plantez-les jeunes car elles n'aiment pas être déplacées. Attachez les jeunes tiges sur le support jusqu'à ce qu'elles commencent à s'enrouler. Même taille de formation que pour l'*Actinidia kolomikta*, mais coupez en mai, après la floraison.

ALLAMANDA

Ces arbustes à palisser sont persistants, avec de grandes feuilles lustrées, opposées. Leurs fleurs en trompettes d'or préfèrent un climat subtropical. Si les plants adultes résistent à des gelées faibles, mieux vaut les cultiver dans une véranda, en pots mis sous abri en hiver. Adossez-les à une colonne, un mur ou un treillage solide.

Quand tailler : en février, avant le départ de la végétation.

Taille de formation : après la plantation, pincez les jeunes pousses pour obtenir un port buissonnant. Palissez les nouvelles tiges au fur et à mesure de leur croissance. Sur les pieds adultes, raccourcissez une fois par an les pousses latérales, en coupant au-dessus du deuxième ou du troisième bourgeon. Supprimez les pousses faibles ou indésirables. Ces plantes supportent un rabattage sévère de temps en temps.

AMPELOPSIS

Cette plante grimpante caduque, à tiges ligneuses et à vrilles, porte de jolies feuilles pennées ou lobées. Ses fleurs insignifiantes sont parfois suivies de baies décoratives, surtout après un été long et chaud. Vigoureux et rustiques, les *Ampelopsis* sont trop grands pour être plantés dans un petit jardin. Mais ils sont parfaits pour garnir une pergola ou une clôture abritée. Si vous guidez bien leurs jeunes pousses fortes, ils peuvent même grimper dans un arbre. Rabattez en hiver les plantes palissées contre une maison pour éviter qu'elles n'abîment les gouttières et les tuiles du toit. Le palissage et la taille de cette plante proche des vignes vierges sont pratiqués comme pour les *Vitis* *(voir p. 286)*.

ANEMOPAEGMA

Ce sont des plantes grimpantes persistantes à vrilles. Les fleurs, en trompettes ou en cloches, sont portées durant l'été par les pousses de l'année, à l'aisselle des feuilles. Ces plantes gélives doivent être cultivées en serre ou dans une véranda humide. Après la plantation, taillez toutes les extrémités des pousses pour favoriser une croissance forte. Palissez les rameaux au fur et à mesure de leur développement, en vue de former une ossature. Par la suite, en février-mars, raccourcissez tous les rameaux latéraux en laissant deux ou trois bourgeons. Supprimez les pousses faibles ou mal orientées. Si la plante est trop touffue, éclaircissez en été les tiges emmêlées. *Anemopaegma* se prête bien à une taille sévère sous les Tropiques.

ANREDERA

Volubiles, persistants, porteurs de grappes de petites fleurs parfumées et de feuilles en forme de cœur, les *Anredera* sont des plantes plutôt herbacées. Ils flétrissent l'hiver et repartent de la base au printemps. Destinés à couvrir une pergola ou une clôture sous un climat chaud et sec, les *Anredera* se cultivent chez nous dans la véranda. Le palissage se limite à guider les pousses sur le support. En février-mars, rabattez toutes les pousses de l'année précédente, d'un tiers ou de la moitié. Si elles sont flétries, coupez-les près du sol.

ANTIGONON

Ce sont des grimpantes tropicales, généralement sans vrilles, vivaces, à feuilles persistantes et à tiges grêles. Les grappes de fleurs, rose corail à rouges, viennent surtout en été, mais elles sont présentes toute l'année dans des conditions tropicales. Dans nos régions, les *Antigonon* peuvent tapisser un mur ou un treillage en serre ou en véranda. Le seul entretien consiste à guider les nouvelles pousses sur leur support. En mars, rabattez sévèrement les rameaux trop vigoureux. Dans le même temps, supprimez les tiges faibles, abîmées ou surabondantes. Fertilisez bien.

ASARINA

Les *Asarina* (synonyme *Maurandya* ou *Maurandella*) sont des grimpantes persistantes, sarmenteuses ou volubiles assez peu vigoureuses. Leurs feuilles sont tendres, en forme de cœur ou de losange. Les fleurs sont des petites trompettes roses ou pourpres. La plupart, comme *Asarina barclayana,* sont gélifs ou survivent à des gelées très légères, flétrissant à la base. Attachez sur un support léger les espèces sans vrille, comme *Asarina antirrhinifolia, erubescens* et *scandens.* Au printemps, pour seule taille, supprimez le bois mort ou abîmé, avant le départ de la végétation.

ARGYREIA

Ces grimpantes vigoureuses à tiges ligneuses, produisent des tiges annuelles tendres. Elles flétrissent durant l'hiver, au niveau de la charpente ligneuse. Les fleurs s'ouvrent au soleil, d'août aux gelées. En forme de tube, elles sont rose lavande ou marron, avec des bandes périphériques, poilues, caractéristiques. Ces plantes sont idéales pour une gloriette, une pergola ou un treillage dans un jardin tropical. En Europe, cultivez-les dans la véranda, en plein soleil. Prévoyez un support solide.

Quand tailler : en février, avant le départ de la végétation.

Palissage et taille : attachez les jeunes pousses en les espaçant pour bien couvrir le support. Supprimez les pousses en excès durant la saison de croissance. Les années suivantes, éclaircissez les rameaux latéraux en surnombre si la végétation a été très vigoureuse durant l'été. Coupez-les à un ou deux bourgeons (ou nœuds) au-dessus de la tige principale. Cette plante se prête bien à un rabattage sévère, même en pot.

ARISTOLOCHIA *Aristoloche*

Cette grimpante volubile, vigoureuse, caduque ou persistante, est cultivée pour ses fleurs extraordinaires, en forme de siphon, à l'odeur souvent déplaisante. La plupart des espèces, comme *Aristolochia littoralis* (ou *elegans*), sont subtropicales. Dans nos régions, elles requièrent une serre chaude. *Aristolochia macrophylla* et *Aristolochia sempervirens* (persistante) tolèrent de courtes périodes de froid léger et conviennent contre un mur abrité, au soleil ou à la mi-ombre. Plantez les espèces rustiques comme *Aristolochia durior* au printemps.

Quand tailler : en février-mars ou en juillet, après la floraison.

Palissage et taille : après la plantation, sélectionnez les pousses fortes et attachez-les au support. Supprimez les tiges faibles et désordonnées, en les rabattant presque à la base. Chez l'adulte, éliminez les petites pousses et coupez les longues tiges à deux ou trois yeux sur les tiges principales. Opérez en juillet, après la floraison, ou en mars. L'aristoloche se prête bien à une taille sévère.

TIGES D'ARISTOLOCHE ENROULÉES
L'aristoloche se prête à une taille sévère ; elle produit des pousses qui s'enroulent autour des fils de fer et se ramifient bien.

CONSEIL TRUFFAUT
Dans une véranda, les plantes grimpantes créent une ambiance tropicale par le foisonnement de leur végétation. Ne craignez pas de leur faire subir une taille sévère à la fin de l'hiver ou après la floraison. C'est le meilleur moyen pour observer des repousses vigoureuses et conserver une plante bien garnie de feuillage, depuis le pied jusqu'à la cime. N'oubliez pas d'apporter un engrais liquide en période de croissance car ce sont des plantes gourmandes. Le rempotage sera pratiqué dans le courant du mois de février, en incorporant systématiquement un peu de fumier décomposé dans le substrat. Prévoyez un bon drainage au fond du pot. Cultivez les plantes les plus exigeantes en hygrométrie, sur un lit de gravillons humides.

B

BEAUMONTIA

C'est une grimpante volubile, vigoureuse, persistante, à tiges ligneuses. *Beaumontia grandiflora* est cultivé pour ses jolies feuilles cordiformes, groupées par deux. Ses fleurs parfumées s'épanouissent à l'extrémité des pousses de l'année précédente. Cette plante requiert un climat tempéré, chaud, hors gel, ou un abri vitré et un support important (gros fils de fer, colonne ou arbre). Après la plantation, sélectionnez quatre ou cinq belles pousses. Fixez-les au support, en les espaçant régulièrement pour bien le couvrir. Rabattez les autres pousses à la base. Chez l'adulte, taillez chaque année après la floraison pour éclaircir la plante. Coupez les pousses faibles et les gros rameaux latéraux à deux ou trois yeux de la ramure principale. Cette plante se prête bien à un rabattage sévère sous les Tropiques.

BERBERIDOPSIS CORALLINA
Ses feuilles vertes, lustrées, mettent en valeur ses fleurs pendantes et charnues.

BERBERIDOPSIS

C'est une grimpante volubile, persistante, à tiges ligneuses, sans vrille. Plantez *Berberidopsis corallina* contre un mur abrité, à l'ombre ou à la mi-ombre, tenu par des fils de fer ou un treillage. Vous pouvez le laisser grimper parmi d'autres plantes. C'est une plante rustique qui peut souffrir lors d'un hiver froid. Les sujets adultes, protégés par un paillis, repartent souvent bien de la base. À la plantation, supprimez seulement les pousses abîmées. Guidez d'abord les jeunes tiges en les attachant. Par la suite, elles peuvent se passer de support. Supprimez les pousses mortes ou faibles près de la base des plantes adultes. Intervenez au printemps, une fois tout risque de gel passé. Si les tiges enchevêtrées deviennent trop nombreuses, supprimez les plus faibles en les rabattant sur une tige principale ou près d'un gros bourgeon. Cette plante ne se prête pas bien à une taille sévère.

BERCHEMIA

Ce sont des grimpantes sarmenteuses, à feuilles ovales et alternes. Leurs panicules de fleurs blanches ou blanc verdâtre, sont suivies de baies décoratives, bleu-noir chez le vigoureux *Berchemia scandens.* Rustiques à l'abri des vents froids, ces plantes viennent bien contre un mur ou une clôture. Palissez-les sur des fils de fer, un treillage ou sur le tronc d'un arbre.

Berchemia racemosa

Cette grimpante vigoureuse porte des feuilles en forme de cœur, jaunes en automne. Les fleurs estivales sont suivies de baies rouges qui virent au noir quand elles sont mûres. 'Variegata' présente des feuilles marbrées de blanc crème.

Quand tailler : en février-mars.

Palissage et taille : attachez les jeunes pousses au fur et à mesure de leur croissance, jusqu'à ce que vous obteniez une couverture uniforme du support. Chez l'adulte, taillez chaque année pour supprimer les parties mortes ou abîmées. Éclaircissez les pousses embroussaillées et raccourcissez les tiges qui ont dépassé l'espace qui leur était imparti. Cette espèce se prête bien à une taille sévère.

AUTRE BERCHÉMIA
BERCHEMIA SCANDENS se taille comme le *Berchemia racemosa*, mais il faut tailler au printemps, après la floraison.

BIGNONIA

C'est une grimpante persistante et vigoureuse qui s'accroche avec des vrilles foliaires. Ses fleurs sont orange. *Bignonia capreolata* tolère de faibles gelées dans un lieu abrité et ensoleillé. Il ne doit pas être confondu avec les bignones *(Campsis).* Palissez-le contre un mur avec de gros fils de fer ou sur un treillage. Après la plantation, sélectionnez deux à trois fortes tiges pour constituer la charpente et attachez-les. Ensuite, avant le départ de la végétation, raccourcissez des deux tiers les rameaux latéraux, en les coupant près d'un gros bourgeon bien placé. Supprimez les pousses surabondantes. Rajeunissez la plante en rabattant sévèrement le bois âgé.

BOMAREA

Ces grimpantes herbacées ou persistantes, sans vrilles et volubiles, sont prisées pour leurs groupes de fleurs vivement colorées qui rappellent les alstroemères. Placez-les en plein soleil, hors gel. Prévoyez des supports avec des fils de fer ou un treillage. Il est possible de les faire monter sur des arbustes ou de les associer à d'autres grimpantes. La taille de formation est inutile. Les espèces herbacées, comme *Bomarea caldasii*, flétrissent en hiver. Au printemps, rabattez près de la base toutes les tiges mortes. Sur les espèces persistantes, supprimez les tiges anciennes qui ont fleuri, dès que les feuilles commencent à jaunir.

BILLARDIERA

Ce sont des grimpantes persistantes à tiges grêles, qui donnent des fleurs et des fruits décoratifs. Abritez-les du soleil direct et des vents froids. Bien qu'ils tolèrent des froids légers, les *Billardiera* poussent mieux dans un climat subtropical. Ailleurs, ils requièrent une véranda ou une serre ombragée. Prévoyez un support fait d'un treillage léger ou d'un filet, ou laissez-les courir parmi des arbustes ou des plantes grimpantes plus vigoureuses.

Quand tailler : en mars ou en août, après la fructification.

Palissage et taille : taillez au minimum. Palissez les jeunes pousses pour avoir une couverture uniforme. Chez l'adulte, supprimez les pousses mortes ou mal placées. Rabattez les pousses secondaires au niveau du deuxième ou du troisième bourgeon proche d'une tige principale.

BILLARDIERA LONGIFLORA
Les fleurs en clochettes étroites, jaune verdâtre (parfois teintées de pourpre), sont suivies de fruits brillants, bleu pourpré.

Bougainvillea

Les bougainvillées sont des grimpantes vigoureuses, caduques ou persistantes, épineuses. Leurs tiges ligneuses ont des feuilles vert vif, ovales ou elliptiques. Les fleurs insignifiantes sont entourées de bractées vivement colorées : blanc, cramoisi foncé, rouge foncé, violet ou pourpre, voire même jaune ou abricot. Elles s'ouvrent sur les pousses de l'année. Sous un climat chaud, une bougainvillée est superbe sur un grand arbre ou contre un mur. Cette plante a besoin du plein soleil. Elle fleurit toute l'année dans des conditions tropicales mais pousse très bien sous abri vitré ou en plein air dans le Midi. Ailleurs, cultivez-la en véranda, dans un grand bac ou en pleine terre. Elle fleurit mieux si ses racines sont à l'étroit. Palissez-la sur un treillage ou formez une tige. Taillez chaque année les pousses de l'année pour limiter l'ampleur de la ramure. *Bougainvillea glabra* et x *buttiana*, cultivés en pots, fleurissent même sur les jeunes sujets de un à deux ans.

Rameaux rabattus
Chez la bougainvillée, tous les rameaux latéraux sont rabattus sévèrement à deux ou trois yeux de leur point de départ.

Quand tailler : en février-mars, juste avant le départ de la végétation.

Palissage et taille : développez une ossature robuste, avec des tiges bien espacées. Pour obtenir une forme équilibrée, rabattez sévèrement toute la plante, puis attachez les pousses émises de la base, au fur et à mesure de leur croissance. Si vous palissez trop de tiges au début, la plante devient vite trop touffue, surtout si elle est conduite en éventail contre un mur. Les années suivantes, réduisez la partie supérieure des tiges principales des deux tiers aux trois quarts. Coupez toujours au-dessus d'un gros bourgeon. Rabattez les rameaux latéraux et les pousses secondaires inutiles, afin de limiter l'expansion de la plante. Les pousses qui se développent fleuriront dans l'année. Une fois la charpente créée, taillez toutes les pousses latérales de l'année précédente à deux ou trois bourgeons de leur point de naissance, laissant sur la plante des petits rameaux de 2 à 3 cm de long. Durant la saison de croissance, supprimez les pousses faibles si nécessaire. Les plantes âgées se prêtent bien à une taille sévère, mais elles gagnent à être remplacées. Pour mener une bougainvillée sur tige, formez une « tête » équilibrée, puis coupez chaque hiver toutes les pousses latérales de l'année précédente au-dessus de deux ou trois yeux comptés à partir de la charpente.

Bougainvillée palissée contre un mur

Taille à la plantation, printemps

1 Étalez les grosses pousses et attachez-les pour former une charpente.

2 Raccourcissez toutes les tiges à 15 ou 20 cm, au-dessus d'un bourgeon sain, orienté pour que les futures pousses ne s'enchevêtrent pas.

Deuxième année et suivantes, printemps

1 Rabattez les tiges de l'année précédente des trois quarts, puis attachez les nouvelles pousses dès leur apparition.

2 Taillez toutes les pousses latérales à une ou deux feuilles, pour obtenir des rameaux à fleurs.

Bougainvillée adulte, printemps

1 Quand les tiges dépassent l'espace imparti, rabattez-les au-dessus d'un bourgeon ou d'un rameau latéral.

2 Si la végétation est embroussaillée, supprimez certaines tiges âgées. Remplacez-les par des jeunes rameaux latéraux.

3 Rabattez tous les rameaux latéraux à 2 ou 3 cm de la base, en conservant deux ou trois feuilles.

Bougainvillée adulte, été

1 Rabattez tous les groupes de fleurs fanées au-dessus d'un jeune rameau latéral qui n'a pas fleuri.

2 Attachez les nouvelles tiges au fur et à mesure de leur croissance, en cherchant à combler les vides sur le support pour parfaire la forme en éventail.

C

CALCEOLARIA *Calcéolaire*

Dans ce genre très diversifié, *Calceolaria pavonii* est la seule espèce grimpante cultivée. C'est une plante persistante robuste, ligneuse à la base. Ses feuilles vert foncé sont triangulaires. D'août jusqu'aux gelées, elle produit, sur les pousses de l'année, des bouquets de fleurs boursouflées, jaune soufre, parfois rayées de brun-pourpre. Cette calcéolaire s'utilise aussi en couvre-sol et vient bien en pots. Elle requiert un climat complètement hors gel. Avec des arrosages réguliers et une exposition en plein soleil, elle fleurit bien, même dans nos régions. Si l'été est frais, elle peut prendre le port d'un petit arbuste. Prévoyez un support pour la palisser contre un mur ou dans une véranda.

Quand tailler : en mars, avant le départ de la végétation.

Palissage et taille : après la plantation, pincez les jeunes tiges pour favoriser la production de pousses latérales vigoureuses. Elles formeront les branches de la ramure. Palissez les nouvelles pousses verticalement sur un support, ou horizontalement dans le cas d'une utilisation en couvre-sol. Chez l'adulte, supprimez chaque année les tiges faibles, mortes ou indésirables. Réduisez des deux tiers les tiges que vous avez conservées, en coupant au-dessus d'un gros bourgeon sain. Les calcéolaires se prêtent bien à une taille sévère, mais mieux vaut remplacer une plante âgée par un jeune sujet.

CALOCHONE

C'est une plante assez rare, persistante sarmenteuse, moyennement vigoureuse. Ses feuilles fines sont poilues. *Calochone redingii* porte en janvier des bouquets de jolies fleurs rouges ou rose orangé, assez plates. Elles apparaissent sur des pousses de l'année précédente. Cultivez cette espèce en pleine lumière, dans des conditions tropicales, chaudes. Une véranda bien exposée est idéale. Prévoyez un support en fils de fer ou un treillage.

Quand tailler : après la fin de la floraison, en février ou mars.

Palissage et taille : la taille se limite à la suppression des pousses faibles. Attachez toutes les tiges sur le support au fur et à mesure de leur croissance. Chez l'adulte, éclaircissez les pousses excessives, en les coupant près des tiges principales. Cette plante ne tolère pas un rabattage sévère.

CAMPSIS *Bignone*

Grimpantes vigoureuses, caduques, à tiges ligneuses, les *Campsis* s'accrochent par des petites racines aériennes situées sur la tige. Ces plantes portent de jolies feuilles composées et d'imposants bouquets terminaux de fleurs orange à rouges, en trompettes. Elles naissent d'août à novembre, sur les pousses de l'année. Les bignones sont rustiques, il faut les abriter des vents froids et les exposer en plein soleil pour que les tiges se lignifient, ce qui est nécessaire pour obtenir une floraison abondante. Cultivez-les contre un grand mur ensoleillé. Sous le climat méditerranéen, placez-les contre une clôture ou au pied d'un grand arbre.

Campsis grandiflora

C'est la bignone commune (ou *Campsis chinensis*, *Bignonia grandiflora*, *Tecoma grandiflora*), l'espèce la plus rustique. Ses fleurs forment des trompettes, orange foncé, jaunes à l'intérieur. Elles mesurent jusqu'à 10 cm de diamètre. Attachez les tiges principales sur un support solide, car elles forment peu de racines aériennes.

Quand tailler : en février ou en mars.

Palissage et taille : établissez une ossature ligneuse robuste. Après la plantation, rabattez toutes les tiges à 15 cm environ au-dessus du sol, pour favoriser une pousse vigoureuse. Sélectionnez deux ou trois des plus fortes tiges et supprimez les autres. Palissez-les sur un support (fils de fer ou treillage). Attachez-les au fur et à mesure de leur développement, jusqu'à ce qu'elles s'étendent sur tout l'espace imparti (comptez au moins 4 m de hauteur et de deux à trois ans). Chez l'adulte, taillez chaque année, en rabattant toutes les pousses latérales au-dessus de deux ou trois bourgeons comptés à partir de la tige principale. Supprimez les pousses faibles ou malades. Les *Campsis* tolèrent bien une taille sévère. Si une branche charpentière est abîmée, coupez-la à la base et attachez à sa place la plus grosse des tiges voisines pour servir de remplaçant. Rajeunissez la plante, en rabattant toutes les tiges à 30 cm du sol, ce qui favorisera l'émission de nouvelles pousses près de la base.

AUTRES BIGNONES

CAMPSIS RADICANS se taille comme un *Campsis grandiflora*, mais il produit davantage de petites racines crampons, ce qui lui permet de s'accrocher tout seul sur son support quand il est adulte.

CAMPSIS X TAGLIABUANA est un hybride vigoureux qui se taille comme le *Campsis grandiflora*, mais pas trop court.

CAMPSIS X TAGLIABUANA
Après une taille sévère en hiver, les pousses croissent et fleurissent en une seule saison.

CANARINA

Ce sont des grimpantes sarmenteuses, herbacées, ou des vivaces rampantes. Elles portent de grandes fleurs en clochettes, pendantes, jaunes ou jaune-orange, joliment marquées de lignes vertes ou rougeâtres. Les *Canarina* donnent une racine tubéreuse qu'il est possible d'hiverner sous abri comme les dahlias. Gélives, ces plantes préfèrent un climat de type méditerranéen à hiver sec. Ailleurs, cultivez-les dans une véranda, en les palissant sur un support. La floraison se produit d'août à décembre, après quoi les tiges flétrissent. Chaque année, au printemps, rabattez les rameaux secs près du sol, en veillant à ne pas abîmer les nouvelles pousses. Dès qu'elles se développent bien, pincez leur extrémité pour qu'elles se ramifient. Guidez et, si besoin est, attachez les tiges sur le support, au fur et à mesure de leur croissance.

CANTUA

Cantua buxifolia (ou *dependens*) est une grimpante sarmenteuse, persistante. Ses tiges grêles se mêlent bien aux branches des arbustes. Elles peuvent aussi être palissées sur un mur ou autour d'une colonne. Gélif, le *Cantua* préfère un climat de type méditerranéen. Les fleurs rouge cramoisi naissent au printemps, en groupes retombants. Elles apparaissent sur les pousses de l'année précédente.

Quand tailler : après la floraison, en mai-juin.

Palissage et taille : la taille est réduite au minimum. Après la plantation, rabattez les tiges pour favoriser l'apparition de nouvelles pousses fortes. Chez l'adulte, taillez pour redonner une belle forme ou supprimer les pousses faibles. Si besoin est, éclaircissez les vieilles tiges fleuries. Cette plante ne tolère pas de taille sévère.

CANTUA BUXIFOLIA
Cette espèce, originaire d'Amérique du Sud, a besoin de conditions chaudes et d'une exposition bien ensoleillée.

CARDIOSPERMUM

C'est une plante vivace, caduque, sarmenteuse. Ses tiges grêles sont ligneuses à la base. Ses feuilles sont découpées. Cultivez *Cardiospermum halicacabum* pour ses curieux fruits gonflés, jaune-vert, qui suivent les petites fleurs blanc verdâtre, en été. Les groupes de fleurs produisent des vrilles qui s'accrochent seules.
La plante requiert des conditions chaudes, hors gel. Dans nos régions, elle pousse comme une annuelle, à l'extérieur, en plein soleil. Prévoyez un support (treillage ou rames) ou cultivez-la en couvre-sol.
Sur les sujets grimpants cultivés comme des vivaces, rabattez au printemps toutes les pousses de l'année précédente, des deux tiers aux trois quarts de leur longueur.

CELASTRUS *Bourreau des arbres*

Volubile ou grimpant sarmenteux, caduc, le *Celastrus* est cultivé pour sa production spectaculaire de fruits orangés et son beau feuillage automnal. Il est très rustique et tolère la mi-ombre. Plantez non loin les uns des autres des pieds mâles et femelles pour obtenir des fruits. Il existe certaines formes peu courantes de *Celastrus orbiculatus* hermaphrodites. La plupart de ces plantes sont vigoureuses et ont besoin de beaucoup de place et de supports solides. Les *Celastrus* ne conviennent pas bien sur la façade d'une maison. Ils s'imposent mieux contre un grand mur de jardin ou pour recouvrir un abri de jardin ou une grande souche d'arbre. On peut aussi les palisser sur une colonne, une véranda ou un trépied solide.

CELASTRUS ORBICULATUS
Pour obtenir ces fruits, il faut cultiver à proximité des plants mâles et femelles.

Celastrus orbiculatus

Connu aussi sous le nom de « *Celastrus articulatus* », c'est une grimpante volubile, caduque, vigoureuse. Ses fruits jaune intense se fendent en automne, dévoilant de superbes graines roses ou rouges.

Quand tailler : en hiver ou en mars.

Palissage et taille : après la plantation, guidez les pousses sur le support, au fur et à mesure de leur développement. Chez l'adulte, supprimez à la base les tiges âgées ou mal placées, et celles qui s'allongent trop loin du support. Taillez les rameaux latéraux trop longs au-dessus de trois ou quatre yeux situés sur la tige principale. Une taille excessive entraîne la production de tiges feuillues, au détriment des fleurs et des fruits. Les branches rabattues sévèrement à 30 ou 40 cm du sol repartent bien. Palissez les fortes pousses pour obtenir une forme équilibrée, élégante.

AUTRES CELASTRUS

CELASTRUS ANGULATUS, RUGOSUS et **SCANDENS** se taillent comme le *Celastrus orbiculatus*. **CELASTRUS GLAUCOPHYLLUS** doit être davantage palissé sur le support, car c'est une plante plus sarmenteuse que volubile. Sinon, opérez comme pour le *Celastrus orbiculatus*.

CIONURA

Cionura erecta (appelé aussi « *Marsdenia erecta* ») est une volubile caduque à feuilles gris-vert en forme de cœur. Ses fleurs blanches parfumées, à cinq pétales, apparaissent en été. Ses fruits se fendent et exhibent des graines soyeuses. La plante pousse mieux en plein soleil, hors gel. Évitez tout contact, car la sève laiteuse provoque des ampoules cutanées. Attachez les jeunes pousses sans les serrer, jusqu'à ce qu'elles s'enroulent sur leur support. Chez l'adulte, taillez après la floraison, ou en mars sous un climat froid. Supprimez les tiges faibles ou mortes. Éclaircissez les tiges surabondantes, en les rabattant à la base, en mars. Cette espèce fait un bon couvre-sol. Elle ne tolère pas une taille sévère.

CISSUS

Ces vignes persistantes, à tiges ligneuses, portent le plus souvent des vrilles. Elles sont surtout cultivées pour leur joli feuillage luxuriant. *Cissus discolor* requiert des conditions tropicales, mais *Cissus antarctica*, *Cissus rhombifolia* et *Cissus striata* tolèrent des conditions plus fraîches, pourvu qu'elles soient hors gel. Dans nos régions, elles sont cultivées en véranda ou comme plantes d'intérieur. Plantés dans un panier suspendu, les *Cissus* retombent avec grâce. Toutes ces espèces ont besoin de la mi-ombre en été. Pincez les extrémités des pousses sur les jeunes plants, pour favoriser un port buissonnant. La taille est presque inutile sur les plantes adultes. S'il faut limiter leur développement, rabattez les longues tiges en automne ou en été, près d'un bourgeon sain situé à proximité d'une branche principale. Les *Cissus* tolèrent bien une taille sévère.

CLEMATIS *Clématite*

Ces grimpantes caduques ou persistantes ont le plus souvent des pétioles volubiles. Les fleurs plates, en coupes ou en clochettes, sont suivies de fruits à graines soyeuses, notamment chez les espèces à petites fleurs. L'emplacement idéal des clématites est un lieu où les racines sont à l'ombre et au frais, et les tiges exposées en plein soleil. Taillez-les selon la période de floraison et l'âge du bois qui produit les fleurs. Pour repérer les modes de floraison et de taille, nous avons classé les clématites en trois groupes *(voir p. 269)*.

CLEMATIS MONTANA ENVAHISSANTE, TAILLE APRÈS LA FLORAISON

1 Éclaircissez la végétation très dense ou les tiges qui dépassent. Rabattez au-dessus de deux bourgeons sains ou sur la charpente.

2 Rabattez les tiges faibles ou abîmées, près de gros bourgeons ou même à la base.

Clematis montana *Groupe 1*

Avec ses cultivars 'Elizabeth' et 'Tetrarose', c'est la plus vigoureuse des clématites caduques. Elle est bien rustique et porte une multitude de petites fleurs assez plates, généralement simples, en mai-juin. Ces inflorescences naissent sur les pousses aoûtées de l'année précédente. La plante couvre vite un grand mur ou un vieux bâtiment, ou peut grimper dans un arbre. Taillez sévèrement les sujets adultes qui prennent trop d'ampleur.

Quand tailler : juste après la floraison.

Palissage et taille : prévoyez un support solide. Pincez l'extrémité des jeunes pousses. Manipulez les tiges délicatement, car les jeunes rameaux sont cassants. Taillez à peine les plantes adultes. Rabattez les tiges trop longues au-dessus d'un bourgeon sain. Supprimez les pousses abîmées par l'hiver. Une fois tout risque de gel passé, éclaircissez les plantes trop touffues. Si un rajeunissement total s'impose, coupez à la base, après la floraison. Ne renouvelez pas cette opération avant au moins trois ans.

Clematis 'Nelly Moser' *Groupe 2*

Ce cultivar est typique des hybrides caducs à grandes fleurs. Ils ont deux périodes de floraison : en juin sur le bois de l'année précédente, puis en août sur les nouvelles pousses. Avec une taille soignée, ces deux périodes peuvent se chevaucher et donner ainsi une floraison ininterrompue.

Quand tailler : en février-mars, avant le départ de la végétation.

Palissage et taille : sur les jeunes plants, opérez comme pour la *Clematis montana*. Chez l'adulte, la taille vise à conserver une ossature de vieux bois et à stimuler les nouvelles pousses pour augmenter la floraison. Échelonnez la taille, en rabattant les pousses près d'un bourgeon sain, à des époques différentes.
Vous prolongerez ainsi la floraison. Vous pouvez aussi rabattre sévèrement ces plantes tous les trois ou quatre ans, sans rien faire entre temps. Après une coupe sévère, la première floraison est annulée mais la deuxième est bien plus importante.

CLEMATIS 'NELLY MOSER' ADULTE, TAILLE EN FÉVRIER-MARS

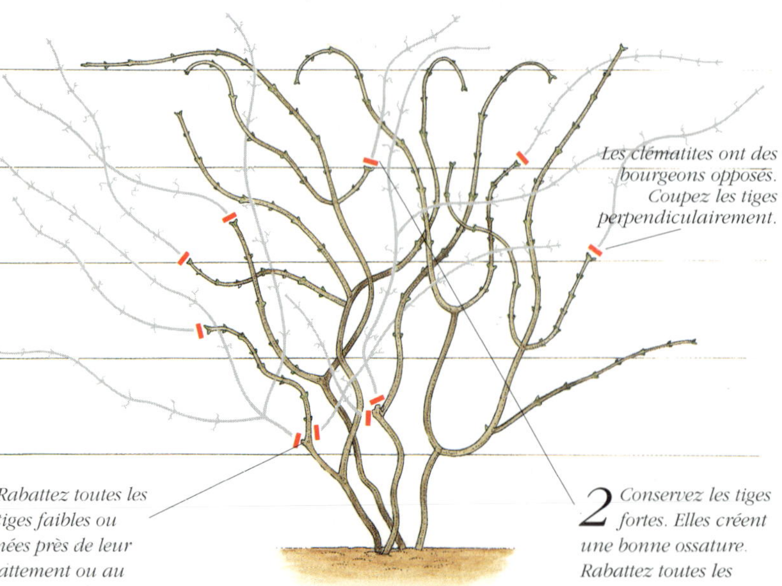

1 Rabattez toutes les tiges faibles ou abîmées près de leur empattement ou au niveau du sol.

2 Conservez les tiges fortes. Elles créent une bonne ossature. Rabattez toutes les autres à deux yeux.

Clematis viticella *Groupe 3*

Cette espèce, ses cultivars et certains hybrides à grandes fleurs, fleurissent en août sur les pousses de l'année. Rabattez sévèrement les plantes à la fin de l'hiver, car elles émettent de nouvelles pousses chaque année, près de la base.

Quand tailler : au mois de février et au mois de mars, quand les bourgeons commencent à pousser.

Palissage et taille : sur les jeunes plants, taillez comme une *Clematis montana*. Chez la plante adulte, taillez sévèrement chaque année, sous peine de la voir perdre sa vigueur. Elle peut aussi devenir moins florifère. Rabattez au-dessus de deux gros bourgeons, entre 15 cm et 30 cm au-dessus du sol. Supprimez aussi les tiges principales abîmées par les gelées.

CLEMATIS VITICELLA ADULTE, TAILLE EN FÉVRIER-MARS

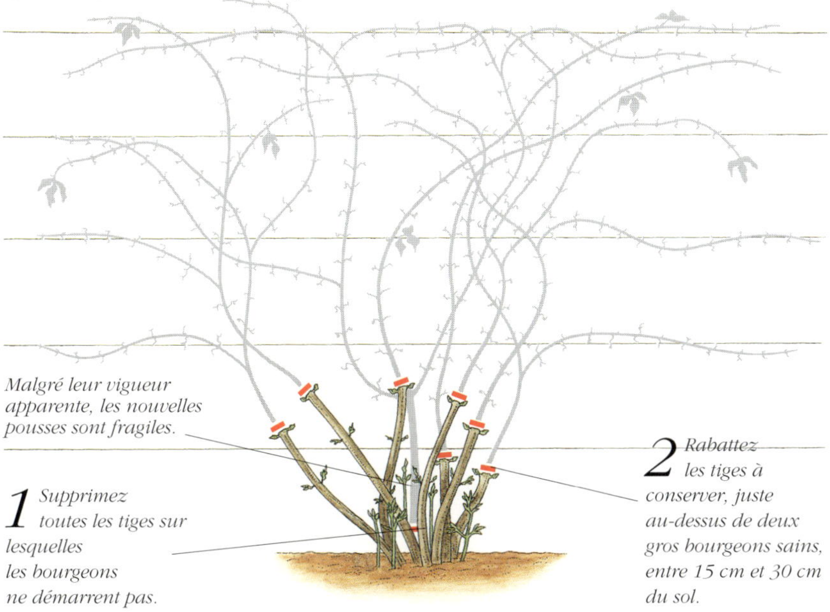

AUTRES CLÉMATITES

GROUPE 1
Ces espèces, comme *Clematis montana*, fleurissent tôt dans l'année sur du bois de l'année précédente.
Clematis alpina (dont **'Columbine'**, **'Frances Rivis'**, **'Ruby'**), **'Blue Bird'**, **Clematis cirrhosa** (dont la variété **balearica**), **Clematis macropetala** (dont **'Markham's Pink'**), **'Rosie O'Grady'** et **Clematis x vedrariensis** ne sont pas trop vigoureuses et elles doivent rarement être taillées. Les sujets trop volumineux sont éclaircis après la floraison.
Clematis aristata, armandii, marata, paniculata, et **petriei** sont des persistantes dont les feuilles sont abîmées par le vent. Plantez-les à l'abri. Prévoyez un support solide pour *Clematis armandii* qui peut devenir lourde. Même palissage et taille que la *Clematis montana*. Ne taillez les plantes adultes que pour limiter leur végétation.

GROUPE 2
Les clématites de ce groupe sont toutes des hybrides à grandes fleurs. Elles fleurissent d'abord sur les pousses de l'année précédente, puis d'août à octobre sur les nouvelles pousses. Font partie de ce groupe les cultivars suivants :
'Barbara Dibley', **'Barbara Jackman'**, **'Beauty of Worcester'**, **'Bee's Jubilee'**, **'Belle of Woking'**, **'Carnaby'**, **'Countess of Lovelace'**, **'Daniel Deronda'**, **'Duchess of Edinburgh'**, **'Edith'**, **'Elsa Späth'**, **'General Sikorski'**, **'Henryi'**, **'H. F. Young'**, **'John Warren'**, **'Lasurstern'**, **'Marie Boisselot'**, **'Proteus'**, **'Richard Pennell'**, **'The President'**, **'Vyvyan Pennell'**, **'W. E. Gladstone'** et **'William Kennet.** Toutes se taillent comme la clématite 'Nelly Moser'.

GROUPE 3
Les clématites de ce groupe fleurissent tardivement sur les pousses de l'année.
Les cultivars : **'Abundance'**, **'Étoile violette'**, **'Ernest Markham'**, **'Duchess of Albany'**, **'Gravetye Beauty'**, **'Lady Betty Balfour'**, **'Madame Julia Correvon'**, **'Royal Velours'**, **'Ville de Lyon'**, et autres clématites des groupes *Texensis* et *Viticella*, se taillent comme la *Clematis viticella*.
Les cultivars **'Bill Mackenzie'**, **'Burford Variety'**, **'Corry'**, **'Helios'**, **'Orange Peel'** et les **Clematis orientalis, serratifolia, tangutica** et **tibetana** spp. **vernayi** se taillent comme la *Clematis viticella* si on les plante dans un petit jardin ou un emplacement exigu. Sinon, laissez-les se développer avec ampleur en intervenant au minimum. Éclaircissez une plante trop envahissante au printemps, en raison de sa floraison tardive sur les pousses de l'année.
Les cultivars **'Comtesse de Bouchaud'**, **'Gipsy Queen'**, **'Hagley Hybrid'**, **'Jackmanii'**, **'Jackmanii Superba'**, **'John Huxtable'**, **'Niobe'**, **'Perle d'Azur'**, **'Rouge Cardinal'**, **'Star of India'** et les autres clématites du groupe Jackmanii se taillent comme la *Clematis viticella*, ou comme 'Nelly Moser'. Dans ce cas, la taille vise à conserver une ossature sur laquelle de nouvelles pousses se développent. Elles fleurissent un peu plus tôt qu'après un rabattage sévère.
Le fait de combiner les deux modes de taille : maintien de certaines tiges principales vigoureuses et élimination des plus vieilles à la base, stimule l'apparition de nouvelles pousses et prolonge sensiblement la période de floraison.

CLERODENDRUM

Appelé communément « clérodendron », ce genre comprend des arbres et des arbustes. On trouve aussi des grimpantes persistantes, à tiges ligneuses, sarmenteuses ou volubiles. Celles-ci sont appréciées pour leur floraison sur les pousses de l'année. Comme les arbustes, elles viennent bien sous abri, dans une serre ou une véranda chauffée. Elles aiment le soleil mais, en été, un peu d'ombre leur est nécessaire.

Clerodendrum thomsoniae

Cette grimpante persistante sarmenteuse produit en été des bouquets de fleurs à calice ivoire, en forme de lanterne japonaise. La corolle est rouge foncé.

Quand tailler : après la floraison.

Palissage et taille : après la plantation, taillez l'extrémité des pousses faibles pour favoriser une croissance vigoureuse. Attachez les grosses tiges au fur et à mesure de leur développement, pour former la charpente. L'adulte se taille peu. Supprimez toutefois les pousses faibles ou surabondantes, au-dessus d'un bourgeon sain, bien placé. Taillez au-dessus de deux bourgeons situés près de la tige principale, les tiges qui poussent en s'éloignant du mur. Remplacez une plante âgée plutôt que de tenter un recépage complet.

AUTRES CLÉRODENDRONS

Clerodendrum splendens et **x speciosum** se taillent en douceur, après la floraison, comme le *Clerodendrum thomsoniae*.
Clerodendrum bungei et **trichotomum,** *voir* le Lexique des arbustes d'ornement *p. 187*.

CLERODENDRUM THOMSONIAE
Dans une serre, palissez-le sans qu'il touche le verre pour éviter les brûlures.

CLIANTHUS

C'est un bel arbuste aux tiges arquées, souples avec des feuilles lustrées, persistantes ou semi-persistantes. Les fleurs étonnantes de *Clianthus puniceus* naissent en mai-juin sur les pousses de l'année précédente. La plante supporte des gelées légères mais doit pousser en serre froide.

Quand tailler : après la floraison.

Palissage et taille : taillez au minimum. Après la plantation, pincez l'extrémité des pousses pour favoriser la production de rameaux latéraux. Attachez délicatement sur le support (fils de fer, treillage) les tiges grêles, cassantes, pour créer une forme agréable. Chez l'adulte, palissez les nouvelles tiges pour compléter l'ossature. Le clianthus ne tolère pas de tailles sévères. Le rajeunissement est exclu. Vous pouvez cependant supprimer les pousses mortes ou faibles. Pour restreindre, la croissance, raccourcissez les tiges saines d'un petit quart de leur longueur.

CLIANTHUS PUNICEUS
Les bouquets retombants sont composés de grosses fleurs, écarlates ou roses, en forme de griffe. Ils sont parfaitement mis en valeur quand cette plante arbustive est palissée contre un mur ou un treillage.

CLYTOSTOMA

Ce sont des grimpantes gélives à vrille. Elles fleurissent sur le bois de l'année précédente. Les *Clytosma* ont besoin d'un support solide. Lors de la plantation, sélectionnez deux ou trois tiges fortes pour développer la charpente. Chez l'adulte, rabattez en mars les pousses en surnombre, enchevêtrées, en les raccourcissant des deux tiers de leur longueur. Les plantes non taillées deviennent vite embroussaillées et dépérissent. Coupez des deux tiers toutes les tiges principales après la floraison. Cultivez-les en serre.

CONGEA

C'est une plante semi-grimpante persistante, gélive. D'origine tropicale, *Congea tomentosa* est rare en culture. Ses petites fleurs sont rehaussées de bractées blanches ou roses. Seule la taille de formation est utile. Pincez l'extrémité des tiges pour favoriser le départ de nouvelles pousses près de la base. Sur une plante âgée, stimulez la production de jeunes tiges près de la base, en rabattant une ou deux vieilles branches principales à environ 30 cm du sol. Intervenez de préférence après la floraison.

COBAEA *Cobée*

La cobée, *Cobaea scandens*, est une plante grimpante semi-arbustive, persistante, à vrilles. Elle est surtout cultivée pour ses grandes fleurs en cloche qui apparaissent à la fin de l'été et en automne. Elles naissent sur les pousses de l'année. Cette plante gélive requiert le plein soleil et un abri contre le vent. Pour cette raison, elle est souvent cultivée comme une annuelle, appréciée pour sa croissance rapide. Dans une véranda, ou sous un climat chaud, la cobée peut survivre plusieurs années. Après la plantation, pincez l'extrémité des pousses des jeunes plants, pour favoriser le développement de rameaux latéraux. Ils s'attachent rapidement sur leur support. Taillez chaque année les plantes adultes, en supprimant les trois quarts des pousses de l'année précédente.

COBAEA SCANDENS
En se développant, ses fleurs en cloches virent du crème verdâtre au pourpre.

D

DECUMARIA

Ces grimpantes à tiges ligneuses sont proches de l'*Hydrangea*. Les radicules nées sur la tige sont adhésives. Les inflorescences plates de fleurs crème, parfumées, viennent en juin. *Decumaria barbara* est rustique, tandis que *Decumaria sinensis* peut être abîmée par une forte gelée. Placez-le à l'abri, contre un mur orienté à l'est ou à l'ouest. Taillez comme les *Hydrangea* grimpants.

DISTICTIS

Ces grimpantes persistantes à vrilles ont des tiges ligneuses. Les fleurs admirables, tubulaires ou en cloche, viennent de mai à août. À l'abri d'un mur chaud et ensoleillé, *Distictis buccinatoria* tolère des gelées légères, mais il pousse mieux en véranda hors gel. Il en est de même pour *Distictis lactiflora, laxiflora* et le cultivar 'Mrs Rivers'. Cultivez cette plante enroulée sur une colonne ou palissée sur un treillage.

Quand tailler : en mars.

Palissage et taille : après la plantation, rabattez la plante entière à 15 cm du sol. Gardez deux ou trois tiges principales pour former la charpente. Attachez-les au support sans les serrer. Ensuite, pincez les tiges faibles, éclaircissez les pousses emmêlées, en éliminant quelques branches si nécessaire. Conservez seulement les pousses les plus fortes. Rabattez-les sur un gros bourgeon bien placé s'il faut limiter leur extension. Les plantes âgées se prêtent bien à une taille sévère. Coupez les tiges à 1 m du sol, de préférence en étalant cette opération sur plusieurs semaines pour ne pas épuiser la plante.

DREGEA

Appelée aussi « *Wattakaka* », cette plante est une grimpante volubile, persistante, apparentée à l'*Hoya* *(voir p. 273)*. Ses feuilles sont ovales, opposées. *Dregea sinensis* porte des fleurs blanches parfumées, en forme d'étoiles. Des taches et des rayures rouges apparaissent en été. Taillez peu. Attachez les jeunes pousses jusqu'à ce qu'elles commencent à s'enrouler. Chez l'adulte, taillez pour supprimer les pousses abîmées par le gel ou pour éclaircir la plante après la floraison. Les *Dregea* ne se prêtent pas bien à une taille sévère. Vous pouvez rabattre une branche âgée près de la base pour favoriser le départ de nouvelles pousses.

E - F - G

Eccremocarpus

C'est une grimpante persistante, dont les tiges grêles et volubiles portent des vrilles. Les feuilles gris-vert sont finement divisées. *Eccremocarpus scaber* porte des fleurs tubulaires grenat, écarlates ou orange, qui naissent en plein soleil sur les nouvelles pousses. Dans nos régions, le gel détruit la partie aérienne, mais la plante repousse de la base si elle est protégée par un paillis hivernal. Vous pouvez aussi la cultiver comme une annuelle semi-rustique.

Quand tailler : en avril.

Palissage et taille : pincez l'extrémité des pousses après la plantation. Vous obtiendrez un port bien ramifié depuis la base. Les années suivantes, en avril, rabattez toutes les jeunes tiges entre 30 cm et 60 cm de la base. En hiver, les tiges vont flétrir au niveau du sol. Coupez les au-dessus d'un œil bien placé, afin d'obtenir une nouvelle repousse. Remplacez une plante âgée au lieu de la rajeunir.

Epipremnum

Ces grimpantes tropicales, persistantes, ont des tiges ligneuses, avec des racines aériennes adhésives. Elles sont cultivées sous le nom de « pothos » pour leur feuillage décoratif. Les *Epipremnum* fleurissent rarement en culture. Dans les régions tropicales, ce sont des lianes très vigoureuses qui demandent peu de soins. On les fait grimper sur un grand arbre. Chez nous, les *Epipremnum* sont cultivés comme plantes d'intérieur, mais ils poussent mieux dans une véranda chaude et humide. Prévoyez un support solide. La taille et le palissage sont les mêmes que pour *Monstera (voir p. 277).* Chez l'adulte, pincez de temps en temps l'extrémité des pousses pour favoriser la ramification. Limitez la végétation, en rabattant les tiges trop vigoureuses près d'un bourgeon bien placé. Rajeunissez en coupant à 1 m de la base. Cela provoque la formation de nouvelles pousses fortes.

Epipremnum pictum 'Argyraeus'
Ses feuilles charnues et marbrées sont mises en valeur sur un tuteur de mousse.

Ficus pumila 'Variegata'
Ce figuier rampant s'agrippe sans aide à la pierre rugueuse ou à la brique. Il peut être envahissant mais il est moins vigoureux cultivé en pot sous abri vitré.

Ficus *Figuier*

Ce vaste genre comprend des arbres, des arbustes et des grimpantes persistantes, à vrilles ou sarmenteuses, caduques ou persistantes *(voir p. 66* et Figuier *p. 139).* Les espèces grimpantes (tropicales ou subtropicales) sont envahissantes dans la nature et même en culture, notamment *Ficus pumila*. Il s'agit d'une grimpante persistante à racines caulinaires qui servent de crampons. Les feuilles juvéniles sont petites, en forme de cœur, vert lustré, parfois plissées. Gélive, la plante n'atteint son plein développement qu'en climat chaud ou dans une serre chauffée. Mais elle peut s'adapter en plein air dans le Midi. *Ficus pumila* produit alors des feuilles ovales, coriaces, plus grandes. Palissez-le sur un mur ou sur un tronc d'arbre. Dans la plupart des régions, cultivez-le comme une plante d'intérieur ou de véranda, dans un panier suspendu ou le long d'un support. Il tolère la mi-ombre non la sécheresse. Le bouturage est très facile dans l'eau.

Gelsemium

C'est une plante volubile et persistante, aux feuilles vertes et lustrées. *Gelsemium sempervirens* épanouit des fleurs de jasmin sur les pousses de l'année précédente, en mai-juin. Peu rustique, cette plante ne survit pas à un froid prolongé. Elle croît bien sur un treillage ou une pergola dans le Midi. Après la plantation, au printemps, pincez les jeunes pousses pour favoriser leur ramification. Palissez les nouvelles tiges au fur et à mesure. Chez l'adulte, taillez après la floraison, pour maîtriser le développement. Supprimez les pousses faibles ou embroussaillées. Pour rajeunir une plante âgée, rabattez près de la base ; de nouvelles pousses naîtront sur la souche.

Gynura

Plantes vivaces, arbustives, grimpantes ou semi-rampantes, les *Gynura* sont persistants. Leur feuillage est velouté et leurs fleurs en forme de marguerites. L'espèce la plus courante, *Gynura scandens* (ou *aurantiaca*), requiert de la chaleur et une ombre légère en été. On la cultive comme plante d'intérieur. Après la plantation, pincez l'extrémité des pousses pour favoriser la ramification. Taillez la plante en avril, avant le départ de la végétation. Supprimez les pousses faibles. Les *Gynura* ne se prêtent pas à une taille sévère.

Conseil Truffaut

D'une manière générale, les plantes grimpantes demandent plus de soins de palissage que de taille. Si vous débutez, voici un procédé simple et efficace qui convient à toutes les plantes. Après la fin de la floraison, détachez la plante de son support. Essayez de démêler les branches en partant toujours de la partie supérieure et en descendant progressivement vers la souche. Si vous rencontrez de véritables noeuds de végétation, éliminez de préférence les parties qui portent encore la marque des fleurs. Il est rare qu'une plante grimpante fleurisse deux fois sur les mêmes rameaux.
En cas de doute, éliminez toujours les pousses dont le bois est gris sombre ou marron foncé, au profit de celles dont l'écorce est verte ou de teinte claire. Vous procéderez ainsi à un rajeunissement des tiges. Si vous devez réduire la longueur d'une branche, coupez toujours au-dessus d'un bourgeon, d'une feuille ou d'un jeune départ de végétation. Une fois toute la plante éclaircie et démêlée, replacez-la sur son support, en enroulant les tiges en spirale ou en les disposant en éventail.

H - I

HARDENBERGIA

Ces grimpantes persistantes, volubiles, sont cultivées pour leurs tiges à feuilles simples ou pennées. Leurs longues grappes de petites fleurs ressemblent à celles des pois. Elles apparaissent de mai à août. Ces plantes gélives ne poussent vigoureusement qu'en plein soleil. Dans le Midi, cultivez-les contre un mur, une clôture ou une pergola. Ailleurs, plantez-les dans une véranda, en pleine terre ou dans de grands pots. Utilisez un treillage ou des fils de fer pour support. Comme chez la passiflore, les pousses retombent et forment un rideau de fleurs.

Quand tailler : après la floraison.

Palissage et taille : attachez les jeunes pousses sur le support, jusqu'à ce qu'elles commencent à s'enrouler. Chez l'adulte, taillez peu, juste pour supprimer les pousses surabondantes, faibles, mortes ou abîmées. Les *Hardenbergia* ne se prêtent pas bien à une taille sévère.

HARDENBERGIA VIOLACEA
Les tiges délicates des nouvelles pousses sont constellées de grappes compactes de fleurs roses ou pourpres. Cette floraison a lieu entre mai et août.

HEDERA *Lierre*

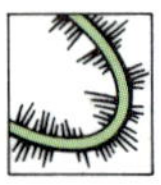

Ce sont des arbustes rampants ou grimpants. Ils s'accrochent d'eux-mêmes par des racines adhésives. Leurs feuilles sont persistantes et les tiges ligneuses. Il existe divers cultivars et formes, avec des feuilles d'aspect très variable, souvent panachées de jaune, de gris ou de blanc. Les tiges supérieures de nombreux lierres n'adhèrent pas d'elles-mêmes. Elles portent des feuilles non lobées et des groupes de fleurs jaune verdâtre, en automne et en hiver. Les lierres sont rustiques ou semi-rustiques.
Ils mesurent de 1 m à 15 m, voire plus. Choisissez un cultivar adapté à l'espace disponible. Les formes à feuilles vert uni sont plus rustiques et tolèrent mieux l'ombre. Les lierres à feuilles panachées demandent plus de soleil. Ces derniers sont souvent plus frileux, mais ils repartent bien au printemps. Les lierres sont précieux comme couvre-sol ou pour tapisser un mur, une clôture ou la souche d'un arbre. Sachez qu'ils deviennent très lourds une fois adultes. Si elles ne produisent aucun dégât sur un mur en briques bien entretenu, les racines caulinaires peuvent dégrader un vieux mortier et boucher des gouttières. Il est possible de limiter la dimension des lierres, surtout les cultivars à petites feuilles moins vigoureux, en les taillant.

TIGES TRAÇANTES
Ne palissez pas un lierre sur une palissade composée de planches de bois. Ses racines pénètrent entre les planches, et en vieillissant, elles les disloquent.

Quand tailler : en mars, avant le départ de la végétation.

Palissage et taille : après la plantation, pincez les tiges faibles ou grêles. Les jeunes plantes mettent parfois longtemps à s'accrocher toutes seules sur leur support. Palissez les tiges en position horizontale à la base du support. Cela stimulera la production de rameaux latéraux dirigés vers le haut. Vous pouvez aussi former sur tige ou habiller un cadre métallique avec les cultivars à petites feuilles de *Hedera helix*. Taillez les adultes pour limiter leur hauteur et leur extension. Rabattez les tiges au-dessus d'un bourgeon bien placé. Supprimez les pousses surabondantes ou dirigées vers l'extérieur. Rajeunissez les lierres en les rabattant à 1 m de la base ; le bois ancien émet rapidement de nouvelles pousses, souvent plus vigoureuses. Le lierre pousse lentement durant les premières années, mais ensuite il devient envahissant.

STRUCTURES ISOLÉES FORMÉES PAR DES LIERRES

LIERRE HABILLANT UN PETIT TRONC D'ARBRE
Pour limiter son extension, taillez les pousses âgées situées sous le feuillage.

LIERRE FORMÉ SUR TIGE
Utilisez un cultivar dont la dimension des feuilles est proportionnelle à celle de la tige.

LIERRE EN TOPIAIRE
Un lierre couvre rapidement une armature géométrique en treillage.

HIBBERTIA

Hibbertia scandens est une plante persistante, volubile. Ses feuilles sont lustrées. Elle est cultivée pour ses fleurs en coupe plate, jaune vif. Elles apparaissent durant l'été. Idéale pour couvrir un mur, une clôture ou une pergola, cette plante croît de préférence à l'ombre tamisée, dans les régions tropicales ou en serre.

Quand tailler : en mars.

Palissage et taille : après la plantation, pincez l'extrémité des pousses pour favoriser la formation de rameaux latéraux. Attachez les nouvelles tiges, jusqu'à ce que la plante commence à s'enrouler. Chez l'adulte, taillez pour éclaircir. Cette plante ne supporte pas de rabattage sévère.

IPOMOEA *Ipomée*

Ce genre comprend des grimpantes volubiles, vivaces ou annuelles, et des arbustes. Le plus souvent persistants, ils sont généralement semi-rustiques ou gélifs. Les grandes fleurs tubuleuses, de couleurs variées, se succèdent tout au long de l'été. Plusieurs espèces sont intéressantes pour leur floraison tardive. Les fleurs blanches parfumées de *Ipomoea alba* s'ouvrent la nuit. Les espèces grimpantes et gélives sont vivaces sous les Tropiques ; chez nous, elles se cultivent en pots dans une serre ou une véranda. Il est aussi possible de les réussir en pleine terre comme des plantes annuelles. Placez-les dans un endroit bien ensoleillé et chaud. Palissez-les contre un treillage, des fils de fer, ou faites-les grimper sur d'autres plantes (haies, arbustes).
Palissez les jeunes pousses sur leur support. Dans un jardin tropical, supprimez les rameaux âgés ou surabondants. Intervenez en février-mars.

HOYA CARNOSA
Ne coupez pas les fleurs fanées. C'est à leur niveau que se forment les futures grappes.

HOYA

Il s'agit d'arbustes à port souple, aux feuilles succulentes (grasses), et des grimpantes volubiles à tiges ligneuses, qui développent parfois des racines aériennes adhésives. Les feuilles lustrées sont opposées. Les fleurs sont cireuses, blanches ou roses. Toutes les espèces sont gélives. Elles ont besoin d'humidité atmosphérique, de la mi-ombre en été et d'un support solide. Dans un jardin tropical, les *Hoya* habillent les murs, les clôtures ou même les arbres. Dans nos régions, ce sont des plantes d'intérieur, notamment *Hoya carnosa* et *Hoya bella* appelés « fleurs de porcelaine ». Portez des gants pour les tailler. Les tiges coupées émettent un latex qui provoque des réactions allergiques.

Quand tailler : en mars, avant le démarrage de la végétation, ou après la floraison.

Palissage et taille : attachez les jeunes pousses sur leur support jusqu'à ce qu'elles commencent à s'enrouler ou à adhérer. Chez l'adulte, supprimez ou éclaircissez les pousses emmêlées. Si vous intervenez après la floraison, respectez les rameaux florifères. Les inflorescences fanées hébergent des fleurs latentes. Les hoyas ne se prêtent pas à une taille sévère.

HUMULUS *Houblon*

Ces grimpantes herbacées, volubiles, rustiques, ont des feuilles lobées. Les plants femelles portent des grappes pendantes de bractées jaune verdâtre. Vigoureux, le houblon forme un écran saisonnier efficace et s'impose sur une arche *(voir p. 257)* ou un trépied solide. Les tiges sont fragiles. Les branches du houblon meurent en hiver et repartent au printemps. En mars, rabattez-les jusqu'au sol.

HYDRANGEA

Les espèces grimpantes de l'*Hydrangea* (pour les formes arbustives *voir p. 202)* produisent en juin de belles fleurs blanc crème. Elles naissent sur les pousses latérales aoûtées de l'année précédente. Ces plantes sont précieuses contre un mur, à l'ombre ou à la mi-ombre, et pour grimper dans un arbre. *Hydrangea anomala* spp. *petiolaris,* caduc, est rustique, mais ses jeunes tiges non aoûtées peuvent être abîmées par des fortes gelées. *Hydrangea serratifolia* (ou *integerrima*), est persistant. Il tolère des gelées légères, mais doit être placé à l'abri sur un mur.

Quand tailler : après la floraison.

Palissage et taille : il n'y a pas de taille de formation. Attachez les jeunes pousses sur leur support, jusqu'à ce qu'elles forment des racines aériennes. Cela peut demander deux ou trois ans. Une fois bien ancrée, la plante grimpe vigoureusement. Chez l'adulte, la taille est réduite au minimum. Lorsque la plante dépasse l'espace imparti, raccourcissez les tiges trop longues et les rameaux latéraux poussant vers l'extérieur. Coupez au-dessus d'un bourgeon sain. Conservez le maximum des tiges du haut, car les plantes palissées contre un mur fleurissent plus abondamment au sommet. Une plante âgée tolère une taille sévère. Rabattez-la en mars, en conservant la charpente. Échelonnez sur trois ou quatre ans pour ne pas compromettre la floraison.

HYDRANGEA GRIMPANT
Coupez les tiges extérieures pour qu'elles ne gênent pas les plantes situées dessous.

CONSEIL TRUFFAUT
Le lierre est une plante aux multiples possibilités d'emploi. Utilisez plutôt les formes à petites feuilles pour former des topiaires ou des sujets sur tiges. Ces variétés sont souvent plus frileuses que les lierres à grosses feuilles. Vous prendrez donc soin de les abriter dans une véranda hors gel durant l'hiver. Si vous désirez développer l'aspect grimpant du lierre, supprimez les rameaux fertiles qui se forment, car ils ont tendance à rester courts et à donner une silhouette compacte à la plante.

J

JASMINUM *Jasmin*

Ces grimpantes volubiles ou sarmenteuses, à tiges ligneuses, ont des feuilles opposées, parfois divisées. Les fleurs sont parfumées. Le poids des tiges adultes est important.

Jasminum nudiflorum

C'est le jasmin d'hiver, un arbuste caduc à palisser. Il donne, de décembre à mars, des fleurs jaune intense sur les pousses nues de l'année précédente. Rustique, il vient au soleil ou à l'ombre, mais fleurit mieux à la lumière. Il est idéal palissé contre un mur ou étalé sur un talus ou une terrasse. Taillez-le chaque année, pour éviter que les nouvelles pousses ne recouvrent les tiges anciennes et ne constituent un amas inesthétique de bois mort.

Quand tailler : en mars-avril, juste après la fin de la floraison.

Palissage et taille : après la plantation, rabattez les jeunes pousses des deux tiers de leur longueur pour favoriser les départs de la base. Palissez la plante contre un mur. Espacez et attachez les pousses de façon uniforme sur tout le support. Les années suivantes, continuez à attacher les jeunes rameaux, pour étendre ou compléter la ramure. Rabattez les autres tiges florales au-dessus de deux ou trois paires de bourgeons situés sur la branche principale. respectez bien la silhouette générale. Le jasmin d'hiver tolère une taille sévère, comme cela est évoqué pour le *Jasminum officinale,* mais mieux vaut remplacer une plante âgée. Les boutures effectuées en septembre reprennent à près de 100 %

Jasminum officinale

Le jasmin officinal est une grimpante volubile, caduque. Il porte des tiges ligneuses et fleurit de juillet à septembre. Délicieusement parfumées, les fleurs blanches apparaissent sur les pousses latérales des tiges de l'année précédente et à l'extrémité des nouveaux rameaux. Ce jasmin est peu rustique.

Quand tailler : après la floraison.

Palissage et taille : taillez lors de la plantation comme le jasmin d'hiver. Guidez les jeunes pousses sur le support, en les attachant sans les serrer. Espacez-les pour obtenir une bonne couverture. Les tiges s'enroulent vite. Les années suivantes, supprimez les pousses faibles et rabattez les tiges florales au-dessus d'un gros bourgeon ou à 60 cm de la base. Une taille trop courte entraîne l'apparition de nouvelles pousses vigoureuses qui risquent de ne pas fleurir avant plusieurs années.

TAILLE DE STRUCTURE D'UN JASMINUM NUDIFLORUM

1 Taillez les tiges non ramifiées au-dessus d'une paire de bourgeons pour stimuler les pousses latérales.

2 Supprimez les pousses faibles et celles qui sont enchevêtrées.

3 Comblez les trous de la ramure, en taillant les pousses latérales au-dessus d'une paire de bourgeons.

4 Les tiges rampantes s'enracinent à même le sol : relevez-les et attachez-les.

JASMINUM OFFICINALE
Contre un mur équipé de fils de fer, cette espèce parfumée grimpe seule.

Jasminum polyanthum

Cette grimpante persistante, semi-rustique, porte des feuilles vert foncé. Ses fleurs blanches, très parfumées, viennent de mai à juillet. Contre un mur chaud et ensoleillé, ce jasmin tolère des gelées légères, mais il préfère un climat hors gel. *Jasminum polyanthum* pousse bien dans une serre froide ou comme plante d'intérieur (dans une pièce peu chauffée), palissé sur un arceau métallique ou un treillage.

Quand tailler : après la floraison.

Palissage et taille : lors de la plantation, taillez comme le *Jasminum nudiflorum.* Palissez-le contre un mur ou une colonne, en formant une ossature de branches, comme pour le *Jasminum officinale.* Chaque année, taillez les pousses latérales à fleurs au-dessus de deux ou trois yeux.

AUTRES JASMINS

JASMINUM BEESIANUM et **GRANDIFLORUM** se taillent comme le *Jasminum officinale.*
JASMINUM HUMILE et **PARKERI,** *voir* le Lexique des arbustes d'ornement *p. 204.*
JASMINUM MESNYI (ou **PRIMULINUM**) se taille comme un *Jasminum nudiflorum,* mais toujours en été, après la floraison.
JASMINUM REX, volubile vigoureux, semi-rustique, nécessite les mêmes taille et palissage que le *Jasminum officinale.*
JASMINUM X STEPHANENSE, hybride vigoureux, a besoin de beaucoup de place et se montre idéal pour habiller une construction inesthétique de jardin, d'un mur ou d'une clôture. La taille et le palissage sont similaires à ceux du *Jasminum officinale.*

K - L

KADSURA

Kadsura japonica est une plante volubile, persistante, très proche des *Schisandra*. Elle est cultivée pour ses grandes feuilles vertes, lustrées, et ses baies écarlates. Les petites fleurs crème, parfumées, s'ouvrent en été. Les fleurs mâles et femelles sont portées par des plantes séparées. Regroupez deux plantes de sexe différent pour obtenir des fruits. Cette plante est rustique à l'abri des vents froids. Même taille que le *Schisandra*.

KENNEDIA RUBICUNDA
C'est une plante qui pousse très vite et se montre très résistante à la sécheresse.

KENNEDIA

Cette grimpante persistante porte des tiges volubiles pour monter à l'assaut d'autres plantes. Elles sont surtout ligneuses, mais parfois herbacées. Les fleurs vivement colorées, sont décoratives sur un treillage ou une colonne. Les tiges qui rampent à même le sol peuvent s'enraciner, constituant un couvre-sol. Les *Kennedia* requièrent un climat hors gel. Ailleurs, cultivez-les en serre froide.

Quand tailler : après la floraison.

Palissage et taille : la taille et le palissage, pour les sujets cultivés au pied d'une autre plante ou comme couvre-sol, sont réduits au minimum. Pour faire grimper la plante, sélectionnez deux ou trois grosses tiges. Attachez-les sans les serrer, jusqu'à ce qu'elles commencent à s'enrouler. S'il n'y a qu'une tige, rabattez-la de moitié pour favoriser sa ramification. Chez l'adulte, la taille consiste à éclaircir la ramure ou à supprimer les tiges faibles. Cette espèce ne tolère pas de taille sévère.

LABLAB *Dolique*

Lablab purpureus, seule espèce du genre, est une grimpante volubile, caduque, à tiges ligneuses. Elle porte des fleurs ressemblant à celles des pois, roses ou blanches, en été, suivies de longues gousses pourpre foncé. Elle pousse à l'extérieur en climat chaud, hors gel. Ailleurs, cultivez-la comme une annuelle semi-rustique, ou dans une véranda, palissée contre des fils de fer. La taille et le palissage sont identiques à ceux pratiqués pour *Kennedia.*

LAPAGERIA

Lapageria rosea est une grimpante persistante et spectaculaire. Elle vit longtemps, palissée contre un mur à l'ombre ou à la mi-ombre. Elle produit de grandes fleurs en cloches, cireuses, rose cramoisi, ou, chez la variété *albiflora,* blanc ivoire. À l'abri des vents froids et secs, elle survit à de légères gelées. Taillez en mars, juste pour supprimer les pousses mortes ou abîmées. Mieux vaut remplacer une plante âgée que de la rabattre sévèrement.

LARDIZABALA

Ce sont des grimpantes vigoureuses, persistantes et volubiles. La plus connue, *Lardizabala biternata,* offre de belles feuilles coriaces et d'extraordinaires fruits pourpre foncé, en forme de saucisse. Malgré sa rusticité, cette espèce ne fructifie bien qu'en climat méditerranéen. Prévoyez un support solide et palissez les jeunes pousses en les espaçant pour former une ossature permanente. Chez l'adulte, taillez en mars pour éclaircir une végétation embroussaillée ou pour raccourcir des pousses faibles. Sur une plante palissée contre un mur, coupez les pousses dirigées vers l'extérieur au-dessus de deux ou trois bourgeons situés près de la base. Pour rajeunir une plante âgée, rabattez les tiges principales à 30 cm du sol et palissez les nouvelles pousses qui apparaissent ensuite.

LATHYRUS *Pois de senteur*

Les pois vivaces sont surtout des grimpantes à vrilles foliaires, avec des tiges aplaties. Ils sont cultivés pour leurs superbes grappes de fleurs souvent parfumées. Elles apparaissent en été et sont suivies de gousses tendres. Ce sont des plantes idéales pour garnir un mur ou une clôture, un treillage, une colonne ou un trépied. Toutes préfèrent le plein soleil. Les espèces herbacées rustiques, comme *Lathyrus latifolius* et *grandiflorus,* flétrissent en hiver et sont rabattues au niveau du sol chaque année. Dans le Midi, les espèces comme *Lathyrus nervosus,* le pois rustique, peuvent être semi-persistantes.

LATHYRUS LATIFOLIUM
Les rames à pois constituent un support rustique pour l'aspect rétro de cette plante.

Lathyrus latifolius

Cette vivace herbacée est très vigoureuse. Faites-la grimper sur une clôture, un treillage ou laissez-la recouvrir d'autres plantes.

Quand tailler : après la floraison, en automne ou en mars.

Palissage et taille : après la plantation, pincez l'extrémité des rameaux pour favoriser la production de grosses pousses latérales. Dans le Midi, taillez la plante adulte après la floraison. Supprimez les pousses faibles ou mortes. Dans les autres régions, au printemps, avant le départ de la végétation, rabattez les pousses mortes près de la base. Remplacez les plantes âgées ou dégarnies. Il est aussi possible de procéder à une division des grosses touffes.

AUTRES LATHYRUS
LATHYRUS GRANDIFLORUS se taille comme le *Lathyrus latifolius.*
LATHYRUS NERVOSUS et **PUBESCENS,** supprimez les pousses mortes ou abîmées au printemps.

LONICERA *Chèvrefeuille*

Ces grimpantes volubiles sont caduques, semi-persistantes ou persistantes, avec des tiges ligneuses. Elles ont des fleurs, souvent parfumées, en entonnoir ou à deux lèvres et, chez certaines espèces, des baies de couleur vive. Les chèvrefeuilles sont parfaits pour couvrir un mur, une clôture, un treillage ou une pergola. Les espèces les plus cultivées sont rustiques. Certaines poussent bien à l'ombre. *Lonicera etrusca* (semi-rustique) et *hildebrandtiana* (gélif) préfèrent toutefois le soleil.

Lonicera japonica
Chèvrefeuille du Japon

C'est une grimpante volubile, persistante, vigoureuse, à tiges ligneuses. Ses fleurs blanches et crème s'épanouissent tout l'été et en automne, sur les pousses de l'année.

Quand tailler : en mars.

Palissage et taille : après la plantation, rabattez les jeunes plants des deux tiers pour favoriser la production de grosses tiges à la base. Sélectionnez les meilleures pour former l'ossature. Attachez-les jusqu'à ce qu'elles commencent à s'enrouler. Pincez l'extrémité des tiges dès qu'elles atteignent la hauteur voulue. Taillez la plante adulte pour limiter son extension. Éclaircissez les pousses enchevêtrées et rabattez les tiges trop longues au-dessus de gros bourgeons. Pour rajeunir la plante, coupez les tiges à 60 cm de la base et limitez les branches à sept ou huit.

Lonicera periclymenum
Chèvrefeuille commun

Volubile, caduc, vigoureux, il fleurit de juin à août, au sommet des pousses latérales de l'année précédente. Parmi les nombreux cultivars, les plus cultivés sont 'Belgica' (précoce) et 'Serotina' (tardif).

Quand tailler : après la floraison.

LONICERA X HECKROTTII
Cet hybride aux fleurs vives vient bien à l'ombre, contre un mur ou une clôture.

Palissage et taille : taille et palissage à la plantation sont les mêmes que pour le *Lonicera japonica*. Chez l'adulte, rabattez les pousses florales d'un tiers. Les plantes denses et saines, tolèrent une taille à la cisaille. Sur les formes palissées, rabattez les rameaux latéraux au-dessus de deux ou trois bourgeons situés sur la tige principale. Laissez les chèvrefeuilles grimper naturellement sans les tailler, même si les plantes risquent de se dénuder à la base. Dans ce cas, associez-leur des annuelles grimpantes pour les habiller joliment.

> **AUTRES CHÈVREFEUILLES**
> **LONICERA ALSEUOSMOIDES, HENRYI** et **HILDEBRANDTIANA** se taillent comme un *japonica.*
> **LONICERA X AMERICANA, X BROWNII, CAPRIFOLIUM, ETRUSCA, X HECKROTTII, SEMPERVIRENS, X TELLMANNIANA** et **TRAGOPHYLLA** se taillent comme le *Lonicera periclymenum.*
> Pour les autres espèces, *voir* le Lexique des arbustes d'ornement *p. 207.*

LONICERA JAPONICA 'HALLIANA'
Les fleurs viennent par paires, à l'aisselle des feuilles. Elles sont petites, nombreuses et très parfumées. Plantez et palissez un chèvrefeuille dans un endroit où il est possible d'apprécier pleinement son parfum délicieux.

M

MACFADYENA

Connue aussi sous le nom de « *Doxanthus* », cette plante est une persistante gélive, à vrilles foliaires ramifiées. *Macfadyena unguis-cati* porte des fleurs tubuleuses, jaunes, spectaculaires. Elle se cultive dans une véranda, en plein soleil, avec un support de fils de fer ou sur un treillage. Enroulez les tiges les plus fortes sur un support érigé. Chez l'adulte, taillez juste après la floraison, pour éclaircir et supprimer les rameaux faibles ou abîmés. Sur les plantes palissées contre un mur, raccourcissez les pousses dirigées vers l'extérieur, au-dessus de deux ou trois bourgeons proches d'une tige principale. Rajeunissez une plante âgée en taillant tous les rameaux à deux yeux de la charpente.

MANDEVILLA

Ces grimpantes volubiles caduques, semi-persistantes ou persistantes, à tiges ligneuses, ont des feuilles foncées, lustrées. Elles sont cultivées pour leurs fleurs estivales en trompettes qui durent jusqu'à l'automne. Elles apparaissent sur les pousses de l'année. La plupart des espèces sont gélives. *Mandevilla laxa,* aux fleurs parfumées, blanches ou crème, est semi-rustique. Cultivez-les à la mi-ombre.

Mandevilla x amoena

C'est une plante persistante. Ses grandes fleurs estivales rose pâle sont plus vives chez le cultivar 'Alice du Pont'.

Quand tailler : en février-mars.

Palissage et taille : après la plantation, sélectionnez trois ou cinq jeunes pousses bien vigoureuses pour former la charpente. Attachez-les jusqu'à ce qu'elles commencent à s'enrouler. Supprimez les tiges plus faibles. Raccourcissez d'un tiers les jeunes plantes qui n'ont formé qu'une seule tige principale, afin de favoriser les départs à la base. Sur les adultes, éclaircissez les pousses en surnombre et supprimez les faibles.
Taillez l'extrémité des tiges qui dépassent. Les plantes âgées ne tolèrent pas de rabattage sévère. Remplacez-les.

> **AUTRES MANDEVILLAS**
> **MANDEVILLA X AMABILIS, LAXA** et **SANDERI** se taillent comme le *Mandevilla x amoena.*
> **MANDEVILLA SPLENDENS** se taille sans excès, juste après la floraison, pour l'équilibrer.

MERREMIA

Ces grimpantes volubiles, vigoureuses et persistantes, sont proches des ipomées. Elles ont des feuilles lobées et des fleurs superbes, en entonnoirs. Toutes requièrent un climat hors gel. Elles peuvent réussir dans le Midi, mais poussent mieux dans des conditions subtropicales. *Merremia tuberosa* est extrêmement vigoureux, avec des fleurs jaune vif en été, suivies de jolis fruits, semi-ligneux. Sous un climat chaud, il couvre une grande clôture ou habille un arbre. *Merremia aurea* porte de grandes fleurs dorées. Atteignant 3 m au maximum, il est plus adapté à une véranda.

Quand tailler : juste après la floraison.

Palissage et taille : il n'y a pas de taille de formation. Guidez les jeunes pousses vigoureuses dans la direction requise, en vue de couvrir uniformément le support. Taillez la plante adulte chaque année pour qu'elle se ramifie et fleurisse. Procédez à un éclaircissage et supprimez les pousses non désirées. Rabattez les rameaux latéraux au-dessus de deux bourgeons proches de la charpente. Pincez l'extrémité des tiges principales dès qu'elle dépasse la hauteur souhaitée. Le *Merremia* tolère d'être rabattu à 60 cm ou à 1 m de la base.

METROSIDEROS

Certaines de ces grimpantes persistantes à tiges ligneuses portent des racines aériennes. Elles sont cultivées pour leur beau feuillage coriace. Leurs fleurs très vivement colorées viennent en juin-juillet. Sous les Tropiques, les *Metrosideros* tapissent une pergola ou un arbre adulte. Dans nos régions, ce sont de belles plantes de serre. Placez-les en plein soleil.

Quand tailler : juste après la floraison.

Palissage et taille : la taille de formation est réduite au minimum. Contentez-vous de palisser les tiges les plus vigoureuses et supprimez les autres. Taillez les plantes adultes pour supprimer les rameaux faibles, âgés ou en surnombre. Sachez qu'une taille excessive réduit la floraison. Remplacez une plante âgée qui se dégarnit de la base.

MONSTERA

Monstera deliciosa est une grimpante persistante massive, avec de longues racines aériennes, non adhésives. Ses jolies feuilles sont coriaces, lobées, profondément découpées. En climat tropical et subtropical, une plante adulte produit beaucoup de fleurs blanc crème, ressemblant à celle de l'arum. Elles sont suivies de grands fruits ovales, comestibles. Cette espèce grimpe sur de grands arbres. Elle est superbe, palissée contre un mur. Dans nos régions, le *Monstera* est cultivé comme plante d'intérieur. Il est alors moins vigoureux et fleurit rarement. Il peut grimper le long d'un tuteur de mousse, dans lequel s'infiltreront les racines.

Quand tailler : en mars.

Palissage et taille : la taille de formation se réduit au pincement de l'extrémité des pousses des jeunes plants. Cela favorise la ramification. Palissez en cas de besoin. Sur les plantes adultes, pincez l'extrémité des pousses pour limiter leur extension ou favoriser leur ramification. Supprimez les racines aériennes trop longues. Rabattez une plante trop envahissante pour stimuler la production de nouvelles tiges vigoureuses.

MONSTERA DELICIOSA 'VARIEGATA'
Les racines aériennes qui se développent sur les tiges de Monstera *n'adhèrent pas aux surfaces comme celles des lierres. Elles s'ancrent dans la mousse ou dans l'écorce d'un arbre qui sert de support.*

MUCUNA

Ces grimpantes volubiles, vigoureuses et persistantes, sont originaires des régions tropicales et subtropicales. Elles produisent des grappes pendantes de fleurs très colorées aux étendards crochus. Estivales, elles sont suivies en automne de fruits veloutés ou soyeux. Portez des gants pour manipuler cette plante et nettoyez tout ce qui a été en contact avec elle, car ses poils causent des irritations. Les *Mucuna* viennent à la mi-ombre en été. Ils ont besoin d'espace pour grimper sur un support solide de fils de fer.

Quand tailler : en mars, ou après la floraison, si l'on ne souhaite pas de fruits.

Palissage et taille : la formation se réduit à palisser les jeunes pousses pour obtenir une couverture uniforme du support. Chez l'adulte, éclaircissez les pousses en surnombre et supprimez les plus faibles. Pour stimuler la floraison, coupez les rameaux latéraux au-dessus de deux ou trois bourgeons proches des tiges principales. La plante âgée et dégarnie se prête bien à une taille sévère.

MUEHLENBECKIA

On trouve dans ce genre des grimpantes volubiles ou sarmenteuses et des arbustes, caducs ou persistants. Ces plantes sont cultivées pour la structure délicate de leurs branches entrelacées, colorées, et pour leurs fleurs étoilées, minuscules, parfumées. La plupart sont rustiques. *Muehlenbeckia axillaris* prospère dans un lieu abrité des vents secs et froids. L'idéal est d'utiliser ces plantes pour recouvrir la souche d'un arbre, un poteau ou un support bas. Vous pouvez les laisser grimper parmi d'autres arbustes.

Quand tailler : en mars.

Palissage et taille : les jeunes plants produisent plusieurs tiges raides, droites, à attacher sur un support. Elles se ramifient pour former la masse caractéristique de branches délicatement imbriquées. Taillez la plante adulte pour limiter la végétation souvent très envahissante, mais il est difficile de tailler sans nuire au port ramifié, si précieux pour la décoration. Remplacez une plante âgée au lieu de la rajeunir par une taille sévère.

CONSEIL TRUFFAUT
Le Monstera est souvent confondu avec les philodendrons, mais c'est une plante qui se montre beaucoup plus vigoureuse. À la maison, il faut prévoir une armature solide. Un treillage serait parfait. Vaporisez souvent le feuillage à l'eau douce, pour que l'humidité atmosphérique soit adéquate.

MUSSAENDA

Mussaenda erythrophylla est une grimpante tropicale, persistante, sarmenteuse ou volubile. Ses fleurs sont très colorées et comportent un large sépale, à l'aspect de feuille, d'une couleur contrastée. Chez nous, cultivez-la dans une serre ensoleillée, palissée sur un treillage ou des fils de fer.

Quand tailler : en mars.

Palissage et taille : rabattez après la plantation, entre 15 cm et 30 cm de la base, pour favoriser le départ de pousses vigoureuses. Les *Mussaenda* demandent un an ou deux pour adopter un port grimpant. Attachez-les au fur et à mesure de leur développement pour former l'ossature principale. Sur la plante adulte, éclaircissez et supprimez les pousses faibles. Réduisez la longueur des rameaux latéraux en coupant au-dessus de deux ou trois bourgeons proches des charpentières.

MUTISIA

Ce sont des grimpantes persistantes, rustiques ou semi-rustiques. Leurs tiges flexibles portent des vrilles foliaires. Prisées pour leurs inflorescences de longue durée, aux couleurs vives, elles poussent la tête au soleil et les racines à l'ombre humide. Elles sont difficiles à s'établir.

Mutisia oligodon

Cette grimpante rustique porte des fleurs de marguerite, rose saumon vif, durant l'été.

Quand tailler : au printemps, une fois passé tout risque de gelée ou juste après la floraison, sous un climat chaud.

Palissage et taille : la taille de formation se réduit à pincer l'extrémité des pousses des jeunes plants pour favoriser la ramification. Les tiges se mettent vite à s'agripper et ainsi à grimper toutes seules. Guidez-les au départ vers leur support, à l'aide de rames ou de cannes en bambou. Cette plante ne supporte pas de taille sévère. Sur les sujets adultes, ne taillez que les tiges faibles ou mortes. Le bois semble souvent sec à la fin de l'hiver, aussi retardez la suppression de toute tige, jusqu'à ce qu'elle soit facilement identifiable. L'apparition de nouvelles pousses au printemps désigne les rameaux vivants.

> **AUTRES MUTISIAS**
> **MUTISIA DECURRENS** et **ILICIFOLIA** se taillent comme le *Mutisia oligodon.*

N - O - P

NEPENTHES

Ces vivaces tropicales, persistantes grimpantes ou rampantes, sont insectivores et souvent épiphytes. Les *Nepenthes* grimpent grâce à des vrilles foliaires. Certaines s'élargissent pour former une urne pendante, marbrée de vert, rouge ou pourpre, dans laquelle sont emprisonnés et digérés les insectes. Toutes exigent chaleur et mi-ombre et se passent de taille. Rabattez les pousses trop longues en mars.

NEPENTHES EN SUSPENSION
Cultivez le Nepenthes *en panier pour mieux apprécier ses urnes joliment marbrées.*

PANDOREA

Ces grimpantes à tiges ligneuses sont volubiles, persistantes et semi-rustiques. Elles sont proches des *Campsis,* avec un feuillage lustré et des fleurs en trompettes, parfumées, apparaissent sur les pousses de l'année précédente. Sous les Tropiques, elles habillent un mur, une clôture, une pergola, ou servent de couvre-sol sur un talus. Dans nos régions, placez-les dans une véranda.

Quand tailler : après la floraison.

Palissage et taille : lors de la plantation, attachez les jeunes pousses vigoureuses pour créer une couverture uniforme. Chez l'adulte, taillez pour supprimer les pousses non souhaitées et éclaircissez celles qui sont en surnombre. Coupez dès la base. Rabattez une plante envahissante pour favoriser la formation de nouvelles pousses. Remplacez une plante très âgée.

PARSONSIA

Parsonsia capsularis, assez rare, est une grimpante volubile, persistante, rustique. Elle est cultivée pour ses jeunes feuilles teintées de rose et rehaussées de chamois et de brun chocolat. Ses petites fleurs blanches, en clochettes, apparaissent en été. Elles sont très décoratives sur une clôture ou une pergola ensoleillée.

Quand tailler : après la floraison.

Palissage et taille : la taille de formation se réduit à la suppression des pousses mortes ou faibles. Sur les sujets adultes, supprimez les pousses mortes ou faibles pour aérer l'ensemble. Rabattez les tiges qui restent d'un tiers de leur longueur, quand elles deviennent trop envahissantes. Une plante âgée taillée sévèrement ne refleurit pas durant un an ou deux. Il est préférable de la remplacer par une jeune plante plus vigoureuse ou de faire des marcottes.

PARTHENOCISSUS

Ce sont les vignes vierges, des grimpantes vigoureuses souvent caduques. Elles portent des coussinets adhésifs et sont prisées pour la couleur d'automne de leur feuillage. Rustiques, elles poussent à l'ombre ou à la mi-ombre. Les vignes vierges ont besoin d'espace et sont idéales pour couvrir un grand mur, un bâtiment, un talus, ou pour grimper dans un arbre. Le support doit être robuste et sain. Taillez-les pour qu'elles n'envahissent pas les fenêtres, les toits, les cheminées et les gouttières.

Quand tailler : en automne et jusqu'en décembre ; faites une taille légère en été.

Palissage et taille : il n'y a pas de taille de formation. Guidez et attachez les jeunes pousses sur leur support jusqu'à ce qu'elles s'accrochent d'elles-mêmes. Taillez l'adulte pour maîtriser sa vigueur. Supprimez les tiges qui se sont détachées ou poussent loin de leur support. Les coussinets adhésifs rendent l'éclaircissage impossible. Rajeunissez les vieux sujets en les rabattant complètement à 1 m de la base.

PARTHENOCISSUS EN HIVER
Les tiges adhèrent en permanence sur le support contre lequel elles sont palissées.

PASSIFLORA *Passiflore*

Ce vaste genre comprend des grimpantes à vrilles, persistantes ou semi-persistantes, à tiges ligneuses. Leur feuillage est joli, mais on les cultive surtout pour leurs fleurs originales, de grande taille et de diverses couleurs. Certaines produisent des fruits comestibles. Sous un climat chaud, les passiflores sont palissées sur un mur, une pergola ou une clôture. Les espèces les plus grandes requièrent un support solide. La majorité de ces plantes prolifère en plein soleil ou à la mi-ombre. Le palissage met les fleurs en valeur. Une taille régulière rend la plante plus florifère, et prolonge la durée de la floraison. Sous un climat tempéré frais, la plupart des espèces grimpantes requièrent la protection d'une véranda ou d'une serre. *Passiflora antioquiensis, edulis* et *quadrangularis* tolèrent des températures un peu plus basses que *Passiflora coccinea* et les autres espèces tropicales. *Passiflora caerulea, incarnata* et *lutea* sont rustiques dans les régions aux hivers doux.

Passiflora caerulea

Cette grimpante à vrilles et à tiges ligneuses est persistante ou semi-persistante. Elle croît rapidement. À la fin de l'été, elle donne des fleurs crème, teintées de rose, vertes à l'extérieur, avec le cœur cerclé de bleu, de blanc et de pourpre, comme une couronne d'épines. Elle est rustique à l'abri des vents froids.

Quand tailler : en avril et après la floraison.

Palissage et taille : développez une ossature permanente au niveau de laquelle vous rabattez toutes les tiges florales. Pour palisser une passiflore en éventail contre un mur, taillez l'extrémité des pousses après la plantation. Cela favorise une ramification dès la base. Sélectionnez trois ou cinq des nouvelles pousses vigoureuses et attachez-les sur le support. Dans le cas d'un palissage le long de fils de fer, menez la tige principale verticalement. Rabattez les pousses latérales jusqu'à ce que la plante atteigne la hauteur désirée. Vous pouvez laisser se développer des rameaux latéraux et les conduire à l'horizontale, pour former des tiges principales permanentes.
Sur les plantes adultes, supprimez au printemps les branches mortes, faibles et enchevêtrées. Cela permet aussi de maîtriser la végétation. Après la floraison, rabattez les tiges florales au-dessus de deux ou trois bourgeons proches de la charpente. Une taille plus sévère entraîne une croissance excessive et, dans certains cas, une diminution de la floraison durant un ou deux ans. Remplacez une plante âgée par de jeunes plants vigoureux au lieu de les rajeunir par un recépage.

HYBRIDE DE PASSIFLORA CAERULEA
Il existe de nombreux cultivars aux fleurs plus ou moins teintées de bleu, rose ou pourpre. C'est l'espèce la plus rustique.

AUTRES PASSIFLORES
Taillez et palissez toutes les espèces grimpantes comme la *Passiflora caerulea*. Dans le cas d'une croissance vigoureuse, éclaircissez davantage les espèces tropicales juste après la floraison. Si vous cultivez une passiflore pour ses fruits, *voir* Passiflore et grenadille *p. 297*.

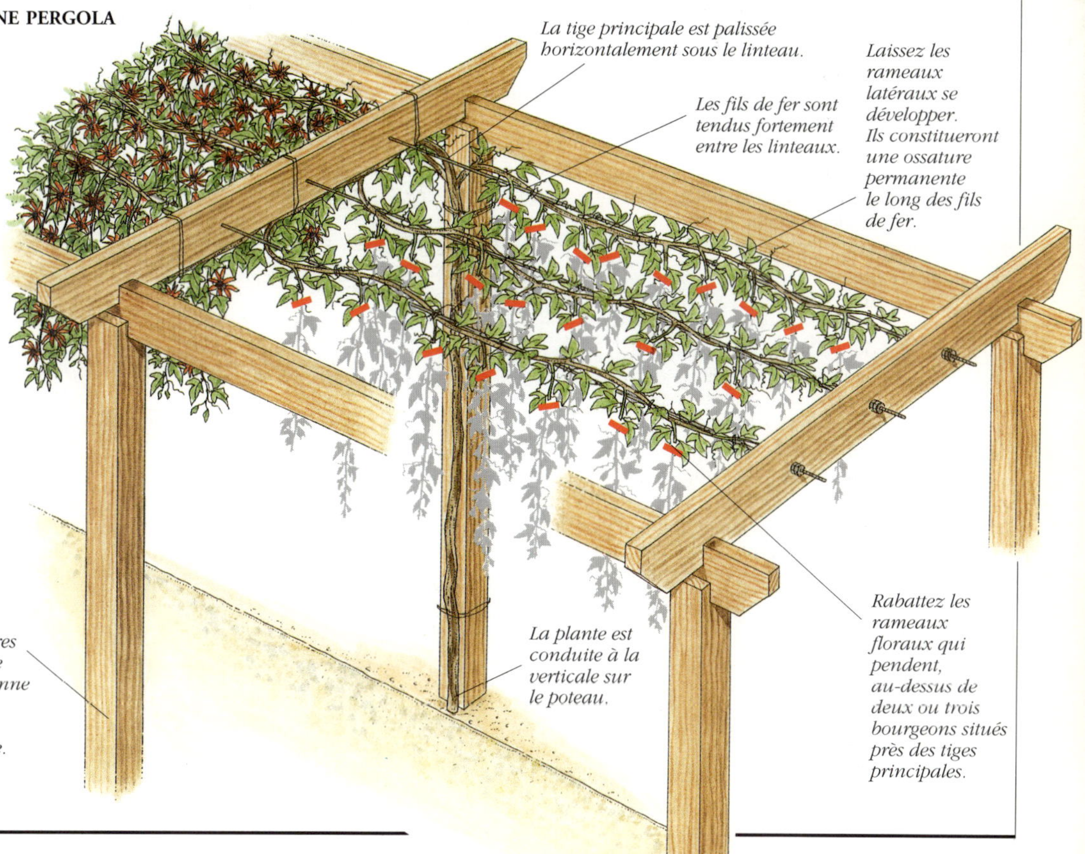

UNE PASSIFLORE SUR UNE PERGOLA
Des tiges palissées en permanence sur le « toit » de la pergola produisent des rameaux à fleurs. Laissez-les pendre pour qu'ils mettent en valeur les fleurs et créent un effet de foisonnement très exotique. Rabattez les rameaux après la floraison, au-dessus de deux ou trois bourgeons proches des tiges principales.

PETREA

Petrea volubilis est une plante grimpante volubile, tropicale, semi-caduque ou persistante. Ses tiges sont ligneuses. Elle est cultivée pour ses grappes souples de fleurs lilas et améthyste. C'est une plante idéale sur une colonne, un mur ou pour habiller le tronc d'un arbre (il faut qu'elle puisse bénéficier du plein soleil). Vous pouvez aussi la mener sur tige.

Quand tailler : après la floraison.

Palissage et taille : juste après la plantation, pincez l'extrémité des pousses. Sélectionnez trois ou cinq grosses tiges pour former l'ossature. Attachez les pousses jusqu'à ce qu'elles s'enroulent. Taillez les plantes adultes chaque année pour conserver une silhouette aérée. Cela évite aussi les attaques des cochenilles et de la fumagine, fréquentes chez le *Petrea*. Éclaircissez les pousses en surnombre. Taillez les rameaux latéraux au-dessus de deux ou trois bourgeons situés près de la charpente.

PETREA VOLUBILIS
Cette liane produit des épis de fleurs lilas, cylindriques, sur une longue période. Dans nos régions, il ne pousse que dans une serre ou une véranda chauffée.

PHASEOLUS *Haricot*

Ces grimpantes volubiles sont vigoureuses, annuelles ou vivaces. Certaines, comme le *Phaseolus coccineus* (haricot d'Espagne) et le *Phaseolus vulgaris* (haricot vert) sont cultivées comme légumes. Ces plantes sont intéressantes pour leurs fleurs colorées et décoratives. Toutes assurent une couverture rapide durant la saison de croissance. Elles se multiplient par semis et sont cultivées comme des annuelles, bien que *Phaseolus coccineus* et *Phaseolus lunatus* soient des vivaces semi-rustiques, à racines tubéreuses, dont les feuilles disparaissent en hiver. La taille est inutile mais, en mars, coupez les tiges mortes des espèces vivaces. Pincez les longues pousses.

PHILODENDRON

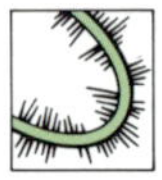

Ce sont des plantes grimpantes persistantes, ligneuses à la base. Elles sont prisées pour leur joli feuillage, parfois coloré. Bien que non adhésives, leurs racines aériennes s'enroulent sur le support et permettent de maintenir la plante. Les philodendrons produisent parfois des fleurs ressemblant à celles de l'arum, dans différentes nuances de vert ou jaune. Placées à la chaleur, ces plantes d'origine tropicale vivent longtemps et demandent peu de soins. Elles sont utilisées comme plante d'appartement, de véranda ou de serre chaude. Cultivez *Philodendron scandens* à la mi-ombre, en lui donnant comme support un tuteur de mousse très solide.

Quand tailler : au printemps ou en été.

Palissage et taille : pincez l'extrémité des tiges pour favoriser la ramification des jeunes plantes. Palissez les nouvelles pousses en les attachant dans la direction souhaitée. Taillez pour supprimer les tiges en surnombre. Au printemps, raccourcissez les rameaux principaux, pour obtenir des ramifications, avant l'apparition des nouvelles feuilles. Les philodendrons trop envahissants tolèrent une taille sévère.

PHILODENDRON GRIMPANT *(à droite)*
Les philodendrons produisent des racines aériennes volubiles qui utilisent toutes sortes de supports pour ancrer la plante.

PLUMBAGO *Dentelaire*

Ce genre comprend plusieurs espèces grimpantes à tiges ligneuses, grêles et sarmenteuses. Les dentelaires sont persistantes ou semi-persistantes, toutes plus ou moins gélives, selon l'emplacement où elles sont placées. Leur principal attrait réside dans leurs grappes terminales constituées de fleurs plates qui naissent sur les pousses de l'année, de juin aux gelées. Ces plantes sont idéales contre un mur, une clôture, une pergola ou en véranda. Il est possible de les conduire sur tige ou de les palisser sur une sphère métallique. Tous les *Plumbago* préfèrent une lumière douce et tamisée, plutôt que le plein soleil.

Plumbago auriculata

Appelée aussi « *Plumbago capensis* », cette grimpante porte le nom commun de « dentelaire du Cap ». Elle se distingue des autres espèces par ses bouquets de fleurs d'un bleu très pâle. Ses inflorescences naissent à partir de juin et durent jusqu'aux premières gelées. C'est le *Plumbago* le plus rustique, puisqu'il tolère des températures de 5 °C. Dans des conditions fraîches, il n'est pas trop vigoureux et s'avère idéal pour garnir une véranda ou une serre. Le bleu des fleurs est particulièrement séduisant lorsque la plante est placée contre un mur peint en blanc.

PLUMBAGO PALISSÉ SUR UNE SPHÈRE MÉTALLIQUE
Installez la plante au cœur de la sphère. Étalez les tiges tout autour. Taillez pour obtenir des rameaux latéraux. Enroulez en spirale les tiges principales autour de la sphère pour que les pousses latérales s'enchevêtrent et couvrent la structure entière. Maintenez la forme des années durant, en supprimant les fleurs fanées. Dès que la végétation devient excessive, rajeunissez la plante. Détachez les tiges des fils de fer et taillez au-dessus de jeunes pousses fortes que vous palissez durant leur croissance.

Quand tailler : en février-mars.

Palissage et taille : pour conduire le *Plumbago* contre un mur, pincez l'extrémité des pousses des jeunes plants après la plantation. Sélectionnez trois ou quatre des nouvelles tiges les plus fortes pour former l'ossature principale. Attachez-les au fur et à mesure de leur développement, car elles ne s'accrochent pas toutes seules. Dès que les tiges principales atteignent la hauteur voulue, pincez leur extrémité pour favoriser la production de nouveaux rameaux latéraux. Sur la plante adulte, maintenez la structure des branches et rabattez tous les rameaux latéraux au-dessus de deux ou trois bourgeons situés près de la base. Supprimez toutes les pousses faibles ou mal placées, en les rabattant près des branches charpentières. Rajeunissez la plante en taillant toutes les branches à 30 cm de la base. Palissez les nouvelles tiges fortes sur le support, dès que la végétation repart. Si les nouvelles pousses manquent de vigueur, remplacez la plante. Elle est sans doute malade ou trop âgée. Pour mener le *Plumbago* sur tige, *voir p. 260.* Une fois la tête établie, rabattez chaque année tous les rameaux latéraux près de l'ossature principale. Pour guider la plante sur une sphère métallique ou toute autre forme, attachez le plus grand nombre de tiges possible autour du support et non vers le haut. Cela assure une couverture uniforme et favorise l'apparition d'un grand nombre de pousses latérales. Supprimez les fleurs fanées jusqu'à la prochaine taille de rajeunissement. Pincez durant la croissance pour obtenir des ramifications.

AUTRES DENTELAIRES
PLUMBAGO INDICA et **SCANDENS** se taillent comme le *Plumbago auriculata.*

POLYGONUM

Ces grimpantes volubiles sont vigoureuses et rustiques. Elles sont aussi classées sous le nom de « *Fallopia* » Les plus répandues, *Polygonum aubertii* et *baldschuanicum,* toutes deux caduques, produisent tout l'été de petites fleurs blanches ou rose pâle. En raison de leur vigueur exceptionnelle, ces plantes sont inestimables pour masquer des grands bâtiments inesthétiques et des clôtures. Réservez-les aux grands jardins en raison de leur nature envahissante et de leur croissance très rapide.

Quand tailler : en février-mars. Supprimez les pousses en excès à tout moment de l'année, sauf par temps froid ou neigeux.

Palissage et taille : la taille de formation est superflue. Guidez les jeunes tiges sur le support pour obtenir une couverture régulière. La plante adulte forme une masse de tiges entrelacées, difficile à tailler méthodiquement. Dans un grand espace, laissez les plantes se développer librement. Sinon, rabattez toutes les tiges d'un tiers de leur longueur. Rajeunissez les vieux sujets, en rabattant toute la ramure à 1 m du sol.

POLYGONUM BALDSCHUANICUM
Cette espèce est appréciée pour sa vigueur et sa rapidité de croissance incroyable.

PORANA

Cette volubile persistante, vigoureuse, aime le soleil. Elle est précieuse sur un treillage ou une pergola. Palissée contre un mur, elle requiert le support de fils de fer verticaux. Tropicale, gélive, elle ne fleurit qu'en serre chauffée. La taille de formation est inutile. Guidez les pousses sur le support. Chez la plante adulte, rabattez les rameaux latéraux au-dessus de un ou deux bourgeons proches de la tige principale. Le *Porana* ne se prête pas à une taille sévère.

PUERARIA

Pueraria lobata (appelé aussi « kudzu », ou « *Pueraria hirsuta* », ou « *thunbergiana* ») est une grimpante volubile caduque, à tiges poilues. Elle porte, sur les nouvelles pousses, des fleurs à étendards pourpres et parfumées. Cette plante assez rustique repart de la base une fois la partie aérienne détruite par les gelées. Dans nos régions, cultivez-la plutôt comme une annuelle.

Quand tailler : en mars.

Palissage et taille : il n'y a pas de taille de formation. Palissez les pousses pour constituer l'ossature. Les années suivantes, supprimez les tiges faibles. Éclaircissez les pousses en surnombre et rabattez les tiges au niveau de la charpente pour maîtriser leur extension. Rajeunissez la plante en rabattant toutes les pousses à 30 cm de la base, ce qu'elle tolère bien.

PYROSTEGIA

Pyrostegia venusta (ou *ignea*) est une grimpante persistante à vrilles et à tiges ligneuses. Elle est appréciée pour ses nombreuses fleurs tubuleuses, orange. En climat tropical et subtropical, elle couvre une arche, une pergola, un treillage ou une plante hôte. Dans nos régions, cultivez-la dans une serre chauffée.

Quand tailler : en février-mars.

Palissage et taille : après la plantation, sélectionnez une ou deux grosses tiges pour former une charpente. Supprimez les autres. Pincez leur extrémité quand elles atteignent 3 ou 4 m. Sur la plante adulte, rabattez toutes les pousses latérales au-dessus de deux ou trois bourgeons proches des tiges principales Supprimez les pousses non désirées. Le *Pyrostegia* se prête à une taille sévère. Il réussit parfois dans le Midi.

CONSEIL TRUFFAUT
Les Polygonum sont si vigoureux qu'ils seront utilisés pour masquer des bâtiments inesthétiques ou des vieux murs que l'on ne souhaite pas entretenir. Ces plantes émettent de très nombreux rejets dont les tiges ressemblent un peu à des bambous. Il faut les éliminer dès leur apparition, afin de limiter l'expansion de la plante. Le Polygonum baldschuanicum est conseillé chaque fois que vous souhaitez une couverture végétale sans aucun entretien. Il en existe aussi une petite forme couvre-sol vivace : le Polygonum affine.

R

RHODOCHITON

Rhodochiton atrosanguineus ou *volubile* est une grimpante vivace et persistante. Ses pétioles sont volubiles et ses tiges grêles, parfois ligneuses. Elle est cultivée pour ses fleurs tubuleuses, marron-pourpre foncé. Celles-ci sont rehaussées d'un superbe calice dilaté en forme de cloche, d'une couleur un peu plus pâle. Cultivez la plante au soleil ou à l'ombre légère, les racines aiment la fraîcheur et l'humidité. Il faut procurer au *Rhodochiton* des conditions hors gel. Cette vivace est souvent cultivée comme une annuelle semi-rustique, qui fleurit rapidement la première année après le semis.

Quand tailler : en mars.

Palissage et taille : la plante requiert un support permanent. La taille de formation se résume à un pincement des pousses d'extrémité pour favoriser un port ramifié. Prévoyez un support léger (rames ou filet) jusqu'à ce que les tiges s'accrochent d'elles-mêmes. Sur la plante adulte, supprimez les tiges mortes.

RUBUS *Ronce*

Ce genre renferme des plantes cultivées pour leurs fruits et plusieurs espèces arbustives *(voir p. 218). Rubus henryi* 'Bambusarum' est une grimpante sans vrille, parfaitement rustique. Persistante, elle est cultivée surtout pour ses jolies feuilles trilobées, plissées, au dessus vert foncé lustré et blanches au revers. Durant l'été, cette ronce produit des grappes grêles de fleurs roses, simples, suivies de petits fruits brillants à l'aspect de mûre. C'est une plante précieuse pour garnir une clôture, une vieille souche d'arbre ou à utiliser en couvre-sol, comme le gracieux *Rubus flagelliflorus*.

Quand tailler : en février-mars.

Palissage et taille : après la plantation, raccourcissez la tige principale à 30 cm de la base pour favoriser la formation de pousses fortes. Palissez-les au fur et à mesure de leur développement, pour assurer une couverture uniforme du support. Taillez la plante adulte chaque année afin d'assurer une production continue de nouvelles tiges. Supprimez une partie de celles qui ont fleuri l'année précédente, en les rabattant presque à la base. Les nouvelles pousses fleurissent l'année suivante. Remplacez la plante lorsqu'elle est âgée.

S

SCHISANDRA

Ces belles volubiles, caduques ou persistantes, produisent des grappes étonnantes de fleurs parfumées. Si vous cultivez des plants mâles et femelles à proximité l'un de l'autre, vous obtiendrez de curieux fruits en forme de perle. Rustiques, les *Schisandra* sont précieux à l'ombre, contre un mur, une clôture ou un treillage. Dans le Midi, ils peuvent habiller un tronc d'arbre.

Quand tailler : en février-mars.

Palissage et taille : il n'y a pas de taille de formation pour les plantes grimpant dans un arbre. Sur les *Schisandra* placés contre un mur, un treillage ou une clôture, sélectionnez de cinq à sept tiges vigoureuses pour former la charpente. Attachez-les en les répartissant bien. Sur la plante adulte, supprimez les tiges qui gênent les pousses inférieures. Rabattez les rameaux latéraux trop longs ou dirigés vers l'extérieur, au-dessus de deux ou trois bourgeons situés près de la ramure principale. Cela favorise la formation de rameaux à fleurs. Échelonnez les tailles sévères sur plusieurs années pour ne pas compromettre la floraison. Chaque hiver, coupez, près de la base, une branche ligneuse âgée et palissez à sa place les tiges de remplacement.

SCHIZOPHRAGMA

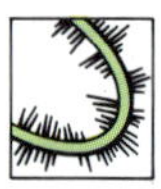

Ce sont de belles grimpantes caduques, proches des *Hydrangea.* Elles forment des tiges ligneuses, avec des racines aériennes, adhésives. La floraison est caractérisée par ses bractées légères, couleur ivoire. Ces plantes rustiques tolèrent la mi-ombre, mais elles ont besoin d'être abritées du vent. Les *Schizophragma* habillent joliment un grand mur, le tronc d'un grand arbre ou forment un couvre-sol.

Quand tailler : après la floraison.

Palissage et taille : dirigez les jeunes pousses sur le support pour qu'elles s'ancrent d'elles-mêmes. Aidez davantage la plante lorsqu'elle se trouve au contact d'une surface lisse. Supprimez les pousses en excès ou non désirées. S'il se forme des trous avec l'âge, attachez des jeunes branches avec un lien temporaire pour qu'elles les comblent. Les plantes âgées produisent parfois de longues pousses feuillues. Raccourcissez-les des deux tiers, car elles n'ont aucune chance de fleurir. Ne rabattez pas ces plantes. Rajeunissez-les peu à peu en supprimant chaque année une ou deux branches principales. Cette opération stimule le départ de nouvelles pousses près de la base.

SCHIZOPHRAGMA INTEGRIFOLIUM
Les inflorescences plates, blanches ou crème, ressemblent en plus léger à celles d'un Hydrangea petiolaris.

SEMELE

Semele androgyna est une plante vivace vigoureuse, persistante et gélive. Ses tiges volubiles rigides portent des cladodes vert foncé, sortes de feuilles sur lesquelles naissent en été des petites fleurs étoilées, suivies de baies rouge orange. C'est une plante robuste à cultiver dans une véranda ou sous les Tropiques, à palisser le long d'un mur ou sur le tronc d'un arbre. La taille de formation est inutile mais guidez et palissez les jeunes rameaux sur le support. Les tiges mettent deux ou trois ans à se développer pleinement et les fruits douze bons mois à mûrir. Après la récolte, en février-mars, supprimez la tige entière à la base, en laissant intactes les pousses plus jeunes. Sinon, taillez uniquement pour limiter la hauteur de la plante. La taille réduit l'importance de la fructification. Ces plantes vivent longtemps, mais elles acceptent d'être complètement rabattues près du sol si, par exemple, vous devez rénover le mur servant de support.

SENECIO MACROGLOSSUS 'VARIEGATUS'
Chez ce cultivar panaché, les feuilles marginées de crème, prennent l'aspect des feuilles du lierre. Elles s'harmonisent bien au jaune tendre des fleurs étoilées.

SENECIO *Séneçon*

Ce genre comprend plusieurs espèces grimpantes à tiges volubiles. Elles sont appréciées dans un jardin en région chaude, parmi des arbustes palissés contre un mur, dans les haies ou avec d'autres grimpantes. Ailleurs, plantez-les en serre chauffée. *Senecio scandens* est rustique.

Senecio macroglossus

Cette grimpante est volubile, persistante et gélive. Ses tiges ligneuses portent des feuilles triangulaires et des fleurs jaunes, en hiver.

Quand tailler : après la floraison.

Palissage et taille : après la plantation, pincez l'extrémité des pousses pour favoriser la ramification près de la base. Palissez les grosses tiges pour former l'ossature, en les séparant bien. Sur la plante adulte, supprimez les pousses faibles ou rabattez les rameaux floraux d'un tiers, s'ils sont trop longs. Une taille sévère réduit fortement la floraison.

AUTRES SÉNEÇONS
SENECIO MIKANIOIDES (ou *Delairea odorata*) et **SENECIO SCANDENS** se traitent comme un *Senecio macroglossus*. Les espèces arbustives sont désormais classées dans le genre *Brachyglottis* (voir p. 179).

SMILAX *Salsepareille*

Ces grimpantes sarmenteuses sont moyennement rustiques. Leurs tiges épineuses peuvent monter à l'assaut d'une souche d'arbre, voire d'un arbre ou d'un arbuste. Il n'y a pas de taille de formation. Il suffit de guider les jeunes pousses sur le support. Éclaircissez le sujet adulte en février-mars. Coupez les pousses âgées près de la base. Portez des gants et taillez les tiges par sections. Rabattez la plante pour la rajeunir.

SOLANDRA

Ces lianes sarmenteuses et persistantes ont des tiges ligneuses. Elles portent de jolies fleurs en larges trompettes, agréablement parfumées, surtout la nuit. Les *Solandra* demandent des conditions chaudes et des hivers secs. Ils poussent de préférence sous verre et peuvent être très vigoureux. Taillez après la floraison. Pour la formation, pincez l'extrémité des pousses pour favoriser la ramification. Sur le pied adulte, limitez la taille à la suppression des pousses faibles ou en surnombre. Raccourcissez d'un tiers les tiges trop vigoureuses. Ces plantes tolèrent une taille sévère, mais elle reprennent lentement leur forme, et leur floraison est affectée durant un an ou deux. Culture possible dans le Midi.

SOLANUM

Ce vaste genre comprend des espèces grimpantes à tiges ligneuses, sarmenteuses ou avec des pétioles volubiles. Elles sont cultivées pour leurs grands bouquets de fleurs étoilées, bleu-violet, blanches ou gris-bleu pâle, venant sur les pousses de l'année. *Solanum wendlandii* et *seaforthianum* sont gélifs ; *Solanum jasminoides* et *crispum* tolèrent une faible gelée. La sève causant des réactions allergiques, portez des gants pour la taille.

Solanum crispum

C'est une grimpante sans vrille, vigoureuse, persistante ou semi-persistante. Elle survit à des petites gelées dans un lieu abrité et ensoleillé. Prévoyez un support solide.

Quand tailler : en mars ou après la floraison dans un jardin chaud, hors gel.

Palissage et taille : après la plantation, pincez l'extrémité des pousses pour favoriser la ramification près de la base. Sélectionnez trois ou quatre tiges fortes pour former une charpente. Palissez-les sur le support au fur et à mesure de leur développement. Chaque année, taillez la plante adulte pour supprimer les pousses non souhaitées. Rabattez les rameaux latéraux au-dessus de deux ou trois yeux proches de l'ossature. Ne taillez pas trop sévèrement. Étalez le rajeunissement sur deux ou trois ans. Chaque année, supprimez un rameau âgé près de la base, (le moins bien orienté). Palissez en bonne place la plus vigoureuse des nouvelles tiges.

AUTRES SOLANUMS
SOLANUM JASMINOIDES se taille comme le *Solanum crispum*.
SOLANUM SEAFORTHIANUM et **WENDLANDII** se taillent tout de suite après la floraison.

SOLANUM CRISPUM 'GLASNEVIN'
C'est le plus cultivé des Solanum *grimpants. Ses fleurs étoilées ont des étamines jaune doré qui contrastent joliment avec les pétales bleu-violet foncé. Une plante très décorative, mais assez frileuse.*

CONSEIL TRUFFAUT
Le Schizophragma integrifolium est moins répandu que l'hortensia grimpant, sans doute en raison de sa moindre vigueur. Il pourra pour cette raison séduire les propriétaires de petits jardins ou même de terrasse, car il s'accommode fort bien de la culture en bac. Cette plante est lente à s'installer et se montre frileuse dans les premières années. Méfiez-vous également des limaces qui lui témoignent une affection inattendue, car c'est une espèce relativement peu courante. Placez des granulés à base de métaldéhyde au pied de la plante, au printemps et à l'automne. C'est le seul moyen pour que ses feuilles ne soient pas transformées en dentelle.

STAUNTONIA

Stauntonia hexaphylla est une volubile persistante, vigoureuse et rustique. Elle est cultivée pour ses feuilles lustrées et ses fleurs blanches, teintées de lilas, agréablement parfumées au printemps. Les fleurs mâles et femelles sont portées par des sujets différents. S'il y a un plant mâle à proximité, les pieds femelles produisent en été des fruits pourpres, charnus, oviformes, comestibles. Ils atteignent 5 cm de long. Les femelles peuvent parfois fructifier sans la présence d'un mâle pollinisateur.

Stauntonia hexaphylla est rustique. Pour prospérer dehors, cette plante requiert un emplacement chaud, ensoleillé et abrité. Elle ne fructifie pas si les fleurs sont abîmées par les gelées. Au nord de la Loire, cultivez-la dans une serre ou une véranda. Utilisez un treillage contre un mur, ou palissez-la sur une pergola. Taillez pour stimuler la production de rameaux à fleurs. Cela permet aussi de maîtriser la végétation de cette espèce.

Quand tailler : en février-mars.

Palissage et taille : il n'y a pas de taille de formation. Comme la plante pousse rapidement, guidez les jeunes rameaux sur le support pour développer une couverture uniforme. Une fois l'ossature formée, raccourcissez durant l'été, les rameaux latéraux au-dessus de six ou huit yeux comptés à partir de la charpente. Rabattez les mêmes tiges à deux ou trois bourgeons, seulement en mars. Raccourcissez les tiges principales pour favoriser le départ de nouvelles pousses, mais évitez toute taille sévère qui affaiblit la plante.

STEPHANOTIS

C'est le jasmin de Madagascar, une grimpante volubile, persistante, assez charnue, à feuilles coriaces. *Stephanotis floribunda* est surtout cultivé pour ses fleurs étoilées, blanches, cireuses, au parfum entêtant. Elles s'épanouissent du printemps à l'automne. La plante peut atteindre de 4 à 5 m de hauteur dans un jardin tropical, où elle s'impose sur un treillage ou une pergola. Elle est moins vigoureuse dans nos régions, cultivée comme plante d'intérieur assez délicate.

Quand tailler : en février-mars.

Palissage et taille : après la plantation, pincez l'extrémité des tiges pour favoriser la ramification. Palissez les nouvelles pousses sur le support en les orientant de manière régulière. Chez l'adulte, supprimez les tiges faibles et en excès. Pincez les rameaux trop longs. Remplacez une plante trop âgée au lieu d'essayer de la rajeunir. Le jasmin de Madagascar supporte difficilement une taille sévère.

STEPHANOTIS FLORIBUNDA
Son feuillage persistant en fait une plante d'intérieur attrayante, même lorsqu'elle n'est pas en fleur. Gare aux cochenilles.

STREPTOSOLEN JASMESONII
Avec un port similaire au jasmin d'hiver, cette plante émet de longues tiges droites qui retombent au lieu de s'accrocher au support. Faites-la grimper contre un mur ou une clôture, en formant une charpente de tiges solides.

STREPTOSOLEN

C'est une grimpante persistante, sarmenteuse, de croissance rapide, à port lâche. *Streptosolen jamesonii* produit des grappes arrondies de fleurs orange, en entonnoirs, surtout au printemps ou en été. La plante est gélive et a besoin de soleil. Elle pousse sous abri vitré ou dans le Midi.

Quand tailler : en février-mars.

Palissage et taille : après la plantation, pincez l'extrémité des pousses des jeunes plants, pour favoriser la ramification. Sélectionnez trois ou quatre des tiges les plus vigoureuses pour former l'ossature principale. Avec les autres, couvrez les espaces laissés libres. Il est parfois nécessaire d'attacher les rameaux au fur et à mesure de leur développement. Le *Streptosolen* est une plante idéale pour couvrir une sphère métallique, car ses rameaux se prêtent bien à cette forme. Supprimez les tiges faibles. Rajeunissez les plantes âgées en rabattant l'ensemble de la végétation à 30 cm du sol.

STRONGYLODON

Strongylodon macrobotrys est une grimpante persistante assez rare. Vigoureuse, elle est cultivée pour ses fleurs très spectaculaires, cireuses, en forme de crochet, vert jade. Elles apparaissent en hiver et au printemps. Cette plante requiert des conditions tropicales avec de la mi-ombre en été. Taillez et palissez comme une glycine, en réduisant les rameaux latéraux en deux étapes. Une taille sévère diminue la croissance et réduit la floraison.

STRONGYLODON MACROBOTRYS
Les grappes de fleurs pendantes décorent avec originalité une pergola tropicale.

T

TECOMANTHE

Ces grimpantes volubiles et persistantes, sont cultivées pour leurs feuilles pennées, lustrées. Leurs fleurs en trompettes et en grappes pendantes naissent à la fin de l'été ou en automne. Ce sont des plantes tropicales qui, dans nos régions, poussent en serre chauffée, ombragée en été.

Quand tailler : en mars.

Palissage et taille : il n'y a pas de taille de formation. Attachez les jeunes pousses au fur et à mesure de leur développement. Taillez chaque année la plante adulte, en supprimant les rameaux faibles et en éclaircissant les pousses en surnombre. Au besoin, raccourcissez les tiges principales pour maîtriser la végétation. Il est préférable de remplacer une plante âgée, plutôt que d'essayer de la rajeunir par une taille sévère qu'elle apprécie peu.

TETRASTIGMA

C'est une grimpante persistante, à tiges ligneuses, avec des vrilles et un feuillage lustré. Proche des *Cissus*, elle est souvent cultivée comme plante d'intérieur ou plante de véranda où elle tolère une ombre épaisse. Dans un jardin tropical, *Tetrastigma voinierianum* est précieux, mêlé à d'autres espèces. Faites-le grimper sur un mur ou dans un grand arbre. Il peut aussi couvrir un talus à l'ombre ou à mi-ombre. Les plantes cultivées en serre apprécient des conditions chaudes et assez humides.

Quand tailler : en février-mars.

Palissage et taille : pincez de temps en temps l'extrémité des pousses des jeunes plantes, pour favoriser la ramification. Taillez peu le pied adulte mais s'il faut limiter son développement, rabattez les pousses trop longues au-dessus d'un bourgeon sain situé près d'une branche principale. Supprimez les rameaux faibles et éclaircissez les pousses en surnombre par la même occasion. Rajeunissez la plante en la rabattant à 1 m du sol pour générer de nouvelles pousses fortes.

THUNBERGIA

Les espèces vivaces de ce genre qui compte également des annuelles semi-rustiques, sont pour la plupart des volubiles persistantes, tropicales. Les fleurs en entonnoirs s'ouvrent sur les pousses de l'année. Les thunbergias sont parfaits pour couvrir un mur, un treillage, une pergola ou pour être associés à un arbre ou à un arbuste (ils préfèrent un peu d'ombre en été). Les thunbergias poussent bien dans une serre ou une véranda chauffée, assez spacieuse pour leur port vertical ample.

Thunbergia mysorensis

Cette grimpante volubile persistante, à tiges ligneuses, produit des fleurs tubuleuses en longues grappes pendantes. Du printemps à l'automne, elles sont jaunes, à lobes brun rougeâtre avec des bractées vert pourpré.

Quand tailler : en mars ou après la floraison.

Palissage et taille : après la plantation, pincez l'extrémité des pousses pour favoriser la ramification. Palissez les jeunes tiges pour couvrir le support de manière uniforme. Chez l'adulte, taillez pour supprimer les tiges faibles et rabattez près de la base les pousses trop vigoureuses. Une taille sévère stimule la croissance des feuilles au détriment des fleurs. C'est une espèce de culture assez délicate que l'on peut réussir dans une serre chaude.

THUNBERGIA MYSORENSIS
Palissez-le en hauteur pour mettre ses fleurs en valeur. Elles pendent sur de longs pédoncules frêles.

AUTRES THUNBERGIAS
THUNBERGIA ERECTA ET THUNBERGIA GRANDIFLORA se taillent comme *Thunbergia mysorensis*.
THUNBERGIA GREGORII se cultive comme une annuelle sous un climat tempéré chaud.

TRACHELOSPERMUM

Ces grimpantes volubiles, rustiques et persistantes ont des tiges ligneuses. Elles sont cultivées pour leur feuillage lustré et coriace. Leurs fleurs, semblables à celles du jasmin, ont un parfum agréable. Elles s'épanouissent en grappes latérales en été et en début d'automne. Ce sont des plantes idéales pour couvrir un treillage, une pergola, une tonnelle ou un mur. Placez-les au soleil ou à la mi-ombre. L'espèce la plus cultivée est *Trachelospermum jasminoides*. Comme de nombreuses autres grimpantes volubiles, sans vrille, les *Trachelospermum* sont plus beaux quand ils retombent du haut de leur support.

Quand tailler : en mars.

Palissage et taille : il n'y a pas de taille de formation. Guidez les jeunes pousses sur le support, en les attachant jusqu'à ce qu'elles commencent à s'enrouler. Conservez les rameaux latéraux des tiges âgées, car c'est sur eux que naissent les fleurs. La taille se limite à la suppression des pousses faibles et à l'éclaircissage de certaines tiges âgées ou surabondantes. Rappelez-vous qu'un enchevêtrement assez dense correspond au port naturel de la plante. Palissez les tiges poussant vers l'extérieur et pincez toute pousse qui dépasse. Rabattez-la juste au-dessus d'un rameau à fleur. Rajeunissez la plante en taillant toutes les pousses des deux tiers. Il est préférable de remplacer une plante très âgée plutôt que d'essayer de la rajeunir par une taille sévère.

CONSEIL TRUFFAUT
Le Stephanotis est une très bonne plante d'appartement qui réussit bien tout près d'une fenêtre exposée à l'est. Dans ces conditions, la plante supporte sans problème le soleil direct. Un écart important de température entre le jour et la nuit est indispensable pour la formation des fleurs. Arrosez avec parcimonie, car cette plante souffre facilement de la pourriture des racines. En revanche, elle est gourmande en engrais, que vous apporterez sous forme liquide, mais très diluée. Il est inutile de vaporiser le feuillage, mais il faut le dépoussiérer souvent.

V

VIGNA

Vigna caracalla est une plante volubile vigoureuse, persistante. Bien que peu courante, elle est idéale pour couvrir un treillage, une pergola ou une colonne dans une véranda. Guidez les jeunes pousses, sans les tailler. Chez la plante adulte, supprimez en février-mars les tiges mortes et éclaircissez les pousses en surnombre. Vous pouvez aussi rabattre, en avril, toutes les pousses de l'année précédente.

Vitis *Vigne*

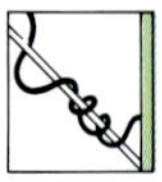

Ce genre important comprend des grimpantes à vrilles, caduques, rustiques, dont la vigne à grappes, *Vitis vinifera* *(voir p. 288)*. Toutes les espèces portent de belles feuilles, généralement lobées, qui prennent de riches couleurs en automne. Certaines produisent des grappes de fruits amers ou comestibles. *Vitis coignetiae* est intéressante pour ses spectaculaires couleurs automnales. Le feuillage de *Vitis vinifera* 'Purpurea' est joliment teinté de pourpre. Plantez les vignes dans un lieu chaud et ensoleillé, à l'abri du vent, afin d'éviter les brûlures du feuillage. Elles sont décoratives contre un vieux mur, palissées sur des fils de fer. Vous pouvez les faire grimper sur une pergola, une arche, voire un grand arbre. Il est possible de les mener sur tige, en cordon ou en sorte de gobelet.

Quand tailler : en février, par temps doux, avant la montée de la sève.

Palissage et taille : après la plantation, pincez l'extrémité des pousses. Sélectionnez deux ou trois des nouvelles tiges vigoureuses pour former la charpente. Guidez-les pour couvrir tout l'espace imparti, en les espaçant bien. Pour former une vigne sur tige, *voir p. 286.*
Une fois la ramure ou la tête d'une vigne sur tige formée, raccourcissez tous les rameaux latéraux au-dessus du second ou troisième bourgeon compté à partir de la branche principale. Les années suivantes, les ceps deviennent de plus en plus complexes et noueux, ce qui rend une vigne bien palissée décorative, même en hiver. En été, rabattez les pousses latérales en surnombre au-dessus d'un beau bourgeon. Une vigne grimpant dans un grand arbre demande très peu de taille.
Le rajeunissement est rarement nécessaire pour les vignes, car on élimine chaque année toutes les pousses qui ont porté des grappes. Ces plantes vivent de nombreuses années et prennent une grande ampleur. Il faut les traiter contre le mildiou et l'oïdium.

W

WISTERIA *Glycine*

Ces grimpantes volubiles caduques, à feuilles pennées et à tiges ligneuses, sont très vigoureuses. Elles sont cultivées pour leurs superbes grappes de fleurs pendantes qui s'épanouissent en mai-juin. Blanches, bleu-violet, pourpre foncé, roses ou abricot, les fleurs naissent sur les pousses latérales des rameaux aoûtés.
Très ornementales, les glycines sont idéales pour couvrir un mur important, une grande clôture, une pergola ou une arche imposante. Plantez-les aussi au pied d'un grand arbre, pour un effet très spectaculaire. La plupart sont très rustiques, mais elles fleurissent mieux dans un emplacement chaud, ensoleillé et abrité. Les glycines peuvent demander sept ans et plus avant de fleurir. Évitez un sol trop riche en azote où les rameaux poussent de façon excessive au détriment des fleurs. Vous pouvez palisser les glycines contre un mur ou une clôture selon diverses formes, ou bien les mener sur tige. La palmette horizontale est une des formes les mieux adaptées au mode de floraison de la glycine. Pour conserver la belle silhouette d'une glycine palissée et la rendre encore plus florifère, taillez-la sévèrement, à deux reprises, en été et en hiver. Même les plantes laissées libres fleurissent bien mieux après avoir été taillées.

Quand tailler : en janvier, puis en été, environ deux mois après la floraison.

Palissage et taille : formez une glycine en palmette horizontale *(à droite)*. Pour créer une tige *voir p. 260,* et pour la conduite sur une pergola *voir p. 258.* Quelle que soit la forme choisie, il faut trois ans minimum pour constituer l'ossature de base de la plante. Sur le pied adulte, il suffit de maîtriser l'extension de la végétation et de favoriser la production de rameaux latéraux qui porteront les fleurs. Rabattez les pousses de l'année en deux étapes au-dessus de deux ou trois bourgeons situés à leur base. Ils donneront des fleurs l'année suivante. En février, il est facile de différencier les bourgeons à bois, fins et pointus, des boutons à fleurs, gonflés et allongés, à l'extrémité arrondie. Le rajeunissement s'impose rarement si vous les taillez chaque année. Il est préférable de procéder par étapes sur plusieurs années. Supprimez chaque hiver une branche principale que vous remplacez par une tige bien placée. Si vous devez entretenir le mur contre lequel la glycine est palissée, rabattez-la très près du sol. Elle repousse en principe vigoureusement, mais elle peut mettre plusieurs années avant de refleurir de façon satisfaisante.

PALISSER UNE GLYCINE CONTRE UN MUR

TAILLE À LA PLANTATION

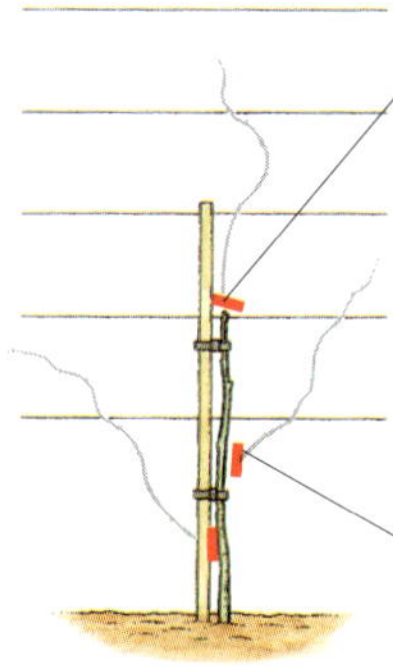

1 Rabattez la tige principale au-dessus d'un gros bourgeon, à 80 ou 90 cm du sol. Veillez à ne pas tailler sous le point de greffe.

2 Supprimez tous les rameaux latéraux pour stimuler la vigueur de la tige principale.

PREMIÈRE ANNÉE, ÉTÉ

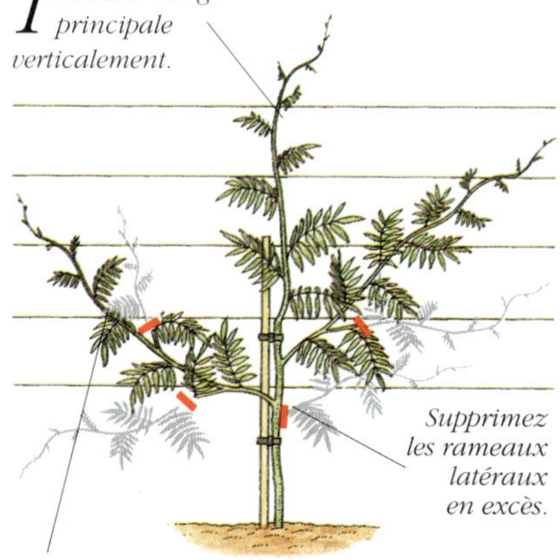

1 Palissez la tige principale verticalement.

Supprimez les rameaux latéraux en excès.

2 Attachez deux rameaux latéraux vigoureux selon un angle de 45°. Taillez les pousses secondaires à 15 cm, ou au-dessus de trois ou quatre yeux, pour aider la formation des rameaux à fleurs.

DEUXIÈME ANNÉE, HIVER

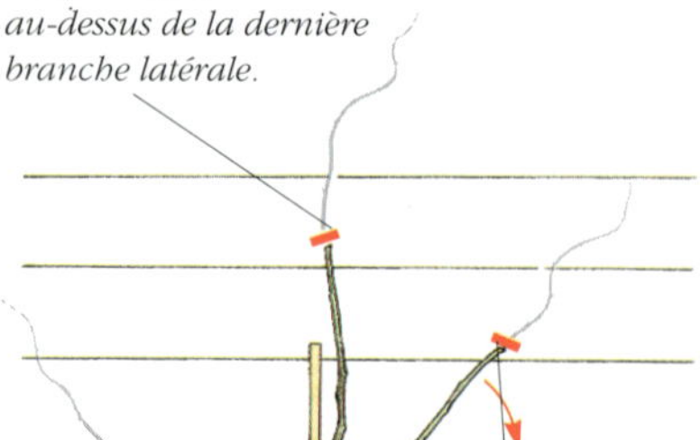

1 Rabattez la tige principale à 80 cm au-dessus de la dernière branche latérale.

2 Sur le fil de fer le plus bas, attachez les deux branches latérales. Taillez-les d'environ un tiers de leur longueur, pour favoriser le départ de pousses fortes.

Deuxième année jusqu'à la couverture de l'espace imparti, été

1 Continuez à attacher la tige centrale (dominante).

2 Attachez à 45° les deux pousses latérales suivantes.

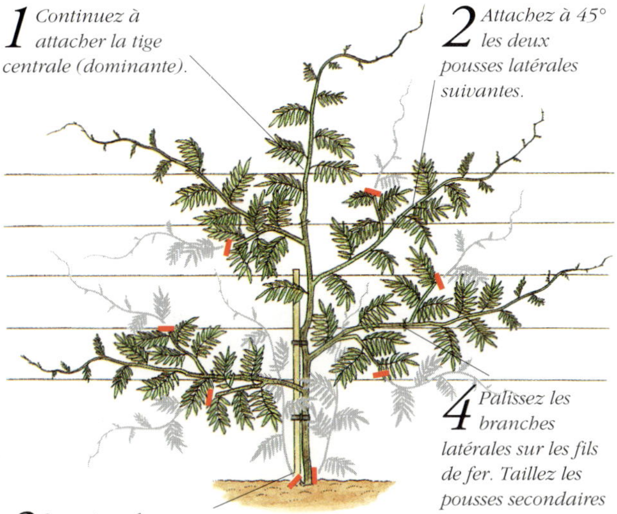

3 Supprimez les pousses non désirées près de la base ou sur la tige principale. Rabattez-les sur leur empattement.

4 Palissez les branches latérales sur les fils de fer. Taillez les pousses secondaires à 15 cm, soit trois ou quatre yeux de la base.

Troisième année jusqu'à la couverture de l'espace imparti, hiver

1 Rabattez la tige principales à 80 cm au-dessus du rameau latéral supérieur.

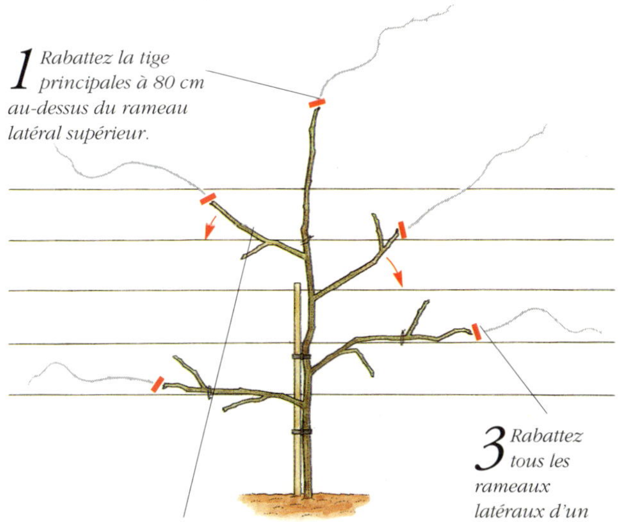

2 Palissez les deux branches latérales supérieures sur le fil de fer le plus proche. Donnez-leur une position plus horizontale.

3 Rabattez tous les rameaux latéraux d'un tiers de leur longueur, sur du bois bien lignifié.

Glycine adulte, été

1 Continuez à palisser les branches charpentières. Taillez les extrémités, quand tout l'espace imparti a été couvert.

2 Deux mois après la floraison, taillez les rameaux latéraux et les pousses secondaires au-dessus de cinq ou six bourgeons, ou à 15 cm d'une branche principale.

Glycine adulte, hiver

Rabattez les rameaux latéraux et les pousses secondaires taillés en été à deux ou trois bourgeons de la base. Ils porteront les fleurs l'année suivante.

Emplacement de la taille d'été.

Nouvelle pousse longue et souple.

Dès que la plante est bien établie, supprimez le tuteur et les attaches.

Plusieurs étages de rameaux latéraux sont désormais palissés horizontalement.

Les grimpantes fruitières

Parmi les plantes grimpantes, certaines espèces décoratives produisent également des fruits comestibles. Les vignes à raisin sont des plantes grimpantes à croissance vigoureuse. Elles développent une végétation envahissante et des tiges très volubiles ou à vrilles. Il leur faut un support solide, capable de résister au poids de leur production abondante. Les armatures de poteaux et de fils de fer destinées aux vignes doivent être aussi robustes que celles utilisées pour les arbres fruitiers. En pleine feuillaison, une vigne offre une résistance considérable au vent, d'où la nécessité d'un bon support.
Outre la vigne, figurent parmi les autres grimpantes fruitières le kiwi et la grenadille. Ces espèces appartiennent respectivement aux genres : *Vitis*, *Actinidia* et *Passiflora* qui comportent également de nombreuses plantes d'ornement *(voir pp. 287, 262 et 279)*. Une vigne s'avère très décorative lorsqu'elle est palissée sur une pergola ou une tonnelle. Certains cultivars, comme 'Brant', ont de superbes couleurs d'automne. Bien qu'elle soit rustique, la vigne exige un fort ensoleillement. Il en est de même pour les passiflores fruitières qui ne réussissent que dans un jardin tropical. Des modes de formation particuliers et des techniques de taille précises permettent d'améliorer la grosseur, la quantité et la qualité des fruits. Ces interventions facilitent aussi l'entretien et la récolte sous tous les climats.
Pour obtenir une production intéressante, rabattez sévèrement en hiver les grimpantes fruitières. Il est aussi parfois nécessaire d'intervenir durant l'été. Sans palissage et sans taille, les pousses vigoureuses s'enchevêtrent. Cet amas de rameaux empêche la lumière de pénétrer à l'intérieur de la plante et réduit la production de fruits.

VIGNES *Vitis vinifera, Vitis labrusca* et hybrides

Le raisin est un des fruits les plus plantés et un des premiers à avoir été cultivé. Les progrès génétiques et culturaux ont ouvert de nouveaux espaces de culture pour la vigne. On la rencontre dans le monde entier, sauf dans les régions tropicales ou subtropicales. Dans les régions très froides, la vigne pousse bien sous abri vitré. Il est très important de choisir des cultivars bien adaptés au climat de votre région.

Croisements et greffes : *Vitis vinifera* est la vigne à vin, appréciée pour la qualité et la saveur de ses fruits. Les obtenteurs l'utilisent pour la création des nouveaux cultivars. Les croisements se font avec *Vitis labrusca*, une vigne d'Amérique du Nord, qui pousse dans des régions assez froides et humides. *Vitis labrusca* est aussi utilisé comme porte-greffe pour les *Vitis vinifera*, car il les rend résistants au phylloxéra (sortes de pucerons). Le greffage est indispensable pour se protéger contre ces redoutables ravageurs. Tenez compte des conditions locales et de l'avis d'un professionnel pour choisir un porte-greffe ou un cultivar.

VIGNE PALISSÉE SOUS VERRE
Le mode le plus simple pour former une vigne passe par la conservation d'une tige centrale vigoureuse (cep). Sur cet axe se développent chaque année des pousses que l'on rabat après la fructification. Ici, le sarment central est palissé à la verticale. Il s'allonge sur le toit de la véranda. La culture sous abri assure aux fruits le maximum d'ensoleillement. C'est une des façons les plus attrayantes d'employer les parties vitrées supérieures d'une serre froide qui restent souvent inutilisées. La vigne procure un ombrage naturel aux plantes en été.

Port et fructification : la taille est indispensable pour maîtriser le développement d'une vigne et l'aider à bien fructifier. Le palissage s'effectue sur une armature de poteaux et de câbles métalliques ou sur des fils de fer horizontaux tendus contre un mur, ou dans une serre. Le raisin se développe sur les nouvelles pousses nées sur le bois de l'année précédente. La taille consiste à rabattre en hiver près de la charpente les sarments qui ont produit et à privilégier un jeune rameau en vue de la fructification à venir. Les vignes vivent très longtemps. Leurs sarments épais et noueux peuvent produire de nouveaux rameaux fructifères durant des décennies. La dimension et la qualité des grappes dépendent du climat, de la santé et de la vigueur de la vigne. Pour le raisin de table, ne laissez pas trop de grappes par plante. Taillez pour limiter la végétation, la récolte sera de meilleure qualité. Pensez à éclaircir les bouquets et même parfois les grappes. Pendant la formation, évitez que les vignes ne fructifient avant leur troisième année. L'énergie se canalise sur le développement de la ramure, ce qui donne une plante forte, capable de porter des récoltes abondantes.

Mode de palissage : la plupart des cultivars se prêtent bien au palissage. Celui-ci exige la taille des coursonnes à un ou deux yeux de leur base. Vous pouvez aussi former une vigne sur tige et la tailler *(voir p. 296)*. Mais certains cultivars n'émettent pas de pousses fructifères à partir des premiers bourgeons. Dans ce cas, ayez recours à la taille Guyot *(voir p. 292)* ou la méthode Kniffen *(voir p. 295)*. Ces techniques laissent une pousse se développer une année, puis fructifier la suivante. Supprimez chaque année en hiver les sarments ayant fructifié. Palissez les jeunes départs vigoureux. Ils sont sélectionnés durant la saison de croissance et conservés comme remplaçants.
Ils vont développer, au cours de l'été suivant, des pousses latérales qui porteront des grappes sur toute leur longueur.

Quand tailler : plantez les vignes durant tout l'automne. Taillez-les en janvier ou en février. Le risque d'écoulement de sève est faible. Toute taille ultérieure entraîne des pleurs abondants, difficiles à arrêter. La cautérisation avec un morceau de métal chaud est le remède traditionnel. Il est tout aussi important de supprimer les pousses indésirables et en surnombre durant la saison de croissance.

Comment tailler : les tiges de vigne sont « moelleuses » au milieu, un peu comme celles du sureau ou du bambou. Les bourgeons (yeux) se forment au niveau des nœuds dilatés, aisément repérables. Quand vous taillez, coupez toujours au-dessus d'un nœud renflé, pour ne pas abîmer la tige. Sur les sarments dirigés vers le haut, inclinez chaque coupe de sorte que l'eau de pluie puisse s'écouler. Les pousses horizontales sont taillées à la perpendiculaire. Pour renouveler des sarments anciens, taillez les rameaux à leur base. Supprimez également les chicots sur lesquels poussaient ces sarments (à condition qu'ils ne portent pas de sarments de remplacement).
Les coursonnes apparaissent sur toute la longueur des sarments permanents. Raccourcissez-les chaque hiver, lorsque la vigne ne porte plus la moindre feuille. Un ensemble de coursonnes met plusieurs années à se former. S'il devient très complexe et dense, sciez les groupes les plus faibles. Durant toute la saison de croissance, pratiquez la taille en vert. Elle consiste à raccourcir ou à supprimer les jeunes pousses. Si vous n'intervenez pas, les sarments s'enchevêtrent de façon inextricable. De plus, leur feuillage abondant ombrage trop les grappes qui ont du mal à se gorger de soleil pour donner leur jus sucré. Pincez les jeunes pousses volubiles à leur extrémité, quand elles sont encore jeunes.

Taille d'une coursonne

Coupez au-dessus de deux gros bourgeons. Le plus vigoureux des rameaux devient la tige fruitière. Coupez sur un renflement où les yeux sont bien distincts.

Rajeunissement d'un sarment

Chez certains cultivars, éliminez les tiges ayant porté les fruits. Elles vont être remplacées par des pousses de la base. Supprimez tout chicot improductif.

Taille d'été

Pincez les tiges vigoureuses ou rabattez les pousses en surnombre. Cela canalise l'énergie vers les fruits, aère la végétation, tout en évitant un ombrage excessif.

Éclaircissage du feuillage

Les grappes exigent un ensoleillement maximum pour mûrir. En plus de la taille d'été, supprimez chaque feuille qui fait de l'ombre sur les fruits (effeuillage).

Éclaircissage des fruits

Inutile pour la vigne à vin (dont les grappes sont espacées de 30 cm), l'éclaircissage améliore la qualité du raisin de table. Supprimez un grain sur trois ou quatre.

Récolte du raisin de table

Si le rameau ne porte qu'une seule grappe, coupez-la avec un morceau de sarment. Cela facilite la manipulation des fruits et améliore leur conservation.

Récolte du raisin de cuve

Prélevez la grappe en coupant le pampre avec un sécateur. Il est inutile d'effectuer une taille précise, car vous supprimerez la tige fruitière au cours de l'hiver prochain.

Vigne en cordon

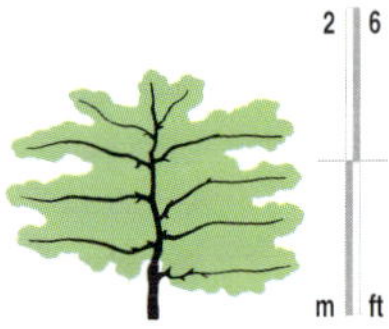

Le cordon s'impose pour toutes les vignes qui fructifient sur des coursonnes, ce qui est le cas de la plupart des raisins de table. Les tiges fruitières restent courtes, chacune ne portant qu'une ou deux grappes. Conservez une seule grappe par rameau pour obtenir des fruits de meilleure qualité.

Taille de formation : le sarment principal requiert une taille soignée. Il doit être constitué de bois bien lignifié. Sur une jeune vigne, taillez en janvier le sarment leader des deux tiers de sa longueur ou plus si le bois n'est pas encore aoûté. Supprimez toutes les pousses latérales. L'été suivant, laissez la nouvelle tige principale se développer. Attachez-la verticalement. Pincez les rameaux latéraux au-dessus de cinq feuilles. Coupez leurs pousses secondaires au-dessus d'une feuille. En hiver, raccourcissez de nouveau le sarment principal et pincez les rameaux latéraux au-dessus de un ou deux yeux. Ils formeront les premières coursonnes. Répétez cette intervention chaque année jusqu'à ce que le sarment soit lignifié sur toute sa longueur. Raccourcissez-le ensuite en dessous du fil de fer le plus haut.

Taille de fructification : elle a pour but de favoriser une ramification régulière sur toute la longueur du sarment. En février, détachez la moitié supérieure de la plante de son support. Repalissez le sarment principal dans une position aussi horizontale que possible. En mai, remettez la tige dominante en position verticale et conservez deux nouvelles pousses par coursonne : une pour la tige fruitière, l'autre comme remplaçante. Laissez une ou deux grappes se développer sur chaque tige fruitière. Pincez cette dernière en laissant seulement deux feuilles après la dernière grappe. Pincez aussi les pousses latérales pour canaliser l'énergie vers les fruits en développement. Évitez que les pousses excessives n'ombragent les grappes, en effectuant un éclaircissage du feuillage. Avec l'âge, les coursonnes sur lesquelles vous rabattez chaque année les tiges fruitières se nouent, s'allongent et s'enchevêtrent. Essayez de les rajeunir, en conservant les jeunes pousses les plus proches des charpentières.

Première année, hiver

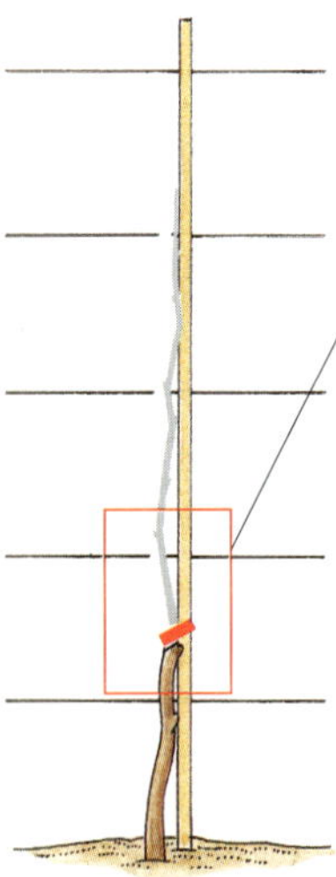

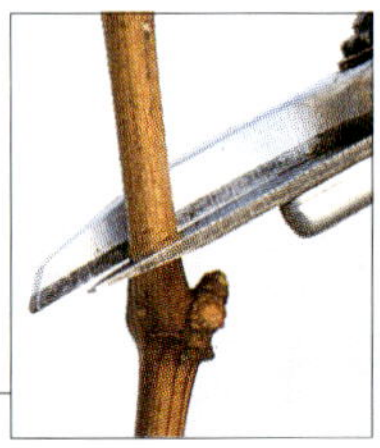

Rabattez la tige principale au-dessus d'un gros bourgeon situé sur du bois lignifié. Taillez en biseau, juste au niveau de la première ligne de fil de fer.

Première année, été

1 Palissez verticalement le nouveau rameau principal.

2 Rabattez au niveau de la cinquième ou sixième feuille, chaque rameau latéral émis sur la tige centrale.

3 Pincez, au-dessus d'une feuille, toutes les pousses secondaires qui se développent après la taille des rameaux latéraux.

Deuxième année, hiver

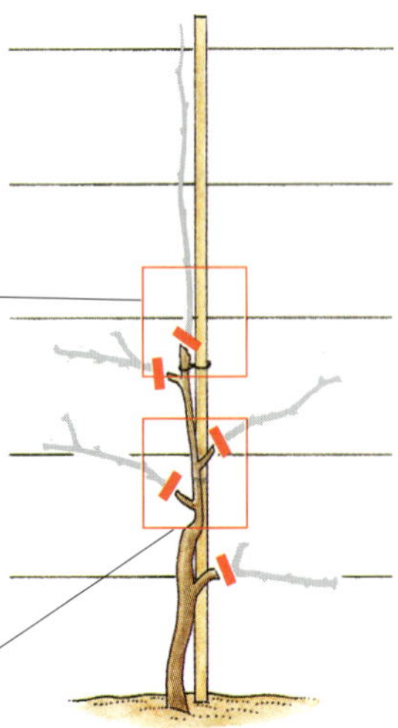

1 Rabattez la tige principale des deux tiers ou plus, pour ne garder que du bois brun, bien lignifié.

2 Coupez les rameaux latéraux au-dessus d'un ou deux bourgeons.

Deuxième année, été

1 Palissez verticalement la nouvelle tige principale.

2 Rabattez chaque pousse secondaire, à cinq ou six feuilles de son point de départ. Il s'agit de limiter l'ampleur de la végétation.

3 Pincez au-dessus de la première feuille toutes les pousses qui se développent après la taille des rameaux secondaires.

4 Pincez tous les bouquets de fleurs qui se forment.

Troisième année, hiver

1 Rabattez de la moitié ou des deux tiers la nouvelle pousse qui se développe sur la tige principale. Ne gardez que du bois brun et dur, déjà bien lignifié.

2 Taillez les rameaux latéraux à un ou deux bourgeons de leur point de naissance.

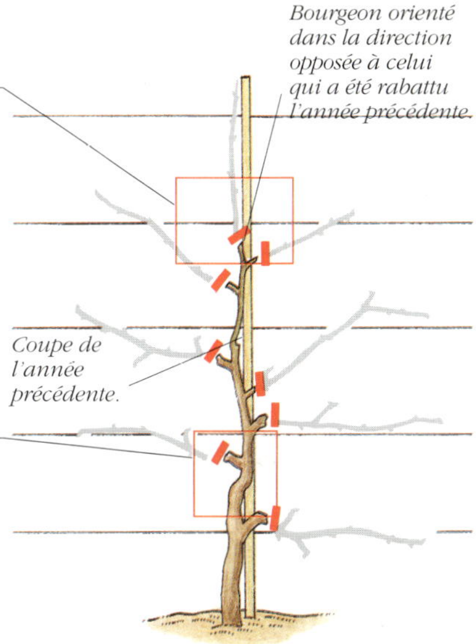

Troisième année, printemps

Supprimez les pousses qui se développent sur chaque coursonne, sauf les deux plus vigoureuses. Utilisez la plus forte comme tige fruitière et gardez l'autre en réserve. Taillez cette dernière au-dessus de deux ou trois feuilles pour éviter un port touffu.

Cordon de vigne adulte, été

1 Si les rameaux latéraux sont dénués de fleurs, taillez au-dessus de cinq ou six feuilles.

2 Raccourcissez les rameaux à fleurs, deux feuilles après le dernier bouquet.

La taille a laissé deux tiges par coursonne. Pincez la pousse de remplacement.

La nouvelle tige principale est palissée verticalement.

3 Conservez un seul bouquets de fleurs pour le raisin de table, un tous les 30 cm pour le raisin de cuve.

4 En été, pincez les pousses secondaires des rameaux latéraux à une feuille de la base.

Cordon de vigne adulte, hiver

1 Rabattez la tige principale au-dessus d'un bourgeon situé sous le fil de fer supérieur.

2 Détachez et abaissez doucement la tige principale. Palissez-la sur l'un des fils de fer horizontaux. Cela stimule la ramification près de sa partie inférieure. Replacez-la verticalement après l'éclosion des bourgeons, au printemps.

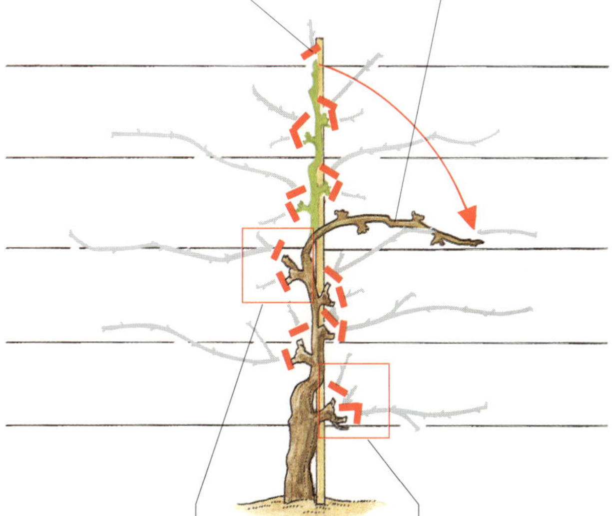

3 Taillez le rameau latéral au-dessus du premier bourgeon s'il est vigoureux, sinon à deux yeux.

4 Avec une scie d'élagage, coupez une partie des coursonnes âgées si elles sont trop grosses.

Taille Guyot de la vigne

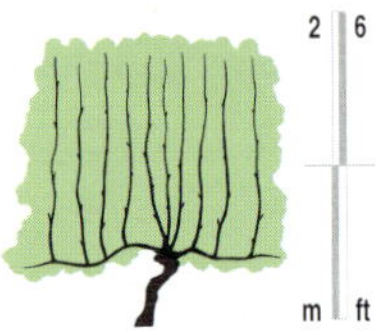

Cette technique est la plus adaptée à la culture familiale du raisin à vinifier. La taille Guyot est utilisée dans le Bourgueil. Elle permet à des tiges fruitières longues de porter plusieurs grappes. Cette méthode convient à tous les cultivars de vigne non adaptés à la taille sur des coursonnes, mais se conduisant bien en cordon. Prévoyez un support solide. Renforcez les poteaux d'extrémité par des traverses. Espacez les poteaux de 6 m et les fils de fer de 40 cm. Vous pouvez aussi grouper les fils de fer par deux. Cela permet d'insérer entre eux un sarment pour le palisser. Espacez les pieds de vigne de 1,5 à 2 m.

Taille de formation : il faut deux années pour former un cep productif. Il donnera ses premières grappes le troisième été. Au départ, la formation et le palissage visent à obtenir un tronc bas et solide. Ainsi taillées, les plantes tendent, le deuxième été, à développer seulement trois sarments vigoureux. L'hiver qui suit, courbez deux de ces sarments et attachez-les pour former les bras horizontaux. Ils vont produire des pousses verticales et des fruits. Le troisième sarment sert de remplaçant. Rabattez-le sévèrement pour favoriser l'émission de pousses vigoureuses à sa base.

Taille de fructification : palissez verticalement les longues tiges que portent les deux sarments horizontaux. Supprimez toutes les pousses latérales et les feuilles qui ombragent les fruits en cours de développement. Sur le rameau remplaçant, gardez trois pousses vigoureuses, afin de pouvoir répéter le processus l'année suivante. La taille d'hiver consiste à supprimer les bras fructifères désormais inutiles. Ensuite, raccourcissez deux des tiges de remplacement à cinq ou six yeux et attachez-les horizontalement sur le fil de fer le plus bas de l'armature. Rabattez sévèrement la troisième branche et répétez la même intervention chaque année. Pour qu'une vigne prenne moins de place (ou pour laisser de l'espace sur le rang), dirigez à l'horizontale un seul sarment qui portera les fruits. Conservez intactes deux tiges de remplacement. L'une est palissée vers le bas l'année suivante pour produire les fruits. L'autre est rabattue au-dessus du deuxième ou du troisième bourgeon. Ces yeux donneront la paire de pousses de remplacement indispensable au renouvellement.

Taille à la plantation

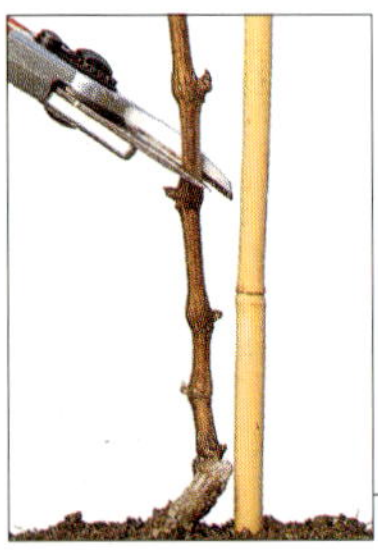

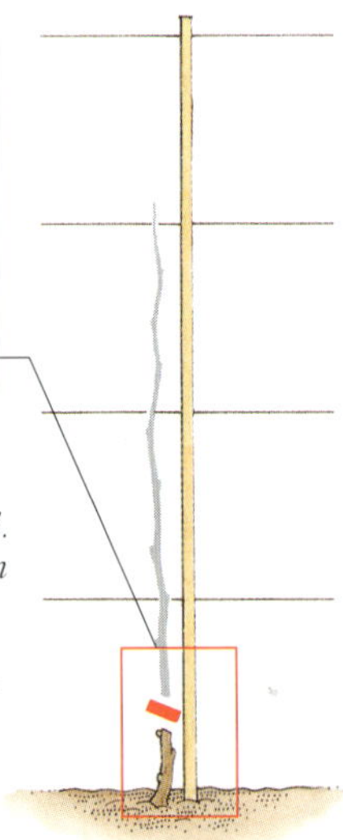

Plantez le jeune sarment le long d'un tuteur vertical. Rabattez-le à 15 cm du sol, en gardant au moins 2 gros bourgeons. Coupez au-dessus d'un nœud apparent.

Première année, été

1 Attachez la tige principale au tuteur. Utilisez de la ficelle ou un lien en plastique à fixation rapide.

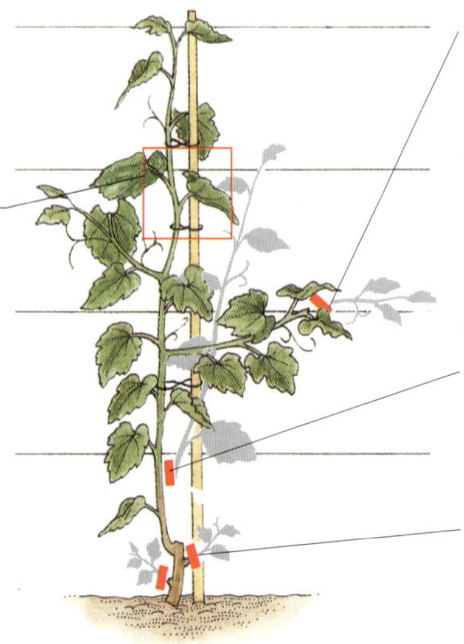

2 Rabattez tous les rameaux latéraux au-dessus de la cinquième feuille comptée à partir de leur point de naissance.

3 Supprimez toutes les tiges érigées et vigoureuses qui risquent de concurrencer le sarment principal.

4 Supprimez les pousses qui se développent à la base. Pincez-les quand elles sont jeunes.

Deuxième année, hiver

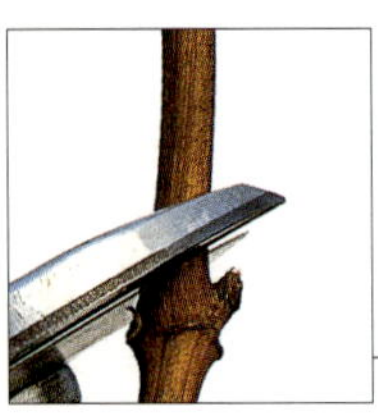

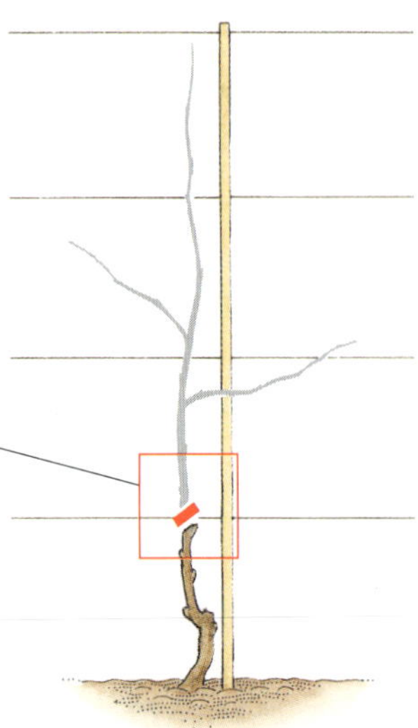

Taillez la tige principale au-dessus du plus gros des bourgeons se trouvant juste sous le fil de fer inférieur.

Deuxième année, été

1 Sélectionnez trois tiges principales vigoureuses et attachez-les, ainsi que le tuteur, avec une ficelle.

2 En été, rabattez ou supprimez les autres pousses inutiles. Coupez près de la tige principale.

Ce jeune rameau est en train de s'accrocher seul, à l'aide de ses vrilles.

TROISIÈME ANNÉE, HIVER

1 Rabattez chacune des deux tiges principales à 60 cm. Il doit y avoir entre huit et douze gros bourgeons.

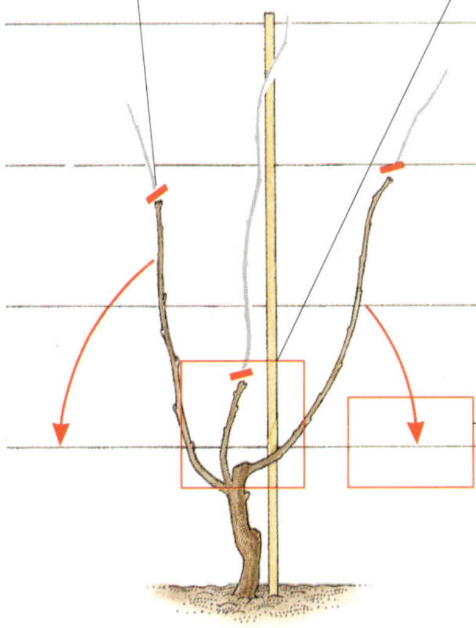

2 Taillez la tige centrale pour conserver trois ou quatre bourgeons. Laissez trois belles pousses se développer.

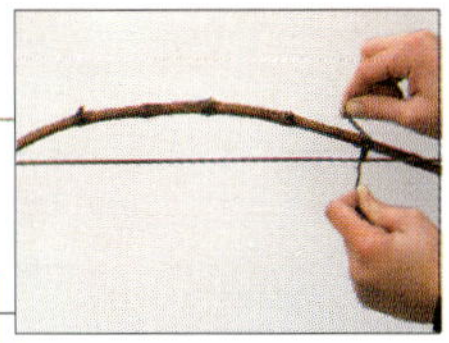

3 Courbez les deux tiges principales et attachez-les au fil de fer inférieur, une de chaque côté. Cela stimule la formation des pousses latérales.

TROISIÈME ANNÉE, ÉTÉ

1 Palissez les tiges à la verticale et pincez-les sur le fil de fer supérieur.

2 Pincez les pousses latérales pour éviter que leurs feuilles ne gênent les fruits.

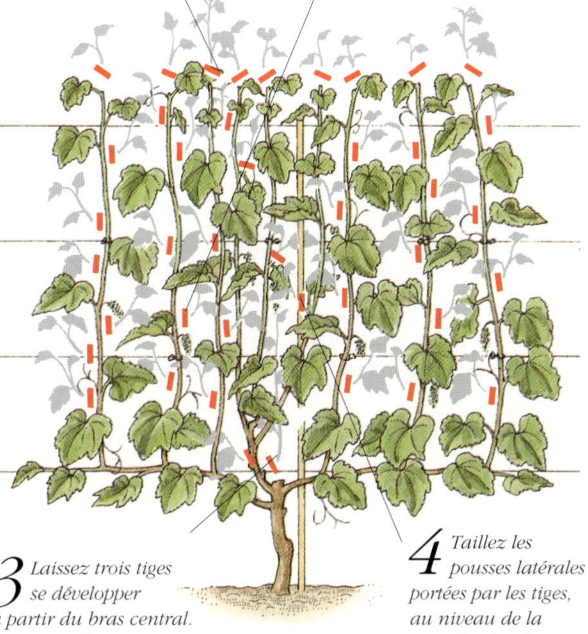

3 Laissez trois tiges se développer à partir du bras central. Supprimez les autres.

4 Taillez les pousses latérales portées par les tiges, au niveau de la première feuille.

QUATRIÈME ANNÉE, HIVER

1 En partant du cep (le tronc court et trapu), réduisez la longueur de la branche médiane parmi les trois sarments conservés. Taillez-la au-dessus de trois ou quatre gros bourgeons qui vont générer des ramifications .

3 Raccourcissez les deux tiges situées le plus près de la souche, en les taillant à 60 cm pour conserver entre huit et douze bourgeons bien développés.

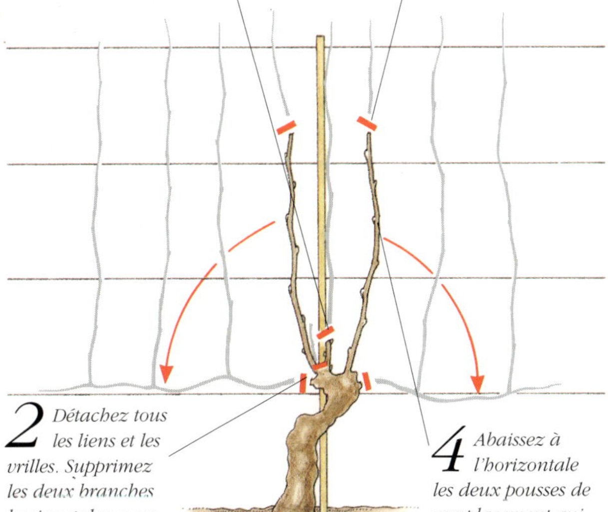

2 Détachez tous les liens et les vrilles. Supprimez les deux branches horizontales, avec l'ensemble de leurs tiges qui ont porté les fruits l'année passée.

4 Abaissez à l'horizontale les deux pousses de remplacement qui ont été taillées et attachez-les au fil de fer inférieur.

TAILLE GUYOT DOUBLE

1 Palissez les tiges à la verticale. Pincez leur extrémité quand elles atteignent le fil de fer supérieur. Éclaircissez les grappes tous les 30 cm environ.

2 Laissez trois tiges fortes se développer. Pincez au-dessus d'une feuille toutes les nouvelles pousses latérales.

3 Palissez les tiges verticales. Supprimez celles qui se développent en surnombre ou sont mal placées.

4 Pincez les pousses latérales qui se développent sur les tiges fruitières verticales.

Vigne en rideau

Il s'agit d'une forme simple destinée à tous les cultivars de vigne qui fructifient sur des coursonnes. La forme en rideau est souvent utilisée dans les grands vignobles et facile à adapter dans un jardin. Elle simplifie la tâche pour la culture de plusieurs rangs de vigne, indispensables si vous souhaitez fabriquer votre propre vin.
Dans les vignobles, les rangs sont généralement espacés de 2,5 à 3 m pour permettre l'accès aux tracteurs. Dans un jardin ensoleillé, 1,5 à 2 m de distance entre les rangs suffisent.
Le rideau simple est une forme moderne dérivée de la conduite plus classique en rideau double. Assez novateur, il démontre que les tiges fruitières d'une vigne peuvent pendre, sans que cela n'affecte la quantité ou la qualité des fruits. Veillez à ne pas laisser la végétation devenir trop dense. Sélectionnez des tiges fruitières bien espacées et laissez-les pendre librement à partir des sarments permanents. Ceux-ci sont palissés à l'horizontale à environ 2 m de hauteur. Si nécessaire, pincez l'extrémité des tiges, au-dessus d'une vingtaine de bourgeons (soit 1 m de longueur), afin de simplifier la récolte. Les tiges choisies doivent se diriger au départ vers le haut ou vers l'extérieur, plutôt que vers le bas. Elles vont retomber sous leur propre poids. Le port pleureur assure une meilleure luminosité au niveau de la ramure et des fruits, tout en améliorant la circulation de l'air autour de la plante.

Troisième année, hiver

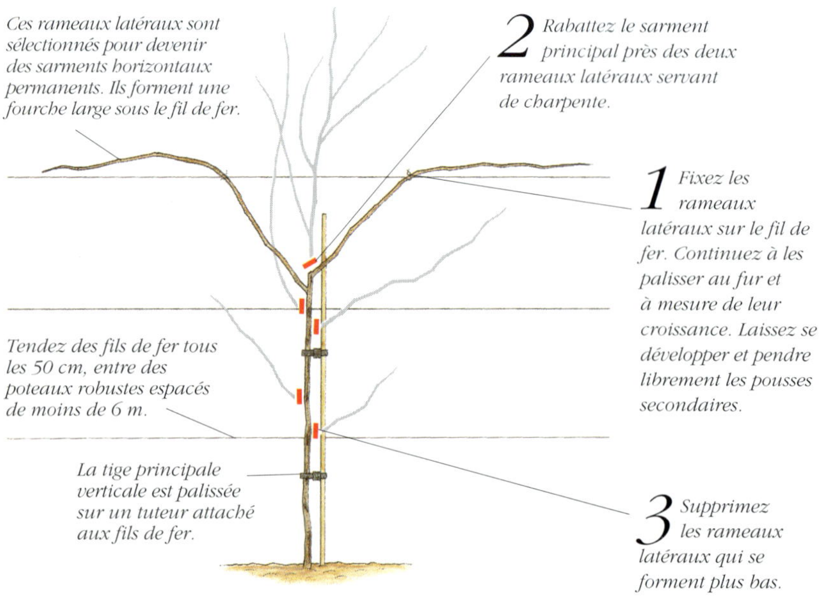

Les tiges retombantes sont moins vigoureuses. Cela permet une fructification de meilleure qualité. La taille d'été est facilitée. Certains vignerons ne la pratiquent pas, bien qu'elle stimule la mise en forme de la vigne et aide la maturation des fruits.

Taille de formation : conduisez la plante sous forme d'une tige simple jusqu'au fil de fer supérieur, comme pour un cordon. L'année suivante, sélectionnez la tige principale avec un rameau latéral vigoureux, ou bien deux gros rameaux latéraux. Dans ce cas, rabattez la branche principale au niveau des tiges conservées. Palissez ces dernières le long du fil de fer supérieur. Il est préférable que les tiges forment un angle large en « Y » plutôt qu'en « T ». Cela permet d'obtenir une fourche capable de supporter le poids de la tige, jusqu'à ce qu'elle se soit épaissie et lignifiée. En été, palissez les deux bras de vigne le long du fil de fer, jusqu'à ce qu'ils s'étalent bien. Laissez des tiges se former, tous les 30 cm, à partir de bourgeons orientés vers le haut et vers l'extérieur. Dès qu'elles fleurissent, conservez un seul bouquet tous les 30 cm. Le poids des grappes fait pendre et s'arquer plus encore les tiges. Taillez les pousses latérales au-dessus de la première feuille, pour limiter la végétation, ce qui évite un ombrage trop important des grappes.

Taille de fructification : chaque hiver, rabattez les tiges fruitières à deux ou trois yeux des sarments permanents. En été, sélectionnez la tige la mieux placée parmi celles qui se développent. Par prudence, conservez une autre branche, au cas où la tige sélectionnée serait cassée ou abîmée. Pincez-la au-dessus de la cinquième feuille. Avec l'âge, les groupes de coursonnes deviennent noueux. Pour les aérer, sciez les parties les plus âgées.

À partir de la quatrième année, hiver

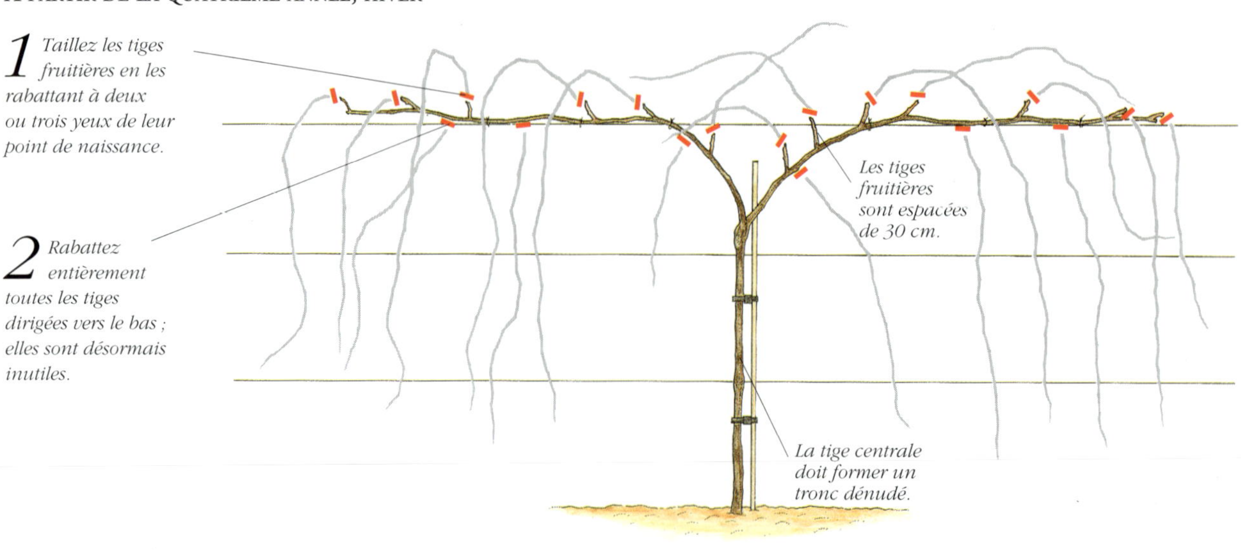

Autres modes de palissage

Cordon multiple

La vigne est si vigoureuse que vous pouvez augmenter le nombres de branches d'un cordon. Les tiges fruitières sont rabattues chaque année sur les sarments verticaux. C'est une forme très décorative. Vous pouvez aussi incliner les sarments à l'oblique pour obtenir un effet de chevron. Le cordon multiple est très bien adapté au raisin de table, du fait du développement de nombreux rameaux à fruits. Chacun ne porte qu'un bouquet. Formez la vigne avec deux bras horizontaux, bas, comme dans la méthode Guyot (voir p. 292)*. Laissez ensuite les sarments verticaux se développer. Espacez-les de 1,2 m au minimum.*

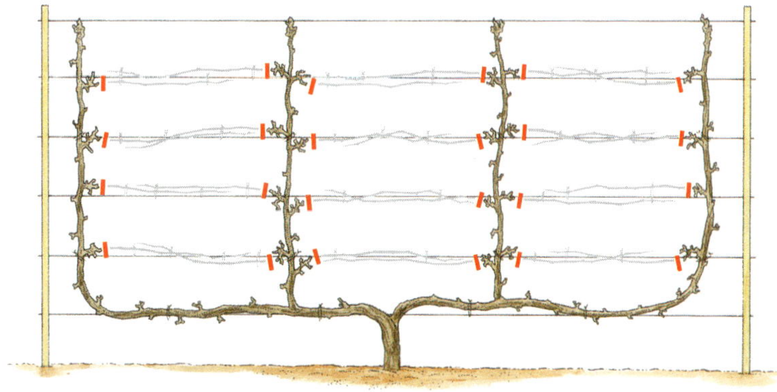

Méthode Kniffen

Cette forme suit les mêmes principes que la méthode Guyot (voir p. 292)*, mais les sarments sont palissés en lignes horizontales, à partir d'une tige centrale. Ils sont pincés au-dessus de dix bourgeons, ce qui permet à dix tiges fruitières verticales de se développer. Un remplaçant laissé libre se développe parallèlement à chaque sarment principal. La partie ayant fructifié est rabattue au-dessus de deux bourgeons. Le remplaçant est alors palissé à sa place. La fructification est abondante. Cette conduite est bien adaptée au raisin destiné à la vinification, dans les régions chaudes.*

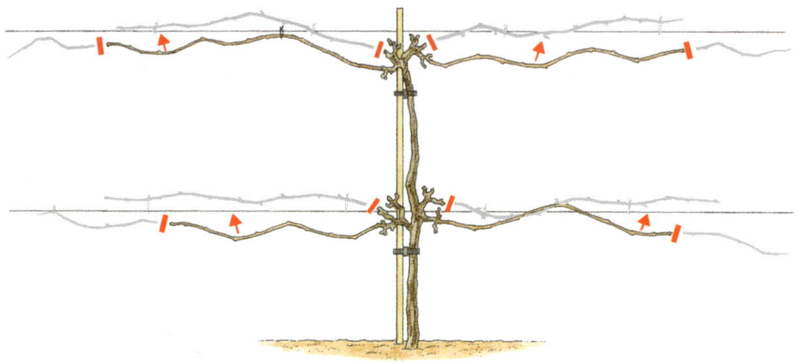

Rideau double

Cette forme plus complexe est répandue dans certains vignobles. Peu pratique au jardin, elle demande un support formé de deux rangées de poteaux. Vous pouvez aussi utiliser de simples piquets avec des barres en « T » à leur sommet, entre lesquelles vous tendez deux fils de fer parallèles. L'avantage de cette méthode est de doubler le nombre de vignes, 60 cm suffisant entre chaque pied. La formation et la taille sont identiques à celles du rideau simple, mais les vignes développent un sarment horizontal sur chaque fil de fer. Cela donne un alignement en diagonal qui ne manque ni d'originalité ni d'esthétique.

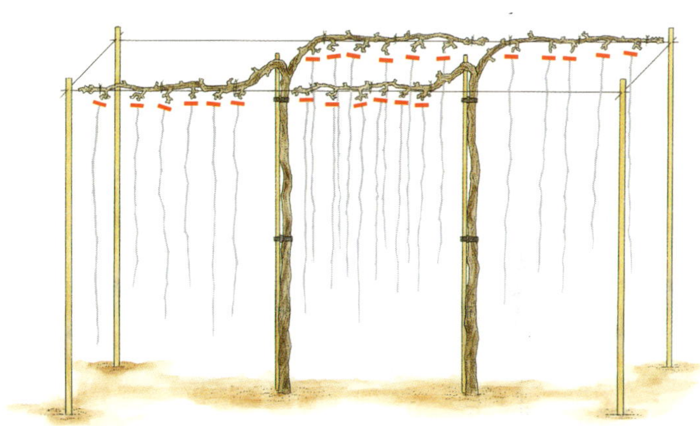

Cordon horizontal à deux bras

Cette version du rideau double se réalise avec un mode de formation identique, mais inversé. Elle est encore répandue dans les régions aux hivers froids, comme le nord de la France. Les tiges fruitières, bien espacées, sont palissées verticalement pour bénéficier de tout le soleil disponible. Leur position bien droite accroît leur vigueur. Pincez l'extrémité des tiges quand elles font de l'ombre aux fruits situés plus bas. Chaque année, rabattez les tiges fruitières près des sarments. À la différence du rideau double, le cordon horizontal à deux bras permet d'utiliser des cultivars qui doivent être rabattus chaque année. Laissez les remplaçants se développer librement pendant toute la saison de végétation et palissez-les lors de la taille.

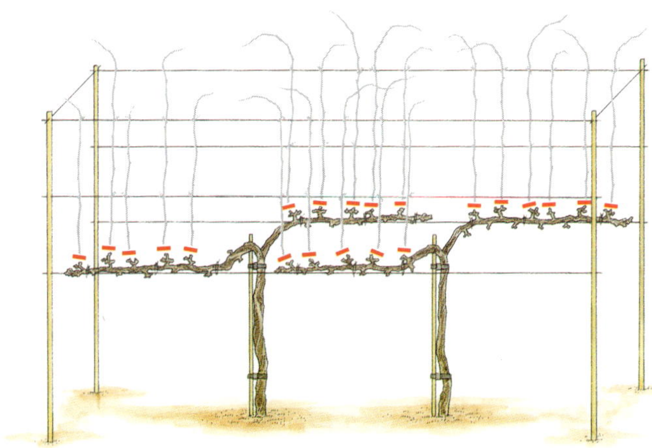

Une vigne sous abri vitré

Sous un climat froid, la seule façon d'obtenir du bon raisin de table est de cultiver une vigne sous abri vitré. L'idéal est une serre maintenue hors gel en hiver, mais il faut assurer une bonne ventilation, car la vigne n'aime pas les ambiances humides. Pour simplifier l'arrosage, vous pouvez planter le pied de vigne à l'extérieur. Glissez la tige principale dans un trou aménagé à la base du mur de soutènement de la serre ; il doit pouvoir être élargi au fur et à mesure de l'épaississement du tronc. Rabattez la tige sur les deux premiers bourgeons situés à l'intérieur de la serre. Éborgnez tous les autres. Palissez une des deux nouvelles tiges, pincez l'autre en la conservant comme remplaçant. Éliminez les rejets qui se forment au pied de la plante. La hauteur définitive de la vigne et la façon de la mener dépendent des dimensions de la serre. Un cordon simple *(voir p. 290)* s'impose le plus souvent. Vous pouvez conduire la vigne à la verticale jusqu'au faîtage, puis le long du toit. Les fruits et les feuilles d'une vigne risquent de brûler contre une vitre en plein soleil, installez les supports, fils de fer et tuteurs, à 20 cm au moins de la paroi vitrée. Dans une serre adossée à la maison, formez la vigne en cordon multiple *(voir p. 295)* contre la façade. La chaleur emmagasinée par le mur favorise une bonne maturité. Pincez régulièrement les pousses trop vigoureuses durant toute la saison de croissance, car l'espace est limité. D'autre part, le feuillage ample dispense une ombre dense et gênante sur les fruits et les autres plantes installées dessous.

Vigne sur tige : cette forme simple permet d'obtenir quelques grappes de bon raisin dans une petite serre. La vigne sur tige peut aussi être placée en isolé dans une véranda ou dans un jardin à la belle saison. Utilisez un pot de 50 cm pour une bonne stabilité. Surfacez-le et faites un apport d'engrais chaque année, au printemps. En hiver, maintenez la serre juste hors gel.

FORMER UNE VIGNE SUR TIGE

FORMER LA TIGE PRINCIPALE
Plusieurs années sont nécessaires avant d'obtenir un tronc robuste. Démarrez avec une vigne taillée court. Chaque hiver, diminuez de moitié les pousses de l'année précédente. Coupez sur du bois lignifié. En été, pincez les pousses latérales au-dessus de la sixième feuille. Supprimez-les en hiver.

1RE ANNÉE, HIVER

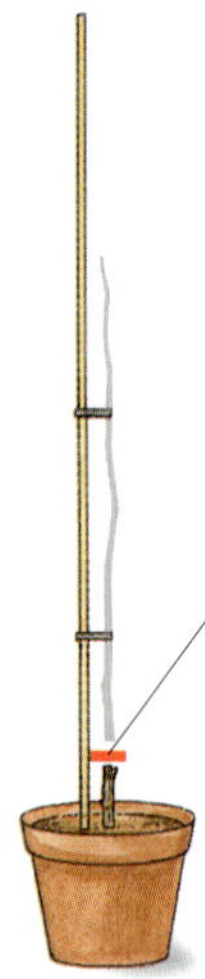

2E ANNÉE, HIVER

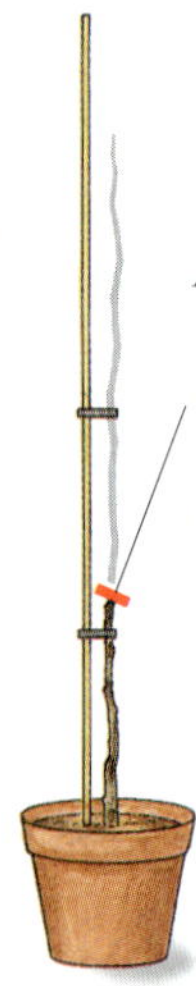

3E ANNÉE, HIVER

FORMER LA TÊTE
Dès que vous obtenez une tige de la hauteur voulue, laissez les rameaux latéraux se développer au sommet. Pincez les pousses inférieures. En hiver, rabattez les rameaux sur deux ou trois bourgeons. Répétez cela chaque hiver pour obtenir des ensembles de coursonnes. Quand ils deviennent trop denses, sciez les parties âgées. En été, pincez les tiges. Dès que les grappes se forment, attachez les rameaux sur le haut du tuteur pour les soutenir quand ils seront bien chargés de fruits.

4E ANNÉE, HIVER
Laissez des rameaux latéraux bien espacés se développer. Taillez au-dessus des deux premiers bourgeons.

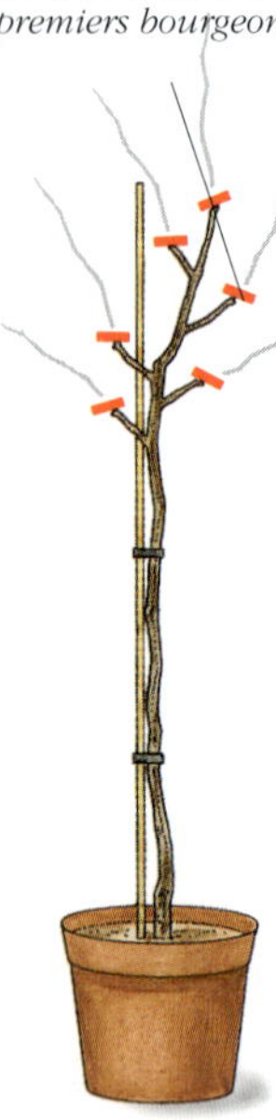

À PARTIR DE LA 5E ANNÉE, HIVER

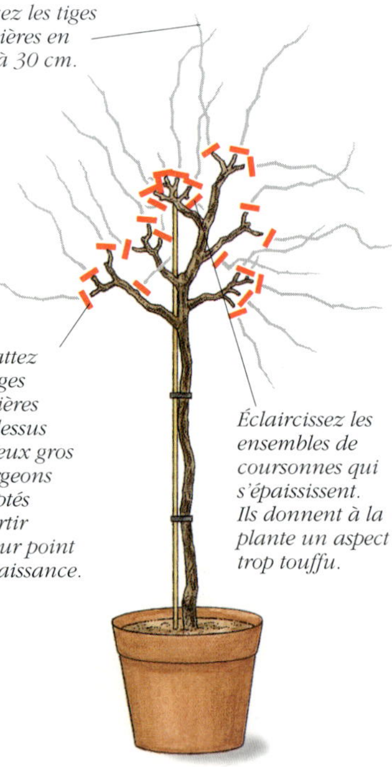

ÉCORÇAGE
Le fait de supprimer délicatement en hiver les couches externes d'écorce ancienne avec un couteau, contribue à éliminer certains ravageurs.

CONSEIL TRUFFAUT
La vigne montre d'importants besoins en eau. Le sol de la serre doit être profond, fertile et bien drainé. Une humidité stagnante entraîne le développement de nombreuses maladies graves. À l'inverse, une sécheresse persistante compromet la récolte. Une bonne ventilation est essentielle pour réduire les problèmes de ravageurs et de maladies. Prévoyez une aération sur les côtés et en hauteur pour obtenir une bonne circulation d'air qui évitera tout excès d'humidité.
La pollinisation manuelle est indispensable pour obtenir des fruits. Frappez les tiges avec le plat de la main pour aider à la libération du pollen. Procédez en milieu de journée par temps ensoleillé. N'éclaircissez pas trop le feuillage pour maintenir les grappes à l'ombre d'une feuille ou deux. Vous éviterez ainsi les risques de brûlure du raisin.
Après la taille d'hiver, le grattage des tiges contribue à réduire l'importance des dégâts des ravageurs, notamment ceux des cochenilles farineuses. L'écorce débarrassée de ses impuretés ne leur laisse aucun recoin dans lequel s'abriter.

KIWI *Actinidia deliciosa*

Le kiwi est le fruit de l'actinidia, une jolie plante grimpante volubile, caduque. Ses tiges charnues, épaisses et veloutées, deviennent assez ligneuses. En raison de son poids et de son port vigoureux (ses tiges peuvent atteindre 10 m de long), cette liane demande un support robuste, solidement construit. Ne laissez pas les tiges s'enrouler autour d'un élément faible du support (latte, liteau) qu'elles risquent d'abîmer en le comprimant au fur et à mesure de leur grossissement. Le climat idéal pour cultiver un *Actinidia deliciosa* (ou *chinensis*) est tempéré avec un été chaud. Plusieurs cultivars fructifient bien dans nos régions. Attention, les derniers fruits à mûrir peuvent être abîmés par les gelées précoces. Le palissage contre un mur assure une bonne protection. Une forme en palmette horizontale *(voir p. 95)* convient pour la conduite de cette grimpante, avec une tige centrale, verticale. Les étages de bras horizontaux sont installés sur des fils de fer espacés de 30 cm. Vous pouvez aussi mener l'actinidia sur une pergola ou un trépied solide. Les fruits sont groupés à l'aisselle des feuilles, sur les pousses de un an et à la base des nouvelles tiges. Hormis pour certains cultivars autofertiles, associez un pied mâle pour trois à cinq femelles afin d'obtenir des fruits. Le plant mâle est souvent plus vigoureux que le plant femelle. Dans un espace limité, rabattez l'actinidia femelle après la floraison.

Quand tailler : en février-mars, avant le démarrage de la végétation. Pincez pendant la saison de croissance pour maîtriser la vigueur naturelle.

Palissage et taille : lors de la plantation en hiver, rabattez la tige principale à 30 cm de la base. Palissez la jeune pousse qui se développe au printemps, sur un tuteur placé contre le support. Laissez deux rameaux latéraux se développer le long de chaque fil de fer horizontal. Ils vont former les bras fruitiers permanents. Sur une forme en trépied ou sur un pilier de pergola, sélectionnez deux pousses que vous enroulez en spirale autour de la structure, en formant une double hélice. Quand ces bras atteignent près de 1 m de long, pincez leur extrémité et palissez les nouveaux rameaux principaux. Tous les 50 cm, laissez des pousses latérales se développer le long des bras. Pincez leur extrémité dès qu'elles portent cinq feuilles. Durant la saison de croissance, pincez toutes les pousses secondaires. Après cinq ans, la plante fructifie sur les rameaux courts, ainsi qu'à la base des pousses secondaires. Pincez l'extrémité de ces tiges au-dessus du groupe de fruits, dès qu'elles ont émis six ou sept feuilles.

TAILLE DE L'ACTINIDIA
Rabattez les tiges au-dessus de deux gros bourgeons pour stimuler le développement des pousses fruitières. Les ensembles de coursonnes se développeront avec l'âge. Taillez pour les simplifier.

Rabattez au-dessus de cinq feuilles les pousses dépourvues de fruits. Après la récolte, coupez les tiges fruitières au-dessus de deux bourgeons sains placés après le dernier fruit. Cette taille édifie des ensembles de coursonnes. Pour rajeunir un actinidia trop grand ou abandonné, rabattez sévèrement au printemps le bois âgé. Les actinidias tolèrent généralement bien cette taille sévère et repartent avec vigueur.

FRUIT DE LA PASSION *Passiflora* spp.

FRUIT DE LA PASSION
Menez les tiges fruitières le long des supports pour les séparer et les soutenir. Cette intervention s'avère nécessaire sur les branches bien chargées de fruits.

De nombreuses *Passiflora* sont cultivées pour leurs fruits, surtout dans les régions tropicales. On les appelle « grenadilles » ou « maracudjas », Aucune passiflore ne tolère le gel, mais beaucoup viennent bien sous un abri vitré. On greffe les cultivars sélectionnés pour la qualité de leurs fruits qui mûrissent sur les pousses de l'année.

Quand tailler : après la récolte.

Palissage et taille : cultivez les espèces fruitières comme les passiflores ornementales *(voir p. 279)*. Dans une véranda, en plein soleil, elles fructifient bien contre un mur habillé de fils de fer. Vous pouvez les palisser le long d'un treillage ou sur un trépied et même les cultiver en pot. Dans le jardin, un système simple, ressemblant à la conduite en rideau utilisée pour la vigne *(voir p. 294)* rend la récolte facile. Elle est plus difficile quand la passiflore pousse sur une pergola. Une clôture en grillage constitue également un bon support, à condition que les deux côtés soient accessibles. Pour palisser une passiflore, guidez la branche principale. S'il faut conduire la plante dans deux directions, sélectionnez un rameau latéral vigoureux pour recouvrir un poteau, une colonne ou un mur. Pincez les pousses secondaires. Une fois le sommet du support atteint, palissez les deux tiges le long des fils de fer. Les rameaux latéraux se développent et pendent en formant un rideau de végétation qui porte les fruits. Si une tige de 60 cm à 1 m de longueur ne produit pas de ramifications vigoureuses, pincez son extrémité. Laissez des rameaux latéraux se développer. Palissez le plus haut rameau le long du fil de fer, comme nouvelle branche principale. Si les rameaux latéraux ne donnent pas de fleurs, taillez-les au-dessus du deuxième ou du troisième bourgeon. Si vous laissez pendre librement les tiges fruitières, elles ont tendance à s'enchevêtrer, car elles produisent des vrilles vigoureuses. Pour éviter cela, tendez des fils de fer horizontaux et laissez des cordelettes descendre jusqu'au sol. Les branches s'enrouleront tout autour au lieu de se gêner. Dans les régions ventées, cette structure évite que les tiges fruitières ne se frottent les unes aux autres, ce qui abîme les fruits. Les tiges ne fructifient qu'une seule fois. Après la récolte, taillez-les à 20 cm ou au-dessus des deux premiers bourgeons à la base. Remplacez les plantes de plus de six ans, elles produisent moins.

Rosiers

Par la richesse de leurs fleurs et la diversité de leurs formes, les rosiers sont des plantes indispensables. Ils trouvent toujours un emploi dans le jardin et peuvent, pour certains, être cultivés en pots sur le balcon.

Les rosiers trouvent une place de choix dans la plupart des jardins, qu'ils décorent en beauté. Ils tolèrent une grande diversité de sols et de climats, s'accommodent de différentes expositions et permettent des utilisations variées. Le choix de hauteurs est très large, du rosier couvre-sol tapissant au grand rosier arbustif très buissonnant, jusqu'à l'immense rosier liane, en passant par les incomparables hybrides de thé, aux fleurs parfaites. Le rosier miniature, qui ne dépasse pas 20 cm de hauteur, peut être cultivé en pot ou en jardinière, alors que certains rosiers grimpants atteignent 10 m de plus. Les rosiers buissons donnent le meilleur d'eux-mêmes plantés en groupes, dans un massif. D'autres constituent de belles haies fleuries. Les rosiers couvre-sols habillent les talus et les endroits difficiles d'accès ; les rosiers grimpants sont précieux pour égayer un mur, une clôture, une arche, une colonne ou une pergola.

Les rosiers s'intègrent dans toutes sortes de styles au jardin, depuis l'aspect naturel et sympathique des rosiers sauvages, avec leurs formes amples et leurs masses de fleurs simples, jusqu'à la symétrie sophistiquée d'un rang de rosiers tiges, en passant par la délicatesse des roses anciennes, la profusion généreuse des rosiers arbustes modernes ou rosiers paysages, et l'opulence majestueuse des grands rosiers grimpants.

Différentes méthodes de taille et de palissage contribuent à l'effet décoratif des rosiers. La taille donne des plantes saines, robustes, bien formées. Elle favorise également l'éclosion d'un très grand nombre de fleurs, renforçant l'effet des apports d'engrais. En raison de l'énorme diversité des cultivars de rosiers, et de leurs exigences culturales, il existe différentes méthodes de taille. Pour choisir la bonne, il suffit d'identifier la façon dont pousse et fleurit le rosier, d'identifier son groupe et d'appliquer les techniques et les conseils pratiques conseillés de manière spécifique dans les pages suivantes…

GRIMPANT MODERNE, PALISSÉ CONTRE UN MUR
Les géraniums vivaces et la pierre patinée du mur accompagnent joliment ce rosier grimpant 'Exploit', aux fleurs rouge vif. Les tiges sont palissées en éventail, afin de bien habiller le mur. En courbant ses branches vers le bas, on le rend aussi plus florifère.

ROSIER MINIATURE
Les créateurs de roses ont beaucoup travaillé les formes naines et compactes qui permettent de cultiver les rosiers en pots. Avec une taille annuelle, ces petits gardent une forme nette et harmonieuse. Ils fleurissent durant tout l'été.

Catégories et formes de rosiers

La popularité du rosier remonte à l'Antiquité, mais c'est depuis le XIXe siècle que cette plante a fait l'objet d'améliorations majeures, grâce à la sélection et à l'hybridation. Certains rosiers conservent le port des espèces sauvages. Ils forment alors des arbustes isolés à port lâche. Leurs longues tiges arquées sont constellées de fleurs simples qui apparaissent en été. Certains rosiers (dits « non remontants ») ne produisent qu'une seule floraison, au début de l'été. Souvent généreuse et spectaculaire, elle apparaît généralement sur des tiges âgées. D'autres rosiers sont remontants. Ils fleurissent à deux reprises sur les tiges de l'année, voire davantage, parfois même en continu de juin à octobre (jusqu'à décembre en climat doux). Beaucoup de rosiers portent des fleurs semi-doubles ou doubles, bien différentes des fleurs d'églantines à cinq pétales des types sauvages.

La taille joue un rôle important dans la culture des formes ornementales. Elle accélère le processus naturel par lequel le bois âgé qui a fleuri est remplacé par de nouvelles tiges vigoureuses. Ces dernières porteront les fleurs. Le but de la taille consiste pour tous les rosiers à conserver une plante saine, bien formée, très décorative. Mais les techniques varient selon les types de rosiers. Les méthodes de taille recommandées ici sont appropriés aux principales catégories de rosiers. Il faut toutefois signaler que la généalogie complexe des rosiers peut entraîner des variantes sur certains cultivars particuliers. Avant d'appliquer mécaniquement un principe de taille, observez la plante, sa silhouette, son comportement et modulez votre intervention en fonction des besoins spécifiques du rosier. Il n'y a rien de mathématique dans la taille, c'est ce qui fait son charme.

Principaux groupes de rosiers

La différenciation des groupes de rosiers selon leurs exigences en matière de taille et de palissage, tient compte de leur mode de végétation et des étapes importantes dans l'histoire de leurs croisements. En raison des nombreuses hybridations successives, la généalogie des rosiers est devenue très complexe. Elle se perd aussi dans l'histoire de la botanique. Ceci fait qu'un grand nombre de rosiers n'ont pas de nom d'espèce ou de groupe précis. À la différence de la plupart des autres plantes, ils sont simplement désignés par leur nom de cultivar. Pour tailler correctement un rosier, il est bon de savoir à quel groupe ou sous-groupe il appartient. Les rosiers auxquels il est possible d'attribuer un nom d'espèce, sont rassemblés dans la catégorie des « rosiers botaniques ».

Rosiers arbustes

Précieux dans les massifs et les plates-bandes mixtes, les rosiers arbustes forment un groupe disparate. Ils se contentent en général d'une taille légère. Ils regroupent des rosiers botaniques, comme *Rosa glauca* (ou *rubrifolia*), extraordinaire par son feuillage bleu-vert ou *Rosa rugosa*, aux magnifiques fruits rouge vif. Les rosiers arbustes modernes sont souvent désignés sous l'appellation de « rosiers paysages ». Ce sont des plantes extraordinaires qui se couvrent de fleurs du sol à l'extrémité des branches et se taillent à la cisaille comme des plantes de haies.

Rosiers anciens

Cette catégorie importante regroupe les rosiers obtenus avant 1920 et les dérivés directs de rosiers botaniques. Ces plantes d'une grande beauté offrent souvent un intérêt historique notoire. Les roses anciennes appartiennent à des groupes qui existaient avant l'introduction, à la fin du XIXe siècle, des hybrides de thé, rosiers buissons à grandes fleurs, qui sont à l'origine des roses modernes. La plupart des rosiers anciens ont des fleurs semi-doubles ou doubles, mais

LES SILHOUETTES DES DIFFÉRENTS GROUPES DE ROSIERS

ROSES ANCIENNES À PORT ÉRIGÉ
Parmi les rosiers anciens, beaucoup sont de taille moyenne et de port érigé. Ils forment des arbustes denses et ramifiés. Comme les autres rosiers anciens, ils se contentent d'une taille légère. Il faut parfois éclaircir l'ensemble et supprimer entièrement les tiges âgées pour aérer le rosier. Cela permet aussi de stimuler la production de nouvelles pousses vigoureuses, qui fleuriront les étés suivants. Beaucoup de rosiers Gallica, *groupe de roses anciennes à floraison unique (non remontant), ont ce port.*

ROSES ANCIENNES À PORT ÉTALÉ
Beaucoup de roses anciennes prennent un port arqué. Quand vous les installez au jardin, laissez-leur de la place pour que les longues tiges, épineuses, s'étalent librement, sans s'accrocher aux plantes voisines. Le fait de raccourcir ces tiges, pour limiter leur hauteur et leur extension, gâte ce port naturel et gracieux. Mais une taille annuelle légère (suppression des tiges âgées) permet de maîtriser le développement et d'augmenter la quantité de fleurs.

ROSIERS ARBUSTES MODERNES
Ces rosiers sont très diversifiés par leur dimension, leur port et leur mode de floraison. Certains ressemblent aux rosiers botaniques, avec des fleurs simples sur des tiges arquées. D'autres sont plus érigés. Les fleurs de certains n'ont rien à envier à celles d'un rosier buisson moderne. Que la floraison soit remontante ou non, ces rosiers n'ont pas besoin d'être taillés sévèrement comme les buissons modernes. Une taille courte nuit à leur allure. Il suffit souvent d'égaliser les branches à la cisaille.

ROSES ANGLAISES

Ces rosiers aux noms évocateurs, comme 'Gertrude Jekyll' ou 'Financial Times Centenary', résultent d'hybridations de rosiers arbustes modernes et anciens réalisées par David Austin. Ils combinent quelques avantages : résistance aux maladies, port compact, large gamme de couleurs. Ce sont des rosiers modernes ayant le charme rétro et le parfum des fleurs de rosiers anciens. Leur port est très variable, si bien qu'il n'y a pas de règle universelle à appliquer pour la taille. En général, ne les taillez pas aussi sévèrement que les rosiers buissons à grandes fleurs ou à fleurs groupées. Rabattez-les d'un tiers environ durant la période de repos, en équilibrant la silhouette. Aérez le centre de l'arbuste, éliminez les vieilles branches dégarnies et les pousses grêles.

Avec ses belles grosses fleurs, 'Graham Thomas', est une très célèbre rose anglaise.

ROSIERS BUISSONS MODERNES
Tous les rosiers buissons modernes sont remontants. Leurs fleurs sont portées par les pousses de l'année. Ils réclament la taille la plus sévère de tous les rosiers (voir pp. 306-308). *Il faut en effet supprimer une grande partie des rameaux pour stimuler la floraison et la croissance l'année suivante.*

ROSIERS TIGES
Un rosier tige est un rosier buisson greffé au sommet d'une tige droite de hauteur variable. On peut aussi greffer un rosier à longues tiges comme un sarmenteux pour former un pleureur.

PETITS ROSIERS BUISSONS ET ROSIERS NAINS
Les rosiers de patio et les polyanthas (voir p. 308) *sont des petits buissons à fleurs groupées. Ils sont taillés assez court. Les rosiers miniatures* (voir p. 309) *sont les équivalents nains (moins de 25 cm de haut) des buissons à grandes fleurs et à fleurs groupées. Avec leur port ramifié, ils ne requièrent pas de taille trop sévère.*

ROSIERS GRIMPANTS MODERNES
Il faut palisser ces rosiers (voir p. 316) *pour former une charpente de tiges longues, assez rigides et les attacher sur le support. Taillez chaque année leurs rameaux latéraux florifères, pour stimuler encore plus la floraison.*

ROSIERS SARMENTEUX
Ils émettent chaque année de nouvelles tiges flexibles près de la base. Ils ne fleurissent en général qu'une seule fois, en juin. Les petites fleurs sont portées par de grands bouquets de vingt fleurs ou plus. Supprimez toutes les tiges défleuries (voir p. 318) *et palissez les longues branches pour les orienter à loisir.*

leur gamme de couleurs est souvent limitée au blanc et aux nuances de rose. Les rosiers *alba*, de Damas, *gallica*, *centifolia* (centfeuilles) et mousseux (sports de centfeuilles avec de la mousse sur les sépales et les pédoncules floraux), ne fleurissent qu'une seule fois en été (non remontants). Le caractère remontant, découvert chez les rosiers de Chine à la fin du XIXe siècle, a été introduit chez les rosiers de Bourbon, les hybrides remontants et les rosiers de Portland. Ce sont les ancêtres des rosiers buissons modernes, très remontants. Aucun de ces rosiers ne demande de taille sévère. L'intervention dépend de la dimension et de la vigueur de la plante, et de son caractère remontant ou non. De nos jours, les rosiéristes continuent à hybrider les rosiers pour créer de nouvelles variétés. La tendance actuelle combine le caractère remontant et la générosité des rosiers modernes avec le charme et le parfum d'une rose ancienne. Certains rosiers arbustes modernes, comme 'Golden Wings', par exemple, produisent au moins deux floraisons dans l'été. D'autres, au port compact, sont très appréciés comme couvre-sol.

Rosiers buissons

Depuis la fin du XIXe siècle, les rosiéristes se sont efforcés d'obtenir des formes buissonnantes florifères, très remontantes, compactes, pour décorer les massifs. Les hybrides de thé sont remarquables par leurs belles et grandes fleurs allongées, disponibles dans un grand choix de couleurs. Les floribundas, ou rosiers buissons, à fleurs groupées, sont encore plus spectaculaires avec leurs grands bouquets de roses. La gamme des petits rosiers buissons, rosiers miniatures, rosiers de patio et polyanthas, s'accroît sans arrêt, car elle correspond aux besoins de nos jardins toujours plus exigus.

Grimpants et rosiers lianes

De nombreux rosiers ont des tiges longues, flexibles, surtout quand elles sont jeunes. Munis de fortes épines, ils grimpent dans les arbustes et les arbres à la recherche de la lumière. Ils sont appelés « sarmenteux » ou « rosiers lianes » et produisent d'innombrables bouquets de petites fleurs en une seule fois. Ils sont très vigoureux, voire envahissants, comme *Rosa filipes* 'Kiftsgate'.

Les rosiers dits « grimpants » ont une croissance plus modérée, des fleurs plus grandes, une gamme de couleurs plus vaste. Ils se rencontrent chez certaines formes anciennes, comme les rosiers de Boursault et de Noisette et chez de nombreux hybrides modernes. Parmi des derniers, on trouve les sports (mutations) grimpants de rosiers buissons modernes.

Laissez monter librement les rosiers lianes dans des plantes hôtes vigoureuses. Palissez les grimpants modernes sur des supports artificiels (treillage, clôture) et taillez-les régulièrement pour qu'ils fleurissent bien.

Techniques de base

La taille est nécessaire pour assurer la pérennité d'un rosier. Elle est aussi destinée à le maintenir vigoureux et en bonne santé, car ces arbustes sont sujets à différentes affections. Souvent plantés serrés dans les massifs, ils sont exposés aux risques de contagion et d'extension des maladies. Lors de la taille, il est important de supprimer le bois mort ou abîmé, car il est plus sensible aux attaques des parasites.

La taille vise à donner au rosier une belle forme, à l'aérer et à maîtriser son développement. Un rosier au cœur bien ventilé, aux tiges espacées, qui ne se croisent pas et ne se frottent pas les unes contre les autres, est plus plaisant au regard. Mais la taille a surtout pour objet de favoriser une floraison plus généreuse. Ce sont les jeunes pousses vigoureuses qui fleurissent le mieux. En vieillissant, ces tiges deviennent ligneuses. Elles produisent alors des fleurs en quantité et en qualité inférieures et surtout se dégarnissent. Sur un rosier non taillé, les tiges âgées meurent, tandis que poussent de nouveaux rameaux. Il se crée ainsi un enchevêtrement de tiges mortes ou âgées, avec de nouvelles branches, ce qui donne un ensemble inesthétique. La taille annuelle évite cet inconvénient, en équilibrant la proportion des anciennes tiges et des nouvelles. Pour les rosiers grimpants et sarmenteux, la taille vient en complément du palissage. De cette façon, le rosier tapisse complètement son support, le garnissant d'une manière plus homogène.

Si les nombreuses interventions d'entretien *(voir p. 303)* sont les mêmes pour tous les groupes de rosiers, les techniques de taille varient avec le type, l'emplacement du sujet et le climat. En zone tempérée, la taille est annuelle. Elle intervient durant la période de repos du rosier, en général juste avant le départ de la végétation. Dans les régions à climat chaud, où les rosiers fleurissent pratiquement sans discontinuer, la taille est plus légère. La suppression des fleurs fanées suffit souvent à leur redonner un air de jeunesse. Seuls les rosiers buissons nécessitent des interventions plus importantes. Dans les régions subtropicales, il faut les tailler sévèrement tous les deux ou trois ans pour bien renouveler les tiges florales.

Comment tailler

Sur les rosiers, les bourgeons sont alternes *(voir p. 10)*. Effectuez une coupe oblique, juste au-dessus d'un bourgeon sain. Celui-ci doit être orienté dans la direction souhaitée pour le développement de la nouvelle tige. Pour obtenir un centre aéré et une forme arrondie chez un rosier buisson, taillez-le au-dessus d'un bourgeon orienté vers l'extérieur. Pour un rosier à tiges arquées, les nouvelles pousses doivent être dirigées vers l'intérieur ou vers le haut pour étoffer le centre qui a tendance à se dégarnir. Si vous ne rencontrez pas de bourgeon visible, taillez la tige à environ 20 cm du sol. Dès que les bourgeons se mettent à pousser, rabattez-la au-dessus d'un rameau orienté dans la bonne direction.

Tous les rosiers bénéficient d'une taille de rajeunissement de temps en temps. En hiver, supprimez les tiges principales âgées, moins productives. Si une pousse vigoureuse, bien placée, se développe à la base d'une vieille tige, taillez juste au-dessus de cette pousse.

Quand tailler

La première intervention a lieu au moment de la plantation, en automne ou en hiver. Pour les rosiers en conteneurs, plantés durant la saison de croissance, attendez le premier printemps pour tailler. L'importance de la taille varie selon le type de rosier. Une fois adultes, les rosiers non remontants, qui fleurissent en juin, se taillent dans le courant de l'été, après la floraison. Il s'agit surtout des rosiers botaniques, de certaines roses anciennes et des sarmenteux. Vous pouvez tailler les rosiers remontants en automne mais, dans les zones à hiver froid, il est préférable de retarder la taille. Intervenez en mars, dès que les grands froids sont passés, surtout pour les rosiers buissons. Dans le Midi, taillez après la floraison qui se prolonge souvent jusqu'à la fin décembre.

TAILLE D'UN BOURGEON

Avec un sécateur bien affûté, taillez en biseau à environ 5 mm au-dessus d'un bourgeon situé sur la branche ou à l'aisselle d'une feuille. L'extrémité basse de la coupe se trouve à l'opposé du bourgeon.

TAILLE DE RAJEUNISSEMENT

Avec un ébrancheur, coupez la tige âgée bien droit, près de la base ou à 5 mm au-dessus d'une jeune pousse. Ne laissez pas de chicot et faites une coupe bien propre que vous pouvez parer pour la lisser.

EXEMPLES DE BONNES ET MAUVAISES COUPES

Une taille grossière est lente à cicatriser. Elle constitue un point d'entrée pour les maladies. Une mauvaise inclinaison de la coupe favorise l'accumulation de l'eau près du bourgeon, ce qui cause la pourriture. Une coupe trop lointaine laisse un chicot qui flétrit. Une coupe correcte permet d'obtenir une pousse saine et vigoureuse.

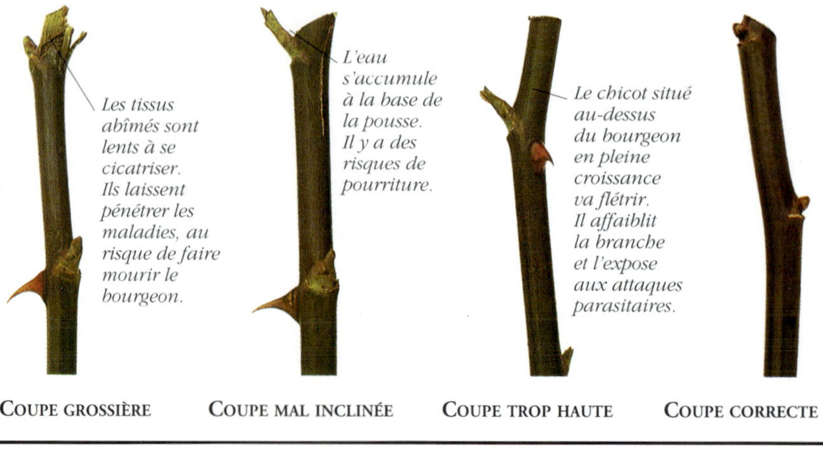

COUPE GROSSIÈRE — COUPE MAL INCLINÉE — COUPE TROP HAUTE — COUPE CORRECTE

Soins et entretien

Les interventions diffèrent selon les types de rosiers, mais l'entretien est le même pour tous les rosiers, qu'il s'agisse de la suppression des fleurs fanées, du palissage ou de la suppression du bois mort.

Suppression des fleurs fanées

Si vous laissez les fruits (cynorrhodons) se développer sur le rosier pour leur attrait décoratif, toute l'énergie est employée à la production de graines. Cela se produit au détriment de la croissance de la plante et de la remontée de sa floraison. Sur les rosiers dont les fruits n'ont guère d'intérêt, il est important de supprimer les fleurs dès qu'elles sont fanées. Intervenez après la floraison des rosiers non remontants. Sur les rosiers remontants, coupez les fleurs fanées au-dessus d'un bourgeon. Il va émettre une nouvelle pousse qui portera une deuxième ou une troisième floraison. Pour obtenir de nouvelles tiges vigoureuses, coupez au-dessus du deuxième ou du troisième bourgeon compté à partir de la base. Au sein d'un bouquet, la fleur centrale s'ouvre et se fane la première. Pincez-la en premier, puis supprimez l'ensemble du bouquet quand il est défleuri.

Palissage

Attachez sur leur support les longues tiges des rosiers grimpants. Faites de même pour les grands rosiers arbustes palissés. Fixez-les sur des fils de fer horizontaux, tendus entre des pitons à œil scellés dans le mur. Maintenez les tiges avec un lien ou des attaches en plastique à fermeture rapide. Ne serrez pas fort, mais ne laissez pas l'attache trop lâche pour que le rameau ne frotte pas sur le fil.

Tiges abîmées et enchevêtrées

Une coupe propre est moins sujette aux maladies qu'une tige de rosier déchirée ou écorchée. Coupez toujours une tige abîmée juste au-dessus d'un bourgeon, pour stimuler le départ d'une tige de remplacement. Supprimez ou raccourcissez toutes les tiges qui frottent l'une sur l'autre, en coupant au-dessus d'un bourgeon ou d'une pousse latérale.

Bois mort et chancre

Sur les rosiers, il est important de distinguer le bois mort des pousses affectées par la maladie du chancre. Une « barrière naturelle » *(voir p. 11)* se forme entre le bois mort et le bois vivant. Coupez au-dessus de la barrière naturelle pour ne conserver que du bois sain. Si vous remarquez des pousses séchées brun pâle et que vous ne pouvez pas distinguer une délimitation nette dans les zones abîmées, il s'agit certainement du chancre. Coupez alors en dessous de la zone affectée, en cherchant à retrouver du bois vivant. *(Suite p. 304.)*

Suppression des fleurs fanées sur un rosier remontant

Rosier à grandes fleurs
Coupez au-dessus d'une feuille ou d'une jeune pousse latérale pour stimuler la formation d'une nouvelle hampe florale.

Rosier à fleurs groupées
Rabattez tout le bouquet par une taille en biseau juste au-dessus d'un bourgeon situé à l'aisselle d'une feuille.

Lier les tiges
Attachez les longues tiges des grimpants sur leur support. Utilisez du raphia ou bien des liens en plastique. Ne les serrez pas trop pour permettre aux branches de grossir sans s'étrangler. Le rameau ne doit pas glisser sur le fil de fer.

Tiges mortes, abîmées, surabondantes ou enchevêtrées

Lors de la taille d'un rosier, éliminez les tiges mortes ou abîmées. Supprimez les rameaux enchevêtrés. Ils encombrent le centre du buisson ou se frottent mutuellement. Éliminez le bois âgé qui se dégarnit de la base et porte peu de fleurs. Taillez ou sciez tout chicot ancien qui n'a pas réussi à produire des tiges nouvelles.

Bois mort
Des maladies s'installent sur le bois mort, en cours de pourrissement.

Tiges enchevêtrées
En se frottant mutuellement, les tiges s'abîment.

Nouvelle tige.

Chicot mort.

Suppression du chancre
Rabattez les tiges brunes, desséchées, atteintes par le chancre, jusqu'à ce que vous obteniez une surface blanche, parfaitement saine.

(Suite de la page 303.)
Pour déceler le chancre, taillez une partie apparemment saine sur une tige. Si vous apercevez une tache brune au centre de la surface coupée, c'est que la maladie est présente. Rabattez alors la tige jusqu'à ce que vous rencontriez du bois entièrement clair, signe de bonne santé. Taillez alors sur un bourgeon orienté dans la direction voulue.

Tiges non florifères

Il arrive qu'un rosier produise une belle tige, dépourvue de bouton floral à son extrémité. Ces pousses « borgnes » sont fréquentes, par exemple chez le célèbre hybride de thé 'Madame A. Meilland'. La cause la plus fréquente est le gel qui provoque des dégâts à l'extrémité de la tige. Raccourcissez pour stimuler la croissance d'un bourgeon inférieur. Il donnera naissance à une tige florifère.

Suppression d'un gourmand

La greffe en écusson est le mode de multiplication le plus employé pour les rosiers. Certaines roses anciennes drageonnent abondamment si vous les multipliez par bouturage. C'est le cas des rosiers *Gallica*, *Alba*, de *Rosa pimpinellifolia* et de certains de leurs hybrides. Il faut les greffer pour réduire ce problème. La plupart des rosiers modernes sont greffés sur des porte-greffes provenant de sélections de rosiers sauvages. Cela accroît leur vigueur et leur longévité. Pendant la saison de croissance, des tiges, ou gourmands, se développent à partir de ces porte-greffes. Ils apparaissent près de la souche du rosier, en dessous du point de greffe. Leurs feuilles sont plus petites et d'un vert différent de celui des autres rameaux. Supprimez les gourmands dès leur apparition. N'attendez pas, car ils affaiblissent le pied et montrent une vigueur supérieure à celle des autres pousses. Coupez-les à leur point d'origine sur les racines. Cela supprime les bourgeons dormants groupés à la base, qui pourraient donner des pousses si vous n'arrachiez pas entièrement le gourmand.
Les rosiers tiges, greffés au sommet d'une tige, peuvent aussi produire des drageons sur leurs racines. Pincez-les ou rabattez-les proprement au niveau de la tige.

SUPPRESSION DE GOURMANDS SUR UN ROSIER

1 Dégagez délicatement la terre et arrachez le gourmand, en le détachant de son point d'origine sur la tige du porte-greffe ou sur la racine.

2 Tirez fortement pour l'arracher de la racine. Ce n'est pas facile mais cela permet d'éviter la repousse de façon plus efficace qu'en le coupant.

Ravageurs et maladies

La taille des parties affectées d'un rosier malade peut éviter l'emploi intempestif de traitements insecticides et fongicides. Supprimez les pousses touchées par l'oïdium ou celles qui portent des chapelets de pucerons. Arrachez et brûlez les feuilles atteintes par la maladie des taches noires. Les activités de l'hoplocampe qui enroule les feuilles ne sont pas trop nuisibles au rosier. Mais il laisse des tiges défigurées pour le reste de l'été. Alors, il vaut mieux les tailler. Ne jetez surtout pas les parties malades sur le compost.

Soins après la taille

Tous les rosiers doivent bénéficier d'un apport d'engrais et d'un paillis au printemps. Les espèces que vous rabattez sévèrement, notamment les rosiers buissons, demandent des apports d'engrais supplémentaires durant la période de croissance. Cela favorise un développement plus vigoureux. Il existe beaucoup d'engrais « rosiers ». Utilisez-les en priorité, car ils contiennent de la magnésie, très bénéfique aux rosiers. Respectez bien les doses d'emploi préconisées sur l'emballage. Dans les régions aux hivers froids, n'apportez pas d'engrais après les mois de juillet ou d'août. Un apport tardif stimule la formation de pousses tendres qui n'ont pas le temps de se lignifier suffisamment avant l'hiver. Elles sont alors plus sensibles aux dégâts du gel. Buttez le pied des rosiers en automne pour les protéger du froid.

TIGE BORGNE

Rabattez au-dessus d'un bourgeon situé à l'aisselle d'une feuille saine et dirigé vers l'extérieur, pour obtenir une tige à fleurs.

OÏDIUM (BLANC)

Supprimez et brûlez les tiges recouvertes du duvet grisâtre de l'oïdium. Elles ont peu de chance de survivre.

DÉGÂT D'UN HOPLOCAMPE

Ce ravageur ne nuit pas à la plante, mais il doit être supprimé. Rabattez la pousse dans la partie où les feuilles sont intactes.

Rajeunissement, rénovation

Des rosiers abandonnés que l'on découvre dans un jardin récemment acquis ou des vieux sujets, valent souvent la peine d'être rajeunis, surtout s'il s'agit de rosiers buissons. Si vous devez arracher de vieux rosiers, ne les replantez pas au même emplacement sans avoir, auparavant, remplacé le sol sur 50 cm de profondeur. Vous éliminerez ainsi une bonne partie des parasites qui séjournent dans la terre.

Les grands rosiers grimpants sont souvent négligés, même dans les jardins les mieux entretenus. La plupart du temps, c'est parce qu'ils sont difficiles d'accès. Il est vrai que beaucoup de variétés fleurissent durant des années sans entretien. Toutefois, il arrive un moment où les rosiers sont si volumineux qu'il faut envisager un rajeunissement. Il en est de même s'ils ont subi une très forte attaque parasitaire (surtout le *Marsonia*).

Quand vous rajeunissez un rosier mené sur un support, profitez-en pour inspecter l'état du mur, de la clôture ou de toute autre structure sur lequel il est palissé. C'est le moment idéal pour entreprendre des travaux d'entretien, comme la peinture ou la réparation d'éléments cassés du treillage, ou le remplacement des fils de fer.

Quand rajeunir

La période de repos est le moment le plus propice pour effectuer un sévère rajeunissement chez les rosiers. Sur les sarmenteux, intervenez après la floraison, comme pour une taille normale, mais il n'y aura pas de fleurs l'année suivante. Après le rajeunissement, apportez de l'engrais et faites un paillis *(voir p. 15)* au printemps.

Rosiers buissons et arbustes

Un rabattage sévère est le mode de rajeunissement le plus simple, même si certains rosiers ont du mal à retrouver leurs forces après une intervention trop drastique. La plupart du temps, cette taille stimule le départ de bourgeons dormants situés près de la base du rosier. Elle revitalise complètement la plante qui trouve une seconde jeunesse. Coupez toutes les tiges mortes, en taillant à la base de la plante. Utilisez un élagueur ou une scie de jardinier si les rameaux sont trop gros pour un sécateur. Supprimez les gourmands. Rabattez les pousses qui restent à 3 ou 4 cm du sol. Ne cherchez pas à couper au-dessus d'un bourgeon. Il est souvent difficile de les repérer.

Une intervention moins sévère consiste à éliminer le bois non productif, tout en raccourcissant l'ensemble de la ramure de façon progressive. Étalez ce travail sur deux ou trois ans pour ménager la plante. S'il n'y a pas de nouveaux départs sur la souche ou au pied, il faudra patienter un an de plus avant de continuer le rajeunissement.

Rosiers grimpants

Un rosier grimpant négligé se dénude à la base et présente une végétation excessive au sommet. Rabattez à 30 cm du sol une partie des tiges principales. Cela favorise le développement de nouvelles pousses à partir de la souche. Si le rosier ne se prête pas à une telle taille parce qu'il reperce mal, installez une petite plante touffue (arbuste ou vivace) devant le rosier pour cacher ses tiges nues. Dans le cas d'une variété grimpante trop envahissante, raccourcissez toutes les tiges principales jusqu'à ce que le rosier occupe les deux tiers de l'espace imparti. Rabattez des deux tiers de leur longueur tous les rameaux latéraux situés sur les tiges principales. Coupez au-dessus d'un bourgeon sain ou d'une tige bien orientée.

Rosiers sarmenteux et lianes

Un rosier sarmenteux âgé et exubérant constitue une masse de tiges enchevêtrées, dont certaines sont mortes. Pour aider à l'élimination du bois taillé, rabattez les tiges par sections. Supprimez le bois mort, les tiges d'aspect chétif et celles qui montrent des signes de maladie. Coupez près du sol toutes les tiges âgées et gardez seulement trois ou quatre branches principales vigoureuses. Taillez tous les rameaux latéraux situés à 8 ou 10 cm de leur point de départ.

En août, rabattez près du sol les rosiers sarmenteux aux tiges très enchevêtrées et malsaines. Ce traitement de choc peut nécessiter deux ou trois ans, avant que le rosier ne retrouve toute sa splendeur.

Rajeunissement progressif d'un rosier

Le rosier 'Queen Elizabeth' est fort intéressant pour son ampleur et l'abondance de sa floraison. Il a été négligé durant plusieurs années. On remarque une accumulation de bois mort et de tiges mal placées. Un rajeunissement progressif permet de le revigorer, sans perturber la composition du massif. En hiver, à condition que de nouvelles pousses soient présentes, rabattez près de la base les tiges épaisses et âgées situées au centre et sur un côté du rosier. Faites de même les années suivantes, jusqu'à ce que toutes les tiges principales soient renouvelées.

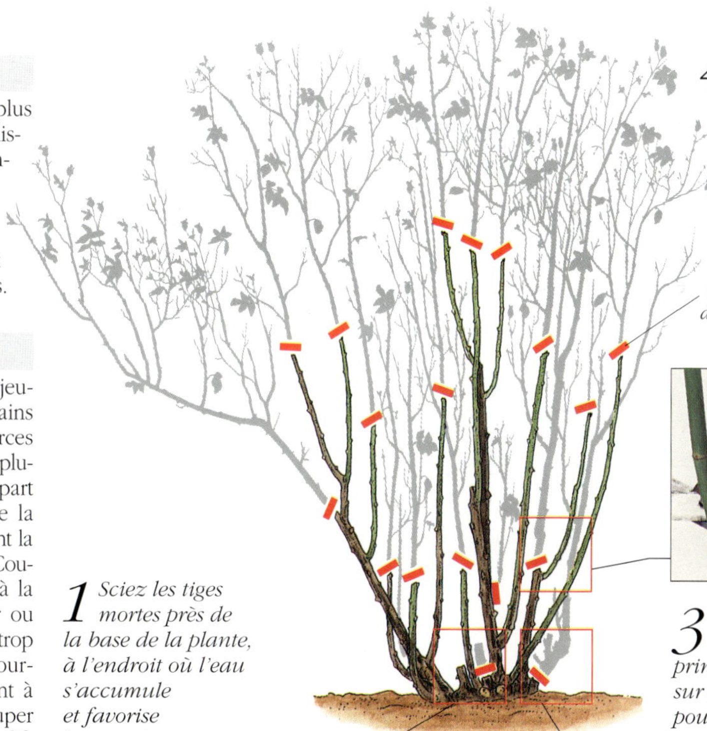

4 Raccourcissez les tiges saines pour réduire de moitié le volume du buisson. Coupez à différentes hauteurs pour respecter la forme buissonnante du rosier et son volume dans le massif.

1 Sciez les tiges mortes près de la base de la plante, à l'endroit où l'eau s'accumule et favorise la pourriture.

3 Si possible, rabattez les tiges principales âgées sur des nouvelles pousses vigoureuses. Coupez-les bien droit.

2 Supprimez toutes les tiges âgées, malades ou grêles, en les rabattant sur leur point d'origine. Utilisez une scie.

Rosiers buissons modernes

La taille d'un rosier buisson moderne favorise la formation de nouvelles pousses. Ce sont elles qui fleuriront au cours de la saison de croissance. Cette taille se pratique chaque année, le plus près possible de la souche du rosier sur laquelle naissent les tiges principales. Vous éviterez ainsi que la base du buisson ne se dénude, tout en favorisant le développement de grosses tiges vigoureuses qui portent des fleurs de qualité. Une taille plus courte se pratique sur les rosiers chétifs pour stimuler leur croissance. En revanche, les rosiers buissons très poussants sont taillés plus long.

N'hésitez pas à tailler sévèrement un rosier buisson. Une coupe insuffisante répétée au fil des années est la cause la plus courante d'un manque de floraison. À terme, un rosier mal taillé porte des tiges grêles, dénudées, dégingandées, et des chicots de bois mort.

Depuis quelques années, les rosiéristes travaillent sur l'obtention de rosiers moins exigeants en matière de taille. C'est le cas des rosiers anglais et de certaines variétés récentes de buissons à massifs.

Massifs de rosiers

Une taille d'entretien annuelle exécutée entre 10 cm et 20 cm du sol favorise une croissance uniforme. Elle est idéale dans un massif de rosiers à fleurs groupées. Tous les buissons du même cultivar fleurissent en même temps et à la même hauteur. Dans une plantation serrée, il est important de s'assurer que l'air circule librement autour des plantes. Pour bien tailler des rosiers dans un massif, veillez à ce que les tiges ne s'enchevêtrent pas ou ne croisent pas celles des buissons voisins. Chaque plante doit développer une silhouette harmonieuse et compacte.

Achat et plantation

Les rosiers buissons modernes bénéficient d'une taille sévère au moment de la plantation. Elle stimule le développement de pousses vigoureuses près de la base et engendre un buisson bien formé. Les rosiers à racines nues se plantent durant la période de repos végétatif (novembre à mars). Cela permet aux racines de bien s'établir avant l'apparition de jeunes pousses vigoureuses. Taillez les racines en les égalisant et supprimez celles qui sont abîmées. N'oubliez pas de les praliner pour stimuler la reprise. Après la plantation, rabattez l'extrémité des tiges *(voir page ci-contre, en haut)*.

Les rosiers proposés en conteneur se mettent en place toute l'année. Si vous opérez en hiver, taillez-les comme les rosiers à racines nues. Si vous plantez durant la période de croissance, supprimez les fleurs épanouies. Rabattez toutes les pousses abîmées. La taille véritable s'effectuera en mars de l'année suivante, en coupant assez court.

CONSEIL TRUFFAUT

L'éboutonnage de rosiers se pratique sur les rosiers buissons destinés à donner des roses à couper. Cette intervention rehausse la qualité de chaque fleur. Les rosiers à grandes fleurs (hybrides de thé) donnent des roses énormes, bien formées si vous ne laissez se développer que le bouton terminal. Éliminez les autres en les pinçant dès qu'elles se forment. Chez les rosiers à fleurs en bouquet, la rose centrale s'ouvre et se fane avant que les fleurs les plus basses n'aient commencé à éclore. Vous obtiendrez plus de fleurs si vous supprimez le bouton central.

ÉBOUTONNAGE

ROSIERS À GRANDES FLEURS
Pincez délicatement tous les boutons latéraux qui se forment en dessous du gros bouton à fleur terminal.

ROSIERS À FLEURS GROUPÉES
Pincez le bouton central d'un bouquet dès qu'il est apparent. Coupez-le avec son pédoncule pour obtenir plus de fleurs.

Quand tailler

Le moment idéal se situe entre novembre et mars. Dans les régions aux hivers froids, mieux vaut retarder la taille le plus possible. Les vents glacés de l'hiver risquent d'abîmer les grandes tiges érigées du rosier. De plus, sous l'effet du vent, les pieds bougent dans le sol et il se forme un interstice, à la base de la plante. L'eau qui s'accumule à ce niveau peut geler, ce qui endommage le point de greffe, l'endroit le plus vulnérable de la plante. Pour éviter cela, rabattez en automne les rosiers buissons de la moitié de leur hauteur. Taillez-les normalement au printemps suivant, lorsque tout risque de froid prolongé est passé, et avant l'éclatement des bourgeons. Pendant la saison de croissance, limitez la taille à la suppression des fleurs fanées *(voir p. 303)*. Presque tous les rosiers buissons modernes sont remontants. Supprimez les pousses malades ou abîmées. Procédez à toutes les tâches d'entretien habituelles *(voir p. 304)*, comme, par exemple, la suppression des gourmands qui épuisent le pied et le rendent disgracieux.

TAILLE D'AUTOMNE
Les rosiers sont souvent abîmés par les intempéries hivernales, surtout dans les endroits exposés au vent. Pour les protéger, raccourcissez leurs tiges de moitié. Après des vents violents ou une période de temps froid, tassez délicatement la terre autour du pied de la plante. Cette « prétaille » donne une impression plus esthétique en hiver.

Avant la taille.

Après la taille.

Rosiers buissons à grandes fleurs

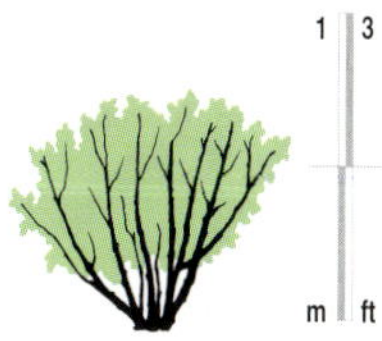

Souvent dénommés « hybrides de thé », ces rosiers sont généralement proposés sous forme de plantes âgées d'un an. Taillez-les sévèrement lors de la plantation, en rabattant les tiges près du sol. Ils n'ont pas besoin de taille de formation mais, dès l'année suivante, taillez-les comme une plante adulte.

Taille de l'adulte : pendant la saison de végétation, supprimez les tiges mortes, malades ou abîmées, et les gourmands. Enlevez régulièrement les fleurs au fur et à mesure de leur déclin. Cela favorise le départ de nouvelles floraisons.
À la fin de l'hiver, taillez les rosiers buissons, en supprimant toutes les pousses improductives et malsaines. Conservez seulement les pousses robustes, jeunes, disposées en gobelet autour de l'axe central de la souche. Taillez les branches sélectionnées entre 15 cm et 25 cm du sol, en gardant seulement de trois à cinq yeux selon la vigueur du sujet. Les bourgeons conservés donneront des tiges vigoureuses. La plupart des rosiers buissons à grandes fleurs sont naturellement érigés. Ils ont vite leur centre encombré de tiges. Taillez plutôt les branches au-dessus d'un bourgeon dirigé vers l'extérieur.

Taille d'un rosier buisson nouvellement planté

Avant la taille
Rabattez les tiges pour stimuler les pousses près de la base. Éliminez les parties abîmées ou portant des défauts.

Après la taille
Rabattez les tiges entre 8 cm et 15 cm du sol. Coupez au-dessus d'un bourgeon orienté vers l'extérieur.

Vous obtiendrez un buisson bien formé, aéré au centre, avec une bonne circulation d'air entre les rameaux, d'où un risque de maladie réduit. Éliminez tout chicot issu de la taille de l'année précédente et qui n'a pas produit de tiges valables. Rabattez les tiges grêles, moins épaisses qu'un crayon. Elles risquent de ne pas fleurir et sont les premières à succomber à la maladie des taches noires. Si votre intervention dénude trop le buisson, taillez les branches orientées vers le centre de la touffe, au-dessus d'un bourgeon situé près de la base et pointé vers l'extérieur. Lorsque deux tiges se croisent, supprimez l'une d'entre elles. Dans le Midi et les régions au climat chaud, taillez moins sévèrement, entre 25 cm et 30 cm de la base. La hauteur précise varie d'une tige à l'autre, car les bourgeons ne sont pas répartis avec un espacement régulier tout au long de la tige. Sur les sujets âgés et les grosses branches, coupez entre 5 cm et 8 cm au-dessus de la dernière taille de l'année, sur un bourgeon orienté vers l'extérieur. Quand les tiges comportent une succession de trois ou quatre coupes anciennes, rabattez-les sur du bois plus âgé, le plus près possible de la base. Étalez dans le temps cette taille de rajeunissement *(voir p. 305)*.

Taille d'un rosier buisson à grandes fleurs, sujet adulte

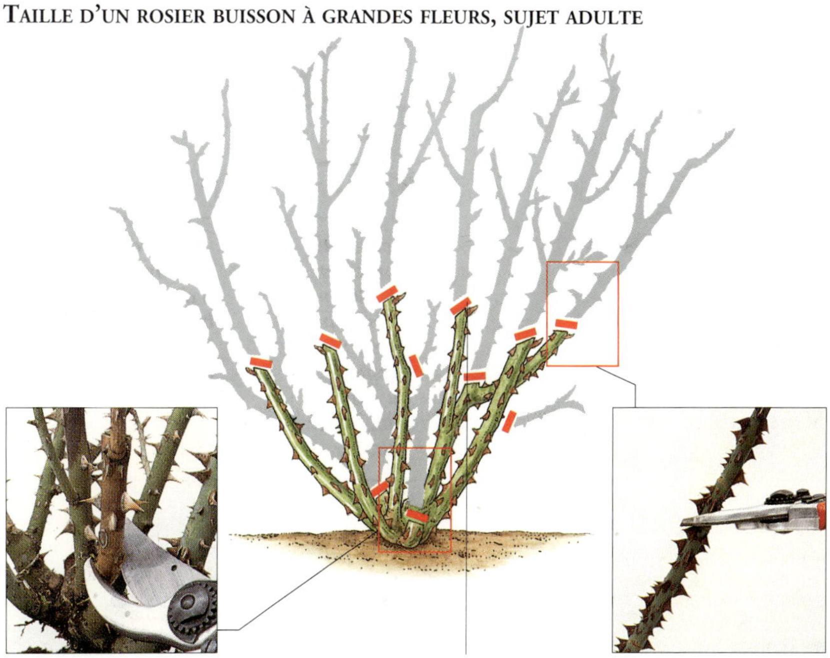

1 Supprimez les tiges mortes, malades ou abîmées. Rabattez sur du bois sain toute pousse montrant des signes de chancre.

Orientez les coupes de façon à favoriser le développement des pousses vers l'extérieur du rosier et pour qu'elle ne croisent pas d'autres branches.

2 Taillez à 20 cm du sol en faisant une coupe en biseau, à 5 mm au-dessus d'un bourgeon orienté vers l'extérieur.

ROSIERS BUISSONS À GRANDES FLEURS
NOS COUPS DE CŒUR

'Alec's Red';
'Alexander';
'Bolchoï';
'Catherine Deneuve';
'Christophe Colomb';
'Chrysler Impérial';
'Commandant Cousteau';
'Comtesse Chandon Moët';
'Comtesse de Ségur';
'Georges Truffaut';
'Grand Nord';
'Imagine';
'James Pereire';
'Jean Giono';
'Kronenbourg';
'Landora';
'Louis de Funès';
'Mme A. Meilland';
'Paul Ricard';
'Panthère Rose';
'Parly 2';
'Penthouse';
'Princesse de Monaco';
'Provence';
'Queen Elizabeth';
'Violette parfumée'.

'Georges Truffaut'.

Rosiers buissons à fleurs groupées

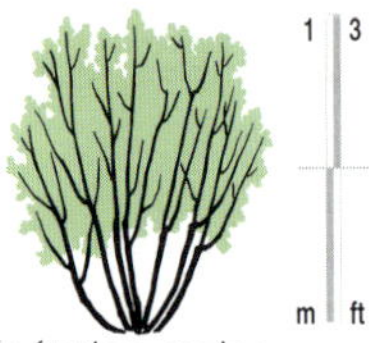

Connus sous l'appellation de « rosiers buissons à massifs », ou de « floribundas », ils se caractérisent par une végétation moins forte que les hybrides de thé et des fleurs portées en bouquets. Ces rosiers se taillent lors de la plantation comme les buissons à grandes fleurs *(voir p. 307)*. Sur les adultes, une fois supprimées toutes les pousses non désirées, ne rabattez pas trop sévèrement les tiges. Le charme de ces rosiers réside dans leur masse de fleurs. Taillez plus long qu'un rosier buisson à grandes fleurs, afin de disposer d'u plus grand nombre de bourgeons qui donneront des tiges florales. Parfois, les tiges qui ont fleuri ne portent pas de bourgeons apparents. Dans ce cas, coupez à la hauteur désirée, soit entre 20 cm et 30 cm du sol. Cette taille stimulera le départ d'un bourgeon dormant situé plus bas sur le rameau. Si un chicot apparaît à l'extrémité de la branche taillée, il suffit de l'éliminer. Un rosier buisson à fleurs groupées, négligé ou âgé, se prête généralement bien à un rajeunissement progressif ou complet *(voir p. 305)*.

Rosiers buissons à massifs
Nos coups de cœur

'Abbaye de Cluny' ;
'Amber Queen' ;
'Charles Aznavour' ;
'Colette' ;
'Comtesse du Barry' ;
'Iceberg'(ou 'Fée des Neiges') ;
'Léonard de Vinci' ;
'Lili Marlène' ;
'Manou Meilland' ;
'Marie Curie' ;
'Matangi' ;
'Niccolo Paganini' ;
'Sylvie Vartan'.

Taille d'un rosier buisson à fleurs groupées, sujet adulte

1 Rabattez toutes les tiges mortes ou malades sur du bois sain ou près de la base du rosier.

2 Supprimez toutes les tiges qui se croisent, se gênent ou risquent de frotter les unes contre les autres. Il faut éclaircir la ramure le plus possible et lui donner une forme évasée.

3 Raccourcissez les tiges à conserver entre 20 cm et 30 cm au-dessus du niveau du sol. Coupez en biseau au-dessus d'une tige ou d'un bourgeon sain, dirigé vers l'extérieur.

4 Raccourcissez les rameaux latéraux à deux ou trois bourgeons de la tige principale. Taillez toujours sur un bourgeon bien apparent, orienté vers l'extérieur du rosier.

Roses de patio et polyanthas

Les roses de patio sont simplement des rosiers de petite taille à fleurs groupées : 'Comtesse du Barry', 'Daniel Gélin', 'Sexy Rexy', les Meillandina, les rosiers Koster, figurent parmi les plus connus. Les Polyanthas comme 'The Fairy', 'White Pet' et 'Pink Symphonic', sont des buissons compacts portant des bouquets serrés de petites fleurs. Le port, et donc la taille, sont les mêmes que pour les rosiers buissons à fleurs groupées. Après avoir retiré tout le bois improductif, réduisez les tiges principales des deux tiers, en coupant au-dessus d'un bourgeon sain ou d'un rameau latéral. Cette taille régulière maintient compacts et très florifères les rosiers de patio et les polyanthas. Ils peuvent aussi être cultivés en pots où ils donnent d'excellents résultats.

Rajeunissez les rosiers de patio et les polyanthas de la même façon que les rosiers buissons *(voir p. 305)*.

Rosiers miniatures

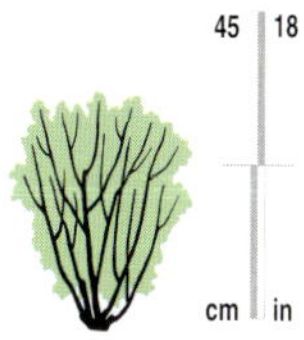

Ce sont des rosiers buissons nains, très décoratifs, qui portent des fleurs en bouquets beaucoup plus petits que ceux des rosiers à fleurs groupées.
Les principes et l'époque de la taille restent les mêmes. Vous devez supprimer les fleurs fanées durant la période de floraison et procéder à une taille annuelle, en hiver. Taillez les rosiers miniatures sévèrement lors de la plantation. Cela favorise leur reprise et le développement du système racinaire. Pratiquez comme pour les rosiers buissons à grandes fleurs, en les rabattant entre 5 cm et 8 cm du sol. Les années suivantes, deux méthodes de taille sont possibles. Sur les sujets qui poussent et fleurissent bien, une taille légère *(voir ci-contre)* suffit. Enlevez les tiges mortes, malades et abîmées, et celles qui sont enchevêtrées ou en surnombre. Certains rosiers miniatures, comme 'Baby Masquerade', produisent davantage de pousses ramifiées au centre. Ils doivent être éclaircis de façon importante. Taillez l'extrémité des tiges que vous conservez. Ne craignez pas de couper sévèrement un rosier nain s'il pousse mal ou s'il a besoin d'être rajeuni. Les toutes petites formes comme les *Meillandina*, par exemple, gagnent à être taillées avec des ciseaux à bonsaïs et non avec un sécateur. Cela permet une coupe plus précise, notamment pour défourcher la ramure souvent très drue. Vous pouvez simplifier la taille, en égalisant seulement les pousses à 5 ou 6 cm du sol.

TAILLE LÉGÈRE D'UN ROSIER MINIATURE ADULTE

1 Supprimez tout le bois mort, malade ou abîmé. Aérez l'ensemble, en rabattant au ras de la souche les tiges les plus âgées.

2 Taillez l'extrémité des tiges pour enlever les dernières fleurs fanées et les raccourcir de quelques centimètres. C'est aussi un moyen pour égaliser la silhouette naturellement arrondie.

3 Taillez les rameaux latéraux au-dessus de un ou deux bourgeons comptés à partir de la tige principale.

ROSIERS MINIATURES, NOS COUPS DE CŒUR

'Ange Divin';	'Fête des Mères ;	'Pour Toi';
'Baby Carnaval';	'Josephine Wheatcroft';	'Perle d'Alcanada';
'Baby Masquerade';	'Lady Meillandina';	'Prince Meillandina';
'Bordure Rose';	'Margot Koster';	'Red Ace';
'Bordure Nacrée';	'Marquisette';	'Spot Meillandina';
'Coralin';	'Orange Meillandina';	'Sweet Fairy';
'Easter Morning';	'Peaches N' Cream';	'Tilt Symphonie'.

CONSEIL TRUFFAUT

Les techniques traditionnelles de taille des rosiers buissons ne sont pas toujours évidentes pour un débutant et elles prennent du temps. Depuis 1990, les Britanniques effectuent des essais de nouvelles méthodes plus simples. La découverte la plus spectaculaire est que les rosiers buissons coupés simplement à la hauteur du genou à l'aide d'un taille-haies, fleurissent aussi bien, sinon mieux, que les sujets taillés de façon conventionnelle, avec un sécateur et une grande précision.
Certains vont même jusqu'à préconiser de couper les rosiers avec un taille-haies. Mais beaucoup de rosiéristes estiment que le fait de laisser des coupes déchiquetées et du bois mort sur un rosier buisson n'est pas, à long terme, une bonne pratique. Les rosiers ainsi traités finissent souvent par succomber à des maladies, les plaies étant plus facilement attaquées par les parasites. En revanche, on peut fort bien utiliser le taille-haies pour entretenir les rosiers arbustes modernes, appelés aussi rosiers « paysages ». Ces variétés extraordinaires se couvrent complètement de fleurs sans nécessiter de taille. Il suffit simplement d'égaliser la ramure et de limiter son expansion, ou de tailler dans l'alignement de la plantation.
Les résultats d'un autre essai semblent tout aussi prometteurs. Les rosiers sont taillés sévèrement, sans chercher à faire couper en biseau ni à couper au-dessus d'un bourgeon prêt à démarrer. On supprime le bois mort mais les tiges faibles ramifiées, qu'on aurait normalement enlevées, sont laissées sur le buisson. Cela produit de nouvelles pousses apparemment meilleures que celles des rosiers taillés normalement. Elles donnent, chez les rosiers floribundas, des fleurs en plus grand nombre. Il est difficile de recommander ces nouvelles techniques tant que les essais n'ont pas été poursuivis plus longtemps. Vous pouvez toujours faire l'essai sur un ou deux de vos rosiers buissons et constater par vous-même le résultat.

COUPE DES ROSIERS AU TAILLE-HAIES
Ce type de taille semble donner de bons résultats, mais les effets à long terme sont encore inconnus. L'outil doit être puissant pour ne pas hacher les branches.

Rosiers tiges et pleureurs

Les rosiers tiges se trouvent dans de nombreuses catégories : miniatures au tronc de 40 à 50 cm, buissons demi-tiges (1 m de haut), tiges (1,40 m) et pleureurs (de 1,40 à 2 m). Tous se forment en greffant la variété désirée sur une grande tige nue, le plus souvent un *Rosa rugosa*. Les rosiéristes expérimentent *Rosa laxa* qui vit plus longtemps et se montre moins sujet au développement de gourmands. Il est nécessaire de tuteurer les rosiers tiges en permanence. Utilisez une canne de bambou pour les miniatures et un tuteur en bois traité pour les plus grands sujets. Le tuteur doit atteindre le point de greffe (l'endroit le plus faible de la tige), mais sans frotter contre lui. Il existe aussi des tuteurs métalliques spécifiques en forme de parapluie pour les rosiers pleureurs. Taillez chaque année les rosiers tiges pour éviter qu'ils ne forment une ramure trop volumineuse et trop lourde. Cette coupe permet aussi de maintenir une forme compacte, symétrique, et d'améliorer la quantité ou la qualité des fleurs. L'importance de la taille dépend du type de rosier qui forme la tête.

Quand tailler : les remontants sont coupés en hiver pour favoriser une floraison continue sur les nouvelles pousses. L'intervention sur les non remontants a lieu dès que les fleurs sont fanées. Durant la saison de croissance, effectuez l'entretien habituel *(voir p. 303)*. Veillez surtout à supprimer les gourmands dès leur apparition. Ils apparaissent au pied du rosier, nés sous la terre ou bien sur le tronc. Éliminez-les dès que possible, quand ils sont encore jeunes, c'est plus facile.

ROSE DE PATIO SUR TIGE
Ce petit rosier à fleurs groupées ('Little Bo Peep'), *est greffé sur une grande tige nue. Il constitue une charmante plante en pot de culture très facile.*

Buissons sur tige

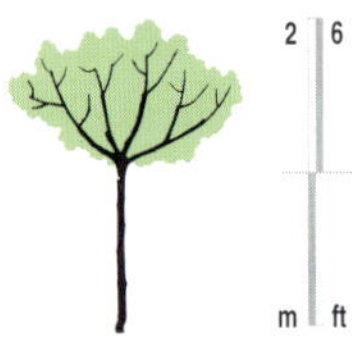

Beaucoup de cultivars de rosiers buissons à grandes fleurs et à fleurs groupées sont proposés greffés sur des tiges de 1 m de hauteur, ce qui donne des arbustes de 1,50 à 1,70 m. Les rosiers miniatures sur tiges, qui ne dépassent pas 50 cm, sont de plus en plus répandus, surtout pour la culture en pots.

Formation et taille : une fois le rosier adulte, considérez-le comme un rosier buisson normal à grandes fleurs, à fleurs groupées ou miniatures selon le groupe auquel appartient la variété. Choisissez le point de greffe comme la base de la ramure et comptez les yeux ou la hauteur du rameau à tailler, à partir de cet endroit. Il est important de maintenir une tête équilibrée. Pour cela, taillez davantage les parties les moins vigoureuses de la plante. Dans les régions aux hivers rigoureux, effectuez une première taille de réduction de la ramure en automne *(voir p. 306)* pour réduire la prise au vent.

Rajeunissement : c'est une intervention qui peut se pratiquer sur les sujets âgés, pour leur redonner de la vigueur. Rabattez les rameaux sévèrement *(voir p. 305)* entre décembre et mars. Faites de même sur un rosier tige négligé (dans un ancien jardin que vous venez d'acquérir par exemple). Remplacez les plantes si de nouvelles pousses vigoureuses n'apparaissent pas au printemps. Les rosiers tiges montrent souvent une longévité moindre que les autres car le point de greffe est un peu leur talon d'achille. Renforcez la fertilisation en potasse pour solidifier la tige.

ROSIER TIGE ADULTE, MARS

AVANT LA TAILLE
Les tiges de ce rosier buisson à grandes fleurs ont été raccourcies en automne pour éviter les dégâts du vent en hiver. Une fois que tout risque de forte gelée est passé, taillez à nouveau le rosier pour éliminer le bois non productif. Cela vous permettra de créer une tête équilibrée et bien aérée, tout en favorisant le départ de nouvelles tiges florales de grande qualité.

APRÈS LA TAILLE
Les tiges principales sélectionnées ont été rabattues à 20 cm du point de greffe, et leurs pousses latérales raccourcies à deux ou trois bourgeons de leur point de naissance. La taille a été un peu plus sévère du côté gauche, afin de stimuler le départ de nouvelles pousses fortes. On obtient ainsi une tête plus équilibrée.

Rosiers pleureurs

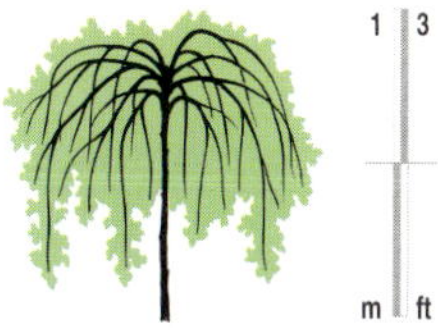

On obtient un rosier pleureur en greffant, sur une tige de 1,5 à 2 m, un rosier sarmenteux, un grimpant ou un couvre-sol. Au moment de l'achat, il est important de connaître le type de rosier qui constitue la ramure. Cela affecte l'aspect de la plante, l'importance et l'époque de la taille et de la formation.
Les rosiers couvre-sols étalés sont plus rigides. Seuls les sarmenteux retombent vraiment avec leurs longues tiges flexibles. Ils seront palissés sur un tuteur en parapluie, tout comme les rosiers grimpants, dont il faut contrecarrer la tendance naturelle à pousser vers le haut. Seuls les cultivars à tiges flexibles conviennent.

Formation et taille : ne taillez pas un rosier pleureur lors de la plantation et les premières années qui suivent. Il doit d'abord développer sa silhouette. En revanche, supprimez le bois mort, malade ou abîmé et raccourcissez les tiges grêles, au-dessus d'un gros bourgeon. Celui-ci donnera une nouvelle pousse vigoureuse. Mieux vaut palisser vers le bas les tiges des cultivars grimpants, en les attachant régulièrement autour d'un tuteur en forme de « parapluie ». Une fois la forme pleureuse établie, taillez selon le type du rosier : sarmenteux *(voir p. 318)*, grimpant *(voir p. 317)* ou couvre-sol *(voir p. 315)*. Un sarmenteux vigoureux comme 'Dorothy Perkins' va produire (si on le nourrit bien) un grand nombre de nouvelles tiges. Vous pouvez supprimer chaque année toutes celles qui ont fleuri, en les rabattant sur de nouvelles pousses situées plus bas. Sur les rosiers moins vigoureux, supprimez seulement une tige florale sur deux ou trois tous les deux ans pour alléger un peu la silhouette. Coupez sur des tiges ou des bourgeons orientés vers le haut et l'extérieur pour produire un effet de cascade. Les sarmenteux pleurent facilement jusqu'au sol, aussi faut-il raccourcir leurs tiges. Sur un rosier grimpant moderne issu d'une variété buissonnante, taillez au-dessus d'un bourgeon orienté vers l'extérieur et vers le bas pour améliorer l'aspect pleureur. Coupez aussi les tiges qui partent vers le haut. Le rosier couvre-sol est le moins exigeant, puisqu'il suffit d'éclaircir les pousses très ramifiées et en surnombre.

TUTEUR PARAPLUIE

Ce support très décoratif, en métal plastifié, joue le rôle de tuteur et de support, sur lequel on peut palisser les tiges des rosiers pleureurs. C'est indispensable pour une variété un peu rigide. La forme est élégante, mais plus compacte que celle d'un rosier qui pousse librement.

Palissez les tiges pour créer une tête bien équilibrée.

TAILLE APRÈS LA FLORAISON D'UN ROSIER SARMENTEUX GREFFÉ SUR TIGE EN PLEUREUR

1 *Rabattez les tiges florifères les plus âgées juste au-dessus du point de greffe.*

2 *Taillez les tiges florales les plus amples et celles situées à l'extérieur de la ramure, au-dessus d'une pousse de remplacement dirigée vers l'extérieur ou vers le bas.*

3 *Taillez toutes les pousses latérales en conservant trois à quatre bourgeons.*

4 *Taillez l'extrémité des tiges qui touchent le sol.*

5 *Supprimez tous les gourmands qui se forment sur la tige du rosier, en les pinçant dès leur apparition.*

Rosiers arbustes

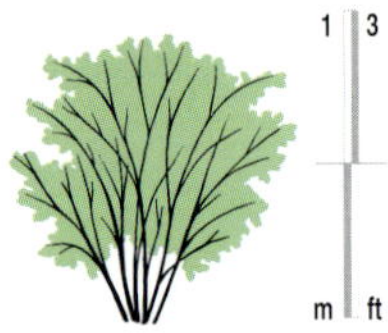

Port érigé.

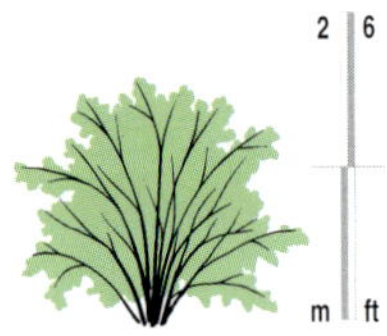

Port étalé.

Les rosiers arbustes forment un groupe diversifié qui embrasse toute l'histoire du genre *Rosa*, des rosiers botaniques aux rosiers arbustes modernes. Contrairement aux formes en buissons, les rosiers arbustes fleurissent sur du bois âgé. On peut donc laisser se développer une ramure permanente, entretenue par une taille de rajeunissement légère, mais régulière. Cette intervention leur conserve une jolie forme, avec un bon équilibre entre le bois âgé et les pousses jeunes, vigoureuses. Les besoins en taille de ces rosiers sont en fait plus proches des arbustes d'ornement que des autres groupes de rosiers. L'importance de la taille dépend du port et du mode de floraison particuliers de chaque cultivar.

ROSIERS BOTANIQUES ET LEURS HYBRIDES
NOS COUPS DE CŒUR

ROSA CAROLINA ;
ROSA EGLANTERIA (OU RUBIGINOSA) ;
ROSA FARRERI PERSETOSA ;
ROSA FOETIDA 'BICOLOR' ;
ROSA GALLICA 'OFFICINALIS' (LA ROSE DE PROVINS) ;
ROSA GLAUCA (OU RUBRIFOLIA) ;
ROSA HOLODENTA ;
ROSA MACOUNII ;
ROSA MOSCHATA ;
ROSA MOYESII 'GERANIUM' ;
ROSA NUTKANA 'PLENA' (OU CALIFORNICA 'PLENA') ;
ROSA 'PAULII ROSEA' ;
ROSA PISOCARPA ;
ROSA PTERAGONIS CANTABRIENSIS ;
ROSA SERICEA PTERACANTHA ;
ROSA VIRGINIANA ;
ROSA XANTHINA 'CANARY BIRD'.

Rosa moyesii.

Rosiers botaniques

La taille des rosiers sauvages et des hybrides apparentés se réduit à un minimum de coupes. La taille de formation à réaliser durant l'hiver consiste à rabattre très légèrement l'extrémité des tiges devenues trop longues. La plante adulte se taille aussi en hiver. Cette opération est pratiquée pour supprimer les tiges mortes, abîmées ou faibles. Au besoin, corrigez une forme déséquilibrée. Pour cela, rabattez les tiges faibles plus sévèrement que les tiges fortes. Cette pratique permet de stimuler le départ de pousses vigoureuses. Après une remise en forme, un rosier arbuste risque de fleurir peu l'année suivante. Vous pouvez rajeunir par la taille un rosier botanique qui fleurit timidement ou qui est devenu un enchevêtrement inextricable de tiges âgées. Procédez comme pour les rosiers galliques.

Rosiers anciens

La plupart de ces rosiers ont été obtenus au XIXe siècle, et même avant. Ils se taillent comme les *Rosa gallica*, ou comme les *Rosa alba*. On emploie d'autres techniques pour les hybrides musqués *(voir p. 314)*,

TAILLE D'UN ROSIER GALLIQUE ADULTE, APRÈS FLORAISON

1 Supprimez complètement près de la base une ou deux tiges âgées, choisies parmi les plus ligneuses et les moins bien placées.

2 Taillez les rameaux latéraux sur une pousse latérale ou un bourgeon situé entre 5 cm et 15 cm d'une tige principale.

3 Pour garder le rosier en bonne santé, supprimez toutes les tiges mortes, abîmées ou faibles, et les pousses qui se gênent.

les rosiers de Boursault, de Noisette et les rosiers Bourbon grimpants *(voir p. 316)*, ainsi que pour les hybrides remontants *(voir p. 320)*.

Rosiers Alba, de Damas, Mousseux et Centfeuilles : la plupart des rosiers appartenant à ces groupes se taillent dès que leur unique floraison estivale s'achève. Retardez l'intervention sur certains rosiers mousseux. Ils offrent une deuxième floraison assez capricieuse. Lors de la plantation, rabattez les longues tiges. Sur la plante adulte, supprimez le bois malade ou abîmé, ainsi que les tiges qui se croisent. Rabattez d'un tiers de leur longueur les tiges principales et les rameaux latéraux. En automne, raccourcissez les tiges flexibles trop longues, pour qu'elles ne soient pas abîmées par les vents glacés de l'hiver. Rajeunissez un rosier âgé, en le rabattant près du sol, tout en conservant les jeunes tiges vigoureuses que vous raccourcissez d'un tiers. Intervenez après la floraison ou au début du printemps.

Rosiers de Bourbon, de Chine et de Portland : taillez-les comme les rosiers *Alba*, mais en hiver, car ils sont remontants. Supprimez régulièrement les fleurs fanées en été.

Rosiers Galliques : ces roses anciennes assez touffues forment d'excellentes haies. Elles se contentent d'une taille légère au moment de la plantation. Rabattez les tiges trop longues et supprimez une ou deux branches en cas de végétation excessive. Sur la plante adulte, supprimez au printemps toutes les tiges mortes, malades ou abîmées. En été, juste après la floraison, rabattez les rameaux latéraux sur une pousse située près d'une tige principale. Un an sur trois, selon la vigueur de la végétation, rabattez près du sol une ou deux branches principales, âgées. En hiver, taillez à la cisaille les rosiers galliques cultivés en haie. N'essayez pas de leur donner une forme trop géométrique. Un vieux rosier négligé tolère un rabattage sévère en mars. Coupez toutes les tiges, sauf les jeunes pousses bien vigoureuses.

Taille d'un rosier Alba adulte, après la floraison

1 *Rabattez d'un tiers de leur longueur les tiges principales âgées.*

2 *Réduisez les rameaux latéraux d'un tiers sur un gros bourgeon sain (ou une tige), dirigé vers l'extérieur de l'arbuste.*

Supprimez près de la base les pousses qui s'arquent en touchant le sol.

Rosier Alba, automne
Raccourcissez de moitié les tiges les plus longues, pour éviter, durant l'hiver, les dégâts dus aux vents les plus violents.

Roses anciennes, nos coups de cœur

Rosiers Alba
Rosa x 'Alba Maxima' ;
'Belle Amour' ;
'Céleste (ou 'Celestial') ;
'Cuisse de Nymphe émue' ;
'Félicité Parmentier' ;
'Great Maiden's Blush' ;
'Königin von Dänemark' ;
'Madame Plantier'.

Rosiers de Bourbon
'Commandant Beaurepaire' ;
'Gruss an Teplitz' ;
'Honorine de Brabant' ;
'Louise Odier' ;
'Madame Isaac Pereire' ;
'Madame Pierre Oger' ;
'Souvenir de la Malmaison' ;
'Variegata di Bologna'.

Rosiers de Chine
'Catherine II' ;
'Cécile Brünner' ;
'Hermosa' ;
'Le Vésuve' ;
'Old Blush China'.

Rosiers de Damas
'La Ville de Bruxelles' ;
'Madame Hardy' ;
'Rose de Rescht'.

Rosiers Galliques
'Belle de Crécy' ;
'Cardinal de Richelieu' ;
'Charles de Mills' ;
'Impératrice Joséphine' ;
'Jenny Duval' ;
'Président de Sèze' ;
'Thalie la Gentille' ;
'Tuscany Superb'.

Rosiers Mousseux
'Blanche Moreau' ;
'Eugénie Guinoisseau' ;
'Gloire des Mousseux' ;
'Henri Martin' ;
'Nuits de Young' ;
'Salet' ;
'William Lobb'.

Rosiers de Portland
'Comte de Chambord' ;
'Jacques Cartier' ;
'Yolande d'Aragon'.

Rosiers Centfeuilles
'Chapeau de Napoléon' ;
'Fantin-Latour' ;
'Petite de Hollande' ;
'Robert le Diable' ;
'Rose de Meaux' ;
'Tour de Malakoff'.

Rosiers arbustes modernes

Ce groupe important comprend divers types de rosiers obtenus depuis un siècle. La plupart combinent la vigueur d'un rosier botanique au caractère remontant des rosiers modernes. La taille s'effectue en mars. Le plus souvent érigés, buissonnants et robustes, ces rosiers mesurent de 1,2 à 2 m de hauteur et forment des plantes impressionnantes. On trouve aussi des couvre-sols à port dense et étalé. Certains rosiers arbustes modernes à port souple comme 'Nevada' ou 'Marguerite Hilling' se contentent d'une taille légère. Les rosiers arbustes modernes à fleurs en bouquets sont de grands cultivars de rosiers buissons à fleurs groupées. Ils se taillent de la même façon *(voir p. 308)*. Raccourcissez les tiges principales d'un tiers, afin de conserver la stature de la plante. Rabattez des deux tiers les rameaux latéraux. D'autres groupes de rosiers arbustes modernes demandent une approche légèrement différente.

Hybrides musqués : ces rosiers ont dans leur parenté *Rosa moschata*. Ils donnent des arbustes vigoureux et remontants qui demandent une simple taille d'entretien et quasiment pas de formation. Taillez les sujets adultes en hiver. Supprimez le bois mort, malade ou abîmé, ainsi qu'un tiers des tiges les plus âgées et les moins productives. Rabattez d'un tiers de leur longueur les tiges principales et de moitié les rameaux latéraux pour équilibrer la silhouette.

TUTEURS POUR ROSIERS ARBUSTIFS
De chaque côté du rosier, placez deux tuteurs bas sur lesquels vous attachez les rameaux, en les entourant d'une chaînette en plastique. En plantant le rosier assez profond, vous masquerez le bas des tuteurs.

Rosiers rugueux : ce sont des sélections ou des hybrides de *Rosa rugosa* datant pour la plupart de la fin du XIXe siècle. Ils forment des arbustes érigés, épineux et remontants. Leur feuillage vert vif, plissé et rugueux se colore joliment en automne. Beaucoup donnent des fruits rouge vif, arrondis, très décoratifs. Ces rosiers ne demandent pas de taille de formation. Taillez les plantes adultes en hiver en pinçant l'extrémité des longues tiges et coupez quelques tiges âgées. Pour rajeunir un rosier rugueux, supprimez un grand nombre de tiges âgées et rabattez de moitié le tiers de celles que vous avez conservées.

ROSIERS ARBUSTES MODERNES
NOS COUPS DE CŒUR

Rosiers à fleurs groupées
'CERISE BOUQUET';
'EYE PAINT';
'FRITZ NOBIS';
'HAMBURG';
'JOSEPH'S COAT';
'LA SEVILLANA';
'LUCIA';
'NATHALIE';
'RED PARFUM';
'RUSH';
'SPARIESHOOP';
'TORCHE ROSE';
'WESTERLAND'.
Hybrides musqués et de port similaire
'BUFF BEAUTY';
'CORNELIA';
'GOLDEN WINGS';
'PÉNÉLOPE';
'ROSY CUSHION';
'SMARTY'.
Rosiers rugosa (modernes et anciens)
'AGNÈS';
'BLANC DOUBLE DE COUBERT';
'CONRAD FERDINAND MEYER';
'FIMBRIATA';
'FRAU DAGMAR HASTRUP';
'MARTIN FRAUBISHER';
'PARFUM DE L'HAŸ' ;
'PINK GROOTENDORST';
'SARAH VAN FLEET'.

TAILLE SUPERFICIELLE D'UN ROSIER ARBUSTE MODERNE ADULTE

1 Si la plante est trop touffue, supprimez près de la base une ou deux tiges âgées, dégarnies de la base et improductives.

2 Pour conserver un port compact et favoriser la floraison, taillez l'extrémité d'une partie des pousses latérales, de préférence celles situées sur la périphérie de la plante.

3 Supprimez les tiges mortes, malades ou abîmées, en les coupant au-dessus d'un bourgeon sain.

Rosiers couvre-sols

Dans la catégorie des couvre-sols, on distingue les rosiers de type arbuste moderne à port retombant que l'on qualifie souvent de « rosiers paysage » et les sarmenteux rampants. Chaque groupe présente un port typique. Taillez les rosiers couvre-sols pour qu'ils ne s'étendent pas au-delà de l'espace qui leur est imparti. Certains peuvent aussi servir à former des pleureurs sur tige *(voir p. 215)*.

Rosiers arbustes modernes : étalés et trapus, il assurent une couverture végétale très dense, si le terrain a bien été désherbé. En raison de leur ampleur, on les utilise pour garnir les grands talus ou pour faire des haies libres qui ne demandent pratiquement aucun entretien. Les rosiers paysages fleurissent superbement depuis le sol jusqu'au bout des branches. La taille de formation est minime ou nulle. Sur le sujet adulte, supprimez les tiges mortes ou malades et taillez l'extrémité des tiges principales si elles s'étendent au-delà des limites prévues. Aérez le centre, en raccourcissant les rameaux latéraux. Ils supportent bien un rabattage sévère.

Rosiers sarmenteux rampants : avec leurs longues tiges flexibles qui courent sur le sol, ces rosiers sont apparentés aux sarmenteux du groupe *Rosa wichuraiana*. Ils sont recommandés pour garnir un talus difficile à planter ou à entretenir. Les tiges s'enracinent en touchant terre. Elles peuvent atteindre 3 m de long, voire plus. Les rameaux latéraux donnent à la plante l'aspect d'un coussin garni de fleurs. Taillez légèrement en été, après la floraison. Rabattez les tiges au-dessus de pousses érigées, afin de maîtriser leur extension. Pour accroître la floraison, n'hésitez pas à arquer les tiges et à les maintenir en place *(voir p. 320)*. Si une taille plus sévère s'impose, rajeunissez ces rosiers comme on le fait pour les sarmenteux *(voir p. 209)*.

ROSIER COUVRE-SOL DE TYPE SARMENTEUX

Ce vigoureux rosier rampant est idéal pour garnir les parties sauvages du jardin. En formant des marcottes naturelles qui s'enracinent, les tiges contribuent à l'étalement du rosier. Taillez peu, sauf s'il faut maîtriser la végétation du rosier.

Les tiges vigoureuses de un an peuvent être arquées et maintenues sur le sol avec des cavaliers en bois.

Les rameaux de deux ans deviennent rampants sous le poids des tiges florales.

ROSIER COUVRE-SOL DE TYPE ARBUSTIF

C'est un petit buisson compact à port plus étalé qu'érigé. Il est idéal dans les plantations de masse, au sein d'un parterre nécessitant peu d'entretien. Plantez-le aussi sur un talus difficile d'accès. Certains peuvent constituer de belles haies libres à port souple et retombant.

ROSIERS COUVRE-SOLS ET PAYSAGES
NOS COUPS DE CŒUR

Arbustes modernes (rosiers paysages)
'BINGO MEILLANDÉCOR' ;
'DENISE GREY' ;
'FERDY' ;
'MARJORIE FAIR' ;
'RAUBRITTER' ;
'ROYAL BONICA' ;
'SCHUSS'.
Couvre-sols
'MAGIC MEILLANDÉCOR' ;
'MAX GRAF' ;
'NEIGE D'ÉTÉ' ;
'SNOW BALLET' ;
'SNOW CARPET' ;
'SWANY' ;
'TAPIS ROUGE'.

ROSIERS DANS UN PANIER SUSPENDU

Le rosier couvre-sol 'Magic Meillandécor' retombe joliment quand il est planté dans un panier suspendu près de la maison. Si les rosiers constituent généralement de bonnes plantes en pots, il ne faut pas les garder plus de deux années dans un conteneur aussi petit que celui-ci. Donnez de l'engrais durant la végétation.

Rosiers grimpants et sarmenteux

Ces rosiers peuvent être conduits de plusieurs façons *(voir* Palissages particuliers *pp. 319-325),* mais c'est contre un mur ou une clôture qu'ils sont le plus souvent plantés. La taille est nécessaire, car elle permet d'obtenir une plante vigoureuse, bien formée. Chaque année, le rosier va produire de nouvelles tiges porteuses et de nombreuses fleurs. Les rosiers grimpants diffèrent des sarmenteux (rosiers lianes) dans leur port et leur mode de floraison. Vous devez donc pratiquer une taille différente pour chacun d'eux. Palissez un grimpant ou un sarmenteux sur une surface plate, en menant les tiges le plus près possible de l'horizontale. Une disposition en éventail des tiges principales facilite le palissage des rameaux secondaires flexibles. Elle assure aussi une couverture optimale du support et une répartition régulière des fleurs. Si vous laissez les tiges pousser droit, elles ne fleurissent qu'à leur extrémité. Lorsque vous ne pouvez effectuer un palissage à l'horizontale, dans le cas d'un mur étroit entre deux fenêtres, par exemple, choisissez un grand rosier arbuste ou un grimpant à port étroit, comme le sont la plupart des cultivars modernes. Avant de planter le rosier, équipez le support de fils de fer horizontaux sur lesquels vous attacherez les branches. Installez le premier fil à 50 cm du sol, puis espacez les suivants de 30 cm. Utilisez du fil de fer galvanisé et plastifié, solidement tendu entre des pitons à œil qui seront éloignés de 10 cm du support. Cet espace est nécessaire pour que l'air circule entre le rosier et le support. Cela évite la stagnation d'humidité, néfaste à la plante et au mur. Plantez le rosier à 30 cm au moins du mur. Disposez ses racines de façon qu'elles s'en éloignent. Elles bénéficieront mieux des eaux de pluie. La première année, guidez les nouvelles tiges vers le support avec des bambous, avant de les attacher aux fils de fer. Ne serrez pas trop les liens.

ROSIER GRIMPANT PALISSÉ CONTRE UN MUR
Pour obtenir un rosier palissé très florifère, il suffit de mener ses tiges à l'horizontale.

Grimpants modernes

Les rosiers grimpants modernes sont le plus souvent des variétés de rosiers buissons qui développent de longues tiges assez raides. Il est nécessaire de les diriger et de les attacher. Cultivez-les surtout contre une clôture, une palissade ou un mur. Étaler les tiges principales en éventail. Il sera plus facile par la suite de palisser les rameaux latéraux en bonne place.

Quand tailler : comme les rosiers buissons modernes, les grimpants sont surtout remontants. Ils se taillent donc de l'automne jusqu'en mars. Il est préférable d'intervenir en automne. Cela évite aux longues tiges flexibles d'être abîmées par les vents glacés de l'hiver. Dans les régions au climat froid, la présence du mur minimise les dégâts du gel. Durant la saison de croissance, supprimez les fleurs fanées et palissez les jeunes pousses.

Taille de formation : les rosiers grimpants sont vendus avec des tiges plus longues que les rosiers à massifs. Ne les taillez pas (sauf si elles sont abîmées) afin de conserver un maximum de bourgeons. Ceux-ci vont émettre de nouvelles tiges au printemps. Veillez à garder les tiges intactes si la plante est un sport (mutation) de rosier buisson (le nom du cultivar est alors précédé du terme « grimpant », comme 'Grimpant Iceberg', par exemple). Une taille maladroite risque d'inciter le rosier à revenir vers sa forme buissonnante d'origine. Dès le départ de la végétation, si les tiges principales sont lentes à se ramifier, taillez leur extrémité au-dessus d'un beau bourgeon. Il doit être dirigé vers l'extérieur. Cela permet de favoriser le développement de rameaux latéraux. Écartez les tiges principales dès qu'elles se mettent à pousser. Espacez-les de manière uniforme. Au fur et à mesure de leur croissance, attachez les rameaux latéraux, en les palissant le plus près possible de l'horizontale. Essayez de couvrir tout de suite la partie inférieure du mur ou de la clôture, sinon elle sera difficile à garnir par la suite. Guidez les tiges tant qu'elles sont jeunes et flexibles. Elles doivent être bien espacées, pour former une charpente robuste et bien structurée. Aucune taille ne s'impose, mais supprimez les tiges mortes, abîmées, malades, grêles et les gourmands. Sur les remontants, supprimez les fleurs fanées au fur et à mesure. Cela favorise une nouvelle floraison *(voir p. 303).*

Taille de l'adulte : dès que le rosier a recouvert l'espace souhaité, renouvelez régulièrement les branches qui forment

GRIMPANTS MODERNES, NOS COUPS DE CŒUR

'Altissimo' ;
'Arielle Dombasle' ;
'Albert Poyet' ;
'Cerise Bouquet' ;
'Chrysler Imperial Gr.' ;
'City of York' ;
'Clair Matin' ;
'Cocktail' ;
'Danse des Sylphes' ;
'Danse du Feu' ;
'Dentelle de Malines' ;
'Domaine de Courson' ;
'Double Delight Gr.' ;
'Étoile de Hollande' ;
'Exploit' ;
'Golden Showers' ;
'Grimpant Super Star' ;
'Haendel' ;
'Intervilles' ;
'Landora Gr.' ;
Mme A. Meilland Gr.' ;
'Messire Delbard' ;
'New Dawn' ;
'Nuage Parfumé Gr.' ;
'Perle de Grâce' ;
'Pierre de Ronsard' ;
'Pink Cloud' ;
'Polka' ;
'Rimosa' ;
'Rose Céleste'.

la charpente, afin de favoriser le départ de jeunes tiges vigoureuses. À tout moment, raccourcissez les pousses latérales trop longues. Procédez aux diverses tâches d'entretien et au palissage des nouvelles pousses sur les fils de fer. Supprimez les fleurs fanées pour prolonger la période de floraison. Ensuite, taillez les tiges défleuries pour inciter les rameaux à émettre de nouvelles pousses porteuses de fleurs l'année suivante. Après trois ans, la tige produit moins de fleurs, rabattez-la au niveau d'une jeune pousse située plus bas. Palissez-la en bonne place.

Sur un grimpant vieillissant, vous pouvez rabattre près de la base toutes les vieilles branches principales dégarnies et improductives. Cela devrait stimuler le départ de nouvelles tiges. Si le rosier est complètement dénudé de la base ou a été négligé, envisagez un rajeunissement plus important *(voir p. 207)*. Les rosiers grimpants modernes ne doivent pas comporter plus de cinq à sept branches principales sous peine de donner une végétation trop touffue néfaste aux fleurs.

Rosier grimpant moderne palissé contre un mur, première année, été

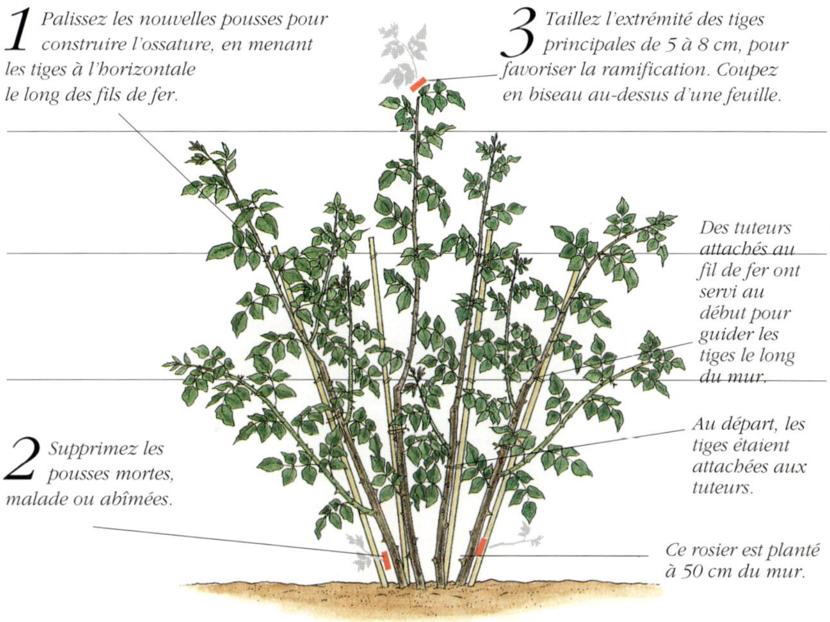

Rosier grimpant moderne adulte, taille en automne

Rosiers sarmenteux

Qu'il s'agisse d'espèces types ou d'hybrides proches de leurs parents sauvages, les rosiers sarmenteux sont toujours vigoureux. Ils émettent de nouvelles tiges flexibles près de la base et fleurissent plus abondamment sur les rameaux de l'année précédente. Taillez-les en été, juste après la floraison, car les remontants sont très rares. Avec leur aspect sauvage et leur côté envahissant, les rosiers sarmenteux sont précieux pour créer des effets à grand spectacle. S'ils prolifèrent et fleurissent souvent sans taille, il faut cependant intervenir si vous souhaitez les conduire sur un pylône, une pergola ou leur faire habiller un mur. La taille évite un enchevêtrement de tiges inextricable, elle favorise aussi le rajeunissement de la plante. Les tiges des rosiers sarmenteux se prêtent bien au palissage horizontal sur une clôture, pour former un écran. Préférez un grillage ou une palissade, car les branches pourront se faufiler entre les mailles ou les interstices. Prenez garde à l'oïdium auquel les sarmenteux sont très sensibles. Il est favorisé par une mauvaise circulation d'air autour de la plante.

Rosiers sarmenteux
Nos coups de cœur
'Adelaïde d'Orléans' ;
'Albéric Barbier' ;
'Albertine' ;
'Alexandre Girault' ;
'American Pillar' ;
'Améthyste' ;
'Rosa banksiae lutea ;
'Bennet's Seedling' ;
'Bobbie James' ;
'City of York' ;
'Exelsa' ;
'Félicité et Perpétue' ;
'Francis E. Lester' ;
'François Juranville' ;
'Kew Rambler' ;
'Kifsgate' ;
'La Fraîcheur' ;
'Mme Alfred Carrière' ;
'Neige d'Avril' ;
'Paul's Himalayan Musk' ;
'Rambling Rector' ;
'Seagull' ;
'Thalia' ;
'Veilchenblau' ;
'Wedding Day'.

Taille de formation : au moment de la plantation, taillez les rosiers sarmenteux pour stimuler l'émission de pousses dès la base. Supprimez le bois mort, malade, faible ou ramifié et rabattez les tiges principales à 40 cm du sol. Palissez les tiges à l'horizontale, au fur et à mesure de leur développement. Faites ainsi jusqu'à ce qu'elles couvrent entièrement l'espace.

Taille d'entretien : en été, juste après la floraison, dès que tout le support est bien recouvert, éclaircissez et raccourcissez les tiges en surnombre. Un rosier sarmenteux émet bien plus de nouvelles pousses près de la base qu'un grimpant. Vous pouvez favoriser ce comportement en rabattant près de la base une tige principale sur trois. Supprimez les branches les plus âgées. Coupez-les en plusieurs endroits pour qu'il soit plus facile d'extraire les portions de rameaux, sans abîmer le reste de la plante. On recommande souvent de rabattre toutes les tiges qui ont fleuri et de palisser de nouveaux rameaux à leur place. Mais c'est inutile. Les rosiers sarmenteux fleurissent très bien sur le même bois durant des années. Taillez selon cette méthode si un cultivar très vigoureux comme 'Dorothy Perkins' est cultivé sur un petit espace. Après une taille sévère, apportez au rosier une bonne dose d'engrais au printemps. Pour toute intervention, portez des gants épais, car les épines des sarmenteux sont très acérées.

Rosier sarmenteux adulte, taille après la floraison

1 Rabattez près du sol une vieille tige sur trois. Extrayez de la ramure les parties taillées, après les avoir découpées en petites sections.

2 Raccourcissez les pousses latérales des deux tiers de leur longueur, pour développer de nouveaux rameaux qui fleuriront.

3 Durant la saison de croissance, fixez les nouvelles pousses sur le support, en leur laissant de la place pour grossir.

4 Taillez l'extrémité des tiges principales que vous avez conservées, sur 5 à 8 cm de longueur, pour favoriser la ramification. Coupez au-dessus d'une feuille dirigée vers le bas.

Palissages particuliers

Un des principaux attraits des rosiers, en particulier des grimpants et des rampants, réside dans les diverses façons de les cultiver. Ils sont parfaits pour couvrir un mur ou une clôture, mais aussi pour former une haie ou un écran sur une armature rigide. On peut leur faire tapisser une structure verticale, trépied ou obélisque *(voir p. 320)*, habiller une pergola ou une arche *(voir p. 322)*, créer une guirlande le long d'une corde *(voir p. 324)* ou les laisser grimper naturellement dans une autre plante *(voir p. 325)*. Comme pour toutes les plantes grimpantes, une formation attentive donne toujours les meilleurs résultats. L'orientation précise des rameaux permet de couvrir une structure de façon dense et uniforme. La formation réduit la végétation exubérante sous laquelle disparaîtrait vite la structure. Il faut aussi penser qu'une arche de rosiers placée au-dessus d'un sentier représente un danger potentiel avec les longues tiges flexibles couvertes d'aiguillons acérés. Un rosier ne peut pas utiliser ses épines pour s'agripper sur un support artificiel : arche, trépied ou poteau. Attachez ses tiges est nécessaire. Ne les palissez pas directement sur le support en briques ou en béton, car les tiges seraient abîmées par le frottement. Enfoncez dans le mur clous et pitons à œil à l'endroit où il faut attacher les tiges, ou bien équipez un large support de fils de fer verticaux et horizontaux ou une colonne d'une bande étroite de treillage ou de grillage. Attachez les tiges sans les serrer, mais en les empêchant de bouger, pour éviter qu'elles ne frottent sur le cadre. Palissez les tiges au fur et à mesure de leur croissance, pour les diriger dans la direction voulue et leur faire occuper tout l'espace disponible. Pour une floraison en hauteur, sur le toit d'une pergola ou dans un arbre, par exemple, laissez partir les tiges tout droit. Taillez les pousses latérales pour concentrer toute la sève vers des pousses verticales, puis laissez le rosier se ramifier naturellement. Des tiges verticales fleurissent surtout au sommet. Un processus naturel empêche les bourgeons du bas de former des tiges à fleurs. Le palissage des tiges à l'horizontale évite cela. Il favorise le développement de pousses latérales florifères sur toute la longueur de la branche. Ce palissage est facile à réaliser sur une grande surface plate où vous pouvez largement étaler les tiges. Il requiert un peu plus d'ingéniosité sur une surface étroite. Dans ce cas, il est préférable d'enrouler les tiges tout autour du support, en créant des spirales assez courtes, pour contraindre la végétation. Sur un trépied ou un obélisque, vous pouvez aussi mener les tiges en spirale autour du support. Cette façon de procéder favorise une floraison uniforme, depuis le bas jusqu'en haut, avec en juin une belle colonne de fleurs.

GUIRLANDES DE ROSES
Dans une roseraie, des guirlandes de roses créent un effet décoratif avec des courbes élégantes. Il suffit de mener des rosiers sarmenteux le long d'une très grosse corde.

PALISSAGE EN SPIRALE
Le palissage en spirale des rosiers sur un support vertical favorise une floraison à tous les niveaux. Palissez les tiges quand elles sont jeunes et encore flexibles. Courbez-les selon un rayon assez court afin de contraindre la végétation, ce qui augmente la production de fleurs.

ÉCRAN DE ROSES
Pour obtenir un rosier florifère contre un support étroit et plat, palissez les tiges de façon sinueuse, plutôt qu'en éventail serré.

BORDURE POUR ALLÉES ET MASSIFS
Des poteaux rustiques, des cannes de bambou courbées ou des bouts de grillage suffisent à supporter les tiges des rosiers.

Arcure d'un rosier

Sur un rosier grimpant, la technique de l'arcure permet de mener les tiges à l'horizontale. Cette méthode ne convient qu'aux rosiers à tiges flexibles. Elle était très utilisée au XIXe siècle pour les hybrides remontants. Leurs longues tiges souples ne fleurissent qu'à leur extrémité quand on les laisse pousser librement.
L'arcure peut façonner un rosier pour qu'il devienne un tapis dense de fleurs, dont l'usage est similaire à celui des rosiers couvre-sols *(voir p. 315)*. Il s'agit d'obtenir que les branches principales rayonnent depuis le centre du rosier et donnent des masses de rameaux à fleurs verticaux. Pour cela, maintenez les tiges posées sur le sol par des crochets de fil de fer plantés dans la terre ou des cavaliers en bois. Laissez le rosier s'établir durant la première année. Après la floraison, courbez délicatement les tiges jusqu'au niveau du sol et fixez-les. Rabattez tous les rameaux latéraux en ne leur laissant que de 10 à 15 cm de longueur. Si vous opérez avec un rosier adulte, supprimez en partie les tiges à fleurs les plus âgées. Si un grand nombre de tiges nouvelles se développent, vous pouvez éliminer sans hésiter toute la végétation ancienne. Les étés suivants, supprimez les fleurs des rosiers remontants, au fur et à mesure qu'elles ne fanent. En automne, rabattez toutes les pousses faibles. Faites de même avec les deux ou trois tiges principales les plus âgées. Remplacez-les par des jeunes pousses vigoureuses qui seront à leur tour arquées et maintenues sur le sol par des crochets. Raccourcissez les rameaux latéraux à fleurs entre 10 cm et 15 cm de longueur.

ARCURE
La méthode la plus simple pour coucher sur le sol et maintenir en place les tiges consiste à les coincer avec des crochets métalliques. Vous pouvez attacher les tiges à des fils de fer bas, fixés sur les crochets.

ARCURE DES TIGES D'UN HYBRIDE REMONTANT

Palissage de rosiers sur des structures verticales

Un trépied ou un obélisque couverts de roses crée un point d'orgue coloré dans le jardin. Lors de l'installation de telles structures, n'oubliez pas qu'il faut prévoir un accès pour la taille et le palissage. Les rosiers adaptés pour cet usage sont les grimpants les moins vigoureux, ceux qui atteignent moins de 3 m à l'âge adulte. C'est le cas surtout pour les formes modernes de rosiers grimpants dont les tiges rigides s'accommodent bien de ce palissage assez vertical. Certains rosiers arbustes aux longues tiges souples peuvent également convenir *(voir* la liste *p. 321)*
Assurez un palissage soigneux et régulier. Enroulez les tiges en spirale autour de chaque poteau du support ou de la structure entière. Cela favorise le développement de rameaux à fleurs sur toute la ramure. Si la base du rosier se dénude, masquez-la par une autre plante, arbuste ou vivace, à feuillage persistant.
Il faut plusieurs années au rosier pour s'établir pleinement. Tout dépend du cultivar que vous avez choisi. Mais pour obtenir un effet décoratif plus rapide, groupez plusieurs rosiers sur la même structure, un sur chaque poteau d'un trépied par exemple. Associez des cultivars de même vigueur et dont les besoins en matière de taille sont similaires. Vous pouvez aussi marier un rosier avec des grimpantes annuelles ou d'autres plantes

PALISSAGE HORIZONTAL SUR DES STRUCTURES VERTICALES

SANS PALISSAGE HORIZONTAL
Les tiges de ce rosier grimpant ont été palissées verticalement au fur et à mesure de leur croissance, sur les poteaux du trépied. Les tiges principales, non ramifiées et dénuées de fleurs, se sont développées avec une vigueur excessive.

AVEC PALISSAGE HORIZONTAL
Les tiges principales du rosier ont été enroulées en spirale sur cet obélisque métallique. En forçant les rameaux vers l'horizontale, on a incité les bourgeons à émettre des rameaux latéraux florifères sur toute leur longueur.

lianes que l'on rabat chaque année, par exemple le houblon doré ou une clématite à grandes fleurs. Leur présence ne vous empêchera pas de tailler facilement les tiges du rosier durant l'hiver.

Quand tailler : intervenez sur les rosiers non remontants en été, lorsque la floraison est terminée. Les rosiers remontants se taillent en général en février ou en mars. Dans les régions aux hivers froids, il est préférable de procéder à la taille en novembre. Cela permet d'éviter que les vents glacés abîment les longues tiges.

Taille de formation et palissage : plantez le rosier à 25 cm environ de la base de la structure et palissez les tiges dessus. Ne taillez pas au moment de la plantation les rosiers grimpants et les arbustes. Contentez-vous de supprimer tout le bois mort, abîmé ou gelé. Pour un rosier sarmenteux, rabattez les tiges lors de la plantation. Durant la saison de croissance, palissez les jeunes pousses flexibles. Chez les grimpants modernes, les tiges robustes perdent vite leur souplesse. Palissez-les très tôt en spirale, jusqu'en haut du support, en espaçant bien les tiges. Évitez, si possible, de conserver des rameaux qui se croisent.

Taille de rosiers adultes : sur un rosier grimpant, conservez une ossature permanente de tiges principales disposées en spirale. Rabattez les tiges florales au-dessus d'un bourgeon ou d'une tige orientés vers l'extérieur. Quand le rosier devient trop touffu, rabattez les tiges les plus âgées au-dessus de nouvelles pousses, vigoureuses, situées plus bas. Vous pouvez aussi supprimer totalement le vieux bois et palisser à sa place les nouvelles tiges qui se sont développées sur la souche. Dans le cas d'un rosier sarmenteux, rabattez des deux tiers les pousses latérales florifères et pincez l'extrémité des tiges principales. Chaque année, supprimez une ou deux branches maîtresses, choisies parmi les plus âgées. Rabattez sévèrement un rosier âgé ou négligé. La meilleure technique consiste à détacher toutes les branches, à les étaler à même le sol et à les démêler. Conservez uniquement les parties jeunes à écorce verte et supprimez les autres en les coupant sur leur point de départ. Enroulez et attachez les tiges que vous avez conservées autour du support.

TAILLE D'UN ROSIER GRIMPANT ADULTE CONDUIT SUR UN TRÉPIED

1 Rabattez les tiges trop longues au-dessus d'un bourgeon situé juste en dessous du haut du trépied.

2 Rabattez les tiges à fleurs au-dessus d'un bourgeon placé plus bas et orienté vers l'extérieur du rosier.

3 Rabattez certaines parties âgées près de jeunes et fortes tiges de remplacement. Vous les enlèverez plus facilement après les avoir coupées en petites sections.

4 Palissez les nouvelles tiges émises près de la base, en les menant à l'horizontale. Essayez de combler les trous qui se sont formés dans la ramure.

ROSIERS CONSEILLÉS POUR HABILLER DES STRUCTURES VERTICALES

'ALTISSIMO' (grimpant moderne) ;
'AMERICAN PILLAR' (hybride de wichuraiana) ;
'CERISE BOUQUET' (grimpant moderne) ;
'CLAIR MATIN' (grimpant moderne) ;
'COCKTAIL' (grimpant moderne) ;
'CONSTANCE SPRY' (arbuste à grandes fleurs) ;
'DANSE DES SYLPHES' (grimpant moderne) ;
'DENTELLE DE MALINES (hybride de moschata) ;
'ÉTOILE DE HOLLANDE' (grimpant moderne) ;
'EXPLOIT' (grimpant moderne) ;
'FRANCIS E. LESTER' (hybride de moschata) ;
'GLOIRE DE DIJON' (rosier thé) ;
'GOLDEN SHOWERS' (grimpant moderne) ;
'GRIMPANT CÉCILE BRÜNNER' (rosier de Chine) ;
'JOSEPH'S COAT' (arbuste à fleurs groupées) ;
'LOUISE ODIER' (rosier de Bourbon) ;
'MME ISAAC PEREIRE' (rosier de Bourbon) ;
'MME PIERRE OGIER' (rosier de Bourbon) ;
'NEIGE D'AVRIL' (hybride de multiflora) ;
'PAUL'S SCARLET CLIMBER' (hybride de thé) ;
'PIERRE DE RONSARD' (grimpant moderne) ;
'PINK CLOUD' (hybride moderne) ;
'TAUSENDSCHON' (hybride de multiflora) ;
'ZÉPHYRINE DROUHIN' (rosier de Bourbon).

Rosiers sur pergola

Pour habiller une pergola avec des rosiers, le choix des variétés dépend des dimensions et de la résistance de la structure. Si elle se compose de pieux robustes en chêne ou de colonnes de briques supportant des linteaux massifs en bois, les rosiers sarmenteux s'imposent notamment les plus vigoureux comme 'Seagull' ou 'Bobbie James'. Si vous préférez les rosiers grimpants pour profiter de leur longue floraison remontante, plantez un sujet au pied de chaque poteau d'une grande pergola. Un ou deux rosiers suffiront pour une construction de moins de 2 m de long. Attention aussi à la fondation, il faut que le scellement soit suffisamment solide pour supporter le poids et la prise au vent que représente un grand rosier sarmenteux.

Si vous souhaitez garnir le « toit » de la pergola, il faut orienter les tiges à angle droit au sommet des poteaux et les palisser sur une armature de fils de fer. Pour cet usage, les rosiers sarmenteux ou les cultivars grimpants à tiges flexibles sont plus faciles d'emploi que les grimpants modernes aux branches assez raides.

Sur une grande pergola, vous pouvez utiliser tous les rosiers conseillés pour grimper dans un grand arbre *(voir p. 325)*. Avec une construction plus modeste, préférez les rosiers préconisés pour habiller les trépieds ou les colonnes *(voir p. 321)*. Le but principal étant d'obtenir une belle floraison le long des montants horizontaux de la pergola, on y parvient plus rapidement en palissant les tiges du rosier à la verticale sur les poteaux. Mais il y a peu de chances qu'elles portent beaucoup de fleurs les premières années.

Autour d'une colonne ou d'un obélisque, palissez en spirale un rosier sarmenteux à tiges flexibles, tout comme pour un trépied *(voir p. 320)*. Choisissez une des variétés recommandées pour une structure verticale *(voir p. 321)*. Elles mesurent généralement moins de 3 m de hauteur et fleurissent bien sur les tiges du bas. Si ce rosier se dénude à partir du pied, il est possible d'en planter un autre à la base, ou bien de lui associer une grimpante herbacée, par exemple une clématite. Elle flétrit en hiver et doit être rabattue, ce qui permet de tailler le rosier sans problème. Vous pouvez aussi utiliser une grimpante annuelle, ce qui laisse la possibilité d'essayer différentes associations chaque année *(voir également* Palissage des grimpantes sur une pergola *p. 258)*.

Plusieurs rosiers sur une pergola
Plusieurs rosiers sarmenteux, grimpants et autres, servent à tapisser cette grande pergola dont le toit ouvert laisse le soleil atteindre la partie interne de la structure.

Palissage d'un rosier contre une colonne de pergola

1 Supprimez toutes les tiges faibles en les coupant au niveau du sol pour favoriser une croissance rapide des pousses vigoureuses.

2 Espacez les tiges et attachez celles que vous avez conservées avec des liens, fixés aux fils de fer. Supprimez les pousses latérales pour favoriser un développement vertical plus rapide.

Taille de formation : le long des poteaux de la pergola, posez des fils de fer ou des bandes de treillage, afin d'obtenir un grand nombre de points d'attache sur lesquels fixer les branches avec des liens en plastique. Si vous cherchez à obtenir un « toit » épais de feuillage et de fleurs, disposez des lattes ou tendez des fils de fer tous les 30 cm entre les chevrons. Plantez le rosier à 30 cm environ de la base de la colonne et palissez ses tiges. Si vous plantez deux rosiers, placez-les de part et d'autre de la colonne, et non à l'intérieur et à l'extérieur de la pergola. Le le rosier situé sous la pergola se trouverait trop ombragé pour bien pousser. Pour un rosier grimpant moderne, aucune taille ne s'impose, si ce n'est la suppression des pousses abîmées. Taillez un sarmenteux pour favoriser le développement de fortes pousses à la base *(voir p. 318)*. Dès que le rosier atteint le haut de la colonne, commencez à guider ses tiges le long des linteaux, en les attachant avec un espacement régulier. Pour former la couverture végétale de la « toiture », il est rarement possible d'éviter que des tiges se croisent. Il faudra vérifier leur état de temps en temps et les repositionner si nécessaire pour éviter qu'elles ne se gênent.

Taille d'entretien : il faut tailler avec le plus grand soin les rosiers palissés sur une pergola, en s'aidant d'une échelle. Suivez les principes de base de la taille des rosiers grimpants *(voir p. 316)* et des sarmenteux *(voir p. 318)*, mais coupez moins sévèrement. Une végétation luxuriante est bien adaptée à une structure isolée. Elle contribue en outre à adoucir les lignes un peu raides des poteaux et des linteaux. Il est difficile de rajeunir un rosier négligé ou envahissant palissé sur une pergola. On peut supprimer une partie des tiges principales pour les inciter à produire de nouvelles pousses à la base, mais les trous ainsi créés mettent plusieurs années à se regarnir. Le rajeunissement le plus simple consiste à détacher le rosier, à étaler ses branches sur le sol, à le tailler de façon sélective, et enfin de repalisser correctement les tiges qui ont été conservées.

TAILLE D'UN ROSIER GRIMPANT SUR UNE PERGOLA, AUTOMNE

1 Supprimez les fleurs fanées pour améliorer la floraison. Coupez-les à l'aisselle d'une feuille.

2 Pendant la végétation supprimez à la base les tiges les plus âgées et coupez-les en plusieurs morceaux.

3 Palissez les nouvelles tiges en les attachant aux fils de fer. Évitez qu'elles ne se croisent pour empêcher les frottements de l'écorce.

Une nouvelle tige s'est développée à la base de la colonne.

Palissage sur des arceaux

Structure plus légère que la pergola, l'arche encadre une allée ou une entrée. Le rosier doit la recouvrir de façon uniforme afin de nous gratifier de sa floraison tout au long de la tige de la base au sommet. La végétation doit se diriger vers l'extérieur pour que l'on puisse facilement passer sous l'arche. S'il est simple de palisser un rosier sur un côté de l'arche, il a du mal à habiller toute la structure. Mieux vaut planter deux rosiers de part et d'autre. Le choix des cultivars dépend de la dimension de l'arceau. Les rosiers recommandés pour des structures verticales *(voir p. 321)* poussent bien des deux côtés d'une arche, mais les grimpants modernes avec leurs tiges peu flexibles sont plus difficiles à palisser au sommet, exception faite de 'Grimpant Iceberg' et de 'Exploit', dotés de tiges souples. Les cultivars inermes comme 'Zéphyrine Drouhin' sont parfaits pour une arche surplombant une allée. Une autre solution consiste à utiliser des sarmenteux parmi les moins exubérants, comme 'Albéric Barbier', 'Tausendschon' ou 'Roi de Siam'. Ces rosiers émettent un grand nombre de pousses à la base. Évitez à tout prix les grands rosiers lianes comme 'Seagull', 'Kifsgate' ou 'Bobbie James', qui feraient rapidement disparaître la structure.

ARCHES DE ROSES
Une succession d'arceaux attire le regard vers le portail, point de mire de l'effet de perspective renforcé par l'allée. Veillez à limiter la végétation des rosiers, afin de ne pas détruire l'effet de tunnel fleuri et de rendre la promenade plus agréable dans le sentier. Il ne doit pas y avoir le moindre risque de se piquer aux tiges épineuses.

Conduite et taille : commencez par planter les rosiers à l'extérieur des supports afin de ne pas être gêné par les tiges épineuses quand on passe sous l'arche. S'il s'avère difficile de palisser le rosier directement sur l'arche, prévoyez des points d'ancrage supplémentaires en fixant un treillage sur la structure. Si les côtés de l'arche sont assez larges (par exemple une double structure métallique), étalez d'abord les pousses comme s'il s'agissait d'un mur ou d'une clôture *(voir p. 317)*, puis laissez pousser toutes les tiges verticalement, en les guidant vers le haut de l'arceau. Faites de même avec les pousses latérales vigoureuses. Taillez les rosiers adultes en effectuant un rajeunissement si besoin est. Opérez comme pour une grimpante ou un rosier sarmenteux palissés contre un mur *(voir pp. 220-222)*. Durant la période de croissance, palissez les jeunes pousses. Si la végétation est trop forte, raccourcissez les tiges vigoureuses, trop érigées, et celles qui se dirigent vers l'extérieur.

Conduire des rosiers sur une corde

Un rosier dirigé le long d'une grosse corde tendue entre deux poteaux constitue une guirlande attrayante, surtout si vous l'utilisez pour border une allée, en répétant plusieurs fois la scène. Le plus bel effet s'obtient si la corde se courbe de 50 cm environ, à mi-chemin entre les poteaux. Pour cela, elle doit être plus longue de 1,2 à 1,5 m que la distance mesurée entre les poteaux. Si vous utilisez une seule corde, des poteaux de 2 à 2,5 m de hauteur donnent le meilleur résultat. Pour des guirlandes à cordes doubles, utilisez des poteaux de 30 à 50 cm plus grands et attachez la seconde corde, 50 cm sous la ligne supérieure.

Les rosiers les plus adaptés sont les cultivars vigoureux à tiges flexibles. Presque tous les sarmenteux conviennent, de même que les grimpants à tiges souples *(voir p. 325)*. Si vous associez plusieurs cultivars différents, choisissez-les de végétation similaire, afin d'obtenir une distribution régulière des fleurs et du feuillage. Côté coloris, jouez plutôt le contraste que le camaïeu.

Taille de formation : plantez un rosier à la base de chaque poteau. Pour une corde simple, guidez les tiges de part et d'autre du support, jusqu'à ce qu'elles se rencontrent au milieu. Dans le cas d'une rangée de guirlandes, palissez chaque rosier dans la même direction, sauf celui placé au pied du dernier poteau. Guidez-le dans le sens inverse pour qu'il vienne à la rencontre du rosier précédent. Plantez les rosiers à 30 cm des poteaux et taillez-les lors de la plantation. Opérez selon le type de rosier installé. La coupe est légère pour les grimpants *(voir p. 316)*, plus sévère pour les sarmenteux *(voir p. 318)*. Pour obtenir des fleurs plus rapidement, commencez par palisser les rosiers à la verticale sur le poteau. Quand ils atteignent le sommet (comptez environ deux ans), courbez les tiges et attachez-les sur la corde. Pour une guirlande double, menez la moitié des tiges principales sur une corde et l'autre moitié sur l'autre. S'il n'y a pas assez de longues tiges, ce qui arrive parfois chez les rosiers grimpants modernes, guidez des rameaux latéraux le long de la corde inférieure et laissez les tiges principales pousser vers le haut, jusqu'à ce qu'ils puissent être attachés sur la corde supérieure. Maintenez bien les tiges qui doivent épouser leur support et non s'écrouler sous leur propre poids.

Taille d'entretien : les premières années, appliquez la taille spécifique de la catégorie à laquelle appartient le rosier. Au fur et à mesure de son développement, supprimez les tiges qui s'éloignent de la ligne de la guirlande. Tous les deux ans, effectuez une taille plus sévère sur les sarmenteux. Détachez et démêlez le rosier, puis rabattez les tiges âgées sur de nouvelles pousses vigoureuses. En cas de végétation excessive, supprimez près de leur base une ou deux des tiges principales les plus vieilles. Vous pouvez aussi les tailler au-dessus d'une pousse plus jeune. Cela évite au rosier de se dégarnir de la base.

Armature

Percez un trou en haut du poteau, dans lequel vous passez la corde. Fixez-la avec plusieurs clous. Tendez des fils de fer verticaux de part et d'autre du poteau, à l'aide de pitons à œil. Ils éloignent les fils de 5 cm du support. Les tiges seront attachées dessus.

Palissage des tiges sur une corde

Enroulez les longues tiges de rosiers autour de la corde et attachez-les dessus une par une, sans les serrer. Vous éviterez ainsi tout dégât dû aux frottements entre les branches qui se gênent.

Taille d'un rosier adulte en guirlande

Avant la taille
Le palissage horizontal des tiges favorise le départ vers le haut de nouvelles pousses fortes, ce qui gâche la silhouette de la guirlande. Il est inutile de chercher à les attacher à la corde, déjà bien chargée.

1 Muni de gants épais, détachez les tiges du rosier de leur support et déroulez-les. Il faut pouvoir distinguer chaque branche principale et ses pousses latérales. C'est une opération délicate sur les rosiers irrégulièrement entretenus.

2 Rabattez les tiges florales sur un rameau vigoureux. Les pousses latérales qui se développent dans la direction de la corde sont plus faciles à conduire. Vous devez les conserver en priorité. Allégez bien la ramure.

3 En veillant à ne pas abîmer les feuilles et les bourgeons, enroulez les jeunes pousses encore tendres autour de la corde. Utilisez des liens en plastique ou du raphia pour les attacher sans serrer sur la branche.

Palisser un rosier dans un arbre

Les rosiers aux longues branches souples ont tendance à chercher un support sur les plantes voisines. Vous pouvez exploiter cette prédisposition pour créer un effet spectaculaire avec un grimpant ou un sarmenteux partant à l'assaut d'un arbre.

Rosier grimpant dans un arbre
Palissez les longues tiges du rosier au fur et à mesure de leur croissance jusqu'à ce qu'elles atteignent la fourche de l'arbre. Ensuite, elles se dirigeront seules vers la lumière.

Emplacement et plantation : la plante hôte doit être suffisamment saine et robuste pour supporter le poids et la résistance du vent sur la ramure du rosier, et la concurrence de sa simple présence. Le support vivant doit être assez grand et vigoureux pour ne pas être étouffé par le développement du rosier. Un grimpant moyennement vigoureux comme 'New Dawn', par exemple, est idéal dans un pommier, tandis qu'un sarmenteux envahissant comme 'Rambling Rector' s'impose dans un grand arbre.
Placez si possible le rosier du côté du vent dominant qui rapprochera toutes les pousses vers l'arbre et non le contraire. Les tiges vont se frayer un chemin vers le côté le plus ensoleillé de la cime. L'exposition de l'arbre est donc importante pour apprécier pleinement le rosier en fleurs. Ne le plantez pas trop près de la base du tronc où le sol est sec et ombragé.

Taille de formation : utilisez une corde solide, ancrée à un piquet fiché dans le sol. Attachez-la au tronc de l'arbre ou à une branche basse. Elle va servir de guide pour les tiges du rosier qui grimperont ensuite toutes seules dans l'arbre. Il faut aider davantage les rosiers grimpants avec leurs tiges plus raides que celles des sarmenteux. En automne, quand le rosier et l'arbre ont perdu leurs feuilles, on distingue plus nettement les tiges lâches et flexibles. Attachez les dans les branches dans tous les emplacements possibles.

Taille d'entretien : il est très difficile, mais heureusement inutile, de tailler avec précision les rosiers sarmenteux palissés dans un arbre. Quand la plante devient trop envahissante, rabattez-la. Intervenez après la floraison, ou plutôt en hiver. À cette époque de l'année, il est plus facile d'opérer, car l'arbre est débarrassé de ses feuilles. Supprimez des tiges entières à la base du rosier. Si l'accès au pied du sujet est difficile, raccourcissez les pousses supérieures, en coupant juste au-dessus de tiges bien orientées qui serviront de remplaçants. Choisissez les plus vigoureuses. Un sarmenteux fort, bien établi, repart bien après une taille, même la plus sévère. Traitez ensuite à la bouillie bordelaise pour aider à la cicatrisation des plaies et protéger des maladies.

Plantation et première taille
Installez le rosier à 1 m ou 1,2 m de la base de l'arbre, pour minimiser la concurrence en eau et en éléments nutritifs. Si la cime de l'arbre est dense et basse, plantez le rosier loin du tronc pour qu'il reçoive un maximum de lumière durant les premières années. Attachez toutes les tiges autour d'une corde solide, puis sur les branches inférieures de l'arbre. Ensuite, les tiges sarmenteuses s'accrochent d'elles-mêmes avec leurs aiguillons.

Rosiers très vigoureux à palisser dans un grand arbre
'Albertine';
'Bobbie James';
'François Juranville';
'Grimpant Cécile Brünner';
'Kew Rambler';
'Paul's Himalayan Musk';
'Rambling Rector';
Rosa Filipes 'Kiftsgate';
'Seagull';
'Toby Tristan';
'Wedding Day'.

Rosiers de vigueur moyenne à palisser dans un petit arbre, un arbrisseau ou un grand arbuste
'Albéric Barbier';
'Étoile de Hollande';
'Goldfinch';
'Grimpant Cécile Brünner';
'Léontine Gervais';
'Mme Alfred Carrière';
'New Dawn';
'Sanders'White Rambler';
'Veichenblau'.

Glossaire

Adhésif *(coussinet)* **:** extrémité d'une vrille qui se colle à la surface du support.
Adventif *(bourgeon)* **:** c'est l'œil dormant situé à l'aisselle d'une feuille, sur une tige ou une racine. Il est souvent invisible, mais peut pousser après une taille.
Aérienne *(racine)* **:** elle apparaît sur une tige en quête d'humidité atmosphérique. Il lui arrive parfois de s'accrocher ou de s'enrouler autour d'un support.
Aisselle : angle formé par la base du pétiole d'une feuille, avec la tige.
Alternance *(de floraison, de fructification)* **:** succession d'années à forte et à faible production de fleurs et de fruits.
Alterne : les bourgeons, les feuilles ou les tiges sont insérés isolément sur la branche, à des niveaux différents, les uns par rapport aux autres.
Amender : c'est améliorer la structure physique du sol (sa souplesse, sa porosité, sa légèreté) par des apports de matières organiques (fumier, tourbe) ou d'éléments correcteurs (sable, chaux).
Annuelle : se dit d'une plante dont le cycle végétatif complet s'effectue en un an.
Anticipé : qualifie une jeune pousse qui apparaît en pleine période de végétation, après une taille ou un pincement.
Aoûté : c'est l'état d'un rameau qui prend une texture ligneuse (en août), après avoir terminé sa croissance annuelle.
Apex : partie terminale supérieure d'un organe végétal (tige ou tronc).
Apical : qualifie un bourgeon situé au bout d'un rameau. Il assure l'allongement.
Arbre : plante ligneuse assez haute, portant un tronc bien défini, surmonté d'une couronne de branches appelée « houppier ».
Arbrisseau : intermédiaire entre un arbre et un arbuste, il forme un petit tronc qui se ramifie rapidement. Hauteur moyenne.
Arbuste : plante à tiges ligneuses multiples, le plus souvent ramifiées dès la base.
Arcure : courbure imposée aux rameaux et aux branches d'une plante dans le but de favoriser la floraison ou la mise à fruits.
Autofertile : se dit d'une plante qui produit des graines viables après une fécondation des fleurs par son propre pollen.
Autostérile : qualifie les plantes (surtout les fruitiers) dont les fleurs ne se fécondent pas bien avec leur pollen. Un auxiliaire, appartenant à une variété différente, est nécessaire (fécondation croisée).
Auxine : hormone végétale qui contrôle la croissance des tiges, la formation des racines et divers processus physiologiques. On peut la fabriquer synthétiquement, par exemple, pour réussir les boutures.
Axe central : tige verticale et dominante qui finira par constituer le tronc de l'arbre.
Axillaire : qualifie un organe qui part de l'aisselle, notamment un bourgeon.
Baliveau : c'est un jeune arbre, pas encore formé, qui présente des branches latérales réparties sur toute sa hauteur.
Borgne *(tige)* **:** se dit d'une tige qui ne forme pas de fleur à son extrémité, ou dont le bourgeon terminal a été détruit.
Bourgeon : pousse embryonnaire, souvent entourée d'écailles, qui évolue en pousse portant des feuilles. On dit aussi « œil ».
Bouton : c'est un gros bourgeon arrondi et renflé qui donnera une fleur.
Bractée : c'est une feuille qui accompagne une fleur. Elle peut être importante, colorée et ressembler à un pétale.
Caduc : se dit d'une plante qui perd ses feuilles à la fin de la saison de croissance et les renouvelle au printemps suivant.
Cal : c'est le bourrelet de cicatrisation épais qui se forme après la taille.
Calice : ensemble des sépales formant l'enveloppe extérieure de la fleur.
Cambium : tissu cellulaire qui contribue à accroître l'épaisseur des tiges et des racines.
Cépée : c'est une plante ligneuse (arbre ou arbuste) dont les tiges sont toutes issues de la souche pour former une touffe.
Cernage : opération consistant à creuser une tranchée autour d'une plante et à remplacer la terre usée ou inadaptée.
Charpentière : branche principale d'un arbre qui en constitue l'ossature.
Chicot : portion de tige restant entre la base de la branche et la partie coupée. Le chicot a tendance à se dessécher.
Cime : partie terminale d'un arbre, le plus souvent pointue ou étroite.
Cladode : petit rameau aplati ayant l'aspect de feuilles et dont il joue le rôle.
Climat continental : il se caractérise par des étés chauds, des hivers froids et des précipitations réparties sur toute l'année.
Climat maritime : le temps est humide, adouci par la proximité de la mer, avec des variations de températures assez faibles d'une saison à l'autre.
Climat méditerranéen : il est ensoleillé avec des étés chauds et secs et des hivers doux, accompagnés de fortes précipitations.
Climat subtropical : il est assez chaud toute l'année, avec des pluies importantes à des périodes bien définies ou pour les zones subtropicales désertiques, une absence quasi complète de précipitations.
Climat tempéré chaud : il offre une ambiance pluvieuse, avec une température assez uniforme toute l'année.
Climat tempéré froid : il est marqué par des saisons intermédiaires : printemps et automne, entre les étés chauds et les hivers froids. Les précipitations sont réparties régulièrement sur toute l'année.
Climat tropical : les températures sont élevées toute l'année, et les précipitations importantes et régulières.
Clone : groupe de plantes produit par multiplication végétative ou reproduction asexuée et qui sont toute identiques du point de vue génétique.
Collet : c'est la partie de la plante qui fait la jonction entre la tige et les racines.
Colonnaire : qualifie une plante en forme de colonne étroite assez régulière.
Contre-coupe : cela consiste à faire une entaille à la scie sur la partie inférieure d'une branche horizontale, afin de pouvoir la couper sans qu'elle arrache l'écorce.
Cordon : c'est un arbre (le plus souvent un fruitier), de taille réduite, formé d'une seule branche charpentière, palissée à l'horizontale, à l'oblique ou à la verticale.
Cordon double : c'est un cordon à deux branches charpentières horizontales disposées de part et d'autre du tronc. Un cordon double vertical est plutôt appelé un « U simple ».
Cordon multiple : c'est un cordon à plusieurs étages horizontaux parallèles. Les cordons verticaux multiples prennent le nom de « palmettes ».
Couronne : c'est un autre terme employé pour désigner le houppier d'un arbre.
Coursonne : chez un arbre fruitier, rameau taillé court qui produit des fruits.
Cultivar : forme cultivée obtenue par l'homme, par opposition à la variété botanique, spontanée dans la nature.
Débourrement : c'est le départ de la végétation caractérisé par le grossissement et l'éclatement des bourgeons.
Défourcher : méthode de taille consistant à couper une des deux branches qui partent du même point, pour alléger la ramure.
Demi-aoûté : qualifie un rameau ou une plante qui est en train de passer de l'état herbacé (tendre) à l'état ligneux (bois).
Demi-tige : arbre ou arbuste dont la ramure est portée par un tronc mesurant entre 1 m et 1,5 m de hauteur.
Dessouchage : opération consistant à extraire du sol la souche d'un arbre ou d'une plante en vue de l'éliminer.
Dioïque : se dit d'une plante qui ne porte que des fleurs mâles ou des fleurs femelles. Pour obtenir une fructification, il faut cultiver à proximité une plante mâle et une plante femelle (exemple : le houx).
Division : méthode de multiplication consistant à séparer le pied d'une plante vivace ou d'un arbuste buissonnant, en plusieurs fragments comprenant chacun des racines et une ou plusieurs tiges.
Dominance apicale : c'est la prépondérance du bourgeon terminal dans la croissance d'une tige qui entraîne la limitation du développement des bourgeons latéraux. Ce phénomène s'annule si l'on taille ou pince l'extrémité de la pousse. Dans ce cas, apparaissent deux rameaux latéraux.

Dormance : arrêt de croissance temporaire d'une plante avec ralentissement de son métabolisme, généralement durant l'hiver. On dit aussi « repos végétatif ».
Drageon : c'est une pousse qui naît au niveau du sol à partir d'une racine ou d'une tige souterraine. Chez une plante greffée, un drageon apparaissant sous le point de greffe, est appelé un « gourmand ».
Éborgnage : c'est l'action d'éliminer des yeux (ou bourgeons) en les coupant à leur point de départ, avec un greffoir.
Ébourgeonner : attention aux faux amis, ce terme ne signifie pas éliminer des bourgeons, mais supprimer des jeunes pousses qui viennent de se former. Elles sont en surnombre ou gênent un fruit.
Éboutonnage : c'est la suppression d'un ou de plusieurs boutons à fleurs pour privilégier le feuillage ou le bouton floral principal, voire de retarder la floraison.
Ébrancheur : c'est un sécateur surdimensionné que l'on utilise à deux mains. Il peut présenter un système de coupe démultiplié par une crémaillère.
Échalas : synonyme de « tuteur ». C'est une longue perche que l'on utilise surtout pour soutenir les treilles ou les grimpantes.
Éclaircir : supprimer des plantes ou des parties de plantes (bourgeons, fleurs, feuilles…) trop rapprochées pour favoriser le développement des sujets ou des organes voisins. Sur un arbre fruitier, l'éclaircissage des fleurs limite l'ampleur du phénomène de l'alternance.
Écorce : généralement composée de cellules mortes et liégeuses. C'est la « peau » des plantes qui recouvre le tronc, les branches, les tiges et les racines.
Écusson : c'est un petit œil que l'on détache avec une partie d'écorce pour servir de greffon dans la greffe en écusson.
Écussonnage : synonyme de « greffage en écusson », c'est une technique très employée pour la multiplication des rosiers et des arbres fruitiers. Elle consiste à glisser un œil (écusson) sous l'écorce du porte-greffe, le plus souvent près du sol.
Élaguer : supprimer entièrement ou en partie certaines branches d'un arbre pour lui donner une forme équilibrée et aérée.
Émousser : retirer la mousse et les lichens qui recouvrent le tronc et les branches d'un arbre, souvent vieillissant.
Empattement : base plus ou moins élargie sur laquelle naît un rameau, une branche ou une pousse. Il porte des yeux latents.
Entaille : incision dans l'écorce, au-dessous ou au-dessus d'un bourgeon, destinée à diminuer ou à stimuler la vigueur de la pousse naissant de ce bourgeon.
Entre-nœud : sur une tige, c'est l'intervalle formé entre deux feuilles.
Espalier : plantation d'arbres fruitiers en formes plates (palmettes, cordons) réalisée contre un mur, avec une armature.
Espèce : ce terme caractérise une plante particulière existant dans la nature. Le nom d'espèce est toujours associé à un genre et s'écrit après celui-ci. Par exemple *Rosa alba* : *Rosa* est le nom de genre et *alba* est le nom d'espèce signifiant « blanc ».
Étêter : supprimer la partie supérieure d'une tige ou l'axe principal d'un arbre.
Éventail *(ou queue-de-paon)* : forme palissée avec un tronc central vertical qui porte de part et d'autre des branches palissées naturellement.
Famille : ensemble de genres de plantes qui présentent des caractères botaniques communs permettant de les réunir. Par exemple, les rosacées, les orchidacées, etc.
Fastigié : caractérise un arbre ou un arbuste à port dressé, presque vertical, à la silhouette étroite.
Feu bactérien : maladie bactérienne se traduisant par un noircissement des fleurs et des tiges, surtout des rosacées.
Flèche : c'est la pousse terminale du tronc ou d'une tige principale verticale. On emploie surtout ce terme pour les conifères.
Forme : qualifie des plantes qui, au sein d'une espèce, diffèrent par quelques caractéristiques mineures : *Clematis montana f. grandiflora* est une forme à grandes fleurs de *Clematis montana.*
Franc : désigne un jeune arbre issu de semis, qui servira de porte-greffe.
Fructification apicale : apparition de fruits à l'extrémité des pousses de un an.
Fuseau : forme d'arbre fruitier constituée d'une tige principale sur laquelle se développent des branches charpentières obliques dont la longueur décroît au fur et à mesure que l'on s'élève vers le sommet.
Gélif : se dit d'une plante sensible au froid et détruite par les gelées.
Genre : groupe d'espèces liées par des caractères communs et réunies sous la même appellation.
Gobelet : forme fruitière au tronc court, de 80 cm environ et ne présentant pas de tige centrale, mais des branches charpentières disposées en couronne évasée.
Gomme : substance translucide, souvent visqueuse, exsudée de l'écorce chez les arbres fruitiers à noyaux, notamment les cerisiers et les pruniers.
Gommose : sécrétion de gomme.
Goudron de Norvège : baume protecteur à appliquer sur une plaie de taille pour aider à la cicatrisation.
Gourmand : pousse très vigoureuse qui se développe souvent au niveau des plaies de taille ou sur les racines d'un porte-greffe. Il faut l'éliminer.
Graphiose : maladie spécifique des ormes qui provoque le brunissement du feuillage et la mort rapide de l'arbre.
Grappe : inflorescence simple portant des fleurs disposées de manière irrégulière le long d'un axe principal (giroflée).
Greffage en pied : c'est l'action de poser un greffon au-dessus du collet du porte-greffe, soit à quelques centimètres seulement du sol.
Greffage en tête : c'est l'action de poser un greffon à l'extrémité d'une tige qui servira de tronc, ou d'une branche pour la réparer.
Greffe : c'est une méthode de multiplication végétative consistant à provoquer la soudure de deux plantes entre elles. Celle qui porte les racines est appelée le « porte-greffe » (ou sujet), la partie aérienne est le « greffon ».
Haubaner : c'est une méthode de maintien en position verticale d'un arbre ou d'un conifère à l'aide de câbles ou de cordes. Cette pratique est à conseiller dans les régions très ventées.
Herbacé : se dit d'une plante à la texture souple composée de tissus tendres.
Houppier : ensemble de la ramure et du feuillage portés par le tronc d'un arbre.
Hybride : plante obtenue par croisement d'espèces ou de variétés distinctes. On la désigne par un « x » dans le nom de la plante, comme *Cytisus* x *praecox.*
Incision : synonyme d' « entaille », il peut aussi s'agir de l'extraction d'une languette d'écorce au-dessus d'un bourgeon pour stimuler sa croissance.
Latéral (rameau) : pousse secondaire, dirigée obliquement ou horizontalement, qui naît d'une tige ou d'une racine.
Latex : liquide souvent blanc et sécrété par de nombreuses plantes. Il contient des substances comme de l'amidon, des alcaloïdes, des sels minéraux et des sucres.
Leader : tige principale, généralement érigée, qui peut devenir un tronc.
Ligneux : qui acquiert la texture du bois.
Lignifier : c'est le passage d'une tige à l'état ligneux. On dit aussi « aoûter ».
Marcottage : mode de multiplication végétatif des végétaux souples, qui consiste à provoquer l'enracinement d'une tige, sans la sevrer au préalable de la plante mère (au contraire du bouturage).
Mellifère : caractérise toutes les plantes dont le nectar sucré attire les abeilles.
Microclimat : conditions atmosphériques particulières à une zone de superficie restreinte, par exemple le pied d'un mur, l'angle d'un jardin, etc.
Monoïque : se dit d'une plante qui présente sur le même pied des fleurs femelles et des fleurs mâles.
Mulch : protection naturelle posée de manière permanente sur le sol. Il peut s'agir de paille, de tourbe, de compost.
Multitiges : caractérise une plante qui porte plusieurs tiges principales à partir de la même souche.
Non remontant : se dit d'une plante qui ne fleurit qu'une seule fois dans la saison, comme de nombreux rosiers anciens.
Nœud : niveau d'insertion d'une feuille sur une tige qui forme un renflement.
Œil : synonyme de « bourgeon ».
Opposé : se dit de bourgeons ou de feuilles disposés face à face et à la même hauteur sur la tige.
Ossature : synonyme de « ramure d'un arbre ».

Paillis : couche de paille, de compost, de déchets de tonte de gazon, d'écorces broyées ou de fumier épandu à la surface du sol pour supprimer les mauvaises herbes, maintenir l'humidité et conserver une température fraîche et uniforme au niveau des racines. Outre les matières organiques, on peut utiliser un film plastique ou du gravier comme paillis. Quand le paillis organique est permanent, il prend le nom de « mulch ».
Palmette : forme fruitière plate à plusieurs branches. Le U, le U double, la Verrier, le losange, sont des exemples de palmettes.
Panaché : désigne des feuilles ou des fleurs irrégulièrement marquées de plusieurs couleurs. Par exemple, les feuilles marbrées de blanc, de jaune, de pourpre.
Panicule : inflorescence composée de forme triangulaire dont les ramifications se raccourcissent au fur et à mesure que l'on atteint le sommet, comme chez un grand nombre de graminées.
Parer : action de lisser une plaie de taille en coupant superficiellement les tissus avec un outil très tranchant, comme une serpette de jardinier, par exemple.
Penné : se dit d'une feuille composée dont les folioles sont disposées de part et d'autre d'une nervure médiane.
Persistant : c'est une plante qui conserve son feuillage en toutes saisons. Ceci ne veut pas dire qu'elle ne perd jamais ses feuilles, mais celles-ci se renouvellent constamment, en petit nombre.
Pétiole : organe allongé qui porte la feuille et lui permet de s'accrocher sur la tige.
Photosynthèse : appelée aussi « assimilation chlorophyllienne », c'est un processus complexe permettant à la plante de transformer les matières minérales puisées dans le sol par les racines, en composés organiques nécessaires à sa croissance, grâce à la chlorophylle, au gaz carbonique de l'air, à la lumière et à l'eau.
Pincement : opération culturale qui consiste à couper avec le bout des doigts ou des petits ciseaux, l'extrémité d'une tige pour favoriser sa ramification ou aider à la formation de boutons à fleurs.
Pivot : racine non ramifiée, s'enfonçant à la verticale dans le sol, comme la carotte.
Plein vent : désigne les arbres tiges ou demi-tiges, surtout les fruitiers, qui forment une ramure libre ne nécessitant pas de taille d'entretien précise.
Pleine terre : qualifie les plantes cultivées directement dans le jardin par opposition à celles en pots ou en bacs.
Plomb *(maladie) :* champignon qui affecte une grande diversité d'arbres et d'arbustes, notamment les *Prunus* et les *Malus*. Les feuilles prennent un aspect argenté, puis se boursouflent et meurent.
Point de greffe : endroit marqué d'un renflement, au niveau duquel se sont soudés le greffon et le porte-greffe. On dit souvent « bourrelet de greffe ».
Pollinisateur : chez les arbres fruitiers, il s'agit d'un cultivar compatible avec une autre variété dont les fleurs ne peuvent se féconder elles-mêmes.
Pollinisation : transport du pollen de l'anthère sur le stigmate, qui entraîne la reproduction sexuée chez les plantes.
Port : aspect général naturel, caractéristique, d'une plante : érigé, rampant, retombant…
Porte-greffe *(ou sujet) :* végétal sur lequel on implante un greffon. Les qualités du porte-greffe influent sur la vigueur de la plante et son adaptation au sol ou au climat.
Pourridié : maladie cryptogamique due à l'armillaire, qui attaque les racines et les fait pourrir, surtout dans les sols humides.
Praliner : opération indispensable lors de la plantation des arbres et arbustes à racines nues. Le pralinage consiste à plonger les racines dans un mélange organique aqueux afin de favoriser la reprise.
Rabattre : action de supprimer totalement une branche ou un rameau sur son point de départ. C'est devenu par extension le synonyme de « taille sévère ».
Racème : synonyme de « grappe ».
Rajeunissement : méthode de taille assurant une suppression régulière des tiges âgées, au profit des jeunes pousses.
Rameau leader : branche principale dominante sur un arbre ou un conifère. On dit aussi « flèche ».
Recéper : tailler toute la partie aérienne d'un arbuste au niveau du sol pour favoriser le départ de tiges vigoureuses.
Rejet : jeune pousse qui naît de la souche d'une plante vivace ou ligneuse.
Remontant : se dit d'une plante qui fleurit à plusieurs reprises dans la même saison.
Remplacement *(tige de) :* jeune pousse vigoureuse palissée verticalement pour qu'elle serve de rameau leader quand ce dernier a été détruit ou abîmé.
Repercer : c'est la faculté que montrent certaines plantes à émettre des jeunes pousses directement sur le vieux bois à partir de bourgeons latents invisibles. Ce phénomène se produit en général après une taille de rajeunissement.
Réversion : production de tiges à feuilles vertes, unies, chez une plante panachée.
Rhizomateux : qui forme des rhizomes. Par exemple, l'iris est une plante rhizomateuse.
Sarment : jeune rameau souple et flexible porté par une vigne ou une grimpante.
Scion : jeune plant greffé âgé de un an. On qualifie aussi de « scion » une tige de l'année ou une plante destinée à être greffée.
Secondaires *(pousses) :* jeunes tiges latérales émises sur un rameau principal.
Semi-persistant : qualifie une plante qui ne garde qu'une partie de ses feuilles durant l'hiver, selon les conditions climatiques.
Semi-rustique : se dit d'une plante qui ne supporte pas les très fortes gelées, mais résiste aux hivers moyens de la région.
Sépale : division du calice qui enveloppe le bouton floral. Le sépale est souvent vert.
Sève : liquide contenu dans les cellules et les tissus vasculaires. C'est en quelque sorte le « sang » des plantes.
Sous-arbrisseau : plante de petite taille, ligneuse à la base et portant des pousses tendres herbacées, comme la lavande.
Sport : mutation naturelle d'une plante ou d'un organe, ou tout végétal issu d'une multiplication de cette mutation.
Spur : arbre fruitier qui produit des boutons à fruits directement sur les charpentières.
Squamiforme : en forme d'écaille.
Stolon : tige rampante qui s'enracine à son extrémité pour produire une nouvelle plante qui deviendra autonome.
Stolonifère : qui porte ou produit des stolons, par exemple le fraisier.
Taille en têtard : technique consistant à écimer les plantes sur leurs branches charpentières qui rejettent bien. On la pratique sur les saules et les platanes.
Taille Lorette : méthode de taille estivale des pommiers et des poiriers, conçue pour limiter le développement végétatif et favoriser les pousses à fruits. Elle est très efficace, mais épuise les arbres à la longue.
Taxon : terme désignant indifféremment une unité quelconque de la classification botanique : genre, espèce, variété, cultivar.
Terminal : qualifie un organe situé à l'extrémité d'une tige ou d'une branche.
Tige : désigne un arbre ou un arbuste formé sur un seul tronc ou tige.
Tire-sève : pousse située à l'extrémité d'un rameau et dont la présence crée un appel de sève vers les divers organes conservés.
Topiaire : art de tailler et de former une plante selon diverses formes décoratives.
Transpiration : perte d'eau par évaporation des feuilles et des tiges d'une plante.
Trigemme : méthode de taille traditionnelle des arbres fruitiers à pépins consistant à couper les rameaux latéraux à trois yeux.
Tubéroligneuse : qualifie une racine renflée et charnue, mais de consistance ligneuse.
Type : c'est l'ensemble des caractéristiques d'origine d'une plante. Les variétés et les cultivars diffèrent du type.
Variété : variation naturelle d'une espèce sauvage, classée botaniquement entre la sous-espèce et la forme.
Verticille : disposition de plusieurs organes (au moins trois), souvent des feuilles ou des tiges, naissant sur le même point.
Volubile : qualifie les tiges longues et souples qui s'enroulent d'elles-mêmes autour de leur support, comme par exemple les liserons.
Vrille : feuille ou tige modifiée, longue et grêle, pouvant s'attacher d'elle-même à un support en s'enroulant tout autour.
X : ce signe désigne un hybride, produit par le croisement de deux plantes génétiquement distinctes.
Xylème : tissu vasculaire situé sous l'écorce, qui assure le transport le long d'une tige, de la sève brute, mélange d'eau et des éléments nutritifs, puisés dans le sol.

Index des plantes

Les chiffres en romain *indiquent les pages où les plantes font simplement l'objet d'un développement.*
Les chiffres en **gras** *renvoient aux pages où les plantes font l'objet à la fois d'un développement et d'une illustration.*

A

B

C

N

O - P

Q - R

S

Index des techniques et des soins

Les chiffres en romain *indiquent les pages où les entrées font simplement l'objet d'un développement.*
Les chiffres en **gras** *renvoient aux pages où les entrées font l'objet à la fois d'un développement et d'une illustration.*

A

U - V

Crédits photographiques

Photographies

Les éditeurs remercient les personnes et sociétés dont le nom apparaît dans la liste ci-dessous, de les avoir autorisés à reproduire les illustrations mentionnées : Deni Brown 81, 223 gauche ; Christopher Brickell 113 droite, 216 en haut ; Neil Campbell-Sharp 92, 150, 226, 242, 298, 319 en bas à droite ; Eric Chrichton 8, 18, 78, 160, 316 ; Garden Picture Library 322 en haut ; Jerry Harpur 189 en haut, 255 en bas, 260, 319 en haut, 323, 325 ; Holt Studios International 117 en bas ; Stephen Josland 11 en haut à gauche, 277 ; Andrew Lawson 2, 38 grande photo, 60 en haut, 130 en haut, 225 en haut ; David Paterson 38 petite photo ; Photos horticoles 237 en bas ; Royal National Rose Society 309 ; Professor H. Don Tindall 140 à gauche et à droite, 141 grande photo en haut, petite photo en haut, en bas, 145 en haut, au centre et en bas, 146 en haut, 147 en haut, 148 en haut, 149 en bas, 297 ; John White 12 en haut à droite, 31 au centre en haut, 35.

Pour les photographies prises au Chelsea Flower Show 1995, par Steve Gorton, les éditeurs remercient : Ben Loseley Williams du Greens Garden Furniture, Harpers & Queen/Cartier Garden, Mattocks Roses, Rosemary Verey, Rayment Wirework.

Toutes les autres photographies sont de Peter Anderson.

L'éditeur tient à remercier toute l'équipe de la Royal Horticultural Society pour son assistance et sa contribution efficaces.